LA TORAH COMMENTÉE
POUR NOTRE TEMPS

À la mémoire du regretté
Rabbi Abraham Abittan, z''l.

Harvey J. Fields

La Torah commentée pour notre temps

Édition intégrale

Sous la direction éditoriale
du rabbin Pauline Bebe

La Genèse a été traduite de l'anglais (américain)
par le rabbin René Pfertzel.

L'Exode et le Lévitique ont été traduits
par Regina Langer.

Les Nombres et le Deutéronomes ont été traduits
par le rabbin François Garaï.

Ce livre a été publié avec le concours de Kerem
(le conseil rabbinique
des communautés libérales francophones).

ISBN : 978-2-36890-742-9

www.lepasseur-editeur.com

L'édition originale a été publiée en anglais (américain)
par URJ Press, Union for Reform Judaism,
New York (USA),
sous le titre
A Torah Commentary for Our Times

Préface du rabbin Pauline Bebe

Qu'est-ce que la Torah ? La racine de ce mot hébraïque *youd resh hé,* signifie lancer une flèche, indiquer une direction, une marche à suivre, d'où l'idée d'un enseignement. Le mot est utilisé déjà à l'intérieur même de la Torah, à la fois dans le sens d'une unité de lois et de coutumes et aussi pour désigner un livre qui préexistait à celui que nous avons aujourd'hui. La Torah est composée de la Genèse, de l'Exode, du Lévitique, des Nombres, du Deutéronome, que l'on appelle communément les cinq livres de Moïse. Sa composition et sa rédaction ont traversé plusieurs siècles ; elle est la réunion de strates d'écriture, de styles et de points de vue différents, témoins d'une sagesse millénaire. Poésie, textes de lois, récits et mythes fondateurs de la civilisation hébraïque et juive s'y côtoient harmonieusement dans une mosaïque aux couleurs chatoyantes. La Torah, première partie de la Bible est un texte fondateur de notre civilisation occidentale. On y trouve des idées qui ont révolutionné le monde, des préceptes qui fondent le rapport à l'autre, des récits qui ont inspiré l'art dans toutes ses expressions, les grandes valeurs de la société occidentale. L'idée de s'arrêter de travailler un jour par semaine, quel que soit notre métier, le mythe d'Adam et Ève et la responsabilité de chacun devant ses actes, l'égale dignité de chaque être humain « créé à l'image divine » (Genèse 1, 27), la sainteté de toute vie humaine, la liberté respectueuse du droit d'autrui, la justice pour tous, la compassion et l'amour sont autant de valeurs portées par les textes de la Torah.

Certains pensent que ces textes ont été inspirés par Dieu, d'autres les considèrent comme une sagesse qui témoigne d'une civilisation qui a su résister au passage du temps. Je rencontrai récemment un ancien déporté qui me disait : « Croyance ou non-croyance, l'important n'est pas là, l'important c'est d'étudier la Torah ! »

Alors comment l'étudier ? Il ne s'agit pas seulement de la lire et de l'absorber comme une leçon bien apprise. L'étudier signifie en discuter, au moins à deux. Le Talmud, commentaire de la Torah nous enjoint de trouver un maître et un compagnon d'études (*Avot* 1, 6). Car seul dans l'univers de la Torah, on risque de se perdre. Comme le dit l'histoire hassidique, une personne qui s'égare dans la forêt et qui en rencontre une autre perdue peut s'enquérir avec elle d'un nouveau chemin. L'apprentissage de la Torah est dialogué parce que précisément, il ne s'agit pas d'un dogme. Le dogme s'impose, l'opinion propose. La Torah est déjà interprétation. On y trouve différentes versions d'un même récit, des lois qui parfois se contredisent, des personnages qui s'affrontent. Qui a raison ? Qui détient la vérité ? La question reste ouverte. Il faut parfois se battre avec le texte, comme Jacob, pour ressortir plus fort de cette lutte dans la recherche du bon et du bien. *Shivim panim laTorah*, la Torah porte soixante-dix visages (*Bamidbar Rabba* 13 : 15-16). Au mont Sinaï, lieu de Révélation, chacun, enfant ou adulte, selon son degré de compréhension a entendu une voix différente s'adresser directement à lui ou à elle dans son langage. Comment est-ce possible ? Le texte, par sa richesse, peut parler à celui qui le lit ou l'écoute, en discute, différemment à chaque instant et à chaque saison de notre vie. C'est ainsi que nous lisons et relisons la Torah par *parasha*, chaque semaine, et que chaque lecture est un renouvellement. Nous nous y ressourçons et sa fraîcheur inépuisable nous désaltère. La racine *yara* qui a donné le mot Torah signifie aussi la première pluie qui vient irriguer la nature. Les enseignements de la Torah sont comme des gouttes de rosée qui viennent rafraîchir notre âme.

Et puis, il y a le commentaire et le commentaire du commentaire, la question qui vient répondre à une autre question. Le commentaire ne se termine jamais. La Torah – récits oraux qui ont été mis par écrit – a été commentée dans le Talmud, appelé « Torah orale » et elle a aussi été commentée à tous les siècles jusqu'à aujourd'hui. Ces exégètes, philosophes, penseurs, écrivains ont proposé des interprétations différentes, voire opposées. Là aussi, qui a raison ? C'est à vous d'hésiter ou de trancher en ajoutant votre propre commentaire à cette tradition ancestrale. « La Torah est un arbre de vie pour ceux qui s'y attellent et ses chemins sont des voies de paix » (Proverbes 3 : 18). La vie est mouvement, si la Torah cessait d'être commentée, elle ne serait plus un arbre de vie. Ce qui n'est pas remis en question devient une idole, chose que l'on observe sans y laisser une trace, objet de contemplation mais pas d'interprétation ; l'enseignement de la Torah nous invite à ne pas être des spectateurs passifs d'un processus de réflexion. Nous sommes obligés de nous plonger dans l'océan des mots, de prendre part et d'agir en laissant un peu de nous-mêmes dans cette œuvre monumentale, de la transformer par notre passage. Ainsi, chaque étudiant de la Torah devient un acteur de l'interprétation, ajoute son fil unique à la trame millénaire d'un apprentissage interactif. Il apprend à écouter le texte, à en saisir toutes ses nuances, à faire face à la contradiction, illustration d'une véritable liberté de pensée. Les voix et les plumes dialoguent sur un même mot, une même expression à travers le temps et l'espace. Ceux qui n'ont pas pu se rencontrer, sont rapprochés : la juxtaposition de leur opinion par un nouvel écrit les réunit par-delà l'espace et le temps.

Mais le texte n'est pas que pure théorie, conjecture, il est aussi, une loi de vie, ce que les Grecs avaient traduit par *nomos*. Les personnages peuvent servir d'exemples ou de contre-exemples ; on peut vouloir les imiter ou s'en détacher. La loi est un cadre de vie ; la loi édicte, elle somme sans assommer en maintenant la liberté et la dignité de chacun. Le texte n'est jamais figé, la loi évolue. Elle évolue avec les circonstances qui changent et aussi avec notre conscience du bien qui s'affine. À travers le Talmud, les codes et la littérature de *responsa*, la loi juive initiée dans la Torah s'est adaptée à chaque époque. Le commentaire s'inscrit ainsi dans le quotidien, traduit dans les *mitswoth* ou commandements, véritable grammaire de la vie. Ainsi, la Torah est un subtil mélange de rigueur et de fantaisie, de loi et de spontanéité, de sérieux et d'humour.

« Dans chaque mot, dit Emmanuel Lévinas, il y a un oiseau aux ailes repliées qui attend le souffle du lecteur. » N'hésitez donc pas à insuffler un peu de vous-mêmes dans l'interprétation des paroles de la Torah, « regardez-les s'envoler, c'est beau ! » et laissez-vous transporter dans l'univers infini des possibles.

INTRODUCTION
AUX COMMENTATEURS DE LA TORAH

Tourne-la et retourne-la encore !

La Torah s'est développée sur plusieurs siècles à partir des expériences et des idées des anciens Israélites. On y trouve des conceptions à propos de la création du monde ainsi que des premiers êtres humains, à côté de récits concernant Abraham et Sarah, Isaac et Rébecca, Jacob, Léa et Rachel, les patriarches et matriarches du peuple d'Israël. Ses pages sont remplies d'histoires sur Moïse libérant le peuple d'Égypte, sur la pérégrination des enfants d'Israël, errance dans le désert pendant quarante ans. On nous raconte aussi qu'ils ont reçu la Loi de Dieu sur le mont Sinaï, et comment ils ont construit leur premier sanctuaire.

Personne ne sait quand et comment la Torah, les cinq premiers livres de Moïse, a été écrite et a atteint sa forme finale. Peut-être existait-elle depuis des siècles sous forme de tradition, mémorisée par des prêtres ou des enseignants et transmise d'une génération à l'autre. Peut-être aussi que certains de ses passages les plus importants – les Dix Commandements, les lois concernant les sacrifices, les détails des différentes fêtes et les règles concernant la propriété – furent mis par écrit et conservés dans des arches, ou des récipients spécialement adaptés, où ils ont été préservés.

Il est possible que, durant la période qui va de 1200 avant notre ère, lorsque les Israélites conquirent la Terre d'Israël, jusqu'à 586 avant notre ère, lorsqu'ils furent défaits et exilés par les Babyloniens, différents fragments de la Torah aient été en circulation et que les scribes, *soferim*, les aient sauvés et emportés avec eux en Babylonie.

Nous savons qu'Ezra et Néhémie, tous les deux connus comme prêtres et scribes, ont rapporté avec eux la Torah lorsqu'ils ont ramené les Juifs de leur exil en Babylonie, entre les années 465 et 359 avant notre ère. La plupart des chercheurs pensent qu'elle contenait les cinq livres de Moïse et qu'elle a été compilée et éditée par les *soferim* durant l'exil à Babylone. Elle devait servir de « constitution », de Loi pour reconstruire la nation juive.

Lorsqu'Ezra et Néhémie ont réuni le peuple à Jérusalem pour entendre la Torah, ils ont dû faire face à un épineux problème. En exil durant presque trois générations, les Juifs avaient abandonné l'hébreu pour adopter l'araméen, la langue dominante dans la culture babylonienne. Comment alors pourraient-ils comprendre la Torah, le texte saint et les lois de leur tradition ? Ezra et Néhémie ont relevé ce défi en ajoutant à la lecture publique de la Torah à la fois un *targoum*, une traduction, et un commentaire (*cf.* Néhémie 8).

Il est clair que dans cette habitude ancienne de traduire la Torah dans la langue vernaculaire et d'en expliquer le contenu sont réunies les conditions pour une évolution créative à la fois du judaïsme et du peuple juif. Puisque la Torah était lue et traduite, le peuple s'accoutuma à ses récits et ses lois. Puisqu'elle était interprétée et appliquée aux différentes questions et aux défis que le peuple juif rencontrait, elle en est devenue la source essentielle de sagesse.

Du *midrash* et du *targoum*, qui fut le premier ?

Comme nous l'avons déjà dit, Ezra et Néhémie ont proposé au peuple à la fois un *targoum*, une « traduction », et un *midrash*, une « explication » de la Torah. Il est impossible, en revanche, de savoir lequel de ces deux outils critiques vint en premier. Il semble, en réalité qu'ils se soient développés de manière simultanée. C'est pour cela que nous diviserons la suite de cette seconde introduction en deux parties.

Première section : *targoumim*, traductions

Différentes traductions de la Torah en araméen, grec, égyptien, persan et élamite apparurent durant la période du Second Temple à Jérusalem jusqu'à sa destruction en 70 de notre ère[1]. La plupart d'entre elles ont disparu, mais nous pouvons supposer que certaines de leurs expressions et de leurs interprétations

1. Contrairement à ce qu'affirme l'auteur, les seules langues dans lesquelles la Torah a été traduite sont l'araméen et le grec, et plus tardivement le syriaque ou le copte. Cf. Emanuel Tov, *Textual Criticism of the Hebrew Bible*, 2nd English ed., Minneapolis, 2001 (NdT).

ont laissé des traces dans les traductions grecques et araméennes ultérieures qui ont été préservées.

La traduction grecque la plus connue est la *Septante*. Selon une tradition[1], le roi Ptolémée II Philadèlphe (285 à 247 avant notre ère) a invité soixante-douze sages en Égypte, à Alexandrie, et a demandé à chacun d'entre eux de préparer une traduction de la Torah en grec. Lorsqu'ils comparèrent leurs résultats, ils réalisèrent qu'ils avaient tous produit la même traduction. Au-delà de cette légende, la Septante est traduite dans le grec de la *koinè*, le grec en usage dans le bassin oriental de la Méditerranée au IIIe siècle avant notre ère. En outre, la traduction contient des développements théologiques destinés à en clarifier le sens pour l'auditeur. Les dirigeants de l'Église chrétienne émergeante ont choisi la Septante comme texte autorisé.

Durant le IIe siècle de notre ère, après la destruction du Second Temple et l'émergence du christianisme, des rabbins ont demandé à un converti au judaïsme, Aquila, de préparer une nouvelle traduction de la Torah en grec. Connus sous le nom de *Targoum Aquila*[2], les fragments qui nous sont parvenus associent traduction et interprétation, en intégrant dans le texte d'anciens commentaires rabbiniques. Certains chercheurs estiment qu'Aquila, ainsi que ceux qui l'ont incité à faire cette traduction, souhaitaient créer un texte qui diffère de la Septante et constitue une réponse

1. *Cf.* la *Lettre d'Aristée* (NdT).
2. En réalité, la recherche en critique textuelle nomme cette traduction la « recension d'Aquila », dans la mesure où il s'agit d'une relecture critique de la Septante (NdT).

aux défis lancés par les premiers chrétiens sur le sens de la Torah.

Les traductions en araméen existaient déjà à l'époque d'Ezra et Néhémie. Cependant, le texte le plus connu et le plus complet est le *Targoum Onkelos*. Comme le texte d'Aquila, ce targoum daté du IIIe siècle de notre ère est l'œuvre d'un converti au judaïsme. De plus, certains chercheurs pensent qu'Aquila et Onkelos étaient en réalité la même personne ! Le *Targoum Onkelos* est devenu la traduction la plus importante dans la tradition juive, et il est publié dans les « Bibles rabbiniques » (*Mikraot Guedolot*) aux côtés du texte de la Torah.

Onkelos présente une traduction fidèle, tout en évitant les phrases qui pourraient laisser sous-entendre au lecteur que Dieu possède des traits anthropomorphiques, c'est-à-dire des attributs humains ou des émotions humaines. Les défauts des principaux personnages bibliques sont souvent excusés, et l'intention du texte est clarifiée. Par exemple, Onkelos traduit : « Tu ne feras pas cuire un chevreau dans le lait de sa mère » (Exode 23 : 19 ; Exode 34 : 26 ; Deutéronome 14 : 21) par : « Tu ne mangeras pas de viande avec du lait. » Cette combinaison de traduction et d'interprétation a contribué à ce que le *Targoum Onkelos* devienne plus tard un des textes les plus appréciés par les rabbins de Babylonie.

Il existe deux autres traductions araméennes très estimées en leur temps, mais qui ne nous sont parvenues que sous forme fragmentaire : le *Targoum de Jonathan Ben Ouzziel* et le *Targoum Yeroushalmi*. Le premier s'appuie beaucoup sur Onkelos et sur le *Yeroushalmi*. Une partie du matériel semble même dater du IIe siècle avant notre ère, à l'époque des

Maccabées. Les origines du *Targoum Yeroushalmi* semblent, quant à elles, remonter au Ier siècle avant notre ère. Des chercheurs ont découvert des fragments dans la *genizah*[1] du Caire, en Égypte. Ils ont nommé ce *targoum* le « Galiléen », ou encore le *Targoum Neofiti*. Ce texte apporte souvent des informations géographiques sur des lieux mentionnés dans la Torah. Et comme le *Targoum Onkelos*, il évite de décrire Dieu avec des termes humains, et il contient de nombreuses observations à propos des récits et des lois contenus dans la Torah.

La traduction de la Torah en arabe la plus connue est le *Targoum Tafsir* réalisé par Saadia ben Joseph Ha-Gaon, un philosophe et commentateur de la Babylonie du xe siècle. *Tafsir* signifie « commentaire ». Il semble que l'objectif de Saadia ait été de créer un texte de la Torah qui puisse être lu par la majorité des Juifs qui ne connaissaient plus l'hébreu et se sentaient ignorants de leur tradition. Né et élevé en Égypte, Saadia partit d'abord pour la terre d'Israël, puis il s'installa en Babylonie. Là, en tant que *Gaon*, directeur de l'Académie talmudique de Soura, il s'imposa comme autorité à la fois politique et religieuse. Le *targoum* de Saadia révèle sa profonde anxiété quant à l'avenir du peuple juif. D'un côté, les Juifs étaient attaqués par les musulmans qui souhaitaient les convertir en démontrant la supériorité de leur foi et du Coran sur le judaïsme et la Torah. De l'autre côté, la communauté juive était profondément divisée entre ceux qui, comme Saadia,

---

1. Il s'agit d'un endroit de stockage dans une synagogue de textes saints qui ne sont plus utilisés, mais qui ne peuvent pas être jetés puisqu'ils contiennent le Nom divin.

suivaient la tradition rabbinique d'interprétation de la Torah, et les Caraïtes qui soutenaient que la Torah devait être lue de manière littérale sans utiliser les interprétations de la tradition rabbinique.

Le *Targoum Tafsir* apporte des clarifications au texte de la Torah en utilisant des interprétations rabbiniques. Le parti pris de Saadia contre la représentation de Dieu en termes humains est similaire à celui d'Onkelos dans sa traduction. Le texte est clair, et les commentaires plutôt tardifs de Saadia restent une ressource de valeur pour ceux qui cherchent à comprendre les divisions entre les Juifs vivant en Babylonie à son époque.

De Saadia à nos jours, le processus de traduction de la Torah n'a pas cessé. Aujourd'hui, la Bible hébraïque est traduite dans presque toutes les langues parlées par les êtres humains.

Deuxième section : *midrashim*, interprétations

En parallèle à l'évolution de la plupart des *targoumim* se développe une tradition d'interprétation de la Torah appelée *midrash*. Les premiers maîtres de la tradition juive divisaient leurs commentaires en deux catégories : *Midrash Halakha*, ou interprétation légale, et *Midrash Aggada*, ou commentaires littéraires, éthiques. Ces deux approches du texte de la Torah ont très probablement été utilisées à partir de l'époque d'Ezra et de Néhémie, pour comprendre et justifier comment la Torah pourrait être mise en application dans les circonstances changeantes de la vie politique, économique et personnelle.

Durant le IIe siècle de notre ère, les premiers rabbins savants ont fait œuvre de pionniers en créant un *midrash* qui soit à la fois légal et littéraire (sous forme de sermon). Ils ont enseigné qu'au mont Sinaï, Dieu avait donné au peuple d'Israël deux Torah. L'une est la « Torah écrite », la *Torah shebikhtav*, tandis que l'autre, la « Torah orale », la *Torah she be'al pe*, contient toutes les interprétations qui seront découvertes par tous ceux qui étudieront la Torah à travers les âges.

Zougot

Parmi les premiers commentateurs rabbiniques se trouvent cinq « paires » (*zougot*) de Sages. L'un était président (*nassi*) et l'autre vice-président (*av beit-din*) du Sanhédrin, la haute cour de justice du peuple juif.

	Nassi	*Av Beit Din*	période
1	Yossé ben Yoezer	Yossé ben Yohanan	170 - 140
2	Josué ben Perahya	Nittaï d'Arbel	140 - 100
3	Simeon ben Shetah	Juda ben Tabaï	100 - 60
4	Shemaya	Avtalyon	60 - 31
5	Hillel	Shammaï	31 - 9 de notre ère

Ces premiers rabbins comparaient la Torah à un « jardin » merveilleux, dont on pouvait prélever les fruits en utilisant quatre méthodes différentes dont les noms sont tirés des lettres du mot hébreu *PaRDeS* (littéralement, le « verger »). La première méthode s'appelle le *peshat*, la recherche du sens premier ou littéral du texte. La deuxième est le *Remez*, qui consiste à révéler les sens cachés ou sous-entendus[1]. La troisième est le *Derash* : trouver le sens à travers la comparaison avec d'autres textes, ou en faisant des parallèles entre le texte et l'expérience humaine[2]. La quatrième, le *Sod*, consiste à explorer le texte pour en retirer la portée secrète, mystique ou allégorique[3].

Rabbi Hillel était célèbre, mais en même temps modeste. Il enseignait à ses étudiants « d'aimer la paix, d'aimer les êtres humains et d'amener les autres à l'étude de la Torah ». En son temps, il élabora sept principes, ou règles d'interprétation (d'herméneutique) de la Torah.

1. *Kal vahomer* : on peut tirer une conclusion d'une hypothèse mineure ou majeure.
2. *Guezera shava* : on peut tirer une conclusion de mots ou de phrases semblables dans deux versets bibliques différents.
3. *Binyan av mi-katouv ehad* : on peut déduire un principe général d'un seul verset biblique.
4. *Binyan av mi-shenei ketouvim* : on peut déduire un principe général de deux versets bibliques.
5. *Klal oufrat veprat oukhlal* : toutes les règles générales qui sont suivies par une ou plusieurs règles particulières sont alors limitées par celles-ci.

---

1. Le mot *Remez* signifie » allusion, insinuation » (NdT).
2. Ou encore « interprétation figurée », c'est-à-dire les paraboles, les légendes (NdT).
3. Le mot *Sod* signifie « secret » (NdT)

6. *Ka yotze bo mi-makom aher* : on peut déduire une conclusion similaire d'un autre texte de la Torah.

7. *Davar ha-lamed me-'inyano* : on peut découvrir le sens de mots ou de phrases obscurs ou ambigus à partir du contexte où ils se trouvent.

Un peu plus tard, durant le Ier siècle avant notre ère, Rabbi Ishmaël, qui avait défié les Romains en continuant à enseigner la Torah alors qu'ils l'avaient interdit, a développé les règles de Hillel pour aboutir à treize principes. Ishmaël a été exécuté par les Romains, mais son étudiant, Rabbi Akiva, a continué à déduire de la Torah de nouvelles interprétations. Akiva soutenait que chaque mot, chaque lettre, et même les couronnes sur les lettres, tracées par les scribes, contenaient des potentialités de sens et de sagesse. Eliézer ben Yossé Ha-Galili, un des étudiants de Rabbi Akiva a encore étendu les sept règles de Hillel et les treize principes d'Ishmaël à trente-deux moyens différents d'extraire de la Torah des idées inédites et de nouvelles formulations légales. Grâce à ces différentes extensions des règles herméneutiques, l'aventure de l'interprétation et l'art de découvrir de nouvelles significations d'un texte ancien sont devenus encore plus flexibles et créatifs.

On appelle du nom de *tannaïm*, « répétiteurs, enseignants », ces nombreux rabbins qui ont poursuivi ce processus d'élaboration de nouveaux sens à partir de la Torah entre le IIe siècle avant notre ère et le IIIe siècle de notre ère. Ceux qui ont vécu entre le IIIe et le VIe siècle de notre ère sont les *amoraim*, « ceux qui disent, qui interprètent ». Nombre de leurs commentaires se retrouvent dans la *Mishna* et la *Guemara* qui, ensemble, formeront plus tard le Talmud. Ils ont aussi été réunis dans différents livres de *midrash* tels *Genèse Rabba, Exode Rabba, Lévitique Rabba, Nombres Rabba, Deutéronome Rabba, Pesikta, Tanhouma, Mekhilta, Sifré* et *Sifra*. À l'instar des *targoumim,* ces recueils de commentaires rabbiniques précoces ont été le moyen par lequel des générations de Juifs ont continué à accroître le savoir juif et à adapter la Loi à de nouvelles circonstances.

Rencontrez ceux qui n'ont jamais cessé de « tourner et retourner la Torah »

Rashi

Le plus illustre des commentateurs de l'histoire juive est Rabbi Shlomo Itzhaki, connu par ses initiales sous le nom de RaShi (1040-1105), né à Troyes en Champagne. Alors qu'il était jeune homme, il partit étudier sous la direction de savants talmudistes à Mayence (Mainz) et à Worms. Il revint ensuite vers sa ville natale, qui était alors un centre économique en plein développement, où il gagna sa vie comme vigneron. Comme beaucoup de Juifs de son époque, Rashi fut obligé de défendre sa croyance contre les chrétiens qui soutenaient que Dieu avait remplacé le judaïsme et le peuple juif par le christianisme et l'Église. Il joua un rôle significatif en soutenant et réconfortant les communautés juives frappées par les massacres et les destructions de la première croisade en 1096.

Très souvent, les commentaires de Rashi contiennent des éléments tirés du *midrash.* Il a aussi utilisé des termes français de son époque afin d'apporter des clarifications, et aujourd'hui, ses écrits sont une source non négligeable pour l'étude de l'ancien français. L'œuvre de Rashi est restée à travers les siècles un modèle de simplicité et de clarté. Sa réputation de *Parshandata*, « le commentateur de la Torah », est fermement établie.

Rashbam

Rabbi Shmouel (Samuel) ben Meïr, connu par ses initiales RaShBam (1085-1174), était le petit-fils de Rashi. Il exerçait la profession de fermier. Connu pour sa piété, il défendait les croyances juives dans des disputes publiques organisées par les dirigeants de l'Église qui cherchaient à démontrer l'infériorité du judaïsme. Craignant ceux qui pliaient le texte biblique pour le faire correspondre à leurs propres conceptions, Rashbam affirma que le seul sens légitime de la Torah était le *peshat*, ou « sens premier ». Il fut critique à l'égard de ceux qui employaient les autres méthodes de *remez*, *derash* ou *sod* – parmi lesquels son propre grand-père –, en les qualifiant de « commentaires tortueux » ou « idiots ».

Ibn Ezra

Pendant que Rashbam écrivait son commentaire en France, Abraham Ibn Ezra (1092-1167) acquérait une solide réputation de poète, médecin, philosophe et astrologue en Espagne et en Italie. Il passa la première partie de sa vie dans son Espagne natale. À partir de 1140 environ, il résida pour de brèves périodes en France, en Angleterre, en Égypte, en Éthiopie, en Italie, et finalement à nouveau en Espagne, où il mourut. Certains pensent que son errance était due à son dépit devant la conversion à l'Islam de son seul fils survivant. Dans son commentaire de la Torah s'expriment son intérêt pour la science et la grammaire, ainsi que ses expériences de voyageur. Apparaissent également des éléments de mathématiques, d'astrologie et de linguistique.

Radak

Rabbi David Kimhi, ou RaDaK de Narbonne (1160-1235) était un enseignant réputé. Sa ville natale était un carrefour commercial, ainsi qu'un lieu de passage obligé pour les savants juifs d'Espagne et de France. Kimhi était connu pour ses talents d'orateur et il était souvent appelé pour défendre le judaïsme et le peuple juif face à d'hostiles dirigeants de l'Église. Comme Ibn Ezra, il mettait l'accent sur l'approche scientifique et grammaticale dans son commentaire. S'opposant aux interprétations chrétiennes théologiquement orientées de la Genèse, Kimhi s'est souvent engagé dans d'âpres discussions philosophiques, en cherchant à révéler une intention authentique de la Torah. Il utilise dans son commentaire les *targoumim* et cite fréquemment d'anciens commentaires rabbiniques.

Ramban (Nahmanide)

Rabbi Moïse ben Nahman ou, selon ses initiales, RaMBaN (1194-1270) est né à Gérone en Espagne et portait le nom espagnol de Bonastruc ça Porta. Il gagnait sa vie comme médecin, mais ses talents de poète, de philosophe, de commentateur de la

Torah lui valurent le titre de *HaRav HaNeeman*, « le rabbin digne de confiance ». Durant toute sa vie, il se consacra à ramener la paix entre les différentes factions de sa communauté. En 1263, il défendit le judaïsme dans une controverse publique qui s'est tenue à la cour du roi Jacques Ier d'Aragon[1]. Deux ans plus tard, les autorités chrétiennes ont demandé au Pape de sanctionner Nahmanide pour ses affirmations lors de la disputation. Il dut alors fuir l'Espagne et s'installa en Terre d'Israël où il passa les dernières années de sa vie à rédiger son commentaire de la Torah.

Au contraire de Rashi, qui donne un commentaire concis de presque chaque verset, Nahmanide examine en profondeur différentes idées et problèmes soulevés par le texte de la Torah. À certains endroits, il cite Rashi, Ibn Ezra, ou encore les rabbins du *Midrash* et exprime son accord ou son désaccord avec eux. Ses commentaires comportent des aperçus psychologiques à propos des personnages bibliques, ainsi que ses propres observations philosophiques, politiques ou encore scientifiques.

Le Zohar

Le *Zohar*, apparu au XIIIe siècle, est un des commentaires les plus curieux et les plus fascinants qui soient. Cette interprétation mystique de la Torah, qui cherche à révéler le *sod* et le *remez*, le sens « secret » et « caché » de la Torah, est attribué à Shimon bar Yohaï (100-160 de notre ère).

1. Il s'agit de la *Disputation de Barcelone* dont les débats nous sont parvenus (NdT).

De nombreux chercheurs, cependant, pensent qu'il s'agit de l'œuvre de Moïse de Léon (XIIIe siècle) qui vécut à Grenade en Espagne. Quel que soit celui qui a écrit ou compilé le *Zohar*, il a créé bien plus qu'un livre. Il s'agit d'une bibliothèque comportant différentes approches, des fragments d'interprétation, et d'intrigantes spéculations sur les relations entre Dieu et le monde. Le *Zohar* nous donne une grande diversité d'explications sur l'attention que Dieu porte à l'humanité et au peuple d'Israël. Il utilise les mathématiques, les combinaisons de lettres et de mots, des observations mystiques et une riche imagination. Il cherche ainsi à révéler l'invisible et à surprendre ceux qui l'étudient par de nouvelles manières d'aborder les mystères de l'univers et de la vie humaine.

Abravanel

Celui qui plaida la cause des Juifs auprès du roi Ferdinand d'Aragon et de la reine Isabelle de Castille lorsqu'ils décidèrent leur expulsion de leurs terres n'était autre que Don Isaac Abravanel (1437-1508). Il naquit à Lisbonne et reçut une éducation à la fois juive et classique. Il fut non seulement trésorier du Portugal, mais il servit aussi comme ministre des Finances pour des monarques espagnols et italiens. En s'appuyant sur son expérience d'homme d'État et ses connaissances en histoire et en philosophie, Abravanel écrivit un commentaire de la Torah riche en observations sur la politique, incitant à se méfier de la concentration du pouvoir et de l'autorité. Il interroge le comportement éthique des personnages bibliques et défend le judaïsme contre les attaques des acteurs de l'Inquisition. Son étude de la Torah est divisée en différents chapitres, chacun commençant par une série de questions fondamentales. Pour Abravanel, la Torah est la source de sagesse ultime, et la pratique des commandements renforce les liens entre le peuple juif et Dieu.

Sforno

Ovadiah ben Yaakov Sforno (1475-1550) vécut la majeure partie de sa vie à Bologne, en Italie. Dans sa jeunesse, il étudia la philosophie, les mathématiques, la linguistique et la médecine. Tout en étant installé comme médecin, il dirigeait une maison d'édition hébraïque, ainsi qu'un centre d'éducation juive. C'était aussi un dirigeant actif de la communauté juive de Bologne. Alors que sa réputation de savant de la tradition juive s'étendait, des dirigeants juifs de toute l'Italie s'adressaient à lui pour prendre conseil.

Dans son commentaire de la Torah, Sforno s'attache à expliquer le *peshat*, le « sens premier » du texte. Il utilise ses connaissances en science et en médecine mais, contrairement à Abravanel, il ne fournit pas d'observations historiques. Certains chercheurs ont qualifié sa manière de penser d'humaniste car il ne fait référence que très rarement aux différences entre Juifs et non-Juifs, préférant au contraire enseigner que l'humanité tout entière est le trésor de Dieu (voir son commentaire sur Deutéronome 33 : 3).

Mendelssohn

Moïse Mendelssohn (1729-1786) publia son *Biour*, ou « explication » de la Torah entre 1780 et 1783. Né à Dessau en Prusse, Mendelssohn était le fils d'un *sofer*, « scribe ». Il avait acquis une certaine renommée parmi les Juifs et les non-Juifs comme philosophe, critique littéraire, et défenseur du judaïsme. Il exerçait la profession de marchand. Il est arrivé à la conclusion que les Juifs devaient abandonner le yiddish et apprendre l'allemand afin de jouer un rôle actif dans la société allemande.

Le *Biour* de Mendelssohn est à la fois un commentaire de la Torah et une traduction en allemand utilisant des caractères hébraïques. En fait, il invita son ami Solomon Dubnov à rédiger le commentaire sur la Genèse ainsi que Naftali Herz Wessely le commentaire sur le Lévitique. Le *Biour* met l'accent sur la beauté littéraire et éthique de la Torah. Cependant, il a été reçu avec une tempête de protestations de la part des cercles juifs traditionnels qui rejetaient la préférence de Mendelssohn pour l'allemand. Aujourd'hui, il est reconnu comme une des œuvres significatives qui ont fondé la *Haskala*, l'équivalent juif du mouvement des Lumières, qui a permis l'intégration des Juifs dans la culture occidentale émergeante du XIXe siècle et qui fut aussi à l'origine de la tendance libérale du judaïsme[1].

1. Dans le monde germanique et anglophone, le terme de « Réforme juive » est préféré. En France, l'usage veut que l'on parle plutôt de judaïsme libéral (NdT).

Mecklenbourg

Un des premiers opposants de la réforme naissante, Jacob Zvi Mecklenbourg (1785-1865) est l'auteur du commentaire de la Torah intitulé *HaKetav vehaKabbalah*. Il exerça le métier d'homme d'affaires jusqu'en 1831, date à laquelle il devint le rabbin de Königsberg. Son commentaire cherche à expliquer les lois de la Torah. Il veut aussi prouver que les lois talmudiques trouvent leur source dans l'autorité de la Torah. Son approche reflète en partie ses désaccords avec les Juifs libéraux qui affirmaient qu'une partie des lois de la Torah n'était plus applicable dans la société de son temps.

Malbim

Meïr ben Yehiel Michaël, connu selon l'acronyme MaLBIM naquit à Volochisk en Russie (1809-1879). Il s'est marié à l'âge de quatorze ans et divorça peu de temps après. Les débuts de sa vie ont été marqués par des voyages et des périodes d'étude dans différents centres du judaïsme européen. En 1858, il fut nommé Grand Rabbin de Roumanie, mais ses controverses avec les Juifs libéraux conduisirent finalement à son renvoi. Malbim fonde son commentaire de la Torah en grande partie sur le *midrash* des premiers rabbins. Pour lui, chaque mot est important et porteur de nombreuses compréhensions du divin. Bien qu'il préfère expliquer le sens littéral du texte, il n'hésite pas à ajouter ses propres observations. Par exemple, il invente d'habiles discussions sur la loi juive et les place dans la bouche de personnages bibliques.

Luzzatto

Alors que Malbim commentait la Torah dans l'Europe orientale, Samuel David Luzzatto (1800-1865) écrivit son commentaire à Padoue, en Italie. Luzzatto, connu aussi sous son acronyme ShaDaL à partir de ses initiales, a fait œuvre de philosophe, d'historien, de traducteur et de commentateur de la Torah. Sa vie fut marquée par la mort tragique de sa première épouse et celle de leurs deux fils. En 1821-1822, après avoir publié une traduction du livre de prières juives en italien, Luzzatto fut nommé professeur au collège rabbinique de Padoue. Son commentaire de la Torah manifeste un grand respect pour l'œuvre de Rashi. Il fait ressortir les leçons morales et les valeurs éthiques qu'il pense être au cœur du texte de la Torah. Luzzatto cherche à encourager tant l'amour et la connaissance de la tradition juive que la loyauté à l'égard du peuple juif. Sa recommandation pressante auprès des jeunes de retourner sur la Terre d'Israël fait de lui un des premiers sionistes.

Hirsch

Samson Raphaël Hirsch (1808-1888) fut l'un des dirigeants juifs les plus marquants de l'Europe du XIXe siècle. Son commentaire de la Torah reste une expression classique des conceptions juives orthodoxes. Né à Hambourg, Hirsch étudia le Talmud avec son grand-père. Il fut profondément influencé par le rabbin Isaac Bernays, un opposant farouche à la Réforme juive naissante. Hirsch a œuvré en faveur de l'émancipation des Juifs d'Autriche et de Moravie et, en 1851, il débuta une carrière de trente-sept années comme rabbin de la ville de Francfort. Son étude philosophique *Dix-neuf Lettres sur le judaïsme*, lui avait alors déjà valu une grande admiration de la communauté juive orthodoxe.

Son commentaire de la Torah « cherche à déduire l'explication du texte à partir des mots eux-mêmes ». Il utilise aussi bien d'anciens commentaires rabbiniques que d'autres, plus récents, pour souligner que la tradition juive propose la forme la plus élevée de discipline de vie. Hirsch s'oppose farouchement à l'idée prônée par le judaïsme libéral que la tradition de la Torah a évolué historiquement à travers les âges… Il affirme que la Torah a été révélée par Dieu au mont Sinaï et que, par conséquent, rien en elle ne peut et ne pourra être changé.

Hertz

Joseph Herman Hertz (1872-1946) suit la philosophie d'Hirsch et s'inscrit dans son approche de la Torah. Cependant, son commentaire, le premier à avoir été écrit en anglais est plus concis. Il y insère aussi de brefs essais sur des sujets significatifs. Hertz naquit en Slovaquie. Il arriva aux États-Unis à l'âge de douze ans et il fut le premier diplômé du *Jewish Theological Seminary*[1] en 1894. Il servit comme rabbin en Afrique du Sud, mais il fut expulsé à cause de ses critiques véhémentes de la politique discriminatoire du gouvernement à l'encontre des étrangers. En 1913, il fut nommé

1. Un des centres de formation du mouvement *Conservative*, situé à New York (NdT).

Grand Rabbin d'Angleterre[1]. Dans son commentaire de la Torah, publié entre 1929 et 1936, il exprime son désaccord avec la critique biblique de son époque, qui soutenait que la Torah, comme le reste de la Bible hébraïque, trouve ses origines dans plusieurs documents et qu'elle est devenue littérature sainte au cours des siècles. Il soutient l'opinion fondamentale traditionnelle que la Torah a été donnée dans son intégralité à Moïse par Dieu sur le mont Sinaï.

Benno Jacob

Rabbin et bibliste, Benno Jacob (1862-1941) fuit l'Allemagne en 1939 et s'installa en Angleterre. Dans son commentaire, il exprime son désaccord, non seulement avec de nombreux biblistes de son temps, mais aussi avec des personnalités plus fondamentalistes, comme Hirsch et Hertz. Il considérait que l'étude de la Torah ne permet pas de justifier l'idée que Moïse l'ait reçue en bloc, ni qu'il l'ait écrite entièrement. Cependant, affirme-t-il, la Torah doit être respectée comme un document fiable qui représente les premières étapes de l'histoire religieuse du peuple juif.

Speiser

Ephraïm Avigdor Speiser (1902-1965) fut l'un des premiers à utiliser l'archéologie pour commenter la Torah. Formé à l'archéologie aux États-Unis, il passa

1. Son titre exact était : Grand Rabbin de l'Empire Britannique. Il rédigea aussi un *siddour* (livre de prières), longtemps en usage dans les communautés orthodoxes britanniques (NdT)

de nombreuses années en Irak, où il conduisit des fouilles dans différentes cités antiques. Il donna des cours à l'Université de Pennsylvanie à partir de 1928, et ce jusqu'à sa mort. Dans son commentaire de la Genèse, il utilise les acquis des historiens modernes, des archéologues, des linguistes et des chercheurs en étude comparée des cultures et des religions pour analyser les récits concernant l'Israël ancien. Il considère que le judaïsme est issu à la fois de la culture mésopotamienne et de la culture égyptienne.

Morgenstern

Julian Morgenstern (1881-1976), bibliste et président du *Hebrew Union College*[1] de 1922 à 1947, pensait aussi que la Torah avait évolué à partir de l'expérience vécue par le peuple juif au sein des cultures moyen-orientales. Dans son analyse de l'émergence des croyances et traditions religieuses juives, il utilisa aussi des considérations socio-économiques. Cependant, pour lui, le message principal de la Genèse est de nature éthique.

Leibowitz

Nehama Leibowitz (1905-1997), chercheuse israélienne, diffère de Morgenstern et de Speiser dans son approche de la Torah. Plutôt que de n'y voir que des réalités historiques, religieuses et sociales limitées à une période en particulier, elle cherche du sens en dehors de la tradition herméneutique

1. Centre de formation rabbinique du mouvement *Reform* ou *Liberal* nord-américain (NdT).

rabbinique. Elle compare et met en dialogue les idées de rabbins de différentes époques et de différents lieux. Ainsi, elle incite ses étudiants à atteindre de nouvelles compréhensions du contenu et des intentions du texte de la Torah.

Professeur de Bible à l'Université de Tel Aviv, Neh̲ama Leibowitz a développé au cours de sa carrière un très large réseau d'étudiants, grâce notamment à son programme d'étude hebdomadaire de la Torah : « Enseignez-vous vous-mêmes. » Le principe sous-jacent de toute sa pensée est que la Torah foisonne d'interprétations potentielles, et elle a constamment invité ses étudiants à les découvrir.

Sarna (1966)

Nahoum Sarna (1923-2005) a été professeur de Bible. À l'instar de Speiser, il a cherché à dévoiler le message de la Torah en l'étudiant dans son contexte culturel. Il a comparé les pratiques religieuses des peuples du Proche-Orient ancien, leurs mythologies ainsi que leurs systèmes légaux avec le contenu de la Torah. Il a écrit *Understanding Genesis* (1966) et *Exploring Exodus* (1996) « comme un moyen de mettre en valeur le message de la Bible pour la jeunesse très sophistiquée de notre génération ».

En 1981, après des années de recherche et d'écriture, l'*Union of American Hebrew Congregations*[1] a publié : *The Torah : A Modern Commentary.* Ce premier commentaire « officiel » du mouvement libéral a été écrit et édité par les rabbins W. Gunther Plaut

1. Aujourd'hui : *Union for Reform Judaism (URJ)*, l'organisation centrale des Juifs libéraux d'Amérique du Nord.

et Bernard J. Bamberger, rejoints par le professeur William H. Hallo qui y a contribué par des essais critiques. Comme la plupart des commentaires traditionnels, il se présente sous la forme d'une analyse linéaire du texte. Cependant, il fait aussi appel au savoir accumulé par les historiens, les archéologues et les chercheurs en histoire comparée des religions. À la fin de chaque section, des essais traitent de questions importantes soulevées par le texte et proposent différentes conclusions fondées non seulement sur des commentaires rabbiniques traditionnels, mais aussi sur la recherche biblique contemporaine[1].

La recherche du sens continue

Ce processus d'exploration de ces textes anciens pour en retirer des significations nouvelles se poursuit aujourd'hui encore. Et comme par le passé, des opinions divergentes existent. Certains voient la Torah comme un récit historique sur les anciens Israélites. D'autres y voient un document sur la religion et les mythes du Proche-Orient ancien. Certains pensent que sa valeur réside dans sa qualité d'œuvre littéraire. D'autres estiment que la Torah est le premier guide éthique de la civilisation occidentale. D'autres encore soutiennent que la Torah s'est développée à partir de la relation du peuple juif avec Dieu, que ses commentateurs, à chaque

---

1. Dans le même esprit, le mouvement libéral américain a publié le premier commentaire de la Torah écrit par des femmes : *The Torah : A Women's Commentary*, Tamara Cohn Eskenasi et Andrea L. Weiss, éd., URJ Press, 2007.

époque, ont élargi encore le champ de ses significations, et que Dieu continue de parler à chaque fois que le message de la Torah est célébré dans l'étude, le rituel, ou encore l'attitude éthique de ceux qui conforment leur existence à ses commandements et à sa sagesse.

La liste des commentateurs dont les vues sont intégrées dans la *Torah commentée pour notre temps* est particulièrement longue. Pour en avoir un aperçu complet, il suffit de se référer au glossaire des commentaires et des interprètes qui se trouvent à la fin de ce volume.

Le peuple juif n'a jamais cessé d'étudier et de réétudier la Torah et d'en extraire ses trésors inestimables. Ce commentaire de la Torah pour notre temps vous invite à participer à cette grande aventure. Nous rencontrerons une grande diversité de points de vue et d'opinions, et cette variété de perspectives nous permettra d'aiguiser nos esprits et nos sensibilités. Cependant, l'étude de la Torah est bien plus qu'une aventure intellectuelle, bien plus que de savoir ce que tel commentateur a dit, ou ce que tel chercheur pense. Il s'agit avant tout d'un défi spirituel très sérieux. Son but est de nous transformer jusqu'à ce que nous ayons le courage de commencer à transformer nos vies et nos communautés par la sagesse qu'elle contient. À travers son étude, nous enseignent nos Sages, une personne rend le monde digne d'y vivre… et promeut la paix (*Avot* 6 : 1 ; *Sanhedrin* 99b).

C'est maintenant à vous d'étudier et de vous laisser transformer par cette étude.

Questions et significations

Isaac Bashevis Singer, lauréat du prix Nobel explique que chaque fois qu'il prend la Bible de son étagère, il ne parvient pas à la reposer. « J'y trouve toujours des dimensions, des faits, des tensions et des informations nouvelles. Parfois j'imagine même que pendant que je dors, un scribe mystérieux entre en cachette dans ma maison et ajoute à ce livre merveilleux de nouveaux passages, de nouveaux noms, de nouvelles péripéties[1]. »

La réflexion de Singer sur la Bible découle d'une profonde connaissance de son contenu et d'une appréciation de sa puissance littéraire et de sa beauté. La Genèse présente au lecteur un vaste panorama de légendes antiques sur la création, les premières vies humaines sur notre planète et l'origine du peuple hébreu. Les histoires d'Adam et Ève, d'Abraham et Sarah, d'Isaac et Rébecca, de Jacob, Léa et Rachel, de Joseph et ses frères, sont plus que de simples récits narratifs. Elles sont le témoin de souvenirs et de leçons éthiques transmis comme une fierté tribale, d'une génération à la suivante, constituant ainsi une histoire.

Pendant des siècles, les Juifs ont lu la Torah non seulement comme une charte dessinant les aventures du peuple hébreu, mais comme un guide, révélant les intentions éthiques et spirituelles de la vie humaine. Les récits de tromperie et de jalousie entre Caïn et Abel, Sara et Hagar,

---

1. David Rosenberg, *Contemporary Writers Read the Jewish Bible*, Harcourt Brace Jovanovich Publishers, New York, 1987, p. 7-8.

Jacob et Ésaü étaient lus non pas seulement parce qu'ils étaient « de belles histoires » mais aussi parce que les lecteurs se retrouvaient à travers la confusion, le tourment et les ambitions de leurs ancêtres bibliques.

Noé se demandant s'il doit se sauver lui-même ou protester contre les maux de son temps, Abraham faisant fi de sa douleur pour accueillir des visiteurs dans son foyer, Rébecca préférant délibérément Jacob à Ésaü, ou Joseph faisant part à ses frères de ses rêves de supériorité, voici autant d'exemples de choix auxquels chacun de nous doit faire face. Les personnages de *La Torah commentée pour notre temps* nous reflètent. Ces histoires anciennes sont étonnamment contemporaines. Elles apparaissent toujours vivantes, renouvelées et pertinentes pour nos vies.

Déceler les trésors de la Torah

Il n'est pas étonnant que les interprètes juifs à travers les siècles aient été autant interpellés par le texte de la Torah. Selon le Talmud de Jérusalem, il existe quarante-neuf manières différentes de déchiffrer les sens de la Torah (TJ, *Sanhédrin* 4 : 2). Avec tant d'approches diverses, il n'est pas surprenant de trouver dans la tradition juive une variété très large d'opinions parmi les commentateurs. Au cours des discussions sur la Genèse, nous verrons comment Rashi peut avancer un avis contraire aux premiers rabbins ou comment Na<u>h</u>manide peut exprimer une critique acerbe de Rashi ou se disputer avec Maïmonide. Nous noterons la manière dont des commentateurs mystiques éclairent des mots ou des phrases du texte de la Torah ; ou comment des exégètes critiques modernes, utilisant des connaissances nouvelles empruntées à l'étude des langues anciennes ou à des découvertes archéologiques récentes, apportent des explications qui n'étaient pas accessibles aux anciens interprètes.

Il est évident que la Torah et notre tradition de commenter ses récits et ses personnages, ses conflits et ses commandements s'adressent à tous les aspects de la vie humaine. Nous nous inspirons de la sagesse de ces récits pour des situations et des sujets très divers : apaiser un désaccord, pratiquer l'hospitalité, définir la beauté, l'amour, la justice, le leadership ; savoir se comporter face au pouvoir, se réconcilier avec ses ennemis, et atteindre la paix. La Genèse se préoccupe essentiellement d'êtres humains qui, dans leur individualité luttent pour trouver un sens et un sentiment d'accomplissement à leur vie. C'est la mise en scène de leurs relations les uns avec les autres et avec Dieu qui suscite notre intérêt et stimule notre imagination.

Dans le second et le troisième livre de la Torah, l'Exode et le Lévitique, nous rencontrons une narration et un genre littéraire très différents. Si la Genèse se préoccupait d'individus, l'Exode s'intéresse au peuple hébreu. Pendant que la Genèse dénoue des histoires personnelles, l'Exode nous amène sur la scène de l'Histoire, sur laquelle les nations se battent pour leur existence, et où le peuple hébreu, battu et opprimé, cherche sa libération d'Égypte et son retour à la Terre promise.

Dans la Genèse, la relation des êtres humains avec Dieu est dépeinte comme personnelle et privée. Adam, Noé, Abraham, Isaac, Jacob rencontrent tous Dieu lorsqu'ils sont seuls. Dans l'Exode et le Lévitique, Dieu ne parle pas seulement à Moïse mais constamment aussi au peuple hébreu qui se tient debout au mont Sinaï pour y recevoir « la Torah ». Des lois et des commandements sont formulés à l'attention du « peuple d'Israël » à qui il est demandé de construire un sanctuaire pour le culte. Des détails architecturaux lui sont fournis aux côtés de lignes directrices concernant les sacrifices dédiés à l'Éternel.

Nous découvrirons à travers ces pages que les interprètes juifs ont autant apprécié cette étape plus large de l'histoire d'Israël que celle des vies des patriarches et des matriarches. Moïse est décrit comme un jeune rebelle défendant son peuple, un humble berger, un dirigeant réticent, un porte-parole courageux devant le puissant Pharaon, et aussi comme un libérateur, un législateur, et un chef impatient face à un peuple plaintif et confus. Les premiers chapitres de l'Exode sont spectaculaires, « matière » à film à grand spectacle. Pour les commentateurs juifs, ces premiers chapitres sont riches en possibilité de discussion sur les thèmes de la libération, de la désobéissance civile, de l'entêtement, des responsabilités de la direction, du traitement des étrangers, et de l'obligation de la *tsedaka*, ou justice sociale.

Questions et défis

Cependant ces mêmes textes nous présentent des défis inhabituels. Tandis que les premiers chapitres de l'Exode contiennent le récit passionnant de la libération du peuple d'Israël d'Égypte et l'expérience du mont Sinaï lorsqu'ils reçoivent les Dix Paroles, les dernières parties de l'Exode et la plupart du Lévitique regroupent de longs passages détaillés sur la construction de l'ancien sanctuaire. Des instructions sont données aux prêtres sur la manière de présider aux différents sacrifices offerts par les Israélites à Dieu. Plusieurs chapitres sont consacrés à des infections de peau et comment les traiter.

Parfois, ces chapitres ressemblent à un plan d'architecte, au bloc-notes d'un décorateur d'intérieur ou à des esquisses de stylistes, occasionnellement à des instructions effrayantes concernant un abattoir ou bien encore aux ordonnances d'un spécialiste en maladies infectieuses.

En cherchant à comprendre la signification de ces textes de l'Exode et du Lévitique, les commentateurs juifs à travers les âges se sont posé la question suivante : Quelles leçons pouvons-nous tirer de tels sujets et de thèmes si éloignés et apparemment peu pertinents pour notre vie ?

Citons un exemple : si une personne remarque soudainement une éruption et un gonflement ou une décoloration de la peau, la Torah lui enjoint de consulter un prêtre et de rester sept jours en isolement. Si l'éruption disparaît, la personne doit offrir des sacrifices sur l'autel du sanctuaire.

Les questions soulevées par cet exemple de ce qui aurait pu être une forme de lèpre sont importantes : s'agit-il d'une description d'une procédure médicale dépassée, ou bien contient-elle des idées et des valeurs d'une importance pérenne ? Si nous ne diagnostiquons pas des maladies de la peau de la même manière que le faisaient les anciens prêtres et n'offrons plus de sacrifices au Temple, alors pourquoi continuer à lire et étudier de tels chapitres de la Torah ? Pourquoi ne pas les ignorer ? Et si vraiment nous prenons les textes de la Torah au sérieux, comment les patients atteints de maladies infectieuses devraient-ils être traités ? Devraient-ils être isolés ? Quel soin doit-on leur apporter ?

Des nombreuses discussions des commentateurs sur des sujets comme les maladies de peau, la construction du sanctuaire, les détails concernant les habits sacerdotaux, l'ensemble des dons apportés au sanctuaire, et bien d'autres, il ressort une confrontation sérieuse et fascinante avec les questions essentielles de la motivation humaine et du comportement éthique. L'attention aux détails de la construction du sanctuaire conduit les commentateurs à discuter de l'importance des soi-disant petits détails de notre vie. Le sujet de collecter des dons pour le sanctuaire est l'occasion de se poser des questions fondamentales sur la responsabilité des fonctionnaires délégués aux fonds publics. Le rituel d'aspersion du sang sur l'autel donne lieu à l'évocation de la sainteté de la vie. Les règles d'alimentation citées dans le Lévitique sont prétextes à examiner l'art de la nourriture comme fonction de la sainteté et pas seulement comme réaction à la faim.

Rejoignez l'aventure

L'aventure de l'étude de la Torah proposée par l'Exode et le Lévitique est souvent surprenante et représente toujours un défi. Il n'est pas étonnant que les étudiants de la Torah aient constamment été enrichis par l'exploration des thèmes rencontrés dans ces livres saints de la tradition juive. Dans les pages qui viennent, vous allez rejoindre le débat et l'aventure et peut-être découvrir pourquoi Rabbi Meïr a enseigné que ceux qui étudient la Torah font non seulement du monde un lieu plus humain mais sont appelés « des amoureux des êtres humains et de Dieu » (*Avot* 6 : 1).

Les trésors de la Torah

« Les paroles de la Torah sont comme des coupelles en or. Plus on les polit et plus on les frotte, plus elles brillent et éclairent le visage de ceux qui les regardent. Ainsi en est-il avec la Torah. Plus on l'étudie, plus on essaie de comprendre sa signification, plus on en parle et plus on en fait le guide de notre vie, plus notre visage s'éclaire » (*Avot de rabbi Natan* 31 : 34b).

Dans la tradition juive, « lumière » et « sagesse » sont synonymes de connaissance et de pratique de la Torah. Ainsi, l'auteur du Psaume 19 : 8-9 commente : « La Torah de l'Éternel est parfaite, elle renouvelle l'âme ; les enseignements de l'Éternel sont infinis, rendant sage le simple ; les lois de l'Éternel sont justes, elles réjouissent le cœur ; les commandements de l'Éternel sont lumineux, ils éclairent les yeux. »

Cette idée de la Torah comme source vitale de la « lumière » juive et comme guide de l'éthique et de la pratique religieuse est fondamentale dans l'approche de notre conception de la Torah elle-même. Moïse rappelle constamment aux Hébreux que Dieu a scellé une alliance, un accord sacré avec eux. Les enseignements et les commandements qui en découlent leur ont été donnés afin qu'ils puissent devenir un peuple « saint ». Et le fait de posséder, d'approfondir et de mettre en application la Torah est une justification de l'existence du peuple juif. Moïse a mis en garde le peuple d'Israël en disant : « Vois, je place devant toi la vie et le bien, la mort et le mal… tu choisiras la vie et tu vivras, toi et tes descendants, et tu aimeras l'Éternel, ton Dieu, écoute sa voix et reste-lui fidèle ; c'est la condition de ta vie et de ta permanence… » (Deutéronome 30 : 15, 20).

Il n'est pas surprenant que l'étude et l'interprétation de la Torah soient devenues une « obsession » juive. Pour les commentateurs rabbiniques, elle est une source de récits, de poésies et de lois et non simplement une bibliothèque contenant des informations. Ils comparent la Torah à une « ligne de vie », l'encensent comme une « médecine de vie », s'y réfèrent comme à une « carte de l'existence » ou à un « vin fin qui affermit et régénère l'esprit ». Selon eux, la Torah « embellit le peuple d'Israël ». Elle nous protège des pensées déviantes qui s'emparent de nous et altèrent la capacité à exprimer le bien, la vérité, la justice et l'amour. Pour le peuple juif, la Torah est sa « patrie spirituelle ». Ceux qui l'étudient et mettent en pratique ses enseignements ne deviendront jamais étrangers à eux-mêmes ni à leur peuple.

Le rabbin Jacob Neusner, un commentateur contemporain, n'exagère pas le trait en définissant le judaïsme comme l'expression ultime de la Torah. Ayant à l'esprit des siècles de commentaires, de passion et d'intelligence consacrés à l'approfondissement de la Torah, Neusner conclut en disant que le judaïsme est une tradition religieuse enracinée dans les livres de sainteté. Elle se manifeste à travers des paroles, des actes, une façon de vivre, des principes de foi qui s'enracinent dans les paroles de la Torah (*Cantiques des Cantiques Rabba* 1 : 15 ; *Nombres Rabba, Shelah* 17 : 6 ; *Sifre Deutéronome, Ekev* 82b ; *Pesikta deRav Kahana* 102a, *The Way of Torah : An Introduction to Judaism,* Wadsworth Publishing, 2003, p. 91).

Si on a attribué tant d'influence à la Torah et, en particulier, la capacité de donner un sens à notre vie, cela signifie qu'elle joue un rôle essentiel dans l'histoire et dans la destinée du peuple juif. Chaque génération de Juifs a approfondi sa raison d'exister grâce à son décryptage et à sa compréhension des valeurs et des lois de la Torah pour son temps. Aujourd'hui se poursuit le défi exaltant de saisir le sens de la Torah.

Retour sur la Genèse, l'Exode et le Lévitique

Le premier livre de la Torah : la Genèse a les « origines » comme sujet principal. Il présente une vision des débuts de la vie, de l'existence humaine et de l'alliance avec Abraham, Isaac et Jacob, affirmant la relation entre le peuple juif et Dieu et avec la terre de Canaan. Ce livre se termine avec Joseph invitant la famille de son père à trouver sécurité et refuge en Égypte.

L'Exode relate la renaissance des Hébreux. Joseph étant mort, sa contribution à la survie du peuple égyptien est oubliée par un nouveau Pharaon qui asservit les Hébreux. Au moment le plus terrible de leur captivité, Moïse vient et les fait sortir d'Égypte. Le peuple d'Israël libéré va séjourner dans le désert du Sinaï où il recevra la Torah, s'organisera pour vivre en communauté et construira le Tabernacle. Les récriminations du peuple d'Israël concernant ses conditions de vie dans le désert ponctuent ce récit. Alors que Moïse est monté sur le mont Sinaï pour recevoir les Tables de la Loi, ils le trahissent ainsi que Dieu en construisant un veau d'or. Dieu les menace de les effacer de la surface de la terre pour avoir brisé sa confiance. Moïse intervient auprès de Dieu et les sauve de l'anéantissement.

Le livre du Lévitique contient les principes qui peuvent guider le peuple et les prêtres dans leurs offrandes à Dieu. Même s'il peut se lire comme un manuel d'actes rituels, il inclut de nombreux textes d'éthique juive qui se comparent aisément avec les Dix Commandements contenus dans l'Exode et le Deutéronome. Les commentateurs rencontrent de nombreux défis pour rendre ce livre actuel. Leurs questions concernent le sens de la prière, celui des sacrifices d'expiation, les maux engendrés par la maladie, la calomnie et l'interrogation concernant le bouc émissaire. À travers les règles précises qui sont énoncées sur le mode des sacrifices d'animaux et sur la guérison de ceux qui sont frappés par certaines maladies, les interprètes de la Torah évoquent le comportement à adopter en faveur du pauvre, envers celui qui est opprimé, et le défi de créer une société fondée sur le principe moral de l'amour du prochain.

Le livre des Nombres

Contrairement aux livres précédents, le livre des Nombres qui porte en hébreu le nom de *Bemidbar* (*Sinaï*) (« Dans le désert (du Sinaï) ») est la narration des quarante années d'errance du peuple d'Israël dans le désert. Il porte le nom de Nombres car les quatre premiers des trente-six chapitres relatent le recensement du peuple, un an et un mois après sa sortie d'Égypte.

Ce livre décrit un peuple émergeant de l'oppression nommant des chefs, organisant des institutions et se préparant pour la reconquête de Canaan. D'une certaine façon, il met en lumière les années difficiles et révélatrices de l'adolescence du peuple d'Israël qui est en train de se constituer. Campant dans quarante lieux différents, il fait face aux difficultés inhérentes de la vie dans un désert rude et inhospitalier. Cette nouvelle communauté naissante forge des lois de gouvernance pour pouvoir subsister en tant que peuple et se défendre contre les ennemis à venir lorsqu'il sera rétabli sur la terre ancestrale.

Comme l'Exode, le livre des Nombres comprend des récits et des lois. La question de la pureté de la communauté et de sa relation avec Dieu, des lois concernant le *nazir* (l'abstème), le soupçon d'adultère, les vœux, la bénédiction sacerdotale, le port des franges ou *tzitzit*, l'héritage du pays, le rituel de la vache rousse et la mise en sécurité de celui qui a causé la mort sans intention de la donner… Toutes ces lois ont pour but de préparer le peuple afin qu'il puisse administrer le pays d'Israël qu'il allait conquérir.

De façon ironique, de nombreux épisodes de rébellion contre Dieu sont mêlés à ces exposés de lois, car le peuple se plaint constamment de son sort dans le désert. Il met en question la direction assurée par Moïse et Aaron, allant parfois jusqu'à exprimer sa volonté de retourner en Égypte. Il gémit à propos de la manne insipide et du manque d'eau. Lorsque Moïse envoie les explorateurs en Canaan afin qu'ils fassent un rapport sur lequel le peuple pourra s'appuyer pour conquérir le pays d'Israël, la majorité se livre à une désinformation en insistant sur l'impossibilité de mener une campagne victorieuse. À un autre moment, Koraẖ et ses partisans mènent une sédition contre Moïse et Aaron. Exaspérés par ce manque de confiance, même Moïse et Aaron se retournent contre Dieu. Suite à ces plaintes et à ces infidélités, comme tous ceux qui sont nés en Égypte, ils sont condamnés à mourir dans le désert. Seuls Josué et Caleb entreront dans le pays d'Israël et y conduiront la nouvelle génération.

L'histoire de Balak, roi de Moab, qui appelle Bil'am fils de Beor pour maudire le peuple, semble redonner confiance au peuple. Le prophète qui est appelé pour prononcer la destruction du peuple en échange d'une forte récompense, refuse d'être « acheté ». Puis, par trois fois, au lieu de les maudire, il les bénit, prédit qu'aucun mal ni aucun désastre ne s'abattront sur Israël et conclut en disant : « Qu'elles sont belles tes tentes, Jacob, tes demeures, Israël. »

Le livre des Nombres se termine par la détermination du peuple à se préparer à la reconquête du pays d'Israël et on procède à un nouveau recensement.

Des détails concernant les sacrifices des jours de fête sont donnés. Il est question de la répartition du territoire, du droit des femmes à l'héritage. Et le livre se conclut avec le récit de Moïse et du peuple se tenant dans les steppes de Moab, sur les bords du Jourdain, face à Jéricho, prêt à entrer dans le pays d'Israël.

À travers les générations, les commentateurs du livre des Nombres ont été confrontés à de nombreux sujets. Ils ont porté une grande attention aux recensements et à leur raison d'être, aux processus étranges menant à l'accusation d'une femme soupçonnée d'adultère, à la signification des vœux de l'abstème. Les rabbins se sont penchés sur les raisons des multiples revendications du peuple d'Israël, sur son comportement lors de l'épisode des explorateurs et de leur compte rendu sur le pays d'Israël, sur la justification de la rébellion de Koraẖ contre Moïse et Aaron, et se sont posé la question suivante : Pourquoi Moïse, ce serviteur zélé au service de Dieu, n'a-t-il pas pu terminer son action en apothéose, guidant le peuple d'Israël lors de son entrée sur la terre d'Israël ?

Les questions rituelles et juridiques ont également attiré leur attention. Ils ont réfléchi sur l'importance des *tzitzit*, ces franges aux quatre coins des vêtements ; ils ont examiné les cérémonies particulières concernant la *para adouma* (« la vache rousse »), comme les dangers du fanatisme tels que l'action meurtrière de Pinhas à l'encontre de Zimri et de la Midianite ; et ont accordé une très grande importance au processus de justice qui peut assurer la paix au sein de la société.

Les discussions sur ces sujets montrent à quel point les opinions des interprètes de la Torah sont multiples et parfois opposées. La nouvelle approche d'un commentateur contemporain peut parfois permettre de découvrir une nouvelle interprétation. Dans leurs analyses fines, les conclusions des commentateurs au sujet de la lente maturation du peuple d'Israël lors des événements qui ont jalonné ses pérégrinations dans le désert, sont toujours d'actualité aujourd'hui. Sous de nombreux aspects, le livre des Nombres reflète l'incertitude et l'aventure, à chaque génération, du voyage de l'humanité.

Le livre du Deutéronome

Comme les commentateurs l'ont noté depuis de nombreux siècles, le livre du Deutéronome est différent dans sa structure et dans sa syntaxe. Son nom « Deutéronome » vient d'un terme grec qui signifie « deuxième loi », traduction de l'hébreu *mishné haTorah* (Deutéronome 17 : 18) ou « répétition de la loi ». Le nom en hébreu est *Devarim*, second *mot* du livre, qui signifie « les paroles ». Ces titres différents donnent des indications quant à son style et à son contenu.

Commentant cette particularité du Deutéronome, Nahmanide note que dans ce livre, Moïse explique à la génération, celle qui va bientôt entrer en Israël, de nombreux commandements qui nécessitent d'après lui d'être répétés et développés… en particulier, les lois contre l'idolâtrie. Il répète ces règles pour mettre en évidence les graves conséquences qu'entraînerait leur non-application. Don Isaac Abravanel est de l'avis de Nahmanide. Néanmoins, il ajoute une autre dimension, affirmant que Moïse seul a écrit le livre du Deutéronome, pour commenter et interpréter ce qu'il avait compris du but recherché par Dieu en donnant des commandements au peuple d'Israël.

Nahmanide comme Abravanel situent la différence entre le Deutéronome et les autres livres de la Torah en affirmant que les récits et les lois énoncés dans ce livre sont le fruit de la réflexion personnelle de Moïse. Son portrait est donné à la fin de sa mission seulement, donc à la fin de ce livre.

Une nouvelle génération des Hébreux, conduits par Josué et Caleb, s'apprête à entrer dans la terre d'Israël. Moïse les réunit et pour la dernière fois s'adresse à eux. Le Deutéronome contient ses trois derniers discours au peuple. C'est un recueil de souvenirs, de réflexions et d'interprétations auxquelles il avait abouti à la fin de ces quarante années.

Dans le premier discours, Moïse rappelle au peuple l'expérience du Sinaï et l'avertissement divin concernant l'idolâtrie. Il leur rappelle que leurs parents n'ont pas été autorisés à entrer en terre d'Israël à cause de leur constante infidélité envers Dieu.

Dans le second discours, il répète les Dix Commandements et de nombreuses lois qui se trouvent déjà dans l'Exode. La loyauté envers Dieu et ses commandements pourra seule assurer l'avenir du peuple d'Israël ; fléaux et destructions seront la conséquence de la désobéissance. Les commandements rituels et éthiques sont considérés comme d'égale importance. Le respect du shabbat, l'aide au pauvre, l'interdiction de cuire le chevreau dans le lait de sa mère, l'obligation de mettre en place l'appareil judiciaire et de faire régner la justice, l'interdiction d'abattre des arbres fruitiers lorsqu'on mène un siège contre une ville ennemie, de porter un vêtement tissé de lin et de laine, l'obligation de protéger la femme lors du mariage ou du divorce, les interdits concernant certaines relations sexuelles. Telle est la variété des sujets que Moïse explicite au peuple.

Dans son discours final, Moïse évoque la *berit* (« alliance ») que Dieu a conclue avec le peuple d'Israël au mont Sinaï. Il leur rappelle qu'elle s'applique à toutes les générations d'Hébreux et que les commandements peuvent et doivent être appliqués par tous. « Ils sont dans ta bouche et dans ton cœur afin que tu les observes. » Il met en garde le peuple du possible rejet de cette alliance en lui disant : « J'ai placé devant toi la vie et la mort, la bénédiction et la malédiction, tu choisiras la vie et… toi et ta descendance, vous vivrez – et aimerez l'Éternel, votre Dieu, gardant ses commandements et étant proches de l'Éternel. »

Le Deutéronome se conclut avec le récit de la fin de la vie de Moïse. Il bénit le peuple dans des termes poétiques et appelle Josué pour lui conférer les attributs du chef. À l'âge de 120 ans, Moïse monte sur le mont Nebo, dans le pays de Moab. De là il peut voir la terre d'Israël. Il meurt sur cette montagne mais le lieu de son ensevelissement n'est pas connu. Plus jamais il ne s'est élevé en Israël un prophète semblable à Moïse, dit la Torah, à qui Dieu parlait face à face…

Comme nous pouvons le constater, les commentateurs ont exploré et étudié le Deutéronome dans le même état d'esprit enthousiaste et critique qui les motivait dans leurs commentaires des autres livres de la Torah. Ils ont approfondi les sujets touchant à la justice afin qu'elle soit équitable pour tous, à l'arrogance et à la gratitude, à la faute et au repentir, au mal et au bien dans le monde. Ils ont développé les règles concernant l'abattage des animaux, la préservation de l'environnement, le retour d'un bien perdu, et la nécessaire transmission de la gouvernance d'une génération à l'autre. Il en a été de même pour commenter le *Chema*, à partir duquel les commentateurs expliquaient comment manifester l'amour de Dieu, et comment comprendre l'appel lancé au peuple d'Israël d'être *am segoulah*, un peuple considéré comme un trésor.

Trésors cachés

Même si le Deutéronome reprend des lois et des commandements contenus dans les livres précédents, les différences dans leurs énoncés et la dramaturgie de ce livre n'ont pas échappé aux commentateurs. Le style différent et poétique de ce livre-témoignage de Moïse ainsi que les motifs utilisés dans ses discours ont généré une approche ouverte et novatrice sur certains aspects essentiels de la tradition juive.

C'est rabbi Pinhas, vivant au IVe siècle en Babylonie, qui dressa un parallèle entre rechercher de l'argent perdu et déceler le sens et les significations contenus dans la Torah. Il est étrange, disait-il, de constater que l'on est capable d'allumer des centaines de mèches pour retrouver quelques pièces perdues. Tellement d'efforts et de détermination consentis pour retrouver quelques sous ! Combien de travail pour si peu de profit ! Mais, continue rabbi Pinhas, cela révèle un important message : si votre recherche est de comprendre la Torah comme s'il s'agissait de trésors perdus, votre récompense sera grande. Allumez des milliers de mèches et de lampes car la Torah est un trésor qui conforte la vie dans ce monde-ci et l'assure dans le monde à venir. Son étude défie notre intellect et notre esprit et renforce notre volonté d'agir avec bonté, justice et amour (*Cantique des cantiques Rabba* 1 : 9).

LA GENÈSE

Parashat Bereshit

Genèse 1 : 1 - 6 : 8

Bereshit *peut être traduit par « Au commencement » ou « En premier lieu ». La Torah commence par nous raconter comment Dieu a créé les cieux et la terre, les êtres humains ainsi que le* shabbat. *Elle se poursuit avec le récit d'Adam et Ève dans le jardin d'Éden, celui de leurs fils, Caïn et Abel, et se termine par ces paroles où Dieu regrette d'avoir créé les êtres humains à cause de leur iniquité. Pour cette raison, Dieu décide de détruire toute chose sur la terre, à l'exception de Noé et de sa famille.*

1. Au commencement, la terre était informe et l'obscurité régnait. Alors Dieu ordonna : « Que la lumière soit ! », et il considéra que cela était bien. Puis Dieu sépara la lumière, qu'Il appela « jour », de l'obscurité, qu'Il appela « nuit ». Ce fut le premier jour de la création.

Le deuxième jour, le ciel fut créé.

Le troisième jour, la terre et les mers furent formées, ainsi que des plantes et des arbres de toutes espèces. Et Dieu considéra que cela était bien.

Le quatrième jour le soleil, la lune et les étoiles furent disposés dans le ciel afin de séparer le jour de la nuit. Et Dieu considéra que cela aussi était bien.

Le cinquième jour, Dieu fit émerger des oiseaux hors des eaux pour voler dans les cieux, des créatures de toute sorte qui rampent, fourmillent ainsi que des poissons et des animaux marins qui grouillent pour se mouvoir dans les mers. Et Dieu considéra que cela était bien, et il leur ordonna de « croître et de se multiplier ». Le sixième jour, Dieu créa tous les animaux de la terre. Voyant que cela était bien, Dieu décida alors de créer les êtres humains. Dieu dit : « Je ferai Adam à mon image, selon ma ressemblance. » Dieu créa des êtres humains mâles et femelles et leur ordonna de « dominer sur les poissons de la mer, les oiseaux des cieux, le bétail, la terre entière ». Alors Dieu les bénit et leur dit : « Croissez et multipliez. » Et Dieu considéra que cela était très bien.

Lorsque le ciel et la terre furent achevés, Dieu se reposa et déclara que le septième jour de chaque semaine devrait être mis à part comme « shabbat », jour de repos. Dieu bénit le *shabbat* et le qualifia de *kodesh*, ce qui signifie « saint » ou « unique ».

2. Alors Dieu planta un magnifique jardin duquel sortaient quatre fleuves appelés Pishôn, Guihôn, le Tigre et l'Euphrate. Le jardin s'appelait *Gan Eden*, « le jardin d'Éden », situé dans ce qui était autrefois la Babylonie, et fut appelé ensuite la Perse et l'Iran. Un arbre particulier poussait au centre du jardin, appelé *Etz ha-Haïm*, ou « l'arbre de la vie ». Près de

lui se trouvait un autre arbre nommé *Etz ha-da'at Tov va-ra*, « l'arbre de la connaissance du bien et du mal ».

Dieu plaça Adam, le premier être humain, dans le jardin d'Éden et l'avertit : « Tu peux manger de chaque arbre du jardin à l'exception de l'arbre de la connaissance du bien et du mal. Si tu en manges, tu mourras » (Genèse 2 : 16-17). Alors Dieu présenta à Adam toutes les créatures du ciel et de la terre afin qu'il puisse nommer chacune d'entre elles. Puis, Dieu vit qu'Adam était seul et avait besoin d'une compagne. Alors il créa pour lui une femme. Adam l'appela *Havah*, ou Ève, qui vient du mot *haï* (« vie »), et signifie « mère des vivants » (Genèse 3 : 20).

Un jour, un serpent tenta Ève en lui disant que ni elle ni Adam ne mourraient s'ils mangeaient de l'arbre de la connaissance du bien et du mal. Elle goûta alors ses fruits et en donna à son compagnon. Lorsque Dieu les interrogea sur ce qu'ils avaient fait, Adam accusa Ève, qui, à son tour, accusa le serpent. Les trois furent punis pour avoir désobéi à l'ordre de Dieu. Le serpent fut condamné à ramper sur la terre et à manger de la poussière. Adam et Ève furent bannis du jardin d'Éden.

3. Plus tard, Ève donna naissance à Caïn, puis à un autre fils appelé Abel. Une fois devenus adultes, Caïn s'en prit à son frère et, sous le coup de la colère, le tua. Lorsque Dieu lui demanda : « Où est ton frère, Abel ? », il répondit : « Suis-je le gardien de mon frère ? » (Genèse 4 : 9.) Pour avoir tué son frère, Dieu punit Caïn en l'expulsant afin qu'il devienne un errant solitaire sur la terre.

Après avoir créé le ciel et la terre et toutes les créatures vivantes, Dieu vit que les êtres humains étaient mauvais et faisaient constamment le mal. Ainsi Dieu décida de détruire l'humanité et toutes les choses vivantes. Mais un homme du nom de Noé modifia l'intention divine.

La *parashat Bereshit* contient quatre thèmes importants :

1. La création divine des cieux, de la terre, de toutes les créatures vivantes ainsi que de l'humanité est une bénédiction.
2. Les êtres humains sont responsables de la survie de tout ce qui a été créé par Dieu.
3. L'expulsion d'Adam et Ève du jardin d'Éden.
4. Les êtres humains sont responsables les uns des autres ainsi que de la survie de l'humanité.

1. EXISTE-T-IL UNE CONCEPTION JUIVE DE LA « CRÉATION » ?

Il existe plusieurs théories sur les origines de notre planète et la galaxie des étoiles. La plupart des scientifiques qui étudient les étoiles, les astrophysiciens et cosmologistes pensent qu'il y a dix à vingt milliards d'années, toute la matière de l'univers, qui était concentrée en un point unique, explosa. C'est ce que l'on appelle le « Big Bang ». Environ un milliard d'années plus tard se formèrent des amas de galaxies, composées de gaz, de poussières et d'agrégat de matière. Les scientifiques estiment qu'il existe plus de cent milliards de galaxies, contenant chacune en moyenne cent milliards d'étoiles.

Parmi elle, notre Voie Lactée avec son vaste océan d'environ quatre cents milliards d'étoiles.

Il a été démontré récemment[1] que de nombreuses étoiles comme la nôtre ont des planètes qui gravitent autour d'elles (exoplanètes). L'ensemble des planètes et de l'étoile autour de laquelle elles gravitent s'appelle un « système solaire ». Notre planète, la Terre, tourne autour de notre étoile, le Soleil. Ici sur la Terre, avec ses cieux bleus chatoyants, ses océans, ses forêts, ses déserts et ses vertes vallées, se trouve le seul endroit où, à notre connaissance, la vie intelligente est apparue.

À travers toute l'histoire humaine, des personnes ont observé les étoiles – ou étudié la vie sur terre –, et se sont demandées comment tout cela avait commencé. Chaque civilisation a apporté sa propre réponse. Il y a des millénaires, dans le Moyen-Orient ancien, les anciens Sumériens, Akkadiens, Assyriens, Babyloniens et Égyptiens ont donné leurs récits de la « création ». La plupart d'entre eux, comme le récit épique babylonien de l'*Enouma Elish,* ont avancé l'idée qu'une multitude de dieux avaient créé les cieux, la terre et l'humanité. Dans la plupart de ces versions de la création, tout dépendait du bon vouloir des dieux. On pensait qu'ils pouvaient ordonner à la pluie de tomber ou chasser les nuages, envoyer des plaies ou anéantir des populations entières avec des déluges ou la famine. Dans ces récits antiques, les humains sont sans défense. Leurs souffrances, leur succès et leurs joies dépendaient non de leurs réalisations mais des décisions arbitraires des dieux.

---

1. En 1995 par l'observatoire de Genève. Harvey Fields publia son commentaire en 1990. Dans le texte original, l'existence des exoplanètes n'est encore qu'au stade de l'hypothèse (NdT).

Au commencement...

Carl Sagan, scientifique et écrivain, décrit la « formidable transformation » que la Torah nomme « création » : « Au commencement de cet univers, il n'y avait ni galaxies, étoiles ou planètes, ni forme de vie ou civilisations. Au contraire, ce n'était qu'une boule de feu uniforme et rayonnante remplissant tout l'espace. Ce passage du chaos du Big Bang au cosmos que nous commençons à comprendre est la transformation de matière et d'énergie la plus extraordinaire que nous ayons eu le privilège d'apercevoir. Jusqu'à ce que nous trouvions ailleurs d'autres êtres intelligents, nous sommes la plus spectaculaire de ces transformations – les descendants éloignés du Big Bang, consacrés à la compréhension et à des transformations ultérieures de ce cosmos d'où nous tirons notre origine[1]. »

Un des récits de la « création » les plus connus est l'*Enouma Elish* raconté par les anciens Babyloniens, les Assyriens, les Akkadiens et les Sumériens.

La Maison Sainte, la Maison des dieux située dans un lieu sacré n'avait pas encore été façonnée. Aucun roseau n'avait surgi, aucun arbre n'était apparu. Aucune brique n'avait été façonnée et aucun bâtiment n'avait été érigé...
Les Abysses n'avaient pas encore été créés...
Puis un mouvement apparut au milieu de la mer...
À ce moment, Eridu fut conçu...
Et les dieux, les esprits de la terre ainsi que Mardouk apparurent en même temps...

• • •

1. *Cosmos*, Ballantine Books, New York, 1980, p. 12.

> Mardouk posa un roseau à la surface des eaux ; il forma la poussière et la dispersa à côté du roseau (sur la surface des eaux) ; il forma l'humanité afin que les dieux puissent résider dans le lieu des désirs de leur cœur[1].

Le peuple juif a exposé une théorie révolutionnaire de la création des cieux, de la terre et de l'humanité. Contrairement aux autres récits anciens, qui attribuent tout ce qui a été créé à de nombreux dieux, la Torah débute par un récit qui nous enseigne qu'un seul Dieu a créé toute chose. Elle affirme que la création est « bonne », que le monde, ainsi que la galaxie d'étoiles dans laquelle il tourne, ne sont pas un accident dû au hasard, mais ont un dessein et un objectif uniques.

La Torah enseigne en outre que la vie humaine est le résultat de la volonté divine et que les êtres humains ne sont pas des « jouets » entre les mains des dieux. Au contraire, ils sont créés à l'image de Dieu. Ils ont la possibilité de faire des choix et peuvent exercer leur libre arbitre. Ils sont les partenaires de Dieu pour façonner la vie et préserver le monde.

Le psalmiste se fait l'écho du récit de la création. Non seulement il saisit le mystère de la création divine, mais encore, il précise le rôle et la responsabilité des êtres humains.

> Ô Éternel, notre Dieu,
> Que ton nom est formidable sur toute la terre,

1. Extraits tirés de : Robert Graves & Raphaël Pataï, *Hebrew Myths : the Book of Genesis*, Greenwich House, New York, 1983, p. 22.

> Toi qui as couvert les cieux par ta splendeur ! [...]
> Lorsque je regarde tes cieux, l'œuvre de tes doigts,
> La lune et les étoiles que tu as disposées,
> Qu'est-ce que l'être humain pour que tu t'en souviennes,
> Et le fils de l'homme pour que tu veuilles le visiter ?
> Tu l'as fait à peine moins qu'un dieu, et tu l'as couronné de gloire et de beauté.
> Tu lui as donné la domination sur l'œuvre de tes mains ; tout fut placé par toi sous ses pieds.
> (Psaume 8 : 2 ; 4-7)

La tradition juive affirme qu'un seul Dieu a créé les cieux et la terre, mais elle enseigne aussi que les êtres humains sont les « maîtres » du monde. Leurs choix sont décisifs. Ils ont entre leurs mains le pouvoir de créer la vie ou de tuer, la survie ou la destruction.

Mais la tradition juive va plus loin. Si les premiers chapitres de *Bereshit,* ou la Genèse décrivent dans le détail ce qui a été créé chacun des six jours de la création, les commentateurs juifs n'ont pourtant pas pris au pied de la lettre ces textes comme une description exacte de ce qui s'est passé. Au contraire, ils ont proposé différentes explications.

Par exemple, certains rabbins ont affirmé que Dieu avait tout créé le premier jour. Ensuite, chacun des cinq jours suivants, Dieu a introduit dans le monde ce qui avait déjà été formé. D'autres rabbins sont en désaccord. Ils pensent que la création de la lumière a précédé tout le reste. D'autres encore ont enseigné que Dieu, tel un artiste insatisfait à la recherche de la perfection, a créé et détruit de nombreux mondes avant de décider que celui-ci était acceptable (*cf. Genèse Rabba* 1 : 15 ; 3 : 1,7 ; 9 : 2 et 12 : 14). Et existe-t-il des commentateurs qui soutiennent que le monde fut créé en six jours de vingt-quatre heures ?

Rashi

Salomon ben Isaac, connu sous son acronyme de Rashi, le commentateur le plus célèbre de la Torah, a rejeté cette idée. Il a fait remarquer que le mot *yom*, « jour », peut aussi signifier « milliers d'années ». Afin d'appuyer cette interprétation, Rashi a cité le texte du psaume 90 : « Car un jour est comme mille ans à tes yeux » (Ps 90 : 4). Ainsi, pour Rashi, la création du monde n'est pas survenue en six jours de vingt-quatre heures, mais elle est le résultat d'un processus qui a pris des milliers d'années. Il a enseigné à ses étudiants du XIe siècle que « la Torah ne cherche pas à nous enseigner l'ordre de la création » (Rashi sur Genèse 1 : 1).

La plupart des commentateurs sont d'accord avec Rashi. La Torah ne propose pas une explication « scientifique » de la création. Elle nous suggère un autre sens tout aussi essentiel et fondamental.

Bien avant l'avènement de la science moderne, les Juifs ont réalisé que le but de la Torah n'est pas de nous expliquer « comment » le monde a été créé, mais de nous aider à comprendre pourquoi et « qui » est la source de toutes les merveilles des cieux et de la terre. Le récit de la création dans *Bereshit* n'est pas une leçon sur l'évolution, pas plus qu'il ne contredit les théories scientifiques modernes ni ne requiert des preuves issues des laboratoires. Le récit de la création dans la Torah est destiné à exprimer notre émerveillement devant les origines du monde dans lequel nous vivons.

Il affirme notre conviction qu'un seul Dieu a créé et maintient en existence le cosmos, et que les êtres humains sont les partenaires de Dieu dans la préservation et la continuation du don précieux de la vie.

2. NOUS DEVONS PRENDRE SOIN DE LA CRÉATION

Les scientifiques modernes aiment beaucoup décrire notre terre comme « un petit monde fragile dérivant dans le grand océan cosmique ». Il est vrai que les études d'astrophysique contemporaines confirment l'immensité infinie de l'univers et le fait que notre planète est une infime particule où, de manière miraculeuse, toutes les conditions pour le développement de la vie se sont trouvées réunies.

Les scientifiques s'accordent pour dire qu'il existe un équilibre délicat entre toutes les formes de vie terrestre et l'atmosphère qui entoure notre planète. Ils évoquent un « système de coopération » entre les cinq millions d'espèces vivantes, animales et végétales que l'on trouve sur terre, ses fondations de pierre, d'eaux et la couverture bleue du ciel. Sans cette délicate interrelation entre toutes les formes de vie et les conditions de notre atmosphère, la Terre serait une planète sans vie. Voici ce que dit par exemple James Lovelock, chimiste britannique et inventeur, pour décrire ce « système de coopération » et la manière dont l'atmosphère terrestre est incroyablement bien formée pour répondre aux besoins vitaux : « Sans oxygène, par exemple, il n'y aurait pas de respiration. Mais, avec un tout petit peu plus d'oxygène – ne serait-ce que 25 % de la composition de l'atmosphère au lieu de 21 % –, tout le monde vivant exploserait spontanément en flammes... De la même façon, sans dioxyde de carbone, la photosynthèse ne fonctionnerait pas, les plantes mourraient et toute vie disparaîtrait de la terre. Cependant, avec un taux de dioxyde de carbone plus élevé, l'atmosphère ou l'eau conserveraient trop de chaleur à cause de l'effet de serre, et la planète deviendrait rapidement un enfer[1]. »

Abravanel

Les interprètes du récit de la création de la Torah ont, eux aussi, attiré l'attention sur le fragile équilibre entre tous ces éléments observés sur la terre et dans le ciel. Par exemple, Don Isaac Abravanel, qui vécut et enseigna dans l'Espagne de la seconde moitié du xve siècle, considéra que si le Soleil avait été plus grand ou placé plus près de la Terre, sa chaleur aurait détruit notre planète. S'il avait été placé un peu plus loin, la Terre aurait été emprisonnée dans un hiver glacé éternel. Abravanel enseigna que Dieu, dans sa sagesse, avait placé chaque étoile dans sa position précise (Abravanel sur Genèse 1 : 1).

D'autres commentateurs sont allés plus loin qu'Abravanel en comparant le monde à un « palais » construit pour le seul bénéfice des êtres humains. Dieu, expliquèrent-ils, l'a non seulement créé, mais l'a équipé et garni afin que l'être humain s'y

---

1. Jonathan Weiner, *Planet Earth,* Bantam Books, New York, 1986, p. 327.

réjouisse. Et Dieu lui en fit don. À partir de là, disent les Sages, les humains ont été désignés comme les « gardiens » du monde (*Sanhedrin* 38a).

Il incombe aux êtres humains...

Les cieux appartiennent à Dieu, mais la terre, Dieu l'a donnée à l'humanité (Psaume 115 : 16).

En interprétant le verset : Que la terre donne de la végétation, Aderet Eliyahou explique que Dieu a placé dans la terre le potentiel de croissance. Il incombe aux êtres humains de semer les graines (Genèse 1 : 11).

La tradition juive nous enseigne qu'en tant que « gardiens » de ce « palais » nommé Terre, les humains ont des choix importants, voire critiques, à faire, particulièrement aujourd'hui.

Les progrès industriels et technologiques nous ont apporté de nombreux bienfaits, mais ils ont aussi créé des nuisances. Par exemple, nous chauffons nos maisons en hiver, ou les refroidissons en été, en utilisant d'importantes quantités d'énergie issues de ressources non renouvelables. Nous polluons l'air que nous respirons, l'eau que nous buvons, ainsi que nos sources d'approvisionnement en nourriture. Nous coupons les forêts pour construire nos maisons, nos centres industriels, nos cités, ainsi que pour faire de la place à plus de terres cultivables pour nourrir une population humaine croissante. La sauvegarde de la planète ainsi que les risques liés au développement technologique, au nucléaire, etc., représentent de véritables défis pour l'avenir.

La tradition juive nous enseigne que les humains sont responsables de la planète. Selon les Sages, après avoir formé Adam, Dieu lui fit faire le tour du jardin d'Éden en lui montrant ses magnifiques fleurs et ses arbres. Alors Dieu lui dit : « Vois la beauté de tout ce que j'ai créé. Tout a été fait pour toi. Souviens-toi de cela, et ne corromps ni ne détruis mon monde. En effet, si tu agis ainsi, il n'y aura personne pour le sauver » (*Ecclésiaste Rabba* 7 : 13).

La Torah enseigne que Dieu a donné à l'humanité le pouvoir de diriger le monde. Nous sommes ses « gardiens ». Nous pouvons en jouir, mais il est aussi de notre responsabilité de le préserver. Le choix nous appartient. La Torah nous lance un défi par ce commandement divin : « J'en prends aujourd'hui à témoin contre vous le ciel et la terre : j'ai placé devant toi la vie et la mort, la bénédiction et la malédiction. Choisis la vie... » (Deutéronome 30 : 19).

3. EXPULSÉS DU JARDIN D'ÉDEN

Le jardin d'Éden était un lieu de vie magnifique. Tous les besoins d'Adam et Ève étaient satisfaits, mais ils en furent chassés. Que se passa-t-il ? Pourquoi ont-ils mérité une telle punition ? Nous pouvons trouver un élément de réponse dans la différence entre ce que Dieu leur a ordonné et comment ils ont relayé cet ordre l'un à l'autre ainsi qu'au serpent. Comparons ces deux versions qui se trouvent dans la Torah.

Dieu dit à Adam :

« Tu pourras manger de tous les arbres du jardin ; mais tu ne pourras pas manger de l'arbre de la connaissance du bien et du mal. Car le jour où tu en mangeras, tu mourras » (Genèse 2 : 16-17).

Ève dit au serpent :

« Nous pouvons manger du fruit de l'arbre du jardin. Mais quant aux fruits de l'arbre qui est au milieu du jardin, Dieu a dit : Vous n'en mangerez pas, vous n'y toucherez pas, sinon, vous mourrez ! » (Genèse 3 : 2-3.)

Il apparait clairement qu'une version du commandement a été donné à Adam et qu'Ève en a relaté une autre au serpent. Il est dit à Adam que s'ils mangent de l'arbre de la connaissance du bien et du mal, ils mourront. Ève rapporte que s'ils mangent de l'arbre qui est au milieu du jardin ou *s'ils le touchent*, ils mourront. Non seulement elle évite de nommer l'arbre, mais en plus, elle ajoute une nouvelle condition à la déclaration originelle de Dieu. Des interprètes plus tardifs de la Torah sont parvenus à la conclusion que l'altération des propos de Dieu de la part d'Ève a conduit à une erreur d'interprétation et, en fin de compte, à leur expulsion du jardin d'Éden.

Rashi, par exemple, pense que le serpent a tiré profit de cette interprétation erronée qu'Ève avait eue du commandement de Dieu adressé à Adam. Il imagine que, lorsque Ève relata au serpent l'avertissement de Dieu : « Vous n'en mangerez ni *n'en toucherez* de peur de mourir », le serpent la poussa jusqu'à ce qu'elle touche l'arbre. Puis il lui dit : « Tu vois, tu n'es pas morte après l'avoir touché. Rien ne t'est arrivé. De même, tu ne mourras pas après en avoir mangé le fruit. »

L'opinion de Rashi est que le serpent agit de manière très intelligente lorsqu'il utilise la déformation des propos de Dieu à Adam par Ève comme un moyen de la tromper en la poussant à manger du fruit.

D'un autre côté, peut-être était-ce Adam qui rapporta de manière erronée à Ève le commandement originel. La Torah ne relate pas ce qu'il lui dit. Il se peut qu'il ait simplement désigné un arbre du milieu du jardin sans l'identifier par un nom. Et il a pu aussi rajouter l'avertissement concernant le fait de *toucher* l'arbre afin de l'effrayer.

Nous ne saurons jamais ce qu'Adam dit, ou ne dit pas à Ève. Mais le premier petit mensonge à propos de ce que Dieu a dit créa de nombreuses difficultés et finit par conduire à l'expulsion d'Adam et Ève du jardin d'Éden. C'est sans doute pour cette raison que les commentateurs nous enjoignent de communiquer précisément et de faire des rapports fiables.

Faites attention à vos paroles

Voici quelques avertissements : « Que tes paroles soient peu nombreuses », et « un fou multiplie les paroles » (Ecclésiaste 5 : 1 et 10 : 14 ; voir aussi Job 35 : 16 et 38 : 2).

Zougot

Le rabbin Avtalyon dit à ses étudiants : « Vous qui êtes sages, faites attention à vos paroles... » (*Avot* 1 : 11)

Dans le livre des Proverbes (30 : 6), il nous est enseigné : « N'ajoute rien à Ses paroles, de peur qu'il ne te reprenne et que tu ne sois trouvé menteur. » En d'autres mots, lorsqu'un message nous est remis pour quelqu'un d'autre, nous sommes censés le délivrer *exactement* comme il nous a été donné. Ajouter à ce qui nous a été dit, même si nous pensons que notre interprétation améliorera la communication, peut conduire à une distorsion de la vérité.

Telle est l'erreur qu'Ève, et peut-être Adam, a commise dans le jardin d'Éden. Après avoir mangé du fruit défendu, et alors qu'ils étaient sur le point d'être punis, ils ont encore davantage détérioré la situation en s'accusant l'un l'autre de ce qui était arrivé. La Torah relate ainsi leur conversation avec Dieu :

> Dieu dit :... As-tu mangé de l'arbre que je t'avais interdit de manger ?
> Adam répondit : La femme que tu as placée à mes côtés m'a donné le fruit de l'arbre, et j'en ai mangé.
> Dieu dit alors à Ève : Qu'as-tu fait ? La femme répondit : Le serpent m'a trompé, et j'ai mangé
>
> (Genèse 3 : 11-13)

Adam et Ève présentent chacun une excuse pour avoir mangé du fruit défendu. Adam blâme Dieu d'avoir placé Ève à ses côtés. Ève blâme le serpent de l'avoir trompée. Aucun ne dit : « C'est ma faute, je suis désolé. Pardonne-moi, car j'ai fait une erreur. » Ni l'un ni l'autre ne sont prêts à prendre leur part de responsabilité dans ce qui est arrivé.

Peut-être est-ce la raison pour laquelle ils ont été expulsés du jardin d'Éden. Ils ont modifié le sens originel du commandement divin en ne le rapportant pas de manière précise. Puis, après avoir mangé du fruit défendu, ils cherchent à reporter le blâme sur Dieu, sur le serpent, ou encore l'un sur l'autre. Pour avoir mal relaté ce qu'ils avaient entendu, pour le refus d'accepter la responsabilité de leurs actions, Dieu les chassa d'Éden.

4. NOUS SOMMES RESPONSABLES LES UNS DES AUTRES

Saadia ben Yosef HaGaon, chercheur et dirigeant de l'Académie babylonienne de Soura au xe siècle, affirma que « l'être humain est la finalité de la création ».

Cette perception que les êtres humains ont été créés « à l'image de Dieu » et que, par voie de conséquence, ils sont l'expression ultime de l'amour et de la puissance de Dieu a conduit les commentateurs à la conclusion que toute vie humaine est sacrée. Et pour cette raison, les êtres humains sont non seulement tenus de prendre soin du monde dans lequel ils vivent, mais ont aussi l'obligation spécifique de prendre soin les uns des autres.

La vie ou la mort du monde

La *Mishna* affirme que « Adam a été créé comme une personne unique afin de nous enseigner que si quelqu'un assassine une autre personne, la Torah le rend responsable de la mort d'un monde entier. Et, si une personne sauve la vie d'une autre personne, la Torah considère qu'il a sauvé le monde tout entier » (*Sanhedrin* 4 : 5).

Chaque vie humaine représente pour la tradition juive un monde précieux et saint de potentialités. Non seulement chaque individu possède des talents particuliers, des pensées, des habiletés, mais en plus, d'une personne en naît d'autres et ainsi la chaîne de l'humanité se poursuit. « Chaque personne est un univers », enseignent les rabbins. Ainsi, les êtres humains contiennent en eux-mêmes la promesse des mondes à venir.

C'est la raison pour laquelle le meurtre d'Abel par Caïn est considéré comme une grave offense. En commentant ce meurtre, les rabbins ont souligné une formulation inhabituelle dans la déclaration de Dieu à Caïn. Dieu lui dit : « Voici, la voix du sang de ton frère crie vers moi depuis la terre ! » (Genèse 4 : 10.) En hébreu, les mots *demei ahikha tsoakim* sont au pluriel et peuvent être traduits par : « les sangs de ton frère crient vers moi ».

Selon les rabbins, la phrase « les sangs crient vers moi » est l'indication que Caïn n'a pas seulement assassiné Abel. Il a aussi détruit les générations futures d'Abel. En effet, nous disent les rabbins, Dieu dit à Caïn : « Tu es non seulement responsable de l'assassinat de ton frère, mais tu as aussi assassiné ses descendants qui ne naîtront pas. La voix du sang de ton frère, ainsi que celle de tous ses descendants potentiels que tu as empêchés de venir au monde, crie vers moi » (*Midrash Aggada* 4 : 9).

En tuant Abel, Caïn a détruit toute une lignée. La grande tragédie n'est pas seulement la mort d'Abel, mais aussi la perte de milliers de vies futures interrompues par son meurtre.

Puisque la tradition juive considère chaque vie humaine comme sainte, elle soutient que chaque être humain doit se soucier des autres. Nous sommes les gardiens les uns des autres. Caïn a assassiné son frère parce qu'il n'a pas compris qu'il était le « gardien » ou « protecteur » de son frère.

La Torah nous raconte que, lorsque Dieu vit ce que Caïn avait fait, il lui demanda : « Où est ton frère Abel ? Et Caïn répondit : Je ne sais pas. Suis-je le gardien de mon frère ? »

Le mot hébreu rendu par « gardien » qui signifie aussi protecteur, *shomer*, renvoie à l'idée de celui qui est responsable de la sûreté et de la sécurité des autres. Caïn ne s'est pas considéré comme le « protecteur » ou le « gardien » de son frère. Il ne pensait pas qu'il était responsable de sa protection, ou qu'il devait s'en soucier. Par voie de conséquence, lorsqu'ils commencèrent à se quereller et à être en colère l'un contre l'autre, il le frappa et le tua.

Nous sommes des gardiens

Le fameux maître hassidique Rabbi Mendel de Kotzk (1787-1859) avertit un jour ses étudiants : « Assurez-vous de prendre soin de votre propre âme et du corps d'une autre personne, mais non de votre propre corps et de l'âme d'une autre personne. »

Ce récit du meurtre d'Abel par son frère Caïn nous enseigne que chaque vie est sainte et que nous sommes les gardiens les uns des autres. Notre devoir est de nous protéger mutuellement, physiquement et spirituellement. Nous sommes tenus par l'obligation de nous sentir concernés par la sécurité, la santé et le bien-être des autres. Les êtres humains sont responsables les uns des autres.

Questions pour l'étude et la discussion

1. Pourquoi les êtres humains n'ont-ils cessé au cours des siècles de chercher des explications à la création du monde et des êtres humains ?
2. Le philosophe du XIXe siècle, Friedrich Nietzsche, dit un jour : « Le monde est magnifique, mais il souffre d'une maladie appelée humanité. » Comment les penseurs juifs pourraient-ils répondre à cela ?
3. En dix ans, la forêt amazonienne a perdu l'équivalent de la superficie du territoire de la France. En 2006, la France a produit sept tonnes de déchets par habitant. Quels autres procédés connaissez-vous qui montrent que les humains ne se soucient pas de la planète ? Pourquoi ? Selon la tradition juive, quelles sont nos obligations ?
4. Un proverbe yiddish dit : une demi-vérité est un mensonge complet. Êtes-vous d'accord ? Y a-t-il des moments où il vaut mieux ne pas dire la vérité ? Pourquoi beaucoup d'entre nous, à l'instar d'Adam et Ève, ont-ils du mal à dire la vérité ?
5. À la lumière de notre discussion sur Caïn et Abel, que pouvons-nous dire sur l'étendue des destructions de vies humaines durant la Seconde Guerre mondiale où plus de cinquante millions d'hommes, de femmes et d'enfants, parmi lesquels plus de six millions de Juifs, ont été tués ?

Parashat Noah

Genèse 6 : 9 - 11 : 32

La parasha Noah *(Noé) relate l'histoire de la décision prise par Dieu de détruire la terre par un déluge à cause de la corruption et de la méchanceté du monde. Seuls devaient survivre un homme juste du nom de Noé, sa famille, ainsi qu'un couple issu de toutes les créatures vivantes. Dieu ordonna à Noé de construire un grand bateau, une arche, et d'y préparer une place pour accueillir toutes les créatures qu'il devait sauver. Après le déluge, ceux qui étaient dans l'arche recommencèrent la vie sur la terre, et Dieu promit de ne plus jamais envoyer de déluge. Plus tard, les humains décidèrent de construire une ville et une immense tour qui devait aller de la terre au ciel. Voyant ce qu'ils étaient en train de faire, Dieu les dispersa sur toute la surface de la terre et leur donna des langues différentes pour communiquer entre eux.*

1. Dieu observa la terre et vit qu'elle était un lieu de déchéance. Les humains étaient corrompus. Ils avaient fait des lois, puis refusaient d'y obéir. Ils étaient

soucieux uniquement de leur profit personnel. L'égoïsme, la cruauté et la malhonnêteté l'emportaient.

Dieu décida donc de détruire toute vie sur terre par un déluge. Il ordonna à Noé, considéré comme un « juste », de construire une arche dans laquelle il placerait sa famille, ainsi qu'un mâle et une femelle de toute espèce vivante sur la terre. Noé construisit l'arche et, lorsque le déluge survint, tout ce qui s'y trouva survécut.

Après cent cinquante jours de déluge, les eaux baissèrent et l'arche se posa sur le mont Ararat situé dans l'est de la Turquie actuelle. Noé envoya un corbeau hors de l'arche pour rechercher des terres sèches. Puis il envoya une colombe, et lorsqu'elle revint avec une branche d'olivier dans le bec, il comprit que les eaux du déluge s'étaient retirées.

Noé, sa famille, ainsi que toutes les créatures vivantes quittèrent l'arche. Dieu promit que « plus jamais » le monde ne serait détruit par un déluge. Il fit apparaître un arc-en-ciel dans les cieux comme signe de cette promesse.

2. Après le déluge, les humains se multiplièrent sur la terre. Ils parlaient une seule langue et ils construisirent une cité ainsi qu'une haute tour dans le pays de Shinéar[1]. « Bâtissons-nous donc une ville et une tour dont le sommet atteigne le ciel, faisons-nous un nom afin que nous ne nous dispersions pas sur toute la terre » (Genèse 11 : 4).

Dieu vit ce qu'ils faisaient, et cela lui déplut. « Ainsi, ils sont un seul peuple, ils parlent tous la

---

1. Selon Genèse 10 : 10 et Daniel 1 : 2, Shinéar est un des noms de Babylone (NdT).

même langue, et ce n'est là que le commencement de leurs actes ! Maintenant, rien ne les empêchera de réaliser tous leurs projets ! » (Genèse 11 : 6.) Craignant qu'ils n'abusent de leur pouvoir, Dieu les dispersa sur toute la terre et confondit leur langage afin qu'ils parlent plusieurs langues et ne se comprennent plus les uns les autres. La cité de Shinéar, où ces événements se déroulèrent, fut nommée « Babel », ce qui signifie « confusion ».

3. Après cela, le fils de Noé, Sem, eut un fils du nom d'Arpakshad, qui engendra Shélah, qui engendra Éber, qui engendra Péleg, qui engendra Réou, qui engendra Séroug, qui engendra Nahor, qui engendra Térah. Celui-ci avait trois fils, Abram, Nahor et Haran. Abram fut le fondateur du peuple hébreu ; il se maria avec Saraï. Haran était le père de Loth.

Vers la fin de sa vie, Térah prit Abram, Saraï et son petit-fils Loth, et ils allèrent d'Our en Chaldée, cité qui se trouve au bord de l'Euphrate, dans l'Irak actuel, vers Haran, situé en Syrie. Ils s'installèrent dans cet endroit, et Térah mourut.

La *parashat Noah* comporte trois thèmes principaux :

1. Un seul « juste » peut faire la différence en sauvant le monde.
2. La corruption, la malhonnêteté et l'égoïsme peuvent détruire le monde.
3. Lorsque l'on crée ou construit pour la renommée ou pour prendre le pouvoir sur les autres, on apporte dans le monde malheur et confusion.

1. NOÉ ÉTAIT-IL RÉELLEMENT UN JUSTE ?

Au début de la *parasha,* trois indications sont données à propos de Noé : « Noé était un homme juste et intègre parmi les générations de son temps ; il marchait avec Dieu. » Plus loin, Dieu dit à Noé : « Car dans cette génération, toi seul es juste devant moi. »

Certains commentateurs considèrent que la description faite de Noé par la Torah est exacte. Ils font remarquer que Noé a suivi exactement ce que Dieu lui a ordonné de faire. Lorsque Dieu lui dit de construire l'arche, il le fit. Lorsqu'il lui demanda de rassembler des couples pris parmi toutes les créatures vivantes, il le fit. Il n'a pas douté un seul instant et a exécuté les ordres de Dieu de manière fidèle. Ainsi, la vie sur la terre a été préservée après le déluge.

Ibn Ezra – Ramban (Nahmanide)

Certains commentateurs ajoutent que Noé était une personne ayant une conduite totalement éthique. Ibn Ezra affirme que Noé « est un juste dans ses actes ». Nahmanide explique que Noé n'était « ni une personne qui aimait la violence, ni une personne qui trompait et mentait comme le faisait le peuple coupable de sa génération… Il n'a pas pris part au culte de l'astrologie, des enchantements, des prédictions, et il n'a pas adoré des idoles. Il marchait avec Dieu ».

Mais le fait que Noé fît ce que Dieu lui ordonna d'accomplir le définit-il comme « juste » ? Était-il suffisant de ne pas accomplir des actes de violence ou de ne pas adhérer aux cultes de son temps ? Devons-nous considérer Noé comme « juste » parce qu'il a suivi les ordres de Dieu sans poser aucune question ? Était-il suffisant qu'il se sauve lui-même des eaux destructrices du déluge, ainsi que sa famille et une paire de toutes les créatures vivantes ?

Certains commentateurs ont comparé Noé à Abraham. Ils font remarquer que, lorsque Dieu était sur le point de détruire les villes de Sodome et Gomorrhe, Abraham argumenta en faveur de leurs habitants. Bien qu'ils fussent corrompus, malhonnêtes et violents, Abraham prit leur parti et tenta de les sauver ainsi que leurs cités.

Noé, en revanche ne dit rien en faveur des gens de sa génération. Il s'est montré indifférent à l'égard des souffrances qu'ils étaient sur le point d'endurer et n'a exprimé aucun regret pour ceux qui allaient bientôt mourir noyés dans les eaux du déluge. Il ne fit aucun effort pour les défendre ou pour intercéder auprès de Dieu en leur faveur. Noé obéit simplement aux ordres et construisit l'arche.

Juste, mais...

Le *Zohar* explique que Noé ne s'est préoccupé que de se sauver lui-même ainsi que sa famille. Lorsqu'il apprit que les gens de sa génération allaient être détruits, il n'est pas intervenu en leur faveur.

« Sa justice portait le cachet de la médiocrité[1]. »

1. Rabbi Mordekhai Yaffé, *Levoush Ha-Ora*.

Noé est resté silencieux parce qu'il ne pensait pas vraiment que Dieu allait envoyer un déluge pour détruire toute vie sur terre. Il a manqué de confiance. Il pensait que Dieu voulait juste effrayer le peuple pour qu'il abandonne son attitude inique et violente. Ainsi n'a-t-il pas pris leur défense et ne leur a-t-il pas dit de se sauver eux-mêmes.

Un grand dirigeant n'est pas seulement une personne qui a des idées, ou qui est intègre ou pieuse, mais il est aussi une personne qui éprouve de la tendresse, de la compassion... S'il demeure insensible aux malheurs de son peuple, tous ses idéaux, toutes ses qualités personnelles ne lui apportent pas de grandeur[1].

Rabbi Berakhia, dans le Talmud, se demande pourquoi Noé n'a pas au moins prié pour que sa génération se repente et soit sauvée. Apparemment, Noé était un homme pieux « qui marchait avec Dieu », mais sa piété ne l'a pas conduit à se soucier du bien-être des autres. À aucun endroit la Torah ne raconte qu'il est sorti pour avertir les gens autour de lui qu'un terrible déluge était sur le point de s'abattre sur eux et de les détruire. Il ne les a pas suppliés de changer d'attitude d'avoir ainsi la vie sauve. Noé, semblerait-il, était plus préoccupé de sa propre sécurité et de sa survie que de celles de ses amis et de son entourage.

Pour Rabbi Elimelekh de Lizhensk, un maître hassidique du XVIIIe siècle, il y a deux types de « justes » : celui qui est sincèrement « juste », et celui

1. Rabbi Morris Adler, *The Voice Still Speaks*, Bloch, New York, 1969, p. 20.

qui s'habille comme un « juste » dans un manteau de fourrure. Chacun d'entre eux agit différemment lorsque l'hiver glacial arrive. L'un sort et ramasse du bois pour faire du feu, et l'autre s'enveloppe dans son manteau de fourrure. Celui qui a ramassé du bois allume un feu et invite les autres à le rejoindre. Il ne se contente pas de se réchauffer lui-même, il réchauffe aussi les autres. Celui qui s'enveloppe confortablement dans son propre manteau épais est tranquille, mais ceux qui l'entourent ont froid. Pour Rabbi Elimelekh, le « juste » sincère est celui qui a partagé la chaleur avec les autres. En ce sens, Noé n'était pas réellement « juste ».

L'auteur de *Toledot Itzhak* soutient que Noé a mis en doute la parole divine annonçant un terrible déluge qui allait détruire toute vie sur la terre. Noé ne pouvait pas croire qu'une telle destruction puisse se produire. Par conséquent, il garda l'information pour lui plutôt que de la partager avec les autres. Au lieu de les avertir, et ainsi de leur permettre d'en appeler à Dieu ou de construire leur propre arche, il préféra ne rien dire.

Peut-on réellement considérer « juste » une personne qui cache de telles informations ? Et quel genre de dirigeant a-t-il été ? Il n'est dit nulle part qu'il a eu des disciples ou des étudiants. Il construisit son arche tout seul. Il semble qu'il ait été un solitaire, un « juste » dont l'influence ne s'est exercée que dans le cercle familial restreint.

Les commentateurs soulèvent même des questions essentielles à propos de la famille de Noé. Certains affirment que ses enfants ont été sauvés à cause de *sa* justice, et non à cause d'actions de justice qu'ils auraient accomplies eux-mêmes. Tout comme leur père, aucun n'a élevé la voix pour défendre ceux qui allaient être détruits. En outre, ils n'ont pas plus averti les autres, ni demandé à Noé de construire des arches supplémentaires pour sauver d'autres personnes ou d'autres formes de vie. De manière tragique, Noé a échoué, car il n'a pas transmis d'idéal de justice y compris à ses trois fils, Sem, Cham et Japheth.

Qui est « juste » ?

« Le juste est compatissant et il donne » (Psaume 37 : 21).

« Tu as appris à ton peuple qu'il doit être juste et humain » (Sagesse de Salomon 12 : 19 ; cf. aussi *Kiddoushin* 40a).

Ainsi, on peut se poser la question de savoir jusqu'à quel point Noé fut « juste ». Était-il suffisant de construire une arche, de sauver sa famille et certaines créatures vivantes qui y furent placées comme Dieu le lui avait ordonné ? N'aurait-il pas dû protester à propos de ce que Dieu était sur le point de faire, comme le fit Abraham à l'annonce de la destruction de Sodome et Gomorrhe ? (Voir Genèse 18 : 16-33.) Peut-on vraiment qualifier de « juste » une personne qui ne suscite pas des disciples ou qui refuse de partager des informations capitales qui pourraient affecter la vie des autres ? Noé était-il réellement un « juste » ?

2. POURQUOI DIEU ENVOYA-T-IL LE DÉLUGE ?

Lorsque la Torah décrit la création, elle dit qu'elle est « bien ». Cependant, quelques chapitres plus bas, dans le récit de Noé, nous lisons ces paroles prononcées par Dieu : « Le terme de toutes les créatures est arrivé selon moi car la terre est remplie de violence à cause d'elles. Voici, je vais les détruire avec la terre » (Genèse 6 : 13).

Que s'est-il passé ? Comment Dieu, qui avait qualifié la création de « bien », voire de « très bien », peut-il désormais planifier sa destruction ?

La Torah utilise deux mots pour décrire la situation à l'époque de Noé et pour expliquer ce qui a incité Dieu à envoyer les eaux destructrices du déluge : *shihet*, « corruption », et *hamas*, « violence ».

Quelle était la nature de cette « corruption » et de cette « violence » ? Étaient-elles graves au point de justifier la destruction de toute vie sur terre ?

Les rabbins se sont posé ces questions, il y a des siècles de cela. Ils disaient que la génération de Noé avait eu la chance de vivre une période de prospérité. Les récoltes étaient abondantes. Ils vivaient des centaines d'années sans maladie, souffrance ou peur. Le temps était toujours clément. Personne ne manquait de quoi que ce soit.

En quoi étaient-ils corrompus et violents ?

Le peuple de cette génération dit : « Pourquoi avons-nous besoin de Dieu ?... Nous n'avons pas besoin de pluie. Nous recevons suffisamment d'eau d'autres sources, de toutes les rivières et de tous les puits de la terre » (*Sanhedrin* 108a).

« Un homme prenait deux femmes, l'une pour porter ses enfants, l'autre pour le plaisir » (*Midrash Ha-Gadol* 10 : 5).

« Ils échangeaient leurs femmes » (*Genèse Rabba* 23 : 3).

« Quand quelqu'un apportait au marché une corbeille remplie de pois, il était entouré par un groupe d'individus. Chacun d'entre eux lui volait une quantité inférieure à une *prouta* (une quantité si infime qu'elle ne peut être considérée comme l'objet d'un délit). Mais très vite la corbeille était vide. La victime ne pouvait même pas présenter son cas devant un juge parce que chaque voleur avait astucieusement pris une quantité inférieure à celle punie par la loi » (*Genèse Rabba* 31 : 50).

« Ils avaient déplacé les bornes de leurs voisins pour étendre leurs propres domaines. Si quelqu'un voyait un bœuf ou un âne aux mains d'un orphelin ou d'une veuve, il le prenait » (*Midrash Tanhouma, Noah* 26).

En conséquence, nous disent les rabbins, la génération de Noé a commencé à considérer tous ces avantages de la vie comme allant de soi. Ils ne ressentaient pas le besoin de remercier Dieu pour tout ce dont ils profitaient. « Pourquoi devrions-nous perdre notre temps à prier Dieu et à le remercier, disaient-ils ? N'avons-nous pas tout ce dont nous avons besoin ? Qu'est-ce que Dieu peut faire de plus pour nous ? »

Beaucoup ont cessé de servir Dieu. Leur intérêt personnel les a conduits à la conclusion que rien n'avait plus d'importance ou n'était plus « sacré » que de prendre soin d'eux-mêmes. Le souci des autres n'était pas dans leurs priorités. Puisqu'ils ne croyaient plus en Dieu, ils avaient perdu la notion que chaque individu est créé à l'image de Dieu, ou encore que chaque vie humaine est sacrée et doit être protégée.

En conséquence de cela, ils devinrent suspicieux les uns à l'égard des autres. La confiance mutuelle vola en éclat et la violence augmenta. Personne ne s'occupait des pauvres, des malades ou de ceux qui n'avaient plus de domicile. Ils cherchaient à profiter les uns des autres. Ils volaient, mentaient et assassinaient. Ils soudoyaient les juges, ils trouvaient des failles dans la loi et la déformaient afin qu'elle s'accorde à leurs objectifs égoïstes. À la fin, leur civilisation était soumise à la cruauté, la terreur, la peur et la haine.

La Torah indique que Dieu prit la décision de détruire la vie sur la terre à cause de *ra'at ha-adam*, des « méfaits des êtres humains ». La génération de Noé, nous dit la Torah, passait son temps à planifier et concevoir « rien d'autre que le mal toute la journée » (Genèse 6 : 5).

Cependant, n'y avait-il aucun moyen de les sauver ? Si Dieu est « bon », et s'il a créé un monde si « bien », pourquoi la génération de Noé n'a-t-elle reçu aucun avertissement, ne s'est-elle vue accorder aucune possibilité de modifier son comportement ? Peut-être auraient-ils pu être secourus. Peut-être, comme le peuple de Ninive à l'époque de Jonas, se seraient-ils repentis et auraient-ils demandé à Dieu de pardonner leur violence et leur cruauté. Peut-être que ce terrible déluge n'était pas nécessaire.

Les rabbins dont les propos sont conservés dans le *Midrash Tanhouma* ont expliqué que Dieu voulait que la génération de Noé change de comportement. C'est la raison pour laquelle Dieu ordonna à Noé de construire une arche. Elle devait servir d'avertissement pour sa génération. Mais personne n'y prêta attention. Voici comment les rabbins décrivent ce qui s'est passé.

> Dieu dit : Si Noé commence à construire l'arche, les gens se réuniront autour de lui et lui demanderont : Que fais-tu ? Il répondra alors : Je construis une arche parce que Dieu va provoquer un déluge sur la terre. Dieu espérait que l'arche serve d'avertissement, mais la génération de Noé ne s'intéressa pas à ce que Noé était en train de construire.
>
> Dans un autre texte, les rabbins nous disent :
>
> Noé plantait des cèdres quand les personnes de sa génération lui demandèrent : Pourquoi plantes-tu des cèdres ? Il leur dit : Dieu va provoquer un déluge et m'a ordonné de construire une arche pour moi et pour ma famille afin de nous y réfugier. Lorsqu'ils entendirent ses paroles, ils se mirent tous à rire et à se moquer de lui. Plus tard, lorsqu'il commença à couper les cèdres et à préparer le bois, ils lui demandèrent : Que fais-tu avec ce bois de cèdre ? Il les avertit à nouveau à propos du déluge, mais ils n'y prêtèrent pas attention et refusèrent de se repentir.

(*Midrash Tanhouma, Noah*)

Les rabbins démontrèrent ainsi que Dieu ne voulait pas détruire toute vie sur la terre. La possibilité d'éviter le déluge fut offerte maintes fois à la génération de Noé, mais elle n'abandonna pas sa

« criminalité » et sa « corruption ». Les êtres humains continuèrent à être violents les uns envers les autres. La cupidité, la méfiance, la tromperie et la malhonnêteté régnaient à leur époque.

Dieu voulait les sauver, préserver la vie, mais ils refusèrent de coopérer. Ils auraient pu changer le cours de l'histoire, mais ils n'ont pas voulu se transformer eux-mêmes.

3. POURQUOI LA CONSTRUCTION DE LA TOUR DE BABEL A-T-ELLE ÉTÉ UN ÉCHEC ?

La Torah relate qu'après le déluge, les humains se déplacèrent vers l'est et s'installèrent dans le pays de Shinéar. Ils décidèrent de construire une cité et une *migdal*, une tour qui atteindrait les cieux. « Faisons-nous un nom de peur que nous soyons dispersés sur toute la terre », se dirent-ils l'un à l'autre.

En observant la cité et la tour qu'ils étaient en train de construire, Dieu décida de faire ce dont ils avaient peur. « Ainsi ils ne sont qu'un seul peuple, ils parlent tous la même langue. Et ce n'est là que le commencement de leurs œuvres ! Maintenant, rien ne les empêchera de réaliser tous leurs projets ! » Pour cette raison, Dieu les dispersa à travers le monde entier et leur fit parler des langues différentes.

La cité où se déroulèrent tous ces événements s'appelait *Babel,* ce qui signifie « confus », « mélangé », et cela apparaît comme une description appropriée de cet épisode. Néanmoins, ce récit n'est pas sans soulever certaines questions. Qu'y a-t-il de mal à ce qu'un peuple construise une *migdal*, une tour ? Ne vaudrait-il pas mieux que tous les peuples parlent la même langue ? La communication, entre les humains n'en serait-elle pas facilitée, entraînant une meilleure coopération ainsi que la paix ?

Abravanel

Abravanel, conseiller des rois et des reines d'Espagne et du Portugal, expliqua qu'avant de commencer la construction de la tour, les gens vivaient en paix les uns avec les autres. Ils partageaient tout de manière équitable et ils faisaient preuve de générosité. Mais dès qu'ils eurent débuté la construction, ils commencèrent à se disputer âprement les uns avec les autres. Ils se querellèrent pour savoir qui allait cuire les briques, qui allait les transporter et qui les placerait sur la tour. Chacun voulait s'attirer le mérite de la pose de la première brique sur une nouvelle rangée, la primeur sur le style, la couleur des motifs ou l'organisation du travail. Ce projet de construction d'une tour les rendit jaloux les uns des autres. Il causa même de la haine entre eux. Ils s'intéressèrent plus à entrer en compétition les uns avec les autres pour la gloire, qu'à participer au bien de l'humanité tout entière. Par conséquent, Dieu détruisit la tour et dispersa les humains sur toute la terre.

Benno Jacob

Rabbi Benno Jacob (1862-1945) est un savant bibliste moderne. Il suggère que ceux qui construisirent la tour échouèrent, car leurs objectifs étaient erronés. Ils possédaient l'art de la confection des briques, l'art de façonner et de cuire l'argile. Mais, au lieu d'utiliser cette nouvelle technologie pour améliorer les conditions de vie dans leur cité, construire des logements pour les pauvres, héberger les malades et les personnes âgées, ils ont décidé d'utiliser toutes leurs ressources et d'unir leurs efforts pour construire la plus haute tour du monde. Ils pensaient que cette haute tour leur apporterait gloire et renom. Ils voulaient que les autres s'exclament : « Regardez ce qu'ils ont fait ! » Leur terrible erreur a été d'utiliser leur technologie pour l'orgueil et la vanité plutôt que pour l'amélioration des conditions de vie dans leur société.

Aucune considération pour la vie humaine

La tour a été construite avec sept marches sur le côté est et sept marches sur le côté ouest, et elle avait douze kilomètres de haut. (Certaines versions de l'histoire affirment qu'elle avait quarante kilomètres de haut !) Il fallait une année entière à une personne pour atteindre le sommet depuis sa base. Les briques étaient transportées d'un côté, et les ouvriers descendaient de l'autre. Si un ouvrier tombait et mourrait, personne n'y prêtait attention. Mais si une brique tombait, ils s'asseyaient tous et se lamentaient : quelle perte ! Vois combien de temps il nous faudra pour apporter une nouvelle brique à sa place (*Pirké de-Rabbi Eliézer* 24).

Selon les rabbins, la construction de la tour était un projet immense. Puisqu'il n'y avait aucune pierre naturelle propre à la construction dans la plaine de Shinéar, ils ont dû inventer un procédé unique pour confectionner des briques. L'entretien des fours requérait des centaines de personnes ; des centaines d'autres étaient nécessaires pour la préparation du matériau. Des milliers de personnes étaient chargées du transport des briques depuis les fours jusqu'à la base de la tour. Et des milliers d'autres encore les portaient en grimpant les marches escarpées qui atteignaient le sommet vers le ciel.

Il ne fallut pas longtemps avant que le projet en lui-même devienne plus important que la santé ou la sécurité de ceux qui y étaient impliqués. Les ouvriers étaient devenus des esclaves. Ils furent privés de leurs droits et libertés individuelles. La construction de la tour pour la gloire de la communauté devint la justification suprême pour toutes sortes de brutalité et la fin des libertés individuelles. La brique était devenue plus importante que la liberté individuelle ou que la vie humaine.

Sforno

Le commentateur italien, Ovadiah Sforno (1475-1550), scientifique et philosophe vécut à l'époque amère de l'Inquisition. Les Juifs souffraient terriblement, et étaient parfois mis à mort pour leurs convictions religieuses différentes. Il dénonça la génération de la tour de Babel pour une autre raison. Leur véritable crime, dit-il, ne résidait pas dans la façon dont ils ont érigé la tour, mais dans ce qu'ils ont cherché à accomplir en la construisant. Leur objectif était, selon Sforno, *une* seule religion pour tout le monde, *une* manière unique d'appréhender le monde, *une* seule organisation politique reconnue.

Les constructeurs de la tour pensaient que les divergences d'opinion, les controverses, la variété des croyances étaient dangereuses et inacceptables. Ils étaient opposés à la liberté de pensée et à toute forme de discussion. Ceux qui mettaient en question leur autorité ou leur façon de voir devaient être brisés. Selon Sforno, lorsque Dieu vit que les constructeurs de la tour étaient en train d'anihiler la liberté de pensée, il lui apparut nécessaire d'intervenir et de disperser les humains sur toute la terre.

Comme nous avons pu le constater, les commentateurs sont parvenus à différentes interprétations essentielles de la destruction par Dieu de la tour de Babel. Ce projet a engendré jalousie et compétition sans pitié entre les humains. Il a incarné aussi une mauvaise utilisation de la technologie et une insensibilité cruelle à l'égard de la valeur de la vie de chaque individu. Il a insufflé un patriotisme d'apparence et a fini par mettre en péril la liberté.

Peut-on alors affirmer que Dieu a, en réalité, sauvé l'humanité de la catastrophe en détruisant la tour de Babel et en dispersant l'humanité, avec différentes langues et traditions aux quatre coins de la terre ? Peut-être le message fondamental de la Torah dans ce récit de la construction de la tour de Babel est-il de bien comprendre que nos différences de langage, de culture et de tradition représentent une force réelle et une vraie bénédiction pour l'humanité.

Questions pour l'étude et la discussion

1. On pourrait défendre, ou critiquer, Noé en affirmant qu'il n'a fait que « suivre les ordres ». Certains militaires ou bureaucrates ont utilisé cette excuse pour justifier leurs actes ou leur inaction. Est-ce un argument légitime pour la défense de Noé ?
2. Auriez-vous cru Noé s'il vous avait dit que Dieu était sur le point de détruire l'humanité ? Certains scientifiques, aujourd'hui, lancent des avertissements et nous disent que nous sommes sur le point de « détruire notre monde ». Pourquoi refuse-t-on d'entendre les prédictions néfastes ? Pourquoi ne voulons-nous pas croire nos experts ?
3. Que peut-on reprocher au projet des bâtisseurs de la tour : *une* seule religion pour tout le monde, *une* manière unique d'appréhender le monde, *une* seule organisation politique reconnue ?
4. En dehors des constructions, à quoi les êtres humains attachent-ils une valeur plus importante qu'ils ne le devraient ? Quelle est la différence entre vivre comme si l'on est « créé à l'image de Dieu » et vivre « comme si on était un dieu » ?

Parashat Lekh-Lekha

Genèse 12 : 1 - 17 : 27

La parasha Lekh-Lekha *débute avec l'histoire d'Abram qui quitte son lieu de naissance, Haran. Dieu promet à Abram et à ses descendants le pays de Canaan en héritage. Une famine sévit dans le pays, ce qui pousse Abram à conduire sa famille en Égypte. À leur arrivée, le pharaon ordonne à la femme d'Abram, Saraï, de vivre dans son palais. Des fléaux s'abattent sur l'Égypte en punition de ce que Pharaon a fait, et Saraï retourne chez Abram. À son retour en terre de Canaan, Abram et le fils de son frère Loth se partagent le pays afin d'éviter toute querelle entre eux. Plus tard, Loth est attaqué et pris en otage par des rois ennemis. Abram vole à son secours et sauve sa famille. Comme Abram et Saraï ont du mal à concevoir un enfant, Saraï, selon l'usage en vigueur à cette époque, invite sa servante, Hagar, à concevoir un enfant avec Abram. Lorsque Hagar tombe enceinte, elle commence à mépriser Saraï qui réagit en la chassant. Un ange ordonne à Hagar de revenir. Elle porte un fils qu'Abram nomme Ismaël. À la fin de cette section de la Torah, Dieu ordonne à Abram de se circoncire et de circoncire Ismaël. Il lui dit que la circoncision de tout enfant mâle à l'âge de huit jours sera un signe de l'alliance éternelle entre Dieu et son peuple.*

NOTRE TARGOUM

1. Dieu dit à Abram : « *Lekh-Lekha,* va vers toi ou va pour toi, de ton pays natal, de la maison de ton père vers le pays que je te montrerai. Je ferai de toi une grande nation et je te bénirai » (Genèse 12 : 1-2). Ainsi Abram, sa femme Saraï et le fils de son frère Loth partirent pour la terre de Canaan, qui est aujourd'hui la terre d'Israël. Lorsqu'ils furent aux abords du pays, Dieu dit à Abram : « Je donnerai ce pays à ta descendance » (Genèse 12 : 7).

2. Les récoltes étant maigres et la nourriture se faisant rare, Abram et Saraï durent se rendre en Égypte. Abram craignait que les Égyptiens ne soient attirés par la beauté de Saraï et veuillent le tuer pour la prendre pour femme. Il lui demanda donc d'affirmer qu'elle était sa sœur.

Sa crainte s'est avérée. En Égypte, le pharaon vit Saraï et demanda qu'elle vienne vivre dans son palais. Peu de temps après qu'elle s'y fut installée, Dieu envoya des fléaux sur l'Égypte, et Pharaon découvrit la véritable identité de Saraï. Il demanda à Abram : « Pourquoi ne m'as-tu pas dit qu'elle était ta femme ? » (Genèse 12 : 18.) Puis, afin d'obtenir le pardon de Dieu, il renvoya Abram et Saraï avec de nombreux présents.

3. Depuis l'Égypte, Abram, Saraï et Loth traversèrent le Néguev jusqu'à Bethel, aujourd'hui à

environ trente kilomètres au nord de Jérusalem. Une fois arrivés à Bethel, leurs gardiens de troupeaux commencèrent à se quereller pour savoir où leurs troupeaux allaient paître. Abram suggéra alors de diviser le pays entre eux. Loth choisit la plaine du Jourdain et s'installa près de la cité de Sodome. Abram resta sur la terre de Canaan et s'établit à Hébron.

4. Plus tard, quatre rois étrangers prirent d'assaut les villes de Sodome et Gomorrhe et capturèrent Loth. Lorsqu'il apprit que Loth était en danger, Abram rassembla une troupe de guerriers et partit le secourir. À leur retour victorieux, le roi de Sodome offrit à Abram une récompense pour avoir sauvé Loth et sa ville. Abram refusa cette récompense. Il dit au roi : « Je ne prendrai rien de tout ce qui t'appartient, pour que tu ne puisses pas dire : C'est moi qui ai enrichi Abram ! » (Genèse 14 : 23.)

5. Dieu avait promis que la descendance d'Abram hériterait de ce pays, mais Abram et Saraï n'avaient pas d'enfants. Alors, Saraï demanda à sa servante, une Égyptienne du nom de Hagar, de concevoir un enfant avec Abram. Cet usage était habituel à cette époque pour les parents sans enfants. Lorsque Hagar tomba enceinte, elle commença à manquer de respect envers Saraï. Saraï blâma Abram pour l'attitude de Hagar. Lorsqu'Abram dit à Saraï : « Agis à son égard comme il te plaira » (Genèse 16 : 6), Saraï força Hagar à fuir de la maison. Un ange vit ce qui se passait, et il ordonna à Hagar de retourner dans la maison de Saraï. Il lui promit aussi qu'elle

porterait un fils dont le nom serait Ismaël. Abram était alors âgé de quatre-vingt-six ans.

6. Par la suite, Dieu dit à Abram : « J'établirai mon alliance entre moi et toi ; je te multiplierai à l'infini » (Genèse 17 : 2). Dieu changea le nom d'Abram en *Avraham* (Abraham), ce qui signifie « père d'une multitude ». Il lui promit la terre de Canaan comme « possession éternelle » (Genèse 14 : 8). En signe d'alliance entre Dieu et la descendance d'Abraham, Dieu ordonna que chaque enfant mâle juif soit circoncis à l'âge de huit jours. Ainsi Abraham se circoncit-il, et avec lui Ismaël.

Dieu changea aussi le nom de Saraï en *Sarah*, ce qui signifie « princesse », et il dit à Abraham : « Je te donnerai un fils par elle… des dirigeants de peuples seront issus d'elle » (Genèse 17 : 19-21).

La *parasha Lekh Lekha* contient cinq thèmes importants :
1. Les exigences du leadership.
2. L'honnêteté dans les rapports humains.
3. L'art du compromis.
4. Libérer les captifs.
5. L'alliance juive de la circoncision.

1. QUELLES QUALITÉS ONT VALU À ABRAM D'ÊTRE LE PREMIER PATRIARCHE ?

La Torah nous relate peu de choses sur la première partie de la vie d'Abram. Elle nous informe qu'Abram et Saraï, ainsi que son neveu Loth, ont été conduits par son père Térah d'Our en Chaldée jusqu'à Haran. Après la mort de Térah, Dieu ordonna à Abram de quitter Haran et il lui promit qu'il serait une « grande nation ».

Pendant des milliers d'années, ceux qui étudient la Torah se sont demandé : « Pourquoi Abram a-t-il été choisi pour ce rôle si important de dirigeant ? Qu'a-t-il fait pour mériter d'être le fondateur du peuple hébreu ? »

Les rabbins qui ont étudié cette section de la Torah ont suggéré que, puisque le texte est avare de renseignements à propos de la première partie de la vie d'Abram, il fallait tirer des enseignements des légendes collectées et transmises par les Juifs de générations en générations[1].

Selon certains de ces récits, Abram se rebella contre le culte des idoles dans sa propre demeure et dans le palais de Nimrod, le roi de cette époque. Très jeune, il vit des gens adorer différentes étoiles ou planètes, et d'autres fabriquer des dieux à partir du bois ou de la pierre. Il se dit : « Comment est-il possible qu'un monde si extraordinaire ait pu être créé par une étoile ou une planète, ou encore par

---

1. L'ouvrage de Louis Ginzberg, *Les Légendes des Juifs*, paru en français en six volumes aux Éditions du Cerf, est une source essentielle de récits rabbiniques illustrant la Torah (NdT).

une idole fabriquée par la main d'un être humain ? Comment est-il possible qu'un objet fait de bois ou de pierre puisse être l'auteur du développement de notre sens éthique du bien ou du mal ou de notre désir d'améliorer le monde ? »

Plus Abram se posait des questions, plus l'idolâtrie lui semblait ridicule. Il commença alors à questionner son père ainsi que ceux qui travaillaient dans le palais de Nimrod. Ses questions leur déplurent car ils ne pouvaient pas y répondre. Ils l'accusèrent d'être un fauteur de trouble et un « révolutionnaire ». Il persista dans ses interrogations et dans son rejet public de l'idolâtrie ; son père le dénonça à Nimrod. Il fut alors persécuté pour ses idées et jeté en prison.

Abram rejette l'idolâtrie

Lorsqu'Abram vint dans la maison de son père, il vit les idoles de son père, qui étaient au nombre de douze... Il se hâta de quitter la pièce vers la cour extérieure de la maison de son père où il le vit assis avec ses serviteurs. Il vint, s'assit devant lui et lui dit : « Père, dis-moi, qui est le Dieu qui a créé les cieux et la terre, ainsi que les êtres humains sur la terre ? » Térah répondit à son fils, et lui dit : « Pourquoi ? Ceux qui ont créé tout cela sont avec nous dans la maison ! »...

Abram prit alors des plats et les apporta dans la chambre devant les dieux de son père... et il vit qu'aucun d'entre eux ne tendait la main pour manger. Il prit alors un marteau et brisa les divinités de son père.

Lorsque Térah vit cela, il se mit en colère. « Qu'as-tu fait à tous mes dieux ? » Et Abram de répondre à son père : « J'ai simplement apporté des plats de mets fins devant eux. Mais lorsque je leur présentai les assiettes

pour qu'ils mangent, ils avancèrent tous leurs mains avant que le plus grand d'entre eux ne commence à manger. Lorsqu'il vit que les autres ne l'avaient pas attendu, il se mit en colère et les brisa tous. »
Lorsque Térah entendit cela, sa colère augmenta. « Tu te moques de moi ! Ces dieux ont-ils un esprit, ou une âme, ou même la force de faire tout ce que tu m'as raconté ? En vérité, ils sont de bois et de pierre, et c'est moi qui les ai faits ! Comment peux tu me mentir à ce point ? »
Alors Abram répondit à son père : « Comment peux-tu alors adorer ces idoles qui n'ont pas la force de faire quoi que ce soit ? Est-ce que ces idoles, à qui tu accordes ta confiance pourront te délivrer ? Peuvent-elles vraiment entendre les prières lorsque tu les supplies[1] ? »

Dieu choisit Abram comme fondateur du peuple juif pour sa sagesse et pour sa bravoure. Il ne craignait pas de poser des questions difficiles ni d'intervenir pour défendre ses convictions. Il était prêt à prendre le risque de se ridiculiser, et même de souffrir de persécution au nom de ses idéaux. Il était prêt à conduire la minorité de ceux qui croyaient que l'idolâtrie était une erreur, et à dédier sa vie entière à enseigner qu'un Dieu unique était la Source créatrice de toute vie. Ces qualités firent d'Abram un dirigeant talentueux.

Abram possédait encore d'autres qualités remarquables. Les rabbins du *Midrash* nous racontent que les prix qu'il pratiquait dans ses relations commerciales étaient toujours justes, que les gens venaient à lui en période de troubles pour rechercher un avis.

---

1. Micha Joseph Bin Gorion, *Mimekor Yisrael*, volume I, 15.

Et lorsqu'il entendait que quelqu'un était malade, il ne se contentait pas de proposer une prière, mais il allait aussi lui rendre visite afin que, grâce à son attention et son intérêt, il se porte mieux (*Genèse Rabba*, 11).

Les priorités d'Abram

Rabbi Lévi explique que, lorsqu'Abram traversait différents pays lors de ses voyages, s'il voyait des personnes se rendre à des fêtes pour se saouler, il disait : « Puissé-je ne pas faire partie de ce pays ! » Mais, lorsqu'il atteint la ville de Tyr, proche de la terre d'Israël, il vit des personnes travailler au désherbage et au sarclage à la bonne saison, il dit : « Puissé-je avoir part à ce pays ! » (*Genèse Rabba*, *Lekh-Lekha*, 8.)

Abram appréciait le travail créatif. Il rejetait la compagnie de ceux qui choisissaient de perdre leur temps et leur énergie avec des drogues ou de l'alcool. Il respectait ceux qui préparaient leur avenir et qui étaient prêts à travailler dur pour transformer leurs idéaux et leurs espoirs en réalité.

Pour toutes ces raisons, disent nos commentateurs, Abram fut choisi comme le fondateur et le dirigeant du peuple juif.

2. EST-IL PARFOIS LÉGITIME DE MENTIR ?

Dans notre section de la Torah, Abram et Saraï se trouvent en situation de danger. Ils ont fui vers l'Égypte afin d'échapper à la famine qui sévissait sur la terre d'Israël. Craignant qu'un Égyptien ne soit attiré par Saraï et ne le tue, Abram lui dit de ne pas révéler qu'elle est sa femme. Et lorsque le pharaon d'Égypte lui demande qui elle est, elle répond qu'elle est la « sœur » d'Abram.

Plus tard, lorsque Pharaon découvre la vérité, il s'en prend à Abram et lui demande : « Pourquoi ne m'as-tu pas dit qu'elle était ta femme ? » La Torah ne nous dit pas quelle fut la réponse d'Abram. Nous apprenons simplement que Pharaon le renvoya ainsi que Saraï avec toutes les richesses qu'ils avaient acquises en Égypte.

Abram devait-il mentir ? Lui était-il permis de dire que sa femme était sa « sœur » afin d'avoir la vie sauve ?

Une demi-vérité

Ce n'était pas un mensonge de la part d'Abram d'appeler Saraï sa « sœur » puisqu'elle était sa nièce. Et les membres d'une famille peuvent s'appeler frère et sœur (*Midrach Hagadol* 12 : 12).

À une autre occasion, Abram demanda aussi à Saraï de dire qu'elle était sa sœur. Pour l'expliquer, il dit : « Il est vrai qu'elle est ma sœur, fille de mon père ; seulement, elle n'est pas fille de ma mère, et elle est devenue ma femme » (Genèse 20 : 12).

Ramban (Nahmanide)

Confronté à la peur d'être tué par les Égyptiens, Abram a pu décider d'affirmer une « demi-vérité ». Il dirait que Saraï était sa « sœur », ce qu'en fait elle était, mais il ne révélerait pas qu'elle était sa femme. Le commentateur Nahmanide condamne Abram pour cette attitude. Il dit que « Abram a commis une grave transgression » en ne disant pas la vérité à propos de sa femme. « Il aurait dû avoir confiance et penser que Dieu l'aurait sauvé lui, sa femme et ses biens... » (Genèse 12 : 9.)

Hirsch

D'autres commentateurs divergent. Rabbi Samson Raphaël Hirsch, un savant éminent qui vécut en Allemagne entre 1808 et 1888, considérait au contraire que les actes d'Abram étaient honorables. Il savait que les Égyptiens n'agiraient pas mal envers une femme non mariée, voyageant avec son frère, mais qu'en revanche, ils tueraient le mari d'une belle femme et la violeraient. Il agit donc ainsi pour protéger Saraï et se protéger lui-même. Et en réalité il ne faisait que dire la vérité. Elle était la fille de son père, donc sa propre « sœur ».

Mais le problème n'est pas résolu pour autant. Le mensonge d'Abram était-il justifié ? Affirmer une demi-vérité, est-ce mentir ? Et qu'en est-il de Saraï ? Était-ce sa responsabilité de dire la vérité plutôt que de suivre les instructions d'Abram ?

3. L'ART DU COMPROMIS

Lors de leur départ d'Égypte, Abram et Loth emportèrent avec eux petit et gros bétail en abondance. Ils étaient tous les deux devenus riches. Lorsqu'ils atteignirent Bethel, la Torah nous relate que leurs gardiens de troupeaux commencèrent à se quereller.

Mais ce que la Torah ne révèle pas, ce sont les causes de leurs disputes. En voici quelques-unes suggérées par des commentateurs qui ont analysé cette section.

L'un d'entre eux explique que les bergers de Loth ne prêtaient pas attention aux bornes frontières qui limitent les territoires et les propriétés. Ils permettaient à leurs bêtes de paître là où bon leur semblait... Les bergers d'Abram, voyant cela, les accusèrent de vol.

Quel était l'objet de leurs disputes ?

Rabbi Berekhia enseignait au nom de Rabbi Juda : les bêtes d'Abram étaient muselées puis conduites à l'extérieur, et ainsi, elles ne pouvaient pas paître sur une terre non permise. D'un autre côté, les bergers de Loth refusèrent de museler leurs bêtes, et elles paissaient partout où elles allaient.

Lorsque les bergers d'Abram demandèrent : Ce que vous faites, n'est-ce pas du vol ? Les bergers de Loth répliquèrent : Abram est une mule stérile qui ne peut pas avoir d'enfants ! Par conséquent, Loth héritera de tout ce qui lui appartient. Si son troupeau paît maintenant sur les terres d'Abram, c'est comme s'il paissait sur ce qui appartient déjà à Loth ! (*Genèse Rabba* 41 : 5)

Comme beaucoup de disputes, celle qui eut lieu entre les gardiens de troupeau d'Abram et de Loth débuta par un désaccord sur ce qui était considéré comme légitime. Elle se poursuivit ensuite par les insultes proférées en public par l'entourage de

Loth à l'encontre d'Abram : « Abram est une mule stérile qui ne peut avoir d'enfants ! » Les bergers d'Abram auraient pu répondre : « Loth est devenu un idolâtre et un mécréant malhonnête ! » Selon les rabbins, ce sont les insultes qui ont transformé leur dispute en un conflit ouvert.

Cependant, il a pu y avoir encore d'autres motifs de désaccord entre Abram, Loth et leurs gardiens de troupeau respectifs. Nahmanide explique qu'Abram et Loth sont revenus sur la terre de Canaan avec de nombreux troupeaux. Abram s'est opposé à ce qu'ils paissent ensemble de peur que les habitants du pays, les Cananéens et les Pérezzites, voyant leur abondance de biens, ne décident de se lever contre eux et de les détruire. Il ordonna donc à leurs bergers d'emmener paître les troupeaux dans des lieux différents.

Loth et ses bergers n'y prêtèrent pas attention. Il semble qu'il leur était égal de créer des problèmes avec les autres peuples du pays ou de risquer leur propre sécurité. Voyant qu'il y avait entre eux de telles divergences, Abram suggéra qu'ils empruntent des chemins différents. De plus, selon la Torah, il laissa à Loth le choix. Il lui dit : « Qu'il n'y ait pas, je te prie, de querelle entre toi et moi, entre tes bergers et mes bergers car nous sommes frères !... Si tu vas à gauche, j'irai à droite ; si tu vas à droite, j'irai à gauche. » Loth fut d'accord. Il se déplaça vers l'est, et Abram resta sur la terre de Canaan.

4. ABRAM VA AU SECOURS DE LOTH

Peu de temps après s'être établi dans la cité de Sodome, Loth fut attaqué par « Amraphel, roi de Shinéar, Ariok, roi d'Ellasar, Kedorlaomer, roi d'Élam, et Tidal, roi de Goyim. » Ils prirent d'assaut les cités de Sodome et de Gomorrhe, saisirent les richesses et capturèrent Loth.

Apprenant ce qui s'était passé, Abram réunit une armée pour les poursuivre et sauver son neveu. Il défit les rois et libéra Loth. Lors du retour victorieux d'Abram, le roi de Sodome le loua pour sa bravoure et lui offrit une grande récompense. Cependant, Abram refusa sa proposition.

Cet épisode soulève plusieurs questions.

Pourquoi, alors qu'Abram et Loth étaient séparés, Abram se sentit-il obligé de risquer sa vie pour secourir Loth ? Pourquoi Abram ne prit-il pas un butin après la bataille ?

Nahmanide suggère que, bien qu'il y ait eu des désaccords entre eux deux, Abram se rappelait que Loth avait été un compagnon et un ami fidèle. Le commentaire *Akedat Yizhak* remarque qu'Abram avait réalisé que si une personne était capturée, les autres devaient voir en elle un « frère » et se hâter d'aller le secourir.

Porter secours aux captifs

Pidyon shevouim, ou « porter secours aux captifs » est un des commandements les plus importants du judaïsme. Abram était prêt à sacrifier sa vie afin de sauver Loth parce qu'il pensait que sauver une vie en libérant une victime de l'oppression est une des façons les plus élevées de servir Dieu (*Genèse Rabba* 43 : 2).

Rambam (Maïmonide)

Le sauvetage de Loth par Abram devint un modèle d'éthique pour les Juifs à travers les siècles. Selon le grand maître du XIIe siècle, Moïse Maïmonide, *pidyon shevouim*, le « sauvetage des captifs », est une *mitswa* encore plus importante que la charité faite aux pauvres. Les rabbins du Talmud ont ordonné que l'argent mis de côté pour construire une synagogue pouvait être utilisé comme rançon pour libérer des Juifs en captivité. Ils ont ajouté que celui qui tarde à libérer un Juif, est considéré comme s'il avait versé son sang. Durant le Moyen Âge, des associations s'étaient formées dans beaucoup de communautés juives pour collecter des fonds afin de payer les rançons afin de libérer les Juifs en captivité. Des milliers furent ainsi sauvés des pirates, des armées hostiles ou des ravisseurs (*Mishné Torah, Aniyim* 8 : 10, 12 ; *Baba Batra* 8b).

L'action immédiate et courageuse d'Abram pour libérer son « frère » Loth a ainsi constitué une référence pour l'accomplissement de la *mitswa* (commandement) du *pidyon shevouim*, la libération des captifs.

Cependant, après avoir rempli son obligation de secourir Loth, pourquoi Abram a-t-il refusé toute récompense ?

Les rabbins du *Midrash* suggèrent qu'Abram se souciait de ce que l'on pourrait penser : s'il avait pris la moindre chose, on aurait dit qu'il était allé livrer bataille pour augmenter ses richesses et non pour sauver son « frère ». Il voulait être bien compris dans ses intentions. Son unique souci était la sécurité et le bien-être de Loth, non l'acquisition de nouvelles richesses (*Genèse Rabba* 43 : 12).

La récompense d'une *mitswa*

À propos de l'accomplissement d'une *mitswa*, Antigone de Socho enseigna : « Ne soyez pas comme des serviteurs qui servent le maître à condition de recevoir une gratification, mais soyez comme des serviteurs qui servent le maître sans attendre de gratification. Et que la crainte des cieux pèse sur vous » (*Avot* 1 : 3). Et Siméon ben Azzaï dit : « Le salaire de la *mitswa* est (d'accomplir) une autre *mitswa* » (*Avot* 4 : 2).

Alors que la plupart des commentateurs font l'éloge d'Abram pour avoir sauvé Loth et pour son refus d'en tirer un quelconque bénéfice, Rabbi Yohanan, un sage du IIIe siècle en terre d'Israël, fut très critique à son égard. Il estimait qu'Abram avait manqué l'opportunité de convertir Loth ainsi que le roi de Sodome à sa nouvelle croyance. Rabbi Yohanan estimait qu'ils avaient tous les deux une dette envers lui et qu'il aurait dû en tirer avantage (*Nedarim* 32b).

Cependant, son opinion est minoritaire parmi les commentateurs qui louent Abram pour son refus de toute récompense et en font l'exemple même du *pidyon shevouim*, « libérer les captifs ». Accomplir une *mitswa* sans obligations en retour, sans conditions, sans en attendre une quelconque récompense reste aujourd'hui un puissant modèle de comportement éthique.

5. LA BERIT MILAH, L'ALLIANCE DE LA CIRCONCISION

La Torah nous apprend que trois ans après qu'Hagar eut donné naissance à Ismaël, Dieu promit d'établir une *berit*, une « alliance » ou « contrat » avec Abram. Le symbole de cette alliance est la *milah*, « circoncision ». Elle consiste dans l'ablation du prépuce du nouveau-né mâle. Dans notre *parasha*, Dieu dit à Abram : « À l'âge de huit jours, chaque mâle parmi vous sera circoncis à travers vos générations… Et mon alliance sera inscrite dans votre chair en alliance éternelle » (Genèse 17 : 12-13).

Ainsi Abram se circoncit-il lui-même, son fils Ismaël, ainsi que tous les hommes qui faisaient partie de son entourage. À l'occasion de ce rite, Dieu changea son nom en *Avraham*, Abraham, qui signifie « père d'une multitude », et le nom de Saraï en *Sarah*, qui signifie « princesse ».

La circoncision était une coutume répandue parmi les peuples du Moyen-Orient. Les Égyptiens, les Édomites, les Ammonites ainsi que les Moabites la pratiquaient. Plus tard, les musulmans l'adoptèrent. La plupart de ces anciens peuples la pratiquaient juste avant le mariage en espérant que le « sacrifice » du prépuce permettrait à l'homme d'avoir beaucoup d'enfants. Bien que la promesse faite à Abraham au moment de sa circoncision et de son changement de nom fût qu'il sera le « père de nombreuses nations », le moment de la circoncision dans le judaïsme a été fixé au huitième jour après la naissance. Au sein de la communauté juive, la circoncision ne fut pas pratiquée dans l'espoir d'avoir de nombreux enfants, mais plutôt pour identifier l'enfant de sexe masculin comme membre du peuple juif. La *berit milah* est devenue une cérémonie emplie de fierté, une cérémonie initiatique à l'occasion de l'entrée du nouveau-né dans l'alliance et la communauté du peuple juif.

Peut-être est-ce la raison pour laquelle les Juifs ont observé la *berit milah* si fidèlement à travers les siècles, et pourquoi les ennemis du peuple juif ont essayé d'interdire sa pratique. Les dirigeants qui ont cherché à détruire la loyauté des Juifs envers leur tradition et à mettre fin au peuple juif ont souvent prohibé la circoncision.

Antiochus IV Épiphane, par exemple, déclara la guerre aux Juifs en – 165 en leur interdisant d'observer le *shabbat*, les fêtes, ainsi que toutes les traditions contenues dans la Torah. Il déclara aussi expressément que tous les garçons juifs ne devaient pas être circoncis. Il ordonna que les parents qui avaient fait faire une *berit milah* à leurs fils soient mis à mort, et ceux qui y avaient participé étaient aussi menacés.

Les Maccabées refusèrent d'obéir aux ordres du roi, et se lancèrent dans une guerre de libération contre le joug oppresseur.

Pour certains commentateurs, la circoncision représente davantage qu'un signe saint de l'identité juive ou un symbole de l'alliance entre Dieu et son peuple. Ils pensent que la circoncision est un moyen d'enseigner aux êtres humains que le monde est imparfait et qu'il nécessite le *tikoun*, la « réparation ». Voici ce que relate le *Midrash* :

> Le gouverneur romain Turnus Rufus demanda un jour à Rabbi Akiva : Si votre Dieu est si puissant, et qu'il

veut que les enfants mâles soient circoncis, pourquoi chaque enfant n'est-il pas simplement né circoncis ? Rabbi Akiva répliqua : Dieu a donné les commandements au peuple d'Israël afin qu'il puisse se parfaire par leur observance. Dieu souhaite que chaque individu prenne la responsabilité de se parfaire et de parfaire le monde par la pratique des commandements. Le commandement de la circoncision nous rappelle que, de même que nous devons nous parfaire physiquement, nous devons aussi nous parfaire spirituellement, nous-mêmes et le monde.

(*Midrash Tanhouma* et *Sefer Ha-Hinoukh* 57)

En d'autres mots, la circoncision est un outil de sainteté. Elle est un symbole puissant de l'identité juive. Elle sert à rappeler aux Juifs leurs objectifs éthiques ainsi que leurs responsabilités. Elle nous enseigne aussi que nos talents et nos compétences doivent être améliorés. Nos défauts et nos insuffisances devraient être corrigés ou réparés. De même que le petit garçon qui vient de naître a besoin de l'amélioration qu'apporte la circoncision, de même le monde a besoin des êtres humains pour le parfaire. La *berit milah* est le signe que les Juifs ont « signé un contrat » avec Dieu pour se perfectionner eux-mêmes et perfectionner le monde.

Questions pour l'étude et la discussion

1. Quelles étaient les qualités d'Abram pour devenir le fondateur du peuple juif ? Comment compareriez-vous ses qualités avec celles de dirigeants de notre époque ?
2. Abram a-t-il agi avec justesse lorsqu'il mentit à Pharaon à propos de l'identité de sa femme Saraï ? Une demi-vérité ou un mensonge inoffensif est-il permis

lorsqu'il s'agit de sauver une vie ? À quelles autres conditions une demi-vérité peut-elle être justifiée ?

3. Les commentateurs présentent Abram comme un modèle pour la résolution des conflits entre des factions opposées. Laquelle des techniques qu'ils nous ont présentées pourrait-elle être appliquée à la résolution des conflits internationaux et privés d'aujourd'hui ?
4. Comment peut-on appliquer aujourd'hui la *mitswa* du *pidyon shevouim ?* Reste-t-elle une obligation personnelle, ou bien les affaires internationales sont-elles devenues si complexes que nous devions laisser la libération des opprimés aux mains des « experts » ?
5. Puisqu'un jeune enfant juif est circoncis à l'âge de huit jours, la *berit milah* peut difficilement être une démonstration de son attachement au judaïsme ou au peuple juif. Quel est, dès lors, le sens d'une telle cérémonie ? La même question peut-elle se poser en ce qui concerne la nomination ou cérémonie d'alliance (*berit leda*) d'une petite fille ?

Parashat Vayera

Genèse 18 : 1 - 22 : 24

La visite de trois hommes à Abraham marque le début de la parasha Vayera. *Il les accueille avec une généreuse hospitalité, et ils lui promettent que bientôt Sarah portera un fils. Lorsque les trois hommes partent pour la cité de Sodome, Dieu apparaît à Abraham pour lui annoncer que les cités de Sodome et de Gomorrhe seront détruites à cause du comportement dissolu de leurs habitants. Abraham proteste, demande à Dieu de ne pas anéantir les innocents avec les coupables. Dieu promet alors que, s'il se trouve au moins dix personnes innocentes dans ces cités, elles ne seront pas détruites. Peu de temps après, deux anges à figure humaine arrivent à Sodome, et Loth leur offre l'hospitalité. Il les protège des habitants de Sodome qui menacent de leur faire du mal. Les anges avertissent Loth qu'il doit quitter Sodome car Dieu est sur le point de détruire la cité. Le matin suivant, il fuit la cité alors que du feu s'abat sur les deux villes, mais sa femme, malgré l'interdit énoncé par les anges, regarde en arrière et se transforme en une colonne de sel. Abraham descend vers le Néguev où Avimélekh, roi de Guérar voit Sarah et désire l'épouser. Craignant le roi, Abraham prétend que sa femme est sa « sœur ». Le roi la prend comme épouse, mais Dieu lui apparaît et lui révèle la véritable identité de Sarah. Avimélekh la renvoie alors chez Abraham avec de nombreux présents. Comme les visiteurs l'avaient prédit à Abraham, Sarah donne naissance à un fils qu'ils nomment Isaac. Quelques années plus tard, Sarah persuade Abraham de chasser Hagar et Ismaël afin que seul Isaac puisse hériter des biens et du statut d'Abraham. Celui-ci accepte après que Dieu lui a dit : « Je ferai de lui (Ismaël) une grande nation. » Plusieurs années plus tard, Dieu met Abraham à l'épreuve en lui ordonnant de sacrifier son fils Isaac sur le mont Moriah. Isaac est sauvé au dernier moment, lorsque Dieu loue la loyauté d'Abraham et lui ordonne de sacrifier à sa place un bélier.*

NOTRE TARGOUM

1. Abraham voit trois hommes s'approcher de sa tente. Il se lève, se précipite pour les accueillir, et les invite à partager son eau et sa nourriture. Sarah prépare alors un repas pour eux. Les hommes promettent à Abraham que Sarah sera bientôt enceinte d'un fils. En entendant cela, Sarah rit. Elle est persuadée d'être trop âgée pour avoir des enfants.

2. Les visiteurs s'en vont et se rendent dans la cité de Sodome, située au sud de la mer Morte. Dieu apparaît à Abraham et lui annonce que les villes de Sodome et de Gomorrhe vont être détruites à cause du mauvais comportement de leurs habitants. Abraham proteste, en arguant que si Dieu est juste, des innocents ne peuvent périr en même temps que des coupables. Il demande à Dieu : « Peut-être y a-t-il dans la ville cinquante justes. Vas-tu les éradiquer et ne pas pardonner à ce lieu en dépit des cinquante justes qui s'y trouvent ? » (Genèse 18 : 24.) Dieu accepte d'épargner la ville s'il s'y trouve cinquante justes.

Abraham commence alors à marchander : « Peut-être manquera-t-il aux cinquante justes cinq justes ? Pour cinq, anéantirais-tu toute la ville ? » (Genèse 18 : 28.) Poursuivant dans la même veine, il argumente pour quarante, puis trente, vingt. Finalement, il pose la même question s'il s'y trouve dix justes. Dieu répond : « En faveur de ces dix, je n'anéantirai pas la ville » (Genèse 18 : 32).

3. Un soir, deux anges à figure humaine arrivent à Sodome. Assis à la porte de la ville, Loth les accueille et les invite à passer la nuit chez lui. Le peuple de Sodome s'assemble devant la porte de la maison de Loth et lui demande de lui livrer les visiteurs pour en abuser sexuellement. Craignant pour la vie de ses hôtes, Loth offre ses filles aux habitants de Sodome. La foule s'emporte contre Loth et menace de forcer la porte. Les deux visiteurs repoussent alors Loth à l'intérieur de la maison, et une lumière aveuglante empêche les assaillants d'entrer.

Les visiteurs disent à Loth de réunir sa famille et de fuir avant que Sodome ne soit détruite. Les gendres de Loth refusent de croire la prédiction, et le reste de sa famille tarde à obéir. Finalement, au petit matin, les visiteurs les prennent par la main et les escortent hors de la ville. Ils leur disent : « Fuyez pour votre vie ! Ne regardez pas derrière vous... de peur d'être emportés » (Genèse 19 : 17). Alors que le feu s'abattait sur les deux cités, la femme de Loth regarda derrière elle et elle devint une colonne de sel.

4. Plus tard, alors qu'Abraham et Sarah traversent le Néguev, le roi de Guérar, Avimélekh voit Sarah

et la désire pour femme. Comme il l'avait fait avec Pharaon (cf. *parashat Lekh-Lekha*), Abraham dit au roi : « Elle est ma sœur. » Dieu apparaît au roi la nuit où il conduisit Sarah dans sa maison et lui révèle qu'elle est en réalité la femme d'Abraham. Craignant pour sa vie, Avimélekh renvoie Sarah à Abraham avec un grand trésor en réparation du mal qu'il aurait pu faire.

Peu de temps après, Sarah conçoit un enfant et donne naissance à Isaac. Après quelques années, elle exige d'Abraham qu'il chasse Hagar et son fils Ismaël car, dit-elle, seul Isaac doit hériter de la richesse d'Abraham et de son statut de patriarche. Bien que fortement contrarié par l'exigence de Sarah, Abraham accepte d'agir selon sa volonté après que Dieu lui a assuré qu'Ismaël deviendrait aussi une grande nation.

5. Quelque temps plus tard, Dieu met à l'épreuve la loyauté d'Abraham en lui ordonnant de sacrifier son fils Isaac au sommet du mont Moriah. Abraham prend son fils et le conduit jusqu'à l'endroit désigné par Dieu. Là, il construit un autel et, alors qu'il est sur le point de tuer son fils, un ange arrête son geste, en disant : « Ne lève pas la main sur ce jeune homme, ne lui fais rien, car, maintenant, je sais que tu crains Dieu » (Genèse 22 : 12). Abraham lève les yeux et voit un bélier dont les cornes sont prises dans un buisson. Il se saisit de l'animal et l'offre en sacrifice à la place d'Isaac. L'ange lui dit alors que lui, Abraham, ainsi que tous ses descendants, seront bénis.

La *parasha Vayera* comporte trois thèmes essentiels :
1. L'importance de l'hospitalité.
2. Les conséquences de l'injustice sociale.
3. Que signifie être « loyal » envers Dieu ?

1. L'HOSPITALITÉ D'ABRAHAM ET DE LOTH

À deux reprises, dans cette section, des invités sont accueillis dans un foyer : Abraham, au début de la *parasha*, ainsi que Loth, juste avant que les cités de Sodome et de Gomorrhe ne soient détruites. Dans chaque situation, l'hospitalité offerte est très différente. Mais de chacune d'entre elles, nous pouvons tirer un enseignement sur cette valeur juive essentielle qu'est l'accueil dans nos maisons.

L'importance de l'hospitalité

Le Talmud affirme que « l'hospitalité est une grande *mitswa*. Il est plus important d'offrir l'hospitalité que d'assister à un cours ou de saluer Dieu par la prière » (*Shabbat* 127a).

Les Sages demandent : Pourquoi le prophète Michée fait-il partie de ceux qui vivront éternellement ? Parce qu'il a partagé son pain avec celui qui venait dans sa maison (*Sanhedrin* 103a).

Abraham est présenté dans la Torah comme le modèle de l'hôte. Chaque geste est important et est décrit avec minutie. Le texte dit : « *Levant les yeux*, il vit trois hommes se tenant près de lui. *Dès qu'*il les vit, il se *précipita* depuis l'entrée de la tente pour les *accueillir* et, se *prosternant* jusqu'au sol, il dit : Seigneur, si j'ai trouvé grâce devant tes yeux, *ne passe pas sans t'arrêter chez moi, ton serviteur. Laissez-moi apporter un peu d'eau ; lavez vos pieds et reposez-vous sous l'arbre. Je vais apporter un morceau de pain et vous vous restaurerez, après quoi, vous pourrez repartir...* »

L'hospitalité d'Abraham n'est pas passive. Il est attentif et alerte, prêt à recevoir des hôtes qui passeraient devant chez lui et auraient besoin d'aide. Il n'attend pas que les étrangers aient approché de la tente. Au contraire, il se précipite vers eux dès qu'il les voit. Il ne leur pose pas toutes sortes de questions à propos de leurs parents, de leur peuple ou de leur destination, mais il les accueille et leur témoigne du respect en se prosternant devant eux. Il les implore même de ne pas passer « sans s'arrêter chez leur serviteur ». Il les réconforte en leur offrant de l'eau et s'empresse de les nourrir.

De nombreux commentateurs ont fait remarquer qu'Abraham accueillait ainsi ses hôtes alors qu'il était en train de récupérer des douleurs de la circoncision. Et pourtant, il fut soucieux de l'épuisement et de la faim d'autres personnes au point de se précipiter pour les accueillir et leur offrir de l'eau et de la nourriture (*Akedat Itzhak*).

Ramban (Nahmanide)

De plus, affirme Ramban, Abraham ne pensait qu'aux besoins de ses hôtes. C'était le milieu du jour. Ils avaient voyagé et souhaitaient se reposer avant de poursuivre leur chemin ; leurs pieds étaient douloureux et le soleil brûlant les avait épuisés.

Les anges peuvent attendre

Un jour, un jeune homme vint visiter le célèbre sage et rabbin connu sous le nom du Hafetz Haïm. Il était arrivé à la synagogue juste avant l'entrée de *shabbat*, après avoir passé des heures en chemin. Il était affamé et faible au moment où ils quittèrent la synagogue pour arriver à la maison du rabbin. À la surprise générale, le Hafetz Haïm omit le *Shalom Aleikhem*, chant qui accueille les anges qui accompagnent le *shabbat* et, après avoir récité rapidement le *Kiddouch* et le *Motsi*, il se mit à manger. « Pourquoi avez-vous omis de chanter le *Shalom Aleikhem* ? » demanda le jeune homme à son hôte.

Le Hafetz Haïm répondit : « Tu étais affamé, et une personne affamée doit être nourrie aussitôt que possible. Les anges peuvent attendre avant d'être accueillis. »

La Torah nous enseigne qu'Abraham n'était pas seul à offrir l'hospitalité à ses hôtes. Sarah était là et l'aidait. Certains commentateurs expliquent qu'en tant que mari et femme, ils partageaient l'obligation de préparer la nourriture pour leurs hôtes. Et ils ne perdirent pas de temps. Ils se *hâtèrent* pour s'occuper de leurs invités. Ils firent l'effort de faire du pain avec de la farine de *choix* et pour faire cuire un agneau de *qualité*. Ils n'ont pas demandé à leurs serviteurs de nourrir leurs invités. Abraham et Sarah les servirent eux-mêmes et leur donnèrent à chacun une part égale. Ils ont prêté attention aux besoins de chacun d'entre eux (*cf. Mesillat Yesharim* 7, *Nombres Rabba* 10 : 5 et *Megilla* 12a).

En outre, Abraham a insisté pour servir ses invités à l'entrée de sa tente. Pourquoi ?

Peut-être voulait-il manifester à d'autres étrangers qu'ils étaient aussi les bienvenus ? Peut-être voulait-il rappeler à tous que chaque être humain est créé « à l'image de Dieu » et qu'offrir l'hospitalité aux étrangers est un moyen d'accueillir Dieu dans nos vies ?

Et Nahmanide ajoute que, lorsque le temps de partir fut venu, Abraham ne se contenta pas de leur souhaiter un bon voyage depuis sa porte. Il les accompagna jusqu'à ce qu'il se soit assuré qu'ils étaient sur le bon chemin et en sécurité.

La façon dont Abraham a accueilli les étrangers est considérée par la tradition juive comme un modèle remarquable d'hospitalité. En revanche, la façon dont Loth a reçu ses hôtes soulève des questions troublantes. Selon les rabbins qui explicitent cette *parasha*, Loth n'amenait des visiteurs chez lui que la nuit, jamais le jour. Il ne les conduisait jamais à sa maison par un chemin direct, toujours par des détours, et il ne les faisait entrer que par la porte de derrière. Lorsqu'ils étaient chez lui, il leur disait : « Ne vous lavez pas les pieds. Si les autorités de la ville devaient venir nous contrôler, ils doivent penser que vous venez tout juste d'arriver et que je ne vous offre rien de particulier » (*Pirké de-Rabbi Eliézer* et *Midrash Ha-Gadol* ; voir aussi Rashi et *Meam Loez*).

Qui est étranger ?

Un jour, un groupe d'étrangers arriva dans une auberge. L'aubergiste et sa femme étaient connus pour leur gentillesse et leur hospitalité. Ils virent que les étrangers étaient fatigués et l'aubergiste se hâta d'aller faire chauffer de l'eau pour le bain. Parmi les étrangers se trouvait un vieil homme pauvre, dont le dos était entièrement couvert d'horribles blessures. Les autres hôtes refusèrent de se baigner avec lui ou de l'aider à se laver. Lorsque la femme de l'aubergiste vit qu'il avait besoin d'aide, elle prit une brosse et lava son dos avec délicatesse. « Merci pour ta gentillesse », dit le vieil homme. « Puissent tous tes enfants être comme moi. »

Certains disent que le vieil homme pauvre n'était autre qu'Élie le Prophète, qui apportera un jour une ère de compréhension entre les êtres humains, de gentillesse et de paix.

Pourquoi Loth agissait-il de manière si peu hospitalière ?

Certains expliquent que les autorités de Sodome avaient décrété qu'il était illégal d'offrir l'hospitalité à des visiteurs. La punition qui attendait ceux qui prenaient soin de leurs invités et se souciaient de leurs besoins pouvait être la prison ou même la mort. Il fallait profiter des étrangers, voler leurs possessions et les chasser hors de la ville au plus vite (Na<u>h</u>manide et *Genèse Rabba*).

D'autres font remarquer que, contrairement à Sarah, la femme de Loth était opposée à offrir l'hospitalité aux étrangers. Elle refusait de leur préparer de la nourriture et n'aidait pas Loth à rendre leur séjour agréable. Elle s'est plainte auprès de son voisinage à de multiples occasions des « visiteurs de mon mari », et elle l'a même dénoncé aux autorités lorsqu'il en recevait (*Midrash Aggada* 19 : 4 ; *Genèse Rabba* 50 : 8, 9).

De nombreux commentateurs sont très critiques à l'égard de Loth, mais certains affirment que son hospitalité était en réalité héroïque. Ils font remarquer que, contrairement à Abraham, Loth vivait dans une ville où l'on pouvait être mis à mort si l'on offrait le gîte, le couvert ou même l'amitié à des hôtes. L'un d'entre eux suggère que la fille de Loth, Pelolit, a été exécutée par les autorités de Sodome pour avoir donné du pain à un étranger.

D'autres encore soulignent que lorsque la foule s'est amassée à sa porte pour lui demander de faire sortir les étrangers, il refusa. Au risque de sa vie, il sortit de la maison, ferma la porte derrière lui et tenta de calmer la foule. Il tint courageusement sa position et tenta de les convaincre de partir. Mais ils exigèrent qu'il ouvre la porte et fasse sortir les visiteurs pour qu'ils s'en saisissent. C'est alors seulement que Loth proposa à la foule de leur livrer ses filles en échange de la protection de ses hôtes (*Sefer Ha-Yashar* 10).

Comment a-t-il pu proposer pareille chose ? Était-ce un geste héroïque ou une décision perverse ? Étant donné les circonstances, peut-on réellement comparer l'hospitalité d'Abraham et celle de Loth ?

Il y a des limites, même à l'hospitalité

Loth dit à la foule : « Voyez, j'ai deux filles qui n'ont jamais connu d'homme. Laissez-moi vous les amener, et faites-leur ce que vous voulez. Mais ne faites rien à ces hommes qui sont venus sous la protection de mon toit. » On nous a enseigné qu'un homme peut sacrifier sa vie pour sauver celle de sa femme et de ses enfants. Loth était prêt à livrer ses filles à l'abus. Par conséquent, il a apporté la honte sur sa vie (*Midrash HaGadol* 19 : 8).

Dans certaines sociétés, que le chef d'une maisonnée puisse livrer sa femme et ses enfants à une foule en colère afin de sauver des hôtes innocents est considéré comme juste. Cependant, la tradition juive requiert qu'une personne donne sa vie plutôt que de sacrifier la vie des siens.

Zougot

Avec Abraham et Loth, nous avons deux exemples d'hospitalité. Certes, les circonstances auxquelles chacun dut faire face étaient très différentes. Même si le jugement est difficile, la vie de nos proches passe avant la *mitswa* de l'hospitalité.

Que votre maison soit ouverte

Rabbi Yossi ben Yohanan enseigna : Que ta maison soit ouverte, et que ceux qui sont dans le besoin soient traités comme les membres de ta famille (*Avot* 1 : 5).

Juger les autres

Rabbi Hillel avertit : Ne juge pas une autre personne avant que tu ne te sois toi-même mis à sa place (*Avot* 2 : 5).

2. POURQUOI LES PERSONNES JUSTES DEVRAIENT-ELLES SOUFFRIR À CAUSE DE CEUX QUI FONT LE MAL ?

La Torah raconte que, lorsque Dieu lui dit que Sodome et Gomorrhe allaient être détruites à cause des terribles crimes de leurs habitants, Abraham demanda de manière hardie : « Vas-tu détruire l'innocent avec le juste ? Et s'il se trouvait cinquante innocents dans la cité, détruirais-tu ce lieu et ne pardonnerais-tu pas à cause des cinquante justes qui s'y trouvent ?... Loin de toi d'agir de la sorte ! Le juge de la terre ne jugerait-il pas avec équité ? »

Abraham était soucieux de la justice. Il ne croyait pas que les gens de bien ou les innocents devaient souffrir à cause des mauvaises actions des autres. C'est la raison pour laquelle il argumenta en faveur des innocents qui se trouvaient à Sodome. Lorsque Dieu lui dit que la ville serait sauvée par égard pour cinquante personnes, Abraham continua à négocier le salut du lieu pour quarante-cinq personnes, puis pour quarante, pour trente, puis vingt, et finalement pour dix innocents.

Cependant, Sodome fut détruite. Pourquoi ? La Torah nous dit seulement que « les cris de Sodome et Gomorrhe étaient grands » et leur crime grave. Aucun détail ne nous est donné sinon que Dieu décida de détruire Sodome et la ville voisine de Gomorrhe.

Plus tard, les rabbins se sont demandé ce que les habitants de ces villes avaient fait de si mal pour mériter la destruction. Ils proposèrent différentes raisons essentielles.

Rien pour l'étranger

Rabbi Nathaniel remarqua que le peuple de Sodome refusait de donner de la nourriture à l'étranger ou au voyageur ; ils ont même construit des barrières au-dessus de leurs jardins de sorte qu'aucun oiseau ne puisse manger de fruits de leurs arbres (*Pirké de-Rabbi Eliézer* 25).

Gardons tout pour nous-mêmes

À cause de leur richesse, les habitants de Sodome devinrent hautains. Ils se dirent les uns aux autres : puisque l'or et l'argent sont abondants dans notre pays, pourquoi devrions-nous autoriser les étrangers à franchir nos frontières, manger notre nourriture, utiliser nos ressources, et partager ce qui est à nous ? Ils ne feront que prendre ce qui est à nous et il y en aura moins pour nous. Empêchons-les donc d'entrer, et chassons ceux qui sont au milieu de nous dès que possible, particulièrement ceux qui sont pauvres et malades (*Tosefta sur Sota* 3 ; *Sanhedrin* 109a).

La première raison invoquée est l'égoïsme du peuple de Sodome. Leur pays était riche d'or, d'argent et de pierres précieuses. Leurs paysans produisaient une grande abondance de nourriture. Chaque habitant avait une maison confortable, de nombreux habits et des jardins avec de magnifiques fleurs et des arbres fruitiers.

Plutôt que de vouloir partager leurs richesses et leurs biens avec les autres, les habitants de Sodome voulaient tout garder pour eux-mêmes. Ils expulsaient les immigrants, les étrangers ou les simples voyageurs. Ils chassaient les pauvres et les malades et n'autorisaient à rentrer dans leur cité personne qui puisse devenir un fardeau pour elle. Ils n'estimaient avoir aucune responsabilité à l'égard des autres.

Selon les rabbins, ils franchirent une étape supplémentaire dans leur égoïsme. Ils développèrent des moyens habiles de dépouiller les visiteurs sans violer la loi. Par exemple, lorsqu'un étranger franchissait les portes de la ville avec des céréales, ils ne volaient chacun qu'un petit peu de grain de ses sacs jusqu'à ce que ceux-ci soient complètement vides. De cette façon, aucun d'entre eux ne pouvait être poursuivi en justice pour vol. Et si un visiteur poursuivait en justice un habitant de la ville pour avoir volé son grain, celui-ci disait : « Je n'ai rien pris, juste quelques grains » (*Sanhedrin* 109a).

Mais ce n'est pas tout. Toujours selon les rabbins, les habitants de Sodome avaient créé des lois interdisant à tout citoyen de la ville de nourrir l'affamé, de secourir le pauvre ou de guérir le malade.

La proclamation de Sodome

Rabbi Juda dit : « Les chefs de Sodome ont fait une proclamation dans laquelle il est dit : quiconque donne ne fût-ce qu'une tranche de pain au pauvre ou au nécessiteux sera mis à mort par le feu » (*Pirké de-Rabbi Eliézer* 25).

À Sodome, la « bonté à l'égard de l'étranger » était contraire à la loi ! S'il se trouvait qu'un habitant de Sodome éprouve de la compassion à l'égard d'un étranger et lui offre son soutien, il était accusé d'enfreindre la loi et était exécuté. C'est ce qui arriva, disent les rabbins, à la fille de Loth, Pelolit.

La fille de Loth est punie

Pelolit, fille de Loth, vit dans la rue un pauvre qui demandait du pain. Son cœur fut rempli de compassion. Alors, que fit-elle ? Chaque jour, elle puisait de l'eau pour lui et lui donnait à manger du pain ou d'autre nourriture. Lorsque les chefs de Sodome découvrirent qu'elle aidait un pauvre, ils la firent exécuter (*Pirké de-Rabbi Eliézer* 25).

Le grand crime de Sodome fut que la cruauté devint la règle de la cité. Les chefs de la ville érigèrent en loi l'oppression et l'abus de celui qui est dans le besoin. Même les tribunaux, qui sont dans la plupart des sociétés le lieu où l'on rend la justice, promouvaient l'injustice. Les juges étaient du côté des riches et traitaient les nécessiteux injustement et sans pitié.

Leurs tribunaux étaient injustes et malhonnêtes

Rabbi Josué ben Korkha faisait remarquer que les chefs de Sodome avaient pour habitude de nommer des juges malhonnêtes. Ils mentaient, ils trompaient, et ils opprimaient l'étranger. Ils autorisaient des voyageurs à pénétrer dans Sodome, puis les déclaraient coupables d'avoir enfreint la loi. Ensuite, ils les dépouillaient de tous leurs biens et les chassaient hors de la ville (*Pirké de-Rabbi Eliézer* 25).

Ibn Ezra

Selon le commentateur espagnol Abraham Ibn Ezra (1092-1167), pas un des citoyens de la ville ne protestait contre le sort cruel fait aux étrangers. Au lieu de cela, ils restaient silencieux, car ils choisissaient l'attitude prudente de ne pas s'impliquer. Ils refusaient de prendre des charges publiques ou d'essayer de changer les lois iniques que les autorités avaient votées. Puisque ces gens de bien avaient choisi l'indifférence plutôt que de s'opposer à l'iniquité, ils ont été détruits avec les autres.

Voici, en résumé, quelques raisons qui expliquent, selon les commentateurs, pourquoi les habitants de Sodome et de Gomorrhe ont été détruits :

> Ils ont refusé de partager leurs richesses avec les autres.
> Ils se sont moqués de ceux qui étaient dans le besoin, et ont rendu leur vie encore plus difficile.
> Ils ont refusé de s'occuper des malades, d'aider les pauvres, d'apporter du secours à ceux qui étaient dans le besoin, ou d'offrir l'hospitalité à l'immigrant ou à l'étranger qui était au milieu d'eux.
> Leurs dirigeants étaient si avides et si égoïstes que la cruauté est devenue une politique générale.
> Ils sont allés jusqu'à punir leurs propres concitoyens qui ont tendu la main à l'affamé ou fourni un abri à celui qui n'en avait pas.
> Leurs juges étaient malhonnêtes et voleurs, et leurs tribunaux n'apportaient aucune justice pour les victimes de l'oppression.

Pour toutes ces raisons, nous disent les rabbins, Sodome et Gomorrhe furent détruites.

Mais qu'en est-il de notre question initiale ? S'il n'y avait ne fût-ce qu'une seule personne de bien, un seul innocent dans ces deux villes, cette personne devrait-elle périr avec les autres ? Faut-il vraiment que les personnes de bien souffrent à cause des mauvaises actions de certains ? Malheureusement, oui.

La tradition juive nous enseigne que nous sommes libres de choisir entre le bien et le mal, entre blesser les autres ou les aider. Ce don du libre arbitre signifie que Dieu n'interfère pas et ne peut pas nous empêcher de faire des choses qui non seulement nuisent à nous-mêmes, mais aux autres aussi. Dieu attend de nous que nous agissions de manière juste, avec bonté, compassion et générosité, mais Dieu ne peut pas nous forcer à faire le bon choix. Nous devons faire nos propres choix, prendre nos responsabilités et assumer les conséquences, et parfois même les conséquences des choix faits par d'autres personnes.

Dieu est comme un parent qui dit à son enfant : « Va dans le monde, prends tes propres décisions, mais souviens-toi que ce que tu feras n'affectera pas seulement toi, mais les autres aussi. » Lorsque la décision est bonne et que les autres en bénéficient aussi, les parents sont contents et sans doute Dieu aussi. Mais lorsque l'enfant fait de mauvais choix, qui apportent de la souffrance et de la peine à des gens innocents, les parents pleurent. Peut-être que Dieu pleure aussi. Mais Dieu n'est pas responsable de ces mauvaises décisions ; seuls les êtres humains le sont. Dieu ne peut pas être blâmé pour nos échecs ; nous en sommes responsables.

Lorsque l'on abuse de la liberté

Beaucoup de maux ne sont pas imputables à Dieu, mais à nous. La possibilité du choix est un bien extraordinaire, mais nous l'utilisons souvent pour être malveillants, et parfois de manière bien créative. Nous roulons trop vite et blessons des conducteurs prudents ou des piétons innocents. Nous détruisons des réputations, gaspillons les ressources, nous abusons du pouvoir et à cause de notre liberté, nous détériorons le monde. Certains même ont choisi de devenir nazis et de perpétrer un génocide. Ils n'y ont pas été contraints par Dieu. Ils l'ont fait librement. Ils ont choisi d'ignorer leur responsabilité éthique, en usant abusivement de la liberté humaine et cela n'avait jamais été aussi grave dans l'histoire de l'humanité[1].

Dieu n'avait pas prévu la destruction de Sodome et Gomorrhe. Leurs habitants ont apporté sur eux et sur d'autres la destruction et en sont les seuls responsables.

Sodome et Gomorrhe ont été détruites parce que leurs habitants ont fait un usage abusif de la liberté humaine. Ils ont provoqué leur propre destruction, ainsi que la mort de nombreuses personnes innocentes, parce qu'ils ont délibérément choisi la cruauté plutôt que la bonté, l'égoïsme plutôt que le souci des autres et l'avidité plutôt que le partage.

---

1. Eugene G. Borowitz, *Liberal Judaism*, UAHC, New York, 1984, p. 198.

3. QUE SIGNIFIE ÊTRE LOYAL ENVERS DIEU ?

Le récit d'Abraham appelé par Dieu pour sacrifier son fils Isaac est effrayant. Il a été considéré pourtant comme un des épisodes les plus importants de la Torah. Les rabbins qui ont divisé la Torah en différentes sections pour qu'elles soient lues lors des offices de *shabbat* et des fêtes l'ont appelé *Akeda*, la « ligature ». Ils ont décidé que ce récit serait lu à Roch Hashana. Ils l'ont considéré comme une épreuve que Dieu avait imposée à Abraham pour tester sa loyauté mais cette lecture pose problème.

Dans le récit, Dieu ordonne à Abraham de conduire Isaac vers le pays de Moriah et de l'offrir en sacrifice sur un des hauts lieux qui s'y trouvent. Abraham obéit à cet ordre divin, mais, alors qu'il est sur le point de tuer son fils, un ange arrête son geste et lui enjoint de sacrifier un bélier à la place. Il lui dit : « Je sais maintenant que tu crains l'Éternel. Tu ne m'as pas refusé ton fils, ton fils unique. »

Que signifie cette histoire pénible ?

Certains disent que l'ordre de tuer son fils Isaac était un test pour éprouver la force de la loyauté d'Abraham à l'égard de Dieu. Et sans poser de question, sans hésitation, sans même consulter sa femme Sarah, Abraham se mit en route pour obéir à l'ordre de Dieu. En agissant ainsi, il aurait non seulement prouvé qu'il était loyal envers Dieu, mais il aurait montré aussi au monde ce qu'est la confiance véritable.

Rambam (Maïmonide)

Dans son *Guide des égarés,* Moïse Maïmonide a expliqué ainsi l'épreuve d'Abraham :

> Le but de toute épreuve dans la Torah est d'enseigner aux êtres humains comment ils doivent agir... Abraham reçoit l'ordre de sacrifier son fils... et parce qu'il craignait Dieu et aimait suivre ses commandements, il ne pensa plus à son fils bien-aimé, mis de côté tous ses espoirs le concernant et il accepta de le tuer... Par conséquent, l'ange lui dit : « Je sais maintenant que tu crains l'Éternel », ce qui signifie qu'à partir de l'acte d'Abraham, nous pouvons apprendre jusqu'où nous devons aller par crainte de Dieu.

Beaucoup de commentateurs ont critiqué la description faite par Maïmonide de l'épreuve d'Abraham comme un exemple de « foi aveugle ». Abraham fit ce qui lui avait été demandé ; il n'a pas protesté. Il n'a pas dit à Dieu : « Comment peux-tu faire cela à moi et à Sarah ? » Il n'a pas plus pris la défense de son fils, en disant : « Mais ce n'est qu'un enfant ! Comment un Dieu de justice peut-il vouloir sauver Sodome s'il s'y trouve dix justes et en même temps demander le sacrifice d'un enfant ? » Au contraire, Abraham semble suivre aveuglément l'ordre de conduire son fils et de le sacrifier sur le mont Moriah.

Est-ce cela que la tradition juive nous enseigne ? Devons-nous suivre les commandements sans poser de questions ? Est-ce être déloyal que d'exprimer des doutes sur ce que la tradition nous dit que Dieu nous « ordonne » de faire ?

Il existe une autre interprétation de ce récit de la *Akeda* qui évoque aussi la loyauté envers Dieu, mais qui laisse la place à des questions essentielles :

> Lorsque Dieu ordonna à Abraham : Prends ton fils, Abraham ne partit pas immédiatement. Il demanda : Quel fils ? Dieu répondit : Ton fils préféré. Alors Abraham dit : Mais j'ai deux fils, Ismaël et Isaac. L'un est le préféré de sa mère, et l'autre est aussi le préféré de sa mère. Dieu dit alors : Prends celui que tu aimes. Abraham répliqua : Je les aime tous les deux. Comment choisir ? Dieu dit alors : Prends Isaac ! (*Pirké de-Rabbi Eliézer* 31.)

Selon certains commentateurs, Abraham avait des doutes et se posait des questions sur ce que Dieu lui demandait de faire. Il ne se mit pas immédiatement en marche vers le mont Moriah. Sa foi n'était pas aveugle, mais « interrogative ». Il posa des questions, évalua les réponses, car il voulait être sûr de bien comprendre ce qu'il lui était demandé de faire. Il exerça sa faculté de raisonner et examina ce que Dieu lui demandait de faire.

Après avoir entendu l'ordre de Dieu, il attendit jusqu'au matin suivant pour partir et y obéir. Il n'était ni téméraire ni imprudent, mais au contraire, il s'est donné le temps d'y réfléchir, d'analyser les conséquences de ce qu'on lui avait demandé de faire. Il examina cela de manière scrupuleuse, car il s'agissait de la décision la plus importante de sa vie.

De plus, alors qu'Abraham était sur le point de mettre en œuvre sa décision et plonger son couteau dans le corps d'Isaac, il continuait à examiner la situation, et son questionnement dura jusqu'au dénouement final. Il était constamment en train de reconsidérer sa compréhension de ce que Dieu voulait de lui. Et lorsque l'ange lui dit : « Ne lève pas ta main sur lui », il fut capable d'interrompre immédiatement son geste, car il avait gardé du recul par rapport à ce qu'il était en train de faire.

Abravanel

Abraham comme exemple de confiance

Le récit de la confiance d'Abraham est un exemple, une bannière à suivre pour tous les peuples du monde.

Être loyal envers Dieu ne signifie pas avoir une « foi aveugle ». Parfois, cela signifie se poser des questions difficiles sur ce qui devrait être fait ou non. Parfois, il s'agit d'accepter de prendre des risques pour ce que nous croyons juste et droit. Parfois encore, il s'agit de différer une action jusqu'à ce que les faits aient pu être analysés de manière minutieuse. Et parfois, cela signifie être capable de reconsidérer ses opinions et opérer des changements lorsque de nouvelles preuves ou de nouvelles perspectives apparaissent.

Le récit de l'*Akeda* raconte les débats intérieurs d'Abraham pour comprendre ce que signifie réellement être loyal envers Dieu. Il est l'exemple d'une personne qui met sa confiance à l'épreuve de questions et pèse soigneusement ses décisions. Il n'a pas craint d'affronter ses doutes et d'examiner tous les éléments. Si cela s'avérait nécessaire, il était prêt à faire des sacrifices pour ce qu'il croyait, mais il était aussi prêt à reconsidérer ses convictions et ses engagements.

C'est sans doute pour toutes ces raisons que cette histoire d'Abraham est considérée comme un des grands exemples de confiance et de loyauté envers Dieu.

Mais il est possible de lire ce récit d'une manière radicalement différente. En effet, comment un Dieu qui sanctifie la vie aurait-il pu demander, au nom d'une confiance aveugle, de sacrifier cette même vie ? Peut-être Abraham a-t-il mal compris l'ordre de Dieu, peut-être s'est-il trompé ? Ce récit nous enseigne à dire non au fanatisme, non aux sacrifices humains pratiqués par les autres peuples de l'époque, et parfois même encore aujourd'hui. Abraham a peut-être échoué dans cette épreuve. Il aurait dû dire non à Dieu et, ainsi, montrer qu'il était digne de confiance.

Questions pour l'étude et la discussion

1. Sommes-nous obligés d'offrir l'hospitalité à l'étranger ? Pendant la Shoah, certains, au risque de leur vie, ont ouvert leur porte pour protéger des Juifs et d'autres non, qu'en pensez-vous ? Et qu'en est-il des situations où, pour préserver ceux que nous aimons de tout danger, nous devrions refuser l'hospitalité aux autres ?
2. Lisez l'histoire de Sheba, fils de Bikhri (2 Samuel 20 : 1-6). Quelle comparaison peut-on faire avec notre récit ?
3. En quoi l'histoire de Sodome et Gomorrhe est-elle comparable aux récits de Caïn et Abel, de Noé et de la Tour de Babel ?

4. Étant donné qu'à l'époque d'Abraham, les peuples environnants pratiquaient des sacrifices d'enfants, peut-être que le véritable message de notre récit est de démontrer que Dieu ne souhaite pas de sacrifices humains. Si tel est le cas, comment nos sociétés modernes « sacrifient-elles » les enfants ? Comment pouvons-nous les protéger afin qu'ils ne soient pas les victimes de l'environnement, culturel, politique ou religieux ?

Parashat Hayé Sarah

Genèse 23 : 1 - 25 : 18

Bien que Hayé Sarah *se traduise par « la vie de Sarah », cette section de la Torah nous parle en réalité de la mort de Sarah. Abraham cherche à acquérir la grotte de Makhpéla à Hébron afin de l'y enterrer. Le propriétaire du lieu est Efrôn, le fils de Zohar, et Abraham marchande avec lui afin de l'acheter. Après l'enterrement de Sarah, Abraham envoie un fidèle serviteur vers son pays natal, afin de trouver une femme pour son fils Isaac. Le serviteur choisit Rébecca et retourne avec elle vers la terre d'Israël où Isaac la prend pour épouse.*

NOTRE TARGOUM

1. Sarah, la femme d'Abraham, la première matriarche du peuple juif, mourut à l'âge de cent vingt-sept ans dans la ville de Kyriat Arba, un autre nom donné à Hébron, située à environ vingt-cinq kilomètres au sud de Jérusalem, dans les collines de Judée.

Abraham fut empli de tristesse à sa mort, et il désira trouver un endroit convenable pour l'enterrer, elle et sa famille par la suite. Il s'adressa alors à la famille de Heth qui possédait la terre autour d'Hébron et leur dit : « Je suis un étranger habitant parmi vous. Vendez-moi un lieu de sépulture chez vous afin que j'y enterre mon mort. Les enfants de Heth répondirent à Abraham : Écoute-nous, mon seigneur : tu es un prince de Dieu au milieu de nous ; dans la sépulture de ton choix, enterre ton mort. Aucun d'entre nous ne te refusera un lieu de sépulture pour enterrer ton mort » (Genèse 23 : 4-6).

Abraham s'inclina alors, selon la coutume en usage lors de telles négociations, et dit aux enfants de Heth : « Si c'est votre volonté que j'enterre le corps de ma femme et que je l'éloigne de ma présence, écoutez-moi, et intercédez en ma faveur auprès d'Efrôn, fils de Tsohar. Qu'il me cède la grotte de Makhpéla qui lui appartient, au bout de son champ. Qu'il me la cède contre sa vraie valeur, en votre présence, en tant que propriété funéraire » (Genèse 23 : 8-9).

Il se trouve qu'Efrôn se trouvait parmi ceux avec qui Abraham parlait. Il s'avança et dit à Abraham : « Non, mon seigneur, écoute-moi, je te prie ! Je te donne le champ, et la grotte qui s'y trouve, je te la donne aux yeux de tout mon peuple ; enterres-y ton mort » (verset 11). Abraham le remercia mais répondit : « Permets-moi de t'en payer le prix complet » (verset 13).

Efrôn reprit : « Mon seigneur, écoute-moi. Qu'est-ce qu'une terre valant quatre cents (*shekalim*) sicles d'argent entre toi et moi ? (Prends-la) et enterre ton mort » (verset 15).

Mais au lieu de prendre la terre gratuitement, Abraham en paya le prix de quatre cents *shekalim* d'argent à Efrôn devant tout le peuple de Heth. Cet achat lui donna la propriété de la grotte, du terrain et des arbres alentour. L'acquisition effectuée, il put ainsi enterrer Sarah.

2. Après la mort de Sarah, Abraham appela son fidèle serviteur et lui fit promettre de ne jamais permettre qu'Isaac se marie avec une femme cananéenne, mais qu'au contraire, il se rende au pays natal d'Abraham pour y trouver une femme pour Isaac au milieu de son peuple. Le serviteur lui promit d'agir selon sa volonté, et il se dirigea vers Aram-Naharaïm, ce qui signifie « Aram des deux rivières », aussi appelé « Haran ». Ce lieu est situé dans le nord de la Syrie actuelle.

Lorsque le serviteur parvint à destination, il se reposa avec ses chameaux près d'un puits et adressa cette prière à Dieu : « Éternel, Dieu de mon maître Abraham, accorde-moi aujourd'hui une heureuse rencontre, et agis avec bienveillance à l'égard de mon maître Abraham. Voici, je me tiens ici près de la source d'eau, et les filles des habitants de la ville sortent pour puiser de l'eau. Que la jeune fille à laquelle je dirai : Penche ta cruche, je te prie, pour que je boive, et qui répondra : Bois, et je donnerai aussi à boire à tes chameaux, soit celle que tu auras destinée à ton serviteur Isaac ! Ainsi je reconnaîtrai que tu agis avec bienveillance envers mon seigneur » (Genèse 24 : 12-14).

Alors que le serviteur finissait sa prière, Rébecca, fille de Bethouel, fils de Milka et de Nahor, le frère d'Abraham, sortit de la ville avec une cruche sur son épaule. Elle était très belle, et lorsqu'elle eut fini de remplir sa cruche, le serviteur s'approcha d'elle et lui dit : « Incline ta cruche et donne-moi, je te prie, quelques gorgées d'eau. » Elle répondit : « Bois, et j'irai aussi abreuver tes chameaux » (versets 17-19).

Puis, Rébecca courut chez elle et parla à son frère Laban de l'homme qu'elle venait de rencontrer. Il sortit pour accueillir le serviteur et l'inviter à être leur hôte. Celui-ci accepta leur hospitalité, mais avant de se sustanter, il insista pour leur relater le contenu de sa prière, et la manière généreuse dont Rébecca y répondit, non seulement à son égard mais à l'égard de ses animaux. C'était le signe, leur confia-t-il, que Rébecca était la femme destinée à être l'épouse d'Isaac.

Laban et Bethouel acceptèrent et demandèrent à Rébecca si elle acceptait de partir avec le serviteur vers la terre d'Israël pour épouser Isaac. Elle était disposée à partir immédiatement.

Alors qu'ils arrivèrent en terre d'Israël, Isaac était sorti se promener dans les champs. Rébecca l'aperçut, et demanda au serviteur : Qui est cet homme ?

« C'est mon maître », répondit-il. Rébecca couvrit son visage d'un voile, ce qui était une marque de pudeur à cette époque.

Après que le serviteur eut raconté à Isaac les événements d'Aram-Naharaïm, celui-ci conduisit Rébecca chez lui. Ils se marièrent et il l'aima. Il trouva auprès d'elle un réconfort après le décès de sa mère, Sarah.

La *parasha Hayé Sarah* comprend quatre thèmes importants :

1. Les pratiques et attitudes du judaïsme autour de la mort.
2. Payer le prix pour ce que l'on acquiert.
3. La beauté.
4. Ce que signifie l'amour.

1. PRENDRE LE DEUIL D'UNE PERSONNE QUE L'ON AIME

Lorsqu'un être aimé disparaît, nous éprouvons un profond chagrin. Sa présence aimante nous manque cruellement. Nous regrettons son soutien et tout ce que nous avons vécu ensemble. À certains moments, nous ressentons de la colère et nous demandons pourquoi cette personne aimée devait mourir. À d'autres moments, nous arrivons à comprendre que la mort est l'expérience ultime de tout ce qui vit, mais la souffrance reste troublante. Nous aimerions avoir encore un jour, ou même quelques heures à vivre avec cette personne pour lui dire ce que nous n'avons jamais su dire.

La mort est si définitive. Le temps ne peut pas être remonté. C'est la tristesse qu'Abraham a dû ressentir lorsque Sarah mourut. Ils avaient partagé ensemble tant de choses. Dans son chagrin, il s'est probablement souvenu combien tous deux avaient frôlé la mort dans leur rencontre avec Avimélekh, ou encore combien elle était accablée de ne pas pouvoir être enceinte. Il a pu se rappeler aussi combien elle aimait son fils Isaac, et la force de sa jalousie à l'encontre d'Hagar et d'Ismaël. Ils ont vécu ensemble de si nombreuses années, partagé tant de moments de forte intensité. Elle lui manquerait terriblement, et il n'est donc pas surprenant qu'il ait pleuré et porté le deuil de Sarah.

Abraham a probablement réalisé aussi combien il était important de pouvoir partager sa peine avec d'autres qui étaient présents pour le consoler. Parler avec des amis, pleurer dans leurs bras est un réconfort lorsque nous avons perdu un être cher. Les amis peuvent être un soutien et atténuer la souffrance et la solitude de celui qui reste. Les rites et les coutumes du deuil dans le judaïsme jouent ce même rôle.

Les coutumes juives du deuil

Keri'a

Il s'agit de couper (déchirer) un vêtement, ou un ruban noir, au moment de l'enterrement. Cela symbolise la « déchirure » qui se produit lorsque nous perdons un être cher.

Réconforter les endeuillés

Rendre visite aux personnes en deuil, et réconforter ceux qui ont perdu un être cher, est une *mitswa*.

La bougie de *Shiva*

Au retour du cimetière, l'usage veut que les endeuillés allument une bougie spéciale qui brûlera pendant sept (*shiva*) jours. La bougie de *shiva* symbolise la chaleur, la sagesse et l'amour que la personne décédée a apportés dans la vie de ceux qui sont en deuil.

Le *Kaddish* et le *Yizkor*

C'est une *mitswa* de réciter la prière du *Kaddish* en l'honneur du défunt lors des offices à la maison et à la synagogue, et d'assister aux offices de *Yizkor* (souvenir) en l'honneur de ceux qui sont morts. Le *Kaddish* et le *Yizkor* sont des moyens de remercier Dieu pour le don de la vie et pour l'influence qu'ont eu, et continuent d'avoir, sur nous ceux qui ont disparu.

Les rites et coutumes du judaïsme lors du deuil sont conçus pour nous aider à faire face à la mort de manière réaliste et pour trouver du réconfort auprès d'amis. La tradition juive nous aide à comprendre que la mort n'est pas la fin, mais que nos bien-aimés continuent à vivre dans nos souvenirs et dans les traces de leur influence qu'ils laissent derrière eux.

Les maîtres du judaïsme à travers les siècles ont eu une saine approche de la mort qui a produit de beaux rituels pour exprimer notre peine. Approche qui nous avertit que, si nous restons trop longtemps enfermés dans la souffrance causée par la perte d'un être cher, nous devenons aigris et nous nous portons préjudice. À cet égard, le récit que la Torah fait du deuil d'Abraham nous offre un modèle à suivre. Son chagrin ne fut pas sans limite. Il ne cessa pas d'agir ou de prendre ses responsabilités. Bien que son cœur fût empli de tristesse, il savait qu'il devait accepter la mort de Sarah, prendre en charge son enterrement et faire face aux défis de l'existence.

Un temps pour pleurer

Il y a un temps pour tout, un temps pour toute chose sous les cieux :
Un temps pour naître, un temps pour mourir ;
[...]
Un temps pour pleurer, et un temps pour rire ;
Un temps pour se lamenter, et un temps pour danser (Ecclésiaste 3 : 1-2,4).

Mon fils, verse des larmes sur celui qui est mort ; comme un homme cruellement touché, entonne une complainte. Donne à son corps la sépulture qui lui est due et ne néglige pas sa tombe.
Lamente-toi amèrement, pleure à chaudes larmes, fais le deuil qu'il mérite, un jour ou deux pour éviter les médisances, puis console-toi de ta peine. Du chagrin en effet peut sortir la mort et l'affliction du cœur mine les forces (Siracide [Ecclésiastique] 38 : 16-18).

Comme beaucoup de personnes qui ont eu à déplorer la perte d'un être cher, Abraham a dû se sentir à certains moments trahi par l'absence de Sarah à ses côtés. Elle lui a probablement beaucoup manqué, et il a dû se sentir très seul. Il a même pu se demander s'il pourrait encore vivre sans sa tendresse, son amour, son soutien. Mais le processus de deuil et l'expression de son chagrin l'ont aidé à dépasser le sentiment de perte. Il a été renforcé par le soutien de ceux qui se souciaient de lui et peut-être réconforté par sa tradition. Sa peine ne l'a pas rendu aigri. La Torah nous raconte que, malgré la souffrance liée à la perte, il s'est « (re)levé » de son chagrin et a poursuivi le cours de sa vie.

2. PAYER LE PRIX

Après la mort de Sarah, Abraham cherche un lieu où l'enterrer. Il se présente devant les dirigeants des Hittites qui occupaient à cette époque la terre d'Israël et leur demande s'il peut acquérir un terrain.

Alors, selon l'usage moyen-oriental, ils marchandent ensemble. Tout d'abord, ils le flattent : « Tu es un grand homme », disent-ils. Enterre ton mort dans le meilleur endroit de nos cimetières.

Abraham les remercie, puis il leur demande s'il peut acheter la grotte de Makhpéla qui appartient à Efrôn, fils de Zohar. Il leur dit : « Laissez-le me vendre cet endroit au juste prix afin que je l'utilise comme lieu d'ensevelissement au milieu de vous. » Efrôn entend sa requête et, par un coup d'éclat, il lui annonce qu'il lui offre gratuitement ce lieu. Mais en même temps, dans sa déclaration, il annonce de manière subtile à qui veut l'entendre la valeur de ce terrain : « Qu'est-ce qu'une terre valant quatre cents *shekalim* (sicles) d'argent entre toi et moi ? Va, et enterre ton défunt. »

Abraham refuse ce cadeau. Il ne veut pas d'un terrain gratuit. Au contraire, il insiste pour payer le prix plein. Et c'est ce qu'il fit, publiquement, « en présence des Hittites ».

Ramban (Nahmanide)

« Je te le donnerai... »

Nahmanide met en lumière les étapes scrupuleuses franchies par Abraham afin d'établir son droit « légal » sur la terre. « Tout d'abord, il paya le prix plein, puis il prit symboliquement possession du champ et de la grotte. De cette manière, il en fit sa propriété légale en présence de tous les habitants de la cité, de tous ceux qui siégeaient au conseil de la ville, les marchands, et les résidents qui se trouvaient là, et ensuite, il enterra Sarah » (Genèse 23 : 19).

Malbim

Dans son commentaire, Malbim écrit : « Abraham dit : Laisse-moi payer le prix de la terre ; accepte-le de moi... Ceci aussi a été dit de manière sage. Car, après avoir donné la terre, Efrôn aurait pu changer d'avis... C'est pourquoi Abraham lui dit : Si c'était un cadeau, tu pourrais l'annuler, car un cadeau n'est pas vraiment une possession légitime. Mais si la terre a été achetée contre une somme d'argent appropriée, la loi est de notre côté.

La plupart des exégètes bibliques font remarquer que quatre cents *shekalim* d'argent représentent une très grosse somme et qu'Efrôn a profité du chagrin d'Abraham et de sa nécessité de trouver un lieu où ensevelir Sarah. Cependant, malgré ce prix élevé, Abraham voulait avoir un titre officiel sur le terrain. Il ne voulait pas d'un cadeau qui aurait pu lui être retiré par la suite ou qui lui imposerait des obligations envers Efrôn à l'avenir. C'est pourquoi, il suivit à la lettre les procédures d'usage pour réaliser cet achat. En conséquence, le champ et la grotte « furent transférés des Hittites à Abraham » – et au peuple juif – comme la première pièce de terre possédée de façon légale sur la terre d'Israël.

Payer pour ce que nous acquérons

On raconte l'histoire d'un Juif pieux qui entra un jour dans un magasin pour acheter un objet qu'il souhaitait acquérir. Lorsqu'il demanda le prix, le marchand annonça un prix particulièrement bas. Le Juif pieux comprit que le marchand l'avait reconnu et qu'il voulait ainsi lui montrer son respect et l'honorer. Pour cette raison, il avait largement sous-évalué le prix de l'objet. Le Juif pieux lui dit alors : « Je suis venu ici pour acheter un objet au prix du marché, non à un prix fixé par la crainte de Dieu. »

Payer le « juste prix » était pour ce Juif pieux ce qu'il devait faire. Il ne voulait pas tirer avantage du respect du marchand ou lui devoir une quelconque faveur.

Non seulement Abraham était prêt à payer le prix plein pour ce bien, mais surtout, il insista pour le faire. Était-ce insensé ? Aurait-il dû tirer avantage du respect que lui témoignaient les Hittites ? Aurait-il dû essayer de marchander avec Efrôn, ou même accepter ce terrain comme cadeau ?

La plupart des commentateurs considèrent qu'en payant la totalité de la valeur du terrain, même si le prix annoncé par Efrôn était bien trop élevé, et en suivant scrupuleusement la procédure légale d'acquisition des terres en vigueur à cette époque, Abraham s'était assuré que personne ne viendrait par la suite remettre en cause la légalité de son acquisition ainsi que de sa propriété. S'il avait accepté la terre comme présent ou à un prix moindre, il aurait pu se sentir obligé à l'égard d'Efrôn, ou d'autres auraient pu remettre en cause les droits de sa famille sur cette terre.

3. LA BEAUTÉ DE RÉBECCA

Le mariage d'Isaac et de Rébecca a été arrangé par le serviteur d'Abraham. Après la mort de Sarah, Abraham a dépêché son serviteur vers son pays natal afin qu'il choisisse une fiancée pour son fils. C'était un défi difficile à relever pour le serviteur. Comment reconnaître la partenaire adéquate ? Quels critères de choix devait-il appliquer ? Comment savoir si une personne sera aimante et loyale ?

Lorsqu'il arriva à Aram-Naharaïm, il rencontra Rébecca au bord d'un puits. La Torah la décrit comme *tovat mar'éh*, « de belle apparence ». La plupart des lecteurs pourraient déduire de cette lecture que la Torah parle de son apparence physique, et qu'elle insiste sur le fait que Rébecca était une femme au physique attrayant. Ce qu'elle était très certainement. Mais l'expression *tovat mar'éh* peut signifier bien plus que « très belle ».

Quelle est la vraie beauté de Rébecca ?

Rébecca a délibérément fait preuve de bonté à l'égard du serviteur... Tout d'abord, elle lui a fourni de l'eau. Puis elle se hâta de donner de l'eau à ses animaux. En agissant ainsi, elle évita au serviteur de ressentir qu'il devait l'aider[1]...

Meklenbourg

Rébecca pesa scrupuleusement chaque mot qu'elle prononçait de façon à n'offenser personne. Elle ne répéta pas les mêmes mots que ceux utilisés par le serviteur. Elle aurait pu dire : Bois, et je vais aussi abreuver tes chameaux. Mais elle ne voulait pas le mettre sur le même plan que ses animaux. Aussi dit-elle : Bois, mon seigneur. Puis, après qu'il eut bu à satiété, elle offrit d'en donner aussi à ses animaux[2].

Elle empêcha le serviteur de boire trop d'eau parce qu'il faut faire attention de ne pas ingérer trop d'eau froide après s'être exposé à la chaleur et au soleil. Mais, afin de lui éviter de penser qu'elle ne voulait pas qu'il ait assez d'eau à boire, elle lui dit : Je vais puiser de l'eau pour tes chameaux jusqu'à ce qu'ils aient fini de boire. De cette façon, le serviteur sut qu'elle ne cherchait pas à priver égoïstement lui ou ses bêtes en gardant l'eau pour elle[3].

---

1. Haïm ibn Attar, 1696-1743, *Or ha-Haïm*.
2. Jacob Zvi Mecklenbourg, 1785-1865, *HaKetav vehaKabbala*.
3. Rabbi Naftali Zvi Juda Berlin, *HaEmek Davar*.

Pour les enseignants de la Torah, Rébecca est *tovat mar'eh*. Elle est non seulement très belle sur le plan physique, mais elle est aussi une « belle personne[1] ». Elle est aimable et serviable à l'égard du serviteur, bien qu'il soit étranger. Elle est prévenante, et fait attention à ce qu'elle lui dit. Et elle se préoccupe aussi bien de lui que de ses bêtes.

Ce n'est pas ce qu'elle porte qui la rend belle. Ses vêtements ne sont pas décrits. Nous n'avons pas plus de renseignements concernant son aspect général. Nous ne savons pas si sa peau était douce, si elle était mince ou au contraire ronde, grande ou petite.

Les détails que la Torah nous propose concernent la façon dont elle agit à l'égard des autres, la manière dont elle leur parle, leur offre son hospitalité, tend la main à un voyageur étranger pour l'accueillir dans son pays.

Bien avant de savoir qui est ce serviteur, représentant d'Abraham venu chercher une fiancée pour Isaac, elle démontre qu'elle est une personne généreuse et altruiste. C'est ce qui la définit comme *tovat mar'eh* aux yeux du serviteur – et aux yeux de la tradition juive.

4. QUE SIGNIFIE LE MOT « AMOUR » AU REGARD DE LA TORAH ?

L'histoire d'amour entre Isaac et Rébecca semble avoir débuté par un coup de foudre.

Après un long voyage depuis Aram-Naharaïm, le serviteur d'Abraham et Rébecca entrent sur la

1. Ici, l'auteur joue sur le double sens du mot *tov* en hébreu, qui peut signifier à la fois « beau », et « bon » (NdT).

terre d'Israël et arrivent dans la région de Beer-Lahai-Roï dans le Néguev. La scène se passe au soleil couchant. Isaac marche dans les champs. Il est seul, attristé par la mort de sa mère Sarah. Rébecca chevauche son chameau et aperçoit une silhouette solitaire qui marche à travers champ. « Qui est cet homme qui marche vers nous à travers champ ? », demande Rébecca. Le serviteur, qui reconnaît Isaac, lui répond : « C'est mon maître. »

Rébecca et Isaac se rencontrent. Le serviteur raconte à Isaac son voyage, puis celui-ci la conduit dans la tente de Sarah. Alors, nous dit la Torah : « Il prit Rébecca pour femme, et Isaac l'aima… »

C'est une description étrange d'un grand amour.. On aurait pu penser que l'amour se manifeste avant le mariage mais, dans cette histoire, l'amour vint après.

Hirsch

L'amour est aveugle

Un simple coup d'œil sur les histoires d'amour dans la vraie vie nous enseigne la grande différence qu'il peut y avoir entre l'amour avant le mariage et l'amour après... L'amour avant le mariage est aveugle, et chaque nouvelle étape vers le futur peut, par conséquent, conduire à de profondes désillusions. Cependant, ici, le mariage juif est décrit de la façon suivante : il épousa Rébecca et il l'aima. Le mariage n'est pas le but ultime, mais le terreau potentiel de l'épanouissement de l'amour[1].

1. Samson Raphaël Hirsch, 1808-1888, *Timeless Torah*, Philipp Feldheim Inc., New York, 1957, p. 53-54.

Une autre vue sur l'amour

Les mots : « Il prit Rébecca pour femme, et Isaac l'aima… » sont là pour indiquer qu'il était profondément affecté par la mort de sa mère et qu'il ne trouva pas de réel réconfort avant d'avoir trouvé l'amour avec Rébecca. C'est cet amour-là qui le réconforta réellement. Dans le *Targoum Onkelos*, une traduction ancienne de la Torah en araméen utilisée dans la synagogue, nous lisons : « Et Isaac la conduisit dans sa tente et, voici, elle était comme Sarah sa mère. » C'est pourquoi la Torah mentionne qu'Isaac « l'aima ». Ceci pour nous enseigner que grâce à la droiture et à la bonté de Rébecca, Isaac l'aima et fut réconforté par elle (cf. Nahmanide sur Genèse 24 : 67).

Ceux qui ont constaté que la Torah mentionne d'abord le mariage d'Isaac avec Rébecca, et ensuite l'apparition de son amour pour elle, ne nient pas qu'il y ait eu coup de foudre. Ils veulent montrer qu'il y a une grande différence entre un « engouement » superficiel et l'évolution vers un amour profond.

Dans son livre *Consecrated Unto Me,* le rabbin Roland B. Gittelsohn écrit qu'il existe quatre différences entre l'engouement et l'amour. « La première est l'épreuve du temps… À l'exception des rares occasions où l'engouement conduit à l'amour, il débute de manière plus spectaculaire, se développe plus rapidement et meurt au moment où l'amour est encore en gestation. » La deuxième est « de voir si l'accent est mis sur soi-même ou sur l'autre personne, sur recevoir ou donner ». La troisième consiste à voir si le couple est « uniquement intéressé par lui-même ». Au bout du compte, « l'engouement est une expérience purement physique, alors que l'amour est à la fois physique et spirituel ».

Définir l'amour

L'amour est le désir dévorant de partager sa vie entière avec l'autre à la fois sur le plan physique et sur le plan spirituel... Partager les tristesses et les peines de cette personne aussi bien que ses plaisirs et ses joies. En amour, on tient aussi bien à recevoir qu'à donner. L'amour est une relation dans laquelle chaque partenaire est capable de développer ses propres capacités et d'accomplir ses espoirs dans une mesure beaucoup plus grande qu'il ou elle pourrait le faire seul/e[1].

Selon le récit biblique, Rébecca et Isaac ont, de manière évidente, débuté leur relation par un engouement commun. Ils étaient séduits l'un par l'autre. Ils voulaient passer tout leur temps ensemble. Cependant, selon les commentateurs, leur attraction évolua vers un engagement plus profond qui les prépara au mariage. Rébecca réconfortait Isaac de la perte de sa mère Sarah. Il a pu la soutenir dans ces moments où sa famille qui vivait au loin, à Aram-Naharaïm, lui manquait. Ils ont appris à concilier leurs différences et à se respecter. Finalement, avec le temps et le partage, ils en sont venus à s'aimer l'un l'autre.

La tradition juive nous enseigne que, bien que nos rencontres romantiques puissent être le travail

1. Roland B. Gittelsohn, *Consecrated Unto Me*, UAHC, New York, 1965, p. 19.

miraculeux de Dieu et que nous puissions avoir la chance de tomber amoureux au premier regard, le véritable succès de nos relations amoureuses dépend de la façon dont nous les travaillons. L'amour est fait de compromis et doit être nourri chaque jour. Il n'y a aucune garantie magique que l'amour grandira et s'approfondira. Il repose sur la qualité de l'engagement, l'honnêteté, la confiance et l'aptitude de chacun à construire la relation.

À une époque où l'on insiste sur la « romance » et le bénéfice immédiat, la tradition juive nous avertit et nous enseigne que « le mariage n'est pas le but ultime, mais n'est que le terreau potentiel de l'épanouissement de l'amour ».

Questions pour l'étude et la discussion

1. Quelles sont quelques-unes des leçons de cette *parasha* concernant notre préparation à la mort de ceux qui nous sont proches et la façon dont nous pouvons intégrer la perte d'un être cher ? Dans quelle mesure les traditions juives liées au deuil peuvent-elles nous aider lorsque nous sommes dans le chagrin ?
2. Nous sommes tous tentés de payer au meilleur prix. Devons-nous demander des réductions et des avantages à nos amis ? Quels sont les bénéfices et les problèmes liés à de tels marchandages ?
3. À partir de ce que nous disent les commentateurs sur la « beauté » de Rébecca, peut-on déduire une approche juive de la beauté ? Quelles différences peut-on trouver entre la définition juive de la beauté et celle de notre société ?
4. Le serviteur d'Abraham a imaginé un test qui lui permette de connaître les valeurs de Rébecca et celles de sa famille. Quelles sont vos valeurs les plus importantes ?

Est-il important que votre partenaire partage ces valeurs ? Comment pourriez-vous déterminer quel/le est le/la meilleur/e partenaire pour vous ? Quels tests ou questions devraient être proposés dans le choix d'un partenaire ?

Parashat Toledot

Genèse 25 : 19 - 28 : 9

Le mot toledot *peut être traduit par « générations » ou « histoire ». Cette parasha débute par le récit de la naissance d'Ésaü et de Jacob, les jumeaux mis au monde par Rébecca et Isaac. Ésaü est une personne rude, habituée à vivre à l'extérieur. Jacob est doux, préférant la quiétude de sa tente. Ésaü est le favori d'Isaac, et Rébecca préfère Jacob. Dans sa jeunesse, Ésaü vend son droit d'aînesse à Jacob pour un plat de lentilles*[1]*. Plus tard, alors qu'il est âgé de quarante ans, Ésaü peine ses parents en se mariant avec deux femmes hittites. À l'approche de la mort d'Isaac, Rébecca et Jacob obtiennent par la ruse, pour Jacob, une bénédiction destinée à Ésaü. Celui-ci découvre le stratagème et formule le vœu de tuer son frère. Craignant pour la vie de Jacob, Rébecca persuade Isaac de l'envoyer chez son frère Laban*[2]*, afin qu'il puisse épouser quelqu'un de sa famille à Paddan-Aram. Pendant ce temps, Ésaü avait pris sa cousine Mahalath, la sœur d'Ismaël, comme troisième épouse.*

1. La nature de ce plat est vague au verset 25 : 29. Il s'agit de quelque chose de rouge, *adom*, ce qui permet à la Torah d'expliquer l'autre nom d'Ésaü, *Édom*. Ensuite, ce plat est décrit comme un plat de lentilles au verset 34 (NdT).
2. Le frère de Rébecca.

NOTRE TARGOUM

1. Au début de leur mariage, Isaac et Rébecca éprouvent des difficultés à concevoir un enfant. Rébecca finit par être enceinte, mais sa grossesse est très douloureuse. Lorsqu'elle demande les raisons de son inconfort, Dieu lui répond qu'elle porte des jumeaux et que d'eux, sortiront deux nations qui se combattront.

À la naissance des enfants, l'aîné est appelé Ésaü, ce qui signifie « poilu », car son corps était recouvert de poils. Le plus jeune fils est appelé Jacob, qui vient du mot *akev*, « talon », parce qu'au moment de sa naissance il retenait le talon de son frère.

En grandissant, Ésaü devint un habile chasseur tandis que Jacob préférait rester dans le calme de sa tente. Le favori d'Isaac était Ésaü, car il lui apportait de la nourriture de la chasse. Rébecca préférait Jacob.

Un jour, alors que Jacob est en train de préparer un ragoût, Ésaü revient affamé de la chasse et lui dit : « Donne-moi un peu de ce que tu es en train de préparer. » Jacob lui répond : « Vends-moi d'abord ton droit d'aînesse. » « Je suis affamé, qu'ai-je à faire du droit d'aînesse ? », dit Ésaü. Ainsi Jacob donne à Ésaü un peu de ragoût, et celui-ci abandonne son droit d'aînesse (Genèse 25 : 35).

2. Plus tard, alors que la famine fait rage, Isaac rend visite à Avimélekh, roi des Philistins dans la cité de Guérar dans le désert du Néguev. Comme

cela était déjà arrivé au temps d'Abraham et de Sarah, les hommes de Guérar furent séduits par Rébecca. Craignant qu'ils ne s'en prennent à lui, Isaac leur dit qu'elle est sa « sœur ». Et lorsque Avimélekh découvre ce qui s'est passé, il propose à Isaac sa protection. Grâce à ce soutien, Isaac prospère dans le pays des Philistins. Mais, alors qu'Isaac devient de plus en plus riche, les Philistins commencent à l'envier et ils obstruent ses puits. Voyant le conflit potentiel surgir, Avimélekh dit à Isaac : « Quitte notre pays, car tu commences à être trop puissant pour nous. » Ensuite, Isaac se déplace vers Beer-Shev'a où Avimélekh vient le rencontrer afin de renouveler le traité de paix entre eux.

3. À l'approche de sa mort, Isaac demande à Ésaü de partir chasser pour lui et de lui préparer un plat qu'il aime (Genèse 27 : 3-4). Il promet à Ésaü qu'il le récompensera d'une bénédiction particulière.

Rébecca surprend leur conversation et persuade Jacob de s'habiller avec les vêtements d'Ésaü et de se revêtir de peaux avec des poils afin qu'Isaac, presqu'aveugle, pense qu'il s'agit d'Ésaü. Jacob demande à sa mère : « Que se passera-t-il s'il s'en aperçoit et me maudit ? » Elle lui répond : « Je prendrai ta malédiction sur moi » (Genèse 27 : 11-13).

Isaac est trompé par leur subterfuge. Il pense que Jacob est en réalité Ésaü et le bénit : « Les peuples te serviront, et les nations se prosterneront devant toi... Maudit soit celui qui te maudit, et béni soit celui qui te bénit » (Genèse 27 : 29).

Lorsqu'Ésaü revient de la chasse avec un plat goûteux pour son père, Isaac l'informe qu'il a déjà donné sa bénédiction. Ésaü est furieux. Il menace de tuer son frère et s'écrie : « Il a d'abord pris mon droit d'aînesse, et maintenant il m'a volé la bénédiction qui m'était due ! »

4. À l'âge de quarante ans, Ésaü épouse deux femmes hittites. Ce mariage avec des idolâtres bouleverse ses parents. Craignant que Jacob ne se marie aussi à l'extérieur du peuple, Rébecca presse Isaac d'envoyer Jacob dans son pays d'origine, à Padan-Aram, où il pourra trouver une femme parmi les filles de son frère Laban. Isaac suit la suggestion de Rébecca. Et pendant ce temps, Ésaü prend pour troisième femme sa première cousine, Mahalath, la fille d'Ismaël.

La *parasha Toledot* contient trois thèmes importants :

1. La jalousie entre frères. La création de stéréotypes, et les préjudices qui en découlent.
2. Le favoritisme des parents.
3. Les problèmes liés au mariage en dehors de la communauté.

1. ÉSAÜ ET JACOB, L'ÂPRE CONFLIT ENTRE FRÈRES

La Torah nous raconte que, bien avant leur naissance, Rébecca sentait déjà qu'Ésaü et Jacob se battaient dans son ventre. Il est normal qu'une femme enceinte sente le fœtus donner des coups sur la paroi de l'utérus et, comme ils sont jumeaux, elle le sentait deux fois plus. Pour les médecins, cela signifie que le fœtus est en bonne santé.

Cependant, selon la Torah, ce que Rébecca ressentait était bien plus que l'activité de deux jumeaux. Elle sentait que les bébés qu'elles portaient allaient devenir deux nations, et que l'aîné finirait par servir le cadet.

Le conflit futur entre les deux frères est rendu de façon théâtrale par les noms qui leur sont donnés à la naissance. L'aîné, Ésaü, est aussi appelé « Édom », de l'hébreu *adom* qui signifie « rouge ». En effet, il était né avec une toison de poils de couleur rouge sang qui couvrait son corps. Dans la Torah, il est identifié comme le père du peuple d'Édom et des Amalécites, les pires ennemis du peuple juif. Plus tard, lors des persécutions romaines contre les Juifs, les rabbins ont souvent identifié le gouvernement de Rome comme Ésaü ou Édom.

Le cadet a été appelé Jacob, qui vient du mot hébreu *akev*, « talon ». En effet, la Torah relate qu'en sortant du ventre de sa mère, Jacob tenait le talon de son frère. Plus tard, son nom est changé en Israël et devient le nom éponyme du peuple juif.

D'Ésaü à Amalek, puis à Haman

La Torah nous dit : « Voici la lignée d'Ésaü, c'est-à-dire Édom... Timma était une concubine du fils d'Ésaü, Elifaz ; elle enfanta Amalek » (Genèse 36 : 1,12).

La Torah nous raconte qu'Amalek a attaqué le peuple d'Israël sans défense à Réfidim juste après qu'il eut quitté l'Égypte. Puisqu'Amalek a tiré profit de la faiblesse des Israélites, Moïse déclara que Dieu serait en guerre contre Amalek à travers les générations (Exode 17 : 8-16).

La Bible nous relate l'histoire du roi Agag d'Amalek, qui est assimilé à Haman « fils d'Hamedatha l'Agagite » par l'auteur du livre d'Esther. L'intention est clairement d'identifier les ennemis du peuple juif avec les descendants d'Ésaü-Édom (1 Samuel 15 : 8 et Esther 3 : 1).

Aussi bien avant qu'après la destruction du second Temple de Jérusalem par les Romains en 70 de notre ère, les rabbins utilisent le nom « Édom » comme un code pour identifier Rome. Ils pensaient qu'un jour, Ésaü-Édom-Rome serait défait et que Jacob-Israël serait victorieux. Ils prédirent que « Dieu fera tomber Édom-Rome des cieux... Édom-Rome sera détruit... Édom-Rome sera détruit par le feu » (*Pesikta de-Rav Kahana* 4 : 9).

Pour la plupart des commentateurs, et peut-être même pour ceux qui ont écrit la Torah, Ésaü et Jacob étaient bien plus que de simples êtres humains. Ils étaient non seulement les enfants d'Isaac et de Rébecca, mais ils représentaient aussi deux nations en guerre l'une contre l'autre. Leurs personnalités étaient très différentes, et leurs descendants furent ennemis tout au long de l'histoire. Ils étaient non seulement Jacob et Ésaü, mais ils devinrent aussi Israël et Édom, puis Israël et Rome, et enfin Israël et tous ceux qui ont comploté la destruction du peuple juif. Ésaü-Édom-Rome devint le nom de code pour tous les opposants au peuple juif.

Comment se fait-il que les noms de deux enfants innocents en vinrent à identifier des souvenirs amers et des ennemis acharnés ? Comment de tels stéréotypes peuvent-ils se développer ? Trois raisons peuvent expliquer ce processus.

1. L'expérience historique :

Souvent nos *a priori* ou nos préjugés naissent de ce que nous avons appris de l'histoire. Dans le cas des anciens Israélites, les descendants d'Ésaü, les Amalécites, ont attaqué les Hébreux, faibles et sans défense, juste au moment de leur exode hors d'Égypte. Plus tard, environ vers 485 avant notre ère, les Édomites ont conclu un accord avec ceux qui cherchaient à mettre fin au pouvoir juif à Jérusalem. Contemporain de ces événements, voici ce qu'écrit le prophète Ovadiah :

> Prophétie d'Ovadiah. Ainsi parle l'Éternel Dieu sur Édom…
> Voici, je te rendrai petit parmi les nations ; tu seras l'objet du plus grand mépris…
> À cause de ta violence contre ton frère Jacob, tu seras couvert de honte, et seras éradiqué pour toujours…
> Et il ne restera rien de la maison d'Ésaü.
>
> (Ovadiah 1 : 1,2, 10 et 18)

Le lien que fait Ovadiah entre Ésaü et Édom est similaire à celui fait par l'auteur biblique du livre d'Esther entre Haman et Ésaü-Édom et Amalek. Haman, décrit comme le fils de Hamadetha l'Agagite est relié ainsi à Agag, le roi des Amalécites.

L'association de Haman avec les Amalécites ou de Rome avec Ésaü s'est certainement imposée logiquement. Après tout, leurs objectifs étaient similaires. Ils étaient opposés à la survie du peuple juif.

Ils avaient sur leurs mains le sang des Juifs qu'ils avaient massacrés, spoliés, violés.

C'est comme si la bataille entre les deux frères, Jacob et Ésaü, se reproduisait à chaque génération. À chaque fois que les Juifs et les non-Juifs étaient en guerre, ces anciens noms refaisaient surface. Jacob représentait le Juif persécuté ; Ésaü-Édom, le persécuteur non-juif. Les souffrances de la persécution et des brutalités commises à l'encontre des Juifs au cours de leur histoire semblaient justifier l'usage prolongé du nom stéréotypé du persécuteur : Ésaü-Édom-Haman-Hitler.

2. Le besoin de dépersonnaliser l'ennemi :

Les souvenirs douloureux ne sont cependant pas les seules sources de stéréotypes. Ils peuvent aussi venir de noms particuliers, de qualificatifs haineux, d'étiquettes, qui ont été inventés et utilisés pour catégoriser ceux que nous n'aimons pas ou qui nous font peur. Ils rendent plus facile l'expression de la suspicion ou de l'hostilité car ils ôtent aux gens leur individualité.

Par exemple, en imposant à Anne Franck le port de l'étoile jaune, les nazis, qui l'ont déportée et assassinée à Bergen-Belsen, n'avaient plus affaire à une adolescente, à un écrivain en devenir, à une personne avec des espoirs et des rêves, comme beaucoup de leurs propres enfants. En l'étiquetant, ils lui ont retiré son individualité, permettant ainsi son assassinat. Lorsque les Juifs sont appelés « youpins », ou les Arabes « bougnoules », ou encore les Noirs « négros », il ne s'agit pas simplement d'insultes. Il s'agit aussi, dans l'esprit de ceux qui utilisent ces mots, d'affirmer leur infériorité dans l'échelle humaine. Classer les humains dans ce type de catégories permet de les dépersonnaliser et d'écarter toute contribution qu'ils pourraient apporter, tout potentiel qui pourrait les catégoriser. Étiqueter ainsi des pans entiers de la société humaine, ce qu'on peut aussi appeler le racisme, conduit au mépris, à la violence, voire à l'assassinat.

3. Le besoin de s'organiser contre l'ennemi :

Les slogans, les dénominations négatives ou les stéréotypes nourrissent aussi notre tendance naturelle à nous unifier contre des ennemis, réels ou supposés. Non seulement ils nous permettent de définir ceux à qui nous nous opposons, mais ils nous donnent aussi un sentiment confortable d'identification avec ceux qui les partagent avec nous. Ils confirment notre conviction que nous sommes supérieurs et du bon côté de la bataille. Nous devenons les « gens biens », et les autres, l'objet de notre hostilité, les « méchants » qui complotent contre nous. En définissant ainsi clairement notre adversaire commun, nous pouvons commencer notre guerre contre le « mal ».

Ainsi, en dépeignant les Juifs comme les « assassins du Christ », les chrétiens pouvaient s'organiser de manière légitime et justifier les violences contre eux. Pendant la Seconde Guerre mondiale, le gouvernement de l'État français situé à Vichy a retiré la nationalité française à des milliers de Juifs étrangers naturalisés durant les années vingt, justifiant ainsi les persécutions comme frappant des étrangers à la nation. Joseph Staline avait créé la catégorie d'« ennemis du peuple », ce qui lui a permis d'exiler et de massacrer des millions de citoyens Soviétiques.

Cependant, les préjugés peuvent aussi fonctionner dans l'autre sens. Parfois les victimes sont tellement maltraitées et soumises à des violences qu'elles en viennent à voir le reste du monde comme « Ésaü-Édom », l'ennemi. Ce fut par exemple le cas pour beaucoup de Juifs. Parce que beaucoup ont souffert les tourments de l'exil et des pogromes, ou encore parce que beaucoup d'entre eux ont été sans défense face aux nazis, ont vu ces derniers massacrer leurs parents, leurs familles – hommes, femmes et enfants – leurs amis, ils ont éprouvé des difficultés à faire confiance, par la suite, à leurs amis non-juifs. Ils se considèrent toujours en danger comme Jacob-Israël face à Ésaü-Édom. Ces réflexes ne peuvent être abandonnés que très lentement. Y aura-t-il un temps où les êtres humains se pardonneront et se feront confiance ? Les Juifs et les non-Juifs, les Jacob et les Ésaü, seront-ils un jour frères et sœurs, et non ennemis ? Quelle est notre part de responsabilité dans l'avènement d'une telle ère de compréhension et de bonne volonté ?

Pour répondre à ces questions, les rabbins proposent ce récit fascinant fondé sur le commandement de la Torah : « Tu ne haïras pas l'Édomite, car l'Édomite est ton frère humain » (Deutéronome 23 : 8).

> Un jour, Rabbi Elazar ben Chamoua marchait le long de la mer lorsqu'il vit un bateau en train de couler. Un moment plus tard, il vit un homme accroché à une planche de bois flottant vers la côte. D'autres Juifs étaient présents. Comme l'homme était nu, il se couvrit et dit : « Je suis un fils d'Ésaü, ton frère. J'ai tout perdu. De grâce, donne-moi un vêtement afin que je recouvre ma nudité. » Les Juifs refusèrent et dirent : « Ton peuple a traité notre peuple avec cruauté. Par conséquent, puisse ton peuple tout entier marcher nu comme tu l'es aujourd'hui. » L'homme se tourna vers

Rabbi Elazar et dit : « Tu es un homme honorable, s'il-te-plaît, aide-moi. » Rabbi Elazar retira un de ses vêtements et le lui donna. Puis, il le conduisit chez lui, le nourrit, lui offrit de l'argent afin qu'il puisse recommencer une nouvelle vie.
Lorsque l'empereur mourut, l'homme qui avait été sauvé par Rabbi Elazar lui succéda. Il ordonna que tous les Juifs de l'Empire soient tués. Les Juifs se tournèrent alors vers Rabbi Elazar et lui demandèrent de plaider en leur faveur. Lorsque cet homme, désormais empereur, vit Rabbi Elazar devant lui, il lui dit : « Votre Torah n'enseigne-t-elle pas : Tu ne haïras pas l'Édomite, car il est ton frère ? J'ai dit à ton peuple que j'étais un fils d'Ésaü, et ils m'ont traité avec haine, sans bonté. »
Rabbi Elazar répondit : « Bien qu'ils soient coupables d'avoir transgressé la loi, pardonne-leur. » Le roi, se souvenant de ce Rabbi Elazar avait fait en sa faveur, lui répondit : « À cause de ce que tu as fait pour moi, je leur pardonnerai. »

(*Koheleth Rabba* 11 : 1)

Rabbi Elazar ben Juda a enseigné que « la plus belle chose qu'une personne puisse faire est de pardonner » (*Rokéah 13 C*). Garder rancune ne fait que prolonger l'hostilité. Le pardon et la compréhension mutuelle sont les seuls moyens véritables pour parvenir à la réconciliation, la coopération et la paix. Les slogans et les sobriquets qui perpétuent les préjugés n'ont pour effet que d'accroître les souffrances humaines. Peut-être est-ce contre cela que la Torah nous met en garde en disant : « Tu n'auras pas en abomination l'Édomite, car il est ton frère. Tu n'auras pas en abomination l'Égyptien, car tu as été un étranger dans son pays » (Deutéronome 23 : 8).

2. LE FAVORITISME DES PARENTS

Notre *parasha* n'évoque pas uniquement le récit des débuts du conflit entre Ésaü-Édom et Jacob-Israël. Elle nous fait aussi entrer au cœur du foyer de Rébecca et d'Isaac. Les jeunes frères, Ésaü et Jacob, avaient des personnalités très différentes. Ésaü est un chasseur. Il préfère être à l'extérieur. Il est aussi impulsif, exigeant, et perd vite patience. Jacob, au contraire, est décrit comme une personne douce, calme ; il est patient, intelligent, mais aussi calculateur.

Les deux frères sont dépeints comme jaloux l'un de l'autre, en constante compétition pour attirer l'intérêt et l'affection de leurs parents. Et pour compliquer ce schéma familial, la Torah nous raconte que chaque parent a un enfant préféré. « Isaac aimait Ésaü parce qu'il mettait dans sa bouche du gibier, et Rébecca aimait Jacob. » Et aucun des deux ne cherche à cacher sa préférence. Lorsqu'Isaac décide de donner sa bénédiction paternelle à ses enfants, il demande à Ésaü, et non à Jacob, d'aller chasser du gibier et de le préparer pour lui. En récompense, il lui promet de lui offrir sa bénédiction la plus personnelle.

Lorsque Rébecca surprend les paroles de son mari, elle dit à Jacob de lui apporter du gibier qu'elle préparera pour son père. Ensuite, elle le revêt d'une peau d'animal afin de duper son mari qui le prendrait alors pour son fils préféré. Son astuce fonctionne, et Isaac, berné, bénit Jacob. Sa ruse a fonctionné, mais les conséquences en sont tragiques. La jalousie entre les frères ne fait qu'empirer.

Est-ce le favoritisme des parents qui a causé l'hostilité entre les deux frères ou un tel antagonisme est-il inévitable entre frères et sœurs ?

Certains commentateurs font remarquer que les différences entre Jacob et Ésaü étaient si profondes qu'il leur était impossible de s'entendre. Jacob, disent-ils, était calme, timide, studieux, alors qu'Ésaü passait son temps à chasser des animaux et à fréquenter ceux qui savent manier l'épée, le couteau et la lance. Jacob était calme, raisonnable, tandis qu'Ésaü recherchait la satisfaction immédiate, perdant son calme s'il n'obtenait pas ce qu'il souhaitait.

Quelques interprètes estiment que les différences entre les deux frères remontent à leur plus tendre enfance. Un jour, alors qu'Ésaü revenait de la chasse, il pénétra dans la tente, sentit la bonne odeur du mets que Jacob était en train de préparer et en demanda une part. « Je meurs de faim, dit-il. J'en veux immédiatement. » Jacob savait bien que son frère pouvait commettre des erreurs lorsqu'il était tendu ou de mauvaise humeur. Aussi en tira-t-il avantage. Il souhaitait avoir tous les privilèges liés à la primogéniture. Il demanda alors à Ésaü de lui donner son droit d'aînesse contre un plat de lentilles, ce qu'Ésaü accepta sans réfléchir.

Les différences entre eux

Rabbi Pinhas dit au nom de Rabbi Lévi qu'Ésaü et Jacob étaient comme un myrte et un rosier sauvage poussant l'un à côté de l'autre. Lorsqu'ils atteignirent leur maturité, l'un produisit un parfum agréable, et l'autre des épines. Ésaü et Jacob étudièrent pendant treize ans. Ensuite, Jacob persévéra dans l'étude, et Ésaü devint idolâtre. Jacob avait appris que les réponses aux questions ne venaient que par un travail lent et difficile. Ésaü voulait des réponses immédiates et faciles (*Genèse Rabba 63 : 10*).

Le Rabbin S. Z. Kahana, un commentateur contemporain vivant en Israël, affirme qu'Ésaü et Jacob représentent deux philosophies de la vie différentes. « Ésaü accepte le monde tel qu'il est : tout est bien, tandis que Jacob n'est pas satisfait du monde tel qu'il est. Il est conscient qu'il y a encore beaucoup à faire pour l'améliorer[1]. »

Bien que la plupart des commentateurs s'accordent pour dire qu'Ésaü et Jacob avaient des personnalités opposées, certains suggèrent toutefois que la jalousie, la méfiance et la haine qui se sont développées entre eux n'étaient pas de leur faute, mais celle de leurs parents. Le psychologue Haïm G. Ginott estime que la rivalité entre Ésaü et Jacob a été déclenchée par les préférences parentales et les traitements de faveur.

La question est bien : Pourquoi Isaac et Rébecca ont-ils montré un tel favoritisme ?

Abravanel

Donc Isaac Abravanel estime qu'Isaac ne pouvait tout simplement pas voir les fautes d'Ésaü :

1. *Heaven on Your Head*, Research Centre of Kabbalah, New York, 1986, p. 34.

« L'affection ruine le jugement », dit-il. D'autres suggèrent qu'Isaac était peut-être distant, renfermé, déconnecté de ses enfants. Il ne passait pas de temps avec eux. Ainsi ne pouvait-il pas être conscient de leurs forces et de leurs faiblesses.

Le *midrash Genèse Rabba* propose une autre explication pour le favoritisme d'Isaac à l'égard d'Ésaü. Isaac n'a jamais récupéré du traumatisme qu'il a vécu lorsque son père, Abraham, a failli l'offrir en sacrifice sur le mont Moriah. Il est resté craintif toute sa vie et éprouvait de grandes difficultés à prendre des décisions. Il était peureux et faible, se reposant toujours sur ceux qui montraient de la force. Pour cette raison, il préférait Ésaü à Jacob.

Radak

David Kim<u>h</u>i est en désaccord. Il soutient qu'Isaac n'était ni faible, ni incapable de prendre des décisions. Il favorisait Ésaü parce qu'il avait compris qu'il était faible, et non fort. Par conséquent, il avait besoin de plus de soutien, d'aide et de direction afin de devenir un adulte responsable. Isaac considérait qu'Ésaü était le plus faible des deux, car il se rendait compte qu'il était « sauvage », irresponsable, indiscipliné, et qu'il ne faisait pas attention aux autres. Isaac pensait qu'Ésaü changerait s'il le favorisait en lui offrant des cadeaux, des attentions particulières et en lui transmettant sa bénédiction.

En ce qui concerne Rébecca, presque tous les commentateurs affirment qu'elle a obligé Jacob à s'habiller comme Ésaü et à mentir à son père afin de soustraire la bénédiction à son frère. L'un d'entre eux dit qu'elle a usé de coercition, tandis qu'un autre explique qu'il l'a suppliée en larmes de ne pas le forcer à tromper son père (*cf. Genèse Rabba ; HaKetav vehaKabbalah* sur Genèse 18 : 2).

Pourquoi Rébecca s'est-elle montrée si partiale en faveur de Jacob ?

Selon une opinion, elle aurait eu, plus qu'Isaac ou que quiconque, une intuition « maternelle » que Jacob était doté de qualités particulières et de la sagesse nécessaire pour hériter de la direction du peuple hébreu. Avant la naissance des jumeaux, Dieu lui avait dit : « Deux nations sont dans ton ventre… Un peuple sera plus puissant que l'autre, et l'aîné servira le cadet. » Elle n'a fait que suivre sa voix intérieure, favorisant le plus jeune qu'elle pressentait comme le futur dirigeant (*Midrash HaGadol* 27 : 13).

Abraham, le grand-père des deux garçons, avait aussi une préférence pour Jacob

Il existe une tradition qui affirme qu'Abraham aussi préférait Jacob à Ésaü. Il louait ses qualités intellectuelles, et désapprouvait le comportement sauvage d'Ésaü. Rébecca avait remarqué l'opinion du grand-père et avait été influencée[1].

Ésaü était traité injustement

Élie Wiesel écrit la chose suivante à propos de l'attitude de Rébecca à l'égard d'Ésaü : Même sa propre mère Rébecca semblait lui en vouloir. Elle le tenait à l'écart.

1. Louis Ginzberg, *Legends of the Jews*, vol. 1, Philadelphie, 1968, p. 316.

Pourquoi ne l'aimait-elle pas ? Parce qu'il préférait les jeux à l'étude ? Parce que ses cheveux étaient longs et roux ? Parce qu'il ne se déplaçait qu'avec des armes ? Parce qu'il était constamment affamé ? Elle éprouvait de l'hostilité à son égard, ce fait est certain. Et injuste[1].

Adin Steinsaltz

Le rabbin Adin Steinsaltz propose une autre interprétation. Il explique que Rébecca a grandi dans le monde « manipulateur » et corrompu de son frère Laban. « Elle a appris le sens de la tromperie, de l'hypocrisie. » Elle était réaliste alors qu'Isaac était « une victime facile de la duplicité. Il n'était jamais suspicieux ni effrayé parce qu'il n'y avait aucune malhonnêteté dans son cœur ».

Pour ces raisons, Isaac n'avait pas remarqué les faiblesses d'Ésaü. Il lui semblait seulement que celui-ci se conduisait bien et faisait ce que son père lui demandait. D'un autre côté, explique Steinsaltz, Rébecca « était experte en la matière. Elle savait que quelqu'un comme Ésaü pouvait avoir un autre trait de caractère, moins plaisant, un trait qui lui rappelait son propre frère Laban. Elle reconnaissait en Ésaü des similitudes avec sa propre famille, et elle connaissait ses défauts et ses points faibles ». Et, puisqu'elle l'avait bien compris, « elle manipula Isaac de sorte qu'il bénisse Jacob plutôt qu'Ésaü, par amour pour Isaac, dans une tentative de le protéger

1. Élie Wiesel, *Messengers of God*, New York, 1976, p. 117.

du choc émotionnel que provoquerait la conscience de son erreur[1] ».

En d'autres termes, Rébecca a favorisé Jacob non seulement parce qu'elle était consciente des faiblesses d'Ésaü comme de celles de son frère Laban, mais aussi parce qu'elle souhaitait protéger son mari Isaac de commettre l'erreur de donner sa bénédiction à Ésaü et non à Jacob. Le favoritisme de Rébecca était un moyen de sauver Isaac de son aveuglement et de ses décisions inconsidérées.

Les parents et la rivalité au sein d'une fratrie

Le psychologue Haïm G. Ginott explique comment certains parents gèrent la jalousie entre leurs enfants. « Certains parents éprouvent une telle colère face à la rivalité entre frères et sœurs qu'ils en punissent les signes évidents dès qu'elle se manifeste. D'autres tentent de manière presque acrobatique d'éviter tout ce qui pourrait causer de la jalousie. Ils essayent de convaincre leurs enfants qu'ils sont tous aimés de manière égale et n'ont par conséquent aucune raison d'être jaloux... Ceux qui veulent être absolument équitables finissent souvent par être furieux contre tous leurs enfants. Rien n'est plus voué à l'échec qu'une égalité mesurée. Lorsqu'une mère ne peut pas donner une pomme plus grosse ou un câlin plus prononcé à un enfant de peur de créer de l'antagonisme chez un autre, la vie devient insoutenable... Les enfants ne désirent pas un partage égal de l'amour parental : ils ont besoin d'être aimés de manière unique, et non

1. Adin Steinsaltz, *Biblical Images*, Basic Books, New York, 194, p. 46-47.

de façon uniforme. Nous n'aimons pas tous nos enfants de la même manière. Et il n'est pas nécessaire de prétendre que nous le faisons. Nous aimons chaque enfant de façon unique, et nous n'avons pas besoin de faire tant d'efforts pour le dissimuler[1]. »

Aimez-les de manière égale

Aimez de manière égale tous vos enfants. Parfois le favori vous déçoit ; parfois celui qui est négligé vous rend heureux (Berakhiah HaNakdan, *Mishlei Shoualim*[2]).

Pas de favoritisme

Ne manifestez pas de favoritisme parmi vos enfants. Parce que Joseph reçut une tunique colorée, ses frères « le haïrent » (Rabbi Eliézer ben Azaria, *Genèse Rabba* 84 : 8).

Chaque enfant est unique

Chaque enfant apporte sa propre bénédiction au monde (Proverbe yiddish).

Les commentateurs de notre *parasha* semblent tous s'accorder sur le fait que la jalousie et l'amertume qui s'étaient développées entre Jacob et Ésaü n'étaient pas provoquées simplement par la difficulté qu'ils avaient à se comprendre l'un l'autre. Leur relation s'est certainement détériorée à cause de leurs personnalités différentes, mais aussi à cause

---

1. *Between Parent and Child*, Macmillan, New York, 1965, p. 127-132.
2. Grammairien, poète, exégète du XIIIe siècle. Connu pour ses *Michlei Choualim*, « Les Fables du Renard » (vers 1260). Il vécut en Europe de l'Ouest, soit en Provence, soit dans le nord de la France, soit encore en Angleterre (NdT).

de la manière dont ils ont été considérés par leurs parents et leurs grands-parents. Les forces et les faiblesses d'Isaac et de Rébecca, leurs *a priori* et leurs jugements, la façon dont ils ont agi envers Jacob et Ésaü, en les récompensant tout en les manipulant, telles sont les raisons qui ont contribué à accroître la rivalité entre les deux frères.

Et, de manière tragique, cette rivalité a fini par aboutir à une défiance et à une haine qui les a séparés. Elle a empoisonné leurs relations à jamais. Même si, plus tard, les deux frères se rencontreront à nouveau et feront la paix, chacun alors suivra son chemin, sans jamais jouir d'un véritable amour fraternel.

3. LA QUESTION DU MARIAGE MIXTE[1]

La *parasha* évoque à deux reprises la question du mariage.

Il nous est dit que, à l'âge de quarante ans, Ésaü épousa deux femmes hittites. Ces mariages furent « une source d'amertume pour Isaac et Rébecca » (Genèse 26 : 34).

Puis, vers la fin de la *parasha*, il nous est rapporté que Rébecca s'adresse à Isaac et lui fait part de sa crainte que Jacob n'épouse une Cananéenne, plutôt qu'une femme issue de leur pays d'origine, Paddan Aram. Isaac est d'accord avec elle. Il envoie chercher Jacob et lui ordonne d'aller à Paddan Aram pour trouver sa future épouse parmi les filles de Laban,

---

1. Cette expression « mariage mixte » traduit le terme anglais *intermarriage* qui caractérise un mariage contracté à l'extérieur du groupe (NdT).

le frère de Rébecca. Il bénit aussi Jacob et lui dit que Dieu lui donnera, ainsi qu'à sa descendance, les droits sur la terre d'Israël selon la promesse faite à son grand-père Abraham.

Lorsqu'Ésaü apprend que son père a ordonné à Jacob de ne pas épouser une Cananéenne, qu'il l'a envoyé à Paddan-Aram et l'a gratifié d'une nouvelle bénédiction, il est blessé et furieux. Peut-être est-ce pour retrouver la faveur de ses parents qu'il se marie à sa cousine Mahalath, la fille d'Ismaël. Néanmoins, il ne divorce pas de ses épouses hittites.

Selon ce passage de la Torah, la question du mariage entre Hébreux et non-Hébreux a été un problème présent dès les débuts de l'histoire du peuple. Il ne nous est pas dit ce qui « déplaît » à Isaac et Rébecca dans le fait qu'Ésaü ait des femmes hittites, ni qu'ils lui aient interdit de les épouser. Cependant, il est évident qu'ils sont troublés par ce fait et, par conséquent, ils mettent en garde Jacob contre un mariage avec une Cananéenne. Ils lui disent de trouver une femme dans sa « tribu familiale ».

Speiser

La plupart des biblistes contemporains estiment que l'évocation des mariages mixtes à deux reprises dans cette *parasha* a été faite par des auteurs qui pensaient que la religion et la nationalité ne pouvaient être préservées que par des mariages endogamiques (à l'intérieur du groupe). Par exemple, E. A. Speiser défend que celui qui a écrit ces deux passages avait comme souci « la pureté de la lignée[1] ».

1. *The Anchor Bible : Genesis*, p. 216.

La séparation dans un but de sainteté

Il existe cependant en Israël un autre facteur qui fait d'une simple tendance au séparatisme une certitude plus forte. Il s'agit de la conviction instinctive qu'Israël était destiné non seulement à devenir une nation, mais aussi une théocratie, c'est-à-dire, un peuple régi par la Loi de Dieu et par les prêtres de Dieu. Pour maintenir son unité ethnique, il fallait donc maintenir l'institution de l'alliance, de la Loi et de la foi[1].

Ce commentaire, produit par des chercheurs chrétiens, s'accorde avec Speiser pour dire que les auteurs de ce passage de la Torah étaient soucieux de leur survie[2]. Ils craignaient les étrangers. Ils s'inquiétaient que des étrangers idolâtres puissent épouser leurs enfants et ainsi les détourner de leur tribu et du Dieu unique. Ils avaient peur de disparaître et de ne plus pouvoir survivre en tant que peuple distinct. Pour eux, « se marier à l'extérieur du clan signifie perdre son identité ». La première cause de l'opposition d'Isaac et de Rébecca au mariage mixte se retrouve dans leur crainte de l'autre, des coutumes et des croyances différentes. C'est pour cela qu'ils avaient du chagrin.

Mais ce n'est pas la seule raison. Il ne s'agissait pas seulement de crainte, mais aussi d'une conviction positive de leur foi. Les auteurs du commentaire *The Interpreter's Bible* indiquent que ceux qui ont

1. *Interpreter's Bible, Genesis*, p. 678.
2. En réalité, tous les peuples du Proche-Orient ancien cherchaient à préserver leur identité et la cohérence du groupe. Ce n'est pas une caractéristique propre à Israël (NdT).

conçu ce récit de l'opposition d'Isaac et de Rébecca face au mariage mixte l'ont fait pour une raison plus importante. Ils croyaient en l'alliance particulière, ou *berit*, entre le peuple hébreu et Dieu, et le meilleur moyen de la préserver était de ne permettre que des mariages entre Hébreux. Se mêler aux autres peuples signifierait abandonner leur relation particulière avec Dieu, ainsi que leur responsabilité de vivre comme un peuple « saint », ou « séparé », destiné à servir Dieu.

Ainsi, la Torah met en garde contre les mariages mixtes. Il nous est dit aussi que le roi Salomon, dans sa vieillesse, a épousé des femmes non-juives qui « ont détourné le cœur de Salomon vers d'autres dieux » (1 Rois 11 : 1-13). Par conséquent, ses fils n'ont pas été autorisés à hériter du trône. L'opposition au mariage mixte dans la Torah semble être justifiée par le fait qu'il pourrait conduire à l'idolâtrie et à se détourner de la tradition et de l'alliance du peuple juif avec Dieu.

Les voies de l'idolâtrie

Deux autres passages de la Torah mettent en garde les Enfants d'Israël contre les mariages mixtes.

« Ne contracte pas d'alliance avec les habitants du pays, de peur que, se prostituant à leurs dieux et leur offrant des sacrifices, ils ne t'invitent, et que tu manges de leurs sacrifices ; de peur que tu ne prennes de leurs filles pour tes fils, et que leurs filles, se prostituant à leurs dieux, n'entraînent tes fils à se prostituer à leurs dieux » (Exode 34 : 15-16)

« Tu ne te marieras point avec ces peuples, tu ne donneras point tes filles à leurs fils, et tu ne prendras point leurs filles pour tes fils ; car ils détourneraient de moi tes fils qui serviraient d'autres dieux, et la colère de l'Éternel s'enflammerait contre vous : il te détruirait promptement » (Deutéronome 7 : 3-4).

Rashi

Rashi semble accepter cet argument. En commentant « l'amertume » d'Isaac et de Rébecca à l'occasion du mariage d'Ésaü avec des femmes hittites, Rashi explique qu'elle trouvait sa source dans l'odeur des offrandes idolâtres qu'elles faisaient brûler chaque jour. Il suggère qu'Isaac et Rébecca avaient compris que la fidélité des femmes d'Ésaü à leurs traditions ancestrales allait influencer Ésaü et le détourner de sa propre tradition. Et cela finirait par mettre en danger la survie de la tradition juive et celle du peuple juif.

L'opposition au mariage mixte

« Depuis le début... l'opposition juive au mariage mixte était fondée non sur une quelconque idée de supériorité ethnique, mais plutôt sur la reconnaissance réaliste que de telles unions mettaient en danger la survie du peuple juif et de sa tradition[1]. »

L'identité du groupe

« L'identité juive est généralement définie en termes à la fois religieux et ethniques... Les enfants issus d'un mariage dans lequel l'un des conjoints s'est converti au judaïsme ont trois fois plus de chance de s'identifier

1. Roland B. Gittelsohn, *Consecrated Unto Me*, p. 193.

comme Juif qu'un enfant issu d'un mariage mixte. L'immense majorité des enfants issus d'un mariage où l'un des conjoints est converti sont perçus comme Juifs par naissance, et pratiquement tous se considèrent eux-mêmes comme Juifs[1]... »

D'autres commentateurs relient la cécité d'Isaac aux tensions et à la tristesse qu'il a ressenties à la suite des mariages mixtes d'Ésaü. Ils soutiennent que Dieu l'a aveuglé afin de soulager la peine qu'il ressentait à chaque fois qu'il voyait son fils ou la fumée de l'idolâtrie montant de sa maison (*Midrash Tanhouma, Toledot* 7).

Hirsch

Certains commentateurs poussent l'analyse plus loin. Le rabbin Samson Raphaël Hirsch soutient que, « en se mariant avec deux femmes hittites, Ésaü a définitivement scellé sa complète inaptitude à être celui qui pourra poursuivre la mission d'Abraham. Dans une demeure où deux filles de Heth sont les maîtresses de maison, les principes abrahamiques sont tout bonnement enterrés ». En s'engageant dans des unions mixtes, considère Hirsch, Ésaü a créé un foyer partagé entre la croyance d'Abraham en un Dieu spirituel et les nombreuses idoles de ses femmes. Cela l'a disqualifié pour prendre la suite d'Abraham et diriger le peuple juif. Pour Hirsch, un foyer où deux traditions religieuses sont pratiquées,

1. Egon Mayer, *Love and Tradition : Marriages between Jews and Christians*, Plenum Publishing Corp., p. 253.

où un engagement commun des deux parents dans une seule tradition n'existe pas, la confusion, les malentendus apparaissent, ainsi que des causes d'embarras entre les parents et les enfants. Les enfants peuvent se demander quelle tradition suivre. Parfois, même sans s'en rendre compte, les parents pourraient sous-entendre que « si tu m'aimes, fais comme moi ». Les grands-parents pourraient récompenser les enfants qui montreraient une préférence pour leur tradition. Et, au lieu de donner aux enfants une tradition religieuse stable qu'ils auraient envie de partager, celle-ci pourrait devenir source de tensions à l'intérieur de la famille, voire de divisions amères.

Le rôle de la religion

Le rituel « sert de pont entre le passé et le futur en traversant le présent. Il nous rappelle l'imprévisible, les valeurs spirituelles qui devraient guider nos actions. En tant que Juifs, nous avons la chance d'avoir une tradition qui nous propose un trésor riche de rituels. Les moments les plus importants de l'existence – la naissance, l'adolescence, l'amour, le mariage et la mort – sont mis en valeur par des rituels issus du passé de notre peuple. Ils expriment nos espoirs envers le futur. Partager des rites, précisément parce qu'ils sont des symboles poétiques qui parlent aux émotions, peut rapprocher les époux bien plus qu'un simple moment de partage purement intellectuel[1] ».

Pour les maîtres de la tradition juive, le fait de partager une seule tradition religieuse permet de créer une certaine unité dans un foyer, entre les époux et

---

1. Roland B. Gittelsohn, *Consecrated Unto Me*, p. 214.

avec les enfants. Une identité commune est vécue, et les coutumes et rituels sont une source d'enrichissement spirituel et intellectuel pour tous les membres de la famille. En partageant la même histoire, ils sont liés entre eux et reliés à la communauté juive au-delà de leur foyer. Pour toutes ces raisons, les Juifs, encore aujourd'hui, favorisent les unions dans lesquelles les deux futurs conjoints renforcent leur amour et leur engagement l'un envers l'autre en partageant la joie et la signification de construire ensemble un foyer juif.

Questions pour l'étude et la discussion

1. Comment des stéréotypes et la haine accumulée au sein de la famille peuvent-ils se développer selon notre *parasha* ? Existe-t-il des actes ou des mots pour lesquels aucun pardon n'est envisageable ? Existe-t-il des stratégies pour promouvoir le pardon et mettre fin aux cycles de suspicion et de haine desquels on a parfois du mal à s'extraire ?
2. Faites la liste des motifs donnés par les commentateurs qui ont incité Rébecca à favoriser Jacob, et Isaac à favoriser Ésaü. Peut-on les retrouver dans des familles que vous connaissez ? Ou dans la vôtre ? Que peut-on faire contre de tels préjugés dans les relations ?
3. À deux reprises, la Torah est critique à l'égard du mariage mixte : en Exode 34 : 16 et en Deutéronome 7 : 3-4. Comparez ce que nos commentateurs dans le *perek gimel* (chapitre 3) disent à propos de ces deux passages. Ces observations sont-elles toujours d'actualité ? Devrions-nous nous opposer aux relations amoureuses hors de la communauté ? Comment les Juifs peuvent-ils préserver leurs traditions et leurs communautés dans une société ouverte et libre ?

Parashat Vayetsé

Genèse 28 : 10 - 32 : 3

Vayetsé *signifie : « Et il sortit. » Cette parasha raconte l'histoire du voyage de Jacob de Beer-Shev'a à Haran, le lieu de naissance de Rébecca. Lors de la première halte, durant la nuit, il fait le rêve d'une échelle « placée sur la terre, dont le sommet atteignait les cieux. » Dieu lui dit alors que ses descendants seront bénis et qu'ils hériteront de la terre promise auparavant à Abraham et à Isaac. Après un long voyage, Jacob arrive à Haran où il est accueilli par le frère de Rébecca, Laban, ainsi que par ses deux filles, Léa et Rachel. Laban promet à Jacob qu'il autorisera Rachel à se marier avec lui s'il travaille pour lui pendant sept ans. Lorsque le moment du mariage arrive, Laban trompe Jacob en envoyant Léa dans sa tente*[1]*. Devant les protestations de Jacob, Laban déclare que s'il travaille sept autres années pour lui, il lui donnera aussi Rachel. Jacob accepte. Avec ses deux femmes, ainsi que ses deux servantes Bilha et Zilpa, il a douze enfants : Ruben, Simon, Lévi, Juda, Issachar, Zabulon et Dina avec Léa ; Dan et Naftali avec Bilha, Gad et Asher avec Zilpa, et Joseph avec Rachel. Après avoir travaillé pour Laban de nombreuses années, Jacob décide de rentrer dans son pays. Il s'accorde avec Laban pour le paiement de son salaire. Ils décident de se partager le troupeau : tandis que Jacob prendra*

---

1. « Laban dit : Nous n'agissons pas ainsi dans notre pays, en donnant (en mariage) la cadette avant l'aînée » (Genèse 29 : 26) (NdT).

les moutons et les chèvres tachetés et rayés[1]*, Laban gardera le reste. Laban accepte le marché, mais lorsque les troupeaux de Jacob s'accroissent en nombre, les fils de Laban accusent Jacob d'avoir trompé leur père. Craignant un conflit, Jacob s'enfuit secrètement avec toute sa famille et tous ses biens. Laban se lance à sa poursuite, mais lorsqu'il le rattrape, ils se font part de leurs griefs et concilient leurs divergences. À la suite de cela, Jacob poursuit son chemin avec sa famille.*

NOTRE TARGOUM

1. Le premier soir de son voyage pour Beer-Shev'a, Jacob se fait un oreiller avec quelques pierres et s'endort[2]. Il rêve d'une échelle allant de la terre vers le ciel. Des anges y montent et descendent, et Dieu lui dit alors que sa descendance sera nombreuse et qu'elle se répartira dans toutes les directions. Tous les peuples seront bénis par elle et Dieu finira par le ramener sur sa terre natale. Au petit matin, à son réveil, Jacob nomme cet endroit « Beth-El », ce qui signifie « la maison de Dieu ». Il promet aussi que si Dieu le protège durant son voyage et le ramène dans son pays natal, il lui vouera un culte et consacrera dix pour cent de sa richesse à Dieu, la dîme.

2. Jacob poursuit son voyage et arrive à Haran. Il demande à quelques bergers s'ils connaissent son oncle Laban, et ils lui montrent Rachel, la fille de

---

1. Voir Genèse 31 : 8-13.
2. Dans le Proche-Orient ancien, il était courant de faire reposer sa tête sur un objet dur pour dormir.

Laban qui était en train de conduire son troupeau au puits. Alors Jacob abreuve le troupeau et dit à Rachel qui il est. Elle court informer son père, qui accueille chaleureusement Jacob comme « mon os et ma chair ».

Un mois plus tard, Laban dit à Jacob : « Parce que tu es mon parent, me serviras-tu pour rien ? Dis-moi quel sera ton salaire » (Genèse 29 : 15). Jacob, qui entre-temps était tombé amoureux de Rachel, répond : « Je te servirai pendant sept ans si tu me donnes Rachel pour femme » (Genèse 29 : 18). Laban donne son accord, mais après les sept années, il trompe Jacob la nuit de son mariage et envoie sa fille aînée, Léa, dans sa tente.

Le matin suivant, Jacob se plaint à Laban et lui dit : « Que m'as-tu fait ? Ne t'ai-je point servi pendant sept ans ? Pourquoi m'as-tu trompé ? » (Genèse 29 : 25.) Laban rétorque alors qu'il « n'est pas l'usage dans notre pays de marier la cadette avant l'aînée ». Toutefois, il lui promet que, s'il travaille sept autres années pour lui, il lui permettra d'épouser Rachel. Et Jacob accepte.

3. Léa donne naissance à Ruben, Simon, Lévi et Juda. Voyant cela, Rachel est jalouse et en colère car elle ne peut pas avoir d'enfants. Elle envoie alors vers Jacob sa servante Bilha afin qu'elle enfante à sa place. Bilha porte Dan et Naftali. Léa ordonne à son tour à sa servante Zilpa d'avoir des enfants avec Jacob, et elle donne naissance à Gad et Asher. Après cela, Léa enfante Issachar, Zabulon ainsi qu'une fille, Dina. Finalement, Rachel conçoit et est enceinte de Joseph.

4. Après la naissance de Joseph, Jacob approche son beau-père et lui demande l'autorisation de rentrer

dans son pays (Genèse 30 : 26). Reconnaissant que ses richesses avaient considérablement augmenté durant les quatorze années pendant lesquelles Jacob l'avait servi, Laban lui demanda : « J'ai été béni à cause de toi. Fixe-moi ton salaire et je te le donnerai » (*cf.* Genèse 30 : 28 et *sq.*). Jacob ne souhaite pas de paiement, mais une faveur : « Je passerai aujourd'hui parmi ton troupeau, mets à part parmi les brebis tout agneau tacheté et marqueté et tout agneau noir. Tel sera mon salaire » (Genèse 30 : 32). Laban accepte le marché, mais demande secrètement à ses fils de retirer du troupeau tous les animaux tachetés et marquetés et de les déplacer à une distance de trois journées de marche de Jacob.

Alors qu'il fait paître le troupeau de Laban, Jacob utilise « des branches vertes » de différentes essences d'arbre qui, trempées dans l'auge où s'abreuve le troupeau, provoquent de nombreuses naissances, non seulement d'animaux tachetés et marquetés, mais aussi d'animaux plus vigoureux. Ainsi Jacob devint encore plus prospère. Il est à la tête d'une maisonnée comprenant de nombreux serviteurs et servantes, ainsi que des chameaux et des ânes. Voyant la richesse de Jacob, les fils de Laban deviennent jaloux et ils l'accusent de voler leur père. Laban lui-même devient suspicieux à son égard.

Dieu dit alors à Jacob de rentrer dans son pays. Il consulte Rachel et Léa qui sont d'accord ; il réunit sa famille et ses biens, et se met en route pour la terre de Canaan. Alors qu'ils sont sur le point de partir, Rachel pénètre dans la tente de Laban et dérobe ses idoles.

Lorsque Laban apprend qu'ils sont partis sans l'informer, il se met à leur poursuite et, après les avoir rejoints, il demande à Jacob : « Pourquoi as-tu pris la fuite en cachette, m'as-tu trompé, et ne m'as-tu point averti ? Je t'aurais laissé partir au milieu des réjouissances et des chants… (et) pourquoi as-tu dérobé mes dieux ? » (Genèse 31 : 27. 30.)

Jacob lui répondit qu'il craignait de lui révéler ses projets, mais qu'il ne lui avait rien dérobé. Laban se met à la recherche de ses idoles dans les tentes de Léa et de Rachel, mais ne les trouve pas. En effet, Rachel les avait habilement cachées sous la selle du chameau sur lequel elle était assise.

Jacob se tourne alors vers Laban et lui dit : « Quel est mon crime, et de quoi suis-je coupable pour que tu me poursuives ainsi ? » Laban répond alors : « Ces filles sont mes filles, ces enfants sont mes enfants, ce troupeau est mon troupeau, et tout ce que tu vois est à moi » (Genèse 31 : 43). Mais en dépit de cette affirmation, il propose à Jacob de faire la paix. La *parasha* se conclut par la mise en place d'un monument sur un monticule de terre symbolisant la limite que chacun ne dépassera pas pour aller attaquer l'autre (Genèse 31 : 51-52).

La *parasha Vayetsé* contient trois thèmes essentiels :

1. Quel est le sens à donner à la présence d'anges dans la Torah ?
2. La différence entre une prière légitime et une prière inappropriée.
3. Comment se comporter face à des gens malhonnêtes.

1. QUE SONT LES ANGES ?

Lorsque Jacob se dirige vers Beer-Shev'a, il campe la première nuit dans le désert. Il réunit quelques pierres en guise d'oreiller et s'endort. Il rêve alors d'une échelle dont les pieds sont sur la terre, et le sommet atteint le ciel. Des anges y montent et y descendent. Plus tard (Genèse 31 : 10-13), Jacob raconte à Léa et à Rachel qu'il a rêvé d'un ange qui lui a prédit que son troupeau tacheté et rayé irait en augmentant et qu'il retournerait dans son pays natal.

Que sont ces anges qui apparaissent à Jacob ?

La Torah fait référence aux anges à de nombreuses reprises. Lorsque Hagar, la servante de Sarah, s'enfuit vers le désert, un ange la réconforte et la conseille (Genèse 16 : 7-12). Deux anges rendent visite à Loth à Sodome et le somment de s'échapper de la ville avec sa famille (Genèse 19). Alors qu'Abraham est sur le point de sacrifier son fils Isaac, un ange lui apparaît et lui dit : « Ne lève pas ta main contre l'enfant… » (Genèse 22 : 11). Un ange s'adresse à Moïse depuis le buisson ardent et lui ordonne de retourner en Égypte pour libérer les enfants d'Israël de l'esclavage (Exode 3 : 2-10).

La plupart des chercheurs définissent les anges mentionnés dans la Torah comme les « messagers de Dieu ». Le mot hébreu pour « ange » est *malakh,* ce qui signifie « celui qui transmet un message » (de *melakha* : la mission).

La croyance en les anges était largement répandue parmi les peuples du Proche-Orient ancien. On pensait qu'ils pouvaient voler, qu'ils avaient souvent des ailes, qu'ils pouvaient marcher, parler, apparaître et disparaître et qu'ils étaient les émissaires désignés par les dieux. Dans la tradition juive, à l'époque biblique, on croyait que les anges étaient légèrement supérieurs aux humains et travaillaient comme des agents de Dieu.

Le psalmiste à propos des anges

Éternel notre Dieu ! Que ton nom est magnifique sur toute la terre ! Ta majesté s'élève au-dessus des cieux. Quand je contemple les cieux, ouvrage de tes mains, la lune et les étoiles que tu as créées, qu'est-ce que l'humain pour que tu t'en souviennes ? Et le fils de l'être humain, pour que tu prennes soin de lui ? Tu l'as fait de peu inférieur aux anges… (Psaume 8 : 2, 4-6)[1].

À l'époque talmudique, certains Juifs croyaient aussi aux anges. Des rabbins ont enseigné qu'en réalité Dieu avait consulté les anges avant de créer les cieux, la terre et les êtres humains. D'autres ont affirmé que les anges ne vivaient que le temps d'une journée. Ils sont créés le matin, glorifient Dieu durant la journée et meurent le soir. La tradition juive nous dit aussi qu'à l'entrée du *shabbat* les anges accompagnent les Juifs qui l'observent et protègent ceux qui sont fidèles dans l'accomplissement des commandements divins.

---

1. Le texte hébreu ici est *elohim*, ce qui peut être traduit par « Dieu », ou bien faire référence à des êtres supérieurs. Le rabbin Fields prend le parti de traduire ce mot par « anges », ce qui est légitime selon le contexte, mais pas totalement concluant d'un point de vue linguistique (NdT).

Enseignements rabbiniques sur les anges

Rabbi Helbo enseignait que Dieu crée un nouveau chœur d'anges chaque jour. Ils chantent les louanges de Dieu puis s'en vont (*Genèse Rabba* 78 : 1).

Grande est la paix, car Dieu n'a pas donné au juste de plus beau cadeau. Lorsqu'un juste meurt, les anges l'accompagnent au ciel et disent : Puisse-t-il entrer en paix ! Puisse-t-il reposer en paix ! Et : il a marché avec droiture (*Nombres Rabba* 11 : 7).

Si une personne accomplit une mitswa, un ange lui est donné. Si une personne accomplit deux mitzvot, deux anges lui sont donnés, et si quelqu'un accomplit tous les commandements, de nombreux anges lui sont donnés. Et qui sont ces anges ? Ils protègent les gens contre les mauvaises choses ; ils font la paix pour eux (*Midrash Tanhouma, Mishpatim*, 19).

Rambam (Maïmonide)

Pour le Rambam, les anges étaient des *formes* d'intelligence à travers lesquelles Dieu « a dirigé » le monde. Pour lui, l'esprit humain est aussi une *forme* ou un « ange ». En effet, Maïmonide pensait que lorsque Dieu souhaite envoyer un message à un être humain, il le fait en utilisant le canal de son esprit ou de son intelligence. Pour lui, l'esprit humain est le réceptacle qui reçoit les signes et les signaux de Dieu. C'est pourquoi il les appelle des « anges ». Les anges sont ainsi les véhicules par lesquels Dieu s'adresse aux humains et leur apporte de l'inspiration par des idées nouvelles ou des visions[1].

La plupart des penseurs juifs aujourd'hui ne croient plus en l'existence des anges, messagers non-humains de la volonté divine. Comment peuvent-ils alors interpréter les passages de la Torah qui font référence aux anges ?

Certains expliquent simplement que les auteurs anciens acceptaient l'existence des anges sans *a priori*. Ils pensaient que les anges, tout comme les humains, pouvaient parler, penser et voir et qu'ils pouvaient influencer tous les aspects de la vie humaine. Pour les anciens qui ont écrit la Torah, les anges étaient aussi réels que le sont pour nous les êtres humains.

D'autres auteurs contemporains estiment que les auteurs bibliques utilisaient les anges comme un moyen littéraire pour exprimer les pensées intimes des personnages qu'ils dépeignaient. Dans notre *parasha*, l'auteur a peut-être cherché à décrire la crainte de Jacob quittant son pays natal pour une terre lointaine inconnue de lui. Le contenu de son rêve, une échelle allant de la terre au ciel avec des anges qui y montent et y descendent, peut exprimer sa crainte de l'avenir : sa fortune ira-t-elle en s'accroissant, ou au contraire en diminuant ? Rencontrera-t-il l'échec ou le succès ? Dieu l'aidera-t-il et le protégera-t-il de tout danger ?

Ces deux approches peuvent être utiles pour la lecture et l'interprétation de l'existence des anges dans la Torah. À certains moments, un ange peut apparaître comme un simple messager. À d'autres, comme une forme intelligente, comme un signe

---

1. *Guide des égarés*, 2e partie, chapitres 6-7.

pour l'avenir ; et aussi parfois comme un révélateur des craintes et des espoirs des personnages bibliques. De toute évidence, les anges apportent une dimension pittoresque et colorée au texte de la Torah.

2. LA PRIÈRE DE JACOB.
PEUT-ON MARCHANDER AVEC DIEU ?

La Torah raconte que, après s'être réveillé de son rêve de l'échelle qui atteignait les cieux, Jacob fit un vœu, une promesse sous la forme d'une prière.

En hébreu, « vœu » se dit *neder*. Le soir de Yom Kippour, les Juifs prononcent la prière du Kol *Nidré*, « tous les vœux ». Dans cette prière, les Juifs demandent le pardon de Dieu pour toutes les promesses faites mais non tenues d'un Yom Kippour à l'autre.

Dans la tradition juive, un *neder*, ou vœu, est défini comme une promesse faite envers Dieu d'accomplir une action, comme donner dix pour cent de ses revenus à une œuvre de charité, ou l'engagement de s'interdire ce qui est autorisé par la tradition, comme par exemple décider de ne pas boire de vin.

Dans la littérature rabbinique, les vœux étaient considérés comme si importants qu'un traité entier du Talmud leur est consacré. Le traité *Nedarim* est l'un des plus longs du Talmud.

Les vœux dans le Talmud

La personne qui prononce un vœu place un joug sur sa nuque (Talmud de Jérusalem, *Nedarim* 9 : 1).

Il vaut mieux accomplir une action sans l'assortir d'un vœu (Talmud de Babylone, *Nedarim* 77b).

Un homme vint voir Rabbi Juda ben Shalom en lui demandant d'annuler un vœu qu'il avait prononcé.
Le rabbin lui demanda : Qu'as-tu fait le vœu de ne plus faire ? L'homme répondit : J'ai fait le vœu de ne plus faire de profit.
Comment une personne saine d'esprit pourrait-elle prononcer un tel vœu, demanda le rabbin ?
L'homme d'expliquer : Ce que je voulais dire, c'est que je ne veux plus faire de profit en pariant.
Rabbi Juda refusa d'annuler son vœu (Talmud de Jérusalem, *Nedarim* 5).

Le vœu de Jacob a posé de nombreux problèmes aux commentateurs au cours des siècles. Après avoir empilé des pierres pour marquer l'endroit où il avait dormi et fait ce rêve, il le nomma Beth-El, « maison de Dieu ». Il formula alors ce vœu : « Si Dieu est avec moi et me protège sur ce chemin que je suis en train d'emprunter, me donnant du pain pour nourriture et des vêtements pour m'en vêtir, et que je retourne en paix vers la maison de mon père, l'Éternel sera pour moi Dieu… et de tout ce que tu me donneras, j'en mettrai un dixième de côté pour Toi. »

Les commentateurs ont été troublés par le fait que Jacob semble marchander avec Dieu. Plutôt que de promettre ce qu'il fera ou ce qu'il ne fera pas, ce qui est la formulation prescrite d'un vœu, Jacob prononce un vœu assorti de conditions. Il emploie à plusieurs reprises la préposition conditionnelle « si » : *Si* Dieu reste avec moi…, *si* Dieu me protège…, me donne du pain…, des vêtements…, et *si* je retourne en paix, *alors* l'Éternel sera mon Dieu et je mettrai à part la dîme (dix pour cent de mes revenus).

Abravanel

Don Isaac Abravanel se demande dans son commentaire de cette *parasha* : « Comment Jacob peut-il agir comme ceux qui servent à condition de recevoir une récompense ? Est-il possible que Jacob ait voulu dire que si Dieu ne faisait pas toutes ces choses en sa faveur, il ne croirait pas en Lui et ne pratiquerait pas la justice sociale ? »

Abravanel est très nettement dérangé par le *marché* que Jacob propose à Dieu dans son vœu. Il considère qu'il est déplacé de faire une promesse soumise à conditions. Il critique Jacob sans ménagement. Il compare en effet Jacob à son grand-père Abraham et fait remarquer qu'« Abraham n'a jamais fait de tels vœux, alors qu'il avait été mis à l'épreuve de nombreuses fois ».

D'autres commentateurs se sont aussi interrogés sur le fait que Jacob avait pu prononcer un tel vœu. Voulait-il réellement poser comme condition à sa dévotion envers Dieu le fait qu'il accède à ses demandes ? Doutait-il que Dieu ait la capacité de le ramener dans son pays ? La Torah cherche-t-elle véritablement à nous enseigner que si nos prières ne sont pas exaucées, c'est parce que Dieu ne s'intéresse pas à nous ?

Rabbi Jacob ben Isaac Ashkenazi, auteur et éditeur du recueil de commentaires de la Torah appelé *Tse'enah Ou-Re'enah*[1], a aussi été embarrassé par le vœu de Jacob. Cependant, plutôt que de critiquer Jacob, il considère qu'il n'était pas dans son intention de montrer que sa confiance en Dieu était conditionnelle. Lorsque Jacob utilise la préposition conditionnelle « si », il ne l'applique pas au vœu lui-même, mais à l'endroit où il est prononcé. Autrement dit, nous devons comprendre ainsi l'intention de Jacob : « Si Dieu m'aide et me protège, je le servirai en ce lieu précis. Sinon, je le servirai, certes, mais pas nécessairement en cet endroit » (voir son commentaire sur Genèse 28 : 16).

Jacob, ou celui qui conclut des marchés

Rabbi Reuven Bulka explique que Jacob n'est pas de ceux qui marchandent et qui remercient Dieu quand les choses vont bien et Le remettent en question ou Le rejettent lorsque la vie s'avère triste ou décevante. Le vœu de Jacob est à l'inverse un moyen pour prouver ce que Dieu avait promis. Si Dieu le ramenait vers le lieu où il a eu le rêve de l'échelle, Jacob saurait alors que Dieu l'avait choisi pour lui confier « des responsabilités particulières[2] ».

1. Rabbi Jacob ben Isaac Ashkénazi de Janow vécut de 1550 à 1624. Il composa en yiddish un commentaire des *parashiot* hebdomadaires destiné aux femmes dont le titre *Tse'enah Ou-Re'enah* est tiré du Cantique des Cantiques 3 : 11 : « Sortez et voyez (ou admirez), filles de Sion » (NdT).

2. *Torah Therapy*, Ktav, New York, 1983, p. 20.

Leibowitz

On pourrait considérer l'explication donnée par Jacob ben Isaac comme étant une « bonne excuse » pour Jacob. Mais d'autres, comme l'exégète israélienne moderne Ne<u>h</u>ama Leibowitz, ne sont pas d'accord. Bien qu'elle soit aussi troublée par le fait que Jacob semble proposer à Dieu à travers son vœu un *marché* de type commercial, elle considère que telle n'est pas l'intention de la Torah. Leibowitz écrit : « Il n'est question d'aucun marché. » Au contraire, ce que Jacob veut dire est que, « si Dieu ne lui accorde pas de revenir dans la maison de son père, comment pourrait-il être en mesure d'ériger un temple à cet endroit ? Le vœu de Jacob signifie alors : donne-moi la possibilité de te servir[1] ».

Il est évident que la plupart des commentateurs ont été troublés par le vœu de Jacob. Soit ils le critiquent pour avoir essayé de « passer un marché » avec Dieu, soit ils cherchent à trouver une excuse aux conditions qu'il a posées dans sa prière. Les promesses ou les vœux d'une personne doivent, selon eux, refléter son intégrité et sa nature.

Peut-être est-ce la raison pour laquelle les Sages ont tant prêté attention à la question des vœux et des promesses. Les prières conditionnelles, comme celle de Jacob (Dieu, si tu fais cela pour moi, je m'engage à cette responsabilité pour Toi), étaient interdites. Les rabbins ont enseigné : « Ne soyez pas comme les serviteurs qui servent leur maître uniquement pour recevoir un salaire ; soyez au contraire comme les serviteurs qui travaillent pour leur maître sans

1. *Studies in Bereshit*, WZO, Jérusalem, 1980, p. 307.

attendre de récompense – et sois rempli de la crainte de Dieu » (*Pirké Avot* 3 : 1).

Les vœux devaient être prononcés sans condition. Une promesse doit être remplie sans excuse. L'intégrité d'une personne se mesurait à la réalisation de ses vœux, et il était interdit d'induire en erreur quelqu'un d'autre ou de se leurrer soi-même. Ben Sira enseignait : « Avant de faire un vœu ou une promesse, réfléchis bien. Ne t'induis pas en erreur » (*Midrash Tanhouma, Vayishlah* 8).

La tradition juive nous invite à faire des vœux et des promesses de façon réfléchie, en faisant bien attention à ce que l'on promet. Nos prières et nos actions envers Dieu ne doivent pas être conditionnelles. Dieu ne désire pas nos « marchés » mais que nos actes soient inspirés par la bonté, la justice, la charité et l'amour. « La joie de la *mitswa,* de l'accomplissement d'un commandement, en est la récompense. »

3. COMMENT SE COMPORTER FACE À LA MALHONNÊTETÉ ?

Dans notre *parasha,* Jacob fait face à deux reprises à la malhonnêteté de Laban, le père de Léa et de Rachel. Dans un premier récit, Laban promet à Jacob de lui donner sa fille Rachel pour épouse, mais il le dupe et envoie dans sa tente sa fille aînée, Léa, à la place de Rachel. La seconde fois, Laban propose à Jacob de le rétribuer pour son travail en lui offrant de choisir parmi les animaux de son troupeau. Puis, il le leurre délibérément en envoyant au loin, sous la direction de ses fils, les animaux choisis par Jacob.

Ces deux incidents mettent en lumière la malhonnêteté de Laban. Il a cherché à profiter de Jacob lors du mariage de ses filles et lorsqu'il s'est agi de le payer pour le travail qu'il avait fourni. Laban n'a pas hésité à mentir lorsque cela l'arrangeait, ni même à voler lorsqu'il pensait pouvoir se le permettre.

Les commentateurs se sont posé la question de savoir comment Jacob aurait dû se conduire avec Laban. Comment devons-nous traiter une personne malhonnête qui peut aussi chercher à nous voler ? Comment faire face à la tromperie ?

Comment définir la tromperie ?

Qu'est-ce que tromper ? C'est créer une fausse impression (*Houlin* 94a).

Une personne qui pratique la malhonnêteté ne séjournera pas dans ma maison (Psaume 101 : 2).

Il est interdit de tromper qui que ce soit, Juif ou non-Juif (*Houlin* 94a).

Tromper avec des mots, ou abuser avec la langue est une offense plus grande que de tricher avec de l'argent (*Baba Metsia* 58a).

Face à la ruse de Laban, la première réponse de Jacob est de le confronter à une série de questions : « Que m'as-tu fait ? N'est-ce pas pour Rachel que j'ai été à ton service ? Pourquoi m'as-tu trompé ? »

Ces questions donnent l'impression que Jacob se livre à une enquête. Il cherche à comprendre les motivations de Laban ainsi qu'à se souvenir des termes de leur accord. Bien que ses questions soient claires et directes, et qu'elles révèlent sa déception, il ne manifeste ni colère ni hostilité en les posant.

Lorsque Laban explique que « ce n'est pas l'usage dans notre pays de marier la cadette avant l'aînée », Jacob semble accepter cet argument sans protester. Se pourrait-il que Jacob, le fils cadet, ait ressenti alors de la culpabilité, à cause du tour qu'il a joué à son père en volant la bénédiction dévolue à son frère aîné Ésaü ? Le *Midrash Tanhouma* explique ainsi pourquoi Jacob a accepté sans broncher l'explication de Laban.

Comment se fait-il que Jacob ait confondu Léa et Rachel ?

Rabbi Lévi Itzhak de Berditchev (1740-1809), grand maître du hassidisme, est célèbre pour sa défense des Juifs et pour son attitude indulgente envers tous les êtres humains. Il expliqua un jour que, lorsque Rachel apprit que Laban avait décidé de tromper Jacob en lui donnant Léa à sa place comme fiancée, elle décida de faire tout son possible pour éviter la honte à sa sœur. C'est pourquoi, elle enseigna à Léa tous les signes secrets d'amour entre Rachel et Jacob. De cette façon, Rachel s'est assurée que Jacob la prendrait pour elle et ne rejetterait pas Léa. Rachel a accepté de sacrifier son propre bonheur en faveur de sa sœur. Lorsque Jacob eut connaissance de l'attention de Rachel à l'égard de sa sœur et du souci qu'elle eut de sa possible humiliation, son amour pour Rachel en fut encore plus fort. Dans ce cas, dit Rabbi Lévi Itzhak de Berditchev, une tromperie faite en vue d'un objectif « juste » et non égoïste assure une récompense.

Est-il permis à un *tsadik*, un « juste », de tricher ? Si la personne à qui on a affaire est malhonnête, il est permis de se montrer plus malin qu'elle (*Megilla* 13b).

Certains font remarquer que Jacob était en réalité naïf et crut Laban parce qu'il était le frère de sa mère. Il lui faisait confiance, mais après que Laban eut brisé leur accord et eut retiré tous les animaux marquetés et tachetés de son troupeau, Jacob se mit en colère. Et lorsque Jacob affronta Laban, il l'accusa avec colère de le tromper sur son salaire et sur le troupeau. Ne<u>h</u>ama Leibowitz écrit : « Ici la Torah nous enseigne une grande leçon de conduite et de contrôle de soi. La colère devrait être différée le plus longtemps possible jusqu'à ce qu'il n'y ait plus d'autre alternative, en ultime ressort[1]. »

Leibowitz attire aussi l'attention sur le fait que la réponse de Jacob à la malhonnêteté de Laban est une colère contrôlée. Ce ne fut pas une pulsion irraisonnée, mais au contraire une réaction élaborée et bien pensée.

Jacob n'est pas entré en guerre contre Laban, lorsque celui-ci l'a poursuivi après son départ précipité avec sa famille et ses troupeaux, pas plus qu'il n'est entré en conflit avec lui, à l'occasion de leur rencontre, lorsque Laban l'agressa avec ces questions : « Quelle était ton intention lorsque tu m'as laissé dans l'ignorance et que tu as amené mes filles comme si elles étaient captives ? Pourquoi

1. *Studies in Bereshit* p. 341 (*En méditant la Sidra*, Jérusalem).

as-tu fui en cachette et m'as-tu trompé en ne me disant rien ? »

Jacob ne s'est pas emporté et il lui a rappelé calmement qu'il avait travaillé fidèlement pour lui pendant vingt ans, souffrant fréquemment de privations alors qu'il s'occupait attentivement de ses biens. Il lui fit remarquer qu'il avait gagné légitimement tout ce qu'il avait emporté avec lui.

Leibowitz met en avant le calme avec lequel Jacob a su gérer ses émotions dans une situation qui aurait pu dégénérer en vive altercation. Il a gardé sa dignité. Il n'a jamais attaqué Laban ni perdu le contrôle de ses nerfs. Pour Leibowitz, Jacob est le modèle de la conduite à tenir face à ceux qui cherchent à nous abuser.

Conseil aux parents pour aborder le mensonge

Notre attitude en matière de mensonge est claire : d'un côté, nous ne nous prenons pas pour un juge pour enfants, ne demandons pas des confessions et nous ne devons pas faire d'un petit mensonge une affaire d'État. Mais d'un autre côté, appelons un chat un chat : lorsque nous retrouvons dans la bibliothèque d'un enfant un livre dont le délai de prêt est dépassé, nous ne demandons pas : As-tu rendu le livre à la bibliothèque ? En es-tu certain ? Pourquoi alors est-il encore dans ta propre bibliothèque ? Au contraire, nous devons dire : Je vois que tu as encore un livre qui appartient à la bibliothèque, dont la durée de prêt est dépassée. En d'autres termes, nous ne suscitons pas chez l'enfant des mensonges pour sauver la face et nous ne créons pas intentionnellement des occasions de mentir. Lorsqu'un enfant est surpris en train de mentir, notre réaction

• • •

ne doit pas être hystérique ou moraliste, mais factuelle et réaliste. Nous voulons enseigner à nos enfants qu'ils n'ont pas besoin de nous mentir[1].

Ceux qui fraudent ou dupent, il faut éviter de les reprendre en public. Le seul cas où la tradition juive le permet est lorsqu'une personne publique risque, par un comportement frauduleux, d'en entraîner d'autres ou de faire des victimes ; alors il est de notre devoir de parler, y compris publiquement, afin de ne pas nous rendre complices.

D'après le texte de la Torah, Jacob partage avec Léa et Rachel son mécontentement face à la malhonnêteté de Laban. Il leur dit : « Votre père m'a trompé, changeant mon salaire à plusieurs reprises. » Cependant, il ne se plaint pas de Laban en public et garde cela à l'intérieur du cercle familial. Léa et Rachel sont d'accord avec Jacob et reconnaissent à leur tour que Laban l'a trompé – et elles aussi –, mais elles ne portent pas l'affaire sur la place du marché ni n'en parlent à ses amis.

Le rabbin Israël Meir Ha-Cohen, connu sous le nom de Hafetz Haïm, titre du livre qui l'a rendu célèbre et qui traite d'éthique juive, vécut en Lituanie pendant près d'un siècle (1838-1933). Lorsqu'il s'interroge sur la manière de se comporter face aux gens malhonnêtes, il adopte une approche très prudente. Il enseignait qu'il était permis d'exposer publiquement les actes d'une personne qui a trompé ou triché, seulement si cela pouvait servir les intérêts des personnes lésées et protéger d'autres personnes.

1. H. G. Ginott, *Between Parents and Child*, p. 60-61.

Mais il ajouta sept conditions à cela : 1. Tu dois avoir des preuves, et non rapporter des rumeurs ; 2. Tu dois être absolument certain qu'il y a tromperie et être sûr de toi avant de l'annoncer aux autres ; 3. Tu dois d'abord t'adresser en privé à la personne malhonnête et essayer de changer son attitude. Et tu ne peux parler publiquement que si cette personne ne change pas ; 4. Tu ne dois pas exagérer les faits ; 5. Tu dois bien examiner tes propres motivations et être certain que tu n'exposes pas cette personne pour des motifs égoïstes personnels ; 6. Tu dois essayer d'utiliser tous mes moyens disponibles sans avoir recours à la calomnie ; 7. Tu ne dois pas apporter plus de torts à la personne malhonnête qu'une cour de justice ne le ferait si elle la jugeait coupable.

Faire face à une personne malhonnête est difficile et désagréable. Personne n'apprécie d'être abusé ou trompé. Comme Jacob, nous souhaitons tous des salaires justes et des relations de confiance avec notre entourage. Malheureusement, cela n'est pas toujours facile. Parfois même, nous nous rendons compte que nous tournons égoïstement la vérité à notre avantage ; à d'autres moments, nous faisons face à des personnes qui cherchent à tirer profit de nous.

En cela, nos choix sont semblables à ceux de Jacob face à Laban. Devons-nous réagir sous le coup de la colère et nous hâter d'accuser publiquement la personne qui nous a dupé ? Devons-nous nous taire, attendre et donner à cette personne une seconde chance ? Devons-nous y voir notre propre responsabilité, ou encore admettre qu'à d'autres occasions nous avons trompé quelqu'un, et qu'il s'agit là d'un juste retour des choses ? Devons-nous trouver des excuses au menteur ? Devons-nous agir avec calme et raison ou faire montre d'hostilité ?

Nous avons le choix. Nous avons pu assister au développement du caractère de Jacob dans sa réaction face aux tromperies de Laban. Il était arrivé à Haran avec derrière lui un passé de ruse et de tromperie. Il en repart comme un homme qui a mûri, un homme fort, raisonnable et intègre.

Questions pour l'étude et la discussion

1. Nous savons désormais grâce à l'évolution des sciences que nos rêves révèlent souvent nos peurs et nos espoirs inconscients. En ce sens, ils sont des « messagers » de notre inconscient. Êtes-vous d'accord avec l'interprétation que Jacob fait de son rêve ? Quelles autres interprétations pourriez-vous y apporter ?
2. Quels sont la fonction et le rôle des anges dans la tradition juive selon la Torah et les commentaires ? Pourquoi certains auteurs contemporains utilisent-ils encore aujourd'hui des personnages mystiques ou des anges dans leurs romans ou leurs poèmes ?
3. Pourquoi les rabbins considèrent-ils qu'un vœu est comme un « fardeau autour de la nuque » ? Et pourquoi les vœux soumis à conditions sont-ils interdits dans la tradition juive ?
4. À partir de ce que les commentateurs disent à propos de la malhonnêteté, êtes-vous d'accord avec la marche à suivre donnée par H.G. Ginott face au mensonge des enfants ?

Parashat Vayishlah

Genèse 32 : 4 - 36 : 43

Vayishlah *signifie « Et il envoya ». Jacob « envoya » des messagers à son frère Ésaü pour préparer leurs retrouvailles après vingt ans de séparation. Dans cette* parasha, *il est question des craintes de Jacob, de la division de sa communauté en deux camps et de sa lutte avec un ange-homme qui change son nom de Jacob en Israël. Après ce combat, Jacob rencontre Ésaü, et chacun s'en va ensuite de son côté, l'esprit pacifié. Jacob et les siens s'installent à Sichem. Dina, la fille de Jacob et de Léa est violée par Sichem, fils de Hamor le Hivite. Les fils de Jacob se vengent en tuant tous les hommes de Sichem et en détruisant la cité. En faisant cela, ils s'attirent les foudres de Jacob qui critique vertement leur acte. Rachel meurt en donnant naissance à Benjamin, et elle est enterrée près de Bethlehem. Isaac meurt à son tour et est enterré à Hébron aux côtés d'Abraham et de Sarah. La* parasha *se conclut par les généalogies de Jacob et d'Ésaü.*

NOTRE TARGOUM

1. Après avoir quitté Haran, Jacob approche de Séir, le pays d'Édom qui se trouve dans les monts forestiers à l'est de la mer Morte. Il craint de revoir Ésaü. Bien que vingt années aient passé, il se souvient qu'Ésaü avait juré de le tuer.

Jacob décide alors d'envoyer des messagers au-devant d'Ésaü en espérant qu'ils reviendront vers lui avec un message de paix. À leur retour, les messagers annoncent à Jacob qu'Ésaü vient à sa rencontre avec quatre cents hommes. Jacob est terrifié et divise immédiatement les siens en deux groupes, car si Ésaü attaque l'un d'entre eux, l'autre pourra toujours s'enfuir.

Jacob passe alors la nuit à prier, et au petit matin, il ordonne à ses serviteurs d'apporter en cadeau à Ésaü des chèvres, des béliers, des chameaux, des vaches ainsi que des ânes. Il espère, de ce fait, qu'Ésaü appréciera ses cadeaux et sera bien disposé à son égard lorsqu'ils se rencontreront. Cette même nuit, Jacob conduit sa famille vers un endroit sûr de l'autre côté de la rivière Jabbok, puis il erre seul.

Durant toute la nuit, un homme-ange lutte avec lui. À l'approche de l'aube, l'homme-ange lui dit : « Laisse-moi partir. » Jacob lui répond qu'il ne le laissera pas partir avant qu'il ne lui ait accordé une bénédiction. L'homme-ange demande alors : « Quel est ton nom ? » Jacob lui révèle son nom. Alors, l'homme-ange lui répond : « Tu ne seras plus appelé du nom de Jacob, mais Israël, car tu as combattu avec Dieu et des êtres humains, et tu as vaincu » (Genèse 32 : 29).

Jacob appelle ce lieu *Peniel*, ce qui signifie « visage de Dieu » car, dit-il, « j'ai vu un être divin face à face, et ma vie a cependant été préservée ». À l'aube, Jacob s'éloigne en boitant, car l'homme-ange a blessé Jacob à l'emboiture de la hanche, au tendon.

2. Ce même jour, Jacob voit s'avancer au-devant de lui Ésaü et ses quatre cents hommes. Il met ses femmes et ses enfants en ligne, et s'approche d'Ésaü pour le saluer. Celui-ci le prend dans ses bras, l'embrasse, et lui demande : « Qui sont ces gens ? » Jacob lui présente alors ses femmes et ses enfants et offre à Ésaü des cadeaux. Il lui dit alors : « Voir ton visage, c'est comme voir le visage de Dieu, et tu m'as accueilli favorablement » (Genèse 33 : 10).

Ésaü propose à Jacob de l'accompagner jusqu'en Canaan, mais celui-ci répond que ce n'est pas nécessaire. Ésaü retourne alors à Séir, et Jacob va jusqu'à Souccot, dans la vallée du Jourdain, où il bâtit une maison pour sa famille. Il achète aussi un terrain à l'extérieur de la ville de Sichem, près du site de Naplouse, à environ quarante kilomètres au nord de Jérusalem.

3. Alors qu'elle était allée rendre visite à d'autres jeunes femmes, Dina, la fille de Jacob et de Léa est violée par Sichem, le fils de Hamor le Hivite, maître du pays. Sichem déclare son amour pour Dina et demande à son père d'arranger son mariage.

Jacob apprend que sa fille a été violée, mais il ne réagit pas immédiatement contre Sichem, car ses fils sont à l'extérieur en train de faire paître ses troupeaux. Lorsque les frères apprennent ce qui s'est passé, ils sont furieux et rentrent à la maison.

Sur ces entrefaites, Hamor, le père de Sichem, approche Jacob pour lui dire que son fils est amoureux de Dina : « S'il te plaît, donne-la à mon fils comme épouse. Mariez-vous avec nous ; donnez-nous vos filles, et nous vous donnerons nos filles. Vous habiterez avec nous, et le pays vous sera ouvert » (Genèse 34 : 8-9). Sichem rajoute ses propres mots à ceux de son père : « Puissé-je trouver grâce à vos yeux, ce que vous me demanderez, je vous le donnerai. Vous pouvez me demander une somme élevée pour la dot, je vous donnerai ce que me vous me demandez mais, de grâce, donnez-moi la jeune fille pour femme » (Genèse 34 : 11-12).

Scandalisés après ce que Dina avait subi, Jacob et ses fils répondirent qu'ils ne permettraient pas que leurs femmes épousent des incirconcis. « Mais si vous consentez à cela, si vous êtes comme nous, que chacun de vos hommes soit circoncis » (Genèse 34 : 15). C'est seulement à cette condition qu'ils pourraient accepter de prendre leurs filles et de leur donner les leurs, « et nous deviendrons un seul peuple » (v. 16).

Hamor et Sichem acceptent ces termes, et ils reviennent se présenter devant le peuple de leur cité, et annoncent : « Ces personnes sont pacifiques à notre égard. Laissons-les s'établir dans le pays et y faire du commerce, car le pays est assez grand pour nous tous. Prenons leurs filles comme épouses, et donnons-leur nos filles pour épouses... Leur bétail, leurs richesses et leurs animaux ne sont-ils pas aussi les nôtres ? » (v. 21.) Les habitants de la cité acceptent, et les hommes se font circoncire.

Trois jours plus tard, alors que les hommes souffrent encore des suites de la circoncision, Simon et Lévi, deux des fils de Jacob, entrent dans la cité et tuent tous les hommes, y compris Hamor et Sichem. Ils sont rejoints par le reste de leurs frères et, ensemble, ils pillent la cité, se saisissent des troupeaux comme butin et emmènent les femmes et les enfants comme captifs. Lorsque Jacob apprend ce qu'ils ont fait, il leur dit : « Vous avez apporté le trouble sur moi. Aucun peuple ne me fera confiance désormais. Ils sont nombreux, et nous ne sommes qu'une poignée. Et nous serons détruits » (v. 30).

Simon et Lévi répondent alors à leur père par une question : « Devions-nous laisser traiter notre sœur comme une prostituée ? » (v. 31.)

4. Après ces événements, Dieu ordonne à Jacob de retourner à Bethel où il avait bâti un autel lorsqu'il fuyait son frère Ésaü. Jacob demande aux siens de lui donner toutes les idoles et les bijoux qu'ils ont en leur possession, et il les enterre près de Sichem. Puis ils s'en vont pour Bethel.

Là, Dieu s'adresse à Jacob par ces mots : « Je suis El Shaddaï (Dieu tout-puissant). Sois fertile, multiplie-toi. Une nation et une communauté de nations seront tes descendants... Le pays que j'ai donné à Abraham et Isaac, je te le donnerai, et à tes descendants après toi, je donnerai le pays » (Genèse 35 : 11-12).

Après avoir quitté Bethel, Jacob et les siens voyagent en direction d'Ephrath. Mais sur le chemin, Rachel, qui est enceinte, tombe malade et meurt en couches. Jacob appelle son fils nouveau-né Benjamin, puis il enterre Rachel près de la route. Il érige sur sa tombe une stèle de pierres.

Ensuite, Jacob retourne près de Hébron où vit son père Isaac. Isaac meurt à l'âge de cent-quatre-vingts ans. Ésaü et Jacob l'enterrent dans la grotte de Makhpéla aux côtés d'Abraham, Sarah et Rébecca.

La *parasha Vayishlah* contient trois thèmes essentiels :

1. Comment faire face à des peuples ou des nations puissantes.
2. Lutter avec les anges et avec nous-mêmes.
3. La réponse appropriée à la violence et au viol.

1. LES RETROUVAILLES DE JACOB ET D'ÉSAÜ, OU COMMENT FAIRE FACE AUX PUISSANTS

Rabbi Yohanan, qui vécut au IIe siècle, au plus fort des persécutions des Juifs par les autorités romaines, enseignait que « celui qui souhaite entrer en contact avec un roi ou une autorité… devrait d'abord étudier cette *parasha* qui relate les retrouvailles de Jacob et d'Ésaü » (*Genèse Rabba* 78 : 6). Rabbi Yohanan était célèbre pour la clarté de son esprit et ses bons conseils. Pourquoi pensait-il que l'on puisse trouver dans notre *parasha* une telle sagesse sur les tactiques d'approche de personnes au pouvoir ?

Plusieurs détails sont à relever dans le récit des retrouvailles des deux frères. Tout d'abord, Jacob envoie des messagers à son frère. Il leur demande de faire preuve d'humilité face à Ésaü, en utilisant des formules telles que « mon seigneur Ésaü », ou encore, parlant de lui-même, « ton serviteur Jacob ». Il dit en effet à ses messagers de transmettre le message suivant : « J'envoie ce message à mon seigneur, dans l'espoir d'obtenir sa faveur. »

À leur retour, les messagers annoncent à Jacob qu'Ésaü est en chemin pour le rencontrer, accompagné de quatre cents hommes. Jacob prend peur, mais il ne cède pas à la panique. Au contraire, gardant tous ses esprits, il divise les siens en deux camps en escomptant que si Ésaü détruit l'un des camps, l'autre pourra toujours s'échapper. Puis il prie Dieu en lui demandant de le sauver de son frère. Ensuite, il sélectionne des animaux de choix dans ses troupeaux, des chèvres, des béliers, des chameaux, des vaches, des taureaux et des ânes, et les fait parvenir à son frère comme autant de cadeaux. Il raisonne de la façon suivante : « Si j'apaise sa colère avec des présents envoyés au-devant de lui, peut-être fera-t-il preuve de clémence. »

De nombreux commentateurs bibliques ont fait l'éloge de la stratégie de Jacob (l'envoi d'une délégation pour le représenter, l'humilité, le sens pratique en divisant en deux son camp, la prière et les cadeaux pour réduire l'hostilité de l'ennemi).

Comparez le roseau au cèdre

Les rabbins du Talmud ont enseigné que l'on pouvait tirer une leçon de la comparaison du roseau et du cèdre : « Le roseau, une plante humble, croît dans l'eau, en y puisant la nourriture pour ses nombreuses racines.

Peu importe la force du vent, ni d'où il vient, le roseau n'est jamais déraciné. Il se penche simplement sous l'effet du vent. » En comparaison, « le cèdre, un arbre haut et orgueilleux, se tient fièrement face aux vents, excepté le vent du sud. Lorsque ce vent souffle, il peut déraciner le cèdre et le renverser » (*Ta'anit* 20a[1]).

Zougot (paire de commentateurs)

Shemayah et Avtalyon vivaient sur la terre d'Israël durant les persécutions romaines du Ier siècle de notre ère. Ils disaient : « Ne cherche pas à être proche des autorités » (*Pirké Avot* 1 : 10).

« Sois prudent dans tes relations avec les puissants car ils attirent des gens pour leur propre intérêt. Ils semblent être tes amis si c'est à leur avantage, et ne te protègeront pas en période de troubles » (*Pirké Avot* 2 : 3).

Rabbi Bekhaye[2] a imaginé que, se souvenant du goût d'Ésaü pour la chasse, Jacob lui fit aussi parvenir un de ces faucons que les nobles emportent avec eux lorsqu'ils partent chasser dans les bois. Il espérait que son cadeau ferait d'Ésaü son ami, et non un ennemi.

Un autre commentateur écrit que Jacob aurait demandé à ses messagers de s'assurer qu'Ésaü comprenne bien que les animaux qu'il lui envoyait étaient un cadeau destiné à apaiser les sentiments

1. Comparer avec la fable de Jean de La Fontaine, *Le Chêne et le Roseau* (NdT).
2. Rabbi Bakhya ben Asher, un sage espagnol (vers 1250-1340), commentateur de la Torah.

de colère qu'il pourrait avoir envers lui (Tse'enah Ou-Re'enah, par. Vayishlah)[1].

Sforno

Ovadiah Sforno a fait remarquer que la technique d'humilité employée par Jacob avec Ésaü a été un succès. En effet, Jacob fut à même de sauver sa vie et de préserver ses biens, parce qu'il était prêt à apaiser son frère. Réalisant que son frère Ésaü avait le pouvoir de le détruire, Jacob a adopté une position d'humilité « comme le roseau pliant sous le vent », plutôt que de se dresser contre lui comme un « cèdre » et de risquer d'être déraciné et détruit.

Sforno compare cette attitude à celle des Juifs face à l'Empire romain au Ier siècle de notre ère. Les autorités romaines avaient lourdement taxé la communauté juive, opprimé cruellement hommes, femmes et enfants et menacé de détruire les maisons d'étude. Sforno critique fortement ces Juifs qui n'ont pas cherché à apaiser les autorités romaines. Il cite Rabbi Yohanan ben Zakkaï, une figure marquante en ces temps troublés, qui a affirmé que si les Juifs avaient coopéré et n'avaient pas suivi les mauvais conseils de ceux qui se sont opposés aux Romains en brûlant les marchés de Jérusalem, « notre Temple n'aurait pas été détruit » (*Gittin* 56b). Au lieu de « se dresser comme le cèdre », écrit Sforno, ils auraient dû « plier comme le roseau ».

Mais d'autres commentateurs soutiennent une position différente.

---

1. Commentaire de la Torah pour les femmes publié en yiddish en 1616 par le rabbin Jacob ben Isaac Ashkenazi qui vécut en Pologne près de Lublin.

Rabbi Juda ben Simon, qui vécut en terre d'Israël au IVe siècle de notre ère, attire l'attention de ses étudiants sur un passage du Livre des Proverbes : « Le juste qui chancelle devant le méchant est comme une fontaine troublée, comme une source corrompue » (Proverbes 25 : 26). Pour Rabbi Juda, un juste comme Jacob n'aurait jamais dû s'humilier devant quelqu'un d'autre. Il a eu tort d'agir ainsi.

Ailleurs, les rabbins font remarquer que Jacob s'est humilié à huit reprises en se présentant comme « le serviteur d'Ésaü » ou en l'appelant « mon seigneur ». Ils enseignent que Dieu était fort mécontent de cette attitude et qu'à cause de cela, il a permis à huit rois de régner sur Israël.

Les rabbins désapprouvent de manière très nette cette manifestation d'humilité devant la puissance d'Ésaü. Ils estiment aussi que cette tactique n'était pas appropriée. Jacob n'aurait jamais dû envoyer des messagers à Ésaü. Il aurait dû déplacer discrètement sa famille à travers le pays, et Ésaü ne les aurait même pas remarqués. Pour eux, cela revient un peu à réveiller un voleur ou une brute. Si Jacob s'était déplacé tranquillement, il n'aurait jamais eu à affronter Ésaü.

Rabbi Houna[1] est d'accord avec ces critiques. Jacob n'aurait jamais dû s'impliquer dans un échange avec Ésaü ni lui prêter attention, dit-il, en reprenant le verset suivant du Livre des Proverbes : « Un passant qui se mêle d'une dispute qui n'est pas la sienne est comme un homme qui prend un chien par les oreilles » (Proverbes 26 : 17).

---

1. *Rosh Yeshiva, dirigeant* de l'académie talmudique de Soura en Babylonie, IIIe siècle de notre ère.

La chèvre et le loup

Le Talmud enseigne : « Une personne qui agit comme une chèvre sera dévorée par les loups. »

« Je ne suis qu'un serviteur »

Rabbi Juda HaNassi (« Le Prince »)[1], qui vécut pendant les persécutions romaines, dit un jour à son secrétaire, Rabbi Afes : « Écris une lettre à l'empereur Vespasien. » Rabbi Afes écrivit donc cette lettre, en la commençant ainsi : « Rabbi Juda HaNassi, à sa Majesté l'Empereur Vespasien. » Rabbi Juda prit la lettre, la lut et la déchira. Il dit alors à son secrétaire : « Tu dois l'écrire ainsi : De ton serviteur Juda à Sa Majesté l'Empereur Vespasien ». Rabbi Afes demanda alors : « Pourquoi une telle humilité ? » Rabbi Juda répondit : « Suis-je meilleur que mon ancêtre Jacob ? N'a-t-il pas dit à Ésaü, "ton serviteur Jacob" ? » (*Genèse Rabba*, *Vayishlah*, 78 : 6).

Peli

La flatterie

Les rabbins n'ont pas seulement réprimandé Jacob pour sa flatterie, parce qu'il s'est présenté comme le serviteur d'Ésaü et pour lui avoir offert de somptueux cadeaux, mais aussi parce qu'il a cherché l'approbation d'Ésaü pour s'installer à nouveau sur la terre qu'il avait dû fuir auparavant[2].

---

1. Éditeur de la *Mishna* (135-v.220).
2. Pinhas Peli, *Torah Today*, B'nai Brith Books, Washington, 1987, p. 34.

Ramban (Nahmanide)

Au contraire de Sforno, Nahmanide désapprouve les flatteries de Jacob à l'égard d'Ésaü. Il aurait dû agir en faisant preuve de force, et non de faiblesse. Il n'aurait pas dû plier face au vent, ni chercher à apaiser son frère. Le commentateur estime que si les Juifs n'avaient pas cédé devant les Romains aux temps des persécutions, ni espéré à tort se faire des alliés de leurs ennemis, le Temple, ainsi que toute la vie juive en terre d'Israël, n'auraient pas été détruits.

Leibowitz

C'est aussi l'avis de Nehama Leibowitz. Dans son commentaire, elle affirme que si les Juifs ont été persécutés et pourchassés durant toute leur histoire, c'est parce qu'ils ont agi avec humilité devant les puissants, plutôt que de les affronter avec force et fierté. « Par nos propres mains, nous avons scellé notre sort en nous abaissant, et en permettant ainsi à d'autres de nous diriger. Comme le prophète Jérémie le dit : “Tu leur as enseigné d'être des capitaines et des chefs en régnant sur toi” » (13 : 21).

Il se trouve toutefois un commentateur qui suggère que Jacob ne s'est pas humilié devant Ésaü, mais que, au contraire, il l'a rencontré et lui a dit : « Si tu veux la paix, je suis avec toi. Si tu veux la guerre, tu l'auras. J'ai à mes côtés des hommes vaillants pour la bataille, et Dieu répond à mes prières » (*Genèse Rabba, Vayishlah*, 75 : 11).

En d'autres termes, Jacob a conservé sa fierté ainsi que sa dignité. Il a pris son destin en main. Tout d'abord, il a divisé son camp, afin que la moitié au moins des siens puisse s'échapper si Ésaü cherchait le conflit. Puis il sortit affronter Ésaü face à face. Il n'a pas eu l'air effrayé et n'a pas demandé sa pitié. Il a refusé de plier devant Ésaü : il a rencontré le puissant avec sa propre puissance, et a fait savoir à Ésaü qu'il était prêt pour la paix comme pour le combat. Et il a proposé des négociations de paix en position de force.

Rabbi Yohanan dit : « Si quelqu'un veut savoir comment affronter des rois puissants ou des gouverneurs, il doit d'abord étudier avec attention cette *parasha* qui raconte la rencontre de Jacob et d'Ésaü » (*Genèse Rabba, Vayishlah*, 78 : 6).

Cette diversité d'opinions, même contradictoires, quant à la façon de faire face à des personnes puissantes, des groupes ou des nations reste d'actualité pour nous aujourd'hui.

2. LUTTER AVEC LES ANGES ET AVEC NOUS-MÊMES

À l'annonce de l'approche d'Ésaü accompagné de quatre cents hommes armés, Jacob divise son camp et ses richesses en deux groupes, de chaque côté de la rivière Jabbok. Le soir, le camp est installé, et Jacob reste seul. Cette nuit-là, nous dit la Torah (Genèse 32 : 25), « un homme lutta avec lui jusqu'à l'aube ». L'homme froisse sa hanche et lui dit : « Laisse-moi partir, car l'aube se lève. » Jacob refuse, et lui demande de le bénir. L'homme lui demande alors son nom, et lorsque Jacob le lui donne, il répond : « Ton nom ne sera plus Jacob, mais Israël, car tu as lutté[1] avec Dieu et avec des humains, et tu as vaincu. »

Lorsque Jacob-Israël demande à l'homme de s'identifier, celui-ci lui répond qu'il ne peut pas demander cela, et il disparaît. Le lieu où cette étrange lutte eut lieu fut appelé par Jacob *Peniel*, ce qui signifie : « le visage de Dieu ». Au petit matin, il s'éloigne en boitant et dit : « J'ai vu un être divin face à face, et pourtant ma vie a été préservée. »

Quel est le sens de cette lutte singulière ? Quel est cet homme, ou « être divin », que Jacob a affronté ? Que signifie le changement du nom de Jacob en Israël ? Et pourquoi s'éloigne-t-il de cette expérience nocturne blessé et boitant ?

Les rabbins d'autrefois, les premiers à avoir interprété cette histoire étrange, pensaient, pour certains, que « l'homme » était un ange apparu à Jacob sous les traits d'un voleur. Son intention était de l'effrayer, mais Jacob était fort et n'avait pas peur : « Tu n'arriveras pas à m'effrayer », dit-il à l'ange-voleur. Et parce que Jacob a été courageux et qu'il a refusé de fuir devant son attaquant, il a été béni par un nouveau nom – Israël.

Les persécutions religieuses

Nahmanide suggère que l'homme avec lequel Jacob a lutté, ainsi que leur combat « renvoie à la génération persécutée pour des motifs religieux » durant le

1. La racine *S.R.H* signifie « lutter, combattre », d'où le nom *Y.S.R.A.E.L*, « il luttera avec Dieu ». De la même racine est dérivé le nom *sar* qui signifie « prince, ministre » (NdT).

règne de l'empereur Hadrien (117-138 de notre ère), lorsque Rome dominait le Moyen-Orient. « Que firent les Romains à cette époque ? Ils prenaient des boules de fer incandescentes et les plaçaient sous les aisselles des dirigeants Juifs, provoquant ainsi leur mort. Il y eut encore d'autres générations durant lesquelles ils nous firent subir les mêmes choses, voire pire, mais nous avons toujours survécu », comme Jacob a pu vaincre Ésaü.

Le creux de la cuisse de Jacob

Il nous est dit que l'homme luttant avec Jacob le blessa en frappant le « creux de sa cuisse ». Ceci signifie l'endroit où il a été circoncis. Ici aussi nous avons une indication de la façon dont les ennemis du peuple juif l'ont persécuté et ont cherché à le détruire. Ils interdisaient la pratique de la circoncision par laquelle un jeune garçon juif entre dans l'alliance d'Abraham (*Lekah̲ Tov*).

Comme nous l'avons déjà signalé, les rabbins ont vu dans le conflit entre Jacob et Ésaü bien plus qu'une simple compétition entre frères. Ils l'ont aussi perçu comme un conflit entre différentes nations : Israël et les autres peuples, ou Israël et Rome. Pour certains commentateurs, la lutte entre l'homme et Jacob représente en réalité la lutte entre Jacob et Ésaü, ainsi que le combat acharné du peuple juif face à des ennemis qui cherchent à le détruire. Cette nuit de combat pour Jacob, estiment-ils, est comme une sorte de préfiguration du futur. Jacob-Israël serait attaqué par Ésaü-Rome. Ils combattront durant toute une nuit de terreur, et Israël souffrira. Mais au petit matin, Israël sera victorieux et deviendra plus sûr, plus fort contre ses ennemis.

Rashi

Rashi suggère une approche radicalement différente. Il décrit « l'homme » avec lequel Jacob s'est battu comme « l'ange d'Ésaü ». Rashi explique que Jacob était inquiet à la vue de son frère approchant avec quatre cents hommes armés dans l'intention de le tuer ainsi que tous ceux qui l'accompagnaient. Il pensait qu'il venait à sa rencontre pour l'attaquer, car il lui gardait rancune d'avoir volé la bénédiction de leur père Isaac, normalement dévolue à Ésaü. Lorsque Jacob découvrit qu'il luttait avec l'ange d'Ésaü, nous dit Rashi, il réalisa qu'il était peut-être à même de l'amener à lui pardonner de lui avoir volé la bénédiction. Jacob pensait que s'il y parvenait, les siens seraient sauvés. Il se lança alors à corps perdu dans le combat, refusant d'abandonner jusqu'à ce que l'ange d'Ésaü s'écrie : « Laisse-moi partir ! »

Le rabbin Abraham Chill[1] considère, comme Rashi, que « l'homme » était « l'ange d'Ésaü », mais son interprétation est différente. Chill perçoit le combat nocturne entre Jacob et l'ange d'Ésaü comme le combat entre deux visions opposées de la manière dont les êtres humains doivent conduire leur vie. Jacob représente la compassion, la gentillesse et la bonté, tandis qu'Ésaü représente l'égocentrisme, la cruauté et la destruction. Selon Chill, nous sommes ici les témoins d'un « combat de valeurs ». Et puisque

---

1. Rabbin américain (1912-2004), auteur de l'ouvrage *The Mitzvot : The Commandments and Their Rationale*.

Jacob est resté fidèle à ses valeurs élevées, la seule manière pour l'ange d'Ésaü d'atteindre Jacob était de le blesser physiquement. Mais à la fin, Jacob et ses principes ont été victorieux.

Rashbam

Jacob voulait fuir

En réalité, Jacob était effrayé à l'idée de rencontrer son frère. Craignant ce qu'Ésaü pourrait lui faire, à lui et aux siens, il était sur le point de s'enfuir. Dieu vit cela et envoya un ange pour empêcher Jacob de prendre la fuite. Il le blessa au creux de la cuisse parce qu'il voulait que Jacob comprenne qu'il pouvait faire preuve d'une confiance plus grande, et que personne ne peut fuir Dieu.

Le véritable ennemi de Jacob

« Le plus grand ennemi de Jacob n'est pas Ésaü ; le plus grand ennemi de Jacob est en lui-même. C'est l'ennemi qui en fait un adorateur d'idoles, un païen servant de fausses valeurs et suivant de fausses idées.

C'est l'orgueil du savoir, l'orgueil que l'on tire de ses connaissances qui détruit la capacité de l'esprit à apprendre la vérité. Et, finalement, l'ennemi est l'hostilité, la haine, le ressentiment qui sont profondément ancrés dans notre conscient ou notre subconscient. »

D'autres commentateurs considèrent que le combat entre Jacob et l'ange eut lieu en réalité

1. Rabbi Morris Adler, *The Voice Still Speaks*, p. 92.

dans l'esprit même de Jacob, et qu'il représente un tournant essentiel dans sa vie. Il n'aurait pas pu rencontrer son frère Ésaü sans affronter sa propre culpabilité d'avoir volé et son droit d'aînesse et la bénédiction paternelle. Tous ses succès étaient ternis par le sentiment d'avoir pris quelque chose qui ne lui revenait pas. Il ne pouvait tout simplement pas continuer ainsi. Il devait affronter ses actes et se repentir. Il avait besoin d'admettre qu'Ésaü avait été trompé. Il devait devenir une autre personne, quelqu'un qui prendrait en compte son frère. Le combat était intérieur, en lui-même. Jacob luttait pour devenir meilleur, plus honnête, juste et humain. Ce n'est qu'après être devenu Israël qu'il fut prêt à se réconcilier avec son frère[1].

Élie Wiesel développe cette idée. Il écrit : « À Péniel, deux Jacob se révèlent. » Il y a le Jacob assailli de doutes sur lui-même, craignant pour son avenir et qui éprouve des regrets sur la façon dont il a dessaisi son frère de la bénédiction qui lui revenait. Cette part de lui disait : « Je ne mérite rien, je suis moins que rien, je ne suis pas digne des bénédictions célestes, indigne de mes ancêtres comme de mes descendants, indigne de transmettre le message divin… »

Et puis, il y l'autre Jacob, le « rêveur héroïque », courageux, celui qui a de l'expérience et qui est visionnaire. Cette voix lui rappelle qu'il a travaillé avec ardeur pour fonder sa famille et acquérir des richesses, et comment il a su tenir tête à Laban et ses fils lorsqu'ils ont conspiré contre lui. Cette voix

---

1. Rabbin Gunther Plaut, *The Torah : A Modern Commentary*, UAHC, New York, 1981, p. 221.

lui rappelle aussi qu'il est le fils d'Isaac, et qu'à travers lui, le peuple d'Israël doit survivre.

Cette nuit-là, les deux dimensions de Jacob ont lutté l'une avec l'autre. Il s'est confronté à la question la plus essentielle de sa vie : qui est-il ? Qu'est-ce qui a réellement de l'importance à ses yeux ? Quelles sont ses responsabilités envers lui-même et envers ceux qu'il aime ? Au point du jour, il sut qu'il ne serait plus jamais le même. Il avait fondamentalement changé. Certes, il quitta cette nuit de combat en boitant, mais il avait un nouveau nom. Il n'était plus *Ya'akov*, « celui qui tient le talon » de son frère, ou celui qui avait volé la bénédiction de son frère, mais *Yisrael*, « celui qui avait combattu » avec lui-même et était maintenant prêt à combattre avec le monde.

Wiesel écrit que ce moment fut « un tournant dans la vie de Jacob. Il avait un choix devant lui : se laisser mourir avant que le temps ne soit venu, ou se prendre en main et combattre. Et en ressortir victorieux. Et victorieux, il fut !... Telle est en effet la première signification de cet épisode : l'histoire d'Israël nous enseigne que la véritable victoire d'un homme est celle qu'il gagne contre lui-même[1] ».

Ainsi, qui est donc cet « homme-ange » contre qui Jacob lutta ? Peut-être juste le fruit de son imagination ? Peut-être était-ce Ésaü, ou l'ange d'Ésaü vu en rêve ? Peut-être représente-t-il tous les ennemis qui se dressent pour détruire le peuple de Jacob-Israël ? Ou peut-être s'agit-il encore de Jacob lui-même, et du conflit intérieur entre les deux Jacob ?

---

1. *Messengers of God*, pp. 122-129.

Parfois, l'intention de la Torah n'est pas toujours évidente. La littérature, ou encore l'art permettent d'envisager différentes interprétations possibles. Chaque personne, et souvent chaque génération, découvre de nouvelles significations. Tel est maintenant le défi que nous lance ce récit de Jacob luttant avec l'ange.

3. LE VIOL DE DINA

Hertz

Pour le rabbin Hertz, l'histoire de Dina est « un récit de déshonneur, de vengeance sauvage, un massacre inconsidéré ». Elle soulève aussi d'importantes questions éthiques.

Dina, fille de Léa et de Jacob, sort avec d'autres jeunes filles, et elle est violée par Sichem, le fils de Hamor, dirigeant du pays. Sichem dit ensuite à son père qu'il est tombé amoureux de Dina et désire l'épouser. Il demande alors à son père, selon l'usage en cours au Moyen-Orient, d'arranger le mariage.

Jacob apprend que sa fille a été violée, mais il reste silencieux jusqu'au retour de ses fils qui sont aux champs. Lorsqu'ils entendent ce qui s'est passé, ils sont pris d'une grande colère.

Hamor demande que son fils Sichem puisse épouser Dina, mais les frères refusent. Préparant probablement déjà leur vengeance, ils disent à Hamor qu'ils autoriseront le mariage à condition que tous les hommes de son clan soient circoncis. Ils promettent aussi leur amitié. « Nous nous marierons ensemble », promettent-ils. « Nous résiderons au milieu de vous, et nous serons apparentés. »

Sichem et Hamor convainquent alors les leurs d'accepter de se circoncire. « Ces gens sont nos amis », disent-ils ; et faisant remarquer les avantages matériels d'une telle alliance, ils ajoutent : « Leur bétail, leurs biens et leurs animaux ne seront-ils pas les nôtres désormais ? » Convaincus, tous les hommes acceptent d'être circoncis.

Trois jours plus tard, les frères de Dina, Simon et Lévi, entrent dans la cité et tuent tous les hommes, y compris Sichem et Hamor. Les autres frères les suivent et pillent la cité. Ils s'emparent de toutes les richesses et emmènent femmes et enfants en captivité.

Lorsque Jacob apprend ce qu'ils ont fait, il dit à Simon et à Lévi : « Vous m'avez causé de graves ennuis en me faisant une mauvaise réputation parmi les habitants du pays. Nous ne sommes que peu nombreux, et s'ils attaquent ma maison, nous serons détruits. » Et les frères de répondre : « Auriez-nous dû laisser notre sœur être traitée comme une prostituée ? »

La question posée par Simon et Lévi nous conduit au cœur du problème. Qu'auraient-ils pu faire ? Auraient-ils dû laisser Sichem violer leur sœur sans se venger ? Étant donné qu'ils étaient largement inférieurs en nombre face aux hommes armés et puissants de Hamor, était-il justifié que Simon et Lévi usent d'un stratagème et profitent de la faiblesse passagère liée à la circoncision pour tuer tous les hommes et piller leur cité ? Finalement, qui est le véritable coupable ?

Qu'est-ce que le viol ?

Les lois qui définissent le viol indiquent généralement qu'il s'agit de rapports sexuels forcés sans le consentement de la femme.

Comment le viol est-il puni ?

Dans la Torah, la sanction contre le viol prend la forme d'une compensation pour la famille pour le déshonneur, ainsi qu'un mariage avec la victime, sans possibilité de divorce (Deutéronome 22 : 29). Plus tard, les rabbins ont ajouté le paiement d'une compensation pour « la souffrance infligée à la femme » pendant le viol.

Le viol est un acte de violence dont la cause a été discutée pendant des siècles. Certains commentateurs blâment malheureusement Dina, et non Sichem, pour ce qui lui est arrivé. Ils font remarquer que si elle était restée à la maison plutôt que de porter de beaux bijoux, de s'habiller avec des habits provocants en se hâtant vers une quelconque fête, elle n'aurait pas eu de problèmes. D'autres commentateurs blâment la mère, Léa. C'est à cause d'elle, disent-ils, car elle passait son temps à sortir pour rencontrer d'autres personnes. Elle a donné un mauvais exemple à sa fille. C'est pour cela que Dina a eu des problèmes (*Genèse Rabba, Vayishlah* 80 : 1-5 et *Tse'enah Ou-Re'enah, Vayishlah*, 34 : 1).

Il est assez fréquent de blâmer la victime d'un viol ou encore sa famille. On entend souvent dire : « Elle a sûrement dû faire quelque chose. » Cependant, c'est aussi choquant que de blâmer les victimes du nazisme pour les souffrances et la mort qu'elles ont endurées.

Dans notre *parasha*, Dina n'est pas en cause. Le responsable est Sichem, avec ses pulsions violentes.

Jacob et ses fils ont dû se poser la question suivante : comment faire face à une telle violence ? Devaient-ils rester les bras croisés et ne rien faire ? Devaient-ils, au contraire, se venger et répondre à la violence de Sichem par le massacre de toute la cité ?

Certains commentateurs estiment que Simon et Lévi étaient dans leur droit. Leur sœur a été traitée comme une « propriété publique ». Sichem a abusé d'elle sans tenir compte de ses sentiments, de ses droits, de sa dignité. Il l'a prise par la force, et lui a imposé de terribles souvenirs pour le restant de sa vie (*Genèse Rabba*, 80 : 2).

Selon Rabbi Bekhaye, les habitants de Sichem était connu pour être de grands voleurs et menteurs. Personne ne pouvait leur faire confiance. Bien qu'ils aient promis de vivre en paix avec Jacob et ses fils, ils avaient en réalité prévu de tous les tuer dès qu'ils seraient remis de leur circoncision. Selon Rabbi Bekhaye, les actes de Simon et de Lévi n'étaient pas des actes de vengeance, mais d'autodéfense (*Tse'enah Ou-Re'enah, Vayishlah̲*, p. 171).

Rabbi Moshe Weissman, auteur de l'ouvrage *Le Midrash Raconte*, écrit que « Simon et Lévi ont agi en accord avec la *Halakhah* (Loi juive) en préparant la mort des habitants de Sichem, car ceux-ci méritaient la peine capitale selon les sept lois noah̲ides. Sichem lui-même méritait la mort, puisqu'il avait kidnappé Dina (interdiction du vol). Ses concitoyens eux-mêmes se sont rendus coupables parce qu'ils ne l'ont pas conduit devant la justice, alors qu'ils connaissaient ses actes. Selon les sept lois noah̲ides, ils devaient administrer la justice. Et selon

Weissman, comme ils ont refusé de le faire, ils ont mérité la peine capitale.

Les Sept Lois de Noé
(Lois noahides)

Ces Sept Lois de Noé étaient considérées par les rabbins comme « les lois morales » fondamentales pour toute l'humanité. Ils pensaient que tous ceux qui les suivaient étaient des justes. Ces lois interdisent l'idolâtrie, le blasphème, de verser du sang, d'avoir des relations sexuelles illicites, le vol, et de manger un animal vivant ; et commandent, enfin, l'établissement d'un système judiciaire (*Sanhedrin* 56-60).

Rambam (Maïmonide)

L'opinion de Rabbi Moshe Weissman est en réalité proche de celles de Maïmonide et de Joseph ben Abba Mari Caspi[1]. Ils mettent aussi l'accent sur la faute des habitants de Sichem qui, bien qu'ayant eu connaissance du viol de Dina par Sichem, ont refusé de l'arrêter et de le juger pour son acte criminel. Ils estiment que Simon et Lévi étaient en droit de se venger, puisque personne à Sichem n'a levé la voix en faveur de Dina. Caspi écrit : « Ils virent et surent, mais ne le punirent point. » En d'autres termes, les habitants de Sichem étaient aussi coupables que Sichem lui-même, puisqu'ils restèrent sans rien faire, et n'ont pas cherché à l'arrêter pour le juger. Par conséquent, ils ont mérité le massacre infligé par Simon et Lévi.

1. Exégète, grammairien, philosophe provençal qui vit le jour à Largentière en 1279 et mourut à Tarascon en 1340.

Hirsch

Samson Raphaël Hirsch apporte un autre argument en faveur du comportement de Simon et Lévi. Il fait remarquer que Jacob et ses fils avaient bien compris qu'ils ne représentaient, face au peuple puissant de Sichem, qu'un petit groupe faible et sans défense, et que, par conséquent, aucune protestation n'aurait été entendue. Aucun appel au droit, à la justice. Sichem s'en prit à une « femme hébreue », une innocente sans défense, appartenant à un peuple faible. Et il la retient captive dans sa ville. Son acte est un acte de force brutale, et seule la force brutale peut y répondre. Il convient donc de faire l'éloge de Simon et Lévi qui ont cherché à la sauver et à se venger du peuple de Sichem.

Le rabbin Hirsch ajoute cependant la remarque suivante : « Si Simon et Lévi s'étaient contentés de ne tuer que Sichem et Hamor, il n'y aurait pas eu grand-chose à redire. Mais ils n'ont pas épargné les hommes sans défense qui étaient à leur merci. Ils sont allés plus loin : ils ont pillé la ville, et ont fait payer à ses habitants les fautes de leurs dirigeants. Pour cela, il n'y a aucune justification. » Le rabbin Hirsch explique que Simon et Lévi voulaient probablement enseigner à leurs ennemis que si quelqu'un usait de la force contre leurs femmes, ils le payeraient de leur vie. Mais, conclut-il, « ils sont allés trop loin. Ils se sont vengés sur des gens innocents pour un crime commis par leurs dirigeants puissants[1] ».

Dans son commentaire, Nahmanide condamne également le massacre des habitants de Sichem par

1. *The Pentateuch*, vol. 1, 1959, p. 517-524.

Simon et Lévi. En cela, il est en désaccord avec Maïmonide. En effet, il estime que, même si les habitants de Sichem n'ont pas poursuivi l'auteur du viol de Dina, la brutalité des deux frères n'était pas justifiée. Il déclare : « Présenter Sichem devant la justice n'était pas du ressort de Jacob et de ses fils. »

Comme une troupe de brigands meurtriers

Dans le *Midrash*, les rabbins enseignent : « Tels des bandits, tapis au bord du chemin, tuant les passants et volant leurs biens, Simon et Lévi agirent-ils à Sichem » (*Genèse Rabba* 80 : 2).

De plus, il considère que si Simon et Lévi n'avaient pas fait justice eux-mêmes, les habitants de Sichem, y compris Hamor et Sichem, auraient pu vivre à leurs côtés de manière pacifique et auraient pu être des fidèles dévoués du Dieu unique. Après tout, ils s'étaient circoncis volontairement. « Ils auraient choisi de croire en Dieu… Ainsi, Simon et Lévi les ont tués sans raison, car le peuple de la ville ne leur a causé aucun tort[1]. »

Le rabbin Joseph Hertz abonde dans le même sens. Il explique que « les fils de Jacob ont assurément agi de manière traîtresse et impie. Jacob ne leur a pas pardonné cela jusqu'au jour de sa mort ». À l'appui de ses dires, le rabbin Hertz rappelle qu'au moment de bénir ses fils sur son lit de mort, Jacob dit, à propos de Simon et Lévi : « Simon et Lévi sont frères. Leurs

1. *Commentaire de la Genèse*, p. 419-421.

épées sont des instruments de violence. Que mon âme n'entre pas dans leurs secrets, que mon honneur ne soit pas associé à leur assemblée, car dans leur colère, ils ont tué quelqu'un, et dans leur méchanceté, ils ont coupé les jarrets des taureaux. Maudite soit leur colère, car elle se manifeste dans la force, et leur fureur, car elle est cruelle ! Je les diviserai dans Jacob, et les disperserai dans Israël » (Genèse 49 : 5-7).

Le texte affirme que Jacob condamne fermement le fait que Simon et Lévi aient rendu justice par eux-mêmes pour venger le viol de leur sœur Dina. La réponse à la force brute, à la violence, n'est pas la violence, encore moins le massacre des innocents. La réponse doit se trouver dans les cours de justice où le droit prévaut.

Questions pour l'étude et la discussion

1. Le Talmud dit : « Une personne qui agit comme une chèvre sera mangée par les loups. » Comment peut-on appliquer cet adage talmudique à Jacob, et au-delà à l'histoire juive ? Pourquoi pensez-vous qu'il est injuste de citer ce texte pour rendre compte de ce que les Juifs ont eu à subir en Europe sous le joug nazi ?
2. Est-il nécessaire pour chaque individu de « lutter » pour découvrir le sens de la vie ? Quels bénéfices peut-on retirer d'un tel conflit intérieur ?
3. Pourquoi Jacob était-il si furieux contre ses fils, pour leur vengeance contre le peuple de Sichem après le viol de leur sœur Dina ? Voulait-il encore une fois se montrer roseau plutôt que cèdre, ou la décision qu'il a prise était-elle motivée par des considérations plus significatives ?

Parashat Vayeshev

Genèse 37 : 1 - 40 : 23

Vayeshev *signifie : « et il s'installa ». Cette* parasha *raconte l'histoire de Jacob et de ses fils et de leur installation sur la terre de Canaan. Joseph suscite la jalousie de ses frères en leur faisant part de son rêve dans lequel il les domine. Ils complotent afin de tuer Joseph, mais Juda les persuade de le vendre plutôt à une caravane d'Ismaélites qui passaient par là, en route vers l'Égypte. Ensuite, ils retournent vers leur père et lui annoncent que Joseph a été tué par une bête sauvage. Par la suite Er, le fils de Juda, meurt et laisse derrière lui une veuve, Tamar. Juda promet que son jeune fils Shéla épousera Tamar, mais il ne tient pas sa promesse. Tamar décide alors de duper Joseph en se déguisant pour avoir un enfant de lui. Lorsqu'il apprend que Tamar « a joué la prostituée » et qu'elle est enceinte, Juda ordonne qu'elle soit mise à mort. Pour sa défense, Tamar révèle à Juda qu'il est le père de l'enfant qu'elle porte. Réalisant qu'il n'avait pas été juste avec Tamar, Juda déclare : « Elle est plus juste que moi qui ne lui ai pas donné mon fils Shéla. » La* parasha *se poursuit avec le récit des aventures de Joseph en Égypte, où il est vendu à Potiphar, un officier de la cour de Pharaon. Il passe rapidement du statut d'esclave à celui d'intendant de la maison de son maître. La femme de Potiphar est attirée par Joseph, loué pour sa beauté, et elle cherche à le séduire. Irritée par son refus de lui céder, elle accuse Joseph d'avoir cherché à abuser d'elle, et Potiphar le fait jeter en prison. Il y fait la rencontre de l'échanson de*

Pharaon ainsi que du chef des panetiers. Ceux-ci lui décrivent leurs rêves, et Joseph est à même de les interpréter. Et plus tard, comme Joseph l'avait prédit, l'échanson retournera au service de Pharaon, tandis que le chef des panetiers sera exécuté.

1. Joseph, âgé de dix-sept ans, aide ses frères aînés à s'occuper des troupeaux de leur père. Voyant qu'à certains moments ils se montrent négligents dans leurs responsabilités, Joseph les critique auprès de Jacob. Celui-ci favorise Joseph et lui offre une tunique multicolore. Voyant que leur père aime Joseph davantage qu'eux, ses frères en éprouvent du ressentiment.

Une nuit, Joseph rêve que ses frères et lui sont en train de lier des gerbes dans un champ. Sa gerbe se tient droite, tandis que les leurs s'inclinent devant elle. Le jour suivant, il raconte à ses frères son rêve. « Veux-tu dire que tu vas régner sur nous ? », demandent-ils. Et à cause de ce rêve, leur haine pour Joseph s'accroît.

Une autre nuit, Joseph rêve que le soleil, la lune et onze étoiles se prosternent devant lui. Il raconte son rêve à Jacob ainsi qu'à ses frères. Son père le sermonne : « Que veux-tu dire par un tel rêve ? Devons-nous tous nous prosterner devant toi ? »

Un peu plus tard, Jacob envoie Joseph vérifier comment ses frères s'occupent des troupeaux. Lorsqu'ils le voient s'approcher, ils complotent de le mettre à mort. Ruben suggère de le jeter dans une fosse plutôt que de le tuer, car il espérait pouvoir le sauver par la suite. Les frères dépouillent Joseph de sa tunique colorée et le jettent dans une fosse. Par la suite, alors qu'ils sont assis et mangent leur repas, ils voient passer une caravane d'Ismaélites qui se dirige vers l'Égypte. Juda suggère alors de vendre Joseph : « Quel avantage aurions-nous à le tuer ? », demande-t-il à ses frères. Ils tombent d'accord et vendent Joseph en esclavage.

Pendant ce temps, Ruben retourne chercher son frère Joseph. Lorsqu'il se rend compte qu'il n'est plus là, il déchire ses habits en signe de deuil et dit à ses frères : « Le garçon a disparu ! Que vais-je faire désormais ? » Les frères déchirent alors la tunique de Joseph, la trempent dans du sang de chèvre et la rapportent à leur père. Ils lui disent que Joseph a été tué par une bête sauvage. Alors Jacob se met à pleurer, il déchire ses vêtements en signe de deuil. Tandis que ses fils cherchent à le consoler, Jacob ne cesse de pleurer la perte de Joseph.

2. Quelque temps plus tard, Juda épouse Shoua, une femme cananéenne. Ils ont trois fils : Er, Onan et Shéla. Er se marie avec Tamar, mais il meurt sans descendance. Selon la tradition en vigueur à cette époque[1], Juda demande à Onan d'épouser Tamar et d'assurer la lignée de son frère en ayant des enfants avec elle. Bien qu'il l'épouse, il refuse d'avoir des enfants avec elle. Dieu le punit en lui prenant sa vie. Juda promet alors à Tamar que lorsque Shéla,

---

1. La loi du lévirat : si un homme meurt sans descendance mâle, son frère se doit d'épouser sa veuve afin de lui assurer une postérité (Deut 25 : 5-10).

son troisième fils, sera en âge de se marier, il fera en sorte qu'il l'épouse afin d'assurer une descendance à Er.

Cependant, au fil des années, Juda ne tient pas sa promesse. Puisqu'elle vieillit sans avoir d'enfant, Tamar décide de parvenir à ses fins par la ruse. Elle s'habille comme une prostituée et se place sur un chemin que Juda va emprunter. Lorsqu'il la voit, Juda lui promet une chèvre si elle accepte de s'unir à lui. Tamar lui demande un gage pour s'assurer qu'elle recevra bien la chèvre. Juda lui donne alors son sceau, une corde et un bâton. Sans savoir quelle est sa véritable identité, il s'unit alors à elle et elle tombe enceinte.

Trois mois plus tard, Juda apprend que Tamar s'est fait passer pour une prostituée et qu'elle est désormais enceinte. Il ordonne alors qu'elle soit mise à mort. À cette nouvelle, Tamar envoie à Juda son sceau, sa corde et son bâton en disant : « C'est de l'homme à qui appartient ces objets que je suis enceinte. »

Juda est sidéré et il réalise qu'il a mal agi à son égard. Il dit alors : « Elle est plus juste que moi, puisque je ne lui ai pas donné mon fils Shéla. »

3. Pendant ces événements, Joseph a été conduit en Égypte où Potiphar, un officiel de la cour de Pharaon, l'achète aux Ismaélites. Constatant que Joseph est un gestionnaire talentueux, Potiphar lui donne alors l'entière gestion de son domaine. En conséquence, la richesse de Potiphar s'accroît.

La femme de Potiphar trouve Joseph très séduisant et lui dit : « Couche avec moi. » Et alors qu'il se refuse à elle, elle le dénonce avec malice à Potiphar et lui dit que Joseph a essayé d'abuser d'elle sexuellement. Furieux, celui-ci jette Joseph en prison.

En prison, Joseph impressionne les gardiens par ses qualités d'organisation, et bientôt il est en charge de l'ensemble des prisonniers. Il y fait la connaissance de l'échanson et du panetier de Pharaon qui ont déplu au souverain. Ils font l'un et l'autre un rêve, et le racontent à Joseph. Il en donne l'interprétation : il prédit la mort pour le panetier et une seconde chance à la cour pour l'échanson. « Ne m'oublie pas », lui dit-il, espérant être libéré un jour.

La *parasha* se termine avec le retour en grâce de l'échanson à la cour, qui oublie la promesse faite à Joseph.

La *parasha Vayeshev* contient trois thèmes essentiels :

1. La suspicion et l'hostilité entre les enfants.
2. La responsabilité d'honorer nos promesses, et le refus d'humilier ou d'embarrasser les autres.
3. Comment mesurer la loyauté et le succès ?

1. QUE S'EST-IL PASSÉ ENTRE JOSEPH ET SES FRÈRES ?

Nous avons déjà été les témoins de la jalousie et de la haine entre Caïn et Abel, ou encore Ésaü et Jacob. À nouveau, dans notre *parasha*, la Torah revient sur la question de l'hostilité entre frères. Les problèmes de favoritisme parental et de rivalité entre frères et sœurs apparaissent dans chaque famille, à chaque génération. En revenant vers cette thématique, la Torah met en lumière le besoin de considérer directement et honnêtement tous les aspects de ce problème, même les plus troublants. Il arrive parfois que nous nous retrouvions nous-mêmes et nos propres familles dans l'histoire de Joseph et de ses frères.

Cela soulève un certain nombre de questions : qu'est-ce qui a mal tourné entre Joseph et ses frères ? Pourquoi ont-ils ressenti tant de colère à son égard ? Qu'a-t-il fait pour qu'ils veuillent le tuer ou le vendre en esclavage ? Quel rôle Jacob joue-t-il dans ce drame familial ?

Le caractère de Joseph

Élie Wiesel dépeint ainsi le caractère de Joseph : « Jacob ne lui refusait rien. Il possédait les vêtements les plus beaux car il aimait être perçu comme gracieux et élégant. Il réclamait une attention constante. Il savait qu'il était le favori et s'en vantait souvent. Il se montrait souvent capricieux et était fréquemment impertinent. Arrogant, vain, insensible aux autres, il disait toujours ouvertement ce qu'il avait sur le cœur. Nous en connaissons les conséquences : il fut haï, maltraité et finalement vendu par ses frères qui, en réalité, étaient prêts à le tuer[1]. »

Joseph s'aimait lui-même

Conversation entre Maurice Samuel et Mark Van Doren. Samuel : « Pensez-vous que Joseph était une personne aimante ? »

1. Élie Wiesel, *Messengers of God*, p. 145-146.

Van Doren : « Non, c'est quelqu'un qui aimait être aimé. Il pensait que tout le monde l'aimait[1]. »

Certains commentateurs bibliques affirment que Joseph était trop « gâté » par Jacob. Il recevait tout ce qu'il souhaitait, y compris une somptueuse tunique multicolore. Et puisqu'il était le favori de son père, il pensait qu'il était supérieur à ses frères, et même qu'il était supérieur à son père.

D'autres commentateurs mettent en avant l'immaturité de Joseph. Il n'a que dix-sept ans. Jeune garçon encore centré sur lui-même, le regard que les autres portaient sur lui était très important à ses yeux. Il utilisait des brosses et des crayons spéciaux pour colorer le contour de ses yeux. Il bouclait ses cheveux et mettait des talons à ses chaussures pour paraître plus grand et plus âgé qu'il ne l'était (*Genèse Rabba* 84 : 7).

De plus, selon les rabbins, Joseph inventait des histoires à propos de ses frères et les rapportait ensuite à son père. Il mentait à propos de ses frères afin d'avoir une bonne réputation à ses yeux. Un jour, par exemple, il raconta à son père qu'ils mangeaient de la viande interdite à la consommation et s'insultaient les uns les autres (*Genèse Rabba* 84 : 7).

---

1. *In the Beginning, Love. Dialogues on the Bible,* Mark van Doren et Maurice Samuel ; Edith Samuel, éd., John Day Co.., New York, 1973, p. 104.

Rashi

Rashi raconte que Joseph prenait n'importe quel prétexte pour dire du mal de ses frères à leur père. Il savait ce que ses frères avaient réellement dit, mais il choisissait de présenter une version altérée afin de servir ses propres intérêts égoïstes. Il calomniait délibérément leurs intentions et leurs réalisations. Pour toutes ces raisons, conclut Rashi, ils se méfiaient de lui et le haïssaient.

La plupart des commentateurs considèrent que Joseph était immature, égocentrique et médisant Certains vont même jusqu'à blâmer Jacob pour l'avoir tant gâté. Pourquoi, demandent-ils, Jacob a-t-il singularisé Joseph de la sorte par un traitement de faveur et une affection particulière ?

Rabbi Juda pense que Jacob a favorisé Joseph car ils se ressemblaient. Rabbi Nehemia explique que Joseph aimait Jacob car ce dernier avait passé plus de temps avec Joseph à enseigner les fondements de la tradition qu'avec ses autres fils. Cela pourrait-il expliquer pourquoi les frères étaient jaloux de lui ? (*Genèse Rabba* 84 : 8.)

Ne favorise pas un enfant par rapport à un autre

Resh Lakish, citant Rabbi Eléazar ben Azaria, dit : Personne ne devrait favoriser un enfant par rapport à un autre, car les frères de Joseph l'ont tant haï à cause de la tunique de couleurs que leur père lui avait faite (*Genèse Rabba* 84 : 8).

Morgenstern

La partialité est injustice

Jacob fut fautif en manifestant un amour plus grand pour Joseph qu'à ses autres fils, et en le gâtant comme il le fit. La partialité est toujours une forme d'injustice, et l'injustice est toujours une erreur car elle provoque le mal. Nous avons déjà vu cela dans la préférence affichée par Isaac à l'égard d'Ésaü, et celle de Rébecca pour son frère Jacob[1].

D'autres interprètes expriment de la sympathie pour Joseph et blâment ses frères pour leur hostilité à son égard. Élie Wiesel, par exemple, écrit : « Ils auraient dû montrer de la pitié pour leur frère cadet orphelin, dont la mère est morte de façon tragique. Au lieu de cela, ils accablaient leur frère et le harcelaient. Ils auraient dû essayer de le consoler. Au lieu de cela, ils lui ont fait sentir qu'il n'était pas désiré, qu'il n'était pas membre de la famille. Leur père Jacob l'a favorisé plus que les autres, et pourquoi pas ? Jacob l'aimait plus que les autres car il était malheureux. Mais ils ont refusé de comprendre cela, et l'ont traité comme un intrus. Il leur parlait, mais ils ne lui répondaient pas, nous dit le *Midrash*. Ils lui tournaient le dos ; ils ignoraient sa présence. Pour eux, il n'était qu'un étranger qu'il fallait éloigner[2]. »

L'interprétation de Wiesel n'excuse pas le comportement délétère de Joseph, mais elle explique

1. Julian Morgenstern, *The Book of Genesis*, New York, 1965, pp. 264-265.
2. Élie Wiesel, *Messengers of God*, p. 153.

ses sentiments. S'il avait menti à son père à propos de ses frères, c'est parce qu'il se sentait rejeté par eux. Il espérait qu'en les dénigrant, son père ne l'en aimerait que plus. Peut-être que, si ses frères avaient agi différemment à son égard et montré de l'intérêt pour lui, il aurait été loyal envers eux.

Mais il les espionnait et rapportait des propos erronés les concernant. Ses frères le haïssaient car Joseph les critiquait et les ridiculisait. Après qu'il leur eut dévoilé les rêves dans lesquels il les dominait, leur hostilité s'est transformée en cruauté. Ils décidèrent alors de le tuer.

Les rêves de Joseph ont attisé la haine de ses frères

Lorsqu'il leur raconta ses rêves, leur haine à son égard fut encore plus forte. Telle est la nature de la haine : lorsqu'un nouveau motif est trouvé, de l'hostilité s'y ajoute (*Gour Aryé*).

Ils décidèrent de le tuer

Ils virent Joseph approcher ; l'un des frères dit aux autres : « Atteignons-le de nos flèches, car celui qui répand des mensonges et de la médisance est comme celui qui lance des flèches. »
Un autre frère dit : « Sa langue est comme un serpent vénéneux. Jetons-le dans une fosse remplie de serpents » (*Genèse Rabba* 84 : 13).

Qu'est-ce qui a donc mal tourné entre Joseph et ses frères ? Les commentaires que nous avons cités nous proposent différentes options :

1. L'arrogance de Joseph, sa vanité, son égocentrisme, ses mensonges concernant ses frères, ses folles déclarations de supériorité sur sa famille ;
2. Le favoritisme affiché de Jacob envers un de ses fils par rapport aux autres ;
3. Les frères de Joseph ne l'incluent pas dans leur groupe, ils ne tiennent pas compte de ses sentiments de jeune garçon peureux et isolé.

L'ensemble de ces facteurs combinés permet-il de comprendre la tragédie qui s'est jouée entre les fils de Jacob ?

2. JUDA ET TAMAR, UNE HISTOIRE D'INTÉGRITÉ MORALE

Speiser

Ephraïm Avigdor Speiser, bibliste contemporain, considère ce récit comme une « unité totalement indépendante ». Il ne semble pas relié d'une façon ou d'une autre à l'histoire de Joseph et de ses frères. Ce fragment semble marquer une interruption dans le déroulé du récit. Une fois Joseph vendu en esclavage, nous aimerions savoir ce qui lui arrive. Mais nous poursuivons notre lecture de la Torah par l'histoire de Juda et de sa belle-fille Tamar. Pourquoi ? Que veut nous dire la Torah, ici ?

La Torah relate que Juda et sa femme, Shoua, eurent trois fils : Er, Onan et Shéla. Er épouse Tamar, mais il meurt avant qu'ils n'aient un fils. Selon la loi du lévirat (Deutéronome 25 : 5-10), si un homme meurt sans laisser d'héritier mâle, son frère est obligé d'épouser sa veuve et de lui donner une descendance. Le mot « lévirat » vient de latin *levir*, qui signifie « le frère du mari ».

Les Anciens étaient soucieux d'avoir assez d'enfants pour assurer la survie de leur famille ou de leur tribu. Nous voyons par exemple l'accent mis sur chaque mariage dans les premiers chapitres de la Genèse, avec le souhait qu'il soit « fructueux ». Par exemple, lorsque Dieu ordonne à Adam et Ève de s'unir, il leur dit : « Soyez fertiles et croissez ; remplissez la terre et dominez-la » (Genèse 1 : 28). C'est pourquoi la loi du lévirat est si importante. L'ignorer signifiait dénier à son frère toute postérité.

Dans le récit concernant Tamar et Juda, Dieu provoque la mort d'Onan car celui-ci refuse de concevoir un enfant avec Tamar, la veuve sans enfant de son frère. De plus, en ne donnant pas pour époux à Tamar, Shéla, son troisième fils survivant, Juda ne remplit pas son obligation envers son fils défunt Er et envers sa veuve Tamar.

Cela justifie-t-il pour autant la ruse employée par Tamar à l'égard de Juda ? Tamar a-t-elle eu raison de se déguiser en prostituée pour séduire Juda et avoir un enfant de lui ? La fin justifie-t-elle ici les moyens ?

Rashi estime que « Tamar a agi avec des motifs purs ». Elle voulait accomplir le commandement d'avoir des enfants pour son premier mari. Il explique aussi qu'elle a agi de la sorte pour ne pas gêner publiquement Juda. Au lieu de révéler au grand jour qu'elle portait son enfant, elle lui envoya un message codé. Plutôt que de déclarer ce que Juda avait fait, elle engagea un messager pour lui apporter son sceau, sa corde et son bâton, en l'informant qu'elle était enceinte du propriétaire de ces objets. Bien que Juda ait déclaré publiquement que Tamar devait être mise à mort pour prostitution, elle choisit de ne pas l'embarrasser en public, et de lui révéler la vérité avec retenue et discrétion.

Rashi conclut que nous pouvons apprendre du comportement de Tamar une leçon importante : « Mieux vaut risquer la mort – comme le fit Tamar – plutôt que de porter la honte sur quelqu'un en public » (*Sota* 10b). Et Rashi suggère que la récompense de Tamar fut que les futurs rois d'Israël, parmi lesquels le roi David, naîtront de sa lignée.

Ramban (Nahmanide)

Nahmanide est d'accord avec l'interprétation de Rashi. Il explique que, dans ce cas, la fin a justifié les moyens. Elle était dans une situation désespérée. Juda n'avait pas l'intention de remplir ses obligations à son égard ni d'honorer sa promesse. Il a même réalisé qu'il avait mal agi lorsqu'il affirma : « Elle est bien plus juste que moi. » Nahmanide explique que ces paroles signifient en réalité : « Elle a agi avec justice et c'est moi qui ai transgressé à son endroit en ne lui donnant pas mon fils Shéla. »

L'exercice du pouvoir par Juda

« Tamar, dans sa justice, n'accuse pas directement Juda d'être le père. Au contraire, elle lui envoie un message discret, digne, disant que le père est celui auquel appartiennent le sceau, la corde et le bâton. Lorsque Juda voit cela, il a la possibilité de dissimuler l'affaire en jetant les objets et en laissant Tamar être brûlée vive. Pourtant, il décide de reconnaître publiquement son erreur... Juda démontre ainsi que l'exercice réel du pouvoir implique la capacité d'admettre ses erreurs et d'agir en conséquence[1]. »

Le *Targoum Yeroushalmi* est une traduction/interprétation araméenne de la Torah qui est habituellement datée du XIVe siècle. Commentant les événements dramatiques qui entourent l'aveu de Juda selon lequel Tamar est juste, il imagine que Juda est un des juges devant lesquels Tamar se présente sous l'accusation de prostitution. Juda, au lieu de rester silencieux, ou de condamner Tamar, dit le *Targoum,* se lève au milieu du tribunal et fait la déclaration suivante :

> Avec votre permission, mes frères, je proclame ici et maintenant que chaque être humain doit être traité mesure pour mesure, que ce soit pour le bien ou pour le mal et heureux est celui qui reconnaît ses erreurs. C'est parce que j'ai trempé la tunique de Joseph dans le sang d'une chèvre et l'ai apportée à mon père en disant : « S'il te plaît, identifie ce vêtement. Est-ce la tunique de ton fils ou non ? », que je dois maintenant identifier devant le tribunal qui est le propriétaire de ce sceau, de cette corde et de ce bâton... Ainsi, je reconnais que Tamar est innocente. Elle est enceinte de moi, non parce qu'elle a cédé à une quelconque passion illicite, mais parce que je ne lui ai pas donné mon fils Shéla.

Ce passage du *Targoum Yeroushalmi* non seulement justifie les actes de Tamar, mais il décrit aussi

1. Reuven P. Bulka, *Torah Therapy*, p. 24-25.

comment Juda a courageusement admis qu'il avait mal agi envers Tamar et renié les droits de son fils.

Cependant, comme l'affirme ce passage du *Targoum*, Juda admet aussi qu'il est coupable d'avoir mal agi à l'égard de son père Jacob en travestissant les faits concernant Joseph. Il lui a menti, et a abusé de sa confiance et de celle qu'il avait en son fils. Et maintenant, dans le cas de Tamar, Juda utilise son pouvoir et son statut de juge pour condamner sa propre attitude à l'égard de Tamar en attestant de son innocence.

Cette explication du *Targoum* de Jérusalem peut nous aider à résoudre la question de savoir pourquoi le récit de Juda et de Tamar est placé au beau milieu de l'histoire de Joseph.

Juda a menti à son père en lui disant que Joseph avait été tué, alors qu'il avait été vendu en esclavage. Ainsi, il a provoqué un immense chagrin chez Jacob. Dans notre récit, il trompe à nouveau quelqu'un : il a promis à Tamar qu'il lui donnerait son fils Shéla en mariage, ce qu'il n'a pas fait. Mais ici, lorsque Juda se retrouve confronté à la vérité, il refuse de mentir. Au contraire, il encourt courageusement le blâme et sauve Tamar de la mort.

L'histoire de Juda et de Tamar s'insère parfaitement dans le récit de Joseph, car elle nous enseigne une leçon importante. Les êtres humains peuvent changer et devenir meilleurs, plus honnêtes. Juda est dépeint comme un menteur qui n'arrive pas à honorer ses promesses. Mais il est aussi une personne qui mûrit. Il apprend de ses erreurs et, lorsque Tamar le confronte à la réalité, il ne cherche plus à s'excuser, ni à réclamer sa mort. Il reconnaît avec courage devant ses concitoyens qu'il a mal agi. Et

Tamar, qui avait été traitée injustement, lui pardonne plutôt que de le dénoncer et de l'abaisser publiquement.

Ainsi, aussi bien Tamar que Juda peuvent être considérés comme des modèles de comportement intègre.

3. COMMENT MESURER LA LOYAUTÉ ET LE SUCCÈS ?

Dans le récit de Genèse 38, Tamar agit comme une prostituée et séduit facilement Juda. En revanche, la femme de Potiphar cherche à séduire Joseph, mais elle échoue. Rongée par la déception et la colère, elle accuse Joseph d'avoir voulu la violer. Potiphar le jette alors en prison.

Pourquoi Joseph a-t-il résisté aux avances de la femme de Potiphar ? La maison était vide, la femme de Potiphar était renommée pour sa beauté, et elle était séduite par Joseph. Pourquoi s'est-il refusé à elle ? Pourquoi a-t-il pris le risque de s'en faire une ennemie et de perdre la position qu'il avait acquise dans cette demeure[1] ?

Sifré, un *midrash* sur les Nombres et le Deutéronome daté du IVe siècle, propose l'interprétation suivante : Joseph ne voulait pas que ses désirs sexuels prennent le dessus sur lui. Il garda le contrôle de lui-même. « Joseph était un juste, et il se dit qu'il ne devait pas céder à la tentation que

---

1. Le titre officiel de Potiphar en hébreu est *saris*, qui signifie au sens premier « eunuque ». Cela permettrait d'expliquer l'insatisfaction sexuelle de la femme de Potiphar.

la femme de Potiphar plaçait devant lui » (*Sifré* Deutéronome 3 : 33).

Une autre interprétation est présentée par le *Midrash Tanhouma*. Joseph lui a résisté car il avait fait le serment de ne pas s'approcher de la femme de son maître. L'auteur du *midrash* place ces mots dans la bouche de Joseph : « Comment pourrais-je faire une telle chose et transgresser contre Dieu en brisant mon vœu ? »

Un grand héros

Existe-t-il un plus grand héros qu'un jeune homme de dix-sept ans, entouré par des femmes dissolues, qui réussit à ne pas leur succomber ? Parce qu'il agit ainsi, Joseph fut récompensé beaucoup plus tard lorsque ses enfants furent bénis par les paroles de son père Jacob (*Zohar*, Genèse 48 : 19 ; voir aussi *Pessahim* 113a-b).

Steinsaltz

Joseph était un *tsadik*, un homme juste

L'argument essentiel qui permet de qualifier Joseph de *tsadik* provient de l'apogée du récit de la femme de Potiphar qui cherche à le séduire, et à laquelle il résiste délibérément[1].

D'autres commentateurs cependant ne partagent pas cette opinion positive de Joseph. Ils soulèvent

1. Adin Steinsaltz, *Biblical Images*, p. 63.

des questions pertinentes sur son comportement. Rashi affirme que, dès que Joseph fut nommé par Potiphar à un poste d'importance, il se mit à manger et à boire de manière excessive, suivant ainsi les habitudes des classes dirigeantes égyptiennes. Il frisait ses cheveux et avait un train de vie somptueux. Il oublia ce que signifiait être esclave, il avait adopté les mœurs sexuelles dissolues de la société égyptienne et s'adonnait à l'idolâtrie.

Élie Wiesel pose une question pertinente concernant le caractère de Joseph : « On ne séduit pas une femme à moins de la désirer. On n'aime pas une femme – ou un homme – contre sa volonté. Chaque relation est une aventure à double sens[1]. »

Ajoutant aux suspicions sur le comportement de Joseph avec la femme de Potiphar, Rav Samuel dit que Joseph « est délibérément entré dans la maison afin de se laisser tenter par elle ». Et Rabbi Abin dit qu'elle « l'a poursuivi de pièce en pièce, de chambre en chambre jusqu'à ce qu'elle l'amène dans son lit ». Si l'on en croit plusieurs exégètes, ce n'est que lorsqu'ils se retrouvèrent au bord de son lit que Joseph a commencé à mettre en doute le bien-fondé de ce qu'il allait faire.

Selon une version du récit enseignée par les rabbins, Joseph dit à la femme de Potiphar : « Je crains que ton mari ne découvre notre aventure. » Elle lui répondit : « Alors je le tuerai. » Joseph fut choqué par ces propos et répondit : « Non seulement je commettrais un adultère mais je serais aussi le complice d'un meurtre ! » (*Sota* 36b et *Genèse Rabba* 87 : 5.)

---

1. *Messengers of God*, p. 148.

Ailleurs, les rabbins racontent que lorsque Joseph et la femme de Potiphar étaient allongés dans les bras l'un de l'autre, il leva les yeux et vit qu'elle avait placé une étoffe sur une idole accrochée au mur. Soudain, il réalisa l'erreur qu'il était en train de commettre : « Tu as placé une étoffe sur la tête de l'idole suspendue au mur car tu as honte de ce que tu es sur le point de faire », lui dit-il. « Combien plus devrais-je avoir honte devant Dieu dont les yeux sont partout dans le monde ? » Rabbi Houna ajouta à cette version que Joseph aurait déclaré : « Par Dieu, je n'accomplirai pas cet acte odieux » (*Genèse Rabba* 87 : 5).

Rabbi Houna enseignait que Joseph n'avait pas vu une idole, mais plutôt le visage de son père Jacob. À cet instant de tentation, alors qu'il était sur le point de fauter en commettant l'adultère, « Jacob lui apparut, et l'élan passionnel de Joseph se calma aussitôt » (*Genèse Rabba* 87 : 7). Certains imaginent que Jacob lui dit : « Veux-tu être qualifié d'associé des prostituées ? » (*Tosafot* sur *Sota* 36b[1].)

La victoire morale de Joseph

La vision du père vénérable de Joseph apparut juste au moment où la volonté du jeune homme s'affaiblit, et qu'il était sur le point de fauter. La femme de Potiphar pensait qu'elle l'avait enfin charmé et séduit. Il eut alors cette soudaine vision qui lui donna la force

1. Les *Tosafot* sont un commentaire du Talmud publié dans l'édition classique dite de Vilna, qui reprend les enseignements des descendants de Rashi, et représente une herméneutique rabbinique française médiévale.

de se contrôler, de triompher de sa faiblesse et de dominer sa nature... Lorsque l'éducation et la formation d'un enfant sont telles qu'elles lui permettent de résister à un environnement où les valeurs morales sont différentes ou décadentes, même s'il a quitté sa demeure il y a longtemps, l'influence de son père reste forte, le guide vers une maîtrise de ses pulsions. Alors, cette éducation représente l'idéal de l'éducation juive (Sefat Emet sur *Sota* 36a).

Prends Joseph comme modèle

Lorsque quelqu'un cherche à t'entraîner vers la faute, la première chose que tu dois faire est de refuser, sans entrer dans les détails ni t'engager dans un débat sur les raisons qui motivent ton refus. Ce n'est qu'après avoir clairement marqué ton refus de t'engager dans cette voie que tu peux exposer tes raisons. Agis comme fit Joseph. Il lui dit non, et puis il lui donna ses raisons : « Regarde, avec moi ici, mon maître est entièrement confiant quant à la gestion de sa maison. Il a placé entre mes mains tout ce qu'il possède. Il n'exerce pas plus d'autorité que moi dans cette maison, et il ne m'a rien interdit, sauf toi, son épouse. Comment pourrais-je alors accomplir cet acte odieux et transgresser devant Dieu ? » (Sefat Emet.)

La plupart des commentaires semblent conclure que Joseph s'est repris au dernier moment. La femme de Potiphar représentait une très forte tentation. Elle était belle, seule, désireuse de faire l'amour avec lui. Cela l'avait probablement flatté, et il s'était entiché d'elle. Il a presque cédé à ses avances. Cependant, au moment où il était sur le point de coucher avec elle, sa loyauté à l'égard de Potiphar, mais aussi à l'égard de la tradition morale transmise par son père Jacob, et sa fidélité à Dieu l'ont incité à lui dire : « Comment pourrais-je accomplir cet acte odieux et transgresser devant Dieu ? »

Comme son frère Juda, Joseph grandit, mûrit ; sa sensibilité éthique se développe, ainsi que sa capacité à agir selon la justice. De petit dernier gâté, qui ment à son père à propos de ses frères pour attirer son attention et son affection, Joseph devient un homme loyal, de confiance, qui agit selon l'éthique.

C'est la raison pour laquelle Joseph est appelé *tsadik*, un juste. Il a gagné ce titre. Il n'est pas né ainsi. Il devient « un juste » dans le chemin de vie qu'il poursuit, à travers son combat contre les tentations, la cupidité et l'égoïsme. Cette réussite marque un tournant essentiel dans son existence.

Bien qu'il soit jeté en prison par Potiphar, sa loyauté et son intégrité finissent par être récompensées. D'abord, le gardien lui octroie des privilèges. Plus tard, Pharaon en fera le prince le plus puissant d'Égypte.

Questions pour l'étude et la discussion

1. Peut-on attendre des parents qu'ils traitent de manière égale leurs enfants ? Comment peuvent-ils respecter l'individualité de chacun sans faire de différences ou montrer du favoritisme ?
2. Quels problèmes peuvent être causés par des enseignants, des conseillers, des juges, des patrons qui font preuve de favoritisme ?
3. La loi du lévirat semble sous-entendre que le but du mariage est d'avoir des enfants. Le mariage devrait-il être plus que cela ?

4. Êtes-vous d'accord avec Élie Wiesel qui dit que « chaque relation est une aventure à double sens » ?
5. Certains commentateurs défendent l'idée que Joseph était faible et fut séduit par la femme de Potiphar. D'autres disent qu'il se comporta comme un juste dans toutes ses réactions. Quels sont les commentateurs les plus convaincants ?
6. Quel rôle la culpabilité joue-t-elle dans la transformation de Juda et dans celle de Joseph ? Se sentir coupable, est-ce parfois une bonne chose ?

Parashat Mikets

Genèse 41 : 1 - 44 : 17

Mikets, *qui signifie « à la fin de, après », poursuit le récit des aventures de Joseph en Égypte. Pharaon fait deux rêves, et aucun des mages et des sages de l'Égypte ne peut les interpréter. L'échanson se souvient alors de Joseph et l'évoque devant Pharaon. Joseph est sorti de prison. Il interprète les rêves de Pharaon et lui annonce que l'Égypte aura sept années d'abondance suivies de sept années de famine. Le Pharaon charge alors Joseph de la gestion de son pays. Lorsque la famine sévit, Jacob envoie ses fils en Égypte, à l'exception de Benjamin. À leur arrivée, Joseph les reconnaît immédiatement, et il les accuse d'être venus pour espionner le pays. Ils répondent qu'ils ont besoin de nourriture, et qu'ils ont laissé chez eux un père âgé et un jeune frère. Joseph s'empare alors de Simon, et il annonce aux autres frères qu'il ne sera relâché que lorsqu'ils reviendront avec leur frère cadet. Il prend leur argent et les renvoie avec des sacs de nourriture. Plus tard, ils se rendent compte que dans chacun de leur sac se trouve l'argent qu'ils avaient donné à Joseph. Alors que la famine empire, Jacob demande à ses fils de se rendre à nouveau en Égypte. Ils lui rappellent alors qu'ils ne peuvent pas y retourner sans Benjamin. Juda s'engage à assurer la sécurité de son frère Benjamin. À leur arrivée en Égypte, Joseph libère Simon et invite les frères à un banquet dans sa demeure. Il n'a pas encore révélé son identité. Lorsque le banquet s'achève, il ordonne que les sacs de ses frères soient remplis de nourriture, mais aussi qu'une coupe soit secrètement cachée dans le sac de Benjamin. Après leur départ, Joseph envoie son serviteur à leur poursuite, et les arrête pour le vol de la coupe de vin. Ils répondent qu'ils n'ont rien pris, mais la coupe de vin est retrouvée dans le sac de Benjamin. Ils sont alors tous reconduits chez Joseph. Il leur déclare alors qu'il les relâchera, mais qu'il gardera Benjamin auprès de lui comme esclave.*

NOTRE TARGOUM

1. Deux ans après que Joseph a interprété le rêve de l'échanson et que celui-ci revient au service de Pharaon, ce dernier fait le rêve suivant. Il se tient au bord du Nil duquel émergent sept vaches grasses. Elles sont suivies par sept vaches maigres qui dévorent les sept premières vaches. Puis il fait un autre rêve. Sept épis s'élèvent sur une même tige ; ils sont gras et beaux. Puis sept épis maigres et brûlés par le vent d'est montent derrière eux et engloutissent les sept premiers épis.

Les mages et les sages d'Égypte sont incapables d'interpréter les rêves. L'échanson se souvient alors de Joseph, et il en parle à Pharaon. Celui-ci fait chercher Joseph et lui raconte ses rêves. Après l'avoir écouté attentivement, Joseph explique que les deux rêves portent le même message. Ils annoncent sept années d'abondance, suivies par sept années de famine. Joseph conseille au dirigeant égyptien de nommer un homme « de discernement et de sagesse » pour gérer au mieux les richesses de l'Égypte.

Pharaon lui demande alors d'assumer cette responsabilité. Il lui accorde un sceau-cylindre, marque de son autorité, ainsi qu'une demeure, une chaîne en or, un char et une épouse. Joseph fonde des cités entrepôts à travers le pays et planifie scrupuleusement l'avenir. Il donne naissance à deux fils. Le premier, Menassé, porte un nom qui signifie : « Dieu m'a fait complètement oublier les temps difficiles ainsi que ma maison paternelle ». Le second se nomme Éphraïm, ce qui signifie : « Dieu m'a rendu fertile dans la terre de mon affliction ».

2. Lorsque la famine s'installe, Jacob demande à ses fils de descendre en Égypte pour y acheter de la nourriture. Lorsqu'ils y arrivent, Joseph les reconnaît mais il agit comme s'ils lui étaient étrangers. Ils se prosternent devant lui. Joseph se souvient alors de ses rêves. Il leur parle durement, les accusant d'être venus pour espionner son pays. Ils lui répondent alors qu'ils sont dix frères, les fils d'un vieil homme, qu'ils étaient douze autrefois, mais le plus jeune frère est resté auprès de leur père, et le dernier « n'est plus ».

Joseph les accuse à nouveau d'espionnage, et il les jette en prison pour trois jours. Réalisant qu'ils étaient punis pour ce qu'ils avaient fait à Joseph, Ruben leur dit : « Ne vous avais-je pas dit de ne pas faire du mal au garçon ? Mais vous ne m'avez pas prêté attention, et maintenant nous devons répondre de son sang. »

Joseph surprend leur conversation, mais prétend ne pas comprendre leur langue. Il ordonne que Simon soit gardé et leur intime l'ordre de retourner dans leur pays et de ne pas revenir sans leur jeune frère. En secret, il ordonne à son serviteur de remplir leurs sacs de grain et d'y replacer l'argent qu'ils lui avaient donné.

3. Les frères retournent auprès de Jacob et lui parlent de « l'homme » qu'ils ont rencontré en Égypte, de Simon qui y est resté, ainsi que de l'argent qu'ils ont retrouvé dans leurs sacs. Ils lui font part aussi des exigences de cet « homme » concernant Benjamin. Mais Jacob, craignant de le perdre, refuse catégoriquement : « Mon fils ne descendra pas avec vous, leur dit-il, car son frère est mort, et il ne me reste que lui. »

Cependant, alors que la famine devient plus sévère dans le pays, les frères reviennent vers Jacob. Juda promet de prendre soin de Benjamin, et finalement Jacob accepte de le laisser partir. Ils retournent en Égypte avec des cadeaux et de l'argent. Joseph les accueille joyeusement et demande à ses serviteurs de leur préparer un banquet. Il relâche Simon, salue Benjamin et s'enquiert de la santé de leur père. Cependant, il ne révèle pas son identité à ses frères.

Après le repas, il demande à son serviteur de remplir leurs sacs de nourriture et de leur rendre leur argent. Préparant un piège astucieux pour Benjamin, il ordonne à son serviteur : « Place mon gobelet d'argent dans le sac du plus jeune. » Après leur départ, il les fait poursuivre, arrêter et fouiller. Ils protestent en disant qu'ils n'ont rien pris, mais le gobelet d'argent est retrouvé dans le sac de Benjamin, et ils sont tous reconduits dans la demeure de Joseph.

Craignant que revenir sans Benjamin pourrait tuer Jacob, Juda plaide en sa faveur auprès de Joseph, demandant qu'il les garde tous comme esclaves arguant du fait qu'ils sont tous autant coupables que « celui qui avait en sa possession le gobelet d'argent ». Joseph refuse. Il gardera seul Benjamin comme esclave, et les autres pourront rentrer chez leur père.

La *parasha Mikets* comporte trois thèmes importants :
1. Comment interpréter les rêves ?
2. Se venger ou avoir le souci de l'autre.
3. Risquer la mort ou survivre.

1. JOSEPH SUT COMMENT INTERPRÉTER LES RÊVES

Nous avons déjà fait la connaissance de Joseph comme « rêveur ». Âgé de dix-sept ans, il rêve des épis de blés de ses frères se prosternant devant le sien, et du soleil, de la lune et de onze étoiles – ses parents et ses frères – se prosternant aussi devant lui. Ces rêves, comme nous l'avons vu, provoquent la colère de ses frères et rendent Jacob suspicieux vis-à-vis de Joseph.

Quelques années plus tard, alors qu'il se trouve en prison, Joseph le rêveur devient Joseph l'interprète des rêves. Avec raison, il prédit l'avenir des anciens panetier et échanson de Pharaon. Selon ses prédictions, le panetier mourra en effet et l'échanson retrouvera sa mission dans la cour de Pharaon.

Dans cette *parasha*, l'échanson de Pharaon se souvient des facultés interprétatives de Joseph.

Le Pharaon a fait des rêves que ni ses conseillers, ni ses magiciens ne savent interpréter. L'échanson parle à son souverain de « ce jeune Hébreu » qui a compris son rêve et a prédit l'avenir. Pharaon est impressionné. Il libère Joseph et le fait amener dans son palais afin de lui faire part de son propre rêve.

Hirsch

Joseph savait écouter

Selon Rabbi Samson Raphaël Hirsch, Pharaon dit à Joseph : « Il m'a été rapporté que tu étais à même d'écouter un rêve d'une telle manière que tu puisses en comprendre le sens par son contenu. » Tout dépend d'une bonne écoute. Sur dix personnes qui écoutent un discours ou une histoire, l'entendant souvent différemment, une seule en comprend correctement le sens[1].

L'écoute

Les êtres humains ont été dotés de deux oreilles et seulement d'une langue, afin qu'ils puissent écouter plus que parler (Abraham Hasdaï, philosophe et interprète espagnol du XIIIe siècle, Barcelone).

Écoute, et tu apprendras (Salomon Ibn Gabirol).

Lorsque deux étudiants s'écoutent patiemment l'un l'autre dans une discussion de la Torah, Dieu les écoute aussi. Dans le cas contraire, ils provoquent le départ de Dieu (Shimon ben Lakish, *Shabbat* 63b).

1. *Le Pentateuque* sur Genèse 41 : 15.

Lorsque Joseph parvient à la cour, Pharaon l'accueille avec ces mots : « J'ai entendu à ton propos que, pour toi, entendre un rêve c'est dire son sens. » Le verbe hébreu traduit ici par « entendre » est *tishma*. Il provient de la racine *shema* qui signifie non seulement « entendre », mais aussi « comprendre ».

Il semble donc que les qualités d'écoute de Joseph lui ont permis d'interpréter les rêves de Pharaon dont ses mages et sages n'arrivaient pas à saisir le sens. Certains commentateurs imaginent qu'après avoir entendu les rêves de Pharaon, ses serviteurs se sont rués sur leurs livres d'interprétation des rêves pour les consulter. Au lieu de prendre en considération la seule expérience de Pharaon, ils se sont penchés sur des théories et des explications fournies à l'avance. Et en conséquence, ils ont conclu que les deux rêves décrivaient deux catastrophes distinctes (*Genèse Rabba* 89 : 60).

L'approche de Joseph était très différente. Il était ouvert à des interprétations nouvelles et originales. Pour cela, il a écouté attentivement le récit des rêves de Pharaon et les différentes nuances et intonations de sa voix, afin de saisir l'émotion derrière les mots et de comprendre les subtiles distinctions derrière chaque objet mentionné par Pharaon et chacun des gestes du souverain égyptien.

Grâce à ses capacités d'écoute attentive et à son ouverture à des interprétations originales, Joseph s'est rendu compte que les deux rêves n'en formaient en réalité qu'un seul. Cette capacité « d'entendre » lui a permis d'élucider, avec succès et précision, les rêves du Pharaon.

Mais Joseph a donné bien plus qu'une interprétation. Selon le Docteur Dorothy F. Zeligs, psychologue qui a étudié la personnalité de Joseph, celui-ci a aussi présenté au Pharaon un plan d'action pour faire face à cette situation. Durant la période de récoltes abondantes, du grain serait stocké un peu partout dans le pays afin d'en disposer durant les années de famine. Dorothy Zeligs écrit : « À nouveau, Joseph, le rêveur, montre qu'il est aussi un homme d'action. [...] C'est un travailleur acharné qui parvient ainsi à consolider sa position. Personne ne peut dire que ses résultats sont le fruit de circonstances fortuites uniquement. Il restera pour le restant de sa vie dans les faveurs de Pharaon. Ce n'est pas rien, si l'on considère l'humeur changeante de ces personnages puissants[1]. »

Rabbi Mordekhai HaCohen[2] indique que Joseph n'a pas délégué la distribution de nourriture à un de ses subalternes. Au contraire, il en a pris l'entière responsabilité. Il a supervisé lui-même l'entreposage et la revente de la nourriture, en s'assurant que personne ne soit lésé. Et, par son exemple de travail ardu et de compassion pour ceux qui ont faim et qui sont dans le besoin, il a donné un modèle de comportement éthique » (*Siftei Kohen* sur *Mikets*).

Rêves et rêveurs

Ne te moque pas des propos de nos rêveurs. Leurs mots deviennent les germes de la liberté (Heinrich Heine).

Si vous le voulez, ce ne sera pas un rêve ! (Théodore Herzl.)

---

1. Dorothy Zeligs, *Psychoanalysis and the Bible*, Bloch, New York, 1974, p. 77-78.
2. Rabbin de Safed en Galilée, qui vécut au XVIIe siècle.

> Tu vois des choses, et tu dis : Pourquoi ? Quant à moi, je rêve des choses qui n'ont encore jamais été, et je me dis : Pourquoi pas ? (George Bernard Shaw.)

Ainsi, Joseph apparaît pour certains commentateurs à la fois comme un homme qui interprète les rêves et comme un homme d'action. Il a mis en place une stratégie pour tenir compte des sept années d'abondance suivies des sept années de famine. Plutôt que de tergiverser, il a établi des plans d'action pour l'Égypte et n'a pas perdu de temps pour les mettre en œuvre et sauver le pays du désastre. Il a planifié et construit des cités entrepôts, il a organisé un système original de prélèvement en mettant de côté un cinquième des richesses produites par le pays pendant la période de moissons abondantes, et les a mis de côté dans des silos à grains.

Steinsaltz

Adin Steinsaltz fait l'observation suivante : « Joseph fut d'abord un rêveur de rêves, puis il devint l'homme du rêve… celui qui a vécu le rêve… et le perçoit comme un fardeau et une responsabilité, une ligne d'action dont il ne peut digresser[1]. »

Ainsi, selon nos commentateurs, la grandeur de Joseph ne réside pas seulement dans le fait qu'il a su développer une oreille attentive, une capacité d'écouter ce que les autres disent, mais aussi dans sa prédisposition à assumer des responsabilités et à transformer les rêves en réalité. Il est clair que

---

1. *Biblical Images* p. 70.

Pharaon a pressenti les qualités de dirigeant de Joseph. C'est pourquoi il lui a immédiatement proposé de prendre en charge ses affaires : « Tu auras la charge de ma cour, et tous mes gens devront t'obéir. »

Cette décision s'est avérée sage, car Joseph fit ce pour quoi il avait été choisi. Il n'était pas de ces rêveurs qui se dérobent à leur responsabilité. Travailleur acharné, il mettait ses dons au service de Pharaon en interprétant les rêves de ce dernier pour en tirer une stratégie de survie.

2. LE CHOIX ENTRE LA VENGEANCE ET LE SOUCI DE L'AUTRE

Abravanel

Dans son commentaire de notre section de la Torah, Isaac Abravanel pose la question suivante : « Pourquoi Joseph a-t-il dénoncé ses frères ? Il n'était certes pas bon de se venger d'eux et de leur tenir rancune. Après tout, bien que leurs intentions aient été mauvaises, Dieu les avait transformées pour le bien. Il est aussi vrai qu'il avait souffert en passant des années en prison, mais il s'en était aussi sorti en devenant l'un des dirigeants les plus importants et les plus puissants d'Égypte. Rien de tout cela ne serait arrivé si ses frères ne l'avaient pas vendu en esclavage. Ainsi, quelle justification Joseph avait-il de se venger d'eux vingt ans plus tard ? Pourquoi n'a-t-il pas manifesté de compassion à leur égard, ou pour le moins pourquoi n'a-t-il pas montré plus d'attention aux sentiments de son père âgé ? »

Garder rancune

Tu ne te vengeras pas ni ne garderas rancune (Lévitique 19 : 18)

Ne dis pas : Je vais lui faire subir ce qu'il m'a fait subir (Proverbes 24 : 29).

Ne dis pas : Puisque j'ai été humilié, que mon voisin soit humilié. Sache que, lorsque tu humilies une autre personne, tu humilies l'image de Dieu en lui (Ben Azaï, *Genèse Rabba* 24 : 7).

Si tu refuses d'aider ton voisin parce qu'il s'est montré désobligeant à ton égard, tu es coupable de vengeance. Si tu accèdes à sa demande, mais lui rappelles sa désobligeance, tu es coupable de porter rancune (*Sifra* sur Lévitique 19 : 18).

Maurice Samuel[1] était aussi gêné par la manière dont Joseph a traité ses frères et son père. Il accuse Joseph de faire preuve de cruauté et d'esprit de vengeance. Il qualifie Joseph d'« échec brillant » : en effet, il a su atteindre l'apogée du pouvoir dans l'Égypte pharaonique, mais il s'est montré insensible à l'égard de ses frères et de son père. Samuel écrit :

> Il les accusa d'être des espions. Il contempla leur consternation et en joua alors qu'eux, pauvres diables, bredouillaient des protestations de bonne foi face

1. Né en Roumanie en 1895, a émigré au Royaume-Uni, puis aux États-Unis où il décède en 1974. Romancier, traducteur, il est connu pour ses œuvres de fiction dans lesquelles le judaïsme tient une grande place (NdT).

à la tournure des événements, et tentaient d'argumenter sans aucun effet. C'était comme discuter avec un fou. Un fou tout-puissant. Ils pensaient à leurs familles restées dans leur pays, leurs épouses, leurs enfants, ainsi qu'à Jacob, très âgé désormais, attendant leur retour pour avoir à manger. Et voilà qu'ils se trouvaient face à ce gouverneur d'Égypte dément... Si vous avez oublié certains détails de l'histoire, si vous pensez que Joseph est désormais satisfait et que, une fois sa petite vengeance assouvie, il va mettre fin à la farce en cours, alors vous ne connaissez pas votre homme. Cet acteur a un appétit sans fin pour des bis... La débauche, la cruauté gratuite de Joseph, sa frivolité sont particulièrement embarrassantes[1].

Ramban (Nahmanide)

Ramban est en désaccord avec Abravanel et Maurice Samuel en ce qui concerne leur critique de Joseph. Il considère en effet que Joseph n'est aucunement coupable de vengeance et de cruauté, mais qu'il accomplit simplement les prédictions contenues dans les rêves de sa jeunesse. En effet, il avait rêvé que les « épis », ainsi que « le soleil, la lune et onze étoiles » s'inclineraient devant lui.

Joseph, nous dit Nahmanide, s'est souvenu de ses rêves, et a estimé qu'il était maintenant de son devoir de les accomplir. C'est pour cela qu'il a caché sa véritable identité à ses frères, afin qu'ils soient obligés de chercher Benjamin, que Jacob descende en Égypte et que tous les onze s'inclinent devant lui. « Joseph a fait en sorte que tout se réalise très exactement selon ses rêves de jeunesse. »

---

1. *Certain People of the Book*, Knopf, New York, 1955, p. 312-326.

Rabbi Isaac Arama[1] est étonné par cette explication qui justifie le comportement de Joseph. Ne dissimulant pas sa surprise, il écrit en effet : « Je suis abasourdi par cette interprétation de Nahmanide qui prétend que Joseph a agi ainsi afin que ses rêves deviennent réalité. En quoi cela lui a-t-il été bénéfique ? Et même s'il en a tiré un quelconque bénéfice, il n'aurait pas dû fauter contre son père en le traitant si cruellement » (*Akedat Itzhak*).

Élie Wiesel partage ce point de vue. Condamnant le désir de vengeance de Joseph, il écrit : « Plus tard, lorsque ses frères furent conduits devant lui, il chercha exclusivement à les ridiculiser pour se venger d'eux. Au lieu de poser des questions sur leur père ou leur frère cadet, il exigea des otages. Au lieu de les nourrir, il les fit trembler de crainte. Des semaines s'écoulèrent avant qu'il ne daigne les rassurer. À dix reprises, il entendit ses frères faire référence à leur père en disant : *ton serviteur Jacob*, et jamais il n'en fut ému, ni ne protesta, ni ne se trahit[2]. »

Hirsch

De nombreux commentateurs sont critiques envers Joseph pour avoir maltraité son père et ses frères. Cependant, comme Nahmanide, le rabbin Samson Raphaël Hirsch pense que Joseph n'a agi ni par esprit de revanche, ni par égoïsme, ni pour

---

1. Isaac ben Moshé Arama, rabbin espagnol né vers 1420 et mort en 1494 à Naples. Son œuvre maîtresse est l'*Akedat Itzhak*, la « ligature d'Isaac », qui est un commentaire homilétique du Pentateuque (NdT).
2. *Messengers of God*, p. 160.

mettre en actes les prédictions contenues dans les rêves de sa jeunesse. Il pense qu'en réalité Joseph fait passer une épreuve à ses frères pour déterminer deux faits importants. Tout d'abord, il voulait savoir s'ils feraient à Benjamin ce qu'ils lui avaient fait. Si tel était le cas, il ne pourrait alors jamais leur accorder son pardon ni leur faire confiance. Ensuite, il voulait savoir comment ils réagiraient lorsque lui, Joseph, dirigeant de l'Égypte, se révélerait à eux en tant que frère. Lui feraient-ils confiance ? Lui seraient-ils loyaux ? L'aimeraient-ils ? Pour Hirsch, Joseph n'avait d'autre choix que d'agir ainsi. Il considère qu'il était *nécessaire* pour Joseph de leur cacher son identité, de les accuser d'être des espions, de les forcer à conduire Benjamin en Égypte contre la volonté de son père, de cacher son gobelet d'argent dans le sac de Benjamin, et enfin de le retenir en otage. Il devait, soutient Hirsch se protéger, lui, sa famille et sa position. Il devait s'assurer que ses frères étaient dignes de confiance et qu'ils ne cherchaient plus à le détruire. Il devait donc leur faire passer un test. Pour Hirsch, Joseph a agi avec sagesse, et non par dépit ou esprit de revanche.

La divergence d'opinions concernant l'attitude de Joseph à l'égard de ses frères reste. Était-elle justifiée ou non ? D'autres questions se posent : A-t-il tenu compte des sentiments de ses frères ou de son père âgé ? Ressentait-il toujours de la colère à cause de ce que ses frères avaient fait ? Était-il déterminé à les faire souffrir à la mesure de ses propres souffrances ? Au fond, recherchait-il la vengeance ou la réconciliation ?

3. LE CHOIX DE JACOB : RISQUER DE MOURIR POUR SURVIVRE

Les fils de Jacob repartent d'Égypte avec de la nourriture, mais sans Simon. Ils expliquent à leur père que le « seigneur du pays » leur a parlé durement, les accusant d'espionnage et leur a ordonné de ne pas revenir sans être accompagnés de leur plus jeune frère, Benjamin. Jacob se met alors en colère : « C'est toujours moi que vous voulez frapper de malheur ! Joseph n'est plus, Simon n'est plus, et maintenant, vous voulez m'enlever Benjamin[1] ? » Espérant gagner la confiance de son père, Ruben déclare que si quelque chose arrive à Benjamin, Jacob peut prendre la vie de ses deux fils. Mais il refuse, et ne les laisse pas emmener Benjamin avec eux en Égypte.

Des mois passèrent. Leurs provisions commençaient à se raréfier, et la famine menaçait. Alors, les frères approchèrent à nouveau leur père, espérant le convaincre d'envoyer Benjamin avec eux en Égypte. Juda parla en leur nom, espérant convaincre leur père, en promettant de prendre soin de Benjamin. Cette fois, Jacob se laissa convaincre, et les laissa partir avec des cadeaux et de l'argent. « Quant à moi, leur dit-il, si je dois connaître le deuil, eh bien je connaîtrai le deuil. »

Cet incident illustre bien les tensions qui peuvent exister au sein des familles, ainsi que la force de l'amour parental. Mais elle soulève aussi des questions essentielles. Qu'est-ce qui a incité Jacob

---

1. Il s'agit d'un *midrash* de l'auteur, et non d'une citation biblique (NdT).

à changer d'avis ? Comment se fait-il que Juda ait réussi à convaincre son père, alors que Ruben avait échoué ? Pourquoi Jacob est-il soudain prêt à risquer la vie de Benjamin, au risque d'avoir à affronter un grand chagrin ?

Selon Rabbi Juda, Ruben a montré son insensibilité morale et sa bêtise quand il a essayé de persuader Jacob de laisser Benjamin aller en Égypte avec ses frères. Proposer de prendre la vie de ses deux propres fils si quelque chose devait arriver à Benjamin est totalement inacceptable. Jacob rejette cette idée en disant : « Fou ! Ne réalises-tu pas que tes fils sont mes petits-fils ? ! Comment pourrais-je prendre leur vie ? » (*Genèse Rabba* 91 : 8.)

Rashi

D'un autre côté, Rashi pense que la vraie raison qui a poussé Jacob à rejeter la proposition de Ruben et à accepter celle de Juda n'était qu'une question de temps. Ruben a approché son père au moment où ils revenaient d'Égypte. Jacob était profondément contrarié que ses fils soient rentrés sans Simon, aussi a-t-il refusé de placer le destin de Benjamin entre leurs mains. De plus, grâce à l'abondance de nourriture, le spectre de la famine s'était éloigné. Il ne voyait aucune raison, à ce moment-là de risquer de perdre un autre de ses fils.

En conséquence, selon Rashi, Juda a attendu que la famine menace à nouveau toute la famille. Il se présenta alors devant son père pour présenter son argumentation. Rashi lui prête ces mots : « Tu prétends craindre pour la vie de Benjamin. En réalité, personne d'entre nous ne sait s'il va être capturé par le dirigeant égyptien. Mais ce que nous savons tous, c'est que si nous ne retournons pas en Égypte avec Benjamin, nous allons tous mourir de faim. Ne vaut-il pas mieux laisser ce qui reste incertain et saisir ce qui est certain ? »

Leibowitz

La pire décision

On raconte l'histoire de deux hommes pieux qui voyageaient en mer. Une énorme vague menaça de submerger le bateau. L'un d'eux dit : c'est le pire qui puisse arriver ! L'autre répond alors : non, il y a pire. Que pourrait-il nous arriver de pire, rétorque l'autre ? Nous sommes déjà aux portes de la mort. Oui, expliqua le premier. Nous pourrions être dans la situation de Jacob. Ses fils vinrent à lui pour chercher de quoi se nourrir, et il n'avait plus rien à leur donner. Souviens-toi de son choix. Tant qu'il y avait de la nourriture dans la réserve, il refusait que Benjamin descende en Égypte. Mais dès que la réserve fut vide, il fut forcé de dire : Prenez votre frère[1].

Peut-on sacrifier une vie en faveur de plusieurs ? Un groupe de personnes marchant sur un chemin est arrêté par des brigands qui leur disent : « Donnez-nous l'un d'entre vous et nous le tuerons. Dans le cas contraire, nous vous tuerons tous. »

Que faut-il faire ? Il vaut mieux que tous soient tués plutôt que de renoncer à une personne. Mais si les brigands désignent une personne, comme ce fut le cas

---

1. Nehama Leibowitz, *Studies in Bereshit,* World Zionist Organization, 1981, p. 474 (*En méditant la Sidra,* Jérusalem).

de Shéba ben Bishri (qui s'est rebellé contre le roi David), cette personne peut leur être livrée afin que les autres soient sauvés. Rabbi Simon ben Lakish dit : « Seule une personne condamnée à mort, comme Shéba ben Bishri, peut être livrée. »
Mais Rabbi Yohanan n'est pas d'accord: Si les brigands désignent une personne, les autres doivent être sauvées en livrant la personne désignée (Talmud de Jérusalem, *Teroumot* 8 : 12).

Nahmanide est d'accord avec Rashi, mais il développe son argument. Il suggère que Juda a conseillé avec sagesse à ses frères d'attendre qu'il n'y ait plus de pain dans la maison. À ce moment-là, Jacob devrait les écouter. Il devrait alors prendre la décision difficile de risquer une vie pour en sauver de nombreuses autres (sur Genèse 42 : 37).

Nehama Leibowitz se demande ce qui a bien pu convaincre Jacob de changer d'avis et d'envoyer Benjamin avec ses frères. Il ne semblait pourtant touché ni par la captivité de Simon, ni par la proposition de Ruben. Leibowitz pense que voir ses petits-enfants affamés a convaincu le patriarche. « Voir les enfants dépérir et pleurer pour avoir de la nourriture a finalement eu raison de sa résistance. Juda avait judicieusement terminé la première phrase de son argumentaire par les mots : et nos tout-petits » (*Studies in Bereshit*, p. 474).

Le refus de Jacob d'accepter la suggestion de Ruben, que les frères retournent immédiatement en Égypte avec Benjamin afin de sauver Simon, soulève plusieurs questions. A-t-il agi avec justice en laissant Simon en captivité et souffrir de cette situation ? A-t-il eu raison d'attendre jusqu'à ce que la nourriture vînt à manquer, au risque de mettre en danger les enfants ?

Tous les commentaires suggèrent que le patriarche a agi de façon juste. Il a pesé avec attention ses différentes options, attendant aussi de voir ce que les événements pouvaient apporter. Cette décision difficile a été finalement fondée sur la compassion à l'égard de tous ses enfants et sur ce qui pouvait garantir leur survie.

Questions pour l'étude et la discussion

1. Selon les commentaires, en quoi consiste l'art d'interpréter les rêves ? Les rêveurs jouent-ils un rôle essentiel dans le développement humain ?
2. Selon vous, qui propose la meilleure interprétation de la manière dont Joseph a traité ses frères ? Abravanel ? Samuel ? Wiesel, Nahmanide ou Hirsch ? Les motivations de Joseph sont-elles innocentes ou chargées du désir de vengeance ?
3. Jacob a-t-il eu raison en refusant la proposition de Ruben de retourner directement en Égypte avec Benjamin ? Était-il juste d'attendre que la faim menace ses petits-enfants ?
4. Les parents doivent-ils prendre tous les risques pour que leurs enfants ne meurent pas de faim ?

Parashat Vayigash

Genèse 44 : 18 - 47 : 27

La parasha Vayigash *(« Et il s'approcha de lui ») débute par la confrontation entre Juda et Joseph, dont l'identité est encore cachée à ses frères. Juda dit à Joseph que, s'il n'autorise pas Benjamin à retourner chez son père, le vieil homme mourra. Il propose à Joseph de le prendre en esclave à la place de Benjamin. Joseph entend Juda et, de façon spectaculaire, révèle son identité à ses frères. Il leur propose de chercher Jacob, de le conduire en Égypte où ils s'installeront à Goshen. Pharaon propose à son tour à la famille de Joseph de vivre des « meilleurs produits du pays. » Jacob arrive en Égypte. Les retrouvailles avec Joseph sont très émouvantes, et il est aussi accueilli par Pharaon. La famine se poursuit, et Joseph organise la vie économique. Il propose à la population de donner son bétail contre de la nourriture, puis la terre contre de la nourriture. Joseph contrôle les terres de Pharaon. Il distribue aux Égyptiens des graines à planter, à condition qu'ils donnent un cinquième de leur récolte à Pharaon et qu'ils gardent quatre cinquième pour eux. Pendant ce temps, Jacob et sa famille croissent en nombre et en richesse sur la terre de Goshen.*

NOTRE TARGOUM

1. Joseph s'arrange pour que sa coupe soit placée dans le sac de Benjamin, puis il fait arrêter ses frères pour vol. Ils ne connaissent toujours pas son identité. Ils apparaissent devant lui, accusés à tort de vol, et ils craignent que Benjamin ne soit réduit en esclavage. Ils savent aussi que s'ils retournent sans leur frère, leur père en mourra.

Juda aborde Joseph et lui rappelle leur conversation précédente dans laquelle il lui avait dit que s'ils rentraient sans Benjamin, leur frère cadet, leur père mourrait de chagrin. Il l'implore de le garder en esclave à la place de Benjamin. « Comment pourrais-je revenir vers mon père si le garçon n'est pas avec moi ? Que je ne voie pas le malheur qui atteindrait alors mon père ! » (Genèse 44 : 34.)

Joseph est ému par ces paroles et demande à ses serviteurs de quitter la pièce. Il décide alors de révéler son identité à ses frères : « Je suis Joseph, dit-il à ses frères. Mon père est-il toujours vivant ? » (Genèse 45 : 3.) Il pleure si fort que les Égyptiens présents dans sa maison l'entendent et font remonter la nouvelle de ses frères jusqu'à Pharaon.

Les frères sont sidérés, en même temps qu'effrayés. Joseph les assure que, bien qu'ils l'aient vendu en esclavage, tout s'est finalement bien terminé. « Dieu m'a envoyé en avant de vous pour vous assurer un reste dans le pays et pour vous permettre de rester en vie, par une grande délivrance » (Genèse 45 : 7).

Il leur dit de se hâter de retourner vers leur père afin de conduire la famille tout entière en Égypte. Il promet aussi de prendre soin d'eux et de les installer dans la région fertile de Goshen, aujourd'hui Port-Saïd. « Vous décrirez à mon père toute ma gloire en Égypte et tout ce que vous avez vu. Hâtez-vous d'amener ici mon père » (Genèse 45 : 13).

Pharaon et sa cour se réjouissent de cette nouvelle. Il offre aux frères de Joseph des chariots pour transporter leurs biens en Égypte, et leur promet « le meilleur de l'Égypte » ainsi qu'une région où s'installer. Ils retournent vers Canaan chargés de pains, de grain et des fruits de l'Égypte. Ils annoncent à Jacob que Joseph est en vie et qu'il « gouverne toute la terre d'Égypte » (Genèse 45 : 26). À cette annonce, Jacob laisse éclater sa joie : « Mon fils Joseph est encore en vie ! Que je le voie avant de mourir ! » (v. 28.)

2. Quelque temps plus tard, toute la famille se met en route pour l'Égypte. En passant par Beer-Shev'a, Jacob a une vision nocturne dans laquelle Dieu lui promet d'être avec lui en Égypte, et que son peuple deviendra une grande nation.

Jacob et Joseph se retrouvent à Goshen. Le vieil homme embrasse son fils qu'il croyait perdu à jamais. « Maintenant je peux mourir, dit-il, car j'ai vu de mes yeux que tu es toujours vivant. »

3. Joseph explique à ses frères que les Égyptiens détestent les bergers, mais qu'il s'est arrangé pour qu'ils puissent tout de même s'installer à Goshen, où ils pourront faire paître leurs troupeaux. Alors qu'ils s'apprêtent à rencontrer Pharaon, Joseph leur

dit qu'il va leur demander quelle est leur occupation. Il faudra alors qu'ils répondent qu'ils sont bergers, comme leurs pères avant eux l'ont été. Et lorsque Pharaon les rencontre et entend leur réponse, il les assure de leur sécurité. Pharaon dit à Joseph : « L'Égypte est à ta disposition ; installe ton père et tes frères dans la meilleure partie du pays. Qu'ils s'installent au pays de Goshen ; si tu sais qu'il y a parmi eux des hommes de valeur, nomme-les responsables de mes propres troupeaux » (Genèse 47 : 6).

Après que Joseph eût présenté Jacob à Pharaon, la famille s'installe à Goshen. Joseph s'occupe d'eux, leur fournit de la nourriture. Les années qui suivent, la famille s'élargit et gagne en richesse.

4. Pour faire face à la famine et la pauvreté croissante en Égypte, Joseph met en place une politique permettant aux Égyptiens d'acheter de la nourriture en échange de leurs troupeaux. Ensuite, Joseph permet aux Égyptiens de vendre leurs terres contre de la nourriture.

Ayant ainsi pris le contrôle du pays pour Pharaon, Joseph propose alors aux Égyptiens un plan pour relancer la production et lever de nouveaux impôts. Au temps de la récolte, ils paieront à Pharaon un impôt correspondant à un cinquième de leur production, et garderont le reste pour eux afin de nourrir leurs familles. Seuls les prêtres de Pharaon sont exempts de cette politique puisqu'ils bénéficient déjà de subsides versés par le gouvernement pharaonique.

La *parasha Vayigash* comporte quatre thèmes importants :

1. Plaider en faveur de la justice.
2. La difficulté et l'importance d'arriver à la réconciliation.
3. La peur de l'étranger.
4. La planification économique en faveur de la justice sociale.

1. LE DISCOURS DE JUDA : UN PLAIDOYER EN FAVEUR DE LA JUSTICE

Le début de la *parasha* consiste en un vibrant plaidoyer pour la justice prononcé par Juda en faveur de son frère Benjamin, menacé d'être réduit en esclavage. Les frères ne savent toujours pas qu'ils parlent en réalité à Joseph, mais ils savent que s'ils retournent en Canaan sans leur frère Benjamin, cette perte anéantira leur père. Lorsque Juda s'avance pour parler, il réalise soudain que tout dépend désormais de ce qu'il dira.

Les différents commentateurs de ce passage ont fait remarquer que non seulement il s'agit du discours le plus long de la Genèse, mais encore que Juda a choisi ses arguments avec soin et qu'il a même travaillé le ton de sa voix. Il ne s'agit pas d'un discours spontané. Il plaide en faveur de la vie de son frère et de son père. C'est pourquoi, chaque mot, chaque geste, chaque inflexion de la voix sont mesurés.

Les différents exégètes présentent une vision colorée du discours de Juda au sein de la cour fastueuse de Pharaon. Onkelos, connu sous le nom « le Converti[1] », enseigna à la fin du Ier siècle et au début du IIe siècle de notre ère. Il suggère que Juda « parla avec une logique pure et claire ». Chaque argument qu'il opposait à Joseph était soutenu par des faits et était impossible à réfuter. Un autre maître, peut-être un collègue d'Onkelos, dit que Juda a habilement préparé son discours, argumentant avec Joseph jusqu'à ce qu'il soit certain d'avoir atteint son cœur et tourné sa colère en compassion (*Genèse Rabba* 93 : 3-4).

Quels arguments Juda a-t-il pu utiliser dans son plaidoyer pour la justice ? Comment a-t-il pu contraindre Joseph à dévoiler son identité et de libérer Benjamin ?

Hirsch

Le rabbin Samson Raphaël Hirsch suggère que Juda a choisi de se défendre contre la colère de Joseph en le flattant. Il lui dit : « Puisse ce que je veux te dire ne pas froisser ta sensibilité car, vois-tu, tu es comme Pharaon. Je te rends hommage tel un pharaon ; c'est pourquoi, si un seul de mes mots te déplaît, dis-toi bien que ce n'est pas par manque de respect. Je pourrais aussi bien le dire à Pharaon » (Hirsch sur Genèse 44 : 18).

---

1. Celui qui est converti est en tout point égal à celui qui est né juif. En principe, on ne doit pas rappeler à quelqu'un ses origines.

Rashi

Rashi pense que Juda a choisi une approche différente. Plutôt que de flatter Joseph, Juda s'est attaqué à lui. Il lui dit : « Tu es aussi peu fiable que Pharaon. De même qu'il fait des promesses et ne les tient pas, tu es pareil. Tu avais promis que tu ne voulais que "voir" notre plus jeune frère, et maintenant, tu veux le réduire en esclavage ! » Pour Rashi, Juda ne fait que mettre en lumière l'insensibilité de Joseph ; il lui dit qu'on ne peut pas lui faire confiance, qu'il est un menteur (sur Genèse 44 : 18).

D'autres commentateurs disent que Juda a non seulement accusé Joseph de leur mentir, mais aussi de ne pas respecter la loi égyptienne. En effet, selon eux, la loi égyptienne autorise quelqu'un à prendre à un voleur tout ce qui lui appartient, mais pas à le réduire en esclavage. « Tu ne respectes pas tes propres lois », se plaint Juda (*Midrash Tanhouma, Vayigash* ; Ba'al Ha-Tourim sur Genèse 44 : 18).

Abravanel

Ce que Juda n'a pas dit

Abravanel pose la question : « Pourquoi Juda n'a-t-il pas critiqué Joseph pour l'avoir accusé faussement, lui ainsi que ses frères, d'être des espions ? » Il n'a pas mentionné cette fausse accusation car, dit Abravanel, « Juda ne voulait pas donner à Joseph une nouvelle occasion de revenir sur ce sujet ».

Ramban (Nahmanide)

Ce qui a vraiment ému Joseph

Nahmanide est d'avis que ce n'est pas le discours de Juda qui a ému Joseph. « Il y avait dans la maison de Pharaon de nombreuses personnes présentes, ainsi que d'autres Égyptiens plaidant pour que Joseph pardonne à Benjamin. Leur compassion a profondément ému par la plaidoirie de Juda, et Joseph ne put faire face » (sur Genèse 45 : 1).

La proposition de Juda

Avec la proposition désintéressée de Juda de s'offrir en échange de Benjamin, Joseph tient désormais la preuve irréfutable que ses frères ont changé d'attitude. Juda a démontré leur dévotion à l'égard de leur père Jacob, leur amour pour Benjamin ainsi que leur profond regret pour leur crime contre Joseph lui-même. Convaincu de leur amour, Joseph choisit de se révéler à eux[1].

Selon Rabbi Juda HaNassi, « Juda s'est approché de Joseph pour le combattre ». En cela, il est suivi par d'autres commentateurs qui font remarquer que Juda avait critiqué Joseph pour les avoir faussement accusés d'espionnage. En outre, Juda s'est plaint de ce que Joseph les ait isolés à la frontière pour les interpeller et les interroger à la différence d'autres étrangers : « Des milliers d'autres personnes sont venues ici pour chercher du grain, dit-il à Joseph, et personne n'a été

1. Meir Zlotowitz, transl., *Bereishis*, vol. VI, Art Scroll Tanach Series, New York Mesorah Publications Ltd., 1981, p. 1958.

interrogé comme nous. Pourquoi nous traites-tu si méchamment ? »

Les rabbins, dans leur grande créativité midrashique, ont encore ajouté d'autres interprétations.

Juda s'est mis en colère contre Joseph et, le menaçant du doigt, il dit : « Si tu ne relâches pas Benjamin, nous allons peindre l'Égypte en rouge sang. Nous détruirons ses marchés et ses cités. »

D'autres disent que Juda a tenté une autre tactique. Afin de l'effrayer, il lui dit que son père, Jacob, avait le pouvoir terrifiant de maudire. « Si je reviens sans Benjamin, il prononcera une malédiction de destruction non seulement contre l'Égypte, mais aussi contre toi. Joseph fut terrifié, et il se révéla immédiatement à ses frères » (*Tse'enah Ou-Re'enah, Vayigash* sur Genèse 44 : 19).

Pour d'autres commentateurs encore, ce ne sont ni les imprécations contre l'Égypte lancées par Juda, ni la menace d'une malédiction de Jacob qui ont convaincu Joseph de se révéler à ses frères. C'est la proposition de Juda de s'offrir en esclavage à la place de Benjamin, ainsi que son plaidoyer pour qu'il prenne en considération les sentiments de leur père, qui ont finalement emporté la décision de Joseph.

Jacob ben Isaac Ashkenazi de Janow[1] explique que Juda s'est approché de Joseph et lui a dit : « Prends-moi à la place de Benjamin, car je me suis porté garant de sa vie auprès de mon père. Je lui ai promis de le ramener sain et sauf à la maison. » Juda espérait ainsi faire appel à la compassion du dirigeant égyptien. Il

---

1. Rabbin polonais qui vécut de 1550 à 1625, auteur d'un commentaire de la Torah en yiddish à l'usage des femmes : *Tse'enah Ou-Re'enah (Tseno Ureno).*

espérait convaincre Joseph de la sincérité de ses sentiments à l'égard de son frère et de son père.

Leibowitz

Nehama Leibowitz fait remarquer que Juda utilise le mot « père » à quatorze reprises dans son discours. Elle estime que cette répétition n'a rien d'accidentel. Elle est « calculée pour éveiller la compassion dans les cœurs les plus endurcis, faisant appel à l'émotion la plus fondamentale : l'amour filial ». Selon Nehama Leibowitz, en répétant le mot « père », Juda espérait que son plaidoyer pourrait toucher le cœur du dirigeant égyptien comme le ferait la souffrance causée par la perte d'un enfant pour un parent.

Les commentateurs de cette plaidoirie de Juda pour la justice ont suggéré une grande variété de raisons qui pourraient expliquer pourquoi, en fin de compte, Joseph s'est révélé à ses frères : les flatteries de Juda, ses attaques contre Joseph, la menace d'une malédiction prononcée par Jacob, ou encore son empressement à sacrifier sa propre vie à la place de celle de Benjamin. Cependant, comme c'est souvent le cas dans la Torah, plusieurs pistes sont proposées, et le défi est de trouver la ou les raisons qui font sens pour nous.

2. LE DIFFICILE CHEMIN DE LA RÉCONCILIATION

La scène dans laquelle Joseph se révèle à ses frères est remarquable et chargée d'émotions. Surmontant ses larmes, il leur dit : « Je suis Joseph.

Mon père va-t-il bien ? » Ses frères sont sidérés, ils restent sans voix. Il leur dit alors : « Venez à moi... Je suis Joseph, votre frère, que vous avez vendu pour l'Égypte. » Il leur explique alors que Dieu l'a envoyé en Égypte pour les sauver, puis il les charge de retourner en Canaan chercher leur père et de revenir avec toute la famille en Égypte pour s'installer à Goshen.

Pendant des siècles, les commentateurs de la Torah se sont demandés comment ces frères, qui se haïssaient si fortement, pouvaient se réconcilier de manière si spectaculaire. Ils avaient pourtant une longue histoire d'amertume et de suspicion à régler. Et soudain, l'homme qui les avait traités comme des espions, les avait arrêtés et emprisonnés, leur révèle qu'il est le frère qu'ils avaient vendu comme esclave. Comment peuvent-ils recréer une relation de confiance ? Comment pourraient-ils surmonter l'hostilité qui les divisait ?

Peli

Le rabbin Pinhas Peli considère que Joseph a agi avec sagesse en demandant à tout le monde de quitter la cour afin d'être seul avec ses frères lorsqu'il leur révélerait son identité. « C'était un de ces moments où aucun étranger ne doit être présent, où les émotions fortes doivent être réservées au cercle de la famille. C'est seulement à ce moment-là que l'on peut exprimer ses griefs. »

Peli a probablement raison. Le fait que Joseph ait choisi d'être seul avec ses frères, afin qu'ils puissent exprimer leurs accusations et leur hostilité de manière privée, a peut-être aidé à hâter la réconciliation. Mais était-ce suffisant ? Cela aurait-il aussi pu être dangereux ?

La question de savoir s'il était judicieux de la part de Joseph de dire à ses serviteurs de quitter la cour a profondément divisé deux sages du Talmud. Selon Rabbi Hama ben Hanina[1], c'était une grave erreur. « Joseph n'a pas agi prudemment. Après tout, ses frères auraient pu l'attaquer et le tuer. » Au contraire, affirme Rabbi Samuel Na<u>h</u>mani[2], Joseph a agi avec une grande sensibilité et beaucoup de sagesse. Il ne craignait pas ses frères. Après avoir surpris leurs conversations, il comprit qu'ils se sentaient très coupables de l'avoir vendu en esclavage. Voyant combien ils regrettaient ce qu'ils lui avaient fait, et combien ils craignaient pour le bien-être de leur frère Benjamin et de leur père, il a eu raison de leur faire confiance (*cf. Genèse Rabba* 93 : 9).

Plus tard, Jacob ben Isaac Ashkénazi ajoute une autre interprétation à celle de Rabbi Samuel. Joseph a insisté pour rester seul avec ses frères pour deux raisons. Tout d'abord, il ne voulait pas les humilier en public lorsqu'il leur révélerait qu'il était le frère qu'ils avaient vendu en esclavage. Cela devait rester une affaire privée qui ne concernait qu'eux. Ensuite, il craignait que, si les Égyptiens découvraient que ses frères l'avaient vendu en esclavage, ils ne leur fassent jamais confiance et ne les laissent pas s'installer en Égypte (*Tse'ena<u>h</u> Ou-Re'ena<u>h</u>, Vayigash*).

---

1. Sage du Talmud, *amora* (sage de la *Guemara*) d'Eretz Israël, 3e génération, fin IIIe-début IVe siècle de notre ère (NdT).
2. Ou encore Samuel ben Na<u>h</u>man, *amora* de la même période, ayant vécu aussi en Eretz Israël (NdT).

D'autres encore se demandent ce qui a pu aider les frères à se réconcilier après des années d'hostilité et de séparation. Certains affirment que, lorsqu'il leur demanda de s'approcher de lui, Joseph entrouvrit son vêtement, et ils virent qu'il était circoncis[1]. Cherchant à leur montrer qu'il était l'un d'eux, il parla en hébreu. Certains ajoutent qu'il s'adressa à chacun d'entre eux, ne manifestant aucune préférence, leur montrant ainsi qu'il ne gardait rancune à aucun d'entre eux (*Genèse Rabba* 93 : 10, *Tse'enah Ou-Re'enah* sur Genèse 45 : 12).

Sois indulgent

Rabbi Asher ben Yehiel[2] enseignait : Chaque soir, avant de te coucher, pardonne à ceux qui ont mal agi à ton égard (*Hanhaga*, v. 1320).

Raba enseignait : « Celui qui pardonne... sera à son tour pardonné » (*Yoma* 23a). Le poète Heinrich Heine (1797-1856) dit : « Depuis que je suis en attente du pardon de Dieu, j'accorde mon pardon à tous ceux qui ont mal agi à mon égard. »

William Stekel, psychiatre autrichien (1868-1950), dit un jour : « Pouvoir oublier et pardonner est la prérogative des âmes nobles. »

De son côté, Vladimir Jankélévitch, philosophe (1903-1985), a écrit : « Le pardon ! Mais nous ont-ils jamis demandé pardon ? C'est la détresse et c'est la déréliction

1. La circoncision était pratiquée par les anciens Égyptiens (NdT).
2. Né en Allemagne vers 1250 et mort à Tolède en 1327. Éminent rabbin et talmudiste, il est aussi connu parfois sous le nom de Rabbenou Asher, ou encore le Rosh (NdT).

du coupable qui seules donneraient un sens et une raison d'être au pardon. [...] Le pardon est mort dans les camps de la mort[1]. »

En se fondant sur d'autres commentaires traditionnels, Nehama Leibowitz affirme que Joseph a habilement préparé la voie vers la réconciliation en leur proposant une explication des événements passés. Il leur dit, en substance, de voir les choses dans leur contexte plus général, et de ne retenir que les effets positifs de sa vente en esclavage en Égypte. À première vue, cette vente pourrait être interprétée comme un acte nuisible. Cependant, en élargissant la perspective, leur acte l'a amené à occuper la seconde place dans le gouvernement pharaonique, position grâce à laquelle il a pu sauver toute sa famille. « Maintenant, leur dit-il, ne vous sentez pas coupables de m'avoir vendu en esclavage. C'est en réalité pour sauver des vies que Dieu m'a fait venir vers vous[2]. »

L'argument de Leibowitz est fondé sur l'hypothèse que Joseph a proposé une nouvelle manière de lire les événements : ce ne sont pas les frères qui sont responsables de ce qui s'est passé, mais Dieu qui avait un plan le concernant. Du bien a pu sortir d'un mal. En examinant les événements dans une perspective plus large, ils ont pu mettre

1. Vladimir Jankélévitch, *L'Imprescriptible*, Éd. du Seuil, 1986, p. 50.
2. Cela fait référence à Genèse 37 : 13-14, lorsque Jacob dit à Joseph d'aller rejoindre ses frères qui sont à Sichem. C'est lorsqu'il s'approche d'eux que ses frères complotent contre lui (NdT).

fin aux hostilités, dépasser leur culpabilité et être capables de sauver leurs vies[1].

D'un mal peut sortir un bien

Rabbi Samson Raphaël Hirsch a fait le commentaire suivant : « À maintes reprises, Joseph fait remarquer à ses frères que la chaîne des événements est en réalité un plan divin... Le Maître du Monde peut tout accomplir, même à partir de petits commencements... C'est Dieu qui met toute chose en mouvement. Sans le savoir ou sans le vouloir, la folie ou la transgression peuvent aussi être utilisées pour accomplir la volonté de Dieu » (sur Genèse 45 : 11).

Don Isaac Abravanel rejette totalement l'idée que d'un mal peut sortir du bien, ou que le mal puisse, d'une manière ou d'une autre, être excusé au prétexte que du bien pourrait en résulter. Il condamne les frères de Joseph : « Le fait que par un coup de chance extraordinaire la vente s'est bien terminée n'adoucit pas ce qu'ils ont fait. Une personne n'est pas jugée sur le résultat accidentel de ses actes, mais bien sur ses intentions. Les résultats accidentels n'ont strictement rien à voir avec la dimension morale. »

Ainsi, pour Abravanel, proposer des excuses pour le mal que les frères ont bien eu l'intention de faire – et qu'ils ont fait en vendant Joseph en esclavage – n'aurait pas pu conduire à la réconciliation. Au contraire, cela aurait pu entraîner plus de suspicion et de crainte. Ils auraient pu se demander : quand va-t-il inverser les rôles et nous rendre la souffrance

1. C'est aussi ce que dit Genèse 50 : 15-21 (NdT).

qu'on lui a infligée ? À cet égard, il est intéressant de noter qu'après la mort de Jacob, les frères expriment toujours leur crainte que Joseph ne les punisse pour ce qu'ils ont fait (cf. Genèse 50 : 15 s.).

Certains commentateurs, qui épousent les vues d'Abravanel, considèrent que Joseph a insisté pour être seul avec ses frères parce qu'il a réalisé que faire la paix demandait de l'honnêteté. Ni lui ni eux ne pouvaient prétendre que ce qu'ils avaient fait était « bien ». Ils devaient se faire face les uns les autres, dans l'intimité familiale, et exprimer leurs divergences et l'hostilité qui les divisait. Ils devaient évacuer leur colère et leurs doutes afin d'atteindre un nouveau seuil de compréhension et d'engagement les uns envers les autres.

Ainsi, selon un commentateur, lorsque Joseph vit que ses frères étaient terrifiés après qu'il se soit révélé à eux, il les calma en disant : « Je suis Joseph *votre frère.* » Il souligna les mots *votre frère* afin d'insister sur les liens familiaux qui l'autorisaient à être honnête avec eux et à leur pardonner.

D'autres encore disent que Joseph a embrassé chacun de ses frères, leur manifestant ainsi une affection authentique. Puis il leur assura qu'ils étaient en sécurité dans sa maison et qu'il allait faire en sorte qu'ils rentrent sains et saufs chez leur père. Il les consola en leur promettant de les sauver de la famine et en les installant à Goshen. Joseph leur promit même que jamais il ne dirait à Jacob qu'ils l'avaient vendu en esclavage. Ce serait leur secret, qu'il n'utiliserait jamais contre eux (*Tse'enah Ou-Re'enah* sur Genèse 45 : 3 et 11).

Au cours des siècles, les commentateurs juifs ont essayé de comprendre la stratégie de réconciliation de Joseph avec ses frères. Certains excusent les intentions mauvaises des frères ; d'autres décrivent Joseph comme un frère et un fils gentil, délicat et attentionné. Ils affirment qu'il était un israélite fervent, soucieux de pardonner à ses frères et d'oublier le mal qu'ils lui avaient fait. Mais cette diversité et divergence d'opinions concernant Joseph et ses frères nous enseigne surtout combien la réconciliation et le pardon sont un processus difficile et complexe.

3. ÉTRANGERS DANS LE PAYS

La Torah nous raconte qu'après la réconciliation des frères, Pharaon a invité la famille de Joseph à s'installer en Égypte. Il envoya des chariots pour faciliter le transport de leurs biens ; à leur arrivée en Égypte, il accueillit avec ses notables Jacob, les frères de Joseph et leur famille de manière festive L'accueil fut apparemment particulièrement chaleureux. Et Pharaon les invita tous à s'installer à Goshen.

Les commentateurs de la Torah ne se satisfont pas de cette fin heureuse. Ils soulèvent quelques questions fort pertinentes : Quel statut avait un étranger ou un migrant dans un autre pays ? Est-il vrai que Pharaon et les autres Égyptiens étaient contents d'accueillir les Hébreux dans leur pays ? Qu'en était-il aussi de Jacob et de sa famille ? Ne craignaient-ils pas d'être noyés dans la culture égyptienne ?

Selon *Tse'enah Ou-Re'enah* (sur Genèse 45 : 14), Pharaon et les officiels de sa cour étaient contents d'apprendre que Joseph, à qui avaient été données tant de responsabilités, n'était pas un esclave, mais qu'il était d'ascendance noble. En effet, ils étaient gênés par les origines supposées de Joseph, car en Égypte, les individus n'étaient pas jugés selon leurs talents ou leur personnalité, mais selon leur rang social et économique. Les esclaves étaient au bas de l'échelle sociale, et découvrir que Joseph était en réalité issu d'un lignage noble a accru son statut et sa réputation auprès des Égyptiens.

C'est pourquoi, selon un autre commentateur, Pharaon a accueilli Jacob de manière si chaleureuse. Il voyait en lui un autre dirigeant, un « prince » d'un autre peuple. C'est pourquoi il l'honora en lui offrant des facilités de transport, de la nourriture et lui proposa généreusement un lieu pour s'installer, Goshen.

Le *Midrash Tanẖouma* (sur *Vayigash*) imagine que Pharaon s'était empressé d'accueillir Jacob et sa famille et de leur offrir la terre de Goshen, car il craignait de perdre en Joseph un excellent conseiller. Il avait en effet besoin des talents de Joseph pour mener à bien sa politique de gestion de crise liée à la famine. Les qualités de dirigeant et le savoir de Joseph étaient essentiels aux yeux de Pharaon. Ce dernier pensait que, si sa famille s'installait à Goshen, Joseph resterait en Égypte, c'est pourquoi il proposa généreusement une terre fertile dans un pays aux ressources limitées et les assura de sa protection.

Selon le *Midrash HaGadol* (sur Genèse 45 : 17), l'accueil de Jacob et de ses fils par Pharaon n'a pas été aussi enthousiaste. Beaucoup d'officiels de Pharaon, dit le *Midrash*, se plaignaient que les Hébreux comme Joseph étaient de sérieux concurrents pour les positions de pouvoir. « Lorsque Joseph est arrivé au pouvoir, disent-ils, nous avons perdu nos situations. Et maintenant, il va distribuer d'autres postes à ses frères et les faire seigneurs sur nous. »

Abravanel pense aussi que Joseph était soucieux des sentiments négatifs des Égyptiens à l'égard des Hébreux. Il voulait que soit dit clairement qu'ils ne venaient pas dans le pays pour prendre les postes des autres ou être un fardeau pour l'Égypte. Selon Abravanel, Joseph affirma à Pharaon que son peuple n'aurait jamais besoin d'un soutien particulier. Ils s'occuperaient eux-mêmes de leurs propres besoins.

Abravanel explique aussi pourquoi Joseph a conseillé à ses frères de dire qu'ils étaient des bergers. Il savait que Pharaon avait un grand besoin de bergers étant donné que la plupart des Égyptiens étaient fermiers. Ainsi, pensait-il, les Égyptiens les accepteraient plus facilement s'ils ne voyaient pas en eux des concurrents directs. Il est évident que, pour Abravanel, Joseph était inquiet de l'acceptation de sa famille par les Égyptiens. Il craignait leur jalousie, ou une montée de la suspicion et des désagréments. Il avait compris que leur statut de minorité pouvait être facteur de précarité, voire de danger.

Sa famille serait étrangère dans un nouveau pays ; elle parlerait égyptien avec un accent, les noms différents, les vêtements, les préférences alimentaires, le style de vie, les désigneraient comme étrangers. Joseph réalisait que leur sécurité et leur succès dépendraient de la façon dont la population majoritaire les accueillerait.

Le commentateur moderne Pinhas Peli[1] soulève un autre problème qui, selon lui, préoccupait Joseph.

---

1. In : *Torah Today*, 1985, p. 47-48.2.

Avant de repartir vers Canaan, Joseph recommanda à ses frères de traiter le mieux possible tout Égyptien qu'ils pourraient rencontrer sur leur route ; il leur faudrait éviter les querelles avec les Égyptiens et ne manifester aucune supériorité à cause de leur relation à lui. Ce que Peli semble suggérer ici, c'est la crainte de Joseph que ses frères n'attirent l'attention sur eux, ne le mettent dans l'embarras, ou encore se mettent en danger en suscitant du ressentiment. Autrement dit, pour Joseph, ses frères, en tant qu'étrangers en terre d'Égypte, se doivent d'être discrets.

Un commentateur au moins est d'avis que Joseph s'inquiète non seulement pour la sécurité de sa famille mais aussi pour la politique économique réformatrice qu'il est en train de mettre en place. L'auteur du *Lekah Tov*[1] suggère en effet que Joseph, soucieux pour le statut de sa famille, a décidé de déplacer tous les Égyptiens d'une ville à l'autre dans le pays de façon à ce qu'ils soient tous des étrangers. Il pensait que, si les Égyptiens faisaient l'expérience des difficultés liées au fait de repartir de rien dans un nouvel endroit avec de nouvelles personnes, ils seraient plus enclins à faire preuve de compassion à l'égard de sa famille installée à Goshen.

Des activités différentes

Joseph choisit pour ses frères des activités qui, bien que tout à fait honorables, n'en étaient pas moins haïes par les Égyptiens. S'il l'avait souhaité, il aurait pu

• • •

1. Un *Midrash* sur les cinq premiers livres, attribué au rabbin Tobiah ben Eliezer, qui vécut au XIe siècle (NdT).

leur procurer des postes élevés, mais au lieu de cela, il leur enjoignit de dire qu'ils étaient des bergers... L'idée était de les séparer des Égyptiens et d'inciter ainsi Pharaon à les installer à Goshen (Rabbi Isaac Amara[1]).

Des demeures séparées

Joseph s'est arrangé pour que sa famille vive séparée des Égyptiens, sur la terre de Goshen. Bien que cela fût contraire aux souhaits de Pharaon, le sacrifice en valait la peine puisque cela permettait de conserver l'identité et les traditions d'Israël (Rabbi Naphtali Zvi Juda Berlin, *Ha-Emek Davar*[2]).

Assimilation

Rabbi Behhaye[3] fait remarquer que Jacob voulait que ses fils se tiennent éloignés de la cour royale afin qu'ils ne puissent pas risquer d'obtenir des postes importants. Il craignait l'assimilation, autrement dit, qu'ils puissent échanger leur loyauté à leur peuple et à ses traditions pour la gloire de positions élevées.

Ainsi, selon Rabbi Isaac Arama et l'auteur moderne sioniste Rabbi Naphtali Juda Berlin, Joseph était préoccupé par les difficultés de préserver les traditions et la culture juives. Il craignait les tentations exercées par la société égyptienne sur sa famille – richesses, loisirs, sports, politique, religions différentes – et le

1. Rabbin et philosophe du XVe siècle qui vécut en Espagne et en Italie (NdT).
2. Connu sous son acronyme le Netziv de Volozhin, il fut Rosh Yeshiva en Lituanie. Il vécut de 1817 à 1893 (NdT).
3. Rabbin et commentateur de la Torah qui vécut en Espagne du milieu du XIIIe siècle à 1340 (NdT).

risque qu'elles les éloignent de leur identité familiale, culturelle et religieuse. C'est pourquoi il chercha à convaincre Pharaon de séparer son peuple et de l'installer dans la région de Goshen.

Rabbi Hizkiyahou ben Manoah, un commentateur de la Torah qui vécut en France au XIIIe siècle, suit aussi cette idée. Selon lui, Joseph n'était pas le seul à être préoccupé par la préservation de l'identité. Jacob aussi craignait que la vie en Égypte devienne si confortable et prospère que les Hébreux installés dans le pays en viennent à oublier leurs traditions, leur propre histoire, ainsi que leur langue et leur pays. C'est pourquoi il demanda à son fils de ne pas accorder de position élevée dans le gouvernement à ses frères. Il ne voulait pas qu'ils soient tentés par les honneurs ou le pouvoir. Au lieu de cela, selon le commentateur français, il les fit envoyer en terre de Goshen où ils pourraient vivre, séparés de la culture égyptienne, en toute sécurité.

Ainsi, vivre comme « étrangers » ou « migrants » dans un nouveau pays entraîne un certain nombre de difficultés. Alors que, parfois, les nouveaux arrivés sont accueillis avec chaleur, comme le fit Pharaon avec Jacob et ses fils, il arrive fréquemment que les autochtones fassent preuve de suspicion ou d'hostilité à l'encontre des étrangers. Ils craignent de perdre leur métier, que leur environnement soit totalement bouleversé, leurs écoles envahies, leur situation économique mise en danger.

Un des défis les plus importants qui guette tout groupe qui s'installe sur une terre étrangère est d'arriver à conserver sa langue, ses traditions, sa mémoire et son identité tout en s'intégrant dans la nouvelle société. Ainsi, il est possible de déduire des différents commentaires deux stratégies différentes pour faire face à l'assimilation. La première consiste à vivre dans un ghetto, à se retrancher du reste de la société qui vous entoure ; l'autre consiste à participer pleinement à la vie de la société, tout en préservant les traditions historiques.

Durant des siècles, les Juifs ont eu à faire face aux tensions et aux difficultés de l'assimilation. Dans certains endroits, ils ont réussi à prospérer, contribuant grandement à la société qui les accueillait, tout en préservant et en développant même la culture et les traditions juives. À d'autres moments, ils ont souffert de la violence de l'antisémitisme, et même parfois du rejet et de l'abandon par certains Juifs de leur propre communauté.

Le statut d'étranger, de migrant ou de nouvel arrivant est difficile à vivre. Peut-être est-ce la raison pour laquelle la Torah nous enjoint constamment de faire preuve de compassion à l'égard de l'étranger et de le traiter avec bonté. « Tu ne feras pas de mal à l'étranger ni ne l'opprimera, car tu as été étranger en terre d'Égypte » (Exode 22 : 20).

4. LES SUCCÈS ÉCONOMIQUES DE JOSEPH

La *parasha* décrit Joseph non seulement en sauveur de sa famille, mais aussi comme celui qui a brillamment fait sortir l'Égypte de la ruine économique. Il a conçu et organisé une série de stratégies qui ont permis à l'Égypte, après sept années d'abondance, de survivre aux sept années de famine qui ont suivi. Quelles furent ces stratégies ? Comment

Joseph sauva-t-il l'Égypte, et selon certains le reste du monde, des ravages de la famine ?

Nahmanide explique que Joseph n'a pas autorisé les individus à construire et à s'occuper de silos privés pour le stockage de nourriture. En revanche, il a créé des greniers publics. « Il stockait toutes les productions, dit-il, et les redistribuait ensuite à chacun sous forme de rations annuelles. » En exerçant un contrôle sur l'approvisionnement, Joseph cherche à prévenir le profit privé et la thésaurisation égoïste. Le peuple le soutient et lui fait confiance lorsqu'il rationne et distribue avec équité la nourriture. De plus, nous dit Nahmanide, Joseph donnait à sa famille exactement les mêmes rations qu'aux autres. Il refusait de tirer avantage de sa position particulière pour lui-même ou pour accorder des faveurs. Il traitait tout le monde de manière égale. Seule l'équité lui permettrait, selon lui, de gagner la confiance de ses administrés. En l'absence d'une telle confiance, chacun commencerait à tricher, à mettre du grain de côté pour soi, et l'effort collectif pour sauver l'Égypte échouerait.

Le *Midrash* commente la politique sage de Joseph en matière de localisation des silos. Plutôt que de les mettre tous au même endroit, il les construisit dans différentes villes du pays. Les Égyptiens se sentaient rassurés par la proximité des lieux de ravitaillement. Ils n'avaient pas à parcourir de longues distances pour chercher de la nourriture. De même, ils n'avaient pas à faire la queue pendant des heures pour obtenir leur part. Le plan de Joseph était efficace car il mettait en avant la confiance en temps d'inquiétude potentielle.

Selon les rabbins du *Midrash*, Joseph adopta aussi des lois spéciales régulant la distribution de nourriture pour les étrangers venant en Égypte pour y trouver de l'aide. Il leur était interdit d'entrer dans le pays sans faire enregistrer leur nom de famille. De cette façon, le gouvernement pouvait contrôler combien de fois un étranger était entré dans le pays pour demander de l'aide. Il leur était aussi interdit d'entrer dans le pays avec plus d'un âne. Cela permettait de s'assurer qu'aucune nourriture ne serait vendue plus tard sur le marché pour faire un profit, et que chaque entrant n'obtiendrait que le nécessaire pour lui et sa famille (*Genèse Rabba* 91 : 4).

Je prendrai soin de moi-même

Lorsqu'une population vit un désastre, ne laisse personne dire : « Je prendrai de la nourriture et de quoi boire pour moi-même. Je ne vais pas m'inquiéter des autres » (*Ta'anit* 11a).

Sforno

Joseph aurait pu donner aux membres de sa famille bien plus qu'à quiconque en Égypte, mais il ne le fit pas. Il leur fournit juste ce dont ils avaient besoin, comme aux autres (sur *Vayigash*).

L'aspect le plus complexe du plan économique de Joseph fut dévoilé au beau milieu des années de famine. Alors que les Égyptiens commençaient à manquer d'argent pour obtenir leur ration de nourriture, ils se mirent à vendre leurs terres à Pharaon et à se vendre eux-mêmes comme esclaves. Ici encore, Joseph répondit par des solutions créatives. Il déplaça des populations entières d'une ville à l'autre, et il leur promit que Pharaon ne prendrait qu'un cinquième des récoltes ; le restant leur appartiendrait.

Luzzatto

David Luzzatto décrypte le génie de la tactique de Joseph. Il fait remarquer que Joseph n'a pas divisé les Égyptiens en petits groupes dispersés dans des cités à travers le pays. Au contraire, il les relogea « ville par ville », préservant ainsi le lien social de confiance, de culture, de famille et d'amitié qui unit chaque population citadine. Ils étaient établis dans un nouvel environnement, mais n'étaient pas séparés de leur famille, amis, voisins de toujours et d'essentielles sources de soutien. De cette façon, Joseph a réussi à obtenir de la population de l'Égypte qu'elle fasse preuve de sentiments favorables à son égard, envers Pharaon et à assurer la stabilité de l'Égypte en ces temps difficiles.

Selon Rabbi Samson Raphaël Hirsch, Joseph a fait preuve de grandes qualités de dirigeant lorsque les habitants commencèrent à désespérer et à offrir leurs terres et eux-mêmes en esclaves à Pharaon pour continuer à bénéficier de la nourriture. Joseph refusa leur proposition, car, selon le rabbin Hirsch, il était opposé à l'esclavage. Opposé à ce que le peuple se vende comme esclave, il mit en place une politique d'achat par le gouvernement central des terres, qu'il loua ensuite au peuple.

Le résultat, nous dit le rabbin Hirsch, est que « le sol appartenait au Pharaon pour 1/5e de sa production », tandis que le fermier vivait avec les 4/5e restants. Ainsi, l'impôt sur la terre payé en Égypte s'élevait à 1/5e soit à 20 % des récoltes. Toujours selon Hirsch, plutôt que de devenir des esclaves, ils devinrent de petits propriétaires terriens (commentaire sur Genèse 47 : 26).

Cette interprétation rappelle celle faite plus tôt par Nahmanide, qui pensait que l'offre de Joseph était extrêmement généreuse. Il imagine les paroles suivantes prononcées par Joseph : « Par ses droits de Pharaon, maître du pays, le souverain a droit à 4/5e, et vous, cultivateurs locataires, à 1/5e. Mais je vous traiterai avec générosité, et je vous donnerai la part du propriétaire, et à Pharaon, la part du locataire. » Pour Nahmanide, il s'agit non seulement de la manifestation de l'habileté économique de Joseph, mais aussi, une démonstration de sa générosité (voir son commentaire sur Genèse 47 : 26).

Pour la plupart des commentateurs, la révolution économique de Joseph démontre son sens de l'organisation, de la planification et de la justice. Dans une période où il aurait été très facile pour le riche de ne s'occuper que de lui seul et de profiter des pauvres, Joseph a pris des décisions qui garantissaient une égale distribution de nourriture pour tous. Il a même favorisé le pauvre lorsqu'il était sur le point de perdre sa terre et de se voir réduire en esclavage.

Joseph a aussi démontré une haute conception morale de son rôle de dirigeant. Il a refusé de profiter lui-même de la situation ou de donner un traitement préférentiel à sa famille.

Pour toutes ces raisons, Joseph est connu dans la tradition juive comme un juste, un *tsadik*.

Questions pour l'étude et la discussion

1. Le débat concernant la meilleure manière pour les individus ou les pouvoirs en place d'atteindre la justice est aujourd'hui encore d'une grande pertinence. Quelle est la meilleure attitude pour les groupes minoritaires, comme les Juifs, face au pouvoir ? Lequel des arguments utilisés par Juda vous semble-t-il le meilleur ?
2. Le bien peut-il résulter du mal ? Est-il envisageable que Dieu ait poussé les frères de Joseph à le vendre en esclavage afin qu'il puisse, plus tard, les sauver de la famine ?
3. Peut-il subsister dans une famille une offense non pardonnée ? Que peut-on apprendre de l'histoire de la réconciliation entre Joseph et ses frères ?
4. Les Juifs doivent-ils adopter un « profil bas » afin de réussir dans les sociétés où ils sont minoritaires ? Une telle attitude leur aurait-elle été utile dans l'Allemagne nazie ?
5. Les rabbins du Talmud suggèrent que les Israélites en Égypte ont évité l'assimilation de quatre manières différentes :
   - Ils ont évité toute promiscuité sexuelle avec les Égyptiens ;
   - Ils n'ont pas médit les uns sur les autres ;
   - Ils n'ont pas changé de nom ;
   - Ils n'ont pas changé de langue.

   Cela fonctionnerait-il encore aujourd'hui ? Quelles autres stratégies pourriez-vous suggérer pour stopper l'assimilation tout en favorisant l'intégration, afin de garantir la survie du peuple juif ?
6. Quelles solutions adoptées par Joseph pourraient-elles être mises en place aujourd'hui pour résoudre la question de la faim dans le monde ?

Parashat Vayehi

Genèse 47 : 28 - 50 : 26

Vayehi *pourrait être traduit par : « et il vécut ». Cette* parasha *relate les dernières années de Jacob, ainsi que sa mort. Après avoir vécu dix-sept ans en Égypte, Jacob appelle son fils Joseph, ainsi que ses petits-fils Manassé et Éphraïm auprès de lui, sur son lit de mort, pour y recueillir sa bénédiction. Il demande à Joseph de l'enterrer à Makhpéla aux côtés d'Abraham et d'Isaac. Ensuite, il appelle tous ses fils à le rejoindre à ses côtés, et il les bénit. Lorsque Jacob meurt, Joseph et ses frères l'enterrent à Hébron. Après la mort de leur père, les frères de Joseph craignent à nouveau que Joseph cherche à les punir pour l'avoir vendu en esclavage. Il les rassure, leur dit qu'ils sont en sécurité, et qu'il s'occupera d'eux ainsi que de leurs familles. Joseph vit jusqu'à l'âge de cent-dix ans. Juste avant sa mort, il réunit sa famille et leur dit que Dieu les reconduira vers la terre d'Israël et leur demande alors d'emporter avec eux ses ossements.*

NOTRE TARGOUM

1. Alors qu'il est âgé de cent quarante-sept ans, et qu'il a déjà vécu dix-sept années en Égypte, Jacob appelle Joseph et lui fait promettre de l'enterrer avec ses pères, Abraham et Isaac, dans la grotte de Makhpéla. Joseph lui promet d'obéir à ses vœux.

Ensuite, alors que Jacob est déjà malade, Joseph conduit ses fils Manassé et Éphraïm auprès de lui. Jacob rappelle à Joseph la promesse faite par Dieu de donner à ses enfants la terre d'Israël ; ses deux fils doivent être comptés comme les propres fils de Jacob. Il bénit alors ses petits-fils, plaçant sa main droite sur la tête d'Éphraïm, et la main gauche sur celle de Manassé. Joseph remarque que son père bénit le plus jeune avec la main droite, et le plus âgé de la main gauche. Il cherche alors à déplacer les mains de son père. Jacob lui répond qu'il sait ce qu'il fait en plaçant Éphraïm avant Manassé.

2. Jacob appelle ensuite ses douze fils à le rejoindre autour de son lit. Il donne, pour chacun d'entre eux, son analyse de leur personnalité ainsi que des prédictions pour l'avenir. Il leur rappelle qu'ils doivent l'enterrer à Hébron, puis il meurt.

3. Joseph pleure son père et ordonne qu'il soit embaumé, selon la coutume égyptienne. Après une période de deuil de soixante-dix jours, il demande à Pharaon la permission de transporter le corps

de son père en terre d'Israël pour y être enseveli. Pharaon la lui accorde, et Joseph, accompagné de ses frères ainsi que de nombreux Égyptiens, se rend à Hébron pour l'enterrement. Une fois arrivés, ils observent une période de deuil de sept jours. Ils enterrent leur père, puis retournent en Égypte.

4. Sur le chemin du retour, les frères de Joseph craignent que celui-ci ne les punisse à présent pour l'avoir vendu en esclavage. Ils lui envoient un message qui dit que, avant de mourir, leur père avait demandé à Joseph de leur pardonner. Ils lui disent : « Nous sommes prêts à devenir tes esclaves. »

Joseph les rassure et leur dit que bien qu'ils aient eu l'intention de lui nuire, Dieu avait transformé leur mauvaise intention en conséquences positives. Il leur promet de s'occuper d'eux et de leur famille.

5. Après avoir vécu cent dix ans, Joseph est sur le point de mourir. Il réunit ses proches autour de lui et leur dit que Dieu finira par les ramener en terre d'Israël. « Lorsque le jour viendra, emportez avec vous mes ossements. » À sa mort, Joseph est embaumé et placé dans un cercueil en Égypte.

La *parasha Vaye<u>h</u>i* contient trois thèmes importants :

1. les traditions autour de l'enterrement et du deuil
2. Faire des évaluations honnêtes ; définir les compétences nécessaires pour diriger.
3. Mentir en faveur de la paix.

1. LA MORT DE JACOB : LES RITES D'ENTERREMENT ET DE DEUIL

Nous pouvons trouver dans cette *parasha* la description des pratiques de deuil et d'enterrement. Jacob demande à ne pas être enterré en Égypte, mais à Hébron auprès d'Abraham et Sarah, Isaac, Rébecca et Léa. À sa mort, nous apprenons que Joseph le fit embaumer par des médecins égyptiens, et que le processus durait quarante jours. La Torah nous raconte aussi que les Égyptiens ont pleuré Jacob pendant soixante-dix jours, et que Joseph et ses frères ont observé une période de deuil de sept jours avant de l'enterrer dans la grotte de Makhpéla.

Les coutumes juives liées au deuil et à l'enterrement ont changé et évolué depuis la période biblique. Par exemple, bien que l'embaumement comme moyen d'empêcher la décomposition du corps fût accepté à l'époque de Jacob et de Joseph, les autorités ultérieures se sont opposées à cette pratique. Plusieurs raisons ont été avancées.

Tout d'abord, l'embaumement retarde les funérailles. La tradition juive préfère un enterrement rapide, très certainement par souci d'hygiène et de sécurité sanitaire pour la communauté. Certains commentateurs suggèrent aussi que l'obligation de l'ensevelissement rapide proviendrait de cette affirmation de Dieu à Adam : « Poussière tu es, et à la poussière tu retourneras » (Genèse 3 : 19).

Ensuite, l'embaumement prévient la décomposition du corps, ce qui constitue en réalité une profanation du corps humain. En effet, selon la tradition juive, le corps est le réceptacle de l'âme, on doit en prendre soin. Il doit être traité avec tous les honneurs, sans mutilation ni interférence avec le processus naturel de décomposition.

Enfin, la tradition s'oppose à l'embaumement, car il constitue un frein à l'acceptation nécessaire par l'endeuillé de la réalité de la mort. Le rabbin Maurice Lamm écrit : « L'art de l'embaumeur est en réalité l'art du déni radical. L'embaumement cherche à créer une illusion, et dans une certaine mesure il y parvient, en faisant obstacle au processus nécessaire de deuil[1]. » En d'autres termes, puisque la mission de l'embaumeur est de faire en sorte que la personne morte apparaisse « vivante » et « belle », la conséquence peut être que les endeuillés soient empêchés de reconnaître l'irrévocabilité de la mort. Lorsque c'est le cas, un endeuillé éprouve souvent des difficultés à faire face à ses responsabilités dans la vie.

La pratique juive libérale concernant l'enterrement

Étant donné que la tradition prescrit que le corps doit retourner à la poussière d'où il vient, l'embaumement est découragé, excepté si la loi ou des circonstances spéciales le requièrent.

L'enterrement est la méthode la plus largement répandue au sein de la population juive, et est, en réalité, la seule pratique autorisée par la tradition. Cependant, d'autres méthodes, comme l'ensevelissement dans une grotte, ont été pratiquées par les Juifs dans les temps anciens.

1. Maurice Lamm, *The Jewish Way in Death and Mourning*, New York, 1975, pp. 12-15.

Ainsi, bien que la crémation et l'enterrement dans des mausolées soient acceptables dans le judaïsme libéral, l'inhumation du corps est la pratique normative dans le judaïsme.

Les rabbins de l'époque du Talmud étaient en désaccord sur la question de savoir si Joseph avait bien agi en faisant embaumer son père. Rabbi Juda HaNassi estime que Joseph a commis une grave erreur, il n'a pas honoré son père dans la mort, et c'est la raison pour laquelle ses jours ont été écourtés. D'autres rabbins rappellent que Joseph a respecté les volontés de son père en l'enterrant en terre d'Israël avec sa famille. L'embaumement était le seul moyen pour conserver son corps pour le long voyage qu'il allait effectuer, sous un climat chaud (*Genèse Rabba* 100 : 3).

Bien que la tradition juive soit opposée à l'embaumement ou à tout ce qui pourrait retarder la mise en terre, elle permet une marge de manœuvre dans certaines circonstances. L'embaumement est permis dans les cas où la santé publique est en danger, ou encore lorsque le corps doit être transporté sur de longues distances, comme c'est le cas pour Jacob. Repousser l'enterrement est possible pour permettre aux parents proches de venir y assister lorsqu'ils habitent loin.

Les rites de deuil

La tradition juive prescrit différentes périodes de deuil, avec une intensité et des obligations appropriées.

Avelouth : ce terme désigne toute la période du deuil. Les endeuillés sont appelés *avelim*.

Aninouth : il s'agit de la période qui sépare le décès de l'enterrement. Tout est organisé en fonction du respect dû au corps du défunt.

Shiva : les sept jours de deuil qui suivent les obsèques. Les endeuillés sont encouragés à rester à la maison, à l'exception du *shabbat* et des fêtes, occasions de se joindre à la communauté ; ils sont invités à restreindre leurs activités habituelles, à participer à des offices quotidiens à la maison... Les trois premiers jours de *shiva* sont considérés comme les plus intenses, et dans les communautés libérales, comme la période minimale de deuil.

Sheloshim : c'est une période de trente jours (qui comprend les sept jours de shiva). La vie reprend graduellement son cours, les endeuillés retournent vers leurs activités habituelles, observant tout de même certains aspects du deuil, comme éviter des événements sociaux joyeux ou toute forme de distraction.

La première année, est la période durant laquelle un endeuillé récite le *kaddish* pour un parent. Chaque année, le jour anniversaire du décès est commémoré. Il s'agit du *Yahrzeit* chez les Ashkenazim, et de l'*Azkir* dans les communautés séfarades.

Dans la *parasha,* il est dit que le processus d'embaumement dura quarante jours, mais que les Égyptiens observèrent un deuil de soixante-dix jours. Une fois arrivés à Hébron avec le corps de leur père, Jacob et ses frères observent une autre période de deuil de sept jours avant de l'enterrer dans le caveau de Makhpéla. Cette pratique ne correspond pas à ce qui sera en usage par la suite. La période de sept jours, dite *shiva*, est observée après la mise en terre et non avant. Cependant, si l'enterrement se déroule en un lieu très éloigné, il est permis de débuter la période de *shiva* au moment où le véhicule transportant le corps se met en route[1].

La période de shiva, ainsi que les autres temps désignés pour le chagrin (les *sheloshim*, ou le *kaddish* récité pendant la première année après le décès d'un proche) sont destinés à apaiser la douleur causée par la perte d'un être cher. La visite des amis apporte du réconfort lorsque la solitude et le sentiment de perte sont très profonds. Les prières récitées ensemble, et en particulier le *kaddish*, affirment que nous ne sommes pas seuls. Elles nous rappellent que la mort fait partie de la vie, et que nous devons remercier Dieu pour ces cadeaux précieux que sont les êtres chers qui nous ont quittés et dont nous chérissons la mémoire.

Le rabbin Jack Spiro, commentant les étapes du deuil dans la tradition juive écrit : « Le judaïsme [...] reconnaît que le travail difficile du deuil prend du temps, qu'il n'y a pas de raccourci sur la route du réconfort[2]. »

À travers les siècles, la tradition juive a développé un processus permettant de faire face à la mort et au deuil. Les procédures d'enterrement honorent le corps et l'esprit du défunt. Les périodes désignées de deuil et les rites permettent un processus sain et nécessaire pour exprimer le chagrin. La mort de Jacob et le deuil

1. I. Klein, *A Guide to Jewish Religious Practices*, JTS Publications, New York, 1979, p. 286.
2. Rabbi Jack D. Spiro, *A Time to Mourn*, New York, 1968, p. 138.

de ses enfants nous enseignent que perdre un être cher provoque une blessure profonde dont il faut du temps, le soutien et l'attention des autres pour guérir.

2. JACOB ET SES FILS : COMMENT FAIRE DES ÉVALUATIONS HONNÊTES ?

Juste avant sa mort, Jacob appelle à son chevet ses douze fils. Les paroles qu'il leur adresse mêlent bénédictions, critiques et prédictions.

Le patriarche agonisant procède à une évaluation sans fard de ses fils. Il dit à Ruben qu'il est « instable comme l'eau », accuse Simon et Lévi de ne pas respecter les lois, et d'être consumés par une colère féroce. Il considère qu'Issachar est un « âne robuste » ; Dan est appelé « serpent » ; Joseph est un « âne sauvage » et Benjamin un « loup affamé. »

Pourquoi Jacob s'est-il montré si critique à l'égard de ses fils ?

Pinhas Peli

Peli estime que Jacob, par son honnêteté a cherché à les aider en leur enseignant d'importantes leçons sur leurs forces et leurs faiblesses. Seul un père pouvait leur dire ce qu'il leur a dit. « Nos vies sont souvent pleines de confusion et empêtrées, car la définition précise de qui nous sommes réellement nous fait défaut. » L'évaluation que Jacob fait de ses fils, selon Peli, « était destinée à aider ses enfants à trouver leur identité propre. De telles critiques devraient les aider à trouver leur chemin et à assumer leur responsabilité de chefs des tribus d'Israël ».

L'approche psychologique du rabbin Peli est intéressante. Le rôle des parents est d'aider leurs enfants à découvrir leurs forces et leurs faiblesses. La critique constructive aide à forger une personnalité. Elle permet de parvenir à une meilleure sensibilité par rapport à soi et aux autres, et de développer les capacités à s'intégrer dans la société.

Mais les critiques parentales peuvent aussi miner la confiance en soi d'un enfant ou le tromper sur ses talents réels. Peut-être, les dernières paroles de Jacob à ses fils les ont-ils blessés plutôt qu'aidés ? Quelle image pouvaient-ils avoir d'eux-mêmes avec un père qui, sur son lit de mort, leur assène des paroles négatives ?

Cependant, tous les commentateurs ne s'accordent pas pour dire que la motivation de Jacob, dans cette évaluation critique de leur existence, était de forger leur caractère.

Abravanel

Abravanel, un des commentateurs très apprécié dans le monde juif, propose une théorie différente. Sentant sa mort approcher, Jacob décide de transmettre le flambeau de la direction de sa famille à celui de ses fils qui serait, à ses yeux, le plus qualifié. La décision n'était pas facile car il était conscient que l'avenir du peuple juif allait dépendre de son choix.

Pour cette raison, il estima les forces et les faiblesses de ses fils de manière très minutieuse. Lorsqu'il parvint à la décision de savoir qui serait le meilleur dirigeant, il réunit ses fils et le leur annonça. Et parce qu'il voulait qu'ils apprécient ses conclusions, il leur fit part honnêtement de l'évaluation qu'il avait faite de chacun d'entre eux. Il voulait que chacun comprenne bien pourquoi il n'était pas qualifié pour diriger le peuple.

Que l'opinion d'Abravanel soit juste ou non, sa discussion concernant ce qui qualifie ou disqualifie quelqu'un pour être dirigeant est fort pertinente. Voici un résumé des idées d'Abravanel concernant les grandes caractéristiques que Jacob a pris en considération pour évaluer chacun de ses fils.

Les fils de Jacob et les qualités d'un bon dirigeant

Traits de caractère nécessaires à un dirigeant

Juda : quelqu'un de confiance, bien accepté par ses frères ; brave et victorieux dans la bataille ; constant, raisonné et fiable ; clair à propos de ses objectifs et déterminé à les réaliser.

Traits de caractères qui ne permettent pas d'être dirigeant

Ruben : instable comme l'eau.
Simon, Lévi : usent de violence et de force.
Zabulon : constamment à la recherche du profit.
Issachar : utilise les autres pour lutter dans ses propres batailles.
Dan : critique les autres derrière leur dos.
Gad : il cède par faiblesse à ses opposants.
Asher, Nephtali : sont les serviteurs des autres, mais n'arrivent pas à susciter le respect.
Joseph : haï, ses frères se méfient de lui.
Benjamin : manque de jugement et d'intérêt pour les autres.

Ce qu'Abravanel veut démontrer ici, ce sont les qualités essentielles qui définissent un dirigeant. Ainsi, selon lui, Jacob n'a pas prononcé ces mots pour blesser ses fils dans leur amour-propre ou pour créer de l'amertume entre eux. Son but était de leur expliquer pourquoi Juda, plus que quiconque, était le mieux qualifié pour diriger la tribu qui donnerait naissance au roi David et aux futurs dirigeants d'Israël.

Quelles sont les qualités d'un dirigeant ?

Aucun fanatique ne peut être un dirigeant en Israël (Rabbi Mendel de Kotzk).

Un dirigeant doux sur cette terre deviendra dirigeant dans le monde à venir (Rabbi Eliezer ben Pedat).

Un dirigeant doit faire preuve en tout temps de respect pour sa communauté (Rabbi Nahman ben Jacob).

Dieu pleure une communauté dont le dirigeant est dominateur (*Hagiga* 5b).

Les dernières paroles de Jacob à ses fils n'étaient ni une bénédiction ni une promesse d'un avenir pacifique. Mais il leur a présenté une évaluation franche et honnête de leur comportement et de leurs personnalités. Certains commentateurs estiment que Jacob voulait leur fournir des intuitions pertinentes sur eux-mêmes et leurs motivations. Jacob a ainsi créé des normes précieuses qui permettent de définir les qualités nécessaires pour être un bon dirigeant.

3. EST-IL PERMIS DE MENTIR POUR PRÉSERVER LA PAIX ?

La Torah raconte qu'après avoir enterré leur père à Hébron, Joseph et ses frères reviennent en Égypte. Les frères craignent cependant d'être en danger. Ils se disent l'un à l'autre : « Et si Joseph voulait maintenant se venger pour le mal que nous lui avons fait ? » Ils lui envoient alors un message en lui disant : « Avant sa mort, ton père a laissé cette instruction : Ainsi direz-vous à Joseph : Pardonne, je te prie, le mal que tes frères t'ont fait en te traitant si durement » (Genèse 50 : 15-17).

Ce message est étrange, et soulève un certain nombre de questions. Si l'on examine correctement le texte, trois faits importants sont à relever. Tout d'abord, Joseph n'a jamais dit à Jacob que ses frères avaient cherché à le tuer et à le vendre en esclavage. Deuxièmement, aucun frère ne semble avoir mis Jacob au courant de ce qu'ils avaient fait à Joseph. Troisièmement, Jacob n'a jamais précisé s'il savait ce que les frères avaient fait à Joseph, ni n'a donné d'instruction concernant un message à délivrer à Joseph après sa mort.

Dès lors, pourquoi les frères inventent-ils une telle histoire ? Pourquoi mentent-ils à Joseph ?

Ces questions ont suscité les interrogations de nombreux commentateurs.

Rabbi Lévi, qui vécut en terre d'Israël au IIIe siècle, explique qu'avant la mort de Jacob, Joseph avait pour habitude d'inviter ses frères chaque soir à dîner. Soudain, il ne les invita plus, et ils commencèrent à suspecter un changement d'attitude de sa part à leur égard. Ils se sentaient en danger.

Rabbi Isaac, contemporain de Rabbi Lévi, n'est pas d'accord avec cette interprétation. Selon lui, les frères ont suspecté Joseph de comploter pour leur nuire quand, sur le chemin du retour de Hebron vers l'Égypte, Joseph s'est arrêté près du puits où ils l'avaient jeté avant de le vendre en esclavage. Il explique que, en le voyant se tenir ainsi au bord du puits, les frères se sont mis à craindre qu'il ne se souvienne de leur maltraitance et ne cherche bientôt à se venger (*Genèse Rabba* 100 : 8).

Leibowitz

Nehama Leibowitz explique quelque peu différemment le comportement de Joseph et la réaction de ses frères. Elle fait remarquer que, après la mort de Jacob, toujours endeuillé, Joseph était submergé par ses responsabilités de gouverneur de l'Égypte. Son emploi du temps ne lui permettait plus de voir ses frères et sa famille tous les jours, comme lorsque leur père était malade. La maladie de Jacob, ainsi que les démarches pour son enterrement, n'étaient plus là pour lier la famille. C'est peut-être pour cela que les frères ont commencé à suspecter Joseph d'avoir changé d'attitude à leur égard, et qu'il était prêt à les punir. En conséquence de quoi, ils auraient décidé de lui mentir sur ce que leur père avait dit avant sa mort[1].

Presque tous les commentateurs de la Torah s'accordent pour dire que ce que les frères ont dit à Joseph est un mensonge. S'ils diffèrent sur les raisons du comportement des frères, tous

1. *Studies in Bereshit*, pp. 556-558 (*En méditant la Sidra*, Jérusalem).

affirment qu'ils ont été délibérément malhonnêtes. Cela n'est pourtant pas la seule occurrence de tromperie dans cette *parasha*. Joseph et ses frères avaient aussi dissimulé la vérité à leur père sur les circonstances de la vente de Joseph en esclavage. Certains exégètes font remarquer que les frères sont restés silencieux de peur que leur père ne les maudisse. D'autres encore soutiennent que Joseph lui-même n'a rien dit, car il ne voulait pas porter la querelle au sein de la famille. En d'autres termes, Joseph et ses frères n'ont pas révélé à Jacob ce qui s'était passé entre eux dans le passé pour maintenir la paix.

Le *Midrash Rabbati* (sur Genèse 48 : 1) apporte une autre interprétation en disant que Joseph ne rendit visite à son père que quelques fois après son arrivée en Égypte. Joseph craignait que, s'il le voyait plus fréquemment, Jacob ne lui pose des questions embarrassantes sur les raisons de sa présence sur les rives du Nil, et il préférait éviter d'en parler. Il ne voulait pas être forcé de dire que ses frères avaient menti à propos de ce qu'ils lui avaient fait. Joseph réalisa que son père pouvait ne jamais leur pardonner s'il découvrait qu'ils avaient comploté de le tuer, puis décidé de le vendre comme esclave. C'est pourquoi, dans l'intérêt de la paix au sein de la famille, Joseph ne rendait visite que rarement à son père, et refusait d'évoquer le passé avec lui.

Si cette explication est juste, une autre question se pose. La tradition juive justifie-t-elle le mensonge, ou le fait de dissimuler la vérité, en faveur de la paix ?

Paix et vérité

La paix sans la vérité est une paix trompeuse (Rabbi Mendel de Kotzk).

Recherche la paix

« Recherche la paix, et poursuis-la. » Cela signifie recherche-la là où tu vis, et poursuis-la dans tous les autres lieux (TJ, *Péa* 1 : 1).

La paix est plus importante que toutes les autres choses (*Sifra Behoukotaï*).

Grande est la paix, et détestable la querelle (*Sifré* sur *Nasso* 2).

Pour la plupart des commentateurs de cette *parasha*, la réponse est oui. Par exemple, Rabbi Simon ben Gamaliel, le très respecté président du Sanhédrin de Jérusalem au Iᵉʳ siècle, enseigna que la paix était si importante qu'il était permis de mentir pour la promouvoir. Pour appuyer son argumentation, il cita comme exemple l'histoire de Joseph et de ses frères. « Ils mentirent à propos de ce que leur père leur avait dit, afin de convaincre Joseph de ne pas les punir, de les accepter et de vivre en paix avec eux » (*Genèse Rabba* 100 : 9).

D'autres exégètes non seulement approuvent Rabbi Shimon ben Gamaliel mais développent cette argumentation. Citant Rabbi Éléazar ben Shimon[1],

1. Sage de l'époque de la *Mishna* (*tanna*), 5ᵉ génération, contemporain de Juda HaNassi, qui compila la *Mishna*.

Rabbi Ilaa dit qu'en altérant les faits pour promouvoir la paix, les frères ont bien agi.

Rabbi Ishmaël[1] note que même Dieu a parfois altéré la réalité en faveur de la paix. Il explique que lorsque Dieu a dit à Sarah qu'elle porterait un enfant, elle répondit que c'était impossible, car Abraham est un « vieil homme » (Genèse 18 : 9-15). Cependant, en faveur de la paix, Rabbi Ishmaël dit que Dieu mentit à Abraham à propos de la réaction de Sarah. Plutôt que de rapporter les propos de Sarah qui pouvaient être considérés comme désobligeants, Dieu expliqua qu'elle avait dit : « Je suis trop vieille. » Un des étudiants de Rabbi Ishmaël résume ainsi la position de son maître : « En faveur de la paix, la Torah autorise même de citer des propos de manière inexacte, ou une altération de la vérité » (*Yevamot* 65b).

Dans la même discussion ou *sougyah*[2], Rabbi Nathan affirme que mentir ou altérer la vérité est une *mitswa*, une obligation, si le résultat est d'aboutir à la paix. Pour illustrer sa position, il rappelle l'histoire de Dieu demandant à Samuel de désigner David roi d'Israël à la place de Saül. Samuel craint alors que Saül ne le tue. Dieu lui dit alors de prétendre qu'ils vont offrir un sacrifice. Ainsi Saül sera berné, et Samuel sera sauvé et pourra nommer le nouveau roi. Samuel ment et survit, et Rabbi Nathan de conclure : « En faveur de la paix, tu pourras mentir » (*Yevamot* 65b).

---

1. Sage de la *Mishna*, 1-2e génération, contemporain de Rabbi Akiva.
2. Unité littéraire de la *Guemara*.

Mais ce n'est pas toujours le cas. Le rabbin Élie Munk[1] rapporte une exception notable qui est préservée dans le *Sefer Hassidim* (426) : « Si une personne vient vous demander un prêt et que vous ne voulez pas lui prêter cet argent, de crainte qu'il ne vous soit jamais rendu, vous n'avez pas le droit de lui mentir et de lui dire que vous n'avez pas cet argent. Vous devez lui dire la vérité. En effet, la permission de dire un "mensonge" dans l'intérêt de la paix ne s'applique qu'aux cas qui appartiennent au passé et qui ne peuvent être changés, mais non aux événements à venir. »

En résumé, la règle qui autorise le mensonge pour la paix est la suivante : si vous êtes confrontés à une situation déjà passée, alors, afin de promouvoir la paix, vous pouvez en altérer le souvenir, ainsi que le firent les frères à propos de ce que leur père leur aurait dit de dire à Joseph. En effet, il est plus important de restaurer la confiance et la concorde au sein d'une famille que de rappeler des souvenirs appartenant au passé, surtout si ces souvenirs sont à même de blesser les autres et de diviser la famille en factions hostiles. Cependant, lorsque vous agissez avec d'autres personnes dans un cadre économique ou pour d'autres négociations, vous ne devez pas mentir, ni user de tromperie. Le présent

---

1. Rabbin orthodoxe français non consistorial de la synagogue de la rue Cadet à Paris. D'origine allemande, il obtient un doctorat de philosophie à l'université de Berlin en 1926, un an après avoir obtenu son diplôme rabbinique au séminaire Hildesheimer de Berlin. Il quitte l'Allemagne en 1937 pour s'installer à Paris, puis se réfugie en Suisse pendant la guerre. Il a compilé une somme importante de commentaires sur la Torah dans ses cinq volumes *La Voix de la Torah*.

et l'avenir doivent être bâtis sur l'honnêteté. La tradition juive enseigne : « Parlez vrai à tout un chacun » (Zacharie 8 : 16).

Questions pour l'étude et la discussion

1. Si l'on considère que le corps est avant tout le réceptacle de l'âme, pourquoi Joseph demande-t-il que ses ossements soient rapportés en terre d'Israël ? Qu'est-ce que cela nous enseigne sur ce que Jacob pense de l'Égypte ? Quelles pourraient être les intentions des auteurs bibliques en relatant cette demande ?
2. Les parents doivent-ils adresser des remarques critiques à leurs enfants ? Quels sont les dangers de telles remarques ? Et quels sont les dangers si elles ne sont pas formulées ? Qu'apprend-on des critiques que Jacob adresse à ses enfants ?
3. Existe-t-il une différence entre mentir à propos du passé afin de favoriser la paix familiale, et la réécriture, la distorsion de la réalité ou le déni de certains événements historiques afin de promouvoir de meilleures relations entre les nations ?
4. Pouvez-vous citer un exemple où, pour l'unité de la famille et pour la paix, il vaudrait mieux mentir ?

L'EXODE

Parashat Shemoth

Exode 1 : 1-6 : 1

La parasha *Shemoth débute par l'énoncé des noms* (shemoth*) des fils de Jacob. Il nous est dit qu'après leur mort un nouveau pharaon, qui ne connaissait pas Joseph, accéda au trône. Craignant le peuple hébreu, le nouveau souverain ordonna à ses contremaîtres d'asservir les Hébreux et de noyer leurs enfants mâles dans le Nil. Bravant cet ordre, une mère plaça son fils dans un panier qu'elle déposa dans le fleuve. La fille du pharaon qui prenait un bain tout près de là sauva l'enfant et l'adopta comme son propre fils. Elle le nomma Moïse. Quelque temps plus tard, Moïse avait grandi. Voyant un Égyptien maltraiter brutalement un Hébreu, il prit la défense de ce dernier et tua l'Égyptien. À cette nouvelle, Pharaon ordonna de mettre à mort Moïse. Fuyant l'Égypte, Moïse arriva au pays de Midian. Il y fut reçu par le prêtre de la région, Jéthro et, plus tard, épousa Tsipora, sa fille. Un jour, alors que Moïse gardait le troupeau de Jéthro, Dieu s'adressa à lui depuis un buisson ardent et lui promit qu'Aaron, son frère, l'aiderait à libérer les Hébreux de leur servitude. Moïse retourna alors en Égypte et, accompagné d'Aaron, alla voir Pharaon pour lui demander d'affranchir son peuple. Mais Pharaon refusa et imposa aux Israélites des corvées plus lourdes encore. Ces derniers reprochèrent alors à Moïse d'avoir aggravé leur sort. Moïse s'en plaignit à Dieu, et l'Éternel lui répondit : « Bientôt, tu verras ce que je ferai à Pharaon : il devra les laisser partir, forcé par une main puissante. »*

NOTRE TARGOUM

1. Le second livre de la Torah s'intitule *Shemoth*, ou « Noms » car il s'ouvre sur la liste des noms de la lignée de Jacob. On l'appelle également Exode parce qu'il nous raconte comment le peuple hébreu a été libéré de l'esclavage égyptien.

Après la mort de Joseph, il nous est raconté que la population hébraïque d'Égypte continua de se multiplier et qu'un nouveau pharaon, qui ne connaissait pas Joseph, monta sur le trône. Doutant de la loyauté des Israélites, il craignit de les voir rallier le camp adverse en cas d'attaque ennemie. Aussi ordonna-t-il de les faire ployer sous le joug de l'esclavage et de les affecter à la construction des villes de Pithôm et de Ramsès. Mais plus les Hébreux étaient opprimés, plus leur nombre continuait d'augmenter.

Pharaon s'adressa alors aux sages-femmes israélites Shifra et Poûa et leur ordonna de tuer tous les nouveau-nés mâles de leur peuple. Comme elles refusaient, Pharaon ordonna de précipiter tous les nouveau-nés mâles israélites dans les eaux du Nil. Espérant sauver son fils, une mère le plaça dans un panier qui s'en vint flotter tout près de l'endroit où se baignait la fille de Pharaon. Voyant que celle-ci venait au secours du bébé, la sœur de l'enfant se précipita et proposa de trouver une mère pour l'allaiter. La fille de Pharaon le lui accorda. Elle traita l'enfant comme son fils et lui donna le nom de Moïse, qui signifie « tiré des eaux » ou en égyptien « né de ».

2. Alors qu'il était encore jeune homme, Moïse vit un Égyptien frapper un Hébreu. Pensant que personne ne l'observait, il tua l'Égyptien et l'ensevelit. Le lendemain, apercevant deux Hébreux en train de se quereller, il tenta de s'interposer. Mais l'un d'eux lui lança : « Cherches-tu à me tuer comme tu as tué l'Égyptien ? » Comprenant que son acte avait été connu de certains, Moïse se sentit en danger. Et lorsque Pharaon apprit que Moïse avait tué un Égyptien, il ordonna de le mettre à mort.

Moïse s'enfuit d'Égypte et se rendit au pays de Midian, au sud du désert du Néguev. Il y rencontra le prêtre de la région et berger Jéthro et épousa sa fille Tsipora. Elle lui donna un fils que Moïse appela Guershom, ce qui signifie « J'étais un émigré en terre étrangère ».

3. Un jour qu'il gardait le bétail de Jéthro, Moïse contempla un étrange spectacle : un buisson brûlait mais ne se consumait pas. Alors qu'il s'approchait, Dieu s'adressa à lui à travers les flammes et lui ordonna de retourner en Égypte pour libérer les Hébreux de l'esclavage. Mais Moïse s'inquiéta. Comment prouver à son peuple qu'il était envoyé par Dieu ?

« S'ils me demandent : "Qui t'envoie ?" que leur répondrai-je ? » demanda-t-il à Dieu.

Dieu lui répondit :

« Dis-leur que *Eheyé-asher-Eheyé* (qui signifie "Je serai qui Je serai") t'a envoyé. L'Éternel, le Dieu de ton peuple, le Dieu d'Abraham, d'Isaac et de Jacob, m'a envoyé vers vous. »

Comme Moïse avait encore des doutes, il demanda à Dieu :

« Qu'adviendra-t-il s'ils ne me croient pas et s'ils réclament la preuve que c'est bien Toi qui me l'as ordonné ? »

Alors Dieu changea le bâton de Moïse en serpent. Et la peau de Moïse devint toute blanche après s'être couverte de lèpre. Puis Dieu dit à Moïse que si les enfants d'Israël ne le croyaient pas malgré ces deux signes, il devrait puiser de l'eau du Nil et la répandre sur le sol où elle se changerait en sang.

Malgré tout, Moïse tardait encore à accepter sa mission. Il dit à Dieu : « Ma bouche et ma langue sont lourdes » pour lui faire comprendre qu'il n'était pas un bon orateur. Dieu lui répondit qu'il nommerait son frère Aaron pour parler à Pharaon et aux Israélites.

4. De retour en Égypte, Moïse y retrouva Aaron. Tous deux allèrent voir Pharaon pour lui demander de laisser les Israélites célébrer une fête religieuse. Mais Pharaon refusa, les accusant de fomenter des troubles. Il ordonna à ses contremaîtres d'alourdir encore le dur labeur des esclaves et de frapper les plus improductifs. Les Israélites se plaignirent de leurs souffrances auprès de Moïse et d'Aaron, et leurs lamentations levèrent de nouveaux doutes dans le cœur de Moïse.

« Pourquoi m'as-tu envoyé ? demanda-t-il à Dieu. Depuis que je suis allé parler à Pharaon en Ton nom, il a traité ce peuple plus durement encore. Et tu n'as toujours pas libéré Ton peuple. »

Mais Dieu promit à Moïse la libération du peuple.
La *parasha Shemoth* contient trois thèmes importants :

1. La guerre de Pharaon contre les Hébreux.
2. La désobéissance civile.
3. Les doutes personnels et l'humilité de Moïse.

1. LA GUERRE DE PHARAON CONTRE LES HÉBREUX

Le livre de Shemoth, ou l'Exode, nous raconte la suite de l'histoire des Israélites. Jacob et sa famille accompagnèrent Joseph en Égypte, s'établirent à Goshen et se multiplièrent. Un nouveau pharaon monta sur le trône et, oubliant le rôle joué par Joseph dans la restauration de l'Égypte, il décida de réduire les Israélites en esclavage.

Pourquoi ? Qu'est-ce qui a conduit le souverain égyptien à de tels choix ? Pensa-t-il qu'un moindre nombre d'esclaves risquerait de miner l'économie de l'Égypte et ses rêves de bâtisseur de cités et de monuments à sa propre gloire ? Croyait-il qu'en libérant les Israélites, d'autres peuples exigeraient à leur tour d'être affranchis ? Les Hébreux eurent-ils une part de responsabilité dans les persécutions et l'esclavage qui les faisaient ployer ?

Sarna

L'exégète Nahoum M. Sarna suggère que le nouveau pharaon redoutait une invasion hostile sur ses frontières de l'est. Comme ses prédécesseurs, il se rappelait encore la lointaine humiliation et la terrible défaite infligées à sa nation par les Hyksos, des siècles auparavant (vers 1680-1700 avant notre ère). Aussi était-il déterminé à ne pas voir un tel affront se reproduire sous son règne. Sarna nous explique que les Israélites s'étaient implantés dans la région du Delta, précisément là où les risques d'invasion venant de l'est étaient les plus grands. Ainsi, écrit Sarna, l'« anxiété » de Pharaon était « assez compréhensible ». Craignant de voir les Hébreux rejoindre les rangs ennemis de l'Égypte, il préféra les réduire en esclavage pour mieux affaiblir leur nombre et leur puissance.

Sarna avance une autre raison afin d'éclairer la décision de Pharaon. Ce dernier souhaitait en effet construire sa capitale dans les terres de Goshen ou dans la région du Delta, très fertile mais aussi stratégiquement proche des frontières avec la Syrie actuelle et le pays de Canaan. Asservir les Hébreux offrait donc un double avantage. En les contraignant à abandonner leurs terres, Pharaon acquérait par la même occasion une main-d'œuvre foisonnante et bon marché pour la construction de ses capitales[1].

1. Nahoum M. Sarna, *Exploring Exodus : The Heritage of Biblical Israël*, Schocken Books, New York, 1986, p. 15-17.

Sous le joug des Hyksos

Sous la domination des Hyksos, la culture égyptienne avait sombré si bas que la période fut décrite comme celle de la « Grande Humiliation ». Mais le succès de la guerre de libération contre les Hyksos conduisit à un renouveau égyptien si florissant que le nouvel empire qui s'ensuivit, particulièrement pendant les 18e et 19e dynasties (vers 1570-1200 avant notre ère), fut surnommé l'âge d'or[1]...

Ramban (Nahmanide)

Nahmanide pense également que Pharaon a mené sa campagne contre les Israélites pour des raisons économiques et stratégiques. Pharaon, avance-t-il, craignait que les Israélites ne s'allient aux envahisseurs et ne s'évadent en emportant hors d'Égypte des richesses considérables. Selon Nahmanide, plutôt que de tuer les Israélites, Pharaon préféra imposer leurs biens et les mettre au travail sur ses chantiers. Il choisit des officiers égyptiens pour les commander et finit par autoriser les Égyptiens à employer les Israélites pour leurs propres intérêts domestiques. De cette manière, toute l'Égypte profita de la main-d'œuvre esclave israélite (*Commentaire sur Exode* 1 : 10).

Hirsch

Pour Rabbi Samson Raphael Hirsch, la guerre menée par Pharaon contre les Hébreux est étroitement liée

---

1. Harry M. Orlinsky, *Understanding the Bible through History and Archeology*, Ktav, New York, 1972, p. 54.

à la faiblesse de son gouvernement. Comme il venait tout juste d'accéder au pouvoir, il recherchait le moyen de rallier le peuple à sa cause. Espérant gagner en popularité, il encouragea donc le peuple à opprimer les Hébreux, à user de violence contre ces étrangers qui vivaient parmi eux, et à s'enrichir en s'appropriant abusivement leurs biens (sur Exode 1 : 8-10).

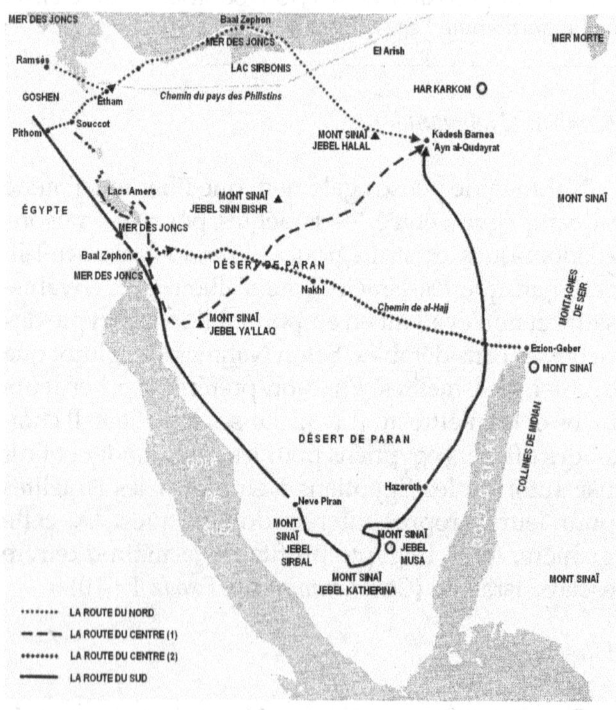

L'interprétation de Hirsch n'est pas éloignée de celle proposée par d'anciens commentateurs rabbiniques. En se référant au passage de la Torah selon lequel « un roi nouveau s'éleva sur l'Égypte, lequel n'avait point connu Joseph », ces exégètes nous enseignent que les Égyptiens étaient venus devant Pharaon pour demander le droit d'attaquer les Israélites. Dans un premier temps, le souverain refusa en leur rappelant que Joseph les avait sauvés du désastre. Mais le peuple ne l'écouta pas et menaça de destituer Pharaon. Ils finirent par le convaincre de se rallier à leurs vues et de faire subir aux Hébreux le joug de l'esclavage. Si la Torah donne à Pharaon le nom de « nouveau roi », c'est parce qu'il a cessé de s'opposer aux intentions de son peuple, acceptant les « nouvelles » vues de ceux qui complotaient contre les Hébreux et souhaitaient les détruire (*Exode Rabba* 1 : 8).

La cause de l'oppression

La racine et le début de ces mauvais traitements indescriptibles fut l'absence supposée de droits auxquels pouvait prétendre un étranger, en tant que tel... En Égypte, la politique calculée visant à priver les Hébreux de leurs droits parce qu'ils étaient étrangers vint en premier. Puis la dureté et la cruauté s'ensuivirent d'elles-mêmes, comme il en est et sera toujours lorsque le concept même de droit n'a pas été bien interprété[1].

Contrairement à ceux qui attribuent l'asservissement des Israélites aux choix politiques, économiques ou stratégiques du souverain égyptien, d'autres affirment que la souffrance des Hébreux incomberait aux Hébreux eux-mêmes.

1. S.R. Hirsch, *The Pentateuch Translated and Explained*, L. Honig and Sons Ltd, Londres, 1959, sur l'Exode 1 : 14.

Ainsi, certains interprètes pensent qu'après la mort de Joseph les Israélites d'Égypte ont cessé de pratiquer le rituel de la circoncision. « Soyons comme tous les autres Égyptiens », se sont-ils dit les uns aux autres. Selon d'autres rabbins, les Hébreux commencèrent à participer à des manifestations sportives dans les amphithéâtres et assistèrent à des spectacles dans des cirques pour se divertir. Leur attirance pour de tels événements devint pour eux plus importante que leurs propres traditions et convictions. Ils préférèrent aussi emménager dans les quartiers égyptiens plutôt que de continuer à vivre au sein de leurs communautés.

En choisissant d'abandonner leurs traditions et de s'assimiler, ils s'exposèrent à la tyrannie de Pharaon. Car le souverain se méfiait de leurs motivations. Et le peuple égyptien ne voulait pas les voir envahir leurs quartiers ni rivaliser avec eux en affaires. Pour ces commentateurs, si les Israélites étaient demeurés fidèles à leur peuple et n'avaient pas essayé de se comporter comme des Égyptiens, ils ne seraient pas devenus des cibles pour Pharaon[1].

Les causes de l'antisémitisme

L'historienne Barbara Tuchman identifie trois « principes » à la source du sentiment antijuif[2] :

1. « Il est vain d'espérer de la logique – c'est-à-dire l'expression raisonnée d'un esprit éclairé » – dès qu'il s'agit d'antisémitisme.

• • •

1. *Exode Rabba* 1 : 8-9, *Yalkut Shimoni*, *Ha-Emek Davar* ; Nehama Leibowitz, World Zionist Organization, Jérusalem, 1980, p. 2-3.
2. *Newsweek*, 3 février 1975.

2. L'apaisement est futile. « Ici, la règle du comportement humain est que céder aux exigences de l'ennemi ne suffit pas. Au contraire, adopter une position de faiblesse augmente encore le ressentiment. Au lieu de faire disparaître l'hostilité, la soumission la stimule. »
3. « L'antisémitisme est indépendant de son objet. Ce que les Juifs font ou omettent de faire n'est pas un facteur déterminant. L'impulsion provient des besoins des persécuteurs et d'un climat politique spécifique. »

Leibowitz

Nehama Leibowitz reproche aux Israélites de ne pas avoir protesté lorsque Pharaon décida de les asservir. Selon elle, ils étaient privés de véritables héros, d'êtres assez courageux pour tenir tête à Pharaon et dire non à l'oppression. Les Israélites n'opposèrent en effet aucune résistance, aucune lutte pour défendre leurs droits. Pharaon eut donc les coudées franches pour abolir leurs libertés et les réduire en servitude[1].

Comme nous pouvons le constater, de nombreuses théories furent avancées par les commentateurs pour expliquer l'oppression que Pharaon imposait aux Hébreux. À bien des égards, l'histoire ancienne de la servitude d'Israël en Égypte est à mettre en parallèle avec les mauvais traitements subis par les Juifs ou par d'autres minorités dans les pays qui les

1. Nehama Leibowitz, *Studies in Shemot*, *op. cit.*, p. 24-25. Trad. fr. *En méditant la Sidra chemoth* (L'Exode), Keren Haseler ve-Halimoud, 1985, p. 2-3.

ont accueillis. L'oppression est souvent le résultat tragique de la défiance, de la jalousie, de complexes d'infériorité, de rivalités économiques et sociales. C'est seulement lorsqu'on surmonte ces réactions que la confiance mutuelle et le respect peuvent conduire à une cœxistence pacifique et féconde.

2. QUAND PEUT-ON JUSTIFIER LA DÉSOBÉISSANCE CIVILE ?

Le pouvoir de Pharaon en Égypte était absolu. Personne n'osait défier ses lois ni ses caprices. Il fut honoré non seulement en tant que souverain d'Égypte mais vénéré comme un dieu. Ses ordres faisaient loi dans le pays. Ceux qui lui désobéissaient étaient mis à mort.

Voilà pourquoi l'histoire des sages-femmes israélites Shifra et Poûa est si exceptionnelle. Lorsque Pharaon leur ordonna de tuer tous les enfants mâles nés d'une mère israélite, la consigne aurait été relativement facile à suivre. Une jeune accouchée est faible et sans défense. Et pourtant, la Torah nous apprend que Shifra et Poûa refusèrent d'obéir à l'ordre de Pharaon.

Pourquoi ? Pour quelles raisons ont-elles refusé, en exposant ainsi leur propre vie en désobéissant ?

De nombreux commentateurs pensent que la réponse est assez claire. Les sages-femmes étaient hébraïques. En tant que telles, le choix ne se posait même pas : aucune sage-femme hébraïque n'a le droit de donner la mort à un bébé de son peuple car sa tradition interdit le meurtre.

Rashi, Ibn Ezra, et Ramban (Nahmanide)

Ce raisonnement adopté par Rashi, Ibn Ezra et Nahmanide se fonde sur les observations précédentes de Rav et Samuel, célèbres maîtres du Talmud. Rav considérait ainsi que Shifra était l'autre nom de Yokhébed, mère de Moïse, et que Poûa serait en fait Miriam, sœur de Moïse et d'Aaron. Samuel, au contraire, défend l'idée que Poûa n'est pas Miriam mais plutôt Elisheva, l'épouse d'Aaron (*Sota* 11 b, *Exode Rabba* 1 : 13).

D'autres commentateurs rabbiniques louent les actes de Shifra et de Poûa qu'ils considèrent comme de courageuses héroïnes. Ils soulignent que les deux sages-femmes ont ranimé des bébés dont la vie avait été menacée par un accouchement difficile. Quand Pharaon les convoqua à son palais pour savoir pourquoi elles n'avaient pas obéi à ses ordres, les deux femmes s'obstinèrent à ne pas répondre. Au lieu de cela, elles lui fournirent cette audacieuse excuse : « Les femmes hébraïques sont vigoureuses. Elles avaient déjà mis leurs bébés au monde avant que nous ne puissions les aider. »

Le rabbin Isaac soutient que Poûa – qui, selon lui, était Miriam – avait non seulement défié Pharaon mais aussi courageusement critiqué Amram, son propre père. Selon lui, Amram, profondément bouleversé lorsque Pharaon ordonna de tuer tous les nouveau-nés mâles israélites, aurait cessé d'avoir des relations sexuelles avec sa femme de peur qu'elle ne tombe enceinte. Puis il divorça. Lorsque d'autres esclaves hébreux apprirent ce qu'il avait fait, ils décidèrent à leur tour de divorcer de leurs épouses.

Selon Rabbi Isaac, Poûa, confrontée à Amram, lui déclara qu'il avait agi plus cruellement encore que Pharaon : « Le roi a ordonné la mort de tous les enfants mâles hébreux mais, toi, tu as empêché la conception et la naissance de tous les enfants. Et parce que tu es un chef, d'autres suivront ton exemple. » À cette critique, Amram se ravisa et épousa de nouveau sa femme. Après quoi, les autres hommes israélites suivirent son exemple (*Exode Rabba* 1 : 13).

Ce que les sages-femmes ont fait

Les rabbins dont les commentaires sont inclus dans le *Midrash* louent les sages-femmes pour leurs nombreux actes de bonté sous le joug de Pharaon :

1. Elles allèrent chercher de la nourriture et des boissons chez les riches pour les apporter aux pauvres et aux affamés.
2. Elles prièrent pour que chaque enfant naisse en bonne santé et sans aucun handicap physique.
3. Elles prièrent pour qu'aucun enfant ni aucune mère ne meurent lors de l'accouchement.
4. Elles firent de l'hospitalité d'Abraham un modèle pour elles-mêmes et ouvrirent leurs maisons à tous ceux qui avaient besoin de nourriture et d'un abri (*Exode Rabba* 1 : 15).

Rabbi Akiva est d'accord avec ceux qui affirment que Shifra et Poûa étaient de vaillantes femmes juives. Il va même jusqu'à déclarer que « Dieu a libéré le peuple hébreu d'Égypte à cause des actes justes et héroïques des femmes ». R. Akiva justifie cette remarque en soulignant que, voyant leurs époux épuisés, affamés et battus souffrir sous le joug de l'esclavage, elles ne pensèrent pas égoïstement à elles-mêmes mais les rejoignirent dans les champs pour les réconforter avec de la nourriture et de l'eau et les laver. Elles insistèrent même pour avoir des rapports sexuels avec eux pour préserver la descendance de leur peuple. Elles ne permettaient pas à leurs maris de devenir physiquement faibles ou de perdre leur espérance dans l'avenir. Pour Akiva, grâce à leur désobéissance aux ordres du Pharaon, on peut attribuer à ces femmes le mérite de la libération de l'Égypte (*Exode Rabba* 1 : 12).

Tous les commentateurs, cependant, ne sont pas convaincus que Shifra et Poûa étaient hébraïques. La Torah ne nous fournit aucune preuve que les sages-femmes étaient bien Yokhébed, Miriam ou Elisheva. La signification de ce passage demeure en effet incertaine. Si les mots *meyaledoth ha'ivriyot* peuvent signifier « sages-femmes hébraïques » ou « sages-femmes des Hébreux », on peut aussi les traduire par « sages-femmes égyptiennes au service des Hébreux ». Deux exégètes de la première moitié du Ier siècle, le philosophe Philon d'Alexandrie (vers 20 av. notre ère-40 de notre ère) et l'historien Flavius Josèphe (37 av. notre ère-105 de notre ère) maintiennent que Shifra et Poûa étaient égyptiennes. D'autres se rallient à cette idée.

Abravanel et Luzzatto

Ainsi Don Isaac Abravanel et Samuel (Shmouel) David Luzzatto – également connu sous le nom de Shadal – considèrent tous deux que les sages-femmes étaient probablement égyptiennes. « Comment, s'interrogent-ils, Pharaon aurait-il pu choisir des femmes israélites pour mettre à mort des enfants de leur propre peuple et ne pas imaginer qu'elles révéleraient ce plan au grand jour ? » Il est donc logique, concluent-ils, de supposer que Pharaon a transmis ses ordres à des Égyptiennes, certain qu'il pourrait leur faire confiance.

Elles étaient converties

Notant qu'il est précisé dans la Torah que Shifra et Poûa « craignaient Dieu », certains commentateurs pensent qu'il s'agissait d'Égyptiennes converties au judaïsme. Par respect et loyauté envers Dieu, les Juifs sont enjoints de mourir plutôt que de commettre l'idolâtrie, l'inceste ou le meurtre. Voilà pourquoi les sages-femmes égyptiennes devaient s'être converties à la religion des Hébreux[1].

Si Shifra et Poûa avaient été hébraïques ou converties au judaïsme, défier les ordres de Pharaon représentait un acte extrêmement héroïque contre l'oppression de leur peuple. En ordonnant de faire tuer tous leurs nouveau-nés mâles, Pharaon déclarait la guerre aux Hébreux. Alors même qu'il se mettait à les opprimer, les deux femmes restèrent fidèles à leur peuple et à leur Dieu et non au dirigeant ou aux lois d'Égypte. En tant que femmes du peuple hébreu, elles étaient des victimes. Leur désobéissance aux ordres du Pharaon était justifiée par leur obéissance à la loi de Dieu et à la survie de leur peuple.

---

1. Imrei Noam in Neẖama Leibowitz, *Studies in Shemot, op. cit.*, p. 34.

Mais si Shifra et Poûa étaient égyptiennes, quelle justification pouvaient-elles donner à Pharaon pour leur « désobéissance civile » ?

Selon le commentateur moderne Nahoum M. Sarna, la Torah nous offre une explication de leur motivation. Il nous est dit que Shifra et Poûa refusèrent d'obéir à Pharaon parce qu'elles « craignaient Dieu ». Elles croyaient en la sainteté de la vie humaine. Pour elles, chaque être humain était doté de sainteté et de nombreuses capacités de créativité et de bonté. Les deux femmes ont agi, convaincues qu'il existe une « puissance supérieure » à celle de Pharaon, qui « a des exigences éthiques auprès de chaque être humain » concernant la préservation de la vie. Leur croyance, explique Sarna, les a amenées à rejeter les ordres meurtriers du souverain égyptien de tuer les nouveau-nés hébreux. « Nous trouvons ici le premier cas recensé dans l'histoire de désobéissance civile au nom d'une cause morale[1] ».

Questions sur la désobéissance civile

Défenseur militant des droits civiques Bayard Rustin suggéra de considérer ces questions comme guide de la désobéissance civile[2] :

1. Ai-je épuisé toutes les méthodes constitutionnelles disponibles susceptibles de conduire vers le changement souhaité ?
2. Ceux que j'invite à me rejoindre souhaitent-ils sincèrement améliorer la société, ou bien ne cherchent-ils

• • •

1. Nahoum M. Sarna, *Exploring Exodus, op. cit.*, p. 24-26.
2. *New York Times Magazine*, 26 novembre 1967.

qu'à exciter des passions qui détruiraient la société en elle-même ?

3. Quel effet aura vraisemblablement la résistance sur moi, sur les autres, et sur la collectivité ?
4. Mes motifs et mes objectifs sont-ils clairement définis pour moi-même comme pour les autres ; mon but véritable est-il vraiment le changement social ou bien de la simple autosatisfaction ?
5. Puisque je m'oppose à des lois bien précises, suis-je préparé, avec tout mon profond respect pour la Loi elle-même, à endurer les conséquences de ma désobéissance ?

Peli

Désobéissance civile et libération

Nous pouvons comprendre comment des sages-femmes hébraïques ont pu trouver la force de désobéir aux ordres du roi et refuser de tuer des enfants hébreux. Mais considérons le sens de leur acte si Shifra et Poûa avaient été de courageuses Égyptiennes qui auraient refusé de se plier à la volonté du grand Pharaon. Elles n'ont pas dit : « Servons notre pays, à tort ou à raison... »

L'exemple des sages-femmes est de prouver que des individus dissidents peuvent s'opposer au mal et, ainsi, déclencher un vaste processus de libération[1].

Lorsque Pharaon leur a ordonné de tuer tous les nouveau-nés israélites, les sages-femmes s'y sont courageusement opposées. Elles ont désobéi à leur souverain parce qu'elles considéraient sa décision

1. Pinḥas Peli, *La Torah aujourd'hui*, Desclée de Brouwer, 1988, p. 76.

comme immorale. Au lieu de prétexter qu'elles ne faisaient que suivre des ordres et que « tout bon citoyen doit suivre la loi, même si celle-ci lui semble injuste », Shifra et Poûa ont refusé de plier devant l'autorité de Pharaon. Contraintes de prendre une décision difficile qui engageait leur sécurité, elles ont opté pour un principe supérieur, celui d'épargner la vie. Leur conviction que chaque être humain a été créé « à l'image de Dieu » les a conduites à désobéir à l'ordre de Pharaon en refusant d'assassiner les nouveaux-nés israélites.

3. MOÏSE : PEUR, COURAGE, DOUTE DE SOI OU HUMILITÉ ?

Lorsque Moïse se voit choisi par Dieu pour retourner en Égypte afin de libérer son peuple, sa première réaction est une question : « Qui suis-je pour me rendre devant Pharaon et libérer les Israélites d'Égypte ? » Et quand Dieu lui dit : « Je serai avec toi », Moïse n'est pas satisfait et demande des preuves. Même après que Dieu lui eut enseigné ce qu'il faut dire à son peuple, Moïse exprime encore des doutes. « Et s'ils ne me croient pas et ne m'écoutent pas ? » insiste-t-il. Dieu lui envoie alors des signes et lui confie un bâton avec lequel il peut réaliser des prodiges. Pourtant Moïse hésite encore. « Je n'ai jamais été un homme de mots », plaide-t-il en guise d'excuse, espérant ainsi que Dieu va choisir quelqu'un d'autre pour conduire les Hébreux vers la liberté.

Pourquoi Moïse n'accepte-t-il pas joyeusement et spontanément l'appel de Dieu ? Pourquoi s'abrite-t-il derrière des prétextes ? A-t-il peur ? Manque-t-il de courage ? Ou bien est-ce sa manière d'exprimer son humilité ?

Zougot

Comment devons-nous agir ?

Hillel nous enseigne : « Si je ne suis pas pour moi, qui le sera ? Et quand je suis pour moi, que suis-je ? Et si ce n'est maintenant, alors quand ? » (*Avot* 1 : 14). Le rabbin Yehouda nous enseigne : « Quel est le bon chemin que l'être humain doit choisir ? Celui qui est digne en lui-même et qui recueille l'estime d'autrui » (*Avot* 2 : 1).

Hillel nous enseigne : « Là où les êtres humains manquent de courage, agis bravement ! » (*Avot* 2 : 6).

Au fil des siècles, les exégètes se sont interrogés sur les réactions de Moïse et sur ce qu'il répond à Dieu. Les rabbins qui écrivaient le *Midrash* ont supposé qu'il fallut à Dieu une semaine entière pour convaincre Moïse de rentrer en Égypte pour œuvrer à la libération de son peuple. Selon certains rabbins, Moïse hésitait parce qu'il ne voulait pas blesser son frère aîné Aaron ni provoquer sa colère. Aaron avait dirigé le peuple en Égypte pendant quatre-vingts ans. Moïse pensait qu'il ne pouvait revenir à l'improviste pour annoncer qu'il le remplaçait. Pour d'autres commentateurs, Moïse était mû par une authentique humilité. Il craignait de ne pas posséder les compétences politiques ou spirituelles pour libérer son peuple, en particulier le talent de parler en public.

Aussi implora-t-il Dieu de choisir quelqu'un d'autre pour cette mission (*Exode Rabba* 3 : 14, 15).

Selon Rabbi Nehori, qui vécut en Israël au IIe siècle de notre ère, Moïse, après avoir évalué la situation, décida qu'il lui était impossible d'accomplir ce que Dieu lui demandait. Le rabbin imagine Moïse argumentant ainsi avec Dieu : « Comment veux-tu que je porte seul la charge de toute cette communauté ? Comment vais-je la protéger de la chaleur du soleil d'été ou des froidures de l'hiver ? Où trouverai-je nourriture et boisson pour eux une fois que je les aurai conduits hors d'Égypte ? Qui prendra soin des nouveau-nés et des femmes enceintes ? » Rabbi Nehori estime que Moïse faisait preuve de réalisme. Après avoir mesuré toute la difficulté de la situation, il conclut qu'on attendait de lui mission impossible (*Exode Rabba* 3 : 4).

Rashbam

Rashbam, petit-fils de Rashi, pense également que c'est par réalisme que Moïse a si longuement tergiversé avant d'accepter l'appel de Dieu de libérer son peuple, parce qu'il n'entrevoyait aucune chance de succès. Cherchant à comprendre la logique de son raisonnement, Rashbam explique que Moïse s'est probablement demandé : « Pharaon sera-t-il assez fou pour m'écouter et rendre la liberté à ses esclaves ? » Rempli de tels doutes, conclut Rashbam, Moïse était convaincu que sa mission se solderait par un échec (sur Exode 3 : 11).

Shadal avance une autre excuse pour expliquer les hésitations de Moïse. Lorsque Dieu l'appela, Moïse était déjà très âgé, souligne Shadal. C'était un homme affaibli par les longues années passées à paître ses troupeaux de bon matin jusqu'à tard dans la nuit. Et comme il avait vécu la majeure partie de son existence dans le silence, il ne pouvait s'imaginer devant Pharaon plaidant pour la liberté de son peuple. Voilà pourquoi, selon Shadal, il se cherchait des excuses et demanda à Dieu de choisir un autre guide pour libérer les Hébreux (sur Exode 4 : 10).

L'auteur contemporain Elie Wiesel suggère que Moïse avait encore une autre raison de refuser la proposition de Dieu de retourner en Égypte. « Moïse était déçu par les Hébreux », écrit Wiesel. Lorsqu'il avait défendu un Hébreu contre les coups d'un Égyptien, aucun des siens ne s'était avancé pour l'aider. Au lieu de cela, il fut critiqué le lendemain par deux Israélites pour ce qu'il avait fait. Il ne fut pas davantage soutenu lorsque Pharaon lança un mandat d'arrêt à son encontre. « Il est clair, note Wiesel, que Moïse n'avait aucun désir de retourner vers ses frères, il ne souhaitait pas raviver une plaie qui ne s'était toujours pas refermée[1]. »

Tradition juive et humilité

La plus royale des couronnes est celle de l'humilité (Rabbi Eléazar ben Yehouda).

Le summum de l'intelligence, c'est l'humilité (Ibn Gabirol).

1. Elie Wiesel, *Messengers of God*, Random House, New York, 1976, p. 188-190.

Si tu veux connaître ton humilité, considère ton attitude envers ceux qui travaillent pour toi (*Orhot Tzadikim* 12c, chap. 2).

L'humilité qui ne sert qu'à récolter l'approbation est le comble de l'arrogance (Na<u>h</u>man de Bratzlav).

Contrairement à l'explication fournie par Wiesel sur les réticences de Moïse à retourner en Égypte, le rabbin Daniel Silver suggère que la réponse de Moïse à Dieu relevait d'une coutume courante dans le Moyen-Orient de l'époque. Il était de bon ton alors de prétendre être indigne d'assumer d'importantes charges. Lorsque l'on disait : « Je n'en suis pas capable » ou « Je ne possède pas les compétences pour cela » ou encore « D'autres seront plus aptes que moi à accomplir ce travail », ce n'était pas seulement l'expression de bonnes manières mais aussi la démonstration de sa force de caractère. Se vanter de ses mérites, chanter ses propres louanges était inacceptable. On considérait cela comme un signe de faiblesse et de fierté usurpée. Moïse a donc manifesté son aptitude au leadership en hésitant à accepter l'ordre de Dieu de libérer son peuple. Son humilité témoignait qu'il était réellement la bonne personne pour cette mission.

Les réticences des prophètes

Lorsque l'on demanda à Amos s'il était un prophète, il répondit à Amatsia, le prêtre de Béthel : « Je ne suis ni prophète, ni fils de prophète ; mais je suis berger, et je cultive des sycomores. Mais l'Éternel me prit quand je suivais le bétail et l'Éternel me dit : Va, prophétise à mon peuple d'Israël » (Amos 7 : 14-15).

On raconte que, lorsque Isaïe fut choisi par Dieu pour devenir prophète, il s'écria : « Malheur à moi ! Je suis perdu. Car je suis un homme aux lèvres impures, et je demeure au milieu d'un peuple aux lèvres impures... » Ses lèvres furent touchées par des charbons ardents, et il fut envoyé prophétiser au peuple d'Israël (Isaïe 6 : 5-6, 9).

Quand Jérémie reçut de Dieu la charge de prophète, il répondit : « Ah, Éternel je ne sais point parler, car je suis un enfant, à quoi Dieu dit : "Je mettrai Mes paroles dans ta bouche" » (Jérémie 1 : 6, 9).

On le voit, l'inquiétude ressentie par Moïse lorsque Dieu lui demande de guider son peuple ressemble à celle exprimée plus tard par les grands prophètes Amos, Isaïe et Jérémie. Eux aussi doutèrent de leurs capacités, eux aussi proposèrent à Dieu de trouver d'autres messagers. Comme Moïse, ils craignaient de se montrer incapables de remplir leur mission. Leurs hésitations témoignent de leur profonde modestie et de leur conviction d'être indignes d'assumer ce rôle de chef. À en juger par leurs réalisations, leur humilité affirme, au contraire, leurs réelles aptitudes et leur authentique loyauté envers Dieu.

Moïse aussi éprouve des doutes sérieux quant à sa capacité de sauver son peuple. Il sait que le défi est gigantesque, que les dangers sont de taille. Pharaon est le souverain le plus puissant du monde. Les Israélites sont affaiblis par des années de servitude, brisés par la soumission. Les peurs et les tergiversations de Moïse sont compréhensibles et révèlent son réalisme, sa sagesse et sa modestie. Il sait que la libération des Hébreux dépend de sa capacité à inspirer leur confiance, leur courage, leurs espoirs. Il se demande s'il sera en mesure de les convaincre que Dieu les appelle pour fuir l'Égypte et retrouver la liberté.

Les grands dirigeants ne s'illusionnent pas sur les difficultés qui peuvent se dresser devant eux. Ils connaissent les obstacles qui jonchent leur route et les défis à relever. Parfois, ils se sentent indignes et rongés de doutes sur eux-mêmes et sur ceux dont ils ont la charge. D'autres fois, ils voudraient s'enfuir et se cacher plutôt que d'affronter les choix difficiles qui doivent être faits.

Peut-être est-ce cela que Moïse a ressenti lorsque Dieu lui a ordonné de retourner en Égypte. Il peut avoir hésité par crainte de ne pas être à la hauteur des attentes de Dieu ou parce qu'il avait le sentiment d'être impuissant devant une situation aussi désespérée. En fin de compte, pourtant, il a puisé en lui assez de force et de confiance pour assumer sa mission, retourner en Égypte et œuvrer à la libération de son peuple.

Questions pour l'étude et la discussion

1. Selon l'écrivain Israël Zangwill, « s'il n'y avait pas les Juifs, il faudrait les inventer [comme] cause assurée de tous nos maux ». Pharaon avait-il besoin d'un bouc émissaire, ou était-ce la peur qui le poussait à opprimer les Israélites ? Pensez-vous que ceux qui s'assimilent ou qui abandonnent la tradition juive peuvent provoquer une forme d'antisémitisme ?

2. Shifra et Poûa ont refusé d'obéir aux ordres de Pharaon et de tuer les nouveau-nés hébreux. Dans quelles autres circonstances la désobéissance civile est-elle nécessaire et justifiée ?
3. Moïse exprime des doutes sur ses capacités à guider son peuple loin du joug égyptien. Comment interprétez-vous ses motivations ? Son « humilité » était-elle une démonstration de faiblesse ou de force, de crainte ou le signe de son aptitude à diriger le peuple ?

Parashat Vaera

Exode 6 : 2 - 9 : 35

La parasha Vaera *s'ouvre sur cette parole adressée par Dieu à Moïse :* « Vaera… *Je me suis révélé à Abraham, Isaac et Jacob… » Nous découvrons la relation unissant Dieu au peuple hébreu et Sa promesse de lui donner la terre d'Israël. Dieu dit à Moïse que les temps sont venus de libérer les Israélites du joug égyptien. Il commande à Moïse d'aller devant Pharaon pour lui demander de les laisser partir. Par deux fois Moïse objecte que Pharaon ne l'écoutera pas et que, en raison d'un trouble de l'élocution, il n'est pas la bonne personne pour représenter son peuple. Mais Dieu lui répond que son frère Aaron l'accompagnera et lui servira de porte-parole.*

Les deux frères se présentent donc devant Pharaon pour réclamer la liberté de leur peuple. Mais Pharaon refuse de les libérer. En conséquence, de terribles fléaux s'abattent sur l'Égypte. Les eaux du Nil se couvrent de sang, le pays se remplit de grenouilles et d'insectes. Puis vient la mort du bétail égyptien et, plus tard, la grêle destructrice. Ces plaies sont envoyées pour punir Pharaon et l'obliger à libérer les Israélites.

1. Moïse retourna en Égypte et s'adressa aux Israélites pour leur dire que Dieu – appelé *El Shaddaï*, « Dieu tout-puissant (*shaddaï* signifie les seins, comme un Dieu nourricier qui donne la puissance) » par Abraham, Isaac et Jacob – lui était apparu sous le tétragramme – *Youd Hé Vav Hé* – lu Adonaï) pour lui ordonner de retourner en Égypte et de parler aux Israélites : « Je veux vous soustraire aux tribulations de l'Égypte et vous délivrer de sa servitude [...] Je vous adopterai pour peuple, je deviendrai votre Dieu [...] Puis je vous introduirai dans la contrée que j'ai solennellement promise à Abraham, à Isaac et à Jacob. Je vous la donnerai comme possession... »

Lorsque Moïse fit connaître la promesse de Dieu à ceux de son peuple, ils la rejetèrent, leurs esprits ayant été obscurcis par les années de servitude.

Dieu dit alors à Moïse : « Va, dis à Pharaon de laisser partir les enfants d'Israël. » Moïse commença par refuser, faisant valoir que si les Israélites ne l'écoutent pas, Pharaon rejetterait aussi sa requête. Il rappela aussi à Dieu son trouble de l'élocution. Mais Dieu lui fit savoir que son frère, Aaron, lui servirait de porte-parole.

2. Dieu avertit aussi Moïse que Pharaon ne se laisserait pas facilement convaincre : « J'endurcirai le cœur de Pharaon... j'imposerai ma main sur l'Égypte et je ferai sortir mes légions, les Israélites,

mon peuple, du pays d'Égypte, après une vindicte éclatante. Et les Égyptiens reconnaîtront que je suis l'Éternel… »

3. Moïse et Aaron se présentèrent pour la première fois devant Pharaon et exécutèrent les consignes données par Dieu. Aaron transforma par magie son bâton en serpent. Les devins de Pharaon répondirent en changeant à leur tour leurs bâtons en serpents. Mais le serpent d'Aaron avala les leurs. Malgré cela, le cœur de Pharaon restait endurci. Il ne voulut pas écouter leur plaidoyer en faveur des enfants d'Israël.

Aaron et Moïse retournèrent devant Pharaon une seconde fois alors que le souverain achevait sa baignade matinale dans le Nil. Parlant au nom de Dieu, Moïse lui dit : « Laisse partir mon peuple. Aujourd'hui, je vais changer les eaux du Nil en sang. Tous les poissons mourront. La puanteur se répandra à travers toute l'Égypte, et plus personne ne pourra boire de cette eau. » Aaron agita son bâton au-dessus du fleuve et tout ce que Dieu avait annoncé survint. Mais lorsque les magiciens de Pharaon exécutèrent les mêmes actions, le cœur de Pharaon s'endurcit à nouveau.

Sept jours plus tard, Dieu dit à Moïse de retourner devant Pharaon et de le menacer d'une invasion de grenouilles s'il ne libérait pas les Israélites. Aaron agita son bâton et fit venir les grenouilles, mais les magiciens égyptiens effectuèrent le même prodige. Cette fois, pourtant, Pharaon fit savoir à Moïse que, si Dieu enlevait les grenouilles, il autoriserait les Israélites à partir et à rendre un culte à l'Éternel. Mais lorsque Moïse supprima les grenouilles, le cœur de Pharaon s'appesantit une nouvelle fois et il refusa de libérer les Hébreux.

Dieu ordonna alors à Moïse de demander à Aaron de frapper la terre avec son bâton. Quand il le fit, l'Égypte se remplit de vermine. Par la suite, les devins égyptiens s'évertuèrent à faire de même mais ils ne le purent pas. « C'est la puissance de Dieu », dit-on à Pharaon. Mais le cœur du souverain demeurait obstiné.

Les jours suivants, Moïse revint plaider la cause de son peuple au nom de Dieu. Mais, chaque fois, Pharaon refusa de l'entendre. Dieu accabla alors le pays d'essaims d'insectes. Il fit ensuite mourir de maladie le bétail d'Égypte (chevaux, ânes, chameaux, bœufs, moutons). Après cela, des ulcères apparurent sur le corps de tous les Égyptiens. Puis des orages de grêle s'abattirent sur le pays. Après chacune de ces calamités, Pharaon semblait faiblir. Il promit de libérer le peuple des Hébreux mais, ensuite, son cœur s'endurcit de nouveau et il refusa.

Parlant au nom de Dieu, Moïse avertit le souverain : « Renvoie mon peuple pour qu'il m'adore. Car, cette fois, je déchaînerai tous mes fléaux contre toi-même, contre tes serviteurs, contre ton peuple, afin que tu saches que nul ne m'égale dans le monde entier. »

La *parasha Vaera* contient deux thèmes importants :

1. Les différents « noms » de Dieu.
2. L'« endurcissement » du cœur de Pharaon.

1. POURQUOI TANT DE NOMS POUR UN SEUL DIEU ?

Cette section de la Torah s'ouvre sur une déclaration surprenante. Lorsqu'il parle à Moïse, Dieu se présente sous le tétragramme. Il lui dit qu'Abraham, Isaac et Jacob l'appelaient *El Shaddaï* (« le Tout-puissant ») car ils ne connaissaient pas le tétragramme. Pourquoi la Torah emploie-t-elle deux noms pour *un* seul Dieu ?

Même si la question est logique, la Torah attribue de nombreux noms à Dieu. Ainsi, plus tôt, quand Moïse s'adresse à Dieu au buisson ardent (Exode 3), il Lui demande : « Je vais trouver les enfants d'Israël et je leur dirai : "Le Dieu de vos pères [Abraham, Isaac et Jacob] m'envoie vers vous." Mais s'ils me disent : "Quel est Son nom ?", que leur répondrai-je ? Dieu répondit à Moïse : "Je suis *Eheyé-asher-Eheyé.*" Et il ajouta : "Ainsi parleras-tu aux enfants d'Israël : *Ehyeh* m'a envoyé auprès de vous". »

> **_Eheyé_ : une autre vue**
>
> Pour le philosophe Hugo Bergmann, « *Eheyé* est conjugué à la forme imparfaite [Je serai] ». Cela nous enseigne que Dieu est aussi le « Je » dont la perfection est encore à venir.

Les exégètes et les philosophes juifs ont tenté de démêler la signification des mots *Eheyé-asher-Eheyé*, tout comme ils ont cherché à comprendre le sens du tétragramme et de tous les autres noms de Dieu cités dans la Torah. Puisque le mot hébreu *Eheyé* se traduit par « Je serai », beaucoup considèrent que la traduction « Je serai qui Je serai » est le nom de Dieu. Par comparaison, la racine hébraïque probable pour le tétragramme est la racine *hayah*, du verbe « être ». Le tétragramme, tout comme *Eheyé-asher-Eheyé*, suggèrent que Dieu n'est pas une chose fixe, ni une personne ou un objet, ni quoi que ce soit connu de l'être humain. Dieu est plutôt une force qui évolue, mystérieuse, dynamique, et en devenir constant.

Pour les Juifs, Dieu ne peut jamais être défini dans sa totalité. Tout ce que l'on peut appréhender est une ébauche de sa magnificence. Nous percevons des allusions à Dieu dans la beauté et l'ordre de la nature, dans les triomphes de la justice et de la liberté, dans le progrès des connaissances humaines ou, encore, dans la quête de l'amour et de la paix que poursuivent les êtres humains. Néanmoins, la tradition juive recommande la plus grande prudence quand il s'agit de parler ou d'écrire sur Dieu.

Tout au long des siècles, il fut ainsi interdit aux Juifs de prononcer le tétragramme. On lui préférait celui d'Adonaï, qui signifie « mon Seigneur ». Ce nom n'était prononcé qu'une seule fois par an, le jour de Yom Kippour, et exclusivement par le grand prêtre au Temple de Jérusalem (*Yoma* 39b). Plus tard, certains Juifs adoptèrent la coutume de se référer à Dieu comme *HaShem*, « le Nom » et d'écrire le mot « Dieu » avec un trait d'union ou un point : « D. ieu ». Ainsi, l'évocation de Dieu n'obéit pas aux usages du langage courant et rejoint le rang le plus élevé du respect.

De nombreux noms de Dieu, autres que le tétragramme, *El Shaddaï* et *Eheyé-asher-Eheyé*, ont émergé de la tradition juive au fil des âges. Le plus ancien cité par la Torah, *El*, est interprété par certains érudits comme « Le Plus Puissant ». On trouve aussi *El Elion*, « Dieu Très-Haut », *El 'Olam*, « Dieu éternel », *El Roï*, « Dieu qui me voie » ou, encore, *Eloha*, et son pluriel *Elohim*, utilisés plus de deux mille fois dans la Bible hébraïque et signifiant « Dieu » ou « dieux ».

Les rabbins du Talmud ont également trouvé de multiples noms pour Dieu : *haKadosh Baroukh Hou*, « Le Saint, Béni soit-il » ; *Ribono shel 'Olam*, « Le souverain de l'univers » ; *ha Raẖaman*, « Le Compassionné » ; *haMakom*, « Le Lieu ou l'Omniprésent » ; *Shamayim*, « Les Cieux » ; *Shekhina*, « la Présence » ; et *Avinou shebaShamayim*, « Notre Père céleste ». Au Moyen Âge, des mystiques juifs estimant que personne ne pouvait mesurer la grandeur de la puissance divine, ont appelé Dieu « *Ein Sof* », « l'Infini ».

Nous pouvons donc constater que, tout au long de l'histoire juive, Dieu s'est vu attribuer de très nombreux noms. Pourquoi ? Pourquoi tant de noms différents pour un seul Dieu ?

Pour certains commentateurs modernes, les noms utilisés dans la Torah signalent les traditions variées de la religion biblique des premiers temps. Tous les récits incluant le tétragramme sont ainsi regroupés sous l'appellation « documents J ». Ceux qui emploient le nom d'*Elohim* sont les « documents E ». L'érudit et exégète Richard Elliot Friedman suggère que les « documents J » sont issus de l'ancien royaume de Juda, tandis que les « documents E » proviendraient du royaume d'Israël.

Selon Friedman, « "E" évoque beaucoup moins que "J" le monde d'avant Moïse. "E" ne possède aucun récit de la création, aucune mention du déluge et relativement moins de références aux patriarches. Mais "E" est beaucoup plus riche que "J" à propos de Moïse ». L'accent mis sur Moïse par « E », soutient Friedman, vient des auteurs qui font remonter leur histoire à la libération d'Égypte. Pour eux, l'Exode fut l'événement le plus marquant de l'histoire du peuple hébreu. Ils travaillèrent donc à combiner les anciens récits de la tradition « J » avec cet événement. Voilà pourquoi, affirme Friedman, ce furent les premiers à combiner les deux noms divins – *Youd Hé Vav Hé* et *Elohim* – qu'ils rattachèrent à l'histoire de Moïse lorsque celui-ci demanda à Dieu : « Quel est Ton nom[1] ? »

Pour d'autres érudits bibliques, les noms de Dieu sont bien plus qu'un moyen d'identifier les origines des différents récits de la Torah.

Sarna

Ainsi, pour le commentateur moderne Nahoum Sarna, les noms divins relevés dans la Torah révèlent le « caractère et la nature » de Dieu – « l'élaboration de toute sa personnalité ». Et s'ils sont si nombreux, affirme Sarna, c'est parce qu'il était coutumier dans le Moyen-Orient antique d'attribuer de multiples noms aux dieux. Chacun d'entre eux fournit un aperçu précieux de la vision que les Hébreux du temps de la Bible avaient de Dieu[2].

La vision de Sarna est proche de celle de Rabbi Abba Hillel Silver. Selon ce dernier, « c'était une

---

1. Richard Friedman, *Who Wrote the Bible ?*, Summit Books, New York, 1987, p. 83. Trad. fr. *Qui a écrit la Bible ?*, Éditions Exergue, 1997.
2. Nahoum M. Sarna, *Exploring Exodus*, *op. cit.*, p. 42-45 et p. 50-52.

pratique courante chez les peuples de l'Antiquité de modifier le nom de leur divinité ou d'y ajouter un nom supplémentaire pour indiquer que la divinité endosse une nouvelle identité ou un rôle supplémentaire ». Puisque Dieu était sur le point de libérer les Hébreux du joug égyptien, un nouveau nom – *Youd Hé Vav Hé* – fut annoncé à Moïse. Ce qui signifie, spécule Silver, « l'accomplisseur » ou « le Dieu qui accomplit la promesse ». Ce nouveau nom divin ne devait pas seulement inspirer confiance et espoir chez les Israélites asservis, mais leur rappeler, après leur libération, que Dieu les avait affranchis de la tyrannie. Ce nouveau nom divin préfigure donc ce que l'Éternel se préparait à accomplir.

Rabbi ben Abba Mammel, qui vivait à Tibériade au IIIe siècle de notre ère, estime également que les différents noms de Dieu révèlent ce qu'Il accomplit ou se prépare à accomplir. Ainsi Dieu est appelé *Elohim* quand il porte des jugements sur des peuples et des nations, *Tzevaot* – « Dieu des armées célestes » – pendant les guerres contre les méchants, *El Shaddaï* – « Dieu tout-puissant » – quand il s'agit de pardonner aux êtres humains leurs blessures contre eux-mêmes et contre les autres, *Adonaï* – quand il est question d'augmenter l'amour et la compassion dans le monde. « Les noms de Dieu révèlent les actes de Dieu. » En d'autres termes, tout comme les noms que nous donnons parfois à des personnes soulignent leurs traits principaux, il en va de même avec les noms que la tradition juive a donnés à Dieu. Ils nous présentent Dieu comme un maître de justice, de vérité, de compassion et d'amour (*Midrash Rabba* 3 : 6).

Peli

Pour l'exégète moderne Pinhas Peli, les noms de Dieu remplissent une fonction très précieuse : « Les êtres humains ne sont pas capables de saisir l'essence divine. Tout ce qu'ils peuvent percevoir ou deviner, c'est le nom de Dieu, autrement dit la dimension révélée par Dieu dans ses actes. » Les rabbins affirment pour cette raison qu'il existe soixante-dix noms de Dieu dans la Bible hébraïque. Mais, nous dit Peli, les pouvoirs de Dieu sont si grands, si merveilleux et mystérieux que même ces soixante-dix noms ne suffisent pas à décrire les multiples manières dont nous rencontrons Dieu dans nos vies. Et Peli de conclure par cet avertissement : « Même après avoir égrené tous les noms de Dieu, le mystère de Dieu n'est pas levé[1]. »

Le psychologue et philosophe Erich Fromm estime également que le mystère de Dieu est bien au-delà de la compréhension humaine. Mais il propose une approche très différente des noms de Dieu dans la Torah. Pour Fromm, tous les noms de Dieu sont des formes d'idolâtrie. Dieu, écrit-il, « ne peut être représenté par aucune sorte d'image, ni image, ni son – autrement dit un nom – et pas davantage par une effigie de pierre ou de bois ». Il suggère que la meilleure façon de traduire la réponse de Dieu à Moïse après que ce dernier lui a demandé : « Quel est Ton nom ? » doit être « Mon nom est *Sans Nom* ». En d'autres termes, les noms peuvent être trompeurs, voire dangereux, si l'on suppose qu'ils sont des représentations de la vérité entière.

1. « Torah Today, Va'era », *Jerusalem Post*, 18 janvier 1985.

Dieu ne peut être appréhendé ni défini par un nom. Dieu est au-delà de tout nom, toute désignation ou définition[1].

Comme nous pouvons le constater, la question d'attribuer des noms à Dieu est l'objet de controverses parmi les commentateurs juifs. Les noms nous aident à exprimer notre compréhension de Dieu, et notre respect. Pourtant tous sont d'accord pour affirmer qu'aucun « nom », aussi beau ou intelligent, aussi noble ou sage soit-il, ne peut décrire le pouvoir de Dieu dans sa totalité, ni le mystère de sa présence dans nos vies. Les noms sont nés du seul langage humain, ce sont des outils que nous utilisons pour capturer et formuler des concepts, des idées, des significations. Dieu est au-delà de nos « noms », au-delà des limites de notre émerveillement. Aucun être humain ne peut dépeindre, par le verbe ou par toute autre forme d'expression, l'essence de Dieu.

2. L'ENDURCISSEMENT DU CŒUR DE PHARAON

Cette section de la Torah nous confronte à une question difficile. Lorsque Moïse et Aaron se présentent devant Pharaon pour lui demander de laisser les Israélites quitter l'Égypte, le souverain les écoute puis refuse. Pour forcer Pharaon à changer d'avis, un terrible fléau s'abat alors sur l'Égypte en guise de châtiment. Le même cycle se répétera dix fois. À chaque épisode, le souverain égyptien semble prêt

---

1. Erich Fromm, *You Shall Be as Gods*, Holt, Rinehart et Winston, New York, 1966, p. 29-32.

à céder à la supplique d'Aaron et de Moïse puis, soudain, son « cœur s'endurcit » mystérieusement et il revient sur sa décision.

Il est malaisé de comprendre ce que la Torah entend par cet « endurcissement du cœur ». Qu'arrivait-il à Pharaon chaque fois qu'il s'apprêtait à dire oui avant de, finalement, répondre le contraire ? Dieu gouvernait-il la volonté du souverain égyptien, jouait-il avec lui comme avec une marionnette ? Ou Pharaon disposait-il de son libre arbitre ?

Certains commentateurs notent que l'« endurcissement » du cœur de Pharaon est mentionné vingt fois dans la Torah. Les dix premières fois sont reliées aux récits des cinq premières plaies et, dans chaque cas, il nous est dit que « Pharaon endurcit son cœur ». Apparemment, les événements semblent bel et bien la conséquence des décisions de Pharaon. Mais les dix références suivantes relatives au « cœur endurci » du souverain sont différentes. Elles accompagnent la venue des cinq dernières plaies et, à chaque épisode, il est dit que « Dieu endurcit le cœur de Pharaon ». Ici, il semblerait donc que ce soit Dieu seul qui ait le contrôle et qui provoque les changements dans le cœur de Pharaon[1].

Les dix plaies d'Égypte

Ces dix plaies sont : le sang dans le Nil, les grenouilles, les essaims d'insectes, les bêtes sauvages, la maladie du bétail, les ulcères, la grêle, les sauterelles, les ténèbres et la mort des premiers-nés.

---

1. Nahoum M. Sarna, *Exploring Exodus, op. cit.*, p. 64.

Hirsch

On peut aussi interpréter ce passage de la Torah en avançant que Dieu a « endurci » le cœur de Pharaon pour manifester sa divine puissance sur toutes les créatures. Rabbi Samson Raphaël Hirsch souligne que la Torah emploie trois mots hébreux différents pour décrire cette métamorphose du cœur de Pharaon. Le premier, *kashah,* signifie « être dur, vivre n'importe quelle situation sans trahir la moindre émotion ». Le second, *kaved,* veut dire « lourd ». Même si une circonstance imprime sa marque sur notre sensibilité, il peut néanmoins exister un décalage considérable entre ce moment et celui où l'on réagit. Enfin, la Torah emploie le mot *h̲azak,* qui désigne quelqu'un de « ferme » et qui, en toute lucidité, « ne transige ni ne plie ».

Pour Hirsch, « la froideur de Pharaon, son apathie émotionnelle » furent exploitées par Dieu afin que « toutes les générations ultérieures puissent reconnaître sans hésitation la toute-puissance de Dieu, la manifestation de Sa Présence et Sa direction dans l'histoire de l'humanité ». Plus jamais, affirme Hirsch, il n'y aura la « nécessité d'un miracle ». En d'autres termes, c'est Dieu qui a tiré les ficelles et dirigé les choix du souverain égyptien. Il a rendu son cœur *kashah, kaved* et *h̲azak* afin de démontrer où résident réellement la puissance et la maîtrise !

Zougot

Il y a des siècles de cela, Rabbi Yoh̲anan fut troublé par une explication semblable à celle proposée par le rabbin Hirsch. Il en conclut alors que, si Dieu tirait toutes les ficelles et que Pharaon n'avait pas de libre arbitre, le souverain égyptien ne pouvait être tenu pour responsable de ses choix. Ce qui signifie alors qu'aucun de nous n'est vraiment libre et que les actes que nous croyons inspirés par l'amour ou la haine, la générosité ou l'égoïsme, la justice ou l'indifférence ne sont qu'illusion. « Est-ce donc là ce que la Torah nous enseigne quand elle nous dit que Dieu a endurci le cœur de Pharaon ? » demanda Rabbi Yo_h_anan à son beau-frère Rabbi Simeon ben Lakish, compagnon d'étude et ami proche.

Resh Lakish, ainsi qu'on l'appelait, répondit en expliquant que Dieu avait offert à Pharaon plusieurs occasions de changer d'avis et de permettre aux Israélites de quitter l'Égypte. Les plaies étaient envoyées en guise d'avertissements dans l'espoir que Pharaon, pris de repentir, libère les esclaves : « Puisque Dieu le mit en garde à cinq reprises et qu'il n'en a pas tenu compte en continuant à durcir son cœur, alors Dieu lui dit : "Je vais ajouter encore plus d'ennuis à ceux que tu as créés pour toi-même." » (*Exode Rabba* 13 : 3) Voici donc ce que la Torah nous apprend lorsqu'elle évoque « le cœur endurci de Pharaon ». C'est le propre entêtement de Pharaon qui a engendré cette situation.

Faire des choix

Resh Lakish nous dit : « Si quelqu'un cherche à faire le mal, cette personne en trouvera toujours le moyen. Mais si l'on cherche à faire le bien, à s'améliorer et à améliorer la société, Dieu sera à nos côtés » (*Shabbat* 104 a).

Dieu ne préjuge pas si une personne doit être juste ou mauvaise car cela est confié au libre arbitre de chacun (*Tanhouma*, *Pekoudé*, 3).

Chaque fois que nous désobéissons à la voix de la conscience, celle-ci se fait plus faible et lointaine, et le cœur humain devient plus difficile à atteindre et à émouvoir. Le judaïsme affirme le principe du libre arbitre. Chacun d'entre nous est maître de son esprit. « Une mauvaise action mène à une autre » (*Pirké Avot* 4 : 2). Et, à l'inverse, « une bonne action mène à une autre » et nous libère chaque fois davantage de la servitude[1].

Rambam (Maïmonide)

Moïse Maïmonide rejoint Resh Lakish en affirmant « que ce n'était pas Dieu qui contraignit Pharaon à faire du mal à Israël ». Les décisions du souverain relevaient de sa seule volonté. Le libre arbitre, note Maïmonide « est un principe fondamental du judaïsme. Personne ne force quiconque à agir, le conditionne ou l'influence. Chacun se comporte comme il l'entend, tout le monde est absolument libre d'accomplir n'importe quel acte, qu'il soit bon ou mauvais ». À chaque fois, Pharaon a fait ses choix librement. Et, à chaque fois, il lui est devenu de plus en plus difficile de revenir sur ses décisions. Un mauvais choix conduit à un autre puis à un autre, jusqu'à ce que le champ décisionnel se restreigne au point qu'il devient définitivement impossible de rebrousser chemin.

---

1. Rabbi Hillel E. Silverman, *From Week to Week*, Hartmore House, New York, 1975, p. 57.

Le psychologue moderne Erich Fromm élargit encore cette analyse de Maïmonide. Selon lui, la Torah décrit ici « une des lois fondamentales du comportement humain. Chaque acte mauvais tend à endurcir le cœur de l'homme, c'est-à-dire à le mortifier. Et chaque bonne action le conduit à s'adoucir, à devenir plus vivant. Plus le cœur de l'homme s'endurcit, moins il dispose de liberté pour changer et plus il est déterminé par ses actions précédentes. Survient alors le point de non-retour, quand le cœur de l'homme est si dur et insensible qu'il a perdu toute capacité à faire des choix libres et qu'il est contraint de continuer sur la même voie jusqu'à la fin inéluctable – laquelle est, en dernière analyse, sa propre destruction physique ou spirituelle[1] ».

Ainsi le premier choix de Pharaon de poursuivre les persécutions et l'oppression à l'encontre des Israélites l'a finalement amené à ce « point de non-retour ». Sans doute a-t-il pensé que « s'il cédait à leurs exigences, s'il n'endurcissait pas son cœur et ne continuait pas à les gouverner rudement, les Hébreux, tout comme les Égyptiens, concluraient à sa faiblesse et se rebelleraient ». Dominé par la peur de l'échec, incapable de développer des solutions créatives à ses problèmes, Pharaon devint la victime de ses mauvaises décisions. Tragiquement, il a choisi la voie escarpée et, une fois qu'il a commencé à tomber, il n'a pas pu s'arrêter ni éviter de sombrer.

Un autre point de vue sur l'endurcissement de Pharaon mérite d'être examiné. Un commentaire du *Midrash* explique que « Pharaon aimait à se vanter qu'il était un dieu ». Certes, il avait plus de pouvoir

---

1. Erich Fromm, *You Shall Be as Gods, op. cit.*, p. 101.

à sa disposition que n'importe quel autre être humain de son temps. Il commandait d'innombrables légions puissamment armées et capables d'exterminer et d'écraser quiconque oserait se soulever contre lui. Par l'intermédiaire de ses contremaîtres, il a exercé le pouvoir de vie et de mort sur des milliers d'esclaves assignés à la construction de ses villes, Pithôm et Ramsès. L'auteur du *Midrash* imagina que, parce que Pharaon possédait le pouvoir de vie et de mort sur tant d'êtres humains, il en avait conclu qu'il était invincible, que rien ne pourrait le vaincre ou ruiner ses plans (*Exode Rabba* 8 : 2).

Les plaies qui ont accablé Pharaon

Parce qu'il a prétendu être un dieu, dix fléaux s'abattirent sur Pharaon. Qu'a-t-il dit ? « Le Nil est mien, je l'ai fait pour mon seul usage » (Ézéchiel 29 : 3). À cause de ces paroles, Dieu l'a accablé de plaies (*Exode Rabba* 8 : 2).

Leibowitz

Le but de ces fléaux était pédagogique : amener à la connaissance de Dieu ceux qui refusaient de reconnaître Sa puissance...
Ce passage de la Torah vise à « décrire les tentatives répétées pour briser le cœur arrogant de Pharaon et lui apprendre à connaître l'Éternel[1] ».
Enfin, il faut se rappeler que l'histoire des plaies est, dans sa totalité, celle d'une confrontation entre la volonté de Pharaon et la volonté d'un Dieu reconnu exclusivement

1. Neẖama Leibowitz, *Studies in Shemot*, *op. cit.*, p. 170-177.

par les Israélites... Ainsi, les plaies, la défaite humiliante et la fin ignominieuse du dieu-roi constituent une saga destinée à inspirer le mépris pour le paganisme égyptien[1].

Pourtant Pharaon fut vaincu. Toutes ses légions et ses armes ne suffirent pas à éteindre la soif de liberté que Dieu avait placée dans le cœur des Israélites. Plus Pharaon les brutalisait, plus leur détermination d'être libres grandissait. Chaque fois qu'il avait une chance de les laisser partir et de ne plus subir les fléaux qui l'accablaient, Pharaon croyait avoir affaire à des esclaves faibles, brisés, et son cœur s'endurcissait. Il ne pouvait comprendre que, tout au fond d'eux, Dieu avait semé un désir de liberté si fort qu'il ne pouvait rien contre lui.

Selon ceux qui rapportent ce *midrash*, Dieu décida de donner une leçon à Pharaon et à tous ceux qui entendraient parler de lui. Dès ce moment, Dieu allait endurcir son cœur. Et ce souverain qui avait prétendu être un dieu, qui avait mis à mal tant d'existences, serait détruit. Dieu révélerait sa faiblesse à tous et démontrerait que le Dieu de la libération remporte toutes les batailles contre l'oppression.

Selon cette version, l'histoire de Dieu et de Pharaon ne concerne pas à proprement parler le fait de savoir si les êtres humains sont libres ou non de faire des choix bons ou mauvais. Il s'agit plutôt d'une confrontation entre ceux qui prétendent être un dieu et Dieu, entre ceux qui prétendent gouverner le monde et Dieu qui libère le monde. C'est la

1. Nahoum M. Sarna, *Exploring Exodus, op. cit.*, p. 80.

victoire du Dieu spirituel – qui désire la liberté, la justice et l'égalité sainte pour chaque être humain – sur un souverain se proclamant dieu et qui, pour gouverner les peuples, doit les broyer et les réduire en esclavage.

L'endurcissement du cœur de Pharaon et les plaies miraculeuses envoyées pour le détruire mettent en exergue le pouvoir du Dieu libérateur. Pour la Torah, aucun pharaon au cœur dur, aucun souverain, aucune institution ne peuvent enrayer la volonté de Dieu de libérer les êtres humains. Cette volonté triomphe toujours. Dieu veut que nous soyons libres !

Questions pour l'étude et la discussion

1. Comment les divers noms de Dieu employés dans la tradition juive peuvent-ils nous aider à comprendre ce que les Juifs croient et ne croient pas à propos de Dieu et des origines de la Torah ? Si vous deviez créer de nouveaux noms pour Dieu aujourd'hui, que pourraient-ils être ? Dressez-en une liste et expliquez chacune de vos suggestions.
2. Erich Fromm affirme que « chaque acte mauvais tend à endurcir le cœur de l'homme, c'est-à-dire à le mortifier ». Êtes-vous d'accord avec cette affirmation ? Sommes-nous la source de notre entêtement, ou sommes-nous influencés par les autres et par des situations stressantes qui nous rendent insensibles et incapables de faire des choix avisés et justes ? Comment le cœur de Pharaon a-t-il été « endurci » chaque fois qu'il a changé d'avis et refusé de libérer les Israélites ?

Parashat Bo

Exode 10 : 1-13 : 16

La parasha Bo *tire son nom du premier mot prononcé par Dieu lorsqu'il ordonna à Moïse : « Va* (bo) *trouver Pharaon. » Moïse et Aaron s'évertuèrent à persuader le souverain égyptien de rendre leur liberté aux Israélites. Mais celui-ci refusa. En guise de châtiment, les Égyptiens furent accablés par des nuées de sauterelles, par les ténèbres et, enfin, par la mort de leurs premiers-nés. « Sors de devant moi ! » dit Pharaon à Moïse. Dieu annonça alors à Moïse que, lorsque le dernier fléau se serait abattu sur l'Égypte, Pharaon laisserait partir les Israélites. À minuit, ce même jour, Moïse conduisit les Israélites hors d'Égypte et proclama que le soir du quatorzième jour du premier mois de chaque année, une fête devait être célébrée pendant sept jours afin de rappeler la libération d'Égypte. La* matsa, *ou « pain azyme », devrait être consommée durant sept jours et, le premier soir de la fête, on raconterait aux enfants comment Dieu avait libéré leur peuple de la maison de servitude.*

NOTRE TARGOUM

1. Après l'envoi de sept plaies sur l'Égypte (le sang dans le Nil, les grenouilles, les essaims d'insectes, les bêtes sauvages, les maladies du bétail, la grêle, les ulcères), Dieu ordonna une nouvelle fois à Moïse et à son frère Aaron de retourner devant Pharaon. « Combien de temps encore refuseras-tu de t'humilier devant Dieu ? » demandèrent-ils au souverain. Puis ils l'avertirent que, s'il ne libérait pas leur peuple, Dieu ferait s'abattre une nuée de sauterelles sur le pays. Les conseillers de Pharaon dirent au souverain : « Laisse partir les hommes, qu'ils servent l'Éternel leur Dieu. Ignores-tu encore que l'Égypte est ruinée ? » Ainsi, le souverain convia de nouveau Moïse et Aaron à son palais. « Quels sont ceux que vous prendrez avec vous ? » leur demanda-t-il. Moïse lui répondit : « Nous irons, jeunes gens et vieillards, nous irons avec nos fils et nos filles, avec nos brebis et nos bœufs, car nous devons célébrer l'Éternel. » Mais Pharaon, rejetant leur demande, fit expulser Moïse et Aaron du palais.

Dieu fit alors s'abattre des nuées de sauterelles sur l'Égypte et le pays tout entier en fut envahi. Quand Pharaon vit cela, il appela Moïse. « Pardonne-moi », gémit-il. Moïse plaida la cause du souverain devant Dieu qui mit fin au fléau. Mais il endurcit une fois de plus le cœur de Pharaon.

Dieu le châtia en lui envoyant les ténèbres. Durant trois jours, la terre fut plongée dans la nuit sauf dans les demeures des Israélites. Pharaon convoqua une nouvelle fois Moïse : « Partez, adorez l'Éternel. Seulement que votre menu et votre gros bétail demeurent, mais vos enfants peuvent vous suivre. » Moïse refusa et le cœur de Pharaon s'endurcit à nouveau. « Va-t'en loin de moi ! » dit-il à Moïse. Dieu informa Moïse qu'il susciterait une nouvelle plaie sur l'Égypte. Il lui demanda de faire savoir aux Israélites qu'ils devaient emprunter des objets d'or et d'argent chez leurs voisins égyptiens. Ceux-ci laissèrent de bon gré les Israélites emporter les objets qu'ils désiraient.

Dieu accabla l'Égypte d'une dixième plaie. Tout garçon premier-né et tout animal premier-né périrent. Après avoir perdu son propre fils et contemplant le désastre advenu à son peuple et à son pays, Pharaon convoqua Moïse et Aaron. Brisé par la puissance de Dieu, il leur dit : « Allez ! Partez du milieu de mon peuple, vous et les enfants d'Israël ! Allez adorer l'Éternel… Mais, en retour, bénissez-moi. » Les autres Égyptiens exhortèrent les Israélites à quitter le pays en toute hâte. Ils prirent avec eux leur pâte non encore levée ainsi que l'or et l'argent réclamés à leurs voisins égyptiens. À minuit, le quatorzième jour du premier mois de l'année, après avoir vécu quatre cent trente ans en servitude, le peuple hébreu, guidé par Moïse, quitta l'Égypte.

2. Ce même soir de la sortie d'Égypte, Moïse annonça que Dieu ordonnait au peuple de célébrer chaque année cette libération par une cérémonie spéciale de commémoration. Au dixième jour du mois, chaque foyer devait choisir un agneau et l'abattre au crépuscule du quatorzième jour. Son sang devait être

badigeonné sur les linteaux de la porte et sa viande rôtie mangée au cours de la nuit avec du pain sans levain (*matsa*) et des herbes amères (*maror*). Ce qu'il en restait au matin devait être brûlé.

Après avoir consommé le repas, les hommes devaient se ceindre la taille et chausser des sandales. Puis, un bâton à la main, il leur fallait manger en hâte l'agneau rôti. À la vue de cet étrange rituel, les enfants demanderaient : « Que signifie cette cérémonie ? » Il fallait alors leur répondre : « C'est le sacrifice de la pâque en l'honneur de l'Éternel, qui passa au-dessus des demeures des Israélites en Égypte alors qu'il frappa les Égyptiens et voulut préserver nos familles. »

Moïse informa également les Israélites que Dieu leur ordonnait de commémorer leur libération d'Égypte chaque année en ne mangeant que du pain azyme pendant sept jours. Tout levain devait être enlevé de leurs foyers et on ne devait en trouver nulle part dans tout le pays durant les sept jours que durait la fête. Par ailleurs, le premier jour et le septième jour devaient être affectés au rassemblement solennel de la communauté. Comme au jour du Shabbat, aucun travail ne devait être accompli à ces moments-là.

La *parasha Bo* contient deux thèmes importants :

1. La saisie des objets d'or et d'argent égyptiens.
2. La création de la célébration de Pessah.

1. LES ISRAÉLITES AVAIENT-ILS LE DROIT D'EMPORTER L'OR ET L'ARGENT DES ÉGYPTIENS ?

Juste avant la dixième et dernière plaie envoyée sur Pharaon, Dieu commanda à Moïse de dire aux Israélites : « Fais donc entendre au peuple que chacun ait à demander à son voisin et chacune à sa voisine, des vases d'argent et des vases d'or. » La Torah précise que « l'Éternel avait inspiré aux Égyptiens de la bienveillance pour ce peuple ». Ils prêtèrent donc leurs biens aux Israélites qui « dépouillèrent les Égyptiens ».

Ce récit soulève de nombreuses questions troublantes. La Torah justifie-t-elle le fait de voler les Égyptiens ? Pourquoi ceux-ci étaient-ils si bien disposés à remettre leurs richesses aux Israélites ? Ces derniers ont-ils abusé des Égyptiens quand ils les ont « dépouillés » de leur or et de leur argent ?

Le mot hébreu pour « emprunter » est *shaal*. Il peut aussi bien signifier « demander » qu'« exiger ». Quelle est la traduction la plus appropriée pour rapporter cet épisode ? Les Israélites ont-ils « emprunté », « demandé » ou « exigé » leurs richesses aux Égyptiens ? S'agissait-il de « cadeaux » ou du « butin » de la victoire ? De tous les exégètes juifs qui se sont penchés sur ce passage significatif de la Torah, aucun ne suggère que les Israélites ont délibérément dépouillé les Égyptiens de leurs biens. Presque tous s'entendent à dire que cet or et cet argent étaient des offrandes consenties remises aux Israélites au moment de leur départ.

Pour Rabbi Ishmaël, cette réaction des Égyptiens fut immédiate et sans réserve.

Zougot

Rabbi Yossi se rallie à ce point de vue en expliquant qu'il existait un haut niveau de confiance et de respect entre les deux peuples. Pendant trois jours, les Égyptiens furent enveloppés par « d'épaisses ténèbres ». Les Israélites, épargnés par ce fléau, auraient pu profiter de la situation pour les voler. Mais ils ne l'ont pas fait. Voilà pourquoi, explique Rabbi Yossi, les Égyptiens ont continué à se fier aux Israélites et les ont récompensés avec des offrandes d'or et d'argent (*Mehilta*, sur Exode 12 ; 36).

Hirsch

L'honnêteté des Hébreux

Pour le rabbin Samson Raphaël Hirsch, les Israélites « ont prouvé leurs remarquables qualités morales » pendant ces heures de ténèbres. « Pendant trois jours, leurs oppresseurs... ont été réduits à la plus totale impuissance ; pendant trois jours tous leurs trésors étaient à portée de tous et, cependant, aucun Hébreu n'en a profité pour en tirer le moindre avantage, que ce soit à l'encontre des personnes ou à l'encontre de leurs biens » (*Pentateuch*, sur Exode 11 : 2-3, p. 119).

Flavius Josèphe rejoint cette idée. Il affirme que les Israélites n'ont rien volé. Ce sont les Égyptiens qui leur ont remis ces offrandes, insistant pour les leur donner en signe d'amitié et de bon voisinage.

Rashbam

Rashbam pense également que les Égyptiens ont consenti volontairement à céder leurs biens aux Israélites. « Ils leur ont simplement demandé de les leur donner et les Égyptiens ont accepté. » Pour Rashbam, il n'y eut ni violence ni pression d'aucune sorte.

Sarna

Le commentateur moderne Nahoum Sarna s'inscrit en faux contre ces conclusions. Selon lui, l'or et l'argent n'étaient nullement des dons de bon voisinage mais plutôt un tribut justifié par la victoire des Hébreux sur les Égyptiens, lesquels les avaient exposés à toutes les cruautés, bafouant leur dignité et leur intelligence. Ces « cadeaux » étaient donc un moyen de restaurer leur fierté. Ils prouvaient que les Israélites étaient égaux en tout point à leurs oppresseurs. Ils « ont quitté l'Égypte leur dignité intacte », écrit Sarna.

Des explications qui diffèrent cependant des premiers récits égyptiens de cet épisode. À l'époque où Alexandre le Grand régnait sur l'Égypte (332-323 avant notre ère), de nombreux Égyptiens se plaignirent que les Hébreux avaient dérobé les biens de leurs ancêtres. Ils citèrent pour preuve le passage de la Torah relatant cet épisode. Lorsque Gaviha ben Pasisa, célèbre chef juif, entendit ces réclamations, il exigea un débat public. Alexandre accepta.

Après avoir écouté les arguments des plaignants égyptiens, Gaviha répondit : « À mon tour, je vais me référer à la Torah. Il nous y est dit qu'Israël a vécu en Égypte quatre cent trente-six ans. En conséquence, vous, les Égyptiens, ne devez-vous pas dédommager ce peuple pour toutes ses années d'esclavage ? » Alexandre écouta le point de vue de Gaviha et accorda trois jours aux Égyptiens pour formuler une réponse. Mais, après avoir débattu longuement de cette question, ceux-ci ne purent lui opposer aucune réplique (*Sanhédrin* 91a).

L'argument de Gaviha selon lequel les biens emportés par les Israélites n'étaient pas du vol mais plutôt une « réparation » et une compensation pour des années d'esclavage est également avancé par d'autres commentateurs. Ainsi, le philosophe Philon d'Alexandrie, qui vécut au Ier siècle de notre ère, estime que l'argent et l'or pris aux Égyptiens était une juste rétribution pour des années de souffrances et d'un labeur jamais payé. Ces « dons » étaient en réalité un dû.

Une juste rétribution

Les esclaves hébreux avaient travaillé pour leurs maîtres... ils avaient droit à leur liberté et, en même temps, à une juste indemnité de départ. La justice l'exigeait (Umberto Cassuto, sur Deutéronome 23 : 8).

En 1951, le gouvernement israélien a débattu pour savoir s'il fallait demander des « réparations » à l'Allemagne. Six millions de Juifs ont été exterminés par les nazis. Des entreprises, des propriétés de plusieurs millions qui leur appartenaient furent confisquées ou détruites. Des carrières furent ruinées. Des centaines de milliers de Juifs se retrouvèrent orphelins, sans abri, malades. David Ben Gourion, alors Premier ministre d'Israël, fit valoir que, puisque l'on ne pourrait jamais estimer le montant total des pertes, l'État d'Israël avait toute légitimité pour réclamer 1,5 milliard de dollars à l'Allemagne en tant que « réparations matérielles ». L'argent servirait à « assurer une compensation (ou indemnisation) pour les héritiers des victimes et la réhabilitation des survivants ».

En janvier 1952, les Juifs du monde entier, et particulièrement en Israël, menèrent des débats houleux pour savoir si ces réparations devaient être demandées ou, même, acceptées. Ben Gourion expliqua que le montant de 1,5 milliard de dollars avait été choisi parce que c'était « la somme minimale requise pour l'absorption et la réhabilitation du demi-million d'immigrants issus des pays soumis au régime nazi ». Menahem Begin, chef du parti d'opposition Herout, s'y opposa en faisant valoir qu'accepter ces réparations signifierait « la reddition de l'indépendance politique » et représenterait « l'ultime abomination » pour les victimes assassinées par les nazis. Après un mois de manifestations contre la proposition du gouvernement, la Knesset vota, à 61 voix contre 50, la résolution d'accepter ces réparations. Les paiements furent étalés sur une période de douze ans[1].

Ces « réparations » payées par l'Allemagne au peuple juif à cause de la Shoah sont-elles à mettre en parallèle avec l'or et l'argent pris par les Israélites aux Égyptiens ? Les victimes – ou leurs

---

1. David Ben Gourion, *Israël, A Personal History*, Funk et Wagnalls, Inc. et Sabra Books, New York, 1971, p. 399-400.

descendants – doivent-elles accepter une quelconque « rétribution » pour tant de cruauté ? Peut-on évaluer le prix d'une vie humaine – ou de six millions de vies humaines ?

Ramban (Nahmanide)

Nahmanide suggère que les Égyptiens ont remis de l'or et de l'argent aux Israélites à titre d'« expiation », pour témoigner de leurs regrets devant les dommages infligés au peuple hébreu. Par leurs offrandes, les Égyptiens recherchaient le pardon. C'est un peu comme s'ils avaient dit : « Nous sommes méchants. Nos mains ont perpétré des actes de violence, et vous méritez la compassion de Dieu. » Leurs dons étaient un aveu de culpabilité, la confession de tous leurs torts, l'imploration d'un pardon (*Commentaire sur Exode* 11 : 3).

Sur le pardon à autrui

Chaque nuit, avant de te retirer, pardonne à ceux qui t'ont offensé pendant la journée (Asher ben Yehiel, XIVe siècle).

Puisque j'ai moi-même besoin de la pitié de Dieu, j'ai accordé l'amnistie à tous mes ennemis (Heinrich Heine, 1797-1856).

En demandant et en acceptant les « cadeaux » égyptiens, les Israélites cherchaient peut-être à faire comprendre à leurs oppresseurs qu'ils étaient disposés à leur pardonner. Puisqu'ils s'affranchissaient de toutes les souffrances passées, ces réparations contribueraient à établir les bases d'un avenir solide. Pardonner à ses ennemis ne signifie pas pour autant oublier le passé. Il s'agit plutôt de le dépasser pour créer de nouvelles opportunités. Au lieu de se laisser appesantir par la colère et le ressentiment contre ceux qui, en les réduisant à la pauvreté et à l'esclavage, leur avaient causé tant de souffrances, les Israélites acceptèrent les cadeaux de leurs anciens ennemis et quittèrent l'Égypte comme un peuple fier et indépendant pour se façonner un nouvel avenir.

2. LES ORIGINES DE LA CÉLÉBRATION DE PESSAH

Pessah est l'une des fêtes les plus populaires de l'année juive. Le soir du quatorzième jour de Nissan, familles et amis se réunissent pour le *seder*. La table est décorée de manière festive des symboles de la fête : le *pessah* (*zero'a*), un os rôti, la *matsa*, ou pain azyme, le *maror*, des herbes amères, le *haroset*, mélange de pommes, noix, miel, cannelle et vin, le *hagigah (betsa)*, un œuf dur, le *karpas*, du persil, et des coupes de vin dont une est mise de côté pour le prophète Élie. On a déposé devant chaque place une *haggadah* – un livre contenant le *seder*, c'est-à-dire « l'ordre » qui présidera au déroulement de la cérémonie, ainsi que l'histoire de la libération des Israélites du joug égyptien.

Ceux qui célèbrent le *seder* boiront quatre coupes de vin, inviteront un enfant à poser quatre questions et liront l'histoire de quatre enfants représentant quatre attitudes lors de la fête de Pessah. Au début de la soirée, on cassera en deux une *matsa* dont une moitié sera réservée en tant qu'*afikoman*, ou « dessert ». L'autre morceau en main, la personne qui dirige le *seder*, parfois debout devant une porte ouverte, annoncera : « Que tous ceux qui ont faim viennent et mangent… »

Le récit de la sortie d'Égypte inclura des chansons, des discussions et l'évocation des rabbins de la *Mishnah* qui ont dit : « À chaque génération, chacun, doit se considérer lui-même comme s'il fuyait hors d'Égypte. » La *haggadah* contient aussi l'histoire de cinq rabbins connus pour avoir fait durer les célébrations du début de la soirée jusqu'à l'aube du lendemain. Puis, à la fin du repas, on prononcera ces mots : *Leshanah habaah biroushalayim* – « L'année prochaine à Jérusalem ! »

Le *seder* célébré par les juifs aujourd'hui est en réalité le résultat d'une évolution sur des milliers d'années. Chaque génération a enrichi la cérémonie d'éléments importants tout en en délaissant d'autres. Dans cette section de la Torah, nous trouvons la description des premiers rituels de Pessah observés par le peuple d'Israël.

Dans les temps anciens, avant que les Hébreux n'aient été réduits en servitude en Égypte, les bergers réservaient un agneau d'un an pour chaque foyer à l'arrivée du printemps. Au coucher du soleil, le quatorzième jour du mois de Nissan, quand la lune était pleine et brillante, l'agneau était abattu. Puis on appliquait de son sang sur le linteau et les montants des portes de la maison où il serait mangé. Après quoi, on le grillait pour le repas de fête. Lorsque la viande était prête, on la consommait avec la *matsa* et le *maror*.

Les premiers agriculteurs hébreux célébraient déjà une fête du printemps. Leur coutume imposait de jeter tous les restes de levain de la maison et de ne manger que la *matsa* pendant sept jours, du quatorzième au vingt et unième jour du mois de Nissan.

Personne ne sait quand les traditions des bergers et des agriculteurs se sont rejointes. Peut-être lorsque Moïse libéra les Hébreux du joug égyptien, ou plus tard. Tous les passages de la Torah concernant Pessah sont associés à ce moment historique de l'Exode. Il nous est dit ainsi que l'agneau doit être appelé « le sacrifice de la Pâque en l'honneur de l'Éternel, qui passa au-dessus des demeures des Israélites en Égypte, alors qu'il frappa les Égyptiens [...] » (Exode 12 : 27). La Torah contient également des instructions précises sur la façon de manger l'agneau. L'animal devait être consommé rapidement et les hommes porter « la ceinture aux reins, la chaussure aux pieds, le bâton à la main » (Exode 12 : 11). On rappelait ainsi le souvenir de ceux qui avaient fui le danger et sauvé leurs vies.

Toutes ces coutumes étranges étaient destinées à retenir l'attention des plus jeunes. En voyant l'agneau tué, son sang badigeonné sur les linteaux de porte, leurs pères, un bâton à la main, vêtus comme pour partir en voyage, mangeant hâtivement de la viande grillée, ils demanderaient alors : « Que faites-vous ? Quelle est la signification de cette étrange cérémonie ? » En réponse, les pères raconteraient à leurs enfants comment Dieu les avait libérés de l'esclavage.

Cet ancien cérémonial, appelé *seder mitsrayim* ou « *seder* d'Égypte » rappelle les tout débuts de Pessah et ses premiers rituels. La cérémonie évolua au cours des siècles, et les rabbins l'appelèrent *seder doroth*, ou « *seder* des générations ». *Seder doroth* comprend la plupart des traditions anciennes, même si celles-ci subirent par la suite des modifications pour tenir compte des circonstances nouvelles. L'accent est ainsi toujours mis sur le repas de fête familial et sur l'importance de manger de la *matsa* pendant sept jours. Le *maror* est encore consommé en souvenir de l'amertume de l'esclavage. Les restes de l'agneau de Pessah ne sont pas conservés hormis un os grillé disposé sur l'assiette du *seder*. À un moment précis, la personne qui dirige la cérémonie le saisit et explique qu'il est là pour rappeler comment Dieu a sauvé les premiers-nés des Israélites dans la nuit lorsque périrent tous les premiers-nés égyptiens.

Chacun selon ses capacités

Par quatre fois, rappellent les rabbins, la Torah évoque les questions que doivent poser les enfants le soir de Pessah. Trois d'entre elles se trouvent dans la *parasha Bo* (Exode 12 : 26-27 ; 13 : 8,14) et une autre dans le Deutéronome (2 : 20-21).

Selon une interprétation, ces quatre questions représenteraient quatre différentes aptitudes humaines pour l'écoute et l'apprentissage. « Lorsque Dieu parla à Israël, rapportent les rabbins, chacun reçut Sa parole selon ses capacités. Les anciens, les enfants, les tout-petits, les jeunes gens, et même Moïse – chacun a compris ce que Dieu disait selon sa propre aptitude à l'écoute » (*Tanhouma*, sur Exode 19 : 19).

L'enfant « méchant » et l'enfant « sage »

L'enfant « sage » demande : « Que signifient les lois et les traditions que Dieu vous a ordonnées ? »

L'enfant « méchant » demande : « Que signifie ce rituel pour vous ? »
Quelle différence les distingue ? Il a été suggéré que les enfants « sages » s'enquièrent des raisons qui motivent les différents types de rituels tandis que les enfants « méchants » ne se soucient pas du sens de la cérémonie. Pour eux, la fête est plutôt un fardeau que Dieu a imposé au peuple juif, année après année.

Leibowitz

Nehama Leibowitz fait observer que la vraie différence entre les enfants « sages » et les enfants « méchants » ne réside pas dans leurs paroles mais dans ce qui, dans la *haggadah*, introduit leurs questions. Il est ainsi noté que « l'enfant sage vous interrogera » et que « l'enfant méchant vous dira ». C'est l'attitude adoptée par chacun qui fait la différence. « Tant qu'un enfant interroge, peu importe la difficulté de ses questions, c'est le signe qu'il attend une réponse... Il ne démontre aucune malveillance mais manifeste sa soif de connaissances. Le méchant, en revanche, ne demande et ne désire aucune réponse... Son attitude est établie et prédéterminée. Il n'est pas intéressé par vos réponses mais seulement par ce que lui-même vous dira[1]. »

Lors de la cérémonie du *seder* aujourd'hui, les participants ne se vêtissent plus comme s'ils étaient sur le point de partir pour un long voyage. Mais la *haggadah* créée par les rabbins comprend toujours les quatre questions à poser par les enfants lors du repas de fête. On y trouve également un passage évoquant quatre types d'enfants, chacun représentant

1. Nehama Leibowitz, *Studies in Shemot*, *op. cit.*, p. 207-208.

différentes attitudes et capacités d'apprentissage qui peuvent être aussi en chacun de nous. L'importance accordée au *seder* demeure la même qu'aux premiers temps. C'est un banquet unique au cours duquel les Juifs sont appelés à revivre cette expérience fondatrice de leur histoire, leur libération de l'oppression égyptienne. Et à transmettre ce récit de génération en génération.

Questions pour l'étude et la discussion

1. Beaucoup de commentateurs affirment que les Hébreux ont eu raison d'emporter avec eux l'or et l'argent des Égyptiens parce qu'ils avaient été exploités pendant de très nombreuses années. Êtes-vous d'accord ? Peut-on établir un parallèle avec les « réparations » payées par l'Allemagne à Israël et aux Juifs qui ont souffert durant la Shoah ? Qu'en a-t-il été pour les fonds des Juifs en déshérence ? Comment déterminer les montants de ces réparations ? Que pensez-vous de la discrimination positive qui garantit un quota d'accès à l'étude et à l'emploi pour des minorités qui furent exploitées dans le passé et dont les niveaux d'éducation et de compétence professionnelle ne leur permettent pas d'accéder à autant de débouchés que les autres dans la société ?
2. À l'aide d'une *haggadah*, faites un plan du *seder*. Comparez avec Exode 12 : 1-27, 43-49. Depuis les temps bibliques, qu'a-t-il été ajouté par les rabbins qui créèrent la *haggadah* ? À l'aide de quels rituels remarquables transmet-on, de génération en génération, le récit de l'Exode lors du repas de *seder* ?

Parashat Beshalah

Exode 13 : 17-17 : 16

Cette parasha *tire son nom du mot* beshalah *– second mot de cette section de la Torah qui signifie « lorsqu'il envoya » et se réfère à la décision de Pharaon de laisser partir les Israélites. Guidés par Moïse, ils quittèrent l'Égypte mais Pharaon, se ravisant, décida de se lancer à leur poursuite. À la vue de Pharaon et de son armée qui approchaient, les Israélites se lamentèrent auprès de Moïse, lui reprochant de les avoir amenés dans le désert pour mourir. Mais Moïse les rassura et leur promit que Dieu viendrait à leur secours et qu'il les conduirait sains et saufs à travers la mer des Joncs. Parvenus sur l'autre rive, ils virent les eaux se refermer sur leurs poursuivants et les noyer. Pour célébrer cet événement, Moïse et les Israélites chantèrent un chant de louange à Dieu. Il s'ensuivit un long périple à travers le désert du Sinaï. Malgré la victoire sur les Égyptiens et leur libération, les Israélites continuèrent à se plaindre à Moïse de n'avoir ni eau ni pain pour se nourrir. Dieu vint une nouvelle fois à leur aide et leur accorda l'eau et la « manne », une substance comestible qui ressemblait à de la farine. Plus tard, alors que les Israélites campaient à Refidim, ils furent attaqués par les Amalécites. Josué, nommé par Moïse pour conduire la riposte, réussit à anéantir l'ennemi.*

NOTRE TARGOUM

1. Au départ d'Égypte, Moïse ne choisit pas de conduire directement le peuple vers la terre promise. Souhaitant éviter un conflit avec les Philistins – qui pourraient effrayer le peuple et l'inciter à vouloir retourner sur ses pas –, il mit le cap au sud de Goshen, en direction de la mer des Joncs (la mer Rouge). Pour les guider, Dieu les fit précéder d'une colonne de feu la nuit et d'une colonne de nuée le jour.

Mais Pharaon regretta sa décision de les laisser partir et, se ravisant, lança toutes ses légions à leurs trousses pour les ramener en Égypte. Quand les Israélites le virent approcher accompagné de tous ses chars, ils crièrent à Moïse : « Quel bien nous as-tu fait, en nous tirant d'Égypte ? [...] Mieux valait pour nous être esclaves des Égyptiens, que de périr dans le désert ! » Moïse répondit que Dieu les sauverait. Et Dieu dit à Moïse : « Ordonne aux enfants d'Israël de se mettre en marche. »

Moïse étendit les mains et le peuple pénétra dans la mer des Joncs. Les eaux se divisèrent sur leur passage pour former un passage qu'ils empruntèrent en toute sécurité. Mais lorsque l'armée égyptienne lancée à leurs trousses emprunta ce même passage, les eaux se refermèrent sur elle. La panique saisit les Égyptiens, les roues de leurs chars se bloquèrent et ils ne purent s'enfuir. Toute l'armée se noya dans la mer. À cette vue, Moïse et son peuple entamèrent un chant de louange à Dieu : « L'Éternel est le maître des batailles, Éternel est son nom ! Les chars de Pharaon et son armée, il les a précipités dans la mer, l'élite de ses combattants s'est noyée dans la mer des Joncs. Qui t'égale parmi les forts, Éternel ? Qui est, comme toi, paré de sainteté, inaccessible à la louange, fécond en merveilles ? [...] L'Éternel régnera à tout jamais ! »

Miriam, la sœur de Moïse et d'Aaron entraîna toutes les femmes dans une danse festive.

2. Après quoi, quittant la mer des Joncs, le peuple arriva à Mara, ce qui veut dire « amer » en raison des eaux âcres qui y coulaient. Lorsque le peuple se plaignit du goût de l'eau, Dieu dit à Moïse d'y jeter un morceau de bois. Il obéit et les eaux s'adoucirent.

Puis les Israélites traversèrent le désert de Sin. Là, ils se plaignirent de nouveau à Moïse : « Que ne sommes-nous morts de la main de l'Éternel, dans le pays d'Égypte, assis près des marmites de viande et nous rassasiant de pain, tandis que vous nous avez amenés dans ce désert, pour faire mourir de faim tout ce peuple ! » Moïse et Aaron répondirent : « Ce soir, vous reconnaîtrez que c'est l'Éternel qui vous a fait sortir du pays d'Égypte. »

Quand vint le soir, le camp fut recouvert de cailles en guise de nourriture. Et, le lendemain dans la matinée, la manne – une substance blanche et floconneuse semblable à des graines de coriandre et dont la couleur et le goût évoquaient un gâteau au miel – se déversa sur le peuple. Moïse ordonna de recueillir « un *omer* par tête », soit environ une paume pleine, et le double le sixième jour de la semaine pour en avoir suffisamment pour le shabbat.

Pourtant, certains allèrent recueillir la manne le jour du shabbat. Ils ne trouvent rien, mais Dieu déclara à Moïse : « Jusqu'à quand vous refuserez-vous à garder mes préceptes et mes enseignements ? [...] Que chacun demeure où il est, et observe le shabbat. »

3. Quittant le désert du Sinaï, Moïse conduisit les Israélites à Refidim. Ne trouvant aucune eau pour se désaltérer, le peuple se lamenta à nouveau : « Pourquoi nous as-tu fait sortir d'Égypte, pour nous faire mourir de soif ? » Frustré, Moïse cria à Dieu : « Que ferai-je avec ce peuple ? » Dieu lui répondit : « Je vais t'apparaître là-bas sur le rocher, au mont Horeb ; tu frapperas ce rocher et il en jaillira de l'eau et le peuple boira. » Moïse obéit et tous eurent assez pour se désaltérer. Ce lieu fut appelé *Massa,* ce qui veut dire « épreuve », et *Meriba,* « querelle ».

4. Alors qu'ils campaient à Refidim, les Israélites furent attaqués par les armées d'Amalek, un groupe de tribus vivant dans le désert du Sinaï. Moïse nomma Josué à la tête de la contre-offensive qui réussit à terrasser l'ennemi. Pour célébrer cette victoire, Moïse construisit un autel qu'il appela *Adonai-nissi,* c'est-à-dire « Dieu est ma bannière ». Puis il dit : « Dieu sera en guerre contre Amalek de génération en génération. »

La *parasha Beshalah* contient trois thèmes importants :
1. Le « miracle » de la sortie d'Égypte.
2. Les « plaintes » des Israélites dans le désert.
3. L'assaut d'Amalek contre les Israélites.

1. L'ÉVASION D'ISRAËL HORS D'ÉGYPTE FUT-ELLE UN « MIRACLE » ?

Le récit que la Torah nous propose sur le départ d'Égypte des tribus d'Israël souligne clairement que cette libération ne fut pas seulement la conséquence d'un effort humain. Il nous est dit que le peuple fut précédé par un ange de Dieu, conduit par une colonne de feu la nuit et une colonne de nuée le jour. Parvenus à la mer des Joncs, l'armée égyptienne fondit sur eux mais Dieu sépara les eaux de la mer afin que les Hébreux puissent fouler un sol ferme et atteindre le rivage opposé. Après quoi, Dieu referma les eaux sur les Égyptiens qui furent tous engloutis, avec chars et chevaux. En contemplant ce « miracle » accompli par Dieu pour eux, les Israélites entonnèrent un chant : « Chantons l'Éternel, il est souverainement grand. Coursier et cavalier, il les a lancés dans la mer. […] Tu as soufflé, l'océan les a engloutis. Ils se sont abîmés comme le plomb au sein des eaux puissantes » (Exode 15 : 1, 10).

Est-ce réellement ce qui s'est passé ? Peut-on croire que des anges ont été envoyés par Dieu pour guider les Israélites, fendre la mer en deux pour leur tracer un passage puis noyer les Égyptiens ? Moïse a-t-il joué un rôle quelconque dans cette victoire ? Les Israélites ont-ils participé à leur propre salut ? Ce récit de la Torah relate-t-il avec exagération ce qui est advenu ?

Si je te disais ce que le maître nous a raconté...

Un homme, au volant de sa voiture, revient de la synagogue où il est allé chercher son enfant de dix ans après le Talmud-Torah. « Qu'as-tu appris aujourd'hui ? » demande-t-il à ce dernier. L'enfant répond : « Le maître nous a raconté l'histoire de la fuite des Israélites hors d'Égypte. Parvenus sur les rives de la mer des Joncs, ils ont construit des pontons pour traverser l'étendue d'eau. Dès que les Égyptiens et leurs tanks atteignirent les pontons, les Israélites envoyèrent leurs avions de guerre pour les bombarder. »

Le père dévisagea son enfant avec surprise : « Est-ce vraiment cela, ce que le professeur vous a enseigné ? »

« Pas vraiment, répondit l'enfant, mais si je te disais ce que le professeur nous a raconté, tu ne le croirais jamais ! »

C'était un miracle.

Il y en aura toujours qui nieront l'existence des miracles. Qui prétendront que les œuvres de *Hashem* (Le Nom ou Dieu) ne sont que des phénomènes naturels. C'est en tout cas ce que pensent de nombreux incroyants à propos du partage de la mer Rouge causé, affirment-ils, par un tremblement de terre, un désordre de la nature. Pour prévenir de tels jugements, *Hashem* a augmenté encore le miracle. Non seulement Il a partagé les eaux de la mer Rouge mais aussi toutes les eaux dans le monde entier. Même l'eau qui était dans une tasse a reflué en deux parties distinctes ! Pour cette raison,

• • •

nul ne peut nier que le partage de la mer Rouge fut un authentique miracle[1]...

Selon l'auteur du *Zohar*, Dieu a accompli toute une succession de miracles pour libérer les Israélites. Des fléaux furent envoyés sur Pharaon pour le convaincre de libérer ses esclaves hébreux. Puis, lorsque ceux-ci atteignirent la mer Rouge, Dieu divisa les eaux et les transforma en remparts de sorte qu'ils purent avancer sur la terre ferme et atteindre la rive opposée en toute sécurité. Pharaon et son armée s'avancèrent à leur tour dans la mer mais Dieu laissa les eaux se refermer sur eux, les noyant tous.

De nombreux commentateurs s'interrogent : Comment Dieu peut-Il accomplir de tels miracles ? Le monde ne serait-il pas détruit si les lois de la nature – telle la gravité qui engendre le mouvement des eaux de la mer Rouge – étaient suspendues, même pour une seconde ?

Le *Zohar* nous fournit une réponse. Citant Rabbi Isaac (sans doute au IIe siècle de notre ère), il nous rappelle que, lorsque les Israélites approchèrent des rives de la mer Rouge, Dieu appela le grand ange chargé de commander ces flots et lui dit : « Au temps où j'ai créé le monde, je t'ai nommé pour régner sur cette mer et j'ai passé un accord avec toi pour que, plus tard, quand les Israélites se retrouveraient devant ces eaux, tu les ouvres pour

1. Rabbi Mordechai Katz, *Lilmod Ul'lamade : From the Teachings of Our Sages*, Jewish Education Program Publications, New York, 1978, p. 75.

eux. Aujourd'hui, les voici devant la mer. Ouvre-la pour les laisser passer en toute sécurité » (*Zohar, Beshalah*, 48a-49a).

De toute évidence, les premiers rabbins furent embarrassés par ce miracle accompli par Dieu dans la mer Rouge. Mais l'analyse de Rabbi Isaac semble dépasser le problème en expliquant que ce partage de la mer était prédéterminé, que Dieu l'avait déjà décidé au moment où il avait créé le monde. En d'autres termes, Dieu avait anticipé depuis toujours la nécessité de diviser la mer Rouge et « programmé » l'événement. Par conséquent, selon Rabbi Isaac, il ne s'agissait pas d'une suspension miraculeuse des lois de la nature. Bien au contraire, la mer se sépara en deux exactement comme Dieu l'avait prévu !

D'autres exégètes rejoignent ce point de vue mais leurs explications diffèrent. Pour certains, le partage de la mer Rouge advint de façon naturelle.

Hertz

Le rabbin J. H. Hertz spécule qu'« un fort vent d'est, ayant soufflé toute la nuit et exerçant sa force sur la marée descendante, pourrait avoir repoussé les eaux jusqu'aux lacs Amers, permettant ainsi aux Israélites de traverser sans danger ». Le rabbin Hertz explique également que « l'arrêt soudain du vent [...] pouvait avoir transformé les bancs de sable en sables mouvants puis en une masse d'eau » noyant les poursuivants égyptiens[1].

1. Rabbi J. H. Hertz, *The Pentateuch and Haftorahs*, Soncino Press, Londres, 1966, p. 268-269.

Rambam (Maïmonide)

De l'usage des miracles

Un miracle ne peut pas prouver l'impossible. Il sert seulement à confirmer ce qui est possible (Moïse Maïmonide, *Le Guide des égarés*, 3 : 24).

Croire aux miracles

En bref, je ne crois pas aux miracles. Du moins pas si l'on entend ce mot selon son sens habituel, c'est-à-dire une exception aux lois de la nature. Je ne crois aux miracles qu'en tant que manifestations et événements bien trop merveilleux pour que je les comprenne pleinement mais qui demeurent entièrement compatibles avec les modèles connus de la nature... Connaissez-vous un mot plus approprié que celui de miracle pour décrire le fait qu'au moment de la conception, au sein d'une cellule minuscule, submicroscopique, étaient déjà contenus tous les germes des traits physiques, des caractéristiques mentales, des prédispositions émotionnelles, de toutes les possibilités créatives des adultes que nous sommes devenus aujourd'hui ? Comparé à cela, le prodige d'une mer se partageant en deux... est un jeu d'enfant. Il y a davantage de miracles sans tour de magie dans l'univers que même le plus raisonnable d'entre nous se voit obligé de recenser. Le problème c'est que, la plupart du temps, nous les recherchons aux mauvais endroits[1].

Ben Gourion dit : « En Israël pour être réaliste, il faut croire au miracle. »

L'exégète moderne Umberto Cassuto affirme que ce qui est arrivé en mer Rouge « est un phénomène

1. Roland B. Gittelsohn, *Man's Best Hope*, Random House, New York, 1961, p. 114-118.

courant dans la région de Suez ». Il explique que, « à marée haute, les eaux de la mer pénètrent dans les sables, s'infiltrent sous la surface puis commencent à suinter sur le sol desséché. Très vite, le sable se transforme en boue, l'eau continue à monter et, finalement, une couche épaisse d'eau se forme au-dessus du sable et toute la zone devient inondée... Dans ce contexte naturel, le récit biblique peut être facilement interprété ».

Cassuto, cependant, ne rejette pas l'idée qu'un « miracle » soit réellement advenu en mer Rouge : « Le miracle, explique-t-il, réside dans le fait qu'au moment exact où il est devenu nécessaire, d'une manière propice à l'objectif désiré et sur une échelle tout à fait anormale, il s'est produit, conformément à la volonté de l'Éternel, des phénomènes qui ont amené le salut d'Israël[1]. »

Le philosophe Martin Buber semble rejoindre cette analyse, mais il se place d'un point de vue différent. Pour Buber en effet, les détails de ce qui s'est passé alors ne sont pas importants. « Ce qui fut vraiment décisif, écrit-il, c'est que les enfants d'Israël ont interprété cela comme un acte accompli par leur Dieu, comme un "miracle". » Et Buber nous rappelle que, d'un point de vue historique, un miracle est un « étonnement respectueux », un sentiment de surprise et d'admiration éprouvé dans des moments particulièrement déterminants. C'est ce qui s'est produit sur les rives de la mer Rouge – et plus tard encore. Les Israélites ont vu l'armée de Pharaon engloutie et détruite, ils furent ébahis

---

1. Umberto Cassuto, *A Commentary on the Book of Exodus*, Magnes Press, Jérusalem, 1951, p. 167-168.

par ces événements qui les sauvèrent. À cet instant, commente Buber, « le peuple a interprété ces événements – quels qu'ils fussent – comme un signe de "la main puissante de Dieu" ». Par la suite, des générations de Juifs ont transmis ce récit et continué d'y trouver des traces d'un merveilleux qu'ils considèrent comme l'œuvre miraculeuse de Dieu[1].

Quoi qu'il se fût réellement passé en mer Rouge, il est clair que les Égyptiens ont été vaincus et que les Israélites ont recouvré leur liberté. Cette victoire surprenante marque un tournant décisif dans l'histoire juive. Pour ceux qui furent témoins de ces événements comme pour ceux qui les raconteront par la suite, quelque chose de fondamental et de « sidérant » s'est produit. Dieu a ouvert les flots, sauvé les Israélites et assuré leur libération. Tout cela paraît bien plus grandiose que des actions menées par des gens ordinaires. Quelque chose de merveilleux s'est produit, quelque chose de sublime qui dépasse l'entendement humain. Voilà pourquoi cette victoire est appelée un « miracle ».

2. POURQUOI TOUTES CES PLAINTES CONTRE MOÏSE ET CONTRE DIEU ?

Aussi extraordinaires que furent la sortie d'Égypte et la victoire contre l'armée de Pharaon, les Israélites ne paraissent pas pour autant particulièrement reconnaissants envers Dieu et Moïse. Ce passage de la Torah résonne en effet de leurs plaintes, de leurs

---

1. Martin Buber, *Moses : The Revelation and the Covenant*, Harper et Row Publishers, Inc., New York, 1958, p. 75, 77. Trad. fr. *Moïse*, PUF, 1957.

coléreuses interrogations, de leur mécontentement. À quatre reprises, le peuple se ligue contre Moïse pour l'accabler de sévères reproches.

La première fois, juste après avoir quitté l'Égypte, alors que les armées de Pharaon sont lancées à leurs trousses, les Israélites se plaignent auprès de Moïse : « Est-ce faute de trouver des sépulcres en Égypte que tu nous as conduits mourir dans le désert ? Quel bien nous as-tu fait en nous tirant de l'Égypte ? N'est-ce pas ainsi que nous te parlions en Égypte, disant : "Laisse-nous servir les Égyptiens ?" De fait, mieux valait pour nous être esclaves des Égyptiens que de périr dans le désert » (Exode 14 : 10-12).

La deuxième fois, après le « miracle » de leur victoire en mer Rouge, le peuple voyage pendant trois jours puis campe à Marah, – qui signifie « amer » – dans la région du désert de Shour. Parce que l'eau a un goût âcre, le peuple gronde et demande à Moïse : « Qu'allons-nous boire ? » (15 : 22-24).

Deux mois et demi plus tard, leur mécontentement s'exprime pour la troisième fois quand, à peine arrivés au désert de Sin, ils se retrouvent affamés, épuisés par la chaleur et frustrés. Ils s'en prennent de nouveau à Moïse et lui disent : « Que ne sommes-nous morts de la main de l'Éternel dans le pays d'Égypte, assis près des marmites de viande et nous rassasiant de pain, tandis que vous nous avez amenés dans ce désert, pour faire mourir de faim tout ce peuple ! » (16 : 1-3).

La quatrième fois, alors qu'ils campent à Refidim dans le désert de Sin, ils se plaignent encore une fois de ne pas avoir suffisamment d'eau et demandent avec colère à Moïse : « Pourquoi nous as-tu fait sortir d'Égypte, pour nous faire mourir de soif, ainsi que nos enfants et nos troupeaux ? » (17 : 1-3).

Que penser de toutes ces plaintes et ces accusations ? Plusieurs théories sont avancées.

Rashi

Rashi explique que le peuple, voyant « l'ange gardien de l'Égypte marcher derrière eux », est saisi de frayeur. Cet ange représente la puissance militaire égyptienne qui progresse rapidement sur les traces des Hébreux, désarmés et incapables de se défendre. Ayant peur d'être vaincus et anéantis, minés par la terreur et la déception, ils se retournent contre Moïse qu'ils accusent de les livrer à la mort entre les mains brutales des Égyptiens. C'est par peur de la mort, affirme Rashi, qu'ils ont entamé leurs plaintes.

Gérer nos déceptions

Les Israélites étaient déçus et en colère de voir les Égyptiens se lancer à leur poursuite. Puis, lorsqu'ils se retrouvèrent au désert, sans eau ni nourriture, ils se sentirent trompés et manipulés par Moïse. Si l'on considère les différents stades de maîtrise de la colère suggérés ci-après par le psychologue Haim G. Ginott, comment les Israélites ont-ils réagi quand ils se sont retrouvés « au bord de l'abîme poussés à bout, aux limites du possible » ?

Décrivez ce que vous voyez.
Décrivez ce que vous ressentez.
Décrivez ce qu'il faudrait faire.
N'attaquez pas l'autre[1].

1. Haim G. Ginott, *Between Parent and Teenager*, Macmillan, New York, 1969, p. 100.

Ibn Ezra

Ibn Ezra est en désaccord avec Rashi. Il souligne que les Israélites étaient au nombre de six cent mille et qu'ils auraient pu facilement l'emporter sur l'armée de Pharaon. Mais ils en étaient psychologiquement incapables. Ils se considéraient encore comme des esclaves, pas comme des êtres libres. Ils se voyaient toujours faibles, soumis et inférieurs aux Égyptiens qui les avaient réduits à la servitude. Et ils se disaient : « Comment pourrions-nous nous révolter et l'emporter contre ceux qui nous ont gouvernés ? »

Selon Ibn Ezra, ce n'était pas la peur qui motivait les reproches des Israélites mais la perception qu'ils avaient d'eux-mêmes en tant qu'êtres « faibles » face aux anciens maîtres égyptiens. Même s'ils dépassaient en nombre les troupes de Pharaon, leur moral était au plus bas et leur estime d'eux-mêmes tellement ébranlée qu'ils ne pouvaient s'imaginer l'emporter contre leur adversaire. Au lieu de cela, ils s'en prirent à Moïse, firent de lui le bouc émissaire de leurs frustrations, et lui reprochèrent de les avoir conduits dans le désert pour y mourir (14 : 13).

Rabbi Eléazar de Modiim analyse ce comportement d'un point de vue différent. Dès que les Israélites quittèrent l'Égypte, explique-t-il, la soif et la faim les tenaillèrent au désert. Se sentant mal, anxieux, irritables, ils commencèrent alors à évoquer avec nostalgie leur passé d'esclaves. Ils oublièrent les coups et les humiliations, préférant ne se rappeler que la nourriture abondante sur leurs tables.

Sur quoi s'appuient de tels souvenirs ? Selon Rabbi Eléazar, ils se fondent sur leur vie passée en Égypte. Les Israélites avaient été les esclaves de maîtres qui les autorisaient « à se rendre sur les marchés et dans les champs pour cueillir eux-mêmes les raisins, les figues et les grenades sans que personne ne s'y oppose ».

Devant les souffrances endurées au désert, le peuple commença à idéaliser le souvenir de son existence en Égypte, à la considérer à travers des « lunettes roses ». C'est ce point de vue faussé sur leurs années d'esclavage, conclut Rabbi Eléazar, qui a poussé les Israélites à en vouloir à Moïse (*Mehilta, Vayasa*, Exode 15 : 27-16 : 3).

Zougot

Ils mettaient Dieu à l'épreuve

Pour Rabbi Yoshoua, les Israélites croyaient que si Dieu avait vraiment le pouvoir sur toutes choses, alors il fallait Le servir. S'il n'avait pas ce pouvoir, alors il ne fallait pas Le servir. Ils pensaient, affirme Rabbi Eliezer, que si Dieu satisfait nos besoins en nourriture et en eau et s'Il nous fournit un toit, alors nous Lui vouerons un culte. Sinon, nous ne Le servirons pas. Voilà ce que le peuple entendait lorsqu'il s'écriait : « L'Éternel est-il avec nous ou non ? » (*Mehilta, Vayasa*, sur Exode 17 : 7).

Leibowitz

Citant une observation relevée dans le commentaire *Hemdat haYamim*, Nehama Leibowitz note que les Israélites pourraient s'être menti à eux-mêmes en évoquant leurs années d'esclavage en Égypte. Ils ne se rappelaient que les aspects positifs de leur servitude, non ses tourments. « Il n'y avait pas une once de vérité dans leurs propos à ce sujet », écrit Leibowitz. Comme tous les esclaves, ils n'étaient pas « responsables de leur destin, ne maîtrisaient en rien sa dimension économique et sociale. Ils étaient aux ordres de contremaîtres qui les forçaient à travailler, les battaient, leur imposaient toutes sortes de pressions mais, aussi, qui les nourrissaient afin qu'ils aient la force d'accomplir leurs tâches. À présent qu'ils étaient libres, ils ne dépendaient plus de leurs tortionnaires qui les maltraitaient et leur procuraient de quoi manger ! Ils devaient seuls prendre soin d'eux-mêmes. Voilà ce qui fut la source de leur mécontentement ». En d'autres termes, les Israélites en voulaient à Moïse parce qu'ils devaient désormais faire leurs propres choix, trouver par eux-mêmes leur nourriture et de quoi s'abriter. Ils ne supportaient pas le poids de la liberté[1].

Ramban (Nahmanide)

Ramban propose une autre analyse. Après avoir courageusement quitté l'Égypte, les Israélites erraient désormais dans le désert. Ils avaient cru que Moïse les conduirait dans une ville ou quelque lieu sûr où ils auraient trouvé à s'abriter, de quoi manger et boire. Ils pensaient qu'il ne s'écoulerait pas longtemps avant qu'ils ne gagnent la terre promise d'Israël. Pourtant, après un mois d'errance, leurs réserves de nourriture avaient presque entièrement disparu, ils étaient assoiffés et affamés. Leurs besoins essentiels n'étaient pas satisfaits et ils craignaient

1. Nehama Leibowitz, *Studies in Shemot*, *op. cit.*, p. 265.

pour la sécurité de leurs enfants. C'est alors qu'ils questionnèrent Moïse : « Qu'allons-nous manger ? Où trouverons-nous de quoi survivre dans ce vaste désert ? » Leurs plaintes n'étaient pas seulement compréhensibles mais réalistes et légitimes (*Commentaire sur Exode* 16 : 2).

Ils se montrèrent ingrats devant Dieu

Dieu accomplit des prodiges [...] Il fendit la mer pour leur ouvrir un passage [...] Il entrouvrit des roches dans le désert, et offrit à leur soif des flots abondants. Mais ils continuèrent à transgresser contre lui, à s'insurger contre le Très-Haut dans ces régions arides [...] parce qu'ils n'avaient pas eu confiance en Dieu, ni ne savaient compter sur son secours (Psaume 78 : 12-13, 15, 17, 22).

Sarna

Nahoum Sarna rejette l'argument selon lequel les plaintes du peuple étaient justifiées. Il soutient au contraire que les Israélites se comportaient en enfants gâtés. Moïse les avait guidés loin de leur servitude, Dieu les avait libérés des tourments de l'esclavage. Et pourtant, même après avoir bu l'eau douce de Marah et savouré la manne, ils trouvaient encore des prétextes pour murmurer contre Moïse et contre Dieu. Ils s'entêtaient dans leur scepticisme, doutant de la bonté de Dieu et des intentions de leur guide.

Alors que les Israélites auraient dû témoigner leur reconnaissance envers Dieu et Moïse pour leur libération, ils se montrèrent égoïstes et inconstants. « Le langage excessif qu'ils employèrent pour se plaindre trahit un véritable manque de confiance en Dieu et une ingratitude profonde », affirme Sarna. Selon lui, le Psaume 78 témoigne du fait que les poètes vivant à Jérusalem à l'époque du Second Temple (IIe siècle avant notre ère) interprétaient déjà cette grogne des Israélites comme une manifestation d'ingratitude, d'infidélité et de déloyauté envers Dieu.

Une autre explication peut éclairer de façon significative ce comportement. Dans son *Guide des égarés*, Moïse Maïmonide observe que Dieu a éprouvé délibérément les Israélites par de multiples obstacles et défis à relever. Quand vint le moment de quitter l'Égypte, Dieu ordonna à Moïse de mener son peuple jusqu'à la Terre promise en traversant le désert plutôt qu'en empruntant un chemin plus direct qui traversait la frontière nord de la péninsule du Sinaï et n'exigeait que dix jours de marche. Dans le désert, Dieu leur fit éprouver les souffrances de la soif et de la faim. Autant d'épreuves, explique Moïse Maïmonide, qui visaient à les endurcir et à les préparer à conquérir la terre d'Israël.

« Il est certain, soutient Maïmonide, que les Israélites n'auraient pu gagner leurs terres et lutter contre ceux qui les occupent s'ils n'avaient auparavant enduré les tourments et la rudesse de la vie au désert... Trop de facilités diminuent la bravoure quand une éprouvante quête de nourriture en réveille la force. Cette force acquise par les Israélites fut, en dernier lieu, tout ce qu'ils rapportèrent de leur errance dans le désert » (3 : 24).

Pour Maïmonide, les doléances du peuple sont compréhensibles. Lorsque l'on est épuisé par des conditions de vie aussi âpres, il est logique de s'épancher sur ses problèmes et sur une situation aussi précaire. Pourtant, ce qui comptait le plus n'était pas leurs plaintes mais les leçons qu'ils tiraient de leurs expériences. En se confrontant aux épreuves du désert, ils se préparaient à conquérir la Terre promise.

En étudiant cette variété de commentaires sur les plaintes exprimées par le peuple à l'encontre de Moïse et de Dieu, nous nous trouvons non seulement confrontés à des compréhensions très diverses du texte de la Torah mais aussi à un riche éventail d'opinions sur ce qui peut motiver le comportement humain. Le Talmud nous enseigne que « c'est à sa colère que l'on juge d'une personne ». Peut-être serait-il tout aussi légitime d'ajouter que c'est par ses « plaintes » que l'on peut juger d'une personne et d'une communauté ?

3. L'ATTAQUE D'AMALEK CONTRE LES ISRAÉLITES

Vers la fin de cette section de la Torah et de nouveau au chapitre 25 du Deutéronome, il nous est rapporté l'attaque des Amalécites contre le peuple d'Israël. La version d'Exode 17 : 8-16 nous apprend qu'Amalek ouvrit les hostilités contre Israël alors que le peuple, tout juste affranchi du joug égyptien, campait à Refidim. En réponse, Moïse nomma Josué pour prendre la tête de la riposte. Tandis que la bataille faisait rage, Moïse grimpa au sommet d'une colline appelée Hur et brandit son bâton pour implorer Dieu. Après la victoire de Josué, Dieu demanda à Moïse de consigner par écrit cette promesse comme souvenir : « Je veux effacer la trace d'Amalek de dessous les cieux. »

L'autre version de la guerre contre Amalek, telle que rapportée dans le Deutéronome 25 : 17-19, ajoute certains détails intéressants à ce récit. Nous apprenons ainsi que les Amalécites attaquèrent les Israélites par surprise alors que ces derniers étaient « affamés et épuisés » et qu'ils s'en prenaient délibérément aux « retardataires » sans défense qui fermaient la marche. Comme dans l'Exode, le peuple des Israélites reçoit cette consigne après sa victoire : « Tu effaceras la mémoire d'Amalek de dessous le ciel, n'oublie pas ! »

Pourquoi un ordre aussi impitoyable concernant les Amalécites ?

Dans la tradition juive, ceux-ci sont identifiés comme un peuple nomade vivant dans la péninsule du Sinaï et descendant d'Édom (Genèse 36 : 12). Au cours de deux grandes guerres, les Amalécites furent défaits par les Israélites, d'abord sous l'égide du roi Saül, puis sous celle du roi David (I Samuel 15 : 5 sq. et 27 : 8 sq.). Dans le livre d'Esther (3 : 1), Aman, qui a comploté pour anéantir le peuple juif, est décrit comme un descendant d'Agag, roi d'Amalek.

Selon la tradition juive, on appelle *Zakhor* (« Souviens-toi ») le shabbat précédant la fête de Pourim pendant lequel nous sommes invités à relire le livre d'Esther. Le passage de la Torah désigné pour ce shabbat est tiré du Deutéronome 25 : 17-19 et nous rappelle le commandement de ne pas oublier Amalek. Ainsi la tradition maintient-elle le lien entre les Amalécites et le cruel Aman.

Pourquoi se souvenir d'Amalek ?

C'est peut-être parce que les Amalécites furent les premiers adversaires des Israélites après leur libération que ce souvenir s'imprima profondément dans leurs esprits en tant qu'archétype de l'ennemi juré, le prototype de tous ceux qu'ils ont dû et devraient affronter par la suite. Ce sentiment se reflète dans un ancien *midrash* : Moïse devait rédiger le jugement à l'encontre d'Amalek afin que tous sachent que ceux qui veulent nuire à Israël finiront par se nuire à eux-mêmes[1].

Il ne fait aucun doute que l'attaque des Amalécites sur le peuple tout juste affranchi des Israélites a marqué amèrement les mémoires. Il y eut pourtant nombre de batailles et bien d'autres guerres tout au long de l'histoire juive. D'autres peuples ont voulu détruire Israël et l'empêcher d'occuper sa terre. Alors pourquoi la Torah distingue-t-elle tout particulièrement Amalek pour le condamner et exiger qu'il soit éradiqué de cette terre ? Et pourquoi nous demande-t-on de nous « souvenir d'Amalek » plutôt que de « pardonner à Amalek » ?

Ces questions ont manifestement préoccupé ceux qui étudient la Torah et cherchent à comprendre ses enseignements. En conséquence, plusieurs commentateurs nous proposent des explications.

Ainsi, Rabbi Yoshoua et Rabbi Eléazar Hisma s'entendent tous deux pour affirmer que l'attaque d'Amalek fut déclenchée par le comportement d'Israël et son manque de confiance en Dieu. De leur

1. W. Gunther Plaut, *The Torah : A Modern Commentary*, Union of American Hebrew Congregations, New York, 1981, p. 511.

point de vue, le peuple d'Israël ne s'étant pas suffisamment « voué à l'étude de la Torah », il méritait l'assaut qui s'est abattu sur lui. L'ordre de « se souvenir d'Amalek » était destiné à rappeler aux Juifs les conséquences de leur déloyauté envers les commandements de Dieu. Si les Juifs refusent d'étudier la Torah et d'observer ses lois, alors Dieu enverra des ennemis comme Amalek pour les persécuter et même détruire le peuple d'Israël.

Cette analyse n'est cependant partagée que par une minorité. Rabbi Eléazar de Modiim – mis à mort par son neveu Bar Kokhba parce qu'il refusa de coopérer avec ses plans de rébellion contre Rome en 135 de notre ère – pense plutôt que, si les Amalécites furent condamnés, ce fut à cause de la tactique qu'ils employèrent pour attaquer Israël. « Amalek et sa tribu, explique Rabbi Eléazar de Modiim, profitèrent d'un nuage pour se faufiler à l'arrière des lignes israélites, pour s'emparer de leurs victimes et les tuer. » En d'autres termes, on doit se rappeler les Amalécites à cause de leur ruse et de leur traîtrise. Ils prenaient délibérément les plus faibles en embuscade, les plus épuisés et affamés. Ils les surprenaient par-derrière et les assassinaient sauvagement. À cause de cette tactique choquante et déplorable, les Amalécites ne doivent jamais être oubliés.

Un autre maître, Rabbi Eliezer, défend exactement l'argument contraire. Il fait valoir que les Amalécites n'ont pas attaqué les Israélites secrètement, mais avec une totale impudence. Ils n'ont pas profité de l'obscurité de la nuit, ni utilisé le voile des nuages pour s'introduire dans les rangs arrière israélites. Non, ils ont choisi de mutiler et d'assassiner les innocents et les faibles pendant la journée, ouvertement, afin que tous puissent contempler le mal qu'ils faisaient. Amalek incarne la torture et le meurtre gratuits, le seul plaisir de faire le mal. Les Amalécites se sont fait connaître pour leur brutalité revendiquée, leur non-respect de la sainteté de toute vie humaine.

Rabbi Yossi ben Halafta adopte un point de vue différent. Pour lui, les Amalécites n'étaient pas tant coupables de leur tactique de combat que d'avoir voulu solliciter et rassembler d'autres nations pour les aider à détruire le peuple d'Israël.

Rabbi Yehouda, d'accord avec Rabbi Yossi, fait observer que, pour attaquer Israël, les Amalécites devaient traverser le territoire de cinq nations. À chaque fois, ils ont cherché des alliés pour leur plan d'extermination des Israélites. Rabbi Yehouda insiste pour que nous n'oubliions jamais ce calcul froid et délibéré d'anéantir un peuple. « Se souvenir d'Amalek », dit-il, c'est nous rappeler qu'il faut se montrer prudents et toujours vigilants en ce qui concerne la sécurité et la survie du peuple juif (*Mehilta, Amalek,* I).

Pour l'exégète moderne Nehama Leibowitz, ce passage de la Torah indique clairement que le meurtre du faible et du sans-défense s'explique par le fait que les Amalécites « ne craignaient pas Dieu ». Selon Leibowitz, « il nous a été ordonné d'effacer le souvenir d'Amalek parce qu'il a surgi sans le moindre prétexte pour tuer les vulnérables et les exténués. Les enfants d'Israël n'avaient pas pénétré sur leurs terres, il s'agissait donc d'une attaque purement gratuite ». En d'autres termes, si les Amalécites avaient respecté chaque vie humaine comme ayant été créée à l'image de Dieu, il leur aurait été impossible de tuer ainsi sans raison. « Lorsque la crainte de Dieu vient à manquer, observe Leibowitz, le voyageur sans abri dans un pays étranger est menacé d'assassinat. » Nous sommes donc commandés de nous souvenir d'Amalek afin de nous prémunir contre ceux qui ne craignent pas Dieu et qui, par voie de conséquence, ne pensent pas que chaque être humain est créé à l'image sainte de Dieu[1].

Hirsch

Le rabbin Samson Raphaël Hirsch voit une autre raison pour ne pas oublier la guerre des Amalécites contre les Israélites. Selon lui, les Amalécites étaient avides de célébrité. Parce qu'ils voulaient montrer leur bravoure et leur force, ils ont attaqué ceux qui venaient de l'emporter sur Pharaon. « Cette quête de la renommée par la force des armes est le premier et dernier ennemi du bonheur de l'humanité », écrit Hirsch. Les êtres humains ont besoin qu'on leur rappelle le danger de chercher la gloire par la puissance des armes et le pouvoir militaire. C'est pour cette raison que le souvenir d'Amalek ne doit jamais être effacé.

Peli

Pinhas Peli estime que la guerre menée par Amalek contre les Israélites ne visait pas seulement à leur prendre la vie mais aussi à les dépouiller de

---

1. Nehama Leibowitz, *Studies in Devarim*, World Zionist Organization, Jérusalem, 1980, p. 253.

leur enthousiasme pour la liberté. « Amalek s'est empressé de verser de l'eau froide sur la flamme de l'enthousiasme et de l'espérance qui animait Israël depuis sa délivrance miraculeuse d'Égypte. » Les mystiques juifs, rappelle Peli, ont calculé que la valeur numérique du nom hébreu « Amalek » est 240, ce qui équivaut au mot *safek*, c'est-à-dire « doute ». Voilà pourquoi, conclut Peli, les Amalécites représentent des sceptiques et des cyniques convaincus que leur rôle est de « saper, diffamer, décrédibiliser, détruire à sa source le moindre signe d'espoir partout où il apparaît ». En nous rappelant Amalek, observe Peli, nous nous assurons que les cyniques et les sceptiques, ceux qui démolissent les rêves par leur mépris et leur défaitisme, ne peuvent triompher[1].

Pardonner aux Amalécites et oublier leur attaque aurait pu priver le peuple juif et le monde de précieuses leçons. Au fil des âges, les Amalécites ont incarné l'archétype d'un comportement humain agressif et dangereux. Comprendre les conséquences de ce mal, lutter contre lui, peut être essentiel pour la survie des êtres humains. Se souvenir d'Amalek est un premier pas déterminant dans cette direction.

Questions pour l'étude et la discussion

1. Quelle explication pour le « miracle » de la fuite hors d'Égypte vous parle le plus ?
2. Pour Martin Buber, un miracle est un « émerveillement radical ». De toutes les expériences humaines dont nous conservons le souvenir, quelles sont celles qui

---

1. *Jerusalem Post*, 13 septembre 1986.

paraissent assez merveilleuses pour être considérées comme des « miracles » ? Qu'ont-elles en commun avec la sortie d'Égypte d'Israël ?

3. Pourquoi les Israélites se lamentent-ils autant à propos de Dieu et de Moïse ? Les raisons invoquées par les différents commentateurs expliquent-elles pourquoi tant de gens se plaignent aujourd'hui autant de leur vie ? Quelles leçons tirer de la façon dont les premiers Israélites ont exprimé leurs reproches et leurs griefs ?
4. Pourquoi la tradition juive insiste-t-elle tant pour que nous conservions le « souvenir d'Amalek » ? Ne serait-il pas préférable de « pardonner » et d'« oublier » ? Pourquoi existe-t-il une *mitswa*, un commandement sur la nécessité de se souvenir du passé – surtout si ce passé est rempli de malheur, d'horreur et de peur ?

Parashat Yitro

Exode 18 : 1-20 : 23

La parasha Yitro *poursuit le récit du périple accompli par les Israélites dans le désert du Sinaï. Avant de retourner en Égypte, Moïse avait laissé derrière lui sa femme Tsipora, Gershom et Eliezer, ses deux fils, avec Jéthro, son beau-père. Averti que Moïse venait de libérer les Hébreux de leur servitude, Jéthro conduisit Tsipora et ses enfants au campement des Hébreux. Moïse fit à son beau-père le récit de la libération d'Égypte puis tous deux offrirent des sacrifices d'action de grâce à Dieu. Le lendemain, remarquant que le peuple venait en masse confier ses problèmes à Moïse, Jéthro lui suggère qu'une telle charge était bien trop lourde pour un seul homme et il lui conseille de choisir des personnes dignes de confiance pour la partager avec lui. Moïse l'écouta. Trois mois après être entrés dans le désert, Moïse et son peuple installèrent leur camp au pied du mont Sinaï. Moïse en gravit le sommet et Dieu s'adressa à lui en lui donnant les dix commandements. Dans la vallée, le peuple entendit le tonnerre gronder et aperçut les éclairs. Mais chacun demeura à distance, laissant Moïse communiquer seul avec Dieu.*

NOTRE TARGOUM

1. Apprenant que les Israélites s'étaient échappés d'Égypte, Jéthro, le beau-père de Moïse amena Tsipora, l'épouse de Moïse et ses petits-fils, Gershom et Eliezer, au campement des Israélites dans le désert du Sinaï. Moïse raconta à son beau-père la merveilleuse libération d'Égypte. Se réjouissant avec lui, Jéthro s'exclama : « Loué soit l'Éternel, qui vous a sauvés de la main des Égyptiens et de celle de Pharaon. [...] Je reconnais, à présent, que l'Éternel est plus grand que tous les dieux. »

Le lendemain, alors qu'il observait un grand nombre de personnes venir porter leurs différends devant Moïse, il demanda à ce dernier : « Pourquoi sièges-tu seul ? » Moïse lui répondit que le peuple avait besoin d'un juge pour trancher ses désaccords et d'un enseignant pour lui transmettre les lois de Dieu. « Le procédé que tu emploies n'est pas le bon, commenta alors Jéthro, car la tâche est trop lourde pour toi, tu ne saurais l'accomplir seul. » Il pria instamment Moïse de choisir « des hommes de confiance n'acceptant pas de se laisser corrompre » et de les nommer « comme chiliarques, centurions, cinquanteniers et décurions ». Et il précisa : « Ils décideront eux-mêmes les questions peu importantes. Ils te soulageront ainsi en partageant ton fardeau. »

Moïse suivit son conseil. Après quoi, Jéthro retourna à Midian.

2. Trois mois après avoir quitté l'Égypte, Moïse conduisit le peuple jusqu'au désert du Sinaï, établissant son camp non loin du mont Sinaï. Alors Dieu demanda à Moïse de dire aux Israélites : « Vous avez vu ce que j'ai fait aux Égyptiens ; vous, je vous ai portés sur l'aile des aigles, je vous ai rapprochés de Moi. Désormais, si vous êtes dociles à Ma voix, si vous gardez Mon alliance, vous serez Ma possession précieuse entre tous les peuples [...] vous serez pour Moi une dynastie de pontifes et une nation sainte. »

À ces paroles, ils s'écrièrent : « Tout ce qu'a dit l'Éternel, nous le ferons ! »

3. Trois jours plus tard, Moïse conduisit son peuple au mont Sinaï. La montagne semblait en feu et de la fumée s'échappait de ses sommets. On entendit l'écho puissant d'un cor et tous prirent peur. Moïse les quitta pour grimper au sommet de la montagne. C'est là qu'il reçut les dix commandements :

1) Je suis l'Éternel, ton Dieu, qui t'ai fait sortir du pays d'Égypte, d'une maison d'esclaves.

2) Tu n'auras pas d'autres dieux devant Moi. Tu ne te feras point d'image sculptée, ni toute image de ce qui est en haut dans le ciel, ou en bas sur la terre, ou dans les eaux au-dessous de la terre. Tu ne te prosterneras point devant elles, tu ne les adoreras point...

3) Tu n'invoqueras point le nom de l'Éternel ton Dieu à l'appui du mensonge...

4) Souviens-toi du jour du shabbat pour le sanctifier...

5) Honore ton père et ta mère...

6) Tu ne commettras pas d'homicide.

7) Tu ne commettras pas d'adultère.

8) Tu ne voleras pas.

9) Ne rends point contre ton prochain un faux témoignage.

10) Ne convoite pas la maison de ton prochain ; ne convoite pas la femme de ton prochain, son esclave ni sa servante, son bœuf ni son âne, ni rien de ce qui est à ton prochain.

La *parasha Yitro* contient deux thèmes importants :
1. Partager les charges de direction de la communauté.
2. Comprendre ce qui est arrivé au mont Sinaï.

1. LES RESPONSABILITÉS D'UN DIRIGEANT

Lors de sa visite au camp des Israélites, Jéthro remarqua de longues files de personnes attendant de porter leurs différends devant Moïse. Siégeant seul du matin jusqu'au soir, Moïse écoutait chaque argument, analysait chaque problème et prononçait son jugement sur chaque cas qui lui était soumis. Jéthro, stupéfait, lui demanda : « Que signifie ta façon d'agir envers ce peuple ? Pourquoi sièges-tu seul et tout le peuple stationne-t-il autour de toi du matin au soir ? »

Notant combien Jéthro était profondément chagriné par l'attitude de Moïse, un ancien sage suggéra que le trouble de Jéthro ne provenait pas tant de voir Moïse aussi surmené mais de constater sa suffisance. Moïse, nous dit cet érudit, se « comportait comme un roi assis sur son trône pendant que tout le peuple est debout ».

Rabbi Yehouda, du village d'Akko, détecte lui aussi une dangereuse composante de vanité chez Moïse. Pourquoi, s'interroge-t-il, Moïse a-t-il dit à Jéthro : « le peuple vient à *moi* » au lieu de : « le peuple vient à *Dieu* » ? La question de Rabbi Yehouda en soulève bien d'autres. En voulant ainsi résoudre les problèmes de son peuple, Moïse s'estimait-il supérieur à son peuple et même à Dieu ? Commençait-il à croire que lui seul possédait la sagesse requise pour lui donner des conseils ?

Les questions de Rabbi Yehouda semblent impliquer que Jéthro était fâché contre Moïse parce qu'il le voyait perdre son humilité, devenir un chef présomptueux qui se croyait seul capable de décider pour son peuple. C'est pour cela, conclut Rabbi Yehouda, que Jéthro critique vivement Moïse et qu'il lui conseille de s'allier à d'autres pour partager les responsabilités du dirigeant (*Mehilta, Amalek,* IV).

Si la plupart des interprètes ne pensent pas que Moïse se considérait comme supérieur à son peuple ou qu'il jouait le rôle d'un « roi des Israélites », d'autres évoquent les dangereuses conséquences entraînées par sa décision de juger seul le peuple.

Zougot

Ainsi Rabbi Yehoshoua souligne que l'avertissement donné par Jéthro à Moïse était d'ordre pratique. Constatant que Moïse avait pris trop de choses en charge et que son travail était écrasant, Jéthro redouta de le voir miné par l'épuisement : « Ils vont t'épuiser et causer l'échec de ta tâche de direction. »

Rabbi Eléazar de Modiim partage ce point de vue mais il propose d'adopter une perspective différente. Selon lui, si Moïse était bel et bien menacé d'« épuisement », Jéthro pensait aussi qu'il épuisait le peuple. En se réclamant seul capable de résoudre les problèmes et les différends des Israélites, il les forçait à attendre en file de longues heures sous le soleil brûlant du désert. Par voie de conséquence, ceux-ci en conçurent de l'irritation et commencèrent à se plaindre les uns aux autres : « Moïse consacre trop de temps à chacune des audiences. Quand viendra le moment de nous écouter, il sera trop fatigué pour prendre une décision juste. » Selon Rabbi Eléazar, Jéthro, qui avait entendu ce mécontentement, avertit Moïse : « Le peuple te méprisera et t'accablera de critiques. » Jéthro avait compris que le désir de Moïse de tout faire lui-même, était stérile et inefficace. Au lieu d'aider, il suscitait de la frustration et du mécontentement (*Mehilta, Amalek*, IV).

Ramban (Nahmanide)

Pour Nahmanide, le fait que Moïse assumait seul la charge de régler tous les contentieux et de prononcer tous les jugements ne générait pas simplement de la frustration mais aussi de la violence et de l'injustice. Jéthro alerta donc Moïse en lui disant que ceux de son peuple « toléraient des violences à leur encontre parce qu'ils ne pouvaient pas l'informer de ce qui se passait. Ils n'étaient pas en mesure d'abandonner leur travail et la marche de leurs affaires pour attendre qu'il ait un moment libre où ils puissent l'approcher ». En d'autres termes, Jéthro se rendit compte que le peuple avait perdu l'espoir d'être entendu par Moïse. Les Israélites ont ainsi commencé à se faire justice eux-mêmes. Refusant d'attendre interminablement un jugement, ils laissèrent la violence et l'injustice s'installer en leur sein.

Dans l'analyse que nous livre Jéthro des erreurs de Moïse, Nahmanide y voit surtout une critique majeure des tribunaux qui ne sont pas équipés pour gérer toutes les affaires portées devant eux, ce qui provoque d'interminables délais, une frustration croissante, une perte de confiance dans la capacité du système à rendre une justice équitable et, souvent, conduit certains à faire la loi eux-mêmes. Parce que, dans un premier temps, Moïse tenait à tout régler seul, il a encouragé les dangers de la violence et l'injustice au lieu de distribuer des jugements efficaces et équitables (*Commentaire sur Exode* 19 : 22).

Exceller dans la gestion

Les plus performantes des entreprises ont une philosophie solidement établie vis-à-vis de leurs employés : « respecter les individus », « faire d'eux des gagnants », « les laisser s'exprimer », « les traiter en adultes »[1].

Participer à la gestion

La décentralisation augmente le taux de décision et d'autonomie au travail en décentralisant les processus décisionnels et en accroissant autant que possible la participation à ces mêmes processus...

1. Thomas J. Peters and Robert H. Waterman Jr, *In Search of Excellence,* Harper and Row Publishers, Inc., New York, 1982, p. 277.

Les avantages de la décentralisation en termes de réduction d'anxiété et de tension s'illustrent parfaitement dans l'exemple de ce cadre travaillant pour une entreprise spécialisée dans le matériel hospitalier. Sur une période de dix ans, il fut employé par deux sociétés différentes. L'une était fortement centralisée, l'autre avait adopté une approche décisionnelle très décentralisée. Au cours de ses années passées dans l'entreprise centralisée, ce responsable souffrit d'insomnie, de dépression et, au cours de ses cauchemars, se voyait en prison ou contrevenant aux procédures et à la politique de la société...
Après un an de détresse morale, il quitta la firme centralisée pour en rejoindre une autre fonctionnant sur un mode décentralisé. Après ce changement, son insomnie et sa dépression disparurent... Sa famille nota une nette amélioration de son humeur et retrouva l'homme qu'elle connaissait auparavant[1].

Sarna

L'exégète moderne Nahoum Sarna est d'accord avec Nahmanide : « Jéthro est consterné par l'inefficacité de cette justice, par ses effets inévitablement débilitants sur Moïse et par les souffrances qu'elle impose au peuple. » Jéthro suggère donc à Moïse un nouveau système, lui recommandant de désigner des « chiliarques, centurions, cinquanteniers et décurions » et de les autoriser à entendre les doléances et à prononcer des jugements. « Ils te soulageront ainsi en partageant ton fardeau[2]. »

1. James C. Quick and Jonathan D. Quick, *Organizational Stress and Preventive Management*, McGraw-Hill, New York, 1984, p. 163-171.
2. Nahoum M. Sarna, *Exploring Exodus*, *op. cit.*, p. 126-127.

Dans ce cas précis, les avantages à partager la charge de l'autorité, à savoir « déléguer », semblent clairs. La justice n'en sera exécutée que plus rapidement, les intéressés s'en trouveront moins frustrés et moins susceptibles de faire justice eux-mêmes. La confiance sera rétablie, renforcée par un système judiciaire qui fonctionne. Les dirigeants seront plus reposés, efficaces et accessibles. Le conseil donné par Jéthro à Moïse est donc à la fois fonctionnellement sage, et socialement juste.

Jéthro ne recommande pas seulement le partage du commandement mais aussi une sélection spécifique des responsables : « Choisis entre tout le peuple ceux qui sont capables, craignant Dieu, dignes de confiance et refusant d'être corrompus. » Il n'est donc pas surprenant que les exégètes aient, de tout temps, exploré le sens de cette remarquable définition de la gouvernance.

Rashi

Un ancien sage suggère qu'« éminent » signifie « fortuné, ayant des moyens ». Rashi, d'accord avec ce point de vue, renchérit en soulignant que « les personnes qui possèdent des biens n'ont pas besoin de flatter les autres ou de faire preuve de partialité ».

Mais Nahmanide n'est pas d'accord. Une personne « éminente », explique-t-il, est « sage, efficace et équitable » dans l'administration de la justice et « forte et prompte » quand il s'agit d'« organiser des troupes pour le combat » (*Mehilta, Amalek*, IV ; Rashi sur Exode 18 : 21 ; Nahmanide sur Exode 18 : 21).

Ibn Ezra

Ibn Ezra propose un autre point de vue. Selon lui, l'expression « hommes éminents » évoque des personnes « qui ont la force de supporter sans crainte la dureté de ceux qui critiquent leurs décisions ». Pour Ibn Ezra, gouverner signifie indépendance, confiance dans ses convictions et endurance pour s'y maintenir (*Commentaire sur Exode* 18 : 21).

Sforno

Sforno considère que, lorsque la Torah parle de personnes « éminentes », c'est pour désigner ceux « qui sont aptes à trouver des issues pour sortir les Hébreux de leurs combats, qui connaissent suffisamment les stratégies et les ressources de l'ennemi pour garantir la victoire ». Ces hommes « éminents » savent comment transiger et résoudre les tensions entre parties adverses. Mais ils ne sont pas naïfs pour autant. Selon Sforno, ils savent aussi que tous les désaccords ne peuvent être réglés. Souvent, la colère, la rancune et les menaces de violence déchirent les camps ennemis. Dans une telle situation, un être « éminent » saura évaluer les faiblesses et les forces des adversaires, il se montrera capable d'user efficacement de toutes les ressources disponibles pour une issue victorieuse (*Commentaire sur Exode* 18 : 21).

Une autre question est aussi soulevée par les commentateurs : comment interpréter les mots « amis de la vérité, ennemis du lucre » ?

Rabbi Yehoshoua suggère que la phrase décrit ceux « qui jamais n'accepteraient de recevoir de l'argent lorsqu'ils exercent la fonction de juge ».

Yehoshoua désigne ici clairement ceux qui refusent les pots-de-vin, les juges qui, lorsqu'ils traitent d'une affaire, refusent de recevoir de l'argent de quelque partie que ce soit, pour ne pas montrer l'image d'un être corrompu.

Rabbi H̲anina ben Dosa et ses amis font valoir que l'expression « ennemis du lucre » évoque « ceux qui n'accordent guère d'importance à leurs propres deniers ». Selon Rabbi H̲anina et ses amis, de telles personnes doivent être respectées et honorées. On doit leur faire confiance car « si elles ne font pas grand cas de leur richesse, elles ne feront pas davantage cas de l'argent des autres et ne se soucieront pas de le prendre pour accroître leurs propres biens » (*Meh̲ilta, Amalek,* IV).

Règles pour les juges

Tout juge qui retire de l'argent de ses arrêts n'est plus qualifié pour être un juge (*Baba Batra* 58 b).

Un juge qui a coutume d'emprunter à ses voisins n'a pas le droit de juger une affaire les concernant (*Ketoubot* 105 b).

Selon Nah̲manide, ceux qui n'accordent pas grande importance à leurs propres richesses sont susceptibles d'être dignes de confiance parce qu'ils ne se laisseront pas impressionner par des pots-de-vin ou des menaces sur leur propriété. Ils diront au contraire : « Même si l'on veut mettre le feu à mes biens, ou les détruire, je rendrai une décision juste. » Ceux-là, souligne Nah̲manide, « aiment la vérité et détestent la tyrannie. Quand ils voient l'oppression et la violence, ils ne peuvent les tolérer. Aussi consacrent-ils tous leurs efforts à sauver ceux qui sont dépouillés et condamner ceux qui les abusent » (*Commentaire sur Exode* 18 : 21 ; *sur Jérémie* 21 : 12).

Analysant la suggestion donnée par Jéthro à Moïse sur le partage de la gouvernance, l'ancien sage Rabbi Néhémie en tire la leçon suivante : « Sitôt qu'une personne est investie d'une autorité, il ou elle ne doit plus dire : "Je poursuis mes propres intérêts, je ne me soucie pas de la communauté." Car, dès cet instant, c'est toute la charge de la communauté qui pèse sur ses épaules. Si quelqu'un en voit un autre causer du tort à son prochain ou enfreindre la loi, celui qui détient l'autorité doit intervenir afin d'empêcher les mauvaises actions ou les punir » (*Shemot Rabba* 27 : 9).

Diriger a toujours entraîné de lourdes responsabilités. Prendre soin de la sécurité d'une communauté, préserver sa culture et ses traditions, sont des tâches complexes. Jéthro a bien compris la nécessité de partager ce fardeau. Ceux qui, par la suite, étudièrent les conseils qu'il donna à Moïse y puisèrent de quoi définir les qualités de dirigeant requises par la tradition juive. Le haut niveau d'éthique exigé en ces circonstances sert toujours de référence, aujourd'hui, pour juger de la valeur d'un dirigeant.

2. QUE S'EST-IL PASSÉ AU MONT SINAÏ ?

Le don des dix commandements au mont Sinaï est l'un des événements les plus importants de l'histoire juive. C'est aussi un moment rempli de mystère.

Selon la Torah, alors que les Israélites se tenaient au pied de la montagne, ils virent des flammes et de la fumée s'élever du sommet, entendirent le son de cors puissants et eurent l'impression que « toute la montagne se mettait à trembler ». Selon le récit, tous furent si effrayés qu'ils demeurèrent au pied de la montagne tandis qu'Aaron et Moïse grimpaient vers le sommet. Lorsque, plus tard, Moïse en redescendit, il présenta les dix commandements au peuple.

De ce moment et jusqu'à aujourd'hui, les Juifs se sont posé la question : « Que s'est-il passé au mont Sinaï ? » Ce passage de la Torah est-il un compte rendu historique ou bien une légende inspirée d'éléments de vérité ?

Le don de la Torah

La Torah fut livrée section par section (*Gittin* 60 a).

La Torah n'a pas été donnée aux anges (*Berakhot* 25 a).

Lorsque la Torah fut révélée, Dieu en expliqua à Moïse tous les détails et lui fit voir toutes les nouveautés qui, plus tard, y seraient apportées par les rabbins (*Meguila* 19 b).

Moïse reçut la Torah au mont Sinaï et la transmit à Josué. Josué la transmit aux anciens, et les anciens la transmirent aux prophètes. Après cela, les prophètes l'ont transmise aux membres de la Grande Assemblée (*Avot* 1 : 1).

Les opinions divergent quant à savoir ce qui s'est vraiment passé au mont Sinaï. Rabbi Yo<u>h</u>anan soutient par exemple que la voix de Dieu se divisa en sept voix, et que ces sept voix se subdivisèrent ensuite en soixante-dix langues parlées, à l'époque, par tous les peuples de la Terre. Mais d'autres rabbins, contemporains de Yohanan, contestent cette hypothèse, affirmant que Dieu a parlé d'une seule voix.

Rabbi Isaac enseigna que « le message de tous les prophètes qui surgiraient aux générations ultérieures – tels Isaïe, Jérémie, Ézéchiel, Amos, Michée et Osée – fut donné à Moïse avec la Torah ». Rabbi Simeon ben Lakish se rallie à ce point de vue (*Exode Rabba, Yitro*, 38).

Certains rabbins poussent le raisonnement plus loin. S'appuyant sur l'idée que tous les livres de la Bible hébraïque furent confiés à Moïse au mont Sinaï, ils affirment que Dieu a remis à Moïse deux Torahs. L'une, appelée *Torah shebikhetav* – ou « Torah écrite » – comprenant les cinq livres de Moïse : Genèse, Exode, Lévitique, Nombres et Deutéronome. L'autre, appelée *Torah Shabe 'al pé* – ou « Torah orale » –, se compose de tous les livres des prophètes, du *Midrash Agadah,* du Talmud et de toutes les décisions et explications de la loi juive établies par les érudits rabbiniques au fil des âges.

Prenant pour acquis qu'il y eut deux Torahs remises par Dieu à Moïse et au peuple juif, d'autres sages avancent que Moïse reçut de Dieu ces paroles : « Consigne tout ce que je vais te dire, car j'ai conclu une alliance avec Israël. » Après quoi, l'Éternel dicta la Torah, le Talmud (la *Mishna* et la *Guemara*), le *Midrash* et même les réponses à toutes les questions auxquelles devraient répondre plus tard les rabbins comme, par exemple : « Qu'a dit Dieu à Moïse sur le mont Sinaï ? » (*Tanhouma, Ki Tissa,* 58 b ; *Pesikta Rabbati* 7 b).

De toute évidence, les anciens érudits ont enrichi de leurs propres versions ce qui s'est réellement passé entre Dieu, Moïse et le peuple d'Israël au mont Sinaï. Ils croyaient que deux Torahs avaient été données aux Israélites et qu'elles recélaient toutes les réponses à toutes les questions qui pouvaient se poser dans les générations futures. Un point de vue qui non seulement ajoute du mystère à ce qui est arrivé au mont Sinaï mais aussi accorde une autorité toute particulière aux interprétations ultérieures. Il s'agit là d'un point important qui mérite d'être souligné : à cause de cette théorie des « deux Torahs », les rabbins considèrent avoir désormais le droit d'affirmer que leurs propres interprétations ou décisions relèvent de « la loi reçue par Moïse au mont Sinaï ! ».

Rambam (Maïmonide)

Toute la Torah

Je crois avec une confiance totale que toute la Torah qui se trouve maintenant en notre possession, est la même que celle donnée à Moïse notre Maître (Moïse Maïmonide, *Principes de la Foi*, 8).

Joseph Albo auteur du *Sefer ha'ikarim* au xve siècle se demande pour quelle raison Dieu n'a pas énoncé clairement dans la Torah le détail de tous les commandements pour toutes les générations à venir et il répond : « Au Sinaï, des principes généraux, auxquels la Torah fait allusion brièvement, ont été donnés à Moïse. Grâce à ces principes, les Sages de chaque génération peuvent interpréter le détail de leur adaptation pour leur époque » (*Sefer ha'ikarim* 3 : 23).

Cette interprétation des événements qui se déroulèrent au Sinaï, devient la plus partagée par les Juifs depuis l'époque rabbinique ancienne jusqu'au début du XIXe siècle. Le philosophe Juda Halevi écrit ainsi : « On pensait que Moïse communiquait directement avec Dieu, que ses paroles n'étaient pas une création de son esprit... Ils n'ont pas cru que Moïse avait eu une vision dans son sommeil, ou qu'on lui avait parlé entre veille et sommeil, quand les mots ne sont entendus qu'en imagination et non par les oreilles, ils n'ont pas cru qu'il avait eu une vision et prétendu ensuite que Dieu lui avait parlé. » Halevi conclut par une preuve que Dieu parlait réellement à Moïse au mont Sinaï. Il n'existait, dit-il, « aucune supercherie car la parole de Dieu fut suivie par l'écriture de Dieu. Dieu grava les dix commandements sur deux tables de pierre précieuse et les remit à Moïse[1] ».

Les Juifs orthodoxes continuent d'affirmer que Dieu donna la Torah – écrite et orale – à Moïse au mont Sinaï. Ce fut un temps unique de don, ou de révélation. Une Torah complète – incluant tout ce que les Juifs auraient à savoir pour toujours – fut remise à Moïse et transmise ensuite de génération en génération, en tant que *Torah mi-Sinai*, ou « Torah du Sinaï ». Comme preuve de cette affirmation, les religieux orthodoxes d'aujourd'hui, comme Halevi autrefois, se réfèrent au texte même de la Torah selon lequel « Dieu a prononcé toutes ces paroles ». Par conséquent, concluent-ils, c'est une réalité.

Quelques penseurs orthodoxes diffèrent cependant. Tout comme le rabbin David Hartman de

---

1. Juda Halevi, *The Kuzari*, Schocken Books, New York, 1964, p. 60-61.

Jérusalem, ils ne croient pas que la Torah livrée au mont Sinaï était « un système complet, terminé ». Selon Hartman, la « croyance dans le don de la Torah au Sinaï n'implique pas nécessairement que toute la vérité ait déjà été donnée et que notre tâche ne consiste qu'à découvrir ce qui existait déjà au moment fondateur de la révélation ». Ce qui se produisit au mont Sinaï, poursuit Hartman, « a donné à la communauté une direction, une flèche pointée vers l'avenir rempli de nombreuses surprises… Le moment de révélation du Sinaï… invite chacun de nous à acquérir les compétences qui lui permettront d'explorer le terrain, de prolonger la route. Il ne nous est pas demandé une obéissance passive ni une soumission aveugle à la sagesse du passé[1] ».

La Torah pour les Juifs libéraux

La Torah est le fruit de la relation entre Dieu et le peuple juif. Le compte rendu de ces premières confrontations est essentiel à nos yeux. Les législateurs et les prophètes, les historiens et les poètes, tous ont transmis un héritage dont l'étude est un impératif religieux et dont la pratique est notre principal chemin vers la sainteté. Les rabbins et les enseignants, les philosophes et les mystiques, les Juifs érudits ont, à tous les âges, enrichi la tradition de la Torah. Depuis des millénaires, la création de la Torah n'a jamais pris fin et la créativité juive d'aujourd'hui ajoute encore à cette perpétuation de cette chaîne de tradition[1].

1. David Hartman, *A Living Covenant*, The Free Press, New York, 1985, p. 8.
2. « A CCAR Centenary Perspective : New Platform for Reform Judaism », *Reform Judaism*, novembre 1976, p. 4.

Ce que la Torah nous révèle

Il y a peu de raisons de remettre en question le fait que Moïse, qui a conduit notre peuple au désert et en a fait une nation, lui a aussi donné ses lois. Des lois qui ont fondé les décisions et les pratiques suivies par les Israélites après leur installation sur la terre [d'Israël]. Au fil du temps, ces décisions et ces pratiques ont été consignées, compilées et mises en forme selon un processus qui s'est poursuivi jusqu'au temps d'Ezra (420 avant notre ère), plusieurs siècles après le séjour dans le désert...

La Torah révèle l'œuvre de Dieu dans la vie de notre peuple, en ce qu'elle nous fait connaître les premiers temps de sa lutte pour se hisser aux plus hautes potentialités de la nature humaine[1].

Le point de vue du rabbin Hartman – à savoir que ce qui est arrivé au Sinaï était un « moment fondateur » et inoubliable dans l'histoire juive, mais pas la conclusion du don de la Torah au peuple d'Israël – se rapproche de celui de Rabbi Jakob J. Petuchowski, un éminent érudit juif libéral. Pour Petuchowski en effet : « L'écho du tonnerre et les éclairs au Sinaï, tels qu'ils apparaissent dans le récit biblique, ont résonné à travers les âges. Ils témoignent de la réalité de la Révélation, de son impact sur le peuple. Mais c'est seulement l'homme à l'esprit prosaïque, privé d'imagination, qui interprétera ce récit biblique comme s'il s'agissait d'un bulletin d'information, un rapport circonstancié de ce qui s'est authentiquement passé. »

---

1. Mordecai M. Kaplan, *Questions Jews Ask : Reconstructionist Answers*, Reconstructionist Press, New York, 1956, p. 167-168.

Pour Petuchowski, le don de la Torah au Sinaï fut un événement mémorable dans l'histoire du peuple juif, mais il ne faut pas pour autant penser que c'est à ce moment-là que la Torah fut livrée à Moïse dans son intégralité. Bien au contraire, « les préceptes et les commandements de la Torah ne remontent pas tous à cet instant – en tout cas, pas sous la forme sous laquelle nous les lisons aujourd'hui », écrit Petuchowski. « Ils ont évolué au cours des siècles. Des circonstances différentes exigent des réponses adaptées. La vie à l'époque de la monarchie hébraïque différait de celle qui prévalait au temps des juges. Les générations engagées dans la tâche de s'installer en terre d'Israël ont dû affronter des problèmes autres que ceux qui assaillaient les tribus errantes dans le désert. Et pourtant, toutes ces réponses s'appuient sur la perspective de l'engagement initial du Sinaï… Le "don de la Torah" ne se limite donc pas à l'expérience du Sinaï… Nous ne saurons probablement jamais quelles exactes parties de la Torah, dans leur forme actuelle, proviennent authentiquement du mont Sinaï[1]… »

Cette conception de Petuchowski d'une Torah en constante évolution, dans ses commandements comme dans leur interprétation, est partagée par le rabbin W. Gunther Plaut. Lorsqu'il se penche sur ce qui s'est passé au mont Sinaï, Plaut se pose la question suivante : « Qu'est-ce qui fut vraiment révélé ? » Et de poursuivre : « La réponse traditionnelle selon laquelle les Lois écrites et orales ont été confiées dans leur intégralité à Moïse sur le mont

---

1. Jakob J. Petuchowski, *Ever since Sinaï*, Arbit, Milwaukee, Wisconsin, 1979, p. 67-80.

Sinaï est pour moi inacceptable. Faudrait-il alors ne considérer que la Loi écrite ? Je me révolte tout autant contre cette pensée. » Pour justifier sa conviction que toute la tradition de la Torah a évolué au long des siècles, Plaut se fonde sur des recherches archéologiques et historiques.

Quelles sont donc ses conclusions ? Plaut évoque l'explication du philosophe moderne Franz Rosenzweig, lequel pense que le peuple n'entendit pas de paroles prononcées au mont Sinaï. Ce qui est advenu là-bas et qui a laissé une impression durable, spécule Rosenzweig, c'est que le peuple a rencontré Dieu. C'est au Sinaï qu'il a entamé sa quête pour comprendre ce que Dieu voulait de lui. Dès lors, le peuple juif s'est retrouvé engagé dans une alliance, un partenariat avec Dieu. « Un Juif, note Plaut, par la condition même de sa judéité, continue de porter la responsabilité du Sinaï. Si la judéité demeure son destin, le judaïsme reste le cadre de sa spiritualité originelle et Dieu est toujours son partenaire… Chaque génération devrait se considérer comme si elle se tenait debout au mont Sinaï[1]. »

Cette conviction que quelque chose de magnifique et d'impressionnant est advenu entre Dieu et le peuple d'Israël au mont Sinaï est également au cœur de la philosophie de Rabbi Abraham Joshua Hesclel. Ce dernier observe en effet qu'« une peur cosmique a enveloppé tous ceux qui se tenaient au Sinaï » et que ce « moment bouleversant » était « au-delà de ce qu'un cœur peut ressentir ». « *Ce que* nous voyons est peut-être une illusion »,

---

1. W. Gunther Plaut, *The Case for the Chosen People*, Doubleday, New York, 1965, p. 90-95.

commente Heschel, mais « *le fait que* nous voyons ne pourra jamais être remis en question. Le tonnerre et les éclairs au Sinaï n'ont peut-être été qu'une impression. Mais recevoir soudainement le don de voir le monde entier frappé par l'émerveillement radical de Dieu, fut une nouvelle sorte de perception... C'est uniquement aux moments où nous pouvons partager en esprit cet émerveillement de Dieu qui remplit le monde que nous sommes capables de comprendre ce qui est arrivé à Israël au Sinaï ».

Selon l'analyse livrée par Heschel sur les prodiges advenus au mont Sinaï, quelque chose d'extraordinaire s'est vraiment produit entre Dieu, Moïse et le peuple juif. Pour autant, Heschel ne définit pas quelle part de la Torah a pu être révélée à ce moment-là. Ce qui est significatif, maintient-il, c'est que Dieu a parlé et que le peuple d'Israël a répondu. « Ce fut à la fois un événement dans la vie de Dieu et un événement dans la vie de l'humanité... L'extraordinaire acceptation faite par Israël fut aussi déterminante que l'extraordinaire expression de Dieu... Sans cette capacité à réagir, sans le fait qu'il y avait un peuple prêt à accepter et à entendre le commandement divin, le Sinaï aurait été impossible[1]. »

Que s'est-il passé au mont Sinaï ? Selon Heschel, Dieu a parlé et le peuple d'Israël a écouté. Ils ont entendu les commandements et ont répondu qu'ils vivraient en les respectant. Ce moment est l'un

1. Abraham Joshua Hesclel, *God in Search of Man : A Philosophy of Judaism*, Farrar, Straus and Cudahy, New York, 1955, p. 195-197, 259-260.

des plus importants de l'histoire juive parce qu'il nous raconte comment Dieu a choisi et lancé un défi au peuple hébreu de vivre selon la Torah. Et le peuple a répondu : « Tout ce que Dieu a dit, nous le ferons ! »

Nous venons de découvrir les nombreuses théories qui se sont forgées sur ce qui s'est réellement passé au mont Sinaï entre Dieu, Moïse et le peuple hébreu. Peut-être que Dieu a livré deux Torahs complètes durant cet instant rempli de merveilles ? Plus vraisemblablement Moïse, inspiré par Dieu, a transmis les dix commandements que, plus tard, des générations, tout aussi inspirées, enrichiront de nouveaux préceptes rassemblés et publiés dans ce que nous appelons aujourd'hui la Torah. Personne ne peut en être sûr.

Tout ce que l'on peut dire avec certitude c'est que, quoi qu'il soit advenu au mont Sinaï, le peuple d'Israël n'en a jamais oublié la dimension merveilleuse. Il garde le souvenir d'un événement mémorable, mystérieux et grandiose. Tous furent convaincus, alors, que Dieu leur avait parlé, qu'ils avaient été choisis pour devenir « un trésor entre tous les peuples… une nation sainte ». Au Sinaï, Dieu et le peuple hébreu ont conclu une alliance sainte définie par de nombreuses *mitswoth* – des responsabilités éthiques et rituelles, qui non seulement continuent d'évoluer mais aussi donnent sens à la vie juive et justifient l'existence du peuple juif.

Questions pour l'étude et la discussion

1. Selon les commentateurs, quelles difficultés Moïse aurait-il fait subir aux Israélites en se proclamant seul juge ? Ces problèmes se rencontrent-ils encore aujourd'hui ? Comment les conseils donnés par Jéthro à Moïse pourraient-ils, aujourd'hui, résoudre des situations critiques ?
2. La « décentralisation » est-elle vraiment nécessaire pour une gestion opérationnelle et des institutions efficaces ? Quels sont les aspects négatifs engendrés par un « partage du pouvoir » plutôt qu'une gouvernance assurée par une seule et forte personnalité ? Comment certains de ces problèmes peuvent-ils être surmontés ? De quelle façon Jéthro les a-t-il anticipés ?
3. Le rabbin orthodoxe J. David Bleich écrit : « Le texte de la Bible tel que nous le connaissons aujourd'hui – celui contenu dans le rouleau de la Torah lu à la synagogue – est identique, dans tous ses détails significatifs, au parchemin original rédigé par Moïse au désert. » Les exégètes cités dans ce chapitre sont-ils, selon vous, d'accord avec Bleich ?
4. Comment la tradition orale de la Torah, avec son évolution constante et ses nouvelles interprétations de la loi et de sa pratique, a-t-elle garanti la survie de la Torah écrite ? Existe-t-il un parallèle entre la Constitution d'un État ou un code de lois et son interprétation par les tribunaux avec la Torah et le long déroulement de ses interprétations rabbiniques ?

Parashat Mishpatim

Exode 21 : 1-24 : 18

Cette parasha *nous présente les* mishpatim*, c'est-à-dire les « règles » ou « lois », qui régissaient la communauté israélite des premiers temps. Le code portait sur le traitement des esclaves, les crimes par meurtre et enlèvement, les blessures corporelles, les dommages par négligence ou vol, les délits par faits de mensonge, sorcellerie, idolâtrie, oppression, les pratiques commerciales déloyales et l'iniquité des juges. On y trouve aussi un avertissement contre ceux qui se laissent entraîner à faire le mal, des directives pour soigner les animaux blessés d'un ennemi ou faire preuve d'impartialité dans ses jugements. Il est rappelé aux Israélites de témoigner de la sensibilité au sort de l'étranger car ils furent eux-mêmes des étrangers au pays d'Égypte. Enfin, cette section présente les règles à observer le jour de shabbat, pendant l'année shabbatique, pour Pessah, Shavouoth et Souccot. Après avoir reçu ces lois, Moïse rassembla le peuple au mont Sinaï afin d'offrir des sacrifices. Le peuple s'écria alors : « Tout ce qu'a prononcé l'Éternel, nous l'exécuterons. »*

NOTRE TARGOUM

1. Alors qu'il se tenait encore au mont Sinaï, Moïse présenta aux Israélites les lois qui, désormais, allaient régir leur communauté.

À propos de l'esclavage, courant chez tous les peuples de l'époque, Moïse déclare qu'un esclave devra être affranchi au bout de sept ans. Il clarifie les droits des esclaves et de leurs enfants en cas de mariage.

Ceux qui commettent délibérément un meurtre devront être mis à mort. Ceux qui tuent accidentellement quelqu'un seront conduits dans un endroit sûr où ils pourront attendre leur jugement. Les ravisseurs ou ceux qui maudissent leurs parents seront mis à mort.

Si, lors d'une querelle, une personne en blesse une autre, elle devra payer pour sa guérison et le temps perdu au travail. Si la victime est une femme enceinte qui fait une fausse couche, le responsable lui versera une indemnité avec l'accord de son mari. Si le dommage est physique, le châtiment sera « vie pour vie, œil pour œil, dent pour dent, main pour main, pied pour pied, brûlure pour brûlure, blessure pour blessure, meurtrissure pour meurtrissure ».

Si un bœuf blesse un homme ou une femme, il sera lapidé ou mis à mort. Mais, si le bœuf était connu pour être dangereux et que son propriétaire n'a pas pris de mesures pour le tenir en sûreté, tant le bœuf que le propriétaire devront être mis à mort.

Quand un bœuf tue un autre bœuf, le bœuf vivant et le bœuf mort seront vendus et leur prix partagé entre les deux propriétaires. S'il s'avère que le bœuf tueur était connu comme dangereux et laissé sans surveillance par son propriétaire, ce dernier sera tenu de donner un bœuf vivant à la partie lésée et conservera le bœuf mort.

Si quelqu'un creuse un puits et néglige de le recouvrir, il lui faudra payer pour tout ce qui sera tombé dedans et toute blessure encourue.

Des amendes devront être versées si l'on a volé, si l'on a laissé son bétail paître sur la propriété d'autrui, pour les dommages causés par un incendie, pour détournement de biens, pour les animaux qui sont empruntés et morts de blessures ou si l'on a eu des rapports sexuels avec une jeune fille vierge.

Il est interdit de pratiquer la sorcellerie, d'avoir des relations sexuelles avec un animal ou d'offrir des sacrifices à d'autres dieux.

Léser ou opprimer l'étranger est interdit. Les Israélites doivent se rappeler qu'ils étaient, eux aussi, des étrangers en Égypte.

Les veuves et les orphelins seront traités avec égard. On prêtera aux pauvres sans intérêt. Si un homme donne son manteau comme garantie d'un prêt, il faudra le lui rendre au coucher du soleil afin qu'il ne souffre pas de la fraîcheur de la nuit.

Répandre des rumeurs, maudire les dirigeants, se joindre à d'autres pour proférer de faux témoignages, se liguer pour commettre de mauvaises actions, faire preuve de partialité à l'égard des riches ou des pauvres dans un tribunal, prononcer de fausses accusations, accepter des pots-de-vin, tout cela est interdit.

Rendre à un ennemi son animal perdu, prendre soin de lui s'il est en difficulté est considéré comme un devoir.

2. Servir Dieu ne signifie pas seulement obéir aux règles éthiques prescrites ci-dessus mais aussi respecter la célébration de rites particuliers. Le premier-né des troupeaux sera sacrifié à Dieu comme offrande d'action de grâce. Manger la chair d'une bête tuée par d'autres animaux est proscrit. Le shabbat doit être suivi chaque semaine et, à chaque septième année, on observera une année shabbatique au cours de laquelle la terre se reposera des semaisons. Le chevreau ne doit pas être cuit dans le lait de sa mère.

Trois fois par an, à Pessah, Shavouoth et Souccot, le peuple devra célébrer devant Dieu.

3. S'ils obéissaient fidèlement à ces lois et s'ils ne s'abandonnaient pas aux pratiques idolâtres des autres peuples, Dieu promit aux Israélites que son ange les mènerait victorieusement jusqu'à leur terre.

Moïse fut invité à gravir le mont Sinaï avec Aaron, Nadab, Avihou et soixante-dix anciens d'Israël. Au Sinaï, Moïse répéta à son peuple toutes les lois que Dieu avait prescrites et le peuple lui répondit : « Tout ce qu'a dit l'Éternel, nous le ferons ! » Après quoi Moïse offrit un sacrifice pour marquer leur obéissance aux préceptes de Dieu. Puis il gravit la montagne pour y recevoir les tables de la Loi. Parvenu au sommet, un nuage le déroba à la vue et il demeura là-bas quarante jours et quarante nuits.

La *parasha Mishpatim* contient deux thèmes importants :
1. L'importance des *mitswoth*, ou « commandements ».
2. Le respect du *guer*, ou « étranger ».

1. LES *MITSWOTH* OU COMMANDEMENTS ÉTHIQUES ET RITUELS

La *parasha Mishpatim* commence par ces paroles de Dieu à Moïse : « Et voici les statuts que tu leur exposeras. » Elle se poursuit par une liste détaillée des *mitswoth* – ou commandements – à respecter. La liste est longue et contient une grande variété de règles. Concernant par exemple le traitement des esclaves, les conséquences d'un meurtre, les enlèvements, les malédictions prononcées à l'encontre de ses parents, les responsabilités en cas de dommages ou de négligence, le souci de l'étranger et du pauvre. L'honnêteté et l'équité dont doivent faire preuve juges et témoins devant un tribunal. On trouve aussi des *mitswoth* traitant de l'observance du shabbat, du respect de l'année shabbatique, des fêtes de Pessah, Shavouoth et Souccot, ou interdisant la cuisson d'un chevreau dans le lait de sa mère, l'adoration des idoles, et même l'évocation du nom d'autres dieux.

Cette section de la Torah, appelée *Mishpatim*, ou « lois », n'est pas la seule contenant une telle liste d'observances. Les cinq livres de la Torah recèlent des centaines de *mitswoth* commençant par « Vous devez… » ou « Vous ne devez pas… ». Nombre de ces règles sont répétitives. Ainsi, les dix commandements mentionnés dans Exode 20 : 2-14 se retrouvent dans Deutéronome 5 : 6-18, et bon nombre des prescriptions contenues dans *Mishpatim* se rencontrent également dans le Lévitique et le Deutéronome.

Sans doute le premier commentateur à se demander : « Combien Dieu a-t-il donné de *mitswoth* au Sinaï ? » fut Rabbi Simlaï qui enseigna en terre d'Israël et en Babylonie au VIe siècle de notre ère. Selon Simlaï, Moïse reçut au Sinaï 613 commandements divisés en deux catégories : 248 étaient des *mitswoth assé* ou « commandements positifs » – commençant par les mots « tu feras… » et correspondaient aux 248 parties du corps humain, 365 étaient des *mitswoth lo ta'assé*, ou « commandements négatifs » – commençant par les mots « tu ne feras pas… » – et correspondaient au nombre de jours contenus dans une année solaire. Toujours selon Simlaï, ces prescriptions étaient destinées à guider les êtres humains chaque jour de l'année dans l'usage de toutes leurs capacités physiques (*Makkoth* 23 b).

D'autres commentateurs divisent les *mitswoth* en deux catégories : les commandements traitant de l'observance du shabbat, des fêtes, des règles alimentaires ainsi que d'autres rites religieux sont appelés *mitswoth bein adam laMakom*, ou « commandements entre l'être humain et l'Omniprésent ». Les commandements traitant de l'éthique et des relations morales entre les êtres humains sont désignés par l'expression *mitswoth bein adam laẖavero*, ou « commandements entre l'être humain et son prochain » (*Yoma* 85b).

Cette division des *mitswoth* en catégories éthiques et rituelles ne signifie pas pour autant que les exégètes de la tradition juive jugent l'une d'elles plus importante que l'autre. Toutes deux sont de portée égale et, comme les commentateurs aiment souvent à le souligner, les *mitswoth* rituelles ont pour but également de conduire ceux qui les observent à des actions éthiques. Ainsi, accomplir la *mitswa* du *seder* de Pessah, c'est aussi « inviter à sa table ceux qui ont faim ».

Même si les premiers interprètes ont divisé les *mitswoth* en deux catégories et que Rabbi Simlaï a distingué 613 *mitswoth*, ce n'est qu'au VIIIe siècle que le maître babylonien Siméon Kairo essaya réellement d'identifier quels commandements, parmi les centaines mentionnées dans la Torah, constituaient ce nombre. Kairo offre une explication pour chaque *mitswa*, mais il se distingue de rabbi Simlaï dans son recensement des commandements positifs et négatifs en répertoriant 265 *mitswoth* positives et 348 négatives. Suivant son exemple, de nombreux autres exégètes proposèrent leurs propres listes et interprétations de ce qui devint par la suite les *tariag mitswoth* (mot composé des lettres *tav* – valeur numérique 400 –, *resh* – valeur numérique 200 –, *yod* – représentant les dix commandements, et *gimel* – valeur numérique 3).

Si la plupart des commentateurs conviennent avec Rabbi Simlaï et Siméon Kairo que les *tariag mitswoth* ont été données par Dieu à Moïse, ils ne s'accordent pas pour choisir les commandements qu'il faut inclure dans cette liste. De grands érudits tels que Sa'adia Gaon, des poètes comme Salomon ibn Gabirol et Aaron ben Elie l'Ancien, des philosophes comme Hefetz ben Yatzliah, tous expriment des vues divergentes. Si chacun peut ainsi défendre son point de vue différent, cela souligne combien la tradition juive, qui n'a jamais été statique ni immuable, accorde de place à l'évolution des idées et à une interprétation dynamique de la pratique de la loi.

Rambam (Maïmonide)

Ce fut la liste des *tariag mitswoth* du grand maître Moïse Maïmonide qui fit cependant le plus autorité. C'est en Égypte, en l'an 1168 de notre ère, que Maïmonide créa, à l'âge de trente-cinq ans, son *Sefer hamitswoth* – ou *Livre des Commandements*. En s'appuyant à la fois sur la division des 613 commandements de Rabbi Simlaï et sur les deux catégories de *mitswoth bein adam laMakom* et *mitswoth bein adam lahavero*, il proposa une explication pour chaque *mitswa*, encourageant le principe d'une existence modelée par leur observance. Selon lui, les commandements sont « destinés à réprimer les inclinations naturelles de l'être humain… à amender nos qualités morales et à assurer la droiture de nos faits et gestes » (*Mishné Torah*, B.K. 9, chap. 4.).

Maïmonide comprit néanmoins que de nombreux commandements ne semblaient pas contribuer à l'amélioration du comportement humain. Ainsi, ceux qui interdisent de manger du porc ou du crabe ou encore ceux qui concernent les sacrifices durant les célébrations au Temple ne semblent pas avoir de sens immédiatement accessible. Comment, alors, les expliquer ? Comment, même, justifier leur observance ? En réponse, Maïmonide écrit : « Il est bon pour une personne de méditer sur les lois de la sainte Torah, d'en comprendre toute la portée dans la mesure de ses capacités. Toutefois lorsqu'on ne saisit pas le sens ni le but d'une loi, il ne s'agit pas pour autant de la juger triviale… Il faut prendre garde de ne pas se rebeller contre un commandement décrété pour nous par Dieu simplement parce qu'on n'en comprend pas la raison… » (*Mishné Torah*, BK. 9, chap. 8).

À l'instar de Maïmonide, de nombreux commentateurs ont tenté d'expliquer la raison des *mitswoth* dans la tradition juive. Tandis que certains, d'accord avec lui, estiment qu'il est difficile et même souvent impossible de déchiffrer le sens de tous les commandements, la plupart croient cependant que les *mitswoth* revêtent une signification et un but précis.

Les raisons d'observer les *mitswoth*

Ibn Ezra

L'observance des commandements a pour raison essentielle de rendre droit le cœur humain (Abraham ibn Ezra, *Commentaire sur Deutéronome* 5 : 18).
Chaque commandement accroît la sainteté du peuple d'Israël (Issi ben Akabia, *Mehilta*, Exode 22 : 30).

L'intention des commandements est […] de promouvoir la compassion, la bienveillance et la paix dans le monde (Maïmonide, *Yad*, *Shabbat*, 1180, 2, 3).

Le maître talmudique Rau considère que les commandements ont été donnés par Dieu afin de discipliner le peuple d'Israël. Leur observance devait lui permettre de s'améliorer, de fortifier son caractère et d'affirmer son comportement. Un autre ancien interprète affirma que Dieu n'attachait aucune importance à la manière dont les animaux étaient abattus. Les *mitswoth* ayant trait à l'abattage rituel, tout comme certaines autres, visaient avant tout à « purifier le peuple d'Israël ». En d'autres termes, les commandements doivent être regardés comme des exercices, le moyen de se montrer plus attentif aux autres et au monde.

Pour un autre exégète, ces règles sont censées nous rendre plus intègres. Chacun de nous a le choix : ajouter plus de bonté et de justice à ce monde ou augmenter la peine et la souffrance d'autrui. Chacun doit se considérer comme à moitié bon et à moitié mauvais. En observant les *mitswoth*, nous devenons plus justes et plus aimants, nous augmentons le bien dans nos vies et dans le monde (*Genèse Rabba* 44 : 1 ; *Tanhouma, Shemini*, 5 ; *Pessahim* 50b).

Pour Rabbi Abahou, les commandements ne servent pas seulement à améliorer le comportement humain, mais aussi à préserver la survie du monde ! Selon lui, Dieu a créé le monde comme un jardinier agence un beau verger. Les commandements donnés à Israël sont semblables à des instructions données à ceux choisis pour être en charge du jardin. Bien suivies, elles permettront au verger de survivre, de fleurir et de nourrir tous ceux qui en ont besoin (*Exode Rabba* 30 : 9).

D'autres interprètes pensent que le but des *mitswoth* n'est que partiellement lié à l'amélioration du comportement humain ou à la survie du monde. Ces commandements, affirment-ils, visent à garantir l'entrée dans le *'olam haba* – le « monde à venir ». « Toutes les *mitswoth* accomplies dans ce monde par le peuple d'Israël témoigneront en leur faveur auprès des Cieux », explique un maître. Un autre, plus poétiquement, déclare : « Chaque commandement accompli par une personne dans ce monde tisse un fil de lumière dans le ciel, et tous les fils tissés ensemble forment un manteau que nous porterons à notre mort lorsque nous irons aux cieux. » On le voit, pour tous ces commentateurs, les *mitswoth* sont le chemin par lequel on s'assurera une place et « un vêtement » dans le monde à venir (*Avoda Zara* 2a ; *Zohar* III : 113a).

Sarna

Dans son étude sur l'Exode, l'exégète contemporain Nahoum Sarna souligne la nature unique des règles éthiques et rituelles offertes par la Torah, en particulier dans la *parasha Mishpatim.* Alors que les lois des autres peuples des premiers temps se partagent entre domaine laïc et domaine religieux, la Torah présente un « assaut d'une alliance… de questions d'ordre rituel et d'impératifs moraux qui s'imbriquent inextricablement » et on ne peut trouver absolument aucune analogie. Dans la Torah, il n'est jamais question de séparer les préoccupations éthiques des questions d'ordre rituel car elles s'entrecroisent constamment. Célébrations et rituels mènent le plus souvent à l'action éthique. « La Torah, écrit Sarna, traite la vie de façon holistique. » Tout ce que l'on peut faire, que ce soit sur le plan laïc ou religieux, est considéré comme une *mitswa* potentielle qui nous permet de servir Dieu et d'enrichir notre vie d'un sens nouveau[1].

Cet avis de Sarna est partagé par le rabbin Abraham Joshua Hesclel. Le judaïsme est « une science des actes » (*Mitswoth*) destinés à apporter le « goût » ou la « saveur » de la sainteté à la vie humaine. Être juif, explique Heschel, ne signifie pas seulement accomplir des rituels et des actes moraux. C'est comprendre qu'en accomplissant une *mitswa*, on cherche à faire ce que Dieu veut de nous. C'est comme si l'on allumait une lumière devant Dieu. C'est accepter de changer, de se transformer grâce à cette lumière afin de « s'imprégner de sa sainteté ». Le but des *mitswoth*, insiste Heschel, est « d'affiner le caractère. Elles ont été données pour le bénéfice de l'être humain : pour le protéger et l'ennoblir, le discipliner et l'inspirer[2] ». « Les œuvres de piété sont comme des œuvres d'art. Elles sont fonctionnelles, elles remplissent un but, mais leur essence est intrinsèque. Une *mitswa* est la perpétuation d'une intuition ; c'est l'acte de transfert du fugitif dans le durable, de l'éphémère dans l'éternel. »

Alors que pour Heschel, l'accomplissement des *mitswoth* est destiné à nous élever vers de nouveaux degrés de sainteté, à approfondir nos sensibilités et notre conscience de ce que Dieu exige de nous, pour le rabbin Herman E. Schaalman il faut observer les *mitswoth* « parce que nous sommes les descendants de ces ancêtres, les enfants de ces parents qui ont dit au Sinaï : *Na'asseh venishma*, "Nous agirons et nous écouterons" ! » En d'autres termes, « les

---

1. Nahoum M. Sarna, *Exploring Exodus*, *op. cit.*, p. 174.
2. Abraham Joshua Hesclel, *God in Search of Man*, *op. cit.*, chap. 34.

commandements sont notre héritage historique. Ils sont la voix de Dieu qui continue de nous parler ».

Le rabbin David Polish rejoint ce point de vue. « Les *mitswoth*, explique-t-il, sont les "signes" de cette alliance, affirmée et réaffirmée à travers les âges à chaque moment critique de l'histoire où le destin des Juifs vacilla au-dessus de l'abîme. Ainsi, les *mitswoth* liées à la naissance, à la *brit-milah* (circoncision) ou *brith-leda* (alliance de naissance), à l'attribution du nom, à l'éducation, au mariage et à la mort apportent du sens à notre vie car, en chaque circonstance, chacun devient conscient de son propre rôle au sein de l'histoire juive. » Pour ces penseurs, accomplir un commandement est une façon de s'identifier comme juif, le moyen de se relier à l'alliance historique liant le peuple d'Israël à Dieu[1].

Les commandements tissent le cœur même de la pratique et de la tradition juives. Leur association des dimensions éthique et rituelle est unique. C'est peut-être la raison pour laquelle les Juifs de toutes les générations ont cherché à comprendre le but et la signification des *mitswoth*, pourquoi ils se sont sentis tenus, en les pratiquant, de façonner leur vie et celle de leur communauté par leur observance.

Voilà longtemps, Rabbi Ishmaël enseigna que les commandements avaient été donnés au peuple d'Israël pour qu'ils puissent « *vivre* par eux » (Lévitique 18 : 5). En d'autres termes, les *mitswoth* améliorent notre existence, la célèbrent avec des significations particulières, en la fécondant par des actions

---

1. Simeon J. Maslin, *Gates of Mitzvah*, Conférence centrale des rabbins américains, New York, 1979, p. 100-107.

de justice, de bonté et de paix. Aujourd'hui, le défi de vivre une vie riche en *mitswoth* pour améliorer le monde est et sera toujours le but principal de la tradition juive.

2. PRENDRE SOIN DE L'ÉTRANGER

Par deux fois, au cœur de la *parasha Mishpatim,* nous trouvons le commandement de prendre soin du *guer,* c'est-à-dire de « l'étranger » (Exode 22 : 20 ; 23 : 9). Cet accent mis sur le respect des exilés ou des étrangers – les nouveaux venus dans une communauté ou société – n'est pas rare dans la Torah qui souligne la souffrance de l'étranger et cherche à y remédier. Pas moins de trente-six fois, le texte nous rappelle les égards et la justice réservés à l'étranger – soit plus que pour n'importe quelle autre *mitswa.*

Même le langage employé à cet effet est particulier. Tantôt le commandement use de la forme positive « Tu aimeras l'étranger... », tantôt de la négative « Tu n'opprimeras pas l'étranger... ». L'égard dû à l'étranger est l'une des rares prescriptions répertoriées non seulement dans les 248 *mitswoth aseh* mais aussi parmi les 365 *mitswoth lo ta'aseh.* Fréquemment, la *mitswa* inclut aussi ce rappel : « vous qui avez été étrangers au pays d'Égypte ! »

De nombreux commentateurs relèvent cette insistance unique de la Torah sur la question de la justice à l'égard de l'étranger. Ils s'interrogent : « Pourquoi tant de mises en garde ? Pourquoi toute cette attention à l'égard du *guer* ? »

Les premiers interprètes rabbiniques témoignent d'une variété d'opinions. Beaucoup pensent que le mot *guer* ne signifie pas seulement « étranger domicilié » comme dans la Bible mais qu'il se traduit aussi par « converti » à l'époque rabbinique. Il nous est dit par exemple que « Dieu aime tant les *guerim*, ou "convertis", que Dieu reporta la circoncision d'Abraham jusqu'à ses 90 ans pour que les futurs convertis sachent que l'on peut devenir juif à tout âge ». Un autre sage suggère que, si ce commandement d'aimer les convertis existe, c'est parce que la Torah utilise des descriptions semblables pour les Hébreux et pour les *guerim*. Tous deux sont appelés « serviteurs », « ministres devant Dieu sur l'autel », « amis de Dieu ». Même le principe d'une alliance avec Dieu est mentionné pour les uns comme pour les autres.

Les égards réservés à ceux qui se sont convertis

Si un converti venait à étudier la Torah, on ne doit pas lui dire : « Comment quelqu'un qui a mangé des aliments interdits peut-il avoir la présomption d'étudier la Torah de Dieu ? » (*Baba Metzia* 58 b)

Ceux qui permettent à d'autres de se rapprocher du judaïsme et qui accueillent chaleureusement les convertis sont considérés par Dieu comme s'ils les avaient créés (*Bereshit Rabba*).

Ils sont considérés égaux en tous points à ceux qui sont nés juifs (Exode 12 : 49 et *Mehilta Pesikta* 15).

L'attitude manifestée à l'égard des convertis est un sujet sensible. Rejoindre une nouvelle communauté, qu'elle soit religieuse ou laïque, suscite toujours de l'anxiété. On ne sait à quoi s'attendre, on se sent inquiet et mal à l'aise. L'accueil réservé par une famille ou un groupe à un nouveau venu fait toute la différence entre se sentir accepté ou rejeté. C'est peut-être pourquoi la tradition juive insiste tant sur le devoir de tendre la main au *guer*, de s'assurer qu'il ou elle se sente « à la maison » au sein de la communauté juive.

Pour de nombreux interprètes rabbiniques des premiers temps, cette injonction de respecter les sentiments du *guer* prouve que les Juifs ont le devoir de traiter équitablement le converti, de ne jamais l'abuser, ni insulter son passé ou lui chercher querelle. « Les convertis sont aimés de Dieu », nous disent ces rabbins de la première heure (*Mehilta, Nezikin*, 18, sur Exode 22 : 20).

Plus tard, d'autres commentateurs considérèrent qu'il faut non seulement accueillir et apprécier les convertis que les traiter avec justice. « Vous connaissez le cœur de l'étranger, vous qui avez été étrangers au pays d'Égypte ! » (Exode, 23 : 9), dit la Torah. Cet avertissement, insistent les rabbins, soulève des questions importantes : le souvenir du passé, en particulier lorsque ce passé est douloureux, nous apprend-il à nous montrer plus réceptif aux sentiments d'autrui ? Ceux qui se rappellent avoir été abusés ou opprimés peuvent-ils s'empêcher de reproduire ce qu'ils ont vécu et ne pas maltraiter ou opprimer leur prochain ?

Rashi

Répondre à ces questions a fait ressortir de graves divergences parmi les interprètes. Ainsi, pour Rashi, le souvenir de traitements cruels n'est pas forcément la garantie d'une plus grande sensibilité au sort d'autrui. Ce qu'entend réellement la Torah par cet avertissement, souligne-t-il, c'est que, si l'on opprime le *guer*, il ou elle pourrait se défendre en vous rappelant l'humilité de vos propres origines. Il ou elle pourrait vous dire : « n'essaye pas de t'élever en m'humiliant. Après tout, toi aussi tu descends d'une lignée d'étrangers. Ton peuple était des *guerim* en Égypte ! »

En revanche, Rashi convient que l'on peut être plus éclairé et plus conscient de la souffrance de l'étranger lorsque l'on étudie l'histoire juive et les persécutions endurées par les Israélites en Égypte. Commentant le passage selon lequel « vous connaissez, vous, ce que ressent l'étranger », Rashi se rallie à l'idée que celui qui a déjà connu la souffrance « sait combien souffre celui qu'il opprime » (*Commentaire sur Exode* 22 : 20 ; 23 : 9).

Moshe ben Alshekh, un exégète du XVIe siècle qui vécut à Safed, élargit encore ce point de vue. Pour lui, le lien établi par la Torah entre la nécessité de « connaître les sentiments de l'étranger » et le souvenir d'avoir été « étrangers en Égypte » est délibéré. La Torah, affirme Alshekh, nous enseigne de ne pas opprimer l'étranger et de nous rappeler l'attitude de Dieu à notre égard. « Quand vous viviez en Égypte, vous adoriez des idoles. Par la suite, vous avez accepté la Torah. C'est pourquoi, tout comme Dieu ne vous a pas méprisés pour avoir adoré les idoles et ne vous en a pas tenu rigueur pour vous donner la Torah, de même vous ne devez pas mépriser l'étranger. » Pour Alshekh, les Juifs qui se souviennent de ce qu'ils furent avant de recevoir la Torah se montreront plus sensibles aux sentiments des étrangers qu'ils traiteront avec plus de compréhension et d'équité (*Commentaire sur Exode* 22 : 20).

Ramban (Nahmanide)

Nahmanide propose un point de vue différent. Pour lui, le lien entre l'ordre de ne pas opprimer l'étranger et l'observation « car vous connaissez les sentiments de l'étranger, ayant vous-mêmes été étrangers au pays d'Égypte » n'est pas simplement une évocation d'« origines communes » mais un avertissement sur l'action de Dieu dans l'histoire au nom des opprimés.

Pour Nahmanide, c'est Dieu qui parle à travers les paroles de la Torah lorsqu'il dit : « Ne crois pas que l'étranger n'a personne pour le sauver de ta violence ou de ta tyrannie. Au contraire, rappelle-toi que, lorsque vous étiez étrangers en Égypte, j'ai vu les persécutions que vous faisaient endurer aux Égyptiens et je les ai punis pour cela. Car je vois les souffrances infligées par les méchants et les larmes des opprimés qui n'ont personne pour les réconforter. Je libère chacun des mains de la violence. Aussi n'afflige pas l'étranger en pensant qu'il n'y a personne pour le sauver. Car il sera aidé plus que tout autre ! » (Commentaire sur Exode 22 : 20 et 23 : 9)

Nahmanide considère que, lorsque la Torah rappelle aux Juifs qu'ils furent autrefois « étrangers au pays d'Égypte », ce n'est pas seulement pour raviver le douloureux souvenir de leurs persécutions. C'est aussi une leçon qui nous apprend où se place Dieu en cas d'oppression. Dieu, nous dit Nahmanide, se tient aux côtés des persécutés. Dieu les réconforte et guérit leurs blessures, refuse de se détourner tant que, à l'instar des Israélites asservis, ils n'ont pas recouvré leur liberté. Le souvenir de ce que Dieu a accompli pour eux en Égypte doit encourager les Juifs, comme partenaires de l'action divine, à soutenir les opprimés.

Leibowitz

Après avoir analysé attentivement le texte de la Torah, l'exégète moderne Nehama Leibowitz, en désaccord avec Nahmanide, se demande si la mémoire des persécutions empêche vraiment quelqu'un de devenir à son tour un persécuteur. Certes, argumente-t-elle, un tel rappel du passé suffit pour qu'un esprit éclairé témoigne de sensibilité et d'un intérêt authentique pour l'étranger. Mais, pour d'autres, ce n'est pas le cas. « La haine, la persécution et l'humiliation qui, dans le passé, ont frappé un individu ou une communauté ne les dissuadent pas forcément d'adopter plus tard la même attitude envers ceux qui seront en leur pouvoir. »

Maltraitance et oppression

Poussant plus loin sa réflexion, Leibowitz écrit : « Le fait d'avoir été "étrangers au pays d'Égypte" n'est certainement pas une motivation suffisante pour ne pas opprimer ou maltraiter à son tour l'étranger. Au contraire, combien de fois voyons-nous l'esclave, l'exilé – ou tout être humain abritant dans sa mémoire le souvenir de souffrances endurées personnellement ou par sa famille – chercher une compensation aux tourments passés en donnant libre cours à ses instincts tyranniques dès qu'il a la possibilité d'exercer un quelconque pouvoir sur autrui[1] ? »

Des études contemporaines sur les violences conjugales ou les mauvais traitements venant de parents ou d'enseignants vérifient l'exactitude de l'analyse de Leibowitz. Tragiquement, les habitudes de violence et de harcèlement se transmettent souvent d'une génération à l'autre. Ceux qui sont victimes d'actes criminels et de mauvais traitements finissent fréquemment par retourner leur frustration et leur colère contre les autres, devenant eux-mêmes encore plus brutaux que leurs bourreaux. Ce qui est vrai au sujet des abus physiques se vérifie également avec l'usage de drogues. Les fumeurs, les alcooliques, les toxicomanes ont souvent hérité leur addiction de parents ou de proches adultes. Après avoir souffert de négligences ou de violences exercées à leur encontre par des toxicomanes ou des alcooliques, après avoir vu la maladie et les ravages provoqués par les drogues, l'alcool ou la cigarette, les victimes ne rejetteront pourtant pas forcément ces addictions. Bien souvent, au contraire, le cycle de la violence – contre soi ou contre les autres – se poursuit.

1. Neẖama Leibowitz, *Studies in Shemot*, *op. cit.*, p. 384.

Le mal devient une « habitude », la tragédie un amer quotidien.

Pour Leibowitz, répondre au cercle vicieux de la violence et de l'addiction, qu'il s'agisse de « substances dangereuses » ou de persécutions contre les étrangers, exige deux types différents de réponse pédagogique. La première fait appel à l'intellect et enseigne aux gens les effets nocifs de la violence par l'étude de l'histoire. Malheureusement, souligne Leibowitz, beaucoup sont incapables d'apprendre une telle leçon. Ils demandent une deuxième réponse pédagogique. Puisque le souvenir de leurs propres souffrances ne suffit pas à les dissuader de ne pas nuire aux autres, la seule façon de briser le cycle de la violence est de leur faire prendre conscience qu'ils paieront le prix fort s'ils maltraitent l'étranger ou s'ils abusent de substances toxiques. Alors seulement ils changeront de comportement.

Nous l'avons vu, de nombreux interprètes pensent que la Torah identifie le *guer* à celui qui s'est converti au judaïsme. Mais tous les commentateurs ne se rallient pas à cette interprétation plutôt étroite du texte. Pour de nombreux sages, le mot *guer* s'applique à toute personne étrangère, à tout nouveau venu dans la communauté, qu'il soit juif ou non.

Protéger le *guer*

Le terme *guer* était employé pour le non-Israélite qui ne pouvait plus compter sur la protection de sa tribu ou de son pays d'origine... Il était demandé d'accorder toute considération et tous égards au *guer*, pour que non seulement ses droits soient sauvegardés

mais aussi ses sentiments. Jamais il ne doit être humilié[1]...
Il est interdit de léser ou d'opprimer l'étranger... La raison invoquée est purement morale : vous aussi avez subi le sort de l'exilé en terre étrangère, vous savez ce qui accable son âme. C'est pourquoi prenez garde de ne pas assombrir la vie de l'étranger vivant au milieu de vous, tout comme vous n'auriez pas voulu que les Égyptiens assombrissent votre vie lorsque vous demeuriez parmi eux (Umberto Cassuto, *Commentaire sur Exode* 22 : 20 et 23 : 9).

Hirsch

Protéger l'étranger, ainsi que le note Leibowitz, est une question éthique hautement prioritaire au sein de la tradition juive. Il y a plus en jeu, cependant, que les sentiments ou les droits de l'étranger. le rabbin Samson Raphaël Hirsch souligne clairement dans son commentaire que « le traitement réservé aux étrangers est toujours le meilleur des paramètres pour mesurer la place donnée par un État au respect des droits des êtres humains et à l'humanitaire ». C'est pour cette raison, insiste Hirsch, que la Torah accorde une telle importance à l'exercice de la justice et de la bienveillance à l'égard de l'étranger, à la protection contre l'oppression et le harcèlement qui pourraient le menacer. « Le droit de vivre, de travailler et de gagner sa vie doit être accordé sans restriction aux étrangers par la collectivité et la nation. »

1. W. Gunther Plaut, *The Torah : A Modern Commentary*, *op. cit.*, p. 582.

Selon Hirsch, cette attitude à l'égard de l'étranger sert aussi de repère moral pour le judaïsme. De par leur longue expérience historique de persécution, les Juifs doivent plus que d'autres se montrer sensibilisés à la souffrance des étrangers et des exclus. « Même si les Juifs peuvent subir des traitements discriminatoires, ils n'en sont pas moins tenus de regarder tout étranger comme n'importe quel être humain », explique Hirsch. « Montrez à tous que vous êtes juifs... considérez l'étranger comme sacré[1] » (*Commentaire sur Exode* 23 : 9).

Le rabbin Leo Baëck rejoint Hirsch sur cette question. Pour lui, le traitement réservé à l'étranger reflète toute la créativité de l'enseignement religieux au sein de la vie juive. Baeck observe ainsi que, dans la Torah, le mot *guer* revêt un sens particulier puisque tous les êtres humains sont appelés « étrangers », « marcheurs » ou « exilés ». « ... la terre est à moi, car vous n'êtes que des étrangers domiciliés chez moi », dit Dieu (Lévitique 25 : 23). Une déclaration, soutient Baeck, qui nous rappelle qu'aucun peuple n'est supérieur à un autre, aucune personne plus sainte qu'une autre. Nous sommes tous des étrangers et nous devons prendre soin les uns des autres[2]. Ainsi que nous l'avons vu, la tradition juive souligne combien il est essentiel de traiter équitablement le *guer*, ou « l'étranger ». Pour certains commentateurs, cela implique une attention toute particulière à l'égard des convertis au judaïsme.

---

1. Dans *Horeb : A Philosophy of Jewish Laws and Observances*, traduit par I. Grunfeld, Soncino Press, New York, quatrième édition, 1981, p. 254-256.
2. Leo Baëck, *The Essence of Judaïsm*, Schocken Books, New York, 1948, p. 197-198. Trad. fr. *L'essence du judaïsme*, PUF, 1993.

D'autres considèrent que le terme *guer* s'applique à n'importe quel étranger. Dieu a ordonné aux Juifs de protéger les droits et les besoins de l'exilé non seulement parce qu'il s'agit de quelque chose de juste mais parce qu'ils furent eux-mêmes des étrangers persécutés, en Égypte et tout au long de leur histoire. Il existe un commandement qui résume parfaitement cette doctrine de la Torah envers le *guer* : « Tu aimeras l'étranger comme toi-même » (Lévitique 19 : 34).

Questions pour l'étude et la discussion

1. Comment les exégètes analysent-ils la relation entre les *mitswoth* éthiques et les *mitswoth* rituelles ? Comment décririez-vous le but des *mitswoth* dans la vie juive ?
2. Selon la « Perspective centenaire du judaïsme réformé », adoptée en 1976 par la Conférence centrale des rabbins américains, « le siècle dernier nous a appris que les engagements qui sont nôtres commencent par nos obligations éthiques, mais ils peuvent s'étendre à bien d'autres aspects de la vie : créer un foyer juif centré sur la dévotion familiale, l'étude, la prière personnelle et le culte en communauté, la pratique quotidienne de nos devoirs religieux, l'observation du shabbat et des jours de fête, la célébration des grands événements de la vie, la participation à la vie de la synagogue et de la communauté, et toutes les autres activités qui encouragent la survie du peuple juif et élèvent son existence ». Pensez-vous que le respect des *mitswoth* garantit la continuité du judaïsme ?
3. Que possèdent en commun les « étrangers » et les « convertis » qui justifie que la langue hébraïque leur attribue le même nom de *guerim* ?

4. Pensez-vous que le rappel constant du statut d'étranger occupé par les Israélites en Égypte a enseigné une plus grande sensibilité à l'égard de l'étranger et des exilés ? Comment créer les conditions de mesures équitables à l'égard des étrangers ?

Parashat Terouma

Exode 25 : 1-27 : 19

La parasha Terouma *concerne la construction du premier sanctuaire, ou Tabernacle. Alors que les Israélites errent encore dans le désert du Sinaï, Moïse demande à chacun d'entre eux d'apporter une* terouma *– « don », « cadeau » « contribution » – pour l'édification du sanctuaire. Les contributions peuvent être d'or, d'argent et de cuivre. On peut aussi offrir des étoffes de fils azur, pourpres ou cramoisis, de lin fin, de poils de chèvre, des peaux de bélier ou de* tahach*, du bois d'acacia, de l'huile pour les lampes, des aromates pour l'huile d'onction et les parfums, du lapis-lazuli et d'autres pierres précieuses pour l'*ephod *et le pectoral. En ce qui concerne le Tabernacle, Dieu dit à Moïse : « Qu'ils Me fassent un sanctuaire que je puisse habiter parmi eux. » Des instructions détaillées sont données pour l'édification du sanctuaire. L'arche et les barres servant à la transporter seront en bois d'acacia recouvert d'or. Deux chérubins d'or dotés de grandes ailes surmonteront l'arche, se faisant face. On élèvera un autel en bois d'acacia recouvert d'or, on façonnera des plats et des vases pour les offrandes et les sacrifices. Moïse sera chargé de réaliser une* menora, *ou « chandelier », d'or pur martelé munie de sept branches pour tenir sept lampes. En ce qui concerne le sanctuaire lui-même, Moïse reçoit des instructions détaillées sur sa taille, ses matériaux de construction et leur mode d'assemblage.*

NOTRE TARGOUM

1. Alors qu'il se trouve encore sur le mont Sinaï après avoir reçu les dix commandements, Moïse reçoit des instructions pour la construction d'un sanctuaire, lieu de culte des Israélites lors de leurs pérégrinations à travers le désert. Dieu ordonne que chaque Israélite apporte une *terouma* – « don » ou « contribution » – pour sa construction : « Et ils me construiront un *mikdash* [sanctuaire], pour que je réside au milieu d'eux. »

2. La construction du sanctuaire doit suivre des prescriptions détaillées. L'arche et les deux barres servant à son transport seront en bois d'acacia recouvert d'or. Elle sera coiffée d'un couvercle d'or – le propitiatoire – orné de deux chérubins d'or ailés, placés face à face. Dieu dit à Moïse : « Là je te rencontrerai et te parlerai… et je te dirai tout ce que je te commanderai pour les enfants d'Israël. »

3. Moïse reçoit également des instructions pour l'édification d'une table et de barres servant à la transporter, le tout en bois d'acacia plaqué d'or. Des plats, coupes et vases devront être façonnés pour contenir les liquides offerts en sacrifice. Parmi les éléments du mobilier contenu à l'intérieur du sanctuaire, on trouvera un chandelier d'or à sept branches ou *menora*. Fondu en une seule pièce, il comportera trois branches de chaque côté de son centre, chacune d'elles surmontée de coupelles en forme de fleurs

avec calices et pétales. Le fût central sera coiffé de quatre calices en forme d'amande, « avec ses boutons et ses fleurs ». « Médite et exécute, selon le plan qui t'est indiqué... », recommande Dieu à Moïse.

4. Moïse reçoit un plan architectural et des instructions précises quant aux matériaux nécessaires pour la construction du Tabernacle. Dieu lui communique les mesures exactes des planches d'acacia pour les murs, le nombre de tentures en poils de chèvre et la quantité d'agrafes requises pour fixer les planches et les étoffes. Un voile de fils colorés d'azur, de pourpre et de cramoisi et du lin fin torsadé et damassé de chérubins devra recouvrir l'Arche.

5. L'autel, également en bois d'acacia, sera pourvu aux quatre coins de cornes et recouvert de cuivre. Les « pelles, bassins, fourches et brasiers » – servant aux rites sacrificiels – seront également de cuivre. Des barres en acacia recouvert de cuivre serviront à transporter l'autel. On trouve aussi des prescriptions pour l'agencement du mobilier intérieur, pour des tentures en lin torsadé, des bandes d'argent sur les piliers, des tenons, des agrafes et des rivets en cuivre.

La *parasha Terouma* propose à notre réflexion deux thèmes importants :

1. La fonction du *mikdash*, ou « sanctuaire », dans la tradition juive.
2. L'accent mis par la Torah sur les « détails » du sanctuaire.

1. LE SANCTUAIRE DANS LA TRADITION JUIVE

Avant la création du premier *mikdash,* ou « sanctuaire », les Hébreux adoraient Dieu sur la cime des collines, sur les rives des cours d'eau, partout où ils se sentaient disposés à prier. Abraham et Isaac se rendirent au mont Moriah, Jacob rencontra l'Éternel dans la solitude du désert et près de la rivière Jabbok, Moïse rencontra Dieu à travers un simple buisson et au sommet du mont Sinaï. Mais après sa libération d'Égypte et le don des tables de la loi au mont Sinaï, le peuple des Israélites reçoit à présent l'ordre de construire un sanctuaire.

Le sanctuaire devra abriter l'arche d'Alliance contenant les tables saintes sur lesquelles ont été gravés les dix commandements. Elles seront déposées dans l'espace du Saint des Saints, dans le sanctuaire intérieur. L'ouverture de la pièce sera protégée par un voile. À l'extérieur, on édifiera un autel consacré aux parfums, une table pour le pain azyme – ou pains de proposition – et une *menora* – ou chandelier – en or. Devant le tabernacle intérieur, un second voile marquera le passage vers un espace extérieur où l'on trouvera une cuve d'airain et un autel pour les sacrifices.

On le voit, le sanctuaire est entièrement conçu pour abriter les offrandes et les prières à Dieu. Certains chercheurs pensent que la description du *mikdash* n'est pas contenue dans la Torah originale mais qu'elle fut ajoutée ultérieurement au récit de l'Exode par des prêtres qui voulaient justifier l'existence du Temple et de la prêtrise à Jérusalem. Pour défendre cette thèse, ces érudits soutiennent que de nombreux matériaux mentionnés dans la Torah pour la construction du *mikdash* n'étaient pas accessibles aux Israélites dans le désert du Sinaï.

Plan du Temple

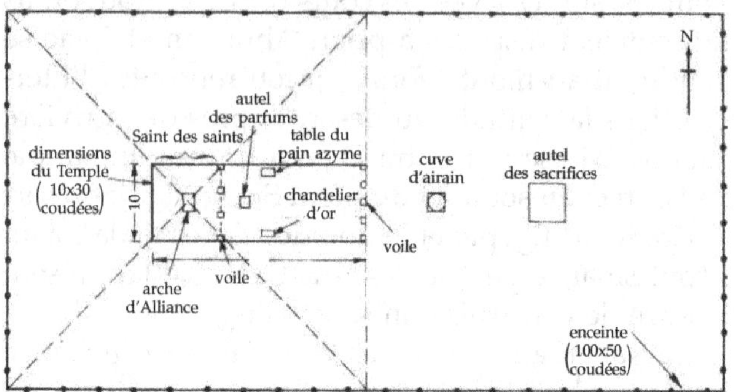

D'autres chercheurs contredisent ces conclusions. Ils affirment que le *mikdash* compte parmi les toutes premières institutions israélites et que, plus tard, les auteurs de la Torah ont pu exagérer les détails donnés sur sa construction ou sur les matériaux employés. Ainsi, pour H. M. Orlinsky, « le bois d'acacia – le cèdre, le cyprès ou l'olivier furent utilisés ultérieurement au pays de Canaan –, les peaux de bélier, d'agneau, les étoffes en poils de chèvre, et le reste étaient tous en usage à l'époque nomade[1] ».

Nous ne pourrons sans doute jamais être en mesure de prouver quand le *mikdash,* ou le premier tabernacle juif a vu le jour. La Torah, cependant, cherche à en clarifier l'objectif. « Et ils Me

---

1. Gunther W. Plaut, *The Torah : A Modern Commentary, op. cit.,* p. 599.

construiront un sanctuaire, pour que Je réside au milieu d'eux », dit Dieu à Moïse. Que signifient réellement ces mots ? Sans sanctuaire, sans un édifice solide abritant l'arche d'Alliance, sans les autels pour les sacrifices, les Israélites auraient-ils pu faire l'expérience de la présence divine dans leur vie ? Des sanctuaires sont-ils nécessaires pour rendre un culte ou pour trouver Dieu ? Faut-il construire des édifices pour que Dieu « réside » parmi les êtres humains ?

Où se trouve la demeure de Dieu ?

Ô Dieu, où te trouverai-je ?
Caché et exalté est ton lieu.
Où ne te trouverai-je point ?
Riche de toute ta gloire est l'espace infini
(Juda Halevi).

Il n'y a pas d'endroit sans Dieu (Sa'adia Gaon).

Partout où l'on trouve l'empreinte d'un pas humain, Dieu est devant nous (*Mehilta*, Exode 17 : 6).

Le rabbin de Kobrine se tourna vers ses *hassidim* et leur dit : « Savez-vous où est Dieu ? » Puis il prit un morceau de pain, le leur montra et poursuivit : « Dieu est dans ce morceau de pain. Sans le pouvoir nourricier de Dieu dans la nature entière, ce morceau de pain n'aurait pas d'existence. »

« Où se trouve la demeure de Dieu ? » Telle fut la question avec laquelle Rabbi Mendel de Kotzk surprenait nombre d'érudits qui venaient lui rendre visite. Ils se moquaient alors de lui : « En voilà une chose

> à demander ! Le monde entier n'est-il pas rempli de Sa gloire ? » Le rabbi, alors, répondait à sa propre question : « Dieu habite partout où nous le laissons entrer[1]. »

La tradition juive enseigne que nous pouvons rencontrer Dieu de bien des façons. Dans la beauté et les mystères de la nature, dans l'amour et l'amitié que nous partageons avec nos semblables, dans l'impact spirituel d'un rituel ou d'une célébration, dans les actions accomplies pour promouvoir la justice, la générosité et la paix. Il n'existe pas de « lieu » spécifique où réside Dieu. Car la présence divine peut résider dans de multiples endroits. Le roi Salomon, qui construisit le premier Temple de Jérusalem, reconnaissait déjà que Dieu – que même tous les cieux réunis ne pourraient contenir – ne se limiterait pas à « cette maison que je viens d'édifier ! » (I Rois 8 : 27).

Par conséquent, si aucun *mikdash*, ou « sanctuaire », n'est le lieu unique de la présence divine, que signifie ce passage de la Torah dans lequel Dieu dit à Moïse : « Et ils Me construiront un sanctuaire, pour que Je réside au milieu d'eux » ? Quels sont le but et la fonction du sanctuaire dans la tradition juive ?

Les premiers rabbins ont avancé un début de réponse dans une conversation imaginaire entre Dieu et le peuple d'Israël. Les Israélites expliquaient

---

1. Martin Buber, *Tales of the Hassidim : The Later Masters*, Schocken Books, New York, 1961, p. 277. Trad. fr. *Les Récits hassidiques*, Points, 1996.

à Dieu que tous les dirigeants humains possédaient de beaux palais, des salles pour y déposer des offrandes, un lieu où le peuple pouvait témoigner de sa loyauté et de son amour. Ils demandèrent alors à Dieu : « Ne devrais-tu pas, toi, notre Maître, posséder un tel palais ? » À quoi, selon les rabbins, Dieu répondit : « Mes enfants, Je n'ai nul besoin d'un tel endroit. Après tout, Je ne mange ni ne bois. Mais vous, de toute évidence, vous en avez besoin. Cela vous aidera à mieux Me connaître. Aussi construisez-moi un sanctuaire et je résiderai au milieu de vous. »

Ce que les maîtres des premiers temps pressentirent, c'est ce besoin humain de se recueillir dans un lieu de culte, de réserver un espace spécifique consacré à la méditation et à la prière. Il est de la nature des êtres humains d'élever des constructions ordinaires en leur assignant des noms et des fonctions exceptionnels. À l'aide de briques et de mortier, d'acier et de béton coulé, nous créons et nous décorons des structures qui se transformeront, grâce à nous, en « capitales », « musées », « salles de concert », « théâtres », « tribunaux ». Parfois nous y ajoutons le nom d'une personnalité ou d'un donateur pour les marquer encore davantage.

Comme les capitales, les musées ou les salles de concert, les sanctuaires religieux remplissent une fonction majeure. Ils sont ces espaces uniques consacrés à nos « rencontres » avec Dieu à travers la prière, l'étude et le partage. Cela signifie-t-il qu'ils sont les seuls lieux où réside la présence divine ? Bien sûr que non. Tout comme nous apprécions la musique et les arts dans de multiples espaces en dehors des musées et des salles de concert, nous pouvons prier et rencontrer Dieu dans les lieux les plus divers.

Pourtant, si nous créons des sanctuaires religieux, c'est parce que nous avons besoin d'un cadre magnifique et inspirant où nous recueillir, puiser du réconfort et de l'espoir dans les moments difficiles, trouver un sens et une sagesse face à des dilemmes éthiques, et de beaux rituels par lesquels nous célébrons les moments les plus importants de nos vies. Nos sanctuaires nous offrent des espaces de partage et nous permettent de vivre avec le soutien et l'enthousiasme d'une communauté. Comme l'ont enseigné les premiers rabbins, ces lieux privilégiés répondent à nos besoins humains et spirituels.

L'exégète Umberto Cassuto discerne une autre finalité dans la création du sanctuaire. Les Israélites, observe-t-il, ont découvert Dieu au mont Sinaï lors d'une expérience particulièrement intense. Ils entendirent les dix commandements et se sentirent reliés à Dieu par une alliance unique. « Mais, une fois repris leur voyage [loin du mont Sinaï], ils eurent l'impression que ce lien allait se rompre s'il ne subsistait pas un symbole tangible de la présence divine parmi eux. »

En d'autres termes, le *mishkan* était l'assurance réelle et visible du lien forgé par Dieu avec le peuple d'Israël au mont Sinaï. Et tandis qu'ils poursuivraient leur voyage loin de cette merveilleuse montagne où Dieu leur avait parlé, leurs sanctuaires avec leurs arches et leurs lumières perpétuelles leur rappelleraient constamment que « Dieu résidait parmi eux ». Chaque synagogue est donc une extension du mont Sinaï (*Commentary on the Book of Exodus*, p. 319).

Pourquoi un sanctuaire ?

Peli

Le *mikdash* n'était pas un lieu de résidence pour Dieu mais un endroit réservé à ceux qui voulaient ressentir plus intensément la présence vivante de Dieu répandue dans le monde entier. Il représente une façon de recréer l'univers avec Dieu en son centre[1].

Nos sages croyaient que la construction de palais saints – l'exercice même de la piété – prépare le cœur à la dimension divine. Ceux qui construisent des sanctuaires sont plus susceptibles de ressentir l'esprit et le caractère de la sainteté.

Si tu veux connaître la source mystique d'où
Ton peuple persécuté et poursuivi par des assassins
Puisa aux jours de malheur la force et le courage
D'accueillir la sombre mort avec joie,
D'offrir son cou à chaque lame tranchante, à chaque hache levée...
Si tu veux connaître le sein d'où s'épanchent les larmes de ton peuple, son cœur, son âme et ses tripes...
Si tu veux connaître la forteresse où tes ancêtres déposèrent dans la sécurité de son hâvre
Leurs rouleaux de Torah,
Le Trésor sacré de leurs âmes assoiffées...
Si tu veux connaître l'asile où fut conservé, immaculé, l'esprit de ton peuple...
Alors rends-toi à la maison de prière... (Haïm Nahman Bialik).

1. Pinhas Peli, « Torah Today », *Jerusalem Post*, 20 février 1988.

Hirsch

Le rabbin Samson Raphaël Hirsch propose une autre vision de ce passage de la Torah : « Et ils Me construiront un sanctuaire, pour que Je réside au milieu d'eux. » Pour Hirsch en effet, le *mikdash* symbolise le lien unique tissé entre Dieu et le peuple juif. Le peuple crée un sanctuaire quand il cherche à modeler sa vie selon les commandements de la Torah. Avec, pour résultat direct, la « présence protectrice et source de bénédiction » de Dieu, tant dans la sphère privée que nationale. Le sanctuaire est bien plus qu'un simple édifice. C'est un symbole rappelant aux Juifs leur alliance avec Dieu. S'ils observent les *mitswoth* qui symbolisent leur contrat avec Dieu, leur « récompense » sera la joie de savoir que Dieu habite parmi eux (*Commentaire sur Exode* 25 : 8).

Le rabbin Morris Adler propose une interprétation différente. Plutôt que de considérer le sanctuaire comme un symbole, Adler met l'accent sur l'importance de ses fonctions. Il identifie quatre « rôles » réservés à l'ancien *mikdash* et à la synagogue moderne.

Le premier est « de conserver, pour se prémunir contre l'oubli, les grandes perceptions et idées » conçues par les êtres humains à travers les âges. Les nouvelles générations, souligne Adler, détruisent souvent leur passé et c'est le rôle de la religion de préserver ce « foisonnement de réflexions » né de la sagesse humaine. Nos sanctuaires religieux proclament : « Ne détruisez pas les repères d'antan. »

Le deuxième rôle du sanctuaire est « de scruter, critiquer, évaluer ». Les sanctuaires religieux, soutient Adler, doivent constamment présenter « un code d'éthique qui ne cède pas à l'opportunisme, ne tolère pas l'hystérie, et qui replace les problèmes de notre temps dans une plus vaste perspective, celle de l'expérience et de la foi ».

La troisième fonction du sanctuaire est « d'élargir les perspectives humaines ». Les religions cherchent à faire passer ce message : « N'étouffez pas votre âme en vous limitant à vous battre pour vivre au quotidien. Ne devenez pas le prisonnier de votre ego. »

Enfin, nous dit Adler, « le sanctuaire veut rappeler à la communauté juive que ce qui maintient les Juifs ensemble, ce n'est pas un chagrin commun... ni la pitié, ni l'organisation de sa défense, mais une histoire commune, une culture commune et un espoir commun[1] ».

Au fil des âges, le *mikdash*, appelé « temple », ou « synagogue », a fonctionné comme une *beit tefila* – une « maison de prière » –, une *beit midrash* – une « maison d'étude » – et une *beit knesset* – une « maison de rassemblement ». Il représentait cet espace saint où les Juifs se rassemblaient pour rendre un culte, pour fêter des célébrations ensemble, pour se former et éduquer les nouvelles générations, et pour faire face à de nouveaux défis. C'est un lieu de rencontre entre Dieu et le peuple juif. Aujourd'hui, la synagogue, tout comme l'ancien *mikdash*, reste la plus importante institution de la vie juive. Elle est le garant avec le foyer de la survie de la tradition juive.

---

1. Morris Adler, *The Voice Still Speaks*, Bloch Publishing Company, New York, 1969, p. 175-178.

2. « SEMBLABLE À TOUT CE QUE JE T'INDIQUERAI… AINSI VOUS L'EXÉCUTEREZ… »

Après le commandement de construire le *mikdash,* la Torah développe sur plusieurs chapitres des centaines de descriptions détaillées sur les objets et matériaux à employer dans la construction de l'ancien sanctuaire. Le texte se présente comme un schéma d'architecte et le plan d'un décorateur.

Nous lisons ainsi que les planches du sanctuaire doivent être en bois d'acacia, chacune mesurant dix coudées de long et une coudée et demie de large. Vingt planches doivent être disposées au nord et au sud, six à l'avant et à l'arrière. Chaque planche sera pourvue de deux tenons recouverts d'or et de deux socles d'argent.

La même attention aux détails est portée à la création du rideau, de l'arche, de l'autel et de tous les autres aspects du sanctuaire. Chaque description comporte des mesures spécifiques, des recommandations de couleurs, des instructions sur les divers matériaux à utiliser et comment les assembler.

Pourquoi ? Pourquoi toute cette attention aux détails ? Pourquoi la Torah nous présente-t-elle l'image d'un Dieu soucieux de chaque détail du sanctuaire ?

Sarna

L'exégète Nahoum Sarna explique que cette représentation détaillée ressemble « à un type de temple courant au Proche-Orient de l'époque ». En d'autres termes, ces descriptions étaient connues des peuples anciens qui croyaient que chaque élément, chaque fonctionnalité de leurs sanctuaires étaient ordonnés par Dieu. Les prescriptions architecturales de cette *parasha* ne seraient donc ni surprenantes ni exceptionnelles mais semblables à d'autres plans de temple transmis par les religions et les cultures du Moyen-Orient.

Abravanel

Cependant de nombreux commentateurs désapprouvent ce point de vue. Au fil des âges, plusieurs exégètes rabbiniques ont perçu dans les détails du sanctuaire l'évidence de multiples et différentes significations. Don Isaac Abravanel, par exemple, soutient que le sanctuaire, dans sa totalité comme dans chacune de ses parties, recèle une « dimension allégorique ». Ainsi, quand la Torah traite du *mikdash*, elle ne décrit pas seulement l'édification d'un bâtiment saint pour y célébrer le culte de Dieu mais aussi le corps de chaque être humain. Plus précisément, tout être humain est un sanctuaire saint. Chaque détail, explique Abravanel, porte un enseignement éthique qui permet de guider les êtres humains dans leurs relations les uns avec les autres et dans leur lien avec Dieu.

Pour fonder cette interprétation allégorique, Abravanel explique par exemple que si la *menora* doit être faite d'« or pur », c'est bien entendu pour nous garder des idées impures. Il suggère aussi que, si le chandelier est placé face au Saint des Saints, c'est pour nous rappeler que la vraie sagesse doit toujours rester en harmonie avec les enseignements de la Torah.

D'accord avec l'approche allégorique d'Abravanel, d'autres commentateurs fournissent des aperçus fascinants sur les significations cachées dans chaque détail du sanctuaire.

Moshe ben Adrianopolis Alshekh, par exemple, compare la *menora* à « l'âme humaine » qui, elle aussi, peut apporter sa lumière. Tout comme la *menora* est faite d'« or martelé », ainsi les êtres humains « peuvent devenir à leur tour une lampe d'or pur, par le biais de la purification et par le raffermissement moral né de la souffrance ». Quand on apprend l'humilité – ne pas répondre à l'offense par la colère ou l'insulte mais par des mots de bonté et de respect –, on devient, telle la *menora*, rayonnant de lumière pour les autres.

En ce qui concerne l'arche, la Torah nous apprend qu'elle doit être recouverte d'or à l'extérieur comme à l'intérieur. Pourquoi, demandent certains exégètes, tapisser l'intérieur d'or puisqu'on ne peut le voir ? N'est-ce pas gâcher un métal précieux ?

En réponse, les anciens maîtres juifs rappellent le principe de *tokho kevaro*, « l'extérieur doit correspondre à l'intérieur ». Ainsi que l'observe le rabbin Hillel Silverman, « c'est le vrai sens de l'intégrité. L'extérieur d'une personne – que ce soit par ses paroles ou ses actes – doit refléter son être intérieur. Nous devons penser vraiment ce que nous disons et dire ce que nous pensons[1] ».

En se fondant sur les commentaires de Rashi et de Na<u>h</u>manide, Joseph de Piavinitz cherche à expliquer pourquoi les chérubins – les deux créatures angéliques placées au-dessus de l'arche – doivent être,

---

1. Rabbi Hillel Silverman, *From Week to Week*, *op. cit.*, p. 74.

selon les instructions, « tournés l'un vers l'autre ». Ici encore, il s'agit d'une interprétation allégorique. Les chérubins sont le symbole de ce que Dieu attend des êtres humains, c'est-à-dire qu'ils se soucient les uns des autres. Ils doivent s'efforcer de se regarder, de comprendre ce qui leur fait de la peine ou les réjouit dans leur vie. Il est interdit de détourner son regard, d'éviter son prochain, de se montrer indifférent. Tout comme les chérubins, les êtres humains sont destinés à servir Dieu sans cesser de garder leurs yeux tournés vers les besoins des autres.

Samson Raphaël Hirsch propose un autre point de vue. Il observe que la description de l'arche comporte aussi des recommandations détaillées sur les barres utilisées pour la transporter. « Les barres, engagées dans les anneaux de l'arche, ne doivent point la quitter », précise la Torah. « Pourquoi cela ? » s'interroge Hirsch. Après tout, rien n'est spécifié quant aux barres servant à porter la table ou le chandelier. Pourquoi les barres de l'arche seraient-elles les seules concernées par cette interdiction ?

« Les barres de l'arche symbolisent… sa mission et ce qu'elle abrite », explique Hirsch. Le message, c'est que « la Torah n'est pas réservée à un lieu précis, son application ne se limite pas au pays où se dresse le sanctuaire ». Elle est toujours prête à bouger avec le peuple, à lui servir de guide, elle est la source de sa sagesse et de sa pratique. Puisque personne ne sait quand il est nécessaire de se déplacer, ni où les enseignements de la Torah seront requis, les barres de l'arche doivent toujours être en place afin que l'on puisse la porter là où on en aura besoin (*Commentaire sur Exode* 27 : 7).

On le voit, les commentateurs tirent de nombreuses et essentielles leçons des descriptions détaillées du *mikdash*. Pour nombre d'entre eux, la Torah propose bien plus que des plans architecturaux pittoresques ou des recommandations ornementales. Chaque détail donné contient un sens caché que, tels des détectives créatifs, les maîtres rabbiniques ont cherché à découvrir et à révéler. Parfois ils ont concentré leur travail sur le sanctuaire considéré dans sa totalité, parfois seulement sur une partie de l'édifice.

Mais, le plus souvent, ils combinent les approches car, selon eux, le sanctuaire symbolise toutes nos réalisations humaines. Dans la profusion de ces détails se reflète la multitude de nos efforts, ceux qui paraissent petits ou insignifiants pour cheminer sur la route du succès. Aucun véritable accomplissement n'est possible sans porter attention au détail. Le musicien pratique sa musique note après note, jour après jour, pour atteindre l'excellence. L'athlète doit s'entraîner, courir, soulever des poids pour être capable d'être à la hauteur de ses défis. L'étudiant doit rassembler les faits, un par un, point par point, pour maîtriser son sujet. Les réalisations authentiques, tout comme les magnifiques sanctuaires, sont les produits d'un travail acharné, d'actions successives et d'une attention particulière portée à chaque détail.

Alors pourquoi la Torah consacre-t-elle autant de chapitres à l'édification détaillée du *mikdash* ? Les biblistes modernes ne s'en étonnent pas, jugeant ces descriptions très semblables à celles d'autres temples évoqués par la littérature moyen-orientale antique. Les commentateurs rabbiniques, quant à eux, considèrent le *mikdash* décrit dans la Torah comme une œuvre d'art sainte. Une multitude de sens et de messages sont cachés au cœur de chaque élément. Le défi que doit relever l'étudiant de la Torah, à l'instar de celui qui se penche sur les grandes œuvres d'art, sera d'en apprécier toute la beauté et d'en éclaircir le mystère.

Questions pour l'étude et la discussion

1. Certains historiens pensent que l'institution de la synagogue fut celle qui contribua le plus à la survie du peuple juif. Selon vous, quelles autres institutions ont œuvré dans ce sens ? En quoi la place occupée par la synagogue aujourd'hui contribue-t-elle à garantir la survie de la tradition et de la culture juives ?
2. Pour enrichir notre discussion sur le rôle du sanctuaire, que veut-on dire par ces mots : « Dieu réside dans ce lieu » ?
3. De nombreux commentateurs interprètent la description du sanctuaire et de ses détails d'une manière symbolique. Après une relecture de « notre Targoum », quelles interprétations « symboliques » et quels enseignements en tirez-vous ?

Parashat Tetsavé

Exode 27 : 20-30 : 10

La parasha Tetsavé *poursuit la description du* mikdash *commencée dans la section précédente. On y trouve les commandements concernant la création d'un* ner tamid *– « lampe qui brûle perpétuellement » – au-dessus de l'arche et de nommer Aaron et ses fils prêtres afin qu'ils veillent aux sacrifices offerts dans le sanctuaire. Des instructions détaillées sont données pour les vêtements d'Aaron. Il devra porter un* ephod, *un pectoral, une robe, une tunique frangée, une coiffe et une ceinture. La cérémonie d'ordination d'Aaron y est décrite et des règles précises seront prescrites pour l'abattage des animaux en guise de sacrifice. La section se conclut par des directives relatives à la construction d'un autel consacré à l'encens et que l'on installera au pied de l'arche.*

1. Dieu demande aux Israélites d'apporter au sanctuaire de l'huile pure d'olives concassées qui servira pour le *ner tamid,* ou « lumière perpétuelle ». Aaron et ses fils seront chargés d'alimenter cette

lumière continuellement au-dessus de l'arche pour qu'elle brûle du soir au matin.

2. Aaron et ses fils, Nadab, Abihu, Eléazar et Ithamar, seront nommés prêtres avec la responsabilité de procéder aux sacrifices et aux offrandes de la communauté au *mikdash*. Aaron devra porter huit vêtements et accessoires spécialement ornés et façonnés par des artistes qualifiés :

1) l'*ephod*, un tablier tissé de fils d'or, d'azur, de pourpre, d'écarlate et de lin fin, retenu par une ceinture et par deux bretelles, chacune brodée d'une pierre de lapis-lazuli portant les six des douze noms des tribus des fils de Jacob ;

2) le pectoral du jugement, une étoffe carrée décorée sur son devant de quatre rangées de pierres précieuses, chacune sertie d'or et portant l'un des noms des douze fils de Jacob. Le pectoral sera fixé à l'aide de chaînes en or aux bretelles de l'*ephod* ;

3) les *Ourim* et *thoumim*, une petite boîte à travers laquelle on croyait que Dieu faisait des oracles. Le prêtre la portait à l'intérieur du pectoral du jugement ;

4) une tunique bleue frangée d'un liseré décoré de grenades tissées à l'aide de fils bleus, pourpres et cramoisis et agrémenté de clochettes d'or ;

5) une plaque en or gravée des mots « Saint est l'Éternel » et fixée à la tiare d'Aaron afin qu'elle pende sur son front ;

6) une tunique de lin frangée ;

7) une tiare en lin ;

8) une ceinture brodée.

Les fils d'Aaron seront tenus de porter des tuniques, des pantalons, écharpes et des turbans pour exprimer dignité et beauté.

3. Lors de la cérémonie d'ordination d'Aaron, celui-ci sera conduit au *mikdash*, baigné, revêtu de sa tenue spéciale et l'huile d'onction sera versée sur sa tête. Ses fils sont également présentés et habillés de leurs vêtements sacerdotaux.

Un taureau sera amené pour l'abattage. Aaron et ses fils poseront leurs mains sur sa tête. Une fois le taureau abattu, un peu de son sang recouvrira les cornes de l'autel, le reste sera versé à son pied. La graisse de ses entrailles, le lobe au-dessus du foie et les deux reins seront brûlés sur l'autel, le reste de sa chair jeté au feu hors des frontières du camp. Après le sacrifice du taureau, des béliers seront abattus. Aaron et ses fils seront aspergés d'huile d'onction et de sang de bélier. Lors de la cérémonie, Aaron et ses fils tiendront des morceaux du bélier sacrifié dans une main et, dans l'autre, des tranches de pain azyme, des gâteaux à l'huile et des galettes. Ils les balanceront devant Dieu en tant qu'offrandes. La chair du bélier sera ensuite cuite et mangée par Aaron et ses fils.

La cérémonie d'ordination durera sept jours. Les sacrifices seront répétés chaque jour afin de purifier les prêtres et l'autel. À la fin de la vie d'Aaron, ses vêtements sacerdotaux et ses fonctions seront transmis à ses fils.

Les prêtres et les sacrifices qui se dérouleront au *mikdash* rappellent au peuple que l'Éternel réside parmi eux et qu'Il les a sortis du pays d'Égypte pour être leur Dieu.

4. Un autel d'acacia, recouvert d'or, orné de cornes et supporté par des piliers en bois d'acacia également plaqués d'or, sera placé devant le rideau

dissimulant l'arche. Aaron devra brûler de l'encens sur cet autel, matin et soir au moment où il éteindra et allumera les lumières. Une fois par an, il consacrera l'autel en peignant les cornes du sang d'un sacrifice expiatoire.

La *parasha Tetsavé* contient deux thèmes importants :

1. Le sens du *ner tamid,* ou « lumière brûlant perpétuellement ».
2. La signification des vêtements sacerdotaux portés par Aaron et ses fils.

1. QU'EST-CE QUE LE *NER TAMID* ?

Pendant des siècles, devant le mur oriental de la synagogue, la lumière suspendue au-dessus de l'arche où sont conservés les rouleaux de la Torah s'est appelée *ner tamid,* ou « lumière perpétuelle ». Elle fait partie intégrante de l'architecture et du symbolisme religieux de tout sanctuaire juif. Parfois, c'est une ampoule électrique, d'autres fois une lampe à huile. Souvent, elle est artistiquement façonnée dans du verre ou du métal précieux.

De nombreux commentateurs pensent que l'origine du *ner tamid* se trouve dans les premières lignes de cette section de la Torah, à savoir Exode 27 : 20-21. Il existe cependant des désaccords sur la façon dont ces lignes, originellement en hébreu, doivent être traduites.

Comparons les versions suivantes :

- De *La Bible* dans la traduction du rabbinat (traduction française sous la direction du grand rabbin Zadoc Kahn) : Tu ordonneras aux enfants d'Israël de te choisir une huile pure d'olives concassées, pour le luminaire, afin d'alimenter *les lampes* en permanence.
- De *La Bible de Jérusalem* : Quant à toi, tu ordonneras aux Israélites de te procurer de l'huile d'olives broyées pour le luminaire, afin qu'*une lampe* brûle en permanence.
- De *La Bible* traduite par André Chouraqui, JC Lattès : « Et toi, tu l'ordonneras aux Benei Israël qu'ils prennent vers toi de l'huile d'olive épurée, concassée pour le lustre, pour faire monter *la lampe* permanente » (v. 20).
- D'Henri Meschonnic, *Les Noms*, Desclée de Brouwer : « Et toi tu ordonneras aux fils d'Israël et ils t'apporteront de l'huile d'olive pure pressée pour la lumière pour faire brûler *une lampe* sans cesse » (v. 20).

Il ressort clairement de ces quatre traductions différentes qu'il existe des points de vue divergents quant à savoir si *une* ou *plusieurs* lumières doivent être laissées allumées. Dans une version, les mots *ner tamid* sont traduits par des lampes alimentées « en permanence ». Dans les autres traductions, en revanche, on préfère se référer à « un luminaire » ou à « une lampe ». Quelle traduction semble la plus appropriée ? Est-ce *une* ou *plusieurs* lumières ? A-t-elle toujours été là allumée ou bien existait-il un moment spécialement désigné pour l'allumer ?

Si l'on compare le texte de l'Exode à celui du Lévitique, on s'aperçoit qu'un pluriel apparaît dans la suite du texte : (Lévitique 24 : 4) « C'est devant le chandelier (*menora*) pur qu'il (Aaron) placera les lumières. » Les traducteurs ont parfois préféré résoudre ces différences de textes en employant un pluriel dans les deux cas. On peut donc penser que le *ner tamid* du *mikdash* était une lampe munie de plusieurs flammes. La lampe avec ses flammes multiples était posée devant le rideau de l'arche et allumée tous les soirs au coucher du soleil pour brûler jusqu'à l'aube. Plus tard, à l'époque du Temple de Jérusalem, le *ner tamid* s'appelait aussi *ner ma'aravi*, ou « lumière de l'ouest » parce qu'il illuminait le Saint des Saints (contenant l'arche d'Alliance) placé à l'extrémité ouest du Temple. C'était la coutume d'allumer six mèches de la *menora* du coucher au lever du soleil et de garder « continuellement » (*tamid*) allumée l'une de ces mèches vingt-quatre heures sur vingt-quatre. Après la destruction du Temple par les Romains, ces derniers emportèrent la *menora* comme butin à Rome. Par la suite, sans doute comme rappel du *ner tamid* qui brûlait autrefois dans le Temple, une lumière devait briller constamment dans chaque synagogue. Parfois, elle était placée près du mur ouest, face à l'arche installée contre le mur oriental, parfois, on la posait dans un coffret sur le mur oriental, près de l'arche. Finalement, la coutume s'instaura de la suspendre juste au-dessus de l'arche.

Pour les premiers commentateurs rabbiniques, le *ner tamid* et ce qui l'alimentait, « la pure huile d'olives concassées », devinrent des symboles forts du peuple juif. Ils font remarquer ainsi que, selon le prophète Jérémie (11 : 16), Dieu appelle le peuple d'Israël un « olivier verdoyant, orné de fruits superbes ». Qu'a donc Israël en commun avec un olivier ou une pure huile d'olives concassées ?

La réponse n'est pas une comparaison joyeuse. Car le destin de l'olive, nous expliquent ces rabbins, est bien difficile. Elle sèche et se ride encore sur l'arbre. Puis elle est cueillie, écrasée, concassée et pressée jusqu'à ce qu'elle donne le meilleur de son huile.

Ainsi en est-il de l'histoire du peuple d'Israël, concluent ces rabbins. Battu, enchaîné, emprisonné et menacé de toutes parts d'être écrasé, jamais il n'a connu la paix. Et pourtant, il a survécu parce qu'il a su rester loyal envers Dieu, demandant le pardon de ses fautes et la repentance pour ses erreurs. Selon cette interprétation, le *ner tamid* avec son huile d'olives pressées évoque l'oppression cruelle endurée par les Juifs et la persistance de leur confiance en Dieu. Tel le *ner tamid* qui brûle éternellement, le peuple juif survivra éternellement malgré ses persécuteurs.

La souffrance rend-elle meilleur ?

Telle une olive qui ne donne son huile que lorsqu'elle est écrasée, ainsi le peuple d'Israël ne révèle ses vraies vertus que lorsqu'on le fait souffrir (Ya'akov Shmuel Khaquiz, 1672-1761). Ce texte ne justifie pas la souffrance mais il ne peut se comprendre que comme un texte de consolation. Les sages disent : « Il n'est pas de mal dont il ne sorte un bien. »

Les souffrances d'Israël – un baromètre

Simplement parce qu'il fut toujours l'apanage d'une minorité, le judaïsme est devenu une référence pour mesurer le niveau de moralité. Car c'est de la façon dont une nation traitait la communauté juive vivant en son sein que l'on pouvait évaluer la mesure avec laquelle cette même nation exerçait le droit et la justice. Car comment ne pas mieux mesurer le niveau de justice qu'en la voyant s'exercer envers les minorités[1] ?

Peut-on être fier de la destinée juive ?

L'histoire des Juifs depuis la Dispersion est une des grandes épopées de l'histoire européenne. Chassé de sa terre d'origine... dispersé... persécuté et décimé... enfermé dans des ghettos congestionnés... bousculé par les populations, dévalisé par les rois... paria, excommunié, insulté et blessé... Ce merveilleux peuple a pourtant conservé dans son corps et dans son âme son intégrité... Conservé avec un amour exclusif ses traditions et ses rituels les plus anciens... émergé de l'abîme, acquis la renommée dans tous les domaines par la contribution de ses génies, puis, après deux mille ans d'errance, triomphalement revenu à sa terre originelle et jamais oubliée. Quel drame pourrait rivaliser avec la grandeur de ces souffrances, la variété de ces épisodes, la gloire et la justice de cet accomplissement[2] ?

Dans une autre interprétation, certains rabbins des premiers temps suggèrent que le peuple d'Israël et l'huile d'olive du *ner tamid* réagissent de façon

1. Leo Baeck, *The Essence of Judaism*, Schocken Books, New York, 1961, p. 273-274. Trad. fr. *L'essence du judaïsme*, PUF, 1993.
2. Will Durant, *The Story of Philosophy*, Simon and Schuster, New York, revised edition, 1961.

similaire une fois mélangés à des corps étrangers. Lorsque des liquides différents se mêlent, ils forment une seule substance. Mais il en va autrement avec l'huile d'olive. En effet, une fois additionnée à un autre liquide, elle demeure séparée et flotte toujours vers le haut, au-dessus de tous les autres composants.

Ainsi en est-il du peuple d'Israël, selon ces rabbins. Sa survie dépend de son statut distinct – les Juifs qui se marient avec d'autres Juifs et fondent de nouveaux foyers où les enfants pratiquent le shabbat et observent les fêtes juives. Une survivance exigeant aussi que les Juifs n'oublient pas leur langue – l'hébreu –, connaissent leur histoire, visitent la terre d'Israël ou choisissent d'y vivre, et se montrent solidaires envers les institutions éducatives, religieuses, humanitaires et sociales de leur communauté. Selon les partisans de cette thèse, lorsque les Juifs témoignent d'une telle loyauté, ils sont comme l'huile d'olive pure qui se place au-dessus de tous les liquides. En d'autres termes, ils s'élèvent. Ainsi, leurs talents se développent et leur propre survie est assurée (*Genèse Rabba* 36 : 1).

« Lumière pour les nations »

Les Juifs se considéraient comme le peuple élu, non pour de quelconques spécificités de naissance mais parce qu'ils avaient été choisis pour être les serviteurs de Dieu et faire connaître sa loi éthique au monde. Ils se considéraient comme un peuple engagé dans une alliance, un royaume non de super héros, mais de prêtres... Faire partie de cette alliance était accessible

•••

à tous les peuples de toutes ethnies et à tout moment... Leur mission n'est pas une quelconque domination ethnique ou religieuse, ni un *Lebensraum* territorial, mais d'être une « lumière pour les nations ». L'unique prérogative d'Israël est de porter avec ardeur et abnégation une direction éthique et religieuse[1].

D'autres rabbins abordent différemment cette comparaison entre l'huile d'olive du *ner tamid* et le peuple d'Israël. Dieu, affirment-ils, a besoin qu'Israël soit source de lumière pour le monde. Comme deux voyageurs – l'un aveugle, l'autre non – cheminant ensemble la nuit sur une route rocailleuse. Sans lumière, ils risquent de tomber et de se blesser. Celui qui peut voir dit alors à l'aveugle : « Tiens haut cette lumière que je puisse voir le chemin. »

Il en va de même avec Dieu, expliquent ces rabbins. Si le peuple d'Israël reçoit l'ordre de laisser constamment brûler le *ner tamid*, c'est parce que sa luminosité et la pureté de son huile sont là pour rappeler aux fidèles qu'ils sont responsables de la lumière de Dieu à travers le monde. Tout comme ils ont besoin que Dieu leur montre la voie, Dieu a besoin d'eux pour apporter au monde la lumière de la justice, de l'espoir et de la paix. C'est la mission unique du peuple juif. Ainsi que le dit le prophète Isaïe, Dieu a choisi Israël afin qu'il soit « une lumière pour toutes les nations » (*Genèse Rabba* 36 : 2).

D'autres rabbins pensent que le symbolisme du *ner tamid* ne s'applique pas tant au peuple d'Israël

---

1. Abba Hillel Silver, *The World Crisis and Jewish Survival*, Richard R. Smith, Inc., New York, 1931.

qu'à la Torah qui diffuse la lumière de la sagesse et la confiance à ceux qui l'étudient. Ils établissent une comparaison entre ceux qui, bêtement, tentent de marcher dans un endroit sombre sans aide d'une lumière. Ceux-là – qui essaient de vivre sans la Torah – courent le risque de tomber sur les pierres ou de s'ouvrir la tête contre le sol.

En revanche, ceux qui l'étudient accumulent les préceptes de sagesse et disciplinent leurs désirs grâce à ses enseignements éthiques. Ils sont constamment enrichis par un héritage culturel et spirituel glané au long de milliers d'années d'expérience humaine. Ces personnes diffusent alors une lumière pour eux-mêmes comme pour les autres. Le *ner tamid* qui brille dans le sanctuaire rappelle cette leçon essentielle.

Mais d'autres interprètes ne sont pas de cet avis. Pour eux, le *ner tamid* est vraiment un symbole destiné à rappeler à chaque Juif toutes les *mitswoth*, l'ensemble des commandements éthiques et des prescriptions rituelles qu'il doit observer afin d'éclairer le monde. En fondant leur argumentation sur le passage tiré de Proverbes 6 : 23 selon lequel « le précepte est une lampe et l'enseignement une lumière », ils soulignent que toute action positive « éclaire » le monde entier. Chaque *mitswa* nous offre l'opportunité de servir Dieu, de rendre le monde meilleur et plus juste pour tous les êtres humains. Ainsi, lorsque quelqu'un participe à une cause juste, prend en charge un ami en détresse, rend visite à un malade, vient en aide au sans-abri ou nourrit l'affamé, le monde est illuminé par la lumière divine. Le *ner tamid* symbolise l'amour, la bonté et la générosité apportés au monde par ceux qui exécutent les commandements et les enseignements prescrits par la Torah (*Genèse Rabba* 36 : 3).

Depuis les premiers temps où les Israélites ont installé les « lumières qui brûlent continuellement » dans leur sanctuaire jusqu'à la présence du *ner tamid,* ou « lumière perpétuelle », dans la synagogue, les interprètes ont trouvé dans ces flammes vacillantes de multiples messages. Les symboles évoquent souvent des significations variées. Ils reflètent les moments tristes et joyeux de la vie humaine, et fonctionnent comme des signaux qui invitent ceux qui les voient à relever de nouveaux défis. Tout au long de l'histoire juive, le *ner tamid* a revêtu de nombreux sens pour le peuple d'Israël. Et, aujourd'hui encore, ces significations constituent un défi lancé à tous ceux qui le voient, de poser des actes en multipliant les actions éthiques dans le monde.

2. LES VÊTEMENTS SACERDOTAUX : QUESTION DE STYLE OU SYMBOLES CHARGÉS DE SENS ?

Selon la Torah, Aaron et ses fils n'étaient pas seulement désignés comme prêtres chargés de procéder à des sacrifices d'animaux et à des rituels spécifiques *à l'intérieur du mikdash,* mais, en tant que grand prêtre et ses assistants, ils devaient revêtir des tenues ou costumes exclusivement conçus à leur usage et décorés selon des règles précises. Aaron devait porter huit vêtements différents : l'*ephod,* le pectoral du jugement, les *Ourim* et *thoumim,* une robe bleue, une tunique frangée, une ceinture brodée, une coiffe de lin avec, par-dessus, une plaque d'or pur. Chaque vêtement devait être façonné par des artistes à l'aide des meilleurs matériaux.

De nombreux commentateurs se sont interrogés sur toute cette attention portée à l'habillement des prêtres. Pourquoi la Torah est-elle donc si concernée par l'aspect vestimentaire ?

Sarna

Une première réponse réside peut-être dans le rôle des prêtres au sein de la société israélite du temps de la Bible. Selon Nahoum Sarna, « les prêtres occupaient une place séparée du reste du peuple, vouant leur existence au service divin. Ils se consacraient à un mode vie spécifique qui exprimait leur implication intime avec le Divin par des tâches et des restrictions particulières et par l'obligation de servir le peuple[1] » (*Exploring Exodus*, p. 131).

À cause de ces fonctions spéciales qui les mettaient à l'écart du reste du peuple, il semblait logique que les prêtres portent des vêtements sacerdotaux à l'image de leur mission et de leur rôle unique au sein de la société. Tout au long de l'histoire de l'humanité, les uniformes ont été utilisés pour signaler un statut, une appartenance à un groupe, des compétences ou des privilèges spécifiques. Ils sont symboles d'identité. Que ce soit les maillots colorés d'une équipe de football, les chemises bleues de la police, les robes noires d'un juge, chaque tenue révèle non seulement la fonction de ceux qui la portent mais aussi qui ils représentent. Les costumes sont souvent des badges d'identité, des insignes.

---

1. Nahoum M. Sarna, *Exploring Exodus, op. cit.*, p. 131.

Les vêtements portés par Aaron, toutefois, semblent avoir une fonction plus grande qu'un simple rôle d'identification en tant que grand prêtre. Pour le commentateur moderne Umberto Cassuto, ce costume spécial était « le symbole de sa consécration » à Dieu, le rappel de son rôle unique en tant que serviteur de Dieu. Porter l'*ephod*, les *Ourim* et *thoummim*, la robe azur et la plaque en or sur sa coiffe de lin le rendait plus que jamais conscient de ses responsabilités saintes (*Commentary on the Book of Exodus*, p. 371).

Hertz

D'accord avec Cassuto, le rabbin J.H. Hertz fait remarquer que « ces vêtements distinguent le prêtre de l'Israélite laïc en lui rappelant que, plus encore que le profane, il doit faire de l'idéal de sainteté le guide constant de sa vie ». En d'autres termes, le lourd poids de ses vêtements sacerdotaux avait pour objectif de rappeler à Aaron combien la bonne exécution de ses devoirs de guide comptait pour Dieu et pour le peuple[1].

La plupart des interprètes sont d'accord pour affirmer que l'habit sacerdotal d'Aaron servait à le distinguer et à lui rappeler ses devoirs saints. Chaque pièce vestimentaire, notent certains exégètes, peut revêtir une signification symbolique propre, riche en enseignements essentiels.

---

1. J.H. Hertz, *The Pentateuch and Haftorahs*, Soncino Press, New York, 1937.

Peli

Pour Pinhas Peli, la Torah ne décrit pas seulement l'*ephod* et le pectoral du jugement, muni de deux pierres précieuses sur lesquelles figurent les noms des douze tribus d'Israël, mais elle précise aussi que « Aaron le portera sur son cœur, lorsqu'il entrera dans le sanctuaire » pour prier (Exode 28 : 29).

Il y a ici bien plus dans la description de la Torah, observe Peli, qu'une question de style ou d'ornement. « Il semble que les conceptions de l'*ephod* et du pectoral soient censées nous apprendre une leçon importante sur le fait d'assumer sa charge de chef avec conscience. De nombreux dirigeants, une fois élus ou nommés aux plus hautes fonctions, oublient aussitôt ceux qu'ils sont censés représenter. Si les noms des douze tribus d'Israël sont portés sur "les épaules" d'Aaron, c'est pour que celui-ci n'oublie jamais le poids de ce dont ils ont besoin. » En outre, explique Peli, c'est bien sur « ses » épaules que les symboles doivent être portés afin qu'il sache « rester leur fidèle porte-parole… » et qu'il remplisse « son cœur d'amour et de compassion pour tout un chacun de son peuple[1] ».

Leibowitz

Pour Nehama Leibowitz, le pectoral avec ses douze pierres précieuses, chacune gravée au nom d'une tribu d'Israël, n'évoque pas tant un rappel des responsabilités d'Aaron qu'un signe de la sainteté du peuple. Avec sa tiare et sa plaque d'or où sont

1. Pinhas Peli, « Torah Today », *op. cit.*, p. 88.

inscrits les mots « saint pour l'Éternel », Aaron représente le peuple tout entier lorsqu'il se tient devant Dieu, en prière. « La fonction du grand prêtre n'était pas une fin en soi, écrit Leibowitz. C'est l'addition de sa personne et de sa charge, vêtue de ces vêtements saints, qui représentait un moyen d'ouvrir la conscience d'Israël et de lui faire comprendre combien il peut être saint pour l'Éternel. »

Ainsi, selon Leibowitz, le costume sacerdotal visait à encourager le peuple à la sainteté – à se distinguer par l'excellence de ses valeurs éthiques et de ses actions, à se montrer fidèles aux rites hérités de la tradition. Le défi réservé à Aaron était de s'acquitter de toutes les responsabilités du grand prêtre. Le défi assigné au peuple était de devenir des « prêtres de Dieu ». Les vêtements colorés d'Aaron symbolisaient cette double mission (*Commentaire sur Tetsavé* ; voir aussi Isaïe 60 : 6).

Plusieurs exégètes soulignent le fait que la Torah recommande à Aaron de porter sous son *ephod* une tunique « uniquement d'azur ». Elle doit aussi être brodée d'un liseré décoratif fait de clochettes d'or et de grenades. Comme le souligne Umberto. Cassuto, la grenade était un ornement couramment employé par les peuples du Moyen-Orient antique. Les clochettes, toutefois, telles que la Torah les présente, revêtent une signification particulière. Il est dit ainsi qu'« Aaron doit [les] porter lorsqu'il officiera, pour que le son s'entende quand il entrera dans le sanctuaire devant l'Éternel et quand il en sortira, et afin qu'il ne meure point » (Exode 28 : 35).

Les clochettes avaient-elles vraiment pour fonction de sauver la vie d'Aaron ? Quel danger encourait-il en pénétrant dans le sanctuaire qui rendait nécessaire cette « alerte sonore » pour protéger Aaron ?

Cassuto suggère que les anciens considéraient le sanctuaire comme la résidence royale de Dieu. Et, tout comme nul n'oserait pénétrer dans le palais du roi sans y être annoncé, personne n'est autorisé à entrer dans le « palais-sanctuaire » de Dieu sans faire retentir la cloche. « Il est inconvenant de faire irruption sans prévenir dans le palais royal. La bienséance exige d'être précédé d'une annonce, et c'est pourquoi le prêtre doit veiller à ne pas entrer de façon irrévérencieuse. » Pour les hindous et les bouddhistes, les cloches ont souvent pour rôle d'annoncer la présence des fidèles dans le sanctuaire et le début des séances de prière. Les clochettes sur les couronnes de la Torah sont aussi le signe de l'honneur dû à la Torah et de la joie que l'on trouve dans l'étude. Les carillons qui retentissent dans une église marquent le début ou la fin d'une prière. Ainsi qu'on le voit, l'usage du son dans le rituel religieux est universel.

Mecklenbourg

Jacob Zvi Mecklenbourg pense que les clochettes sur la robe d'Aaron représentent bien plus qu'un moyen de signaler ses allées et venues au sein du sanctuaire. Contrairement au reste des Israélites, le grand prêtre avait beaucoup de responsabilités relatives aux rituels et aux sacrifices apprêtés par le peuple. Les clochettes, explique Mecklenbourg, fonctionnaient comme des symboles et étaient là pour qu'à chacun de ses pas, Aaron se remémore les devoirs saints qu'il devait accomplir avec soin et diligence. Elles servaient en quelque sorte de rappels auditifs. À chaque tintement, le grand prêtre se souvenait qu'il était un instrument de Dieu, non au service de lui-même, mais de son peuple (*Commentaire sur Exode* 28 : 35).

Fallait-il porter tant d'attention à la beauté des vêtements sacerdotaux ? Était-il nécessaire de dépenser les ressources de la communauté pour la création d'un sanctuaire aussi magnifique ? Il est certain que les constructeurs du premier *mikdash* comme, par la suite, des temples de Jérusalem, ont utilisé les matériaux les plus raffinés et employé les plus habiles artisans. Leur seule norme : l'excellence. Ils avaient à cœur de faire de leurs sanctuaires et de ses célébrations quelque chose de splendide.

Leur motivation, toutefois, semble avoir été bien plus qu'un souci de beauté extérieure. Peut-être exigeaient-ils de leur *mikdash* qu'il symbolise ce pour quoi ils croyaient avoir reçu une mission – créer un monde de beauté, d'harmonie et de richesses partagées par tous. Peut-être aussi désiraient-ils insister sur ce que la tradition juive appellera plus tard *hiddour mitswa*, un principe selon lequel tout juif doit ornementer chaque commandement avec beauté et enthousiasme et en déployant des efforts particuliers lorsque c'est nécessaire, et utiliser les produits les plus fins. L'on s'acquitte de cette obligation de *hiddour mitswa*, par exemple, lorsque l'on donne de l'argent, non seulement généreusement mais aussi en ne faisant pas honte à la personne à qui l'on donne. L'usage d'une belle coupe ornementée plutôt qu'un gobelet ordinaire pour le *Kiddoush* du shabbat est un autre exemple de *hiddour mitswa* (embellissement du commandement). De même, pour les anciens, embellir le sanctuaire était un moyen de l'élever à une place d'honneur.

L'attention portée au choix des matières pour les vêtements sacerdotaux, les détails les plus minutieux de leurs ornements, autant de signes délivrant un même message : les œuvres de valeur – qu'il s'agisse d'un sanctuaire, d'un service religieux, d'un vêtement ou d'un objet utilisé pour le service – sont toujours le résultat d'heures de travail patient et rigoureux et d'un investissement artistique de talent. Elles n'apparaissent pas comme par magie, ne résultent pas de l'indifférence, de la paresse ou de la négligence. Atteindre l'excellence et la beauté exige de la discipline, du temps, du dévouement et beaucoup d'efforts.

Questions pour l'étude et la discussion

1. Quelle interprétation du *ner tamid* retenez-vous le plus volontiers ? Comment, selon vous, peut-on l'appliquer aujourd'hui ?
2. Pensez-vous que la souffrance rende meilleur ou qu'elle a rendu le peuple juif plus sensible à la douleur des autres ?
3. La mixité affaiblit-elle ou renforce-t-elle l'identité juive ? Pourquoi ?
4. Les vêtements sacerdotaux, avec leurs couleurs et leurs sons, ont ajouté de la beauté au sanctuaire. Que pouvons-nous faire aujourd'hui pour apporter plus de « beauté » aux *mitswoth* éthiques et rituelles que nous pratiquons ?
5. Quelle interprétation de la robe et des symboles portés par Aaron et ses fils vous semble la plus convaincante ?

Parashat Ki Tissa

Exode 30 : 11-34 : 35

Lors du recensement de la communauté israélite, Dieu demande à Moïse de réclamer un demi-sicle (demi-shekel) à toute personne de plus de vingt ans. Puis il lui prescrit de façonner une cuve en cuivre, de la remplir d'eau et de la placer dans le sanctuaire afin que les prêtres puissent se laver avant de s'approcher de l'autel. De même, il devra composer une huile d'onction pour consacrer le mobilier et les ornements du mikdash. *Les meubles et accessoires du sanctuaire, tout comme les vêtements sacerdotaux, seront fabriqués sous la supervision de Betsalel, un artisan qualifié. Moïse devra rappeler au peuple qu'en observant le shabbat, il célèbre l'alliance établie avec Dieu. Après quoi, le texte de la Torah revient aux jours où Moïse se rendit sur le mont Sinaï et y reçut les deux tables sur lesquelles furent gravés les commandements de Dieu. Quarante jours s'écoulèrent et, dans la vallée, les Israélites s'agitèrent, pressant Aaron de fabriquer un veau d'or qu'ils pourraient vénérer comme idole. Aaron accepta. Dieu avertit Moïse de ce qui se passait et menaça de détruire les Israélites. Mais Moïse plaida pour le peuple et les sauva de la colère divine. Cependant lorsqu'il redescendit et vit l'idole qu'ils avaient construite, il brisa les tables données par Dieu, pénétra dans le camp, détruisit le veau d'or et punit ceux qui ne s'étaient pas montrés fidèles à Dieu. Craignant que l'Éternel n'abandonnât son peuple, Moïse lui demanda la preuve que Dieu continuerait à les conduire. La présence divine se manifesta alors à Moïse comme garantie que ni lui ni les Israélites ne seraient abandonnés. Après ces faits, Dieu ordonna à Moïse de tailler deux nouvelles tables dans la pierre et de retourner au mont Sinaï. Puis Dieu enjoignit les Israélites d'observer Pessah, Shavouoth et le shabbat. Plus tard, après quarante autres jours et quarante autres nuits, Moïse redescendit vers son peuple. Son visage était devenu d'un rouge si vif, si rayonnant d'avoir parlé avec Dieu qu'il le recouvrit d'un voile.*

1. Dieu explique à Moïse que, lors du recensement, chaque Israélite âgé de plus de vingt ans devra verser une contribution d'un demi-shekel. Son offrande lui assurera alors le pardon pour toutes ses transgressions.

2. Moïse reçoit l'ordre de fabriquer une cuve de cuivre afin que les prêtres puissent se laver avant d'entrer dans le sanctuaire pour accomplir leur service rituel. Moïse doit aussi composer une huile d'onction à l'aide de fins aromates pour consacrer les meubles du sanctuaire ainsi que les vêtements sacerdotaux.

3. Betsalel, fils d'Ouri, fils de Hour, de la tribu de Juda, sera l'artisan désigné pour élaborer les vêtements sacerdotaux et fabriquer le mobilier destiné au sanctuaire. Oholiab, fils d'Ahisamak, de la tribu de Dan, sera choisi pour l'assister.

4. Dieu ordonne au peuple d'Israël d'observer le shabbat, « signe pour tous les temps » de l'alliance entre le peuple et Dieu.

5. Pendant que Moïse est au sommet du mont Sinaï, les Israélites, ignorant ce qui est arrivé à Moïse, se regroupent autour d'Aaron pour le supplier de leur fabriquer un veau d'or. Aaron leur demande de lui apporter leur or avec lequel il façonnera une idole. Une fois le dieu de métal achevé, les Israélites s'écrient : « Voilà ton dieu, ô Israël, qui t'a fait sortir du pays d'Égypte ! » Dès le lendemain, ils offrent des sacrifices au veau d'or, mangent, boivent et se livrent à de multiples réjouissances.

Dieu informe Moïse des agissements de son peuple et menace de le détruire. Mais, au lieu de se plier au jugement divin, Moïse argumente en faveur de son peuple : « Que Ta colère ne s'abatte pas sur ton peuple afin que les Égyptiens ne puissent pas dire : "Le Dieu d'Israël n'a libéré son peuple que... pour les anéantir de dessus la face de la terre" ! » Moïse supplie Dieu de se rappeler la promesse faite à Abraham, Isaac et Jacob : les Israélites deviendraient aussi nombreux que les étoiles du ciel et, un jour, ils vivraient en sécurité dans leur propre pays. Ses arguments convainquent Dieu de ne pas punir le peuple.

Emportant avec lui les tables de la Loi, Moïse redescend de la montagne. De loin et accompagné de Josué, il voit les Israélites danser devant le veau d'or. Ivre de colère, il brise les tables sur le sol et brûle l'idole. Il broie le dieu de métal, mélange la poudre à de l'eau qu'il force le peuple à boire. Puis il demande à Aaron : « Que t'avait fait ce peuple, pour que tu leur aies fait porter une telle transgression ? »

Aaron accuse aussitôt le peuple, expliquant que ce sont eux qui lui ont réclamé une idole, et qu'ils sont « prompts au mal ». Il explique à Moïse qu'il leur a dit d'apporter leur or, qu'il l'a jeté au feu et « que ce veau en est sorti ! »

Jugeant le peuple hors de contrôle, Moïse invite ceux qui sont restés fidèles à Dieu à le rejoindre. Tous les Lévites se présentent et, obéissant aux ordres de Moïse, tuent ceux qui ont fait preuve de déloyauté envers Dieu. En outre, une peste vient frapper le peuple comme punition d'avoir créé et adoré le veau d'or.

Dieu promet de donner au peuple la terre d'Israël – après avoir chassé les Cananéens, les Amorréens, les Héthéens, les Phérézéens, les Hévéens et les Jébuséens – mais de ne pas résider parmi eux car « ils ont la nuque raide ».

Terrifié, le peuple enlève ses plus beaux vêtements et ses bijoux et prend le deuil. Dieu leur demande de laisser leurs vêtements fins et leurs bijoux et s'engage à prendre en main leur destinée.

6. Moïse lance cet appel à l'Éternel : « Si ta face ne nous guide, ne nous fais pas sortir d'ici. » En retour, il est assuré d'avoir gagné la faveur divine et que la présence divine guidera le peuple. « Laisse-moi voir Ta Présence », plaide Moïse. « Nul ne peut voir ma Face, car nul ne peut Me voir et vivre », lui répond Dieu. Alors Moïse va se cacher dans la fente d'un rocher pour attendre le passage de la présence divine. Après quoi, suivant les instructions délivrées par Dieu, il sculpte deux nouvelles tables de pierre et

les emporte au sommet du mont Sinaï. La présence de Dieu passe devant lui en proclamant : « Éternel Dieu plein de compassion et de grâce, lent à la colère, plein de bienveillance et d'équité. Il conserve sa faveur à la millième génération ; pardonnant l'iniquité, la transgression, la faute… »

Moïse demande alors à Dieu de pardonner au peuple. Dieu y consent, établissant alors les termes de son alliance avec Israël : il chassera les habitants des terres vers lesquelles s'acheminent les Israélites. Ceux-ci devront renverser tous les autels et idoles rencontrés sur leur passage, ne pas se marier parmi ces populations et observer les fêtes de Pessah, Shavouoth ainsi que le shabbat. En outre, ils devront offrir les meilleures prémices des fruits au sanctuaire et s'abstenir de faire bouillir un chevreau dans le lait de sa mère.

Moïse consigne tous ces commandements par écrit. Puis, après quarante jours et quarante nuits de jeûne, il retourne vers le peuple. La peau de son visage irradie d'avoir parlé avec Dieu. Après avoir informé le peuple de tout ce que Dieu lui avait dit, il recouvre son visage d'un voile. Dès lors, à chaque fois qu'il aura fini de s'adresser au peuple, Moïse replacera le voile sur son visage.

La *parasha Ki Tissa* aborde deux thèmes importants :

1. La transgression du veau d'or.
2. Défendre la cause d'autrui.

1. POURQUOI ONT-ILS FABRIQUÉ LE VEAU D'OR ?

Rappelons les faits :

Moïse retourne en Égypte afin de libérer les Israélites de l'esclavage. Lui et son frère Aaron risquent leur vie en cherchant à convaincre Pharaon de libérer les Israélites. Le peuple recouvre finalement sa liberté et, échappant aux poursuivants égyptiens, parvient sain et sauf au Sinaï. Là, les Israélites entendent les paroles de Dieu par l'intermédiaire de Moïse et reçoivent l'ordre de construire un sanctuaire pour honorer l'Éternel. Après quoi, Moïse fait l'ascension du mont Sinaï et y demeure quarante jours et quarante nuits avant de redescendre avec les tables de la Loi sur lesquelles sont gravés les dix commandements.

Tout semble réussir enfin au peuple d'Israël. Ils ont connu l'amertume de l'esclavage, la douleur de l'oppression, et les voilà désormais savourant les joies de la victoire et de la liberté. Chaque jour, ils sont nourris de la manne et reçoivent de Moïse les enseignements et les commandements de Dieu.

Alors, puisqu'ils jouissent de ces privilèges, pourquoi ont-ils soudainement perdu confiance en Moïse ? Pourquoi se sont-ils attroupés autour d'Aaron en exigeant qu'il leur construise un veau d'or ? Pourquoi sont-ils prêts à donner leur or pour une telle idole ? Et pourquoi ont-ils oublié le premier des dix commandements – « Je suis l'Éternel, ton Dieu, qui t'ai fait sortir du pays d'Égypte, de la maison d'esclavage... » – et le deuxième – « Tu ne te feras point d'image sculptée... » ? Pourquoi Aaron façonne-t-il délibérément un veau d'or, et ne proteste-t-il pas lorsque le peuple s'exclame ensuite : « Voilà ton dieu, ô Israël, qui t'a fait sortir du pays d'Égypte » ? Qu'est-ce qui a poussé le peuple à abandonner les enseignements de Moïse et de Dieu ?

« La peur », répondent de nombreux exégètes. Quarante jours et quarante nuits se sont écoulés depuis que Moïse les a quittés pour faire l'ascension du mont Sinaï. Peut-être est-il mort, se demandent-ils. Peut-être les a-t-il abandonnés ? L'anxiété s'installe. Que faire ? À qui demander de l'aide ? Qui les guidera désormais ? Terrifiés, remplis de doutes, ils accourent vers Aaron : « Viens, fabrique-nous un dieu qui marchera devant nous, car cet homme, Moïse, lui qui nous a conduits hors de la terre d'Égypte – nous ne savons pas ce qui lui est arrivé. »

Peli

Les peuples doivent avoir un dirigeant

Moïse n'a que quelques heures de retard et eux, sans grande hésitation, ni honte ni réserves, réécrivent l'histoire : « Ce veau est votre dieu qui vous a fait sortir du pays d'Égypte... » Moïse, l'enseignant et le législateur, est quasiment oublié... Comme tout cela est précipité et choquant ! Et si caractéristique de la psychologie de masse ! Car les masses doivent avoir un chef de file. Quel abîme entre Moïse et un veau sculpté à la main ! Mais cela ne compte pas pour eux. « Fais-nous un dieu qui marchera devant nous ! » Ils sont prêts à suivre aveuglément n'importe qui, qu'il s'agisse de Moïse ou d'un veau d'or[1].

1. Pinhas Peli, *Torah Today*, *op. cit.*, p. 91-92. Trad. fr. *La Torah aujourd'hui*, Desclée de Brouwer, p. 109.

Ce qu'ils ont dû se dire

Le philosophe Martin Buber suggère que les Israélites se trouvaient dans un tel état de panique qu'ils se disaient les uns les autres : « Moïse a disparu complètement. Il a dit qu'il allait là-haut retrouver Dieu alors que nous avons besoin de Dieu ici-bas, là où nous sommes. À présent, voilà qu'il ne revient pas, et il y a tout lieu de croire que ce Dieu qu'il a trouvé l'a emporté au loin, que quelque chose s'est passé entre eux qui n'aurait pas dû arriver. Qu'allons-nous faire à présent ? Nous devons prendre les choses en main. Fabriquons-nous une image et la puissance de Dieu la pénétrera et nous guidera à bon escient[1]. »

D'accord avec cette hypothèse, Juda Halevi affirme que seuls 3 000 des 600 000 Israélites libérés par Moïse ont demandé à Aaron de leur fabriquer le veau d'or. Ce n'était pas vraiment des idolâtres, explique le philosophe. Mais, désespérés par l'absence de leur guide, ils souhaitaient avoir, comme les autres nations, « un objet tangible de culte, mais sans pour autant rejeter Dieu qui les avait sortis d'Égypte ». Après avoir attendu si longtemps le retour de Moïse, submergés par la frustration, en proie à l'incertitude et aux dissensions, ils finirent par se montrer incapables de prendre les bonnes décisions. Dépassée par ses peurs, une minorité agissante pressa Aaron de fondre leur or et de leur façonner une idole.

En outre, souligne Halevi, la création du veau d'or n'était pas en soi une transgression si grave.

1. Martin Buber, *Moses : The Revelation and the Covenant*, Harper et Row Publishers, Inc., New York, 1958, p. 151.

Après tout, explique-t-il, fabriquer des images ou les utiliser pour le culte était une pratique religieuse courante dans l'Antiquité. Dieu n'avait-il pas ordonné au peuple de créer des chérubins et de les placer au-dessus de l'arche ? Si le peuple s'est fourvoyé, note Halevi, ce n'est pas parce qu'il a refusé d'adorer Dieu, mais à cause de son impatience. Au lieu d'attendre le retour de Moïse ou d'espérer recevoir un message divin, les Israélites ont voulu prendre les choses en main et agir comme s'ils avaient reçu l'ordre de remplacer leur guide avec une statue d'or. C'est à cause de cette impatience, et non pour la création d'une idole, qu'ils furent punis (*Le Kuzari* 1 : 97).

Cette excuse soigneusement argumentée que nous propose Juda Halevi diffère grandement de la critique rédigée par l'auteur du Psaume 106. Évoquant la libération d'Égypte, le psalmiste écrit : « Il apostropha la mer des Joncs, et elle se dessécha, il leur fit traverser les flots comme une terre nue. Il leur porta secours contre l'oppresseur, les délivra de la main de l'ennemi… Bien vite ils oublièrent Ses œuvres ; ils ne mirent pas leur attente dans ses desseins. Ils furent pris d'ardentes convoitises dans le désert, et mirent Dieu à l'épreuve dans la solitude… Ils furent jaloux de Moïse dans le camp, d'Aaron, le saint de l'Éternel… Ils fabriquèrent un veau près du Horeb, et se prosternèrent devant une idole en fonte. Ils troquèrent ainsi leur gloire contre l'effigie d'un bœuf qui broute l'herbe. Ils avaient oublié Dieu, qui les avait sauvés, qui avait accompli de si grandes choses en Égypte… » En d'autres termes, la création et l'adoration du veau d'or par les Israélites était acte de déloyauté envers le Dieu qui les avait libérés de l'esclavage égyptien.

Beaucoup des premiers interprètes rabbiniques de la Torah sont d'accord avec l'auteur du Psaume 106. L'édification du veau d'or était un acte d'idolâtrie, et son culte ni plus ni moins que le signe qu'en acceptant l'idolâtrie, ils défiaient le deuxième des dix commandements : « Tu n'auras point d'autre dieu que Moi. Tu ne te feras point d'idole, ni une image quelconque de ce qui est en haut dans le ciel, ou en bas sur la terre, ou dans les eaux au-dessous de la terre. Tu ne te prosterneras point devant elles, tu ne les adoreras point… » (Exode 20 : 3-5 ; *Avoda Zara* 53 b).

Quant à savoir pourquoi les Israélites ont choisi l'idolâtrie, certains rabbins des débuts suggèrent qu'il leur fut alors très difficile d'adorer un Dieu sans forme, sans consistance ni couleur. Ils voulaient une divinité qui ressemble à celles des Égyptiens – un objet que l'on puisse transporter d'un endroit à l'autre, d'or étincelant, un taureau qui symbolise la puissance, et qui marcherait devant eux et les protégerait. Alors ils vinrent trouver Aaron pour lui dire : « Viens, fabrique-nous un dieu… » Selon ces exégètes, c'est parce que les Israélites ont cherché à pratiquer l'idolâtrie en imitant les Égyptiens, qu'ils furent punis pour leurs transgressions (*Pirké de-Rabbi Eliezer* 45).

Certains interprètes soulignent le fait que ce furent les hommes, non les femmes, qui se rendirent coupables de créer une idole et de l'adorer. Aaron, soulignent-ils, chercha habilement une manière de les détourner de leur désir idolâtre. Certain que les femmes refuseraient de faire don de leurs pendants d'oreilles pour un tel projet, Aaron répondit délibérément : « Retirez les anneaux d'or qui pendent aux oreilles de vos femmes… » Et, comme Aaron l'espérait, les femmes ne se trouvèrent nullement disposées à faire don de leurs bijoux : « Nous ne donnerons pas nos anneaux pour créer une idole ! » À ces mots, les hommes retirèrent de leurs oreilles leurs propres anneaux d'or et les firent fondre par Aaron pour fabriquer le veau d'or (*Pirké de-Rabbi Eliezer* 45).

D'autres commentateurs reprochent à Aaron et non aux Israélites la faute d'avoir fabriqué le veau d'or. Selon eux, lorsque le peuple, constatant que Moïse n'était toujours pas revenu après quarante jours, commença à le critiquer, Aaron se montra incapable de fournir une explication sensée pour apaiser leurs craintes.

Ces mêmes interprètes embellissent le récit de la Torah. Selon eux, lorsque Hour, l'un des fidèles assistants de Moïse, fut accusé d'avoir traité ceux qui parlaient contre Moïse d'« imbéciles écervelés », Aaron ne protesta pas. La foule assassina alors Hour puis vint trouver Aaron, le menaçant de lui faire subir le même sort. Craignant pour sa vie, Aaron céda à leurs revendications, prit leur or et façonna l'idole. Au lieu de faire face au danger, de parler et d'assurer fermement la relève en l'absence de son frère, Aaron a capitulé devant les exigences de la foule. C'est ce manque de courage et d'autorité, concluent ces exégètes, qui a provoqué la scandaleuse transgression d'idolâtrie dont s'est rendu coupable le peuple (*Exode Rabba* 41 : 7).

Aaron refuse d'assumer ses responsabilités

Quand Moïse lui demande pourquoi il a laissé le peuple créer une idole, Aaron proteste « qu'il n'a jamais eu l'intention de façonner un veau d'or et que c'était un tragique accident. Il a simplement jeté l'or au feu pour le fondre et il en est ressorti ce veau. Il ne pouvait prévoir les conséquences de son acquiescement aux désirs d'un peuple rebelle[1] ».

Steinsaltz

Le commentateur moderne Adin Steinsaltz approuve ce portrait d'Aaron. Il considère l'épisode du veau d'or comme « le pire échec de sa carrière ». Pourtant, tout comme Juda Halevi cherche à excuser le comportement des Israélites, Steinsaltz avance à son tour des excuses pour Aaron. Lorsqu'il a accepté de coopérer à la fonte du veau d'or, il a probablement suivi sa propre ligne de conduite – privilégier le compromis et la non-intervention – avec les risques inhérents, à savoir celui de « déformer la vérité dans un souci de paix ». Aaron est prêt à se livrer à l'idolâtrie pour apaiser le peuple[2].

Ainsi que Steinsaltz le dépeint, Aaron prend le temps de mesurer le vent, cherche à savoir où se logent les tensions puis se hâte de satisfaire les attentes d'autrui. Son principe directeur est la paix à tout prix, le compromis plutôt que la confrontation. C'est pourquoi il n'offre aucune résistance lorsqu'on

---

1. Rabbi Hillel E. Silverman, *From Week to Week*, *op. cit.*, p. 79.
2. Adin Steinsaltz, *Biblical Images*, Basic Books, New York, 1984, p. 75-79.

lui demande de créer une idole. Il cherche désespérément à être aimé et populaire. Si le prix de sa popularité est un veau d'or, alors il leur donnera.

Leibowitz

Nehama Leibowitz voit dans l'histoire du veau d'or non seulement l'échec d'Aaron ou la transgression des Israélites, mais l'avertissement clair que les êtres humains sont capables d'agir noblement à un moment donné puis de façon vile la fois prochaine. « Nous ne devrions pas nous étonner que la génération qui a entendu la voix du Dieu vivant et reçu le commandement "Vous ne ferez pas d'autres dieux que moi" se soit pourtant abaissée à fabriquer un veau d'or quarante jours plus tard, observe Leibowitz. Une seule expérience religieuse, même profonde, n'a pas suffi à changer un peuple d'adorateurs d'idoles en monothéistes. Seule une pratique prolongée des lois de la Torah, à tous les moments de leur existence, pouvait y parvenir[1]. »

Du point de vue de Nehama Leibowitz, l'histoire du veau d'or ne concerne pas seulement l'épisode qui s'est déroulé voilà des siècles au désert du Sinaï. Elle s'applique aux êtres humains de toutes les époques. La Torah est liée à l'histoire de la transgression et nous enseigne que la bonté d'hier peut être suivie le lendemain par de l'égoïsme et de l'insensibilité. Chaque jour nous réserve de nouveaux choix. Le rôle d'une étude constante de la Torah est de garder une demande individuelle : « Quelle prochaine *mitswa* dois-je accomplir ? »

---

1. Nehama Leibowitz, *Studies in Shemot*, *op. cit.*, p. 554-556.

Pourquoi la Torah évoque-t-elle cet incident du veau d'or ? Nul ne le sait avec certitude. L'épisode peut avoir été placé dans cette section de la Torah parce que ceux qui l'ont vécu ne pouvaient l'oublier. Le choc de cet événement a subsisté, et il est répercuté de génération en génération comme un récit que l'on ne peut ni comprendre ni abandonner. Peut-être figure-t-il dans la Torah car, comme le suggèrent certains interprètes, il résume parfaitement la peur et la confusion éprouvées par le peuple et par Aaron en voyant que Moïse ne redescendait pas du mont Sinaï. Néanmoins d'autres commentateurs peuvent avoir raison d'y voir le signe d'un manque d'autorité d'Aaron ou, encore, un exemple significatif de la façon dont les gens abandonnent leurs bonnes intentions dès qu'ils se retrouvent confrontés aux mirages de l'or.

Ce que l'on sait, c'est que l'histoire du veau d'or a stimulé le génie des interprètes juifs au cours des âges. Ils y ont découvert une grande variété de significations et de leçons. Aujourd'hui, cependant, l'énigme demeure. Quel est le sens de cette curieuse histoire ? Pourquoi figure-t-elle dans le texte de la Torah ?

2. MOÏSE PROTESTE EN FAVEUR DE SON PEUPLE

Imaginons Moïse redescendre précautionneusement du mont Sinaï, en portant les lourdes tables sur lesquelles sont gravés les dix commandements. Parmi les mots burinés dans la pierre, on peut lire : « Tu n'auras point d'autre dieu que moi ; tu ne te feras point d'image sculptée... » Pendant quarante jours et quarante nuits, il est resté seul au sommet de la montagne. Et voilà que, tandis qu'il parcourt le chemin du retour, Dieu lui apprend que non seulement les Israélites ont fait un veau d'or mais aussi qu'ils l'adorent comme leur dieu.

Avant que Moïse n'ait une chance de répondre, Dieu lui annonce que, puisque les Israélites sont un peuple têtu, il les détruira et créera un nouveau peuple pour mettre Moïse à sa tête.

Moïse, bien sûr, aurait pu accepter la proposition. Il avait déjà connu de nombreux moments désagréables avec les Israélites. Ils se plaignaient de son autorité, du manque de nourriture ou d'eau. Ils l'avaient même accusé de ne les avoir libérés de l'Égypte que pour les laisser mourir dans le désert. Alors, pourquoi ne pas échanger les Israélites pour un autre peuple ?

Malgré des arguments en faveur de leur abandon, Moïse a pourtant, contre toute attente, cherché à protéger les Israélites du châtiment divin. Pendant des siècles, les commentateurs juifs de ce passage de la Torah se sont interrogés. Pourquoi Moïse a-t-il choisi d'intervenir et de plaider pour la survie de ceux qui ont adoré un veau d'or ?

Certains rabbins des premiers temps ont estimé que, si Moïse a défendu son peuple, c'était parce qu'il était convaincu que le jugement de Dieu était injuste. Après tout, expliquent ces commentateurs, n'est-ce pas Dieu qui a conduit les Israélites en Égypte où ils ont appris l'idolâtrie ? Ils imaginaient Moïse se demander : « Comment, alors, Dieu aurait-il pu les blâmer d'adorer un veau d'or ? »

Rav Houna compare la situation à celle d'un père qui ouvrit un commerce pour son fils dans une rue remplie de malfaiteurs. Voyant que son fils commençait à son tour à agir de façon malhonnête, le père se mit en colère et menaça de le punir. Un ami intervint alors et lui dit : « Tu es aussi coupable que ton fils. N'as-tu pas établi son commerce dans une rue de malhonnêtes, là où il ne pouvait avoir que de mauvais exemples ? Ne pensais-tu pas que ce mauvais environnement allait exercer une influence néfaste sur lui ? » (*Exode Rabba* 42 : 10)

Abravanel

La faute de mauvaises habitudes

Don Isaac Abravanel pense que Moïse a dit à Dieu : « Tu sais fort bien que tu les as fait sortir d'Égypte, un pays où règne l'idolâtrie... Pourquoi te mettre en colère en les voyant revenir à leurs anciennes pratiques ? Cette habitude est devenue une seconde nature et c'est ce qui les a amenés à construire et à adorer le veau d'or. »

En d'autres termes, Rav Houna pense que Moïse a parlé au nom d'Israël parce qu'il était convaincu que l'adoration du veau d'or était en réalité la faute de Dieu. Le peuple n'avait pas choisi de vivre en Égypte parmi les idolâtres. Dieu les avait placés dans un environnement délétère où ils avaient pris de mauvaises habitudes. Ils se montrèrent ensuite incapables d'oublier les conditions dans lesquelles ils avaient grandi, enfants, puis survécu à l'âge adulte. Moïse comprend leur fardeau et c'est pourquoi, selon Rabbi Houna, il est intervenu pour les sauver et empêcher Dieu de commettre une grave injustice.

D'accord avec Rav Houna, l'auteur moderne Elie Wiesel voit Moïse comme un courageux défenseur de son peuple qui ose prendre la parole et dire : « À qui la faute, Dieu, la leur ou la Tienne ? Tu les as laissés vivre en exil, chez les adorateurs d'idoles, si longtemps qu'ils en ont été empoisonnés. Est-ce leur faute s'ils sont encore dépendants ? »

« En dépit de ses déceptions, en dépit de ses épreuves et du manque de reconnaissance qu'il lui témoigna, Moïse n'a jamais perdu confiance en son peuple, ajoute Wiesel. Il a su trouver la force et le courage de rester aux côtés d'Israël, de défendre son honneur et son droit à la vie[1]. »

Excuser l'idolâtrie du peuple d'Israël en raison de son exposition à un mauvais environnement n'est toutefois pas la seule raison de l'intervention de Moïse en sa faveur. Les premiers interprètes rabbiniques soulignent que Moïse fut également bouleversé par les mots employés par Dieu pour évoquer les Israélites. Israël que Dieu avait toujours appelé « *Mon* peuple » devient soudainement « *ton* peuple » lorsque Dieu parle de les punir pour avoir fabriqué le veau d'or. Comme s'il s'agissait de mieux impliquer Moïse dans leurs égarements. En somme, « bons », ils appartiennent à Dieu mais, « mauvais », ils deviennent la seule responsabilité de Moïse.

Citant le rabbi Levi, Rabbi Bérékhia compare la situation à un roi qui possède une vigne et la loue à un agriculteur. Quand le vin tiré de la vigne était excellent, le roi proclamait fièrement : « Quel bon

1. Elie Wiesel, *Messengers of God*, *op. cit.*, p. 200-201.

vin produit *ma* vigne ! » Mais quand le vin était médiocre, le roi blâmait le cultivateur : « Quel vin terrible as-*tu* produit là ! » Après avoir entendu les critiques, le cultivateur apostropha le roi et lui dit : « Le vignoble t'appartient, que son vin soit bon ou mauvais ! »

Si Moïse a protesté, explique Bérékhia, c'est qu'il se sentait injustement blâmé pour le mauvais comportement des siens. L'exégète l'imagine ainsi se plaindre : « Maître de l'univers, Tu ne peux pas jouer double jeu. Lorsqu'ils sont bons et suivent tous Tes commandements, ils sont *Ton* peuple, mais quand ils sont infidèles et n'observent pas Ta Loi, ils sont *mon* peuple. En vérité, ils nous appartiennent à tous les deux, et aucun de nous ne peut les abandonner » (*Pesikta de-Rav Kahana* 16).

Selon Rabbi Bérékhia, Moïse est bouleversé, non seulement parce que Dieu refuse d'assumer la responsabilité de la faute d'Israël, mais aussi parce qu'Il lui reproche ses iniquités. Cette accusation est injuste. C'est même un signe de déloyauté. Comment peut-on abandonner ainsi ceux que l'on aime ? Moïse intervient par conséquent en exprimant ses protestations à Dieu.

Pourquoi Moïse proteste

Umberto Cassuto imagine le dialogue suivant entre Moïse et Dieu : « Ne laisse pas les autres peuples penser que tout ce que Tu as fait pour libérer ton peuple l'a été en vain ! » Et d'ajouter : « Ces Israélites sont Ton peuple. Ne laisse pas les Égyptiens raconter que tu avais l'intention de les détruire dès le premier jour de

• • •

leur libération. » En outre, Cassuto affirme que Moïse a rappelé à Dieu que, si les Israélites étaient anéantis, il passerait alors pour un menteur. N'avait-il pas promis à Abraham, Isaac et Jacob, les patriarches du peuple, que leurs descendants vivraient à jamais ? Ce furent ces arguments, explique Cassuto, qui persuadèrent Dieu de pardonner à son peuple[1].

Nehama Leibowitz avance une autre raison pour laquelle Moïse a choisi de plaider pour la survie du peuple d'Israël plutôt que de laisser Dieu les anéantir. Il s'agissait de la réputation de Dieu !

Leibowitz nous rappelle en effet que Moïse a défié Dieu avec cet avertissement : « Faut-il que les Égyptiens disent : "C'est pour leur malheur qu'il les a amenés, pour les faire périr dans les montagnes et les anéantir de dessus la face de la terre !" » (Exode 32 : 12).

Selon Leibowitz, Moïse craignait que la punition de Dieu, juste ou injuste, puisse être mal interprétée par les Égyptiens et les autres peuples. Ils concluraient alors que leurs propres idoles se montraient plus loyales et généreuses qu'un Dieu invisible qu'il serait dangereux de suivre. « Loin d'enseigner et de promouvoir la cause de la justice, commente Leibowitz, la destruction d'Israël par Dieu changerait la réputation divine en disgrâce… avantagerait le mensonge et non la vérité. » Pour ces raisons, explique Leibowitz, Moïse a plaidé la cause de son peuple auprès de Dieu, demandant à l'Éternel de

1. Umberto Cassuto, *Commentary on the Book of Exodus*, *op. cit.*, p. 415-416.

lui pardonner d'avoir fabriqué et adoré le veau d'or plutôt que de le punir[1].

Pourquoi Moïse intervient-il pour sauver les siens de l'intention de Dieu de les détruire pour avoir créé le veau d'or ? Les interprètes bibliques proposent une variété de raisons pour expliquer ce qui a ému le grand libérateur et le chef des Hébreux. Sans doute fut-il motivé par l'empathie concernant leur passé, par les us et coutumes appris après de longues années passées dans un environnement corrompu par l'esclavage et l'idolâtrie. Peut-être a-t-il eu pitié de leurs doutes et de leurs frayeurs, incapables qu'ils étaient de comprendre où Dieu et Moïse les guidaient. Peut-être aussi a-t-il pensé que détruire les Israélites aurait été une mauvaise stratégie pour Dieu. Un tel acte aurait ruiné la réputation de Dieu. Qui aurait confiance en un Dieu qui libère pour mieux détruire et dont les promesses sont des mensonges !

Moïse a-t-il réellement pensé tout cela ? Personne ne le sait vraiment. Et pourtant cet épisode de l'histoire biblique relatant les protestations de Moïse au nom de ses frères retient notre attention, tout comme il a stimulé l'imagination de nombreux commentateurs. Pour eux, Moïse est devenu un modèle qui nous sert de leçon. Tout comme il est intervenu pour sauver son peuple de ce qu'il regardait comme une punition injuste, ainsi les êtres humains doivent-ils intervenir pour sauver les innocents chaque fois qu'ils sont menacés.

Protéger les autres de jugements trop sévères en plaidant leur cause, en réclamant d'accorder

---

1. Neẖama Leibowitz, *Studies in Shemot, op. cit.*, p. 575-576.

davantage de considération au contexte et aux conditions sur lesquels ils n'ont eu ou n'ont que peu de contrôle, voilà ce que le judaïsme considère comme une haute obligation morale.

Zougot

« Ne juge pas ton prochain avant de se trouver à sa place » nous enseigne Hillel (*Avot* 2 : 5). L'éminent philosophe Hasdaï Crescas observe que « la vraie justice est tempérée par la compassion » (*Or Adonaï*).

L'intervention de Moïse au nom de son peuple est un modèle éthique digne d'être imité. C'est certainement pourquoi le *Zohar* le loue tout particulièrement parmi les héros de la Torah en l'appelant le « berger fidèle » d'Israël (*Commentaire sur Exode* 32 : 32).

Questions pour l'étude et la discussion

1. Comment la peur et la frustration peuvent-elles inciter un peuple à abandonner la démocratie et la liberté ? Pouvez-vous donner d'autres exemples où, par confusion et par peur, des peuples ont renoncé à leurs libertés et accepté la tyrannie des dictatures ?
2. Quel rôle a joué Aaron dans la création du veau d'or ? Aurait-il pu intervenir et empêcher le peuple de créer une idole et d'enfreindre ainsi la Loi ? A-t-il manqué d'autorité ou, au contraire, fait preuve d'intelligence dans sa manière de diriger le peuple ? Peut-on parler d'échec ? De succès ? Pourquoi ?
3. La société d'aujourd'hui n'encourage-t-elle pas le « culte des idoles » ? Quels sont nos « veaux d'or » modernes ?
4. Quelles raisons les exégètes avancent-ils pour expliquer que Moïse ait pris la défense des Israélites ?

Comparez-vous l'acceptation d'Aaron qui consent à fabriquer le veau d'or avec les protestations de Moïse au nom de son peuple lorsque Dieu annonce qu'il s'apprête à les détruire ? Quels arguments utilise-t-il pour convaincre Dieu de ne pas punir les Israélites d'avoir adoré le veau d'or ?

Parashat Vayakhel-Pekoudé

Exode 35 : 1-40 : 38

Vayakhel-Pekoudé *est l'une des sept sections de la Torah qui, selon le nombre de shabbats recensés dans l'année, peut être soit lue comme deux parties distinctes soit combinée pour assurer la lecture de toute la Torah en un an. Même si nous les analysons ensemble, nous présenterons également une interprétation de chacun des thèmes principaux.*

La parasha Vayakhel *reprend le commandement d'observer le shabbat, insistant sur le fait qu'aucun travail ne doit être fait ce jour-là. Le récit se poursuit avec l'histoire de Moïse demandant aux Israélites d'apporter des offrandes d'or, d'argent, de cuivre, de pierres précieuses, de lin, de bois, d'huile ou d'épices pour le Tabernacle* mishkan, *ou « sanctuaire ». Moïse nomme les artisans habiles Betsalel et Oholiab pour superviser la construction du sanctuaire. Apprenant que les Israélites donnent plus de cadeaux que nécessaire, Moïse demande de cesser leurs dons. Sous la direction de Betsalel et Oholiab, des artisans qualifiés façonnent les toiles et tapis, les planches, les piliers, les rideaux, les tentures, les chandeliers, les autels et les vêtements sacerdotaux.*

La parasha Pekoudé *décrit les listes dressées pour les travaux et les matériaux employés pour la construction du* mishkan, *et recense tous les dons remis par les Israélites. Lorsque le* mishkan *est achevé, Moïse et les Israélites célèbrent par l'onction. La présence de Dieu remplit le sanctuaire et guidera le peuple tout au long de ses voyages.*

NOTRE TARGOUM

1. Moïse rassemble la communauté et lui rappelle que, quand vient le shabbat, il ne faut accomplir aucun travail ni allumer des feux. Ce jour doit être un jour de repos complet.

2. Moïse demande également d'apporter de l'or, de l'argent, du cuivre, du lin fin, des tissus en poils de chèvre, des peaux, du bois d'acacia, de l'huile, des épices et des pierres précieuses pour la construction du *mishkan*, ou « sanctuaire ». « Que les Israélites contribuent selon ce que leur cœur les pousse à offrir », dit Moïse au peuple.

Il invite les artisans les plus habiles à unir leurs efforts pour la construction et la décoration du sanctuaire. Les hommes et les femmes viennent apporter leur contribution. Betsalel et Oholiab sont désignés pour recevoir les offrandes et organiser la construction du sanctuaire. Peu de temps après, Moïse apprend qu'il y a plus de dons que nécessaire. « Que ni homme ni femme ne préparent plus de matériaux pour le sanctuaire », proclame-t-il alors.

3. Les Israélites construisent le *mishkan*, travaillent à façonner les rideaux, ornements, planches, tenons, piliers et agrafes, voiles, arche, table, ustensiles divers, chandelier (la *menora* à sept branches) et autels.

Des archives sont tenues pour chaque objet, inventoriant combien d'or, d'argent, de cuivre et de demi-sicles (shekels) ont été apportés en guise d'offrandes. Une liste détaillée consigne les matériaux employés pour les vêtements sacerdotaux, y compris le pectoral, la robe et l'*ephod* du grand prêtre.

Après l'achèvement de la construction du sanctuaire, Moïse reçoit l'ordre de l'inaugurer le premier jour du premier mois de l'année, c'est-à-dire Nissan. L'arche, la table et la *menora*, ainsi que tous les meubles et ustensiles réservés aux sacrifices sont placés à l'intérieur du *mishkan*. Aaron et ses fils sont oints. Moïse allume la *menora* et offre des sacrifices spéciaux à Dieu.

Un nuage plane sur le sanctuaire, qui indique la présence divine à l'intérieur du *mishkan*. Lorsque le nuage s'élève, les Israélites le suivent car il est devenu le signe que Dieu demeurera avec eux tout au long de leurs pérégrinations dans le désert.

Ainsi se termine l'Exode, deuxième livre de la Torah.

La *parasha Vayakhel-Pekoudé* contient trois thèmes importants :

1. Le shabbat, jour sans travail.
2. L'obligation de donner aux pauvres, la *tsedaka* (justice, charité, bonté).
3. La responsabilité des fonctionnaires.

1. LE SHABBAT EST RÉSERVÉ À LA CÉLÉBRATION ET AU REPOS, NON AU TRAVAIL !

Le commandement de célébrer le jour du shabbat est mentionné plusieurs fois dans la Torah. On nous relate qu'après avoir travaillé six jours à créer les cieux et la terre, Dieu se reposa le septième jour. Il appela ce jour *shabbat*, c'est-à-dire « jour de repos », de la racine « cesser » (Genèse 2 : 1-3). Les dix commandements incluent les instructions suivantes : « Souviens-toi du jour du shabbat pour le sanctifier » et « Durant six jours tu travailleras et t'occuperas de toutes tes affaires, mais le septième jour est le shabbat de l'Éternel ton Dieu : tu n'y feras aucun travail… » (Exode 20 : 8-9). Ce commandement sera répété une nouvelle fois au début de la section *Vayakhel* (Exode 35 : 1-3).

Moïse rassemble les Israélites pour leur parler de la construction du sanctuaire. Il compte leur demander d'apporter des offrandes sous forme d'or, d'argent ou de cuivre et de consacrer leur temps et leur talent à la construction du lieu saint. Mais, avant tout, Moïse leur rappelle qu'après un travail de six jours, ils devront observer une journée de « repos complet ». Rien ne peut passer avant cette célébration du shabbat, ni leur travail, ni même la construction du sanctuaire. Enfreindre cette injonction est passible de la peine la plus sévère puisque Moïse avertit que « quiconque travaillera en ce jour sera mis à mort » (Exode 35 : 1-2). Même si le Talmud procédera à une quasi-abrogation de la peine de mort.

Plusieurs siècles plus tard, le prophète Isaïe appela le shabbat « un délice » tandis que Rabbi Hiyya ben Abba, un maître du IIIe siècle, enseigna à ses disciples que le shabbat est un jour « uniquement consacré au plaisir ». La plupart des étudiants de la tradition juive sont d'accord avec l'évaluation du rabbin Leo Baëck selon laquelle « il n'y a pas de judaïsme sans shabbat » (Isaïe 58 : 13 ; *Pesikta Rabbati* 23).

Pourtant, si le shabbat se veut un « délice » et un « plaisir », s'il compte tant pour le peuple juif, pourquoi la Torah interdit-elle tout particulièrement le « travail » ? De plus comment la tradition juive définit-elle ce mot ? N'y a-t-il pas des activités considérées par certains comme du « travail » et d'autres comme du « plaisir » ?

La Torah reprend douze fois le commandement de ne pas travailler pendant le shabbat. Il est en particulier interdit de faire du feu, de cuire au four et de cuisiner, de ramasser du bois, d'aller d'un domaine à un autre domaine, de labourer et moissonner, de transporter des objets, de faire des affaires, d'acheter et de vendre (Exode 35 : 3 ; 16 : 23, 29 ; 34 : 29 ; Nombres 15 : 32-36).

Malgré la mention de ces activités proscrites le jour du shabbat, la Torah ne contient aucune définition précise du « travail ». Ce furent donc les premiers rabbins qui y réfléchirent. D'après leur étude de cette *parasha* et le récit de la construction du sanctuaire, ils identifièrent trente-neuf catégories d'activités à proscrire. Puisqu'il était interdit de travailler le jour du shabbat, les rabbins supposèrent que toutes les activités associées à la construction du sanctuaire ou à ses bâtisseurs étaient également interdites.

Rabbi Juda HaNassi, rédacteur supposé de la *Mishna*, nous livre ces trente-neuf catégories. Il s'agit notamment de : semer, labourer, récolter, lier en gerbes et battre les céréales, vanner, trier, moudre, tamiser, cuire, pétrir, tondre, laver, carder ou teindre la laine, filer, tisser, faire des boucles de tissage, tisser deux fils, séparer deux fils de la trame, faire et défaire un nœud, coudre deux points, découdre des points pour les recoudre, chasser une gazelle, l'abattre, l'écorcher, saler, racler et tanner sa peau, la découper, écrire plus de deux caractères, effacer afin d'écrire, construire, démolir, allumer ou éteindre un feu, marteler, transporter (*M. Shabbat* 7 : 2).

Comme on le voit, la tradition juive a pris au sérieux l'interdiction d'exercer le moindre travail pendant le shabbat. Pourquoi ? Pourquoi faire du shabbat un jour sans travail ? Plusieurs réponses sont avancées. L'une d'elles se trouve dans le dialogue imaginaire que des rabbins inventèrent entre Dieu et la Torah. Selon ces maîtres, après que Dieu a créé les cieux et la terre, guidé et installé le peuple d'Israël jusqu'à sa terre, la Torah vint trouver Dieu et formula cette plainte : « Ô Dieu, qu'adviendra-t-il de moi quand les Israélites seront occupés tous les jours de la semaine avec leurs travaux ? » À quoi Dieu répondit : « Je leur donnerai le shabbat, et ils consacreront ce jour de repos à l'étude de la Torah » (*Exode Rabba*).

En d'autres termes, pour les anciens rabbins, le shabbat se veut un temps d'examen et d'étude des enseignements importants de la Torah. Étudier la *parasha* de la semaine expose chacun à interroger l'histoire, à des dilemmes éthiques et à découvrir les thèses les plus diverses proposées par de grands penseurs sur les sujets les plus complexes auxquels sont confrontés les êtres humains. L'étude de la Torah pendant le shabbat alimente notre réflexion, nous nourrit de perspectives qui résistent à l'épreuve du temps et d'expériences destinées à enrichir notre compréhension de nous-mêmes, des autres et du monde dans lequel nous vivons. Nous nous abstenons de travailler pendant le shabbat pour bénéficier de la sagesse de l'étude de la Torah.

Rabbi Mordecai M. Kaplan, toutefois, suggère que le shabbat est plus qu'un temps d'étude de la Torah. Il le considère plutôt comme « une pause dans les coups de pinceau » donnés au tableau de la vie et compare son importance aux moments de repos observés par un artiste. « Un peintre, observe-t-il, ne peut continuellement manier le pinceau. Il doit parfois suspendre son travail pour rafraîchir sa vision de l'objet, et le sens qu'il tient à exprimer sur sa toile. »

Pour Kaplan, le shabbat est un moment de pause qui nous permet de poser un regard neuf sur le sens que nous souhaitons donner à notre vie. C'est l'occasion hebdomadaire de scruter nos objectifs, nos espoirs, nos réussites et nos échecs. S'éloigner de son « travail » permet de mieux en comprendre la valeur, tout comme ce que nous faisons de nos énergies et de nos talents. Après avoir célébré le jour du shabbat, affirme Kaplan, nous sommes prêts à « retourner à notre œuvre avec une vision clarifiée et une énergie renouvelée[1] ».

---

1. Mordecai M. Kaplan, *The Meaning of God in Jewish Modern Religion*, Reconstructionist Press, New York, 1962.

Nous ne sommes pas des machines

Le shabbat... nous empêche de réduire notre style de vie au fonctionnement d'une machine. L'expérience glanée au fil du temps par l'humanité selon laquelle suspendre un jour sur sept la routine du travail augmente la valeur de ce même travail ne doit pas être prise à la légère. Le shabbat est une des gloires de notre humanité (Claude G. Montefiore, 1858-1938).

Ne pas travailler durant le shabbat n'est pas seulement un moyen d'accéder à une nouvelle perspective de la vie, c'est aussi, selon la tradition juive un « jour de libération ». Chaque shabbat est accueilli avec le chant du *Kiddoush*, la bénédiction de Dieu prononcée sur une coupe de vin et l'évocation de ce jour comme « souvenir de l'Exode hors d'Égypte ».

Ce lien du shabbat avec le thème de la liberté est aussi abordé par Erich Fromm, psychologue et commentateur biblique moderne. Selon Fromm, « il n'est pas exagéré de dire que la survie spirituelle et morale des Juifs pendant deux mille ans de persécutions et d'humiliation n'aurait guère été possible sans ce jour de la semaine au cours duquel même le plus pauvre et le plus malheureux des Juifs redevient un homme de dignité et de fierté... »

Le pouvoir du shabbat, soutient Fromm, « exprime l'axe fondamental du judaïsme : l'idée de liberté, d'une harmonie complète entre humanité et nature... En ne travaillant pas – c'est-à-dire en ne participant pas aux processus de changement naturel et social – l'homme se libère des chaînes du temps, même si ce n'est qu'un seul jour par semaine[1] ».

Pour Fromm, le shabbat célèbre la libération des êtres humains des « chaînes du temps ». Il nous libère des contraintes d'un quotidien programmé, de produire avant une certaine heure de la journée, de faire face au stress et aux pressions nés d'horaires imposés par nos emplois du temps, nos agendas et nos calendriers. Le shabbat nous libère de l'« esclavage » de la montre.

Le rabbin Abraham Joshua Hesclel est d'accord avec Fromm : « Nous sommes devenus victimes du travail de nos mains. Comme si les forces que nous avons conquises reprenaient désormais le dessus... Le shabbat est le jour où nous apprenons à dépasser la civilisation... Pendant le shabbat, nous nous rendons indépendants de la civilisation technologique. »

Ne pas travailler pendant le shabbat permet d'entrer dans ce que Heschel définit comme un « royaume du temps où le but n'est pas d'avoir mais d'être, pas de posséder mais de donner, pas de contrôler mais de partager, pas de dominer mais d'être en harmonie ». Se reposer pendant le shabbat, en faire une journée de prière et d'étude, de partage, d'amitié, d'amour de la famille, voilà une manière de maîtriser le temps au lieu de le laisser nous gouverner. En faisant du shabbat une journée particulière, nous reprenons le contrôle de notre vie, explique Heschel. Elle devient nôtre, et nous

---

1. Erich Fromm, *You Shall Be as Gods*, *op. cit.*, p. 193-197.

sommes alors libérés. Célébrer le shabbat, c'est affirmer notre liberté[1].

Peli

Pinhas Peli élargit encore les vues de Heschel en soulignant que le shabbat vise à nous rappeler ce qui compte véritablement dans la vie humaine. Pendant six jours, nous travaillons. Nous connaissons les affres de la compétition, nous luttons pour façonner le monde, l'adapter à nos besoins, nos désirs, nos attentes. Célébrer le shabbat comme un jour chômé nous rappelle que « le but réel de la vie n'est pas de conquérir la nature mais de nous conquérir nous-mêmes, pas de faire surgir une ville d'une forêt mais de façonner une âme d'un être humain, pas de construire des ponts mais de construire la bonté humaine, pas d'apprendre à voler comme un oiseau ou nager comme un poisson mais de marcher sur la terre comme un être humain, pas d'ériger des gratte-ciel mais d'établir la compassion et la justice, pas de fabriquer une civilisation technique ingénieuse mais… de plier notre volonté à la volonté de Dieu ».

Pourtant, ne pas travailler le jour de shabbat, souligne Peli, est une discipline. Célébrer le shabbat, ce n'est pas une pause occasionnelle pour éviter le surmenage ou de prendre un congé lorsque cela nous arrange. Afin que le shabbat fasse réellement la différence, il doit être mis à part et accueilli chaque

1. Abraham Joshua Hesclel, *The Sabbath : Its Meaning for Modern Man*, Farrar, Straus et Giroux, New York, 1951, p. 1-10. Trad. fr. *Les bâtisseurs du temps*, Éditions de Minuit, 1957.

semaine comme un temps de suspension « programmé » et même « créé[1] ».

En élevant le shabbat comme un jour spécial consacré au repos, les Juifs réservent du temps pour se forger une nouvelle perspective sur la vie, pour étudier les sages enseignements de la Torah et pour célébrer leur liberté. Observer le shabbat chaque semaine, c'est accroître sa sensibilité aux questions et aux significations essentielles de l'existence humaine.

2. LA *TSEDAKA* – OU LE DEVOIR DE JUSTICE

Cette *parasha* nous fait découvrir un récit remarquable sur l'exercice du don – ou *tsedaka* (justice, charité, bonté).

Moïse rassemble les Israélites pour les inviter à contribuer à l'édification de leur sanctuaire : « Que toute personne portée par son cœur apporte cette contribution à l'Éternel : de l'or, de l'argent et du cuivre ; des étoffes d'azur, de pourpre, d'écarlate, de fin lin et de poils de chèvre ; des peaux de bélier teintes en rouge, des peaux de *tahach* et du bois d'acacia ; de l'huile pour le luminaire, des aromates pour l'huile d'onction et pour la combustion des parfums ; des pierres de *choham* et des pierres à enchâsser, pour l'*ephod* et le pectoral » (Exode 35 : 5-9). Moïse fut apparemment un collecteur de fonds convaincant puisque, peu après cet appel aux dons, les artisans Betsalel et Oholiab, nommés pour superviser

---

1. Pinhas Peli, *Shabbat Shalom,* B'nai B'rith Books, Washington D.C., 1988, p. 59-67.

la construction du sanctuaire, vinrent lui dire : « Le peuple apporte plus que ce qui est nécessaire » (Exode 36 : 5).

Alors Moïse arrêta sa collecte pour la construction et annonça à tous : « Vous donnez plus que nécessaire ! » Il s'agit ici d'un passage tout à fait étonnant.

Lorsqu'ils se penchèrent sur cet épisode pour en saisir le sens, de nombreux exégètes établirent une subtile distinction entre le soutien apporté aux institutions publiques et la *tsedaka* réservée aux nécessiteux. Alors que le premier sanctuaire biblique fut construit grâce à la générosité de ceux « portés par leur cœur », nous apprenons également que le sanctuaire et, plus tard, le Temple de Jérusalem furent entretenus par un système de dîmes, ou de taxes obligatoires prélevant dix pour cent des biens. Ces versements ne fonctionnaient pas sur une base de don volontaire. Comme nos impôts modernes, ils étaient collectés par des représentants communautaires ou gouvernementaux et distribués par le roi ou les représentants de l'autorité.

Au Moyen Âge, ces taxes n'étaient pas seulement allouées à l'entretien des synagogues locales, mais aussi au maintien des institutions communautaires juives – écoles, bibliothèques, tribunaux, prisons, centres de soins, bains rituels ou *mikvaot*, refuges pour les pauvres et les affamés, cimetières et supervision de la *cashrout*, ou « règles de préparation des aliments pour la communauté ».

Les dons effectués en dehors des « impôts » prélevés par la communauté pour soutenir les nécessiteux et maintenir les institutions, notamment les synagogues, étaient toujours considérés comme une *mitswa*, une obligation et une responsabilité assumées par chaque Juif. La Torah enseigne aux Juifs d'abandonner les coins de leurs champs aux étrangers, aux pauvres, aux veuves et aux orphelins. Plus tard, les rabbins renchérirent en expliquant que venir en aide aux personnes dans le besoin permettait de se rapprocher de la présence de Dieu et que ceux qui employaient leur énergie à aider d'autres moins fortunés qu'eux seraient récompensés par une « longue vie, la prospérité et l'honneur ». Aider les pauvres était considéré comme un commandement si important que Zoutra, un dirigeant de la communauté juive babylonienne du début du ve siècle, enseigna que « même un pauvre doit donner à la charité ! » (*Baba Batra* 10 a ; Proverbes 21 : 21 ; *Gittin* 7 b).

Combien doit-on donner ?

Combien doit-on donner aux pauvres ? Tout ce dont une personne a besoin. Comment doit-on comprendre cela ? S'il a faim, il doit être nourri, s'il a besoin de vêtements, on doit lui donner des vêtements. S'il n'a pas de meubles ou d'ustensiles, il faut les lui fournir... S'il faut lui donner à manger à la cuillère, donnons-lui à manger à la cuillère (*Shoulhan Aroukh*, *Yore Dea*, 250 : 1).

Avec l'essor des communautés juives contemporaines, les Juifs payant des impôts à leurs gouvernements et soutenant des organismes communautaires juifs comme les synagogues, les écoles, des aides à la famille et à l'enfance et diverses organisations de défense des droits civiques, toutes les participations caritatives sont devenues volontaires. Comme lors de l'édification du premier sanctuaire, les Juifs donnent parce qu'ils sont « portés par leur cœur ».

Ils ne sont pas « imposés » par une autorité juive sauf s'ils vivent en Israël et payent des impôts au gouvernement.

Dans ce nouveau contexte, quelles sont les obligations de *tsedaka* dans la tradition juive ? Donne-t-on seulement quand on est « ému par une cause » ? Ou bien la tradition juive exige-t-elle que chaque personne accomplisse la *tsedaka* ?

Le consensus des enseignements juifs à travers les âges fait des dons envers les nécessiteux et le maintien de toutes les institutions de la vie juive une *mitswa*, un devoir obligatoire. Au IIIe siècle de notre ère, Rabbi Assi enseignait déjà que « la *tsedaka* est égale à toutes les *mitswoth*, tous les commandements ! »

Joseph Karo, auteur du *Shoulhan Aroukh*, un des plus importants recueils de la loi juive au Moyen Âge, écrit : « Chacun doit contribuer à la *tsedaka* selon ses moyens. » Et, concernant ceux qui pourraient eux-mêmes être considérés comme indigents, Karo précise : « Même si l'on ne peut donner que très peu, il ou elle ne doit pas s'abstenir de donner, car une petite contribution est tout aussi digne qu'une large contribution apportée par des personnes riches » (*Baba Batra* 8-9 ; Kitsour *Shoulhan Aroukh* 34 : 2).

Mais à quoi correspond exactement ce « très peu » ? Et qu'appelle-t-on une « large contribution » ? Que doit-on précisément donner lorsque l'on donne de l'argent ? La tradition juive suggère-t-elle des normes exactes ? Les rabbins enseignent que, si l'on doit se montrer généreux, « il ne faut cependant pas donner tout ce que l'on possède ». D'autres précisent de « ne pas aller au-delà d'un cinquième de ses biens ».

Joseph Karo établit une distinction entre « l'acceptable et le méritoire » dans notre manière d'accomplir la *mitswa* de donner. Il est *acceptable* de verser une contribution de 10 % de ses revenus annuels en sus des dépenses du ménage. Il est *méritoire* de donner un cinquième, soit 20 % de ses bénéfices annuels, en sus des dépenses du ménage. Karo ajoute qu'au moment de mourir, il est approprié d'attribuer l'équivalent d'un tiers de la succession à des œuvres sociales (*Arakhin* 28a ; *Ketoubot* 50a ; *Kitsour Shoulhan Aroukh* 34 : 4).

La *tsedaka*

À celui qui a les moyens et rejette le nécessiteux, Dieu dit : « Garde à l'esprit que la fortune est une roue » (Nahman, *Tanhouma*, *Mishpatim*, 8).

Zougot

Plus il y a de générosité, plus il y a de paix (Hillel, *Avot* 2 : 7).

Se vanter de la charité que tu pratiques annule la bonté de ton action (Samuel HaNagid, *Ben Mishlé* 11c, 8).

Comment décider quelle cause est la plus importante ? La tradition juive suggère-t-elle des priorités pour l'obligation de *tsedaka* ?

Nourrir les affamés, donner un toit aux sans-abri, vêtir ceux qui sont nus sont considérés comme des priorités dans l'exercice de la bienfaisance. Mais aussi, assurer au nécessiteux une cérémonie funéraire et un enterrement, une robe à une mariée dans le besoin, des soins aux malades, des bourses d'études aux étudiants sans ressources et payer des rançons pour libérer les captifs.

Il existe toutefois certains désaccords quant à savoir si les fonds utilisés pour nourrir les pauvres peuvent être diminués s'il faut payer la rançon d'un captif ou favoriser une mariée dans le besoin. Toutes les autorités s'accordent toutefois sur le fait que, lorsqu'il s'agit de secourir des femmes et des hommes dans le besoin, les femmes ont priorité sur les hommes. De même, aucune distinction ne doit être faite entre les Juifs et les non-Juifs.

Joseph Karo fait valoir que, lorsqu'il s'agit d'aider les pauvres, on doit accorder la préférence aux membres les plus proches de la famille, puis aux parents plus éloignés. Après quoi, il faut prendre soin des serviteurs de sa maison, puis des pauvres de sa ville, puis de ceux d'une autre ville, enfin des nécessiteux de son pays et ainsi de suite. En d'autres termes, les besoins des affamés, des sans-abri, des pauvres qui vivent près de nous ont priorité pour nos dons (*Sota* 14a ; *Erouvin* 18a ; *Shabbat* 127 a-b ; *Pea* 4 : 16 ; *Baba Batra* 8-9 ; *Tosefta Ketoubot* 6, 8 ; *Shoulhan Aroukh* 34 : 3, 6).

Soutenir les personnes dans le besoin et les institutions de la communauté juive a toujours été considéré comme une *mitswa*, un devoir religieux pour chaque Juif. La Torah relate avec fierté la générosité des Israélites pour la construction du sanctuaire. Donner ainsi, immédiatement et de manière désintéressée, est devenu la mesure pour toute *tsedaka*. Aucune excuse pour *ne pas* se montrer généreux n'était acceptable. Ainsi que les rabbins nous l'ont enseigné : « Que nous soyons riches ou pauvres, nous devons prendre de ce que Dieu nous a donné pour le partager avec les autres » (*Tze'enah ouRe'enah, Vayakhel*).

3. LES RESPONSABILITÉS DES AGENTS DE L'ÉTAT

Les passages de la Torah consacrés à *Vayakhel-Pekoudé* enchaînent les descriptions sur la construction du sanctuaire, ainsi que des listes longues et détaillées des offrandes remises par les Israélites.

Abravanel

L'exégète biblique Don Isaac Abravanel compte dans la Torah cinq répétitions concernant les plans de construction et les listes de dons. Il y a là quelque chose d'« étonnant », explique Abravanel. « Pourquoi récapituler tant de détails ? »

Ramban (Nahmanide)

L'exégète Ramban répond à Abravanel en affirmant que la répétition « reflète l'amour avec lequel Dieu regardait le sanctuaire. Cette répétition est conçue pour souligner son importance dans le cœur des Israélites ». Mais, pour le commentateur moderne Umberto Cassuto, ces répétitions ne seraient simplement qu'une question de « style ». Tous les anciens documents moyen-orientaux, affirme-t-il, contiennent des répétitions de ce genre de détails, en particulier lorsqu'il s'agit de plans décrivant les lieux sacrés de culte.

Toutefois les premiers commentateurs rabbiniques sont en désaccord avec Cassuto. Ils pensent que les détails et les listes sont là pour servir une fonction essentielle. Moïse, rappellent-ils, prend soin de consigner chaque don. Après quoi il passe en revue les contributions et compare sa liste avec celles dressées par Betsalel et Oholiab. Il revérifie chaque participation, veillant à ce qu'aucune ne soit négligée ou égarée. Tant de minutie et d'attention portée au moindre détail témoigne d'un véritable « sens des responsabilités ». Pour Moïse, observent ces rabbins, la conscience avec laquelle les officiers publics comptabilisent ce qu'ils recueillent et attribuent ces offrandes relève de la conscience morale. Ces responsables officiels doivent être irréprochables.

En outre, selon les exégètes rabbiniques, au moins deux personnes doivent être nommées pour superviser les finances d'une communauté. Moïse, soulignent-ils, agissait seul et il insistait ainsi pour que tous ses comptes soient contrôlés publiquement par le peuple. C'est pourquoi, selon ces rabbins, la répétition des longues listes de dons et de leurs attributions correspondait à un examen public de la comptabilité de Moïse (*Exode Rabba, Pekoudei,* 1-3).

Pourquoi Moïse insistait-il tant sur cette responsabilité morale ? Ne bénéficiait-il pas de la confiance de son peuple ? Quelqu'un aurait-il pu penser qu'il abusait des dons publics ?

Oui, affirment ces exégètes, c'est en effet ce que Moïse voulait éviter. Des commérages courent dans toutes les communautés, les fausses rumeurs se propagent et l'on questionne l'intégrité des responsables. Moïse, poursuivent les rabbins, s'est rendu compte que certains le désignaient en disant : « Regardez comme il a à manger et à boire. Il vit de notre argent. Il devient riche grâce à nos dons. » Afin de répondre à ces fausses rumeurs et à ces ragots, Moïse a insisté pour que ses livres comptables soient publics et accessibles à tous les Israélites (*Tanhouma, Pekoudé,* 7).

Les rabbins affirment également que, lorsque Moïse constata que les gens donnaient plus que requis à Betsalel et Oholiab pour la construction du sanctuaire, il demanda à Dieu : « Que doit-on faire des dons excédents ? » Dieu lui ordonna alors de construire un oratoire spécial à l'intérieur du sanctuaire. Une fois l'édifice achevé, Moïse en informa le peuple : « Nous avons consacré le montant de vos donations à la construction du sanctuaire et, avec les fonds supplémentaires, nous avons construit cet oratoire. » Parce qu'il représentait tous les dons, même les excédants, Moïse s'est placé au-dessus de tout soupçon (*Exode Rabba, Pekoudé,* 1-3).

Voler

Il est préférable de manger le repas d'un pauvre et d'être respecté pour son honnêteté plutôt que de manger le repas des plus riches et d'être détesté pour fraude et escroquerie. Voler est la pire de toutes les transgressions (*Tsena Ourena*, *Pekoudei*).

La collecte et la distribution de la *tsedaka*

Recueillir des dons pour les pauvres est une mission qui doit être accomplie conjointement par au moins deux personnes. Ils seront ensuite distribués par un comitéde trois personnes pour garantir les critères de justice et d'équité (*Péa* 8 : 7).

• • •

Si les collecteurs de dons doivent procéder à des changements ou investir des fonds excédentaires, ils doivent le faire en présence de tiers afin que nul ne les suspecte de tirer un avantage personnel de leurs transactions (*Baba Batra* 8 b).

Prenant Moïse comme modèle, les maîtres du Talmud pensent que les responsables publics devraient toujours être au-dessus de tout soupçon. Leurs actions et celles de leurs familles doivent témoigner de leur honnêteté et de leur intégrité. Ainsi, soulignent ces mêmes rabbins, comme modèles de comportement ceux qui préparaient le pain fin réservé aux offrandes du Temple n'ont jamais permis à leurs enfants d'en profiter. La même règle s'appliquait aux membres de la maison des Avtinas, experts dans la préparation des aromates destinés à l'encens du Temple. Ils n'ont jamais autorisé leurs filles à porter des parfums, même le jour de leur mariage, car ils ne voulaient pas qu'on puisse les soupçonner d'avoir prospéré et tiré un avantage de leur fonction (*Yoma* 38).

Pour les maîtres de la tradition juive, faire preuve d'honnêteté et le montrer est un facteur déterminant pour assurer la confiance du public. Ils ont instauré ainsi l'obligation, pour les officiels du trésor du Temple, lorsqu'ils récoltaient une offrande de ne porter aucun vêtement muni de poches. De même, ils n'étaient pas autorisés à porter des chaussures ou des sandales. Pourquoi ? « Parce que, si ces officiels devenaient riches, d'autres penseraient qu'ils ont pris de l'argent du Temple pour leur propre bénéfice » (*Shekalim* 3 : 2).

La tradition juive soutient que les représentants publics doivent être au-dessus de tout soupçon. La communauté doit avoir pleine confiance dans l'intégrité et l'honnêteté de ceux qu'elle a choisis pour la servir. Gérer les biens d'autrui exige un examen minutieux et transparent. Tout comme Moïse dresse une comptabilité publique et détaillée de ses collectes et de ses dépenses, ainsi les mandataires publics doivent respecter des normes éthiques élevées.

Questions pour l'étude et la discussion

1. Revoyez la liste de catégories de travail dressée par Rabbi Juda HaNassi. Quel « travail », dans notre société contemporaine, définiriez-vous comme proscrit le jour du shabbat ? Quels avantages y a-t-il à n'effectuer *aucun travail* le jour du shabbat ? Pourquoi, dans la tradition juive, le dimanche ne peut-il servir de substitut au shabbat ?
2. Comment l'observance du shabbat continue-t-elle à être bénéfique ?
3. Le Talmud suggère de consacrer un minimum de 10 % de nos revenus à des œuvres caritatives et jusqu'à 20 % si nous pouvons nous le permettre. Quels critères vous paraissent les plus appropriés pour pratiquer aujourd'hui la *tsedaka* ? Certaines œuvres caritatives méritent-elles davantage notre soutien que d'autres ?
4. Ne pensez-vous pas que le niveau de responsabilisation des agents publics devrait être plus élevé que celui de ceux au service desquels ils sont employés ? Pourquoi ?

LE LÉVITIQUE

Parashat Vayikra

Lévitique 1 : 1-5 : 26

La parasha Vayikra *décrit cinq types différents de sacrifices offerts au sanctuaire :* ´olah, « *offrande entièrement consumée* », minẖa, « *offrande de céréales* », zévaẖ shélamin, « *sacrifice de complétude* », ẖatat, « *sacrifice expiatoire* », asham, « *offrande de culpabilité* ». *La manière dont il faut procéder pour chaque offrande y est décrit en détail.*

1. Dieu s'adresse à Moïse pour lui expliquer comment le *'olah* ou l'« offrande entièrement consumée » doit être faite par le peuple d'Israël. Brebis, chèvre, taureau sans tache, tourterelle ou pigeon seront choisis pour les sacrifices. La personne qui offre le sacrifice – doit placer une main sur la tête de l'animal qui sera ensuite abattu. Les prêtres verseront son sang sur les côtés de l'autel. Dans le cas d'un mouton, d'une chèvre ou d'un taureau, l'animal sera alors découpé en quartiers et brûlé sur l'autel. S'il

s'agit d'une tourterelle ou d'un pigeon, sa tête sera tranchée et son sang versé sur les flancs de l'autel. L'oiseau doit être ouvert du côté de ses ailes et placé sur l'autel pour être consumé par le feu.

2. Pour l'offrande de *minha*, ou « offrande de céréales », il est dit à Moïse qu'il sera fait de fleur de farine sur laquelle de l'huile sera versée avec de l'encens. Puis l'on présentera ce mélange à Aaron et à ses fils. Ils y puiseront une poignée qu'ils placeront sur l'autel pour la brûler. Après quoi, ils devront manger le reste de l'offrande.

Toutes les offrandes de *minha* sont composées de farine sans levain ou de céréales de la meilleure qualité. Si l'oblation est présentée sur une poêle ou un poêlon, elle sera mélangée à de l'huile et assaisonnée de sel. Après quoi une partie sera consumée sur l'autel.

3. Le *zévah shélamin*, ou « sacrifice de complétude » doit être exécuté avec un animal du troupeau. Celui-ci sera sans défaut et devra être découpé par les prêtres qui présenteront ensuite sur l'autel ses entrailles et toute sa graisse.

4. Si l'on a failli par inadvertance au respect d'un commandement envers Dieu, un *hatat*, ou « sacrifice expiatoire » sera offert. Si la personne qui a transgressé est un prêtre, l'offrande sera un taureau sans défaut issu du troupeau. Il sera amené à l'entrée du Tabernacle et le prêtre étendra sa main sur sa tête. Puis il sera abattu et le prêtre aspergera sept fois son sang à l'intérieur du Tabernacle et devant l'arche d'Alliance. Toutes les graisses et les entrailles

seront offertes sur l'autel. Le reste du sacrifice devra être emporté hors du camp et brûlé.

Si la communauté manque par inadvertance aux commandements envers Dieu, les plus anciens étendront la main sur la tête d'un taureau. Puis, une fois l'animal abattu, le prêtre répandra son sang sept fois devant le rideau. On en apposera sur les cornes de l'autel du Tabernacle, et la base de l'autel. La graisse sera consumée sur l'autel et les restes du taureau brûlés à l'extérieur du camp.

Si le chef d'une tribu a transgressé par inadvertance, il devra offrir un bouc mâle sans défaut. S'il s'agit d'une simple personne, celle-ci devra apporter une chèvre femelle sans défaut. Après avoir étendu les mains sur la tête de l'animal, celui-ci sera abattu par les prêtres et sa graisse brûlée sur l'autel. Ainsi les transgressions seront-elles pardonnées.

5. Si une personne est coupable d'un acte répréhensible, on doit procéder à l'*asham* ou « offrande de culpabilité ». S'il s'agit par exemple d'une personne ayant refusé de rapporter quelque chose de vu ou d'entendu alors qu'elle en a été témoin, ayant touché une carcasse ou une personne impure, ou fait un serment qu'elle n'a pas tenu, elle est tenue d'offrir une « offrande de culpabilité ». Si la personne ne peut se permettre d'offrir un mouton, une tourterelle ou deux pigeons pourront être proposés à la place. Si elle ne peut se permettre la tourterelle ou les deux pigeons, un dixième d'*epha* ou de fleur de farine, servira pour l'*asham*.

En outre, si l'on se rend coupable de malhonnêteté pour une question de prêt ou de gage, par vol ou fraude, en ayant trouvé un bien perdu et en le dissimulant, par mensonge ou parjure, on doit d'abord rendre ou rembourser ce qui a été pris indûment, additionné d'un cinquième de sa valeur. On peut ensuite offrir un bélier sans défaut. Le prêtre le sacrifiera et la faute sera ainsi pardonnée.

La *parasha Vayikra* propose à l'étude deux thèmes importants :
1. Le sacrifice et la prière.
2. L'erreur et la culpabilité.

1. LE SENS DU SACRIFICE ET DE LA PRIÈRE

Le troisième livre de la Torah prend le nom du premier mot hébreu par lequel il s'ouvre : *Vayikra* – « Et [Dieu] appela ». En latin, le livre s'appelle *Leviticus* parce que les prêtres dont on décrit les fonctions étaient de la tribu de Lévi. Au 1er siècle de notre ère, le livre était connu par les premiers rabbins sous le nom de *Torat kohanim*, ce qui veut dire « Instructions pour les prêtres ».

La plus importante partie décrit en détail comment les *korbanot*, ou « sacrifices » du peuple d'Israël, devaient être offerts dans le sanctuaire ancien. Si ces prescriptions semblent être applicables à l'époque où Moïse et le peuple hébreux erraient encore à travers le désert, de nombreux chercheurs modernes pensent que le Lévitique fut rédigé par des prêtres pour les prêtres qui présidaient aux sacrifices dans le Temple de Jérusalem.

Dans notre société contemporaine, l'idée de sacrifier des animaux – d'en extraire leur sang et de le répandre sur les côtés de l'autel, de découper certains organes et de les brûler – est à la fois étrange et déplaisante. Certains jugent ces rites dégoûtants et répugnants. D'autres considèrent qu'il s'agit de cruauté envers les animaux et les condamnent comme moralement choquants.

La beauté du sacrifice

L'auteur du Siracide, l'un des livres apocryphes, décrit ainsi le rôle du sacrifice dans le Temple de Jérusalem : « Qu'il était magnifique (Simon le grand prêtre) quand il sortait de derrière le voile, entouré de son peuple ! Quand il se parait de sa robe d'apparat et se revêtait de ses superbes ornements, quand il gravissait l'autel saint et remplissait de gloire l'enceinte du sanctuaire, quand il recevait des mains des prêtres les portions du sacrifice, debout près du foyer de l'autel, entouré d'une couronne de frères... avec une admirable perfection et s'avançait jusqu'au saint autel... quand tous les fils d'Aaron dans leur splendeur, ayant dans les mains les offrandes de l'Éternel, se tenaient devant toute l'assemblée d'Israël tandis qu'il accomplissait le service des autels, présentant avec noblesse l'offrande du Très-Haut Tout-Puissant, il étendait la main sur la coupe, faisait couler un peu du jus de la grappe et le répandait au pied de l'autel, parfum agréable au Très-Haut, roi universel » (50 : 5-15).

Dans la société antique, toutefois, les sacrifices et les offrandes à Dieu étaient considérés comme des expressions du culte non seulement appropriées mais nécessaires. Le mot *korban*, ou « sacrifice », signifie littéralement « s'approcher » et révèle à lui seul le but des offrandes du Temple, censées permettre au fidèle de s'approcher du divin. Par l'intermédiaire des sacrifices, on rendait grâce à Dieu, on implorait son pardon pour ses fautes. La dimension dramatique et la beauté du service sacrificiel, accompagné de musique, de prières et de puissants effluves d'encens, créaient une atmosphère de crainte révérencielle. En présentant un sacrifice, on donnait en même temps à l'Éternel une part importante de soi-même. Pour les anciens, la fumée d'un feu sacrificiel se consumant sur l'autel était une manifestation d'amour et de respect du sacrifiant pour Dieu et Ses commandements.

Tous ceux qui auront fait mauvais usage de ces rites sacrificiels seront sévèrement critiqués. Ainsi, voyant que l'on ignorait les pauvres et les malades, que l'on trichait et se comportait malhonnêtement tout en présentant des offrandes au Temple de Jérusalem, Isaïe a méprisé et dénoncé ces malfaisants. Dieu ne veut pas de vos sacrifices, leur a-t-il dit, car « vos mains ont été entachées par le crime » (Isaïe 1 : 11, 15). Chez les prophètes, l'hypocrisie était particulièrement vilipendée. Les sacrifices n'étaient pas considérés comme un moyen d'effacer la culpabilité lorsque l'on avait commis des actes répréhensibles.

Les sacrifices légitimes

Que personne ne dise : « Je ferai des choses laides et immorales. Puis j'amènerai un taureau riche en viande et je l'offrirai en sacrifice sur l'autel pour que Dieu me pardonne. Car Dieu n'aura pas de compassion à l'égard de celui-là » (*Lévitique Rabba* 2 : 12).
Mais si quelqu'un accomplit de bonnes actions, étudie la Torah et apporte ses offrandes sur l'autel, alors Dieu aura compassion à son égard et lui accordera la repentance (*Eliyahou Rabbah*, Friedmann éditeur, p. 36).

Après la destruction du Temple de Jérusalem par les Romains en 70 de notre ère, les Juifs se retrouvèrent confrontés au problème suivant : « Que faire avec l'institution des sacrifices ? » Aussi les rabbins décidèrent-ils que, puisque les sacrifices devaient être présentés exclusivement au Temple de Jérusalem, les Juifs devraient attendre la reconstruction du Temple avant de les réintroduire. La réintroduction des offrandes sacrificielles et des sacrifices d'animaux devint donc fort peu probable.

Même avant la fin des sacrifices au Temple, la prière remplaçait déjà le sacrifice, devenant l'expression spirituelle juive la plus reconnue. Avec l'introduction de la synagogue au IIIe siècle avant notre ère, les mots constituant des prières énoncées par les fidèles et par les communautés servaient souvent de substitut à un pèlerinage à Jérusalem. Avant la destruction du Temple, des milliers de synagogues étaient déjà présentes sur toute la terre d'Israël. On en dénombra 480 rien qu'à Jérusalem. Bon nombre des prières constituant la base des livres de prières juifs d'aujourd'hui furent créées bien avant que les rites sacrificiels n'aient cessé au Temple.

Après la destruction du Temple, les rabbins ont ajouté des prières pour sa restauration dans le rituel de la synagogue. Ainsi, la version traditionnelle de la prière *'avodah* au sein de la *'Amida* comprend : « Restaure le culte [sacrificiel] de ton Temple et reçois l'amour et faveur [les offrandes et] les prières d'Israël… » Pour se rappeler les « sacrifices supplémentaires » offerts les jours de shabbat et de fêtes, les rabbins ajoutèrent à la synagogue un office spécial appelé *Moussaf,* ce qui signifie « office additionnel » le shabbat et les jours de fêtes afin de prier pour le jour où le Temple serait reconstruit et les sacrifices d'animaux réintroduits.

En son temps, le poète-philosophe Juda Halevi rêvait du jour où il se réveillerait à Jérusalem et connaîtrait de nouveau les « chants des Lévites et le culte sacrificiel ». Plus tard, le rabbin sioniste Tzvi Hirsch Kalisher prédit que le peuple juif se rassemblerait des quatre coins de la terre sur la terre d'Israël, reconstruirait le Temple, et « offrirait des sacrifices sur l'autel de Dieu… ».

Leibowitz

Dans son commentaire, l'exégète moderne Ne<u>h</u>ama Leibowitz explique que les sacrifices sont un « moyen positif de promouvoir la communion avec le divin, le symbole et l'expression du désir de se purifier et de se réconcilier avec Dieu[1] ».

---

1. B. S. Jacobson, *Meditations on the Torah,* Sinaï Publishing, Tel Aviv, 1964, p. 137-142 ; Ne<u>h</u>ama Leibowitz, *Studies in Vayikra,*

Si les rabbins et les exégètes juifs ont honoré la tradition des sacrifices du Temple, et même souhaité leur réintroduction, nombre d'entre eux considéraient la prière comme un culte supérieur à celui du sacrifice. Ils argumentaient que les offrandes du Temple dépendaient d'un lieu et d'un autel spécifiques, alors que la prière pouvait être prononcée n'importe où et n'importe quand. La prière est une méditation silencieuse du cœur, des mots de la bouche exprimés dans un murmure, une chanson, ou simplement dits. Pour les rabbins, « la prière est plus grande que tous les sacrifices » (*Tanhouma, Vayera*, 31 b).

On raconte qu'au moment de la destruction du Temple, le dirigeant de la communauté conseilla à ses élèves de ne pas déplorer le fait qu'ils ne pouvaient plus offrir de sacrifices. Debout au milieu des ruines du Temple, Rabbi Yohanan ben Zakkai déclara à ses étudiants : « Ne vous affligez pas ! Nous avons un moyen d'expiation qui équivaut au sacrifice. C'est l'accomplissement d'actions de justice et de générosité. Car l'Éternel nous enseigne : "C'est la compassion que je désire, non les sacrifices." » (*Avot de-Rabbi Nathan* 4 ; Osée 6 : 6).

Citant les vertus de la prière, par opposition aux sacrifices rituels, d'autres rabbins ont également considéré que la prière leur était supérieure. « Si le peuple d'Israël dit : "Nous sommes pauvres, nous n'avons aucun sacrifice à offrir", Dieu leur répondra : "Je n'ai besoin que de mots." » « Et même s'ils se plaignent qu'ils n'ont aucune synagogue dans leur ville, poursuivent ces rabbins, Dieu leur demande

---

World Zionist Organization, Jérusalem, 1980, p. 18, 22.

de prier dans leurs champs et, s'ils ne le peuvent pas, dans leur lit et, s'ils ne le peuvent pas, dans leur cœur. » La réponse est parfaitement claire. À la différence des sacrifices, qui exigent un autel, un animal ou une offrande, la prière ne dépend que des espérances et de l'honnêteté du cœur (*Exode Rabba, Tetsavé,* 38 : 4 ; *Pesikta de-Rav Kahana* 158 a).

Qu'est-ce que la prière ?

La prière est le cœur... c'est une vie pleine de sens... La prière est une marche sur laquelle nous nous élevons de ce que nous sommes à ce que nous désirons être. La prière affirme l'espoir qu'aucune réalité ne peut écraser, l'aspiration qui ne peut jamais connaître la défaite. La prière cherche la force d'agir sagement, de nous comporter généreusement, de vivre honorablement... La prière est la quête du silence au milieu du vacarme... La prière nous emporte au-delà de nous-mêmes... nos prières sont exaucées... quand nous sommes mis au défi de devenir ce que nous pouvons être (Rabbi Morris Adler).

Rambam (Maïmonide)

Dans son fameux *Guide des égarés,* Moïse Maïmonide soutient que les sacrifices étaient une ancienne forme de culte concédée aux Israélites afin qu'ils puissent apprendre à servir Dieu sans se sentir différents des autres peuples qui les entouraient. Après quoi, explique Maïmonide, les Israélites ont progressivement appris que « le service sacrificiel n'est pas l'objectif premier des commandements mais que la prière est le meilleur moyen de se rapprocher de

Dieu ». Approuvant les premiers rabbins, Moïse Maïmonide souligne que « la supériorité de la prière est qu'elle peut être offerte partout et par tout un chacun ».

Dans son étude de la prière, le rabbin Abraham Joshua Hesclel observe que « la prière n'est pas un substitut du sacrifice. Elle *est* le sacrifice ». Pour Heschel, une prière authentique nous permet en effet « d'oublier nos vanités, de brûler notre insolence, d'abandonner la partialité, la malhonnêteté, la jalousie ». La prière est le moyen par lequel nous pouvons sacrifier notre égoïsme et notre cupidité pour retrouver nos aptitudes à la vérité, la compassion et l'amour[1].

2. DÉFINIR LA « TRANSGRESSION » DANS LA TRADITION JUIVE

La *parasha Vayikra* n'évoque pas seulement cinq types différents de sacrifices offerts par le peuple et ses dirigeants, elle identifie également les raisons pour lesquelles on procède à ces sacrifices. Beaucoup sont présentés comme des oblations permettant au fidèle de se rapprocher de Dieu et d'exprimer sa reconnaissance pour des récoltes, des fêtes, des célébrations personnelles, un événement heureux, une guérison, l'obtention de pactes de relations pacifiques entre les nations ou entre les individus.

Parmi les nombreux types de sacrifices, on relève ceux relatifs aux « transgressions » du peuple

1. Abraham Joshua Hesclel, *Man's Quest for God : Studies in Prayer and Symbolism*, Scribner, New York, 1954, p. 70-71.

d'Israël ou d'individus. La *parasha Vayikra* évoque l'offrande de *'olah* et les sacrifices *hatat* et *asham* comme moyens de se libérer de sentiments de culpabilité et d'obtenir le pardon de Dieu pour ses fautes. Dans leur effort pour identifier les comportements réclamant des offrandes au Temple, la Torah et ses interprètes nous présentent une définition unique de « la transgression ».

Ainsi le *'olah*, ou « offrande consumée (de la racine monter) », le premier sacrifice mentionné dans notre *parasha*, doit être offert par tous. Pour autant la Torah ne fournit pas d'explication pour cette offrande. C'est Rabbi Simeon ben Yohaï, étudiant du célèbre Rabbi Akiba et dirigeant de la communauté juive en Israël juste après la destruction du Temple, qui nous éclaire. Selon lui, le *'olah* était réservé aux mauvaises pensées et intentions, même si celles-ci ne se sont pas réalisées (*Lévitique Rabba* 7 : 3).

Ramban (Nahmanide)

Nahmanide rejoint cette thèse, en expliquant qu'il est naturel pour l'être humain d'avoir toutes sortes de pensées négatives. Nous pensons à resquiller nos voisins, à déformer la vérité pour satisfaire nos visées égoïstes, à nous approprier secrètement ce qui ne nous appartient pas, à commettre des offenses sexuelles. Beaucoup de fantasmes et d'intentions occupent nos esprits. Pour Nahmanide, ces « pensées secrètes », connues de Dieu seul, sont le premier niveau de l'errance. Ce sont les prémisses qui conduisent à des actes répréhensibles. Pour cette raison, le *'olah* fut proposé comme moyen d'enlever la culpabilité issue de ces pensées ou intentions mauvaises (*Commentaire sur Lévitique* 1 : 4).

Mais l'opinion majoritaire de la tradition est que la pensée n'est pas comparable à l'action et que l'on peut laisser libre cours à son imagination tant que nos actes ne sont pas répréhensibles. « L'imaginaire n'est pas l'essentiel, mais l'action » (*M. Avoth* 1 : 17). Si dans l'idéal, intentions et actions doivent correspondre, les rabbins sont convaincus que l'on est jugé sur ses actes et non sur ses pensées.

Les mauvaises pensées

Le rabbin Ba<u>h</u>ya ben Asher, dans son ouvrage intitulé *Kad hakemah*, revient sur l'observation rabbinique selon laquelle « les mauvaises pensées sont plus dommageables que la transgression elle-même ». « Il est en effet plus difficile de se libérer de pensées coupables, observe Ba<u>h</u>ya ben Asher, car penser régulièrement à une faute mènera finalement à sa réalisation. » Il note également que « lorsqu'on envisage de commettre une mauvaise action, on se prépare à commettre bien plus qu'une seule faute. Ainsi, si l'on envisage de tricher ou de voler, on se prépare même à tuer pour pouvoir accomplir son désir[1]... ».

Un second type de « faute » définie dans cette section de la Torah se produit lorsqu'une personne enfreint involontairement la loi. On peut par exemple moissonner et oublier de réserver une partie de sa récolte aux pauvres et aux nécessiteux. On peut aussi négliger de payer un travailleur à la fin de

---

1. Ba<u>h</u>ya ben Asher, *Kad hakemah*, traduction Charles B. Chavel, Shilo Publishing House, Inc., New York, 1980, p. 276.

la journée ou manger accidentellement un aliment interdit par la Torah.

Hirsch

À propos de la « faute involontaire », Rabbi Samson Raphaël Hirsch écrit : « Celui qui transgresse par inadvertance s'est rendu coupable de négligence. En d'autres termes, au moment de l'omission, cette personne n'a pas pris soin de vérifier, avec tout son cœur et toute son âme, que son acte était bien conforme à la Torah et aux commandements, et cela parce qu'elle n'était pas, selon les paroles du prophète Isaïe (66 : 2), "préoccupée par Ma parole". » Si l'on n'a pas été prudent ou réfléchi, si l'on s'est montré bien peu zélé dans l'observance des commandements, nos actes seront considérés comme des fautes, et l'on devra alors offrir un sacrifice afin d'obtenir le pardon.

D'accord avec Hirsch, Neẖama Leibowitz note : « Ce n'est pas une excuse quand un transgresseur explique qu'il n'avait pas de *mauvaise intention* et qu'il s'agissait *juste* d'un oubli, *simplement* de la négligence et de l'irresponsabilité… » Leibowitz observe également que la Torah inclut clairement les prêtres et les autres dirigeants dans ce sujet sur les fautes involontaires. « Plus important est le statut de la personne, plus grande sa responsabilité. Chaque négligence, chaque compromission de l'esprit, chaque indiscrétion, chaque erreur confine à la faute délibérée[1]. »

---

1. Neẖama Leibowitz, *Studies in Vayikra, op. cit.*, p. 28-29.

Les fautes d'un dirigeant

Un dirigeant reconnu doit être encore plus prudent que les gens ordinaires et veiller à ne pas tomber dans le piège d'actes répréhensibles. Même les fautes commises involontairement peuvent conduire au mal car d'autres sont impatients de prendre pour exemple cette conduite pour commettre leurs propres délits (Jacob ben Jacob Moses de Lissa).

En d'autres termes, les actes répréhensibles, même ceux commis par erreur ou par accident, ont des conséquences graves et ne doivent pas être blanchis ou traités à la légère comme s'ils n'avaient pas d'impact sur les autres. La tradition juive ne permet pas de fuir la responsabilité de ses actions. La Torah demande à ceux qui fautent involontairement d'apporter un *h̲atat*, ou « offrande expiatoire » à Dieu. De même, outre les fautes commises en pensée ou par inadvertance, la Torah précise d'autres méfaits pour lesquels il est nécessaire de présenter un *asham*, ou « offrande de culpabilité ». Au nombre de ces fautes, on compte les suivantes : 1) soustraire des preuves en refusant de témoigner devant un tribunal, 2) promettre ou s'engager par serment et ne pas tenir parole, 3) faire acte de malhonnêteté pour des articles engagés, des garanties, lors de vols, de traitement injuste d'autrui ou d'articles perdus. Tous ces délits sont considérés comme de graves violations de la Torah.

En ce qui concerne la soustraction de preuves devant un tribunal, Abraham Chill observe que « puisque la justice est le fondement de la société, toute personne qui l'entrave délibérément se rend coupable d'injustice. Si une personne peut apporter un témoignage susceptible de contribuer au bon jugement d'une cour et qu'elle s'en abstient, elle commet une faute[1] ».

Rav Hisda pose la question suivante : « Que signifie la Torah lorsqu'elle utilise les termes de "traitement injuste d'autrui" et de "vol" ? » Dans sa réponse, il observe qu'on ne doit pas dire à un voisin : « J'ai quelque chose qui t'appartient mais je vais attendre demain pour te le retourner. » Pareil comportement, selon Hisda, illustre parfaitement la faute de « traitement injuste d'autrui ». Et si quelqu'un dit à un autre : « J'ai quelque chose qui t'appartient mais je ne te le rendrai pas », voilà, conclut Hisda, la faute de « vol » (*Baba Metsia* 111 a).

Pour ces méfaits, il ne suffit pas au transgresseur d'apporter un sacrifice au Temple. La Torah énonce clairement que le coupable doit « rembourser le montant du vol et l'additionner d'un cinquième de sa valeur » afin que la partie lésée soit entièrement compensée pour ses pertes. La tradition juive insiste sur un remboursement approprié des biens volés *avant* que toute offrande ne soit jugée acceptable par Dieu.

Cette première section de Lévitique propose une définition essentielle de la « faute » dans la tradition juive. Elle inclut dans cette catégorie les actes répréhensibles résultant de la légèreté et de l'imprudence, l'induction d'autrui en erreur, même accidentellement, la soustraction délibérée d'éléments de preuve, le mensonge, le vol ou le traitement injuste de son prochain. Cette catégorisation est importante

---

1. Abraham Chill, *The Mitzvot : The Commandments and Their Rationale*, Bloch Publishing, New York, 1974, p. 150.

parce qu'elle démontre les principes éthiques élevés qui forment la base de la tradition juive.

Questions pour l'étude et la discussion

1. Relire le premier chapitre et dresser la liste des raisons pour lesquelles la tradition juive préfère la prière au sacrifice. Quelles autres raisons souhaitez-vous ajouter à cette liste ? Pourquoi ?
2. Maïmonide et le rabbin Bahya ben Asher soutiennent que les mauvaises pensées peuvent conduire à des actions fautives. Êtes-vous d'accord ? Une personne doit-elle se sentir coupable de ses pensées ? Comment la prière peut-elle détourner une personne de la faute ?
3. Les rabbins soulèvent une question importante pour ce qui est de savoir qui est responsable d'une faute dans la société. Est-ce le voleur ou celui qui rachète sciemment des biens volés ? On raconte qu'un jour, un gouverneur mit à mort tous ceux qui avaient en toute connaissance acheté des biens volés. Quand les gens apprirent ce que le gouverneur avait fait, ils protestèrent : « Tu n'as pas agi avec justice. » Alors le gouverneur les conduisit dans un champ où il disposa de la nourriture pour les animaux. Les bêtes s'en vinrent et emportèrent la nourriture dans leurs tanières. Le lendemain, il emmena de nouveau le peuple au champ et disposa encore une fois des assiettes de nourriture pour les animaux. Cette fois, pourtant, alors que les animaux se précipitaient sur la nourriture, le gouverneur ordonna à ses gardes d'obstruer les trous de leurs gîtes. Quand les animaux découvrirent qu'ils ne pouvaient regagner leurs tanières, ils rapportèrent la nourriture dans les assiettes. Le gouverneur fit cela pour illustrer à quels troubles on doit s'attendre quand certains achètent sciemment des biens volés (*Lévitique Rabba* 6 : 2). Êtes-vous d'accord ou non avec le gouverneur ?

Parashat Tsav

Lévitique 6 : 1-8 : 36

La parasha Tsav *poursuit et complète les descriptions de sacrifices déjà abordées dans la* parasha Vayikra. *Elle nous fournit des détails sur la manière d'effectuer plusieurs sortes d'anciennes offrandes : 'olah, minẖa, ẖatat, asham et zévaẖ shélamin. Nous trouvons également les récits de l'ordination d'Aaron et de ses fils ainsi que la dédicace du premier sanctuaire.*

1. Ainsi que Dieu le lui a ordonné, Moïse instruit Aaron et ses fils sur la façon de présenter le *'olah*, ou « sacrifice entièrement consumé ». Les cendres des oblations seront retirées de l'autel tous les matins tandis que les prêtres devront entretenir continuellement le feu de l'autel.

2. Aaron et ses fils sont priés d'apporter une *minẖa*, « offrande de céréales ». Une fois l'oblation présentée sur l'autel, les prêtres versent une poignée

de farine fine, de l'huile et de l'encens et y mettent le feu. Les restes de l'offrande seront consommés par les prêtres.

3. L'animal choisi pour le *hatat*, ou « sacrifice expiatoire » pour les fautes involontaires, sera abattu par les prêtres. S'il est cuit dans un pot de terre, le pot devra être brisé. S'il est cuit dans une marmite en cuivre, elle sera frottée et rincée à l'eau. Après quoi les prêtres pourront consommer cette viande sacrificielle.

Pour le sacrifice de *asham*, ou « offrande de culpabilité », on procédera à l'abattage de l'animal puis son sang sera versé sur tous les côtés de l'autel. Le prêtre devra brûler toute la graisse ainsi que les entrailles, les reins et les morceaux de foie. Seule la famille des prêtres pourra consommer ce sacrifice.

4. Le *zévah shélamin*, « sacrifice de complétude » ou de reconnaissance, est une offrande d'action de grâce. Avec l'animal, on offrira des gâteaux sans levain pétris à l'huile, des gaufrettes sans levain et des gâteaux de fine farine arrosés d'huile. Puis, après avoir été présenté au prêtre, l'animal sera abattu et son sang répandu autour de l'autel. L'offrande sera consommée le jour même.

Si le sacrifice offert est une offrande volontaire, il peut être mangé le jour même de sa présentation au prêtre ou le lendemain. Une telle offrande ne pourra être consommée par un prêtre rituellement impur parce qu'il aura touché un cadavre humain.

Moïse commande au peuple de ne pas manger la graisse de bœuf, de mouton, de chèvre ou de tout animal tué par une autre bête. Il interdit également toute consommation de sang, avertissant que toute personne convaincue d'avoir enfreint ce commandement sera retranchée du peuple d'Israël.

Le *zévah shélamin* est offert par les fidèles pour eux-mêmes. Une partie du sacrifice sera brûlée sur l'autel, une autre consommée par le prêtre une troisième par la personne qui l'apporte.

5. Lors d'une cérémonie solennelle devant tout le peuple d'Israël, Moïse ordonne Aaron et ses fils comme prêtres. Ils sont revêtus de somptueux vêtements et oints d'huile. Aaron reçoit la robe sacerdotale ainsi que l'*ephod* ou « pectoral ». Il reçoit également les *Ourim* et *toumim*, ainsi qu'une tiare spéciale.

Après quoi Moïse répand de l'huile sur tout le sanctuaire, l'autel et les ustensiles utilisés pour les sacrifices et sur la tête d'Aaron. Des sacrifices sont offerts par Moïse, par Aaron et par les fils de celui-ci. Moïse applique le sang du sacrifice sur le lobe de l'oreille droite, le pouce et l'orteil droits de chaque prêtre. Puis, il prend certaines parties de l'animal sacrificiel, ainsi que des gâteaux et des pains sans levain et les balance devant l'autel comme offrande à Dieu.

Pour conclure la cérémonie de consécration d'Aaron et de ses fils comme prêtres, Moïse leur demande de cuire l'animal sacrificiel et de le manger à l'entrée du sanctuaire. Le surplus sera jeté au feu. Ils devront également demeurer sept jours et sept nuits à l'entrée du sanctuaire pour cette célébration.

La *parasha Tsav* propose deux thèmes importants :
1. Trouver un sens à des traditions obsolètes.
2. La dimension de sainteté du sang.

1. LE SENS DE TRADITIONS OBSOLÈTES

La *parasha Tsav* présente une description détaillée des sacrifices qui se déroulèrent dans le premier sanctuaire élevé par les Israélites alors qu'ils erraient encore à travers le désert du Sinaï. La plupart des chercheurs pensent que ces descriptions s'appliquent également aux sacrifices qui furent reconduits au Temple de Jérusalem, après sa construction par le roi Salomon au xe siècle avant notre ère.

Durant la période où des milliers de personnes se rendaient à Jérusalem pour offrir leurs sacrifices, les instructions de la Torah sur la façon dont les prêtres recevaient et préparaient ces sacrifices devaient être de la première importance. S'ils n'étaient pas préparés ou offerts correctement, ils étaient inacceptables. Aussi, connaître et suivre les directives de la Torah était hautement prioritaire pour le peuple et pour les prêtres. Il leur incombait d'étudier avec le plus grand soin les détails de chaque présentation de sacrifice.

Après la destruction du Temple par les Romains en 70 de notre ère, les sacrifices furent remplacés par la prière. Beaucoup durent alors s'interroger : « Ces descriptions et ces commandements concernant les offrandes et les sacrifices ont-ils encore un sens pour nous ? Ces rituels sont-ils obsolètes ou avons-nous encore à apprendre de tous ces détails concernant le *'olah*, le *ẖatat, le asham* et le *zévaẖ shélamin* ? »

Les exégètes qui ont étudié la Torah depuis la destruction du Temple ont fait œuvre d'imagination pour répondre à ces questions récurrentes. Parfois, un commentateur trouve un mot ou une phrase décrivant un rituel qui évoque une importante leçon morale ou symbolise une vérité essentielle de la vie humaine. À d'autres moments, une prescription relative à une offrande rappellera au commentateur une autre déclaration ou description issue de la tradition biblique. Et, dans l'exploration du sens de ces deux références, de nouvelles idées naissent.

On trouvera ci-après plusieurs exemples de ces leçons tirées – ou même inventées – des descriptions de rituels anciens, qui apparaissent souvent incompréhensibles ou obsolètes.

Exemple 1 : Rabbi Levi, qui vivait au IIIe siècle, fait remarquer que le mot hébreu *'olah* – « offrande entièrement consumée » – peut aussi être lu et traduit par *'ala* – « se comporter avec arrogance ». Voilà pourquoi, soutient Rabbi Levi, le passage de la Torah concernant le sacrifice de *'olah* peut être compris comme signifiant : « Voilà le commandement concernant le *'ala*, l'orgueilleux : il sera détruit par le feu. »

Pour étayer sa thèse, Rabbi Levi cite plusieurs exemples d'insolence ou de prétention punis par le feu. La génération de Noé, par exemple, s'est vu infliger le déluge. Toutefois, son injustice et son égoïsme furent aussi punis par le feu. Le peuple de

Sodome et Gomorrhe a subi la destruction par les flammes pour son traitement cruel des étrangers et son comportement condescendant et arrogant envers autrui (Genèse 19 : 24). Pharaon fut frappé par le feu parce qu'il avait provoqué sans vergogne la puissance divine en disant : « Quel est cet Éternel dont je dois écouter la parole en laissant partir Israël [d'Égypte] ? » (Exode 5 : 2).

En lisant le mot *'ala* pour *'olah*, Rabbi Levi élude le thème de l'offrande « brûlée » et préfère se concentrer sur les dangers de l'arrogance, de l'égoïsme et de l'orgueil. La personne hautaine et vaniteuse, déclare-t-il, finira comme un sacrifice brûlé sur son propre autel (*Lévitique Rabba* 7 : 6).

Exemple 2 : le rabbin Menahem M. Schneerson, connu comme le « Lubavitcher Rebbe » – le Rabbi de Loubavitch (1902-1994) –, enseigne que le sanctuaire construit par le peuple juif dans le désert est aussi le symbole du temple qui réside au cœur de chaque Juif. Tout comme le sanctuaire comporte un autel intérieur et extérieur, chaque Juif, écrit Schneerson, possède une personnalité « de surface » et un « noyau essentiel ».

Quand la Torah prescrit : « Un feu continuel sera entretenu sur l'autel, il ne devra point s'éteindre », il s'agit bien sûr de l'obligation incombant au prêtre d'entretenir continuellement le feu sur l'autel du sanctuaire. Mais c'est aussi une référence à la façon dont il faut pratiquer la tradition juive. « Ce n'est pas un trésor privé que l'on chérit dans notre subconscient, affirme Rabbi Schneerson, mais il doit apparaître dans le regard que l'on porte sur le monde. »

En s'appuyant sur le symbole du feu qui brûle perpétuellement sur l'autel, Schneerson souligne qu'un Juif doit être « impliqué », apportant vie et passion aux trois aspects de l'existence juive : 1) l'apprentissage de la Torah, 2) la prière et 3) la pratique d'actes de bonté et de générosité.

« Les paroles de la Torah, commente-t-il, doivent être proclamées avec le feu de la passion… Elles doivent pénétrer toutes les facettes de l'essence de notre humanité. » En d'autres termes, l'apprentissage ne doit pas être un exercice ennuyeux mais un chemin qui anime chaque être humain du désir de pratiquer la sagesse, l'éthique et les traditions de la Torah. La prière doit s'exercer non comme une routine, mais comme l'expression d'un véritable amour pour Dieu et pour le monde créé par Dieu. En pratiquant la *mitswa* de la *tsedaka*, ou « de justice, charité, bonté », il ne s'agit pas seulement de fournir de l'argent ou des services aux pauvres et aux malades. On doit « révéler extérieurement l'ardeur qui est en soi », faisant ainsi de ses actes un exemple pour les autres. Grâce à cela, « le feu continuera de brûler sur l'autel[1] ».

Exemple 3 : Le commentateur yiddish Jacob ben Isaac Ashkenazi, auteur de *Tze'enah ouRe'enah*, fait remarquer que la Torah ordonne que le *'olah* – « offrande entièrement consumée » – et le *h̲atat* – « offrande expiatoire » – soient sacrifiés sur le même autel. « Pourquoi ces deux sacrifices doivent-ils être accomplis au même endroit ? » s'interroge-t-il. Et, répondant à sa propre question, il conclut : « La Torah nous enseigne de ne pas embarrasser les autres. »

1. Menachem Mendel Schneerson, *Likutei Sichot*, vol. I, Lubavitch Foundation, Londres, 1975-1985, p. 217-219.

Le *'olah* est présenté par celui qui se rend coupable de mauvaises pensées. Peut-être cette personne convoite-t-elle ce qui n'est pas sa propriété, peut-être songe-t-elle à frauder ou à voler un tiers. Le *hatat* est un sacrifice présenté par une personne qui a effectivement commis une faute.

La Torah, explique Jacob ben Isaac Ashkenazi, ordonne que tous deux offrent leurs sacrifices au même endroit afin que personne ne sache la différence entre celui qui a transgressé en pensée et celui qui a fauté dans ses actes. De cette façon, l'embarras est évité. Personne ne peut pointer un doigt accusateur et dire : « Celui-là est un voleur. »

En attirant l'attention sur les détails du mode opératoire du sacrifice, Jacob ben Isaac Ashkenazi met l'accent sur une leçon éthique importante. Il est interdit d'humilier autrui ou de lui faire honte[1].

Exemple 4 : Rabbi Meïr, maître de renom en terre d'Israël au IIe siècle, a étudié les prescriptions données par la Torah sur les rites sacrificiels : « On y trouve les rituels de l'offrande brûlée, des céréales, le sacrifice expiatoire, l'offrande de culpabilité, l'offrande de consécration et l'offrande de complétude. » Il note que l'offrande de complétude est mentionnée en dernier et en conclut qu'il ne s'agit pas d'un hasard. En plaçant à la fin le *zévah shélamin,* ou « offrande de paix », la Torah veut insister sur l'importance du *shalom,* de la paix ou complétude.

---

1. Jacob ben Isaac Ashkenazi, *Tze'enah OuRe'enah : The Classic Anthology of Torah Lore and Midrashic Commentary, Tzav,* traduction Miriam Stark Zakon, Mesorah Publications Ltd., en collaboration avec Hillel Press, Brooklyn, N.Y., 1983, p. 573.

« Grande est la paix, disait le maître à ses étudiants. Pour elle [la paix], une personne peut endurer l'humiliation. »

On raconte l'histoire dans le *Midrash* d'une femme qui aimait à écouter Rabbi Meïr enseigner à ses élèves. Un jour que la leçon du rabbin avait duré plus longtemps, elle tarda à rentrer chez elle. Furieux, son mari lui demanda : « Où étais-tu ? » Quand elle lui expliqua qu'elle avait écouté la leçon de Rabbi Meïr, il refusa de la croire, disant : « Je ne tolérerai plus ta présence dans cette maison tant que tu n'auras pas craché au visage de Rabbi Meïr ! » Apprenant ce qui était arrivé, des amis du couple proposèrent de l'accompagner pour aller demander conseil au rabbi.

Quand le maître apprit ce qui s'était passé, il dit à la femme : « J'ai une faveur à te demander. Depuis que tu as quitté ma leçon, j'ai développé une infection oculaire grave qui ne peut être guérie que par ta salive. Alors, s'il te plaît, crache dans mon œil sept fois. » La femme s'exécuta et Rabbi Meïr lui dit : « À présent, va et réconcilie-toi avec ton mari. Dis-lui : "J'ai craché dans l'œil de Rabbi Meïr." »

Quand la femme fut partie, le rabbi dit à ses étudiants : « Grande est la paix. On peut subir la honte si cela peut apporter la paix entre des amis, entre une femme et son mari » (*Lévitique Rabba* 9 : 9).

Rabbi Meïr et d'autres rabbins de son temps enseignèrent que « la paix est l'aboutissement de toutes les bénédictions », la quête la plus essentielle de toute vie humaine. Pour les rabbins, le fait que la Torah mentionne le *zévaẖ shélamin*, ou « offrande pacificatrice », après tous les autres sacrifices ne peut qu'étayer cette affirmation.

La *parasha Tsav*, avec son abondance de détails sur les sacrifices offerts dans le sanctuaire antique et dans le Temple de Jérusalem, place les enseignants de la Torah devant un défi fondamental. Comment trouver du sens et des leçons pertinentes dans des pratiques rituelles obsolètes ?

L'enjeu est sérieux. Et, comme nous l'avons vu dans les exemples ci-dessus, les exégètes relevèrent le défi en faisant preuve d'imagination créatrice et d'innovation. Parfois, dans leur étude des détails des sacrifices, les commentateurs suggèrent un sens nouveau en changeant un mot comme *'olah* en *'ala* ou en faisant une analogie entre les autels du sanctuaire et ceux que l'on peut construire à l'intérieur de nous-mêmes. D'autres interprètes soulignent la coïncidence de deux offrandes différentes effectuées dans un même endroit ou attirent l'attention sur l'ordre dans lequel la Torah énumère les sacrifices.

Tous ces systèmes d'interprétation créative ont été employés pour découvrir des messages éthiques déterminants et les transmettre de génération en génération. Aucun passage de la Torah n'a jamais été considéré comme obsolète. Avec de l'imagination et de l'inventivité, nous pouvons y puiser des leçons essentielles. C'est bien là le défi que doivent relever les commentateurs : chercher les sens de la Torah et en révéler les perles.

2. LA DIMENSION DE SAINTETÉ DU SANG

La tradition juive interdit la consommation du sang. La *parasha Tsav* contient le commandement suivant : « Vous ne mangerez, dans toutes vos demeures, aucun sang, soit d'oiseau, soit de quadrupède » (Lévitique 7 : 26). Cette interdiction de consommer du sang apparaît également dans Lévitique 3 : 17, 17 : 14 et, plus tard, dans Deutéronome 12 : 23.

Ne mangez pas de sang

« Toute personne aussi, parmi les enfants d'Israël ou parmi les étrangers résidant avec eux, qui aurait pris un gibier, bête sauvage ou volatile, propre à être mangé, devra en répandre le sang et le couvrir de terre. Car le principe vital (*nefesh*) de toute créature, c'est son sang qui est dans son corps, aussi ai-je dit aux enfants d'Israël : Ne mangez le sang d'aucune créature. Car la vie de toute créature, c'est son sang... » (Lévitique 17 : 13-14).

Les anciens rabbins étudièrent cette interdiction de consommer du sang et en tirèrent un certain nombre de méthodes pour l'abattage et l'élimination du sang des animaux : le couteau utilisé pour le sacrifice doit être parfaitement aiguisé et lisse afin d'éviter le plus de souffrances possible à l'animal. Le sang versé au moment de l'abattage doit être répandu sur un lit de poussière, recouvert de cette poussière et enterré. Après l'abattage, le sang doit être retiré de la viande par trempage pendant une demi-heure et par salage pendant une heure. Après quoi la viande est rincée et prête pour la cuisson. On peut également éliminer le sang en grillant la viande[1].

---

1. Abraham Chill, *The Mitzvot, op. cit.*, p. 168-169.

Pourquoi cette attention inhabituelle accordée au sang ? Pour quelle raison la tradition juive en interdit-elle la consommation ? La plupart des commentateurs s'accordent à y voir deux raisons : la première est en relation avec l'usage courant du sang dans les cultes païens. Au cours de ces cérémonies, on consommait du sang animal dans l'espoir qu'il procurerait de la force ou guérirait les maladies. Parfois ces mêmes cérémonies présentaient des offrandes de sang humain dans l'espoir de satisfaire des démons assoiffés qui, croyait-on, pouvaient causer de grands dommages. La tradition juive dès ses débuts a rejeté ces pratiques rituelles considérées comme nuisibles et trompeuses.

Rambam (Maïmonide)

Dans son *Guide des égarés*, le philosophe et commentateur Moïse Maïmonide se penche lui aussi sur l'interdiction de la Torah de consommer du sang. Les païens, explique-t-il, croyaient qu'en recueillant le sang des animaux et en le versant dans des jarres et des coupes, les esprits viendraient dîner avec eux. Ces mêmes esprits leur apparaîtraient dans les rêves, révéleraient l'avenir, leur accorderaient chance et protection.

Selon Maïmonide, la Torah « cherche à guérir l'humanité de cette idolâtrie… et veut en finir avec ces idées fausses ». C'est pourquoi elle interdit la consommation du sang.

Ramban (Naẖmanide)

Naẖmanide, en désaccord avec Maïmonide, avance une autre raison à cet interdit : reprenant l'affirmation de la Torah selon laquelle « l'âme de toute vie est son sang », Naẖmanide fait valoir que, même si Dieu autorise les êtres humains à manger la chair d'autres créatures pour se nourrir et à utiliser le sang de créatures spécifiques pour des sacrifices expiatoires, on ne doit pas ingérer de sang parce que « toutes les âmes appartiennent à Dieu ». En d'autres termes, il faut considérer le sang comme ayant une dimension sainte car il renferme l'âme attribuée par Dieu à toutes les créatures. Après avoir fait remarquer que les êtres humains ne doivent pas consommer de sang puisque celui-ci est le « réceptacle saint de l'âme », Naẖmanide ponctue son commentaire d'une observation curieuse, issue de la médecine médiévale de son temps. « Il est bien connu, écrit-il, que la nourriture absorbée par le corps devient une partie de notre chair. » En conséquence, si l'on mange le sang d'un animal inférieur, « le résultat serait que l'âme humaine, combinée avec l'âme animale, s'en trouverait plus grossière et plus épaisse… » (*Commentaire sur Lévitique*, 17 : 11).

Il n'était pas rare, à l'époque de Naẖmanide, de penser que l'absorption de sang animal pouvait rendre une personne plus « animale », diminuer sa sensibilité humaine, son intellect et son entendement. Alors que la science moderne rejette ce point de vue, de nombreux végétariens affirment aujourd'hui encore que la consommation de sang a une signification psychologique. Ils refusent de manger de la viande, non seulement parce qu'ils sont opposés à l'abattage des animaux, mais aussi parce qu'ils pensent que cet « abattage » a un effet brutalisant sur les êtres humains.

Un végétarien parle

Tôt dans ma vie, je suis parvenu à la conclusion qu'il n'y n'avait aucune différence fondamentale entre l'homme et les animaux. Si un homme a le cœur de couper le cou d'un poulet ou d'égorger un veau, il n'y a aucune raison pour qu'il ne soit pas capable de trancher la gorge d'un homme (Isaac Bashevis Singer).

Leibowitz

Selon Nehama Leibowitz, cette thèse est partagée par le rabbin Abraham Isaac Kook, le célèbre grand rabbin d'Israël juste avant la création de l'État juif. Il enseigna en effet que la consommation de viande était « une dispense temporaire accordée à l'humanité, qui n'a pas encore atteint un stade suffisamment évolué pour surmonter ses instincts meurtriers ». Pour le rabbin Kook, manger de la viande ou ingérer du sang est un signe de cruauté humaine, la preuve que les êtres humains sont encore primitifs. Pour Leibowitz, le rabbin Kook pensait que les êtres humains « devaient être progressivement formés à éprouver de la compassion pour leurs semblables et, plus généralement, pour toute la création animale ». Refuser de manger de la viande ou du sang était un moyen de progresser dans son apprentissage à la sensibilité et au respect de la vie[1].

---

1. Samuel H. Dresner et Seymour Siegel, *The Jewish Dietary Laws*, Burning Bush Press, New York, 1959.

Les conclusions du rabbin Kook, telles que présentées par Nehama Leibowitz, sont voisines des vues de Rabbi Samuel H. Dresner et de Rabbi Seymour Siegel dans leur discussion des règles juives alimentaires[1]. Concernant l'interdiction de consommer du sang, ils écrivent : « Il n'y a pas plus clair symbole de vie que le sang. Verser le sang, c'est apporter la mort. Injecter du sang, c'est souvent sauver une vie. Quand la *cashrout* nous enseigne d'enlever le sang, c'est l'un des moyens les plus efficaces pour nous rappeler qu'il s'agit d'une concession, d'un compromis, et nous faire constamment prendre conscience de ce que représente fondamentalement l'acte de manger de la viande. Ici encore, la Torah nous enseigne le respect de la vie. »

La prescription de la Torah de ne pas consommer de sang parce qu'il recèle l'essence sacrée de la vie – l'âme – témoigne de la haute valeur accordée par la tradition juive à toute vie, humaine ou animale. Lorsque le sang est versé, soit à l'autel dans le cadre du rituel d'expiation, soit lors du processus d'abattage pour la nourriture, le sang est recueilli et enterré. Il est traité avec respect. Par le biais de ces pratiques, les êtres humains doivent apprendre que le sang est synonyme de vie et que la vie, comme le sang, est un cadeau précieux qu'il nous faut chérir.

Questions pour l'étude et la discussion

1. Les interprètes de la Torah ont cherché à trouver de nouvelles significations aux rituels anciens et obsolètes, y compris en étudiant le langage utilisé par la Torah.

---

1. Nehama Leibowitz, *Studies in Vayikra, op. cit.*, p. 55.

Rashi fait ainsi remarquer que le passage de Lévitique 6 : 1 – « L'Éternel parla à Moïse en ces termes : "Ordonne à Aaron et à ses fils..." » – pourrait aussi bien être compris comme : « Exhorte Aaron et ses fils... » Quelle distinction voyez-vous entre les mots « ordonne » et « exhorte » ? Lequel vous semble le plus efficace pour obtenir quelque chose ? Pourquoi ?

2. De nombreux interprètes de la Torah ont observé que les fonctions des prêtres étaient très ordinaires et subalternes. Les prêtres nettoyaient l'autel tous les matins, ils transportaient les cendres dans un endroit spécial hors du camp. Certains commentateurs se sont demandé s'il y avait une leçon importante à tirer de ces faits. Les actes religieux revêtiraient-ils plus d'importance dans l'exécution de tâches ordinaires et même considérées comme subalternes ? Connaissez-vous d'autres exemples ?
3. On demanda un jour à l'écrivain Isaac Bashevis Singer pourquoi il était végétarien. « Parce que c'est bon pour les animaux », répondit-il. Est-ce bon, aussi, pour les êtres humains ? Pour l'environnement ?
4. Le rabbin Joseph H. Hertz pense que la règle interdisant de consommer du sang enseigne aux êtres humains à refréner leurs instincts violents et apprivoise leur propension à verser le sang. Êtes-vous d'accord ? Pourquoi ?

Parashat Shemini

Lévitique 9 : 1-11 : 47

La parasha Shemini *débute avec les instructions délivrées par Moïse à Aaron et à ses fils sur la présentation au sanctuaire des offrandes expiatoires pour toutes les fautes que le peuple ou eux-mêmes auraient pu avoir commises. Aaron suit attentivement les recommandations de Moïse et place les offrandes sur l'autel du sanctuaire. Par la suite, deux de ses fils, Nadav et Avihou, décident d'offrir leurs propres offrandes de feu. Mais, parce que ces offrandes n'ont pas été demandées par Dieu, ils sont punis de mort. Moïse dit à Aaron et à ses autres fils, Eléazar et Ithamar, de ne pas pleurer pour leur sort. Plus tard Dieu prescrit à Moïse et à Aaron les aliments autorisés ou interdits au peuple d'Israël.*

1. Moïse demande à son frère Aaron et aux fils de ce dernier d'apporter au sanctuaire un veau, un bélier, une chèvre et un agneau pour en faire des sacrifices. Il s'agit de sacrifices expiatoires, de culpabilité et de complétude. En les offrant, Aaron,

ses fils et l'ensemble du peuple des Israélites seront pardonnés par Dieu pour toute faute qu'ils pourraient avoir commise.

Aaron et ses fils suivent attentivement les instructions pour offrir des sacrifices. Ils abattent les animaux, en brûlent la graisse sur l'autel et répandent leur sang à son pied. Puis Aaron tend les mains vers le peuple pour le bénir. Après quoi, Dieu envoie un feu qui vient consumer tout ce qui a été placé sur les autels. Quand le peuple voit le feu, tous tombent à terre et se mettent à prier.

2. Agissant en toute indépendance, sans le commandement de Dieu, deux des fils d'Aaron, Nadav et Avihou, saisirent des encensoirs, y mirent de l'encens, les embrasèrent et les présentèrent sur l'autel. Dieu envoya alors un feu qui les fit périr tous deux. Après quoi l'Éternel parla à Aaron : « Je veux être sanctifié par ceux qui m'approchent et glorifié à la face de tout le peuple ! » Entendant le jugement divin, Aaron garda le silence.

Moïse ordonna à Aaron et à ses autres fils, Eléazar et Ithamar, de ne pas découvrir leur tête ni déchirer leurs vêtements en signe de deuil. « Le peuple d'Israël prendra le deuil pour eux. » Il leur dit également de ne boire ni vin ni aucune autre substance enivrante lors de leur entrée au sanctuaire. Car leur tâche est d'établir la distinction entre le saint et le profane, le pur et l'impur et d'instruire le peuple de toutes les lois données par Dieu à Moïse. Plus tard, Moïse critiquera Eléazar et Ithamar pour ne pas avoir consommé l'offrande déposée à l'intérieur du sanctuaire ainsi qu'il leur avait été demandé. Aaron répondit à son frère que l'offrande avait bien été présentée comme il l'avait ordonné et que le résultat fut la mort de ses deux fils, Nadav et Avihou.

« Aurait-ce été différent aujourd'hui ? Le même événement serait-il arrivé ? » réplique Aaron à Moïse. Sensible à la douleur de son frère et reconnaissant la vérité de son argument, Moïse approuve finalement ce qui a été fait.

3. Dieu demande à Moïse et à Aaron d'enseigner aux Israélites les règles sur la nourriture autorisée ou proscrite. Parmi les aliments autorisés : tous les ruminants à sabots fendus, ce qui vit dans l'eau qui a des nageoires et des écailles, toutes les sauterelles, les criquets et les sauterelles chauves. Parmi les aliments interdits, on trouve le chameau, le daim, le lièvre et le porc, l'aigle, le vautour et le vautour noir, le cerf-volant, le faucon, le corbeau, l'autruche, les oiseaux nocturnes, la mouette, la chouette chevêche, le cormoran, la chouette, le hibou blanc, le pélican, l'outarde, la cigogne, le héron, la huppe et la chauve-souris. À cela s'ajoutent aussi tous les animaux qui marchent sur leurs pattes, la taupe, la souris, les grands lézards de toutes variétés – gecko, crocodile de terre, lézard, lézard des sables et caméléon –, tout ce qui rampe sur le ventre ou possède de multiples jambes.

On ne doit ni manger ni toucher le corps d'un animal mort de causes naturelles. Si un tel contact se produit, les vêtements seront lavés et la personne concernée sera considérée comme impure jusqu'au coucher du soleil. Si une carcasse est en contact avec un objet en bois, en tissu ou en cuir, ce dernier devra être plongé dans l'eau et y rester jusqu'au coucher du soleil. Si l'objet est en terre cuite, il sera brisé. On ne s'en servira ni pour boire ni pour manger.

Si la carcasse d'un animal mort est trouvée près d'une source ou d'une citerne, l'eau sera considérée comme propre à la consommation. Si elle a été en contact avec la graine semée, celle-ci sera malgré tout considérée comme exploitable.

Moïse expliqua au peuple que toutes ces règles relatives aux aliments autorisés et interdits, à ce qui est pur et impur, leur ont été livrées afin qu'ils se sanctifient devant Dieu.

La *parasha Shemini* contient deux thèmes importants :

1. Les dangers de l'excès.
2. La nourriture comme source de « sainteté » dans la tradition juive.

1. QUELLE FAUTE ONT COMMISE NADAV ET AVIHOU ?

Selon la Torah, les fils d'Aaron, Nadav et Avihou, prenant chacun leur encensoir, y mirent du feu, sur lequel ils jetèrent de l'encens, et l'apportèrent à l'autel du sanctuaire en guise d'offrande. Le feu qu'ils offrirent n'avait pas été autorisé par Dieu et ils n'avaient pas non plus reçu l'ordre de l'apporter au sanctuaire. En conséquence, ils furent mis à mort.

Quelle fut exactement leur faute pour mériter une punition aussi sévère ? Ont-ils été mis à mort pour avoir offert une sorte de feu non approprié sur l'autel du sanctuaire ?

L'histoire de Nadav et d'Avihou soulève bien des questions avec lesquelles se sont battus nombre d'exégètes bibliques au fil des siècles. Les commentateurs rabbiniques anciens affirmèrent ainsi que les deux frères n'avaient pas été punis pour avoir offert un encens ou un feu non approprié mais qu'ils furent condamnés pour avoir été animés de mauvaises intentions. Nadav et Avihou étaient dévorés par l'ambition, expliquent ces rabbins qui évoquent une conversation imaginaire entre les deux frères tandis que ceux-ci se tiennent aux côtés de Moïse et d'Aaron au mont Sinaï : « Regarde ces deux vieillards ! Bientôt, ils auront disparu et nous deviendrons les chefs de cette communauté ! »

Toujours selon les rabbins, Dieu avertit Nadav et Avihou des conséquences auxquelles les exposeraient de telles ambitions : « Qui enterrera qui ? ironise Dieu. Est-ce vous qui leur survivrez ou eux qui vous survivront ? » Les deux jeunes hommes sont abasourdis. Après un moment de silence, Dieu poursuit : « Vos pères vous enterreront et continueront à diriger Mon peuple » (*Sifra* sur Lévitique 10 : 1 ; voir aussi *Lévitique Rabba* 20 : 10).

Selon la thèse défendue par ces maîtres, Nadav et Avihou furent punis parce qu'ils avaient comploté de destituer Moïse et Aaron de leurs fonctions de dirigeants. Ils se sont présentés au sanctuaire avec leurs propres offrandes en espérant impressionner le peuple et obliger Moïse et Aaron à leur déléguer leur autorité. Ils étaient mus par la cupidité et l'impatience et, au final, soutiennent les rabbins, ils ont été punis pour leur soif de pouvoir et de reconnaissance.

Mais Rabbi Levi n'est pas de cet avis. Pour lui, ce n'est pas l'ambition mais l'arrogance qui poussa Nadav et Avihou à agir ainsi. Faisant preuve à son tour d'imagination créatrice, Rabbi Levi émet l'hypothèse que les deux frères se placèrent d'eux-mêmes au-dessus des autres, clamant qu'aucune épouse ne serait assez parfaite pour eux. Se montrant insensibles, ils profitèrent ainsi des sentiments de femmes qui investissaient tous leurs espoirs dans une relation sérieuse alors qu'ils n'avaient aucune intention de les épouser. Rabbi Levi affirme qu'ils déclarèrent publiquement : « Le frère de notre père est un roi, le frère de notre mère est un prince, notre père est le grand prêtre, et nous sommes deux prêtres de haut rang. Quelle femme serait assez bonne pour nous ? » Parce qu'ils méprisaient les autres, ils furent punis (*Lévitique Rabba* 20 : 10).

Rashi

D'accord avec Rabbi Levi, Rashi apporte d'autres éléments de preuve pour étayer son analyse. Fondant son interprétation du comportement de Nadav et Avihou sur une discussion talmudique, il observe que, plutôt que de suivre rigoureusement les instructions détaillées relatives aux sacrifices et aux offrandes de feu, les frères s'octroyèrent le pouvoir de décider de ce qu'ils allaient offrir, de la manière et du moment. Négligeant le protocole requis, omettant de consulter Aaron et Moïse sur ce qu'ils prévoyaient de faire, Nadav et Avihou furent gravement punis. C'est bien leur arrogance, conclut

Rashi, qui les a amenés à croire qu'ils n'avaient de comptes à rendre à personne.

Ils ont fait cavaliers seuls...

Non seulement Nadav et Avihou ont omis de consulter Moïse et Aaron sur leur projet de rapporter un « feu étranger » dans le sanctuaire, mais ils ont également omis de communiquer l'un avec l'autre. Au lieu de discuter de ce sujet avec les pères – ou d'autres représentants de l'autorité –, ils ont agi trop rapidement, sans prudence et sans soumettre leur projet à la critique. Parce qu'ils ont fait cavaliers seuls, ils en ont subi de terribles conséquences (*Lévitique Rabba* 20 : 8).

Rashbam

Rashbam, petit-fils de Rashi, fonde sa compréhension des fautes de Nadav et d'Avihou sur le texte même de la Torah dont il relève les mots exacts : « Prenant chacun leur encensoir, ils y mirent du feu... et apportèrent devant l'Éternel un feu profane *sans qu'Il le leur eût commandé.* » Leur faute, explique Rashbam, est d'avoir offert une sorte de feu qui n'avait pas été ordonnée. C'est pourquoi la Torah l'appelle *esh zara,* ou « feu étranger ». En d'autres termes, Nadav et Avihou ont pris la loi entre leurs mains.

Rashbam spécule aussi sur les véritables motifs qui les ont incités à agir ainsi. Il explique que Nadav et Avihou s'étaient montrés fort impressionnés quand Dieu était apparu sur l'autel au milieu des flammes après que Moïse et Aaron avaient procédé aux sacrifices. Par la suite, conclut le maître, ils ont supposé que, s'ils offraient à leur tour le « feu », Dieu se montrerait à nouveau. Les deux hommes tireraient alors un grand crédit aux yeux du peuple pour leurs pouvoirs spéciaux – des pouvoirs égaux à ceux de Moïse et d'Aaron. Aussi étaient-ils prêts à défier la loi pour améliorer leur réputation et leurs chances de destituer Moïse et Aaron.

Pour le rabbin Morris Adler, l'histoire de Nadav et d'Avihou est très symbolique. Le « feu » qu'ils ont apporté, précise Adler, « brûlait en leur sein ». Ce feu était celui « de l'ambition » et leur mort « le genre de mort que les personnes attirent sur elles ». « C'était le feu de l'entêtement et de l'hostilité, un feu d'impulsion et de désir. Parce qu'ils exerçaient leur ministère à l'autel, ils furent les victimes de leurs appétits et de leur cupidité, de leurs caprices et de leur orgueil. Aucun feu n'est descendu du ciel pour les consumer. Ils furent consumés par leurs propres ambitions, féroces et fausses[1]. »

Sur l'ambition

L'ambition, c'est la servitude (Salomon ibn Gabirol).

Cherche le gâteau et tu perdras le pain (proverbe yiddish).

L'ambition détruit celui qui l'éprouve (*Yoma* 86b).

Ne cherche pas la grandeur pour toi-même... ne convoite pas un siège à la table des rois (*Avot* 6 : 4).

---

1. Morris Adler, *The Voice Still Speaks*, *op. cit.*, p. 218

Ce qu'il faut pour réussir

Voici la condition indispensable pour le succès : le vouloir et le vouloir à fond. « Il te faut de la volonté pour réaliser ce que tu te proposes d'accomplir », explique Rita Hauser qui dut surmonter de redoutables obstacles dus à la discrimination sexuelle pour devenir l'un des plus grands avocats féminins de sa génération. « Je crois au pouvoir de la volonté. La volonté de réussir, la volonté de gagner, la volonté de surmonter l'adversité, voilà la force absolue conduisant au succès[1]. »

Dans les réflexions qu'il mena sur Nadav et Avihou, Naphtali Hertz Wessely se montre beaucoup moins critique que les autres commentateurs. Il considère en effet Nadav et Avihou comme « des personnalités religieuses de premier ordre » qui n'ont pas agi par ambition égoïste ni pour toute autre mauvaise raison. Au contraire, explique Wessely, les deux fils d'Aaron avaient été profondément émus par la beauté et par le sens des sacrifices rituels offerts par Moïse et Aaron. Dans leur enthousiasme et leur ferveur, « ils ont perdu la tête et pénétré dans le Saint des Saints pour y brûler de l'encens, un acte qui n'avait pas été ordonné par Moïse ».

Leur faute, note Wessely, ne fut pas d'avoir enfreint délibérément la loi, mais plutôt de s'être montrés incapables de contrôler leur ardeur religieuse. Il ne fallait pas aller au-delà de ce que Moïse avait commandé et manquer à ce point d'humilité en supposant aveuglément que tout ce qu'ils feraient dans le sanctuaire serait acceptable. S'ils

1. Lester Korn, *The Success Profile*, Fireside, New York, 1988, p. 39.

furent punis, souligne Wessely, c'est parce qu'ils occupaient des positions d'importance et qu'ils en firent mauvais usage dans leur excitation trompeuse et leur excès de zèle (*Biour*, commentaire sur le Lévitique 10).

Hirsch

Le rabbin Samson Raphaël Hirsch critique Nadav et Avihou pour des raisons similaires. Le judaïsme, explique-t-il, est un ensemble de lois et de commandements destinés à rassembler les membres de la communauté pour former un peuple saint. Lorsque les individus agissent de leur propre chef pour changer ou enfreindre la loi, ils finissent par perturber l'unité et les attentes de la communauté. Nadav et Avihou ont certes pu se comporter en prêtres dévoués, comme le soutient Wessely, mais ils ont menacé la discipline et la confiance communautaire avec leur feu nouveau et « étranger ».

Hirsch poursuit sa thèse en identifiant les actions de Nadav et d'Avihou avec les rabbins des mouvements modernes du judaïsme libéral et du judaïsme conservateur (ou *massorti*) qui, chacun à leur manière, ont apporté des changements dans la tradition juive : « Nous comprenons que la mort des jeunes prêtres… est le plus solennel des avertissements pour tous les futurs prêtres (rabbins)… contre… toute expression de caprices et d'idées subjectives sur ce qui est juste ou convenable ! Ce n'est pas par des inventions toutes faites, même provenant de serviteurs de Dieu novices (des étudiants), mais en appliquant ce qui est ordonné par Dieu que le prêtre juif (rabbin) pourra assurer l'authenticité de ses activités » (*Commentaire sur le Lévitique* 10 : 1).

Perturbé par la marée montante des dirigeants réformistes qui appellent à une plus grande souplesse dans l'interprétation de la Torah et souhaitent faire évoluer la loi pour la rendre plus accessible aux exigences contemporaines, Hirsch condamne « les réformateurs » qu'il accuse d'avoir apporté « le feu étranger » dans le sanctuaire. Aussi les identifie-t-il comme des Nadavs et des Avihous de son temps.

La plupart des dirigeants religieux des mouvements libéraux et conservateurs défendent leurs choix en soulignant que la loi juive n'a jamais été rigide ou statique. À chaque génération, les Juifs ont cherché à modeler les lois de la Torah pour les adapter aux besoins de leur temps. La pratique juive est dynamique, en constante évolution pour répondre aux situations et aux circonstances nouvelles. Au lieu d'être des Nadavs et des Avihous, les « réformateurs » se considèrent comme les fidèles héritiers des traditions de la Torah telles que les ont transmises Akiva, Hillel, Maïmonide et Rashi et dont, respectueusement, ils réinterprètent et approfondissent la signification et la pertinence.

Après avoir ainsi recensé ces différentes approches, il nous reste à décider pourquoi Nadav et Avihou furent ainsi punis. Était-ce à cause de leur ambition débordante, de leur arrogance, de leur insensibilité ? Ou parce qu'ils ont omis de consulter les autres et négligé d'honorer les anciens ? Était-ce l'expression d'un zèle immature, d'une foi aveugle, d'une incapacité à entrevoir les dangers que l'on encourt en modifiant les rituels et les pratiques d'une communauté ? Comme nous l'avons vu, les exégètes juifs prêtent à ce triste épisode une dimension éthique et sociale qui continue de défier, aujourd'hui encore, les interprètes de la Torah.

2. DIFFÉRENTES INTERPRÉTATIONS DE LA *CASHROUT* OU L'ART JUIF DE LA NUTRITION

Comme nous avons déjà noté dans notre discussion des lois de la Torah proscrivant la consommation de sang (voir chapitre 2 dans la *parasha Tsav*), la tradition juive lie la notion de « sainteté » et celle de « diététique ». La *parasha Shemini* énumère ainsi les listes des aliments autorisés et interdits. Ces listes, tout comme l'interdit de consommer du sang, constituent le fondement même de la *cashrout*, ou « lois juives alimentaires ».

Lorsque nous nous référons à un aliment considéré comme casher (mot issu de l'hébreu *kasher*, signifiant « correct » ou « apte à »), nous entendons tout aliment autorisé par la loi juive. Le terme *terefa* (issu de l'hébreu *toraf*, signifiant « déchiré ») se rapporte aux aliments impropres à la consommation ou aux ustensiles contaminés et donc inutilisables pour la préparation ou la consommation de nourriture.

La Torah permet la consommation des ruminants à sabots fendus. Le porc n'est pas autorisé puisqu'il ne rumine pas. Tous les poissons à nageoires et écailles peuvent être consommés. Le requin et les crevettes ne sont pas autorisés car ils sont dépourvus d'écailles. Certaines autorités rabbiniques autorisent la consommation de l'esturgeon et de l'espadon tandis que d'autres la rejettent. On recense vingt-quatre sortes de volailles autorisées à la consommation. Les oiseaux de proie n'en font pas partie. Tous ont un orteil plus grand que les autres, un jabot et un gésier qui s'enlève facilement. La Torah permet également la consommation de sauterelles si elles ont quatre ailes et des jambes articulées.

Tous les « animaux rampants », y compris la belette, la souris, le grand lézard, le lézard des sables, le gecko, le crocodile terrestre, l'iguane et le caméléon sont des aliments interdits. De même pour les serpents, les scorpions, les vers et les insectes. De même, la Torah proscrit la consommation d'aliments contaminés par contact avec des animaux interdits, avec des carcasses ou des aliments décomposés[1].

La *cashrout* inclut aussi la séparation des produits laitiers et carnés ainsi que l'usage des ustensiles servant à leur préparation ou leur présentation. La Torah interdit de « faire cuire un chevreau dans le lait de sa mère » (voir Exode 23 : 19 ; 34 ; et Deutéronome 14 : 21). Pour s'assurer que cette interdiction a été observée, les rabbins de la *Mishna* ont interdit le mélange du lait et de la viande. Ils décrétèrent également une période d'attente de six heures entre la consommation respective de viande et de lait et une période d'attente de trois heures entre le lait et la viande (certaines autorités ne prescrivent qu'une heure d'attente entre le lait et la viande)[2].

---

1. Abraham Chill, *The Mitzvot, op. cit.*, p. 173-180.
2. *Ibid.*, p. 113-115.

Terminologie casher

On appelle *milhik* en yiddish, *de'lehe* en ladino, et *halavi* en hébreu tout aliment contenant un produit laitier. *Fleishik* en yiddish, *de'carne* en ladino et *bassari* en hébreu désignent tout produit alimentaire dérivé d'une substance carnée. *Parvé* est un aliment neutre, ne contenant aucune substance dérivée de la viande ou du lait et qui peut être indifféremment consommé avec un produit laitier ou carné.

Quelle explication donner à cette insistance sur l'alimentation dans la tradition juive ? Pourquoi la Torah et la loi juive ultérieure accordent-elles autant d'importance à la *cashrout* ou « l'art de se nourrir » ?

Dans son commentaire sur Lévitique, le rabbin Bernard Bamberger observe que « la plupart des peuples ont des tabous alimentaires ». Les Américains, par exemple, ne mangent pas de viande de cheval. Les bouddhistes évitent de consommer toute nourriture animale. Les hindous considèrent la vache comme sacrée et ne mangent pas de bœuf. L'étude des cultures anciennes de la Syrie et de la Mésopotamie révèle des codes alimentaires établissant ce qui peut être considéré comme des aliments « sains » et « malsains[1] ».

Rambam (Maïmonide)

Le médecin et commentateur Moïse Maïmonide estimait que « la nourriture interdite par les lois de la Torah est impropre à la consommation ». Citant

1. *The Torah : A Modern Commentary*, *op. cit.*, p. 808-813.

les rabbins du Talmud, il écrit : « La gueule du cochon est aussi sale que le fumier lui-même. » Au sujet de la graisse de l'intestin, proscrite par la *cashrout*, Maïmonide note qu'« elle nous rassasie, interrompt la digestion et produit un sang froid et épais ». Quant à l'interdiction de mélanger la viande et le lait, il précise : « Les additionner donne une alimentation trop riche qui sature l'estomac de celui qui la consomme » (*Guide des égarés*, 3 : 48).

Selon l'auteur du *Sefer Ha-Hinoukh* (peut-être Aaron Halevi), d'accord avec l'approche médicale de Maïmonide : « Notre Torah qui est parfaite, nous protège de facteurs nuisibles. C'est le bon sens qui préside à ses interdits alimentaires. Si le caractère néfaste de certains aliments nous est encore méconnu comme à la science médicale, n'en éprouvons pas pour autant de confusion car le Vrai Médecin (Dieu) qui nous en avertit est le plus sage d'entre tous. »

De nombreux interprètes de la Torah, cependant, s'inscrivent en faux contre ces affirmations de Maïmonide et de l'auteur du *Sefer Ha-Hinoukh*. Leur plus ardent porte-parole, Isaac Arama, dénonce vivement une justification hygiénique des lois de la Torah. « Nous ferions bien, prévient-il, de garder à l'esprit que les règles alimentaires ne sont pas, comme certains l'ont prétendu, motivées par de seules considérations médicales. Soyons éloignés d'une telle pensée ! Si tel était le cas, la Torah serait rabaissée au rang de traité médical mineur et même pire que cela. »

Si les lois diététiques de la Torah ne se réduisaient qu'à des suggestions médicales, objecte Arama, elles perdraient toute justification le jour où l'on découvrirait un traitement adapté aux supposés préjudices causés par un aliment particulier. Les règles alimentaires de la Torah en deviendraient « superflues ». Redoutant une telle issue, Arama soutient que la Torah n'est pas un texte médical. Son seul but, argumente-t-il, est de nous enseigner comment vivre une vie de « sainteté ».

La plupart des interprètes s'accordent avec Arama pour souligner qu'une justification médicale ou diététique des lois de la *cashrout* est indéfendable. Alors que certaines règles paraissent tout à fait crédibles en matière d'hygiène nutritive, il faut se rappeler que la Torah interdit également la consommation de nombreux aliments qui ne présentent aucun danger pour les êtres humains (crabe, pétoncles, crevettes, poisson-chat, requin, espadon, porc, pour n'en citer que quelques-uns). En outre, la séparation des produits lactés et carnés ne semble justifiée par aucune considération diététique ou médicale, même si aujourd'hui certains régimes la conseillent.

Abravanel

Pour ces raisons, Abravanel, d'accord avec Arama, conclut que « la Torah n'est pas là pour remplacer un manuel médical mais pour protéger notre santé spirituelle ». Les aliments proscrits par la Torah et par les rabbins qui ont développé les règles alimentaires de la tradition juive « empoisonnent la nature intellectuelle et pure de notre âme, obscurcissent le tempérament humain, démoralisent le caractère, encouragent l'impureté, profanent la pensée et les actes, chassent l'esprit pur et saint... ». Autrement dit, ils créent des problèmes spirituels – et même des catastrophes – à ceux qui les consomment !

Malheureusement, Abravanel n'explique jamais comment les aliments interdits de la Torah peuvent entraîner une telle corruption morale et intellectuelle. Cependant d'autres interprètes établissent un lien entre les prescriptions alimentaires et la « santé spirituelle ».

Pour le philosophe Philon, ces codes diététiques enseignent aux humains à contrôler leurs appétits physiques. Ainsi, la règle autorisant de ne consommer que des ruminants à sabots fendus délivre un message spécial : une personne n'atteindra la vraie sagesse que si elle sait diviser et distinguer les idées, et « mâcher » les faits et les concepts acquis par l'étude[1].

Le maître hassidique Levi Isaac de Berditchev propose de même une interprétation des lois de la *cashrout* se rapportant à la « santé spirituelle ». Il souligne que les règles relatives aux aliments autorisés ou interdits sont en connexion étroite avec ce qui entre et sort de la bouche. S'il n'y a aucune discipline contrôlant ce que l'on mange, si on se montre négligent en absorbant des aliments interdits, il est probable que l'on est tout aussi insensible et insouciant quant aux paroles qui sortent de notre bouche, et que l'on est capable de calomnie et de mensonge. Pour Levi Isaac, la *cashrout* ne concerne pas seulement la nourriture, elle vise également à nous aider à garder notre bouche propre et débarrassée de discours nocifs.

David Blumenthal va encore plus loin : « Observer les règles alimentaires est un moyen de se préparer soi-même à recevoir la parole de Dieu. C'est

1. Philon, *Lois spéciales*, IV, 97f.

une façon de cultiver de bonnes habitudes corporelles qui feront de chacun un réceptacle capable d'accueillir la présence divine. » En d'autres termes, observer les règles alimentaires nous sensibilise à la compréhension des autres lois de la Torah et, en les observant, à nous montrer plus ouverts au message spirituel du judaïsme[1].

Steinsaltz

Le rabbin Adin Steinsaltz parvient à une conclusion semblable. Il fait valoir que toutes les lois se rapportant à la *cashrout* « reposent sur le principe qu'un homme ne peut avoir une vie de l'esprit élevée et noble sans que le corps suive une préparation convenable à cette fin ». « Le corps et l'âme sont étroitement liés », nous rappelle Steinsaltz. Ce qu'une personne mange influence ses sentiments, ses réactions et sa capacité à faire le tri des influences bonnes et mauvaises qui nous viennent du monde. Observer des règles alimentaires nous rend plus réceptifs à la sainteté et stimule notre engagement de porter « toutes les choses de ce monde à l'état de *tikoun* "réparation" ou "perfection[2]"... ».

Luzzatto

Contrairement à ceux qui soutiennent que les lois de la *cashrout* protègent et promeuvent la « santé spirituelle », d'autres commentateurs font valoir

1. David Blumenthal, *God at the Center*, Harper et Row Publishers Inc., San Francisco, 1987, p. 60-82.
2. Adin Steinsaltz, *The Thirteen Petalled Rose*, Basic Books, New York, 1980, p. 163-165.

qu'elles sont un moyen de séparer les Juifs des non-Juifs. Samuel David Luzzatto observe que « chaque Juif, par ses lois et son mode de vie, ne se mêle pas aux us des autres peuples afin de ne pas imiter leur comportement... Les règles que nous observons nous rappellent à chaque instant le Dieu qui les a ordonnées... Les multiples *mitswoth* et lois de notre Torah enseignent aux êtres humains le contrôle de soi... » La pensée de Luzzatto est très claire : les règles alimentaires sont un moyen d'empêcher les Juifs de renoncer à leur religion et d'imiter des coutumes non juives. Puisque manger est une activité constante, un processus naturel, observer la *cashrout* devient un rappel permanent des valeurs uniques, des traditions et des obligations de la vie juive.

D'accord avec Luzzatto, Mordecai M. Kaplan souligne à son tour le rôle exercé par les lois diététiques sur la préservation du peuple juif. La *cashrout,* explique Kaplan, « vise à rendre le peuple d'Israël conscient de sa consécration à Dieu en tant que peuple de prêtres ou peuple saint ». Une vocation, affirme Kaplan, qui s'est cependant étendue au long des siècles. « La *cashrout* a contribué à la pérennité du peuple juif et à la conservation de son mode de vie. »

En d'autres termes, les règles diététiques régissant ce qu'un Juif doit ou ne doit pas manger sont un moyen de préserver l'identité et la loyauté au judaïsme. La *cashrout,* conclut Kaplan, « est particulièrement efficace pour préserver une ambiance juive à la maison, ce qui, à travers toute la diaspora, est notre ultime défense contre les incursions de l'assimilation ». Selon Kaplan, le bénéfice de la *cashrout* n'est ni médical, ni symbolique, il est un moyen efficace de garantir la survie du judaïsme.

Reprenant les arguments de Kaplan, Milton Steinberg observe que les règles alimentaires « ont une haute valeur de survie pour la communauté juive. Le rappel constant de son identité est le meilleur moyen de dissuasion pour ne pas être englouti par le monde non juif. Le judaïsme, comme toutes les confessions minoritaires, est constamment exposé au péril de se fondre dans l'oubli. Seule la préservation de ses pratiques lui permet de persévérer dans ses buts les plus nobles ». Les règles alimentaires du judaïsme sont donc un chemin vers l'aboutissement. Leur observance préserve le peuple juif de l'assimilation afin qu'il puisse poursuivre sa mission qui est d'enrichir le monde par ses valeurs éthiques et spirituelles[1].

Comme nous venons de le voir, l'approche juive de la nutrition diffère de celle des autres cultures. Alors que la Torah proscrit certains aliments et en autorise d'autres, les règles alimentaires ne reposent pas sur des considérations hygiéniques ou médicales. Nombre d'aliments considérés dans l'alimentation juive comme *terefa* – c'est-à-dire « abominables » – ne sont pas seulement considérés comme sains par d'autres cultures mais aussi comme des produits de première nécessité. Pour la plupart de nos commentateurs, à l'exception de Maïmonide, les règles de la *cashrout* ne visent pas à protéger les Juifs de quelconques aliments toxiques, mais elles sont un moyen pour le peuple juif d'atteindre la *kedoucha*,

---

1. Milton Steinberg, *Basic Judaism*, Harcourt Brace, New York, 1947, p. 117-118.

c'est-à-dire la « sainteté », la « séparation » et la « singularité » et d'introduire une dimension spirituelle dans un acte quotidien.

Questions pour l'étude et la discussion

1. À la mort de ses fils, Nadav et Avihou, Aaron garde le silence. Selon vous, quelles pensées occupaient son esprit ? Quelle interprétation avancée par les exégètes vous paraît la plus crédible ? Et pourquoi ?
2. Rashi et d'autres commentateurs reprochent à Nadav et Avihou la faute de n'avoir consulté personne avant d'apporter leur offrande au sanctuaire. Pourquoi se montrent-ils si durs envers eux et envers le fait qu'ils n'ont pas cherché à obtenir préalablement l'approbation de Moïse ? Qu'y a-t-il de si négatif à agir avec indépendance, spontanéité et enthousiasme ?
3. Selon l'auteur Gail Sheehy, « les jeunes gens d'aujourd'hui ne veulent plus travailler dur. Ils exigent plus de temps pour leur développement personnel que pour n'importe quel autre domaine de leur vie. Ils rêvent de réussir une vie parfaitement équilibrée dans laquelle ils auront du temps pour l'amour et les loisirs, pour les enfants, l'expression personnelle et jouer beaucoup au tennis. Leur nouvelle formule de bonheur s'exprime par un changement surprenant de valeurs. En tête de liste des qualités personnelles, ces jeunes gens placent l'état d'"être aimant" au détriment de l'"être ambitieux" et du "dirigeant compétent", tous deux relégués en fin de liste[1] ». Une telle « formule de bonheur » vous semble-t-elle applicable à votre propre existence ou à celle de vos parents ?
4. L'orphie est un poisson qui suscite le débat pour savoir s'il est on non casher. Ses écailles microscopiques et

1. Gail Sheehy, *Pathfinders*, William Morrow, New York, 1981, p. 42.

sa queue fendue plaident pour son acceptation. Les érudits rabbiniques modernes ont cependant rejeté l'orphie car ses écailles ne sont pas « visibles à l'œil nu ». Si l'on se réfère aux nombreuses raisons avancées par les commentateurs pour justifier les règles alimentaires, en quoi est-ce important de manger ou non de l'orphie ?

5. Pour justifier l'observance des règles de la *cashrout*, les raisons suivantes ont été avancées : a) acquérir une discipline alimentaire édifiante (« sanctificatrice »), b) s'identifier et marquer sa solidarité avec la communauté juive du monde entier, c) respecter une éthique alimentaire qui prend en considération le manque de nourriture dans certains pays du monde, d) vivre selon les préceptes enseignés par la loi juive, e) pouvoir inviter tous les Juifs chez soi à partager son repas[1]. Laquelle de ces raisons vous semble la plus logique ? Pourquoi ?
6. Comment la *cashrout* doit-elle évoluer ? La production industrielle ne fait-elle pas souffrir davantage les animaux ? Pourquoi de nombreux juifs développent-ils une éco-*cashrout* ?

---

1. Simeon J. Maslin, *Gates of Mitzvah*, *op. cit.*, p. 132

Parashat Tazria-Metsora

Lévitique 12 : 1-15 : 33

La parasha Tazria-Metsora *est l'une des sept sections de la Torah qui, selon le nombre de shabbats recensés dans l'année, sera tantôt lue en deux sections séparées, tantôt combinée en une seule pour assurer la lecture intégrale de la Torah sur une année. Cet ouvrage la présentera dans sa totalité tout en proposant dans le même temps une interprétation de chacun des principaux thèmes.*
La parasha Tazria *évoque les rituels de purification réservés à une femme qui vient d'accoucher ainsi que les méthodes de diagnostic et de traitement de diverses affections de la peau.*
La parasha Metsora *poursuit sur le thème des maladies de la peau et des rituels de purification. Un soin particulier est attribué à l'apparition et au traitement des champignons et moisissures dans la maison ainsi qu'à l'impureté rituelle résultant d'un contact avec les sécrétions des organes sexuels.*

1. Moïse déclara à son peuple que, après que la naissance d'un fils, une femme devrait être

considérée dans un état d'impureté pendant trente-trois jours. Si l'enfant était une fille, cette période s'étendrait à soixante-six jours. Par la suite, la mère devra apporter un agneau comme offrande consumée ainsi qu'un pigeon ou une tourterelle pour l'offrande expiatoire. Si, toutefois, elle n'avait pas les moyens d'offrir un agneau, elle devrait donner au prêtre du sanctuaire deux tourterelles pour le sacrifice.

2. Si quelqu'un venait à observer un gonflement, des éruptions, un ulcère ou une décoloration de la peau évoluant vers une infection eczémateuse, il devrait en informer les officiants du sanctuaire qui remplissent aussi le rôle de médecins. Si, en examinant la zone infectée, les prêtres remarquent que les poils ont perdu leur couleur et que l'infection va au-delà du derme, ils sont tenus de déclarer la personne *tsara'at*, c'est-à-dire « infectée par une grave maladie de peau ». *Tsara'at* fait sans doute référence à ces affections cutanées que sont l'eczéma, le psoriasis, l'impétigo ou la lèpre. Une personne affectée par ces pathologies sera considérée comme *tamé*, c'est-à-dire rituellement « impure ».

Toutefois, si l'infection ne paraît pas plus profonde que la peau et si les poils recouvrant la zone affectée n'ont pas perdu leur couleur, les prêtres devront isoler la personne pendant sept jours. À la fin de ce délai, elle subira un autre examen. Si la décoloration s'estompe, les prêtres proclameront la personne guérie et pure. Si la zone demeure infectée, la personne atteinte sera mise à l'isolement pendant sept nouveaux jours. Après quoi elle sera réexaminée et déclarée pure ou impure.

Des examens similaires seront livrés sur les malades dont la peau est devenue squameuse, décolorée et striée de rouge, sur ceux qui ont été brûlés ou qui souffrent d'une infection à la tête ou autour de la barbe. Dans tous ces cas, les prêtres doivent isoler les malades pendant sept jours avant de les réexaminer. Si l'infection a disparu, la personne sera considérée comme guérie. Si elle ne l'est pas, elle sera déclarée *tsara'at*, ou « infectée » et, par conséquent, impure.

Une personne déclarée *tsara'at* portera des vêtements déchirés semblables à ceux revêtus par une personne en deuil et devra garder la tête nue. Chaque fois qu'une telle personne infectée apparaît en public, elle devra crier : « Impure ! impure ! » pour protéger l'entourage de l'infection et de l'impureté.

3. Les mêmes examens et des règles identiques seront appliqués à la découverte d'une infection ou de moisissure des vêtements. Après un délai de sept jours, si le vêtement est toujours altéré, il sera lavé ou brûlé.

4. Moïse décrit également les rituels cérémoniaux réservés au retour du *tsara'at* guéri dans sa communauté après que sa guérison a été confirmée par les prêtres. Le *tsara'at* guéri devra se baigner, se raser tous les poils et laver ses vêtements. Des offrandes spéciales d'agneaux et d'oiseaux seront ensuite présentées au sanctuaire. Le *tsara'at* sera officiellement proclamé guéri et apte à rejoindre la communauté et à participer à tous ses rituels saints.

Si, toutefois, il s'agit d'une personne pauvre qui ne peut se permettre de telles offrandes, on autorisera une réduction de celles-ci. Le principe adopté ici est qu'une personne doit offrir « selon ses moyens, selon ce qu'il ou elle peut se permettre ».

5. Moïse donna aussi des instructions au peuple sur la conduite à tenir en cas de moisissure ou de champignons dans la maison. Si une telle situation se produisait, les prêtres devaient placer cette maison en quarantaine pendant sept jours. Si, passé ce délai, les moisissures étaient encore là, ordre était donné d'abattre les murs ou de détruire l'édifice dans sa totalité. Si, par contre, les moisissures avaient disparu, des réparations devaient être effectuées dans la maison et des offrandes offertes au sanctuaire.

6. Des règlements relatifs aux maladies sexuellement transmissibles sont également délivrés au peuple. De telles infections rendent celui qui en est affligé *tsara'at*, c'est-à-dire impur. Le lit, les vêtements ou les objets touchés par le malade devront être lavés. Ceux qui auront touché la personne infectée ou qui auront utilisé un objet touché par le malade, laveront leur corps et leurs vêtements. Ils resteront impurs jusqu'au soir. Comme en cas de *tsara'at*, il faudra attendre sept jours pour s'assurer que la personne infectée est guérie. Des règles similaires seront appliquées en cas d'émission de sperme, pour les hommes, ou d'écoulement de sang menstruel, pour les femmes – manifestations considérées dans les temps anciens comme des signes d'impureté. Des offrandes seront apportées au sanctuaire pour célébrer la fin de l'impureté.

La *parasha Tazria-Metsora* contient deux thèmes importants :
1. L'éthique et les pratiques médicales ou rituelles.
2. La faute de calomnie.

1. MÉDECINE BIBLIQUE, RITUELS ET ÉTHIQUE

La *parasha Tazria-Metsora* nous présente ce qui ressemble à une discussion sur les maladies de la peau et les infections. Il nous est précisé que, en cas d'œdème, d'ulcère, d'éruptions, de peau décolorée ou squameuse, la maladie doit être signalée aux prêtres. La même obligation s'applique en cas de perte de cheveux, de moisissures sur les vêtements ou dans la maison.

Toutes ces manifestations sont des signes de *tsara'at*, une variété de maladies de la peau – et doivent être considérées comme *tamé* – « impures ». Il en va de même pour une personne dont les organes sexuels sont infectés. Dans de telles situations, il convient d'attendre la guérison selon des délais prescrits et, lorsque le mal disparaît enfin, des offrandes rituelles seront présentées au sanctuaire et la personne guérie sera à nouveau considérée comme « pure ».

Ces chapitres du Lévitique nous proposent une vision capitale du rôle joué par la médecine antique et de son lien avec les rites. Le prêtre ne remplissait pas seulement une fonction religieuse mais endossait aussi le rôle de « diagnostiqueur ». Comme le souligne le bibliste moderne Baruch A. Levine, l'officiant « combine des procédures médicales et rituelles pour sauvegarder la pureté du sanctuaire et de la communauté israélite exposée aux maladies. Il enseignait la loi à la population et était chargé de faire appliquer les procédures prescrites[1] ».

Au fil des siècles, cependant, la plupart des interprètes de la Torah n'ont pas considéré ces chapitres du Lévitique relatifs aux affections de la peau comme un recueil d'« instructions médicales ». Les prêtres prescrivaient des rituels, ils ne dispensaient pas de soins ni ne délivraient de médicaments. Même les règles relatives à la mise en quarantaine ne garantissaient pas une protection de la santé publique. Il s'agissait davantage d'une forme de rituel que d'un moyen d'isoler les malades. Il n'existe ainsi aucune recommandation pour empêcher les personnes saines d'entrer en contact avec les objets d'une maison où sévit la maladie.

Si, comme le suggèrent la plupart des interprètes, ces règles ne sont pas strictement des « instructions médicales », quel sens avaient-elles pour le peuple d'Israël ?

Les anciens étaient sans doute déroutés par les maladies de peau. Œdèmes, éruptions, furoncles et décolorations sont des symptômes qui pouvaient paraître déconcertants et même effrayants. Tout comme les moisissures et les champignons sur les murs des maisons ou les affections touchant

---

1. Baruch A. Levine, *JPS Torah Commentary* : *Leviticus*, Jewish Publication Society, Philadelphie, 1989, p. 75.

les organes sexuels. Souvent, ces symptômes conduisaient à une fin inéluctable. Ne connaissant ni la cause ni le traitement de ces infections, ils en concluaient que ce dysfonctionnement résultait du mécontentement de Dieu et qu'il menaçait autant le malade que la communauté.

On peut ainsi mieux comprendre pourquoi les personnes atteintes de ces pathologies ou les maisons affectées de champignons ou de moisissures étaient marquées comme « impures » et soigneusement isolées du reste de la communauté. Dans l'Antiquité, on considérait ces malades comme « maudits » par Dieu et, donc, « impurs ». Tout contact avec eux ou avec ce qu'ils avaient touché pouvait étendre la malédiction à ceux qui les approchaient.

Ce qui comptait le plus ici n'est pas seulement la recherche de signes montrant que la personne infectée avait bien été guérie mais la garantie que la « malédiction » ne condamne pas tout le monde. Pour cette raison, les prêtres n'examinaient pas seulement la personne affectée ou sa maison mais ils accomplissaient aussi des rituels spéciaux dans le sanctuaire pour célébrer la fin de l'infection. Leurs procédures à la fois médicales et rituelles n'étaient pas seulement censées apporter une certaine sécurité sanitaire à la communauté mais, plus significatif encore, elles devaient empêcher de répandre sur tous ce qu'ils comprenaient comme étant une malédiction divine.

Parce que le diagnostic de ces maladies et les rituels afférents affectaient tous les membres de la communauté, les services des prêtres devaient être accessibles et le montant des offrandes au sanctuaire abordable pour tout le monde. Fondamentalement, ce dont la population avait besoin nécessitait équité et justice sociale. Si les offrandes exigées pour un malade ne pouvaient être présentées au sanctuaire parce que trop chères à acheter, l'ensemble de la communauté risquait de subir une malédiction renouvelée.

Aussi, dans le cas où une personne est trop pauvre pour offrir sur l'autel des oiseaux, des agneaux, de l'hysope, du bois de cèdre, de l'étoffe cramoisie, de la farine de choix ou de l'huile, « un agneau, un dixième de fleur de farine pétrie à l'huile... deux tourterelles ou deux jeunes colombes – selon ses moyens » pourront aussi, selon la Torah, être substitués. Ainsi, les pauvres sont à égalité avec ceux qui peuvent se permettre les procédures médico-rituelles habituellement requises. Cet accommodement du coût des offrandes pour les plus déshérités est mentionné plusieurs fois dans la Torah (Lévitique 5 : 7-10 ; 14 : 21 ; 27 : 8).

La Torah identifie six catégories de fautes pour lesquelles un individu est tenu d'apporter des offrandes au sanctuaire : 1) jurer de se porter témoin mais sans donner suite ; 2) s'engager à faire une certaine chose sans s'exécuter ; 3) avoir été prononcé rituellement impur et s'approprier malgré tout ce qui est interdit ou 4) pénétrer dans le sanctuaire ; 5) être une femme en travail et jurer de ne plus jamais avoir de rapports sexuels avec son mari ; 6) souffrir d'une maladie de peau parce qu'on a calomnié son prochain.

Pour chacun de ces actes répréhensibles, des offrandes spéciales étaient nécessaires. Pourtant, dans chaque situation, la Torah a prévu des mesures contre la discrimination financière. Si la personne qui a fauté est pauvre et ne peut se permettre les offrandes demandées, des dispositions particulières sont prises. D'autres sacrifices, moins onéreux, se substituent à la règle originelle et sont acceptés. Le principe directeur de l'éthique juive, que ce soit dans le domaine du rituel ou de la médecine, est un traitement égal pour les pauvres et les riches. Chaque être humain est créé à l'image de Dieu. Les offrandes de chacun, riche ou pauvre, ont une valeur égale pour Dieu.

Les pauvres appartiennent à Dieu

Les sages nous expliquent pourquoi les pauvres sont appelés peuple de Dieu car il est dit dans Exode 22 : 24 : « Si tu prêtes de l'argent à un membre de Mon peuple… » Qui sont ceux qui sont appelés « Mon peuple » ? Ce sont les pauvres car il est écrit : « L'Éternel console son peuple, et prend en compassion ceux qui sont pauvres parmi eux. » Il arrive parfois qu'une personne riche n'accorde pas son attention à ses parents pauvres… Il n'en va pas de même avec Dieu… Dieu prend soin des pauvres ainsi que nous le dit Isaïe : « L'Éternel a fondé la ville de Sion, et les plus démunis de Son peuple y trouvent refuge » (Bahya ben Asher, *Kad hakemah*, traduction Charles B. Chavel, p. 533-534).

Hirsch

Dans son commentaire sur le Lévitique, le rabbin Samson Raphaël Hirsch nous explique pourquoi il est important que les offrandes soient abordables pour les pauvres : « Les personnes frappées par la pauvreté et souffrantes présument souvent qu'elles ont été oubliées et délaissées par Dieu. » En conséquence, « elles se laissent aller, s'abandonnent au désespoir... jusqu'à en perdre leur dignité... Elles connaissent la chute parce qu'elles ont renoncé à voir leur sort s'améliorer un jour ». En recommandant que les offrandes faites au sanctuaire soient abordables pour tous, y compris les indigents, la Torah montre combien les pauvres sont aussi importants que les riches aux yeux de Dieu. Leurs offrandes sont tout aussi saintes et agréées. Dieu ne les abandonne pas (voir *Commentaire sur Lévitique* 5 : 13 sq.).

Sur le thème des dons faits aux pauvres, le rabbin Hillel Silverman fait un parallèle avec les offrandes présentées autrefois sur l'autel du sanctuaire : « Chaque juif est enjoint à contribuer aux offrandes selon ses moyens. Les riches apportent plus, les pauvres ce qu'ils peuvent. Comme le dit le Talmud : "Identiques sont les offrandes maigres ou généreuses, du moment qu'elles proviennent d'un cœur et d'intentions tournés vers Dieu" [*Berakhot* 5 b]. Nous devons comprendre que le petit cadeau du plus pauvre représente peut-être un bien plus grand sacrifice que le majestueux don du riche. Contribuer en donnant son temps ou en proposant ses services avec *kavana* (intention) est encore plus précieux qu'un don matériel[1]. »

La tradition juive cherche à accroître notre sensibilité à la détresse des pauvres sans jamais priver ceux-ci de leur dignité. Cela explique pourquoi la Torah insiste afin que ceux qui sont pauvres et qui doivent présenter des offrandes sur l'autel puissent y accéder selon leurs maigres moyens. Il ne doit

---

1. Samson Raphaël Hirsch, *From Week to Week*, *op. cit.*, p. 105.

y avoir aucune discrimination, aucun privilège spécifique accordé aux riches pour approcher les prêtres du sanctuaire. Car ce sont ces derniers qui procèdent à l'examen des affections de la peau et conduisent les rituels avant de déclarer le malade guéri et lui permettre de rejoindre sa communauté. Riches et pauvres doivent être traités sans discrimination. Leurs dons sont d'une importance égale devant Dieu.

2. LA FAUTE DE CALOMNIE

Comme nous l'avons déjà noté, la Torah et ses interprètes ne proposent pas de diagnostic médical ni de traitement spécifique pour les maladies de peau décelables à leur époque. Si les anciens prêtres examinaient les infections dans le corps ou les champignons envahissant les murs d'une maison, ils ne prodiguaient ni médicaments ni conseils particuliers en vue d'une guérison. Et s'ils déterminaient une période de quarantaine, ce n'était pas forcément par crainte de voir l'infection se transmettre d'une personne à l'autre. L'isolement de la personne infectée semblait plutôt répondre au souci de protéger la communauté contre ceux déclarés « impurs » en raison de leurs actes fautifs.

C'est pour cette raison que le sacrifice offert par une personne guérie d'une maladie de peau, ou dont la maison a été infectée, est appelé « offrande expiatoire ». Ces rituels sont censés célébrer une « purification », c'est-à-dire la fin d'un état où l'on était considéré comme « impur ». Les mauvaises actions qui ont causé les infections sont pardonnées par les sacrifices et les offrandes présentés au sanctuaire. De nombreux commentateurs s'interrogent à ce sujet : « Quels furent les actes répréhensibles ou les fautes qui ont pu engendrer d'aussi graves infections et incité à déclencher la procédure d'urgence de mise en quarantaine ? »

Pour répondre à cette question, les sages ont concentré leur attention sur des grandes personnalités bibliques frappées de *tsara'at*, ou « affections de la peau ».

Rashi

Rashi fait ainsi remarquer que Moïse souffrait d'une grave affection cutanée après s'être plaint à Dieu que le peuple d'Israël ne l'écouterait pas. Parce qu'il avait insinué que le peuple refuserait de suivre les commandements de Dieu, il fut puni. La Torah précise que « sa peau est devenue infectée et blanche comme la neige » (voir *Commentaire sur Exode* 4 : 1-6).

Des siècles plus tôt, la tradition rabbinique ancienne soutenait déjà que Miriam, sœur de Moïse et d'Aaron, fut frappée par une maladie de peau parce qu'elle avait calomnié ses frères par des commérages sur leurs relations avec leurs épouses. « Ils sont occupés à mener le peuple et n'ont aucun temps à consacrer à leur maisonnée », aurait-elle dit selon les rabbins. Ces derniers soulignent également qu'elle a publiquement embarrassé Moïse en remettant en cause son mariage avec une femme kushite et en laissant entendre qu'elle était un prophète aussi important que lui. À cause de ses bavardages, de ses calomnies et de ses accusations publiques,

Miriam fut punie en se retrouvant affligée d'une grave affection de la peau (voir Nombres 12 : 1-13 ; *Lévitique Rabba* 16 : 1).

Zougot

Au Ier siècle de notre ère, Rabbi Yoḫanan, citant Rabbi Yossi ben Zimra, prévient que « propager la calomnie, le mensonge ou la désinformation constitue la *leshon hara* (mauvaise langue) et revient à nier la puissance de Dieu ». Dieu exige de nous honnêteté et vérité. Si une personne se montre malhonnête, la volonté de Dieu est compromise. Une telle personne, explique Rabbi Yoḫanan, sera punie par des maladies de peau.

Le rapporteur est un cannibale

« Le calomniateur réside en Syrie et tue à Rome », observe le Talmud pour illustrer les pouvoirs destructeurs de la rumeur (*Talmud de Jérusalem*, *Péa* 1 : 1).

As-tu entendu raconter quelque chose sur quelqu'un ? Que cette parole meure avec toi. Allons, courage ! Elle ne te sera pas nuisible si elle meurt avec toi ! (Ben Sira 19 : 10).

Ton ami a un ami et l'ami de ton ami a un ami, aussi montre-toi prudent et prends garde à ce que tu dis (*Ketoubot* 109 b).

Lorsqu'il n'y a pas de bois, le feu s'éteint.
Lorsqu'il n'y a pas de murmure, la querelle s'apaise (Proverbes 26 : 20).

À une autre époque, Rabbi Samuel bar Nahmani, citant Rabbi Yohanan, soutient que « les graves affections cutanées mentionnées par la Torah sont le résultat de sept sortes d'actes répréhensibles : la calomnie, l'effusion de sang, le parjure, l'adultère, l'arrogance, l'appropriation illicite et la méchanceté ». Plusieurs exemples illustrent cette thèse : Joab est puni d'une maladie de la peau parce qu'il a assassiné Abner (II Samuel 3 : 29). Guéhazi en est aussi affligé parce qu'il a menti à Na'aman (II Rois 5 : 23). Pharaon est frappé parce qu'il a enlevé Sarah à son époux Abraham (Genèse 12 : 17). Le roi Ozias se voit infliger une maladie de peau parce qu'il cherche à user de son pouvoir pour s'approprier les hautes charges des prêtres (II Chroniques 26 : 16). Autant d'exemples prouvant, aux yeux des rabbins, que la *tsara'at* est bien le résultat d'actes répréhensibles (*Arakhin* 15b-16a).

Rambam (Maïmonide)

Il n'est pas surprenant de voir Moïse Maïmonide adhérer à cette thèse. Le grand médecin et interprète de la Torah soutient en effet que « la *tsara'at* – ou maladie de la peau – n'est pas un phénomène naturel mais un signe, un prodige destiné à avertir le peuple d'Israël de se prémunir contre la *leshon hara* – la mauvaise langue ».

Sforno

Obadia Sforno va encore plus loin en faisant valoir que la quarantaine ordonnée par le prêtre incite le sujet concerné à demander pardon à Dieu pour ses fautes. La quarantaine est un temps de bilan, un moment propice pour reconsidérer ses actes, que ceux-ci soient intentionnels ou non. En affrontant intérieurement ses lacunes, en scrutant honnêtement son comportement envers autrui, il y a des chances pour une vraie amélioration personnelle et un repentir. L'affliction léguée par la *tsara'at* conduit à l'isolement, mais aussi à la repentance qui mène au pardon de Dieu et à la réhabilitation de chaque personne qui commet une faute (voir *Commentaires sur Lévitique* 14 : 21).

Leibowitz

Nehama Leibowitz aborde la logique de Sforno d'un autre point de vue et cite cette remarque du Talmud selon laquelle « la maison affectée par la *tsara'at*... existe pour le bien de l'éducation ». En d'autres termes, « cette maladie nous apprend que la société devrait se pencher sur les tout premiers signes d'une faute, même minimes. Exactement comme au début d'une maladie, lorsque des symptômes à peine perceptibles peuvent être arrêtés s'ils sont détectés à temps, on peut empêcher de laisser un mal moral se propager dans la société si des mesures immédiates sont prises. Dans le cas contraire, ce mal se propagera dans toute la communauté[1] ».

Peli

Pour Pinhas Peli, la faute de *leshon hara* est directement liée aux infections cutanées et aux moisissures

---

1. Nehama Leibowitz, *Studies in Vayikra, op. cit.*, p. 137-138.

mentionnées dans notre *parasha*. Il définit comme *leshon hara* tout ce qui relève de la « calomnie, des potins, du colportage et de toutes les autres formes de dommages à l'individu et à la société causés par les mots ». Le résultat de ces actes répréhensibles, insiste Peli, est « une sanction justement méritée : la lèpre, une maladie qui ne peut être masquée ».

Les dangers de la langue

Le livre des Proverbes (18 : 21) nous enseigne que « la vie et la mort dépendent de l'usage de la langue... » Celui qui aime parler et use de sa langue pour prononcer des paroles de la Torah ou des commandements de Dieu sera justement récompensé. Mais celui qui propage la diffamation attirera sur lui beaucoup de chagrins (*Tze'enah OuRe'enah, Commentaire sur le Lévitique* 14 : 1-2).

Une personne peut se dire : « Quelle importance ont mes paroles ? Un mot n'a aucune substance, il ne peut être vu ni touché... » S'il est vrai que les mots n'ont aucune substance et ne sont pas visibles, ils peuvent, comme le vent, entraîner la chute de mondes entiers[1].

Eléazar HaKappar a enseigné : « Si vous calomniez votre prochain, vous commettrez vous-même ses soi-disant méfaits » (*Derekh Eretz*, chap. 7).

Pourquoi une punition aussi sévère ? « La tradition juive regarde la mauvaise langue comme une arme mortelle, explique Peli, et elle n'est pas avare

1. A.Z. Friedman, *Wellsprings of Torah*, 2 vol., Judaica Press, New York, 1969, p. 234.

de mots pour la condamner. Le Talmud considère que pratiquer le *leshon hara* est aussi grave que le rejet de Dieu, l'adultère ou le meurtre. Pire que le meurtre, même, puisqu'elle détruit simultanément trois personnes : le médisant, celui qui l'écoute et la cible des ragots[1]. »

Comme nous l'avons vu, la plupart des commentateurs relient les infections de la peau et l'apparition de moisissures sur les vêtements ou dans les maisons avec la faute de calomnie. Même si, aujourd'hui, nous pouvons rejeter cette connexion, ne voir aucune preuve médicale entre de telles affections et ce que les gens disent ou font, les interprètes de la Torah ne nous livrent pas moins matière à réfléchir.

La propagation des mensonges, des ragots, la calomnie, les déclarations désobligeantes et les affabulations mensongères peuvent infecter la société et détruire des vies humaines. Établissant un parallèle avec la propagation de maladies contagieuses et dangereuses, les commentateurs avertissent des dommages que pareils discours mal intentionnés peuvent causer aux individus et à la société. Apprendre à repousser ce mal et nous guérir des tentations de la *leshon hara* est, aujourd'hui encore, un défi de taille.

Questions pour l'étude et la discussion

1. La Torah enseigne qu'on ne doit établir aucune discrimination financière entre riches et pauvres quand il s'agit d'offrir des sacrifices au Temple. Les offrandes doivent être accessibles à tous car la dignité de chaque

---

1. Pinhas Peli, *Torah Today, op. cit.*, p. 127-131. Trad. fr. *La Torah aujourd'hui*, p. 145.

âme humaine est précieuse aux yeux de Dieu. Comment appliqueriez-vous ce principe éthique aux cotisations pour devenir membre d'une synagogue et au coût des soins de santé, d'hospitalisation et d'éducation ?

2. Le *Zohar Hadash* nous enseigne que « si une personne a contracté une dette devant Dieu à cause de ses fautes, Dieu ne considère pas cela comme une dette parce que la pauvreté altère souvent les capacités de raisonnement d'une personne » (*Commentaire sur Lévitique* 49). En est-il réellement ainsi ? Comment un tel argument peut-il justifier d'exiger moins des pauvres lorsqu'il s'agit de faire une offrande pour le pardon d'actes fautifs ?
3. Rabbi Yannaï raconte l'histoire d'un colporteur qui voyageait de ville en ville en criant : « Qui veut acheter le secret qui lui garantira une vie longue et heureuse ? » Lorsqu'on demanda au colporteur de prouver qu'il possédait pareil secret, ce dernier ouvrit une bible hébraïque au livre des Psaumes et lut : « Garde ta langue du mal, tes lèvres des discours trompeurs… » (34 : 14 ; *Lévitique Rabba* 16 : 2). Comparez la leçon de Rabbi Yannaï avec les dangers de la calomnie soulignés par d'autres commentateurs.
4. « Pourquoi l'offrande pour la faute de ceux atteints de maladies de la peau consiste-t-elle à apporter des oiseaux ? » nous demande le Talmud. En réponse, il nous est dit : « Parce que la faute de ces personnes est de propager des ragots. Ils médisent tout le temps comme des oiseaux qui piaillent. Aussi leur offrande doit-elle leur rappeler leurs méfaits, leur faire comprendre combien il est dangereux de propager des cancans » (*Arakhin* 16a). Pourquoi les maîtres d'éthique juive considèrent-ils la diffusion de ragots et de calomnies comme des infractions graves ?

Parashat Aẖaré Mot-Kedoshim

Lévitique 16 : 1-20 : 27

La parasha Aẖaré Mot-Kedoshim *est l'une des sept sections de la Torah qui, selon le nombre de jours de shabbats comptés dans l'année, se lit en deux parties distinctes ou combinées pour assurer la lecture de la Torah dans son intégralité. Si cet ouvrage les associe, il s'appliquera toutefois à étudier respectivement chacun de leurs thèmes principaux.*
La parasha Aẖaré Mot – *c'est-à-dire « après la mort » – évoque la disparition de Nadav et d'Avihou, les fils d'Aaron. On y trouve une description des rituels observés lors des offrandes expiatoires présentées par Aaron au sanctuaire pour lui-même comme pour le peuple. La fête de Yom Kippour – ou « jour de Réconciliation » – y est rappelée. Les lois relatives aux relations sexuelles proscrites y sont également développées.*
La parasha Kedoshim – *c'est-à-dire « sainteté » – dresse la liste des observances et rituels éthiques qui, s'ils sont respectés, feront du peuple juif un peuple « saint ».*

NOTRE TARGOUM

1. La *parasha Aẖaré Mot-Kedoshim* commence par une brève référence à la mort des fils d'Aaron, Nadav et Avihou, qui avaient pénétré dans le sanctuaire sans permission pour offrir un feu étranger sur l'autel. Dieu demande à Moïse de dire à Aaron qu'il est le seul autorisé à pénétrer dans le sanctuaire intérieur, le Saint des Saints. Avant d'y pénétrer, il devra revêtir des vêtements appropriés en lin et apporter une offrande pour lui-même, pour sa famille et pour tout le peuple d'Israël.

Pour lui-même, il offrira un taureau. Pour le peuple, deux boucs. Debout sur le seuil du sanctuaire, il marquera l'un des boucs « pour l'Éternel » et l'autre « pour Azazel ». Ce dernier sera le « bouc émissaire » et incarnera les manquements, fautes et erreurs du peuple.

Après quoi Aaron sacrifiera le taureau et le bouc marqué « pour l'Éternel ». Il versera leur sang autour de l'autel afin que Dieu pardonne les iniquités de son peuple. Une fois ce rituel accompli, le bouc marqué « pour Azazel » sera amené à Aaron. Celui-ci placera ses mains au-dessus de lui et confessera à voix haute toutes les fautes du peuple. L'animal sera ensuite relâché au désert « pour être envoyé à Azazel », où il errera jusqu'à ce que mort s'ensuive, apportant ainsi le pardon pour les transgressions du peuple.

2. Dieu ordonne aux Israélites d'observer Yom Kippour, ce qui signifie le « jour d'Expiation ». On observera repos et jeûne, toute activité sera interdite et chacun devra demander pardon pour ses fautes.

3. Les chapitres 17-26 du Lévitique sont connus en tant que « code de sainteté ». On y expose les pratiques rituelles et éthiques qu'il faut observer pour mener une vie sainte ou sacrée.

Moïse met en garde la population contre la tentation d'offrir des sacrifices à l'extérieur du sanctuaire, ou à d'autres dieux. Il leur est également prescrit de ne pas consommer le sang ni la chair d'animaux tués par d'autres bêtes.

4. Moïse condamne les pratiques sexuelles des sociétés vivant à proximité des Israélites et ordonne à ceux-ci de suivre les lois relatives à l'éthique sexuelle. Les comportements avilissants ou humiliants envers soi-même ou envers les autres sont proscrits – comme avoir des rapports sexuels incestueux ou avec des animaux. Ces actes sont odieux et souillent le peuple d'Israël.

5. La *parasha Kedoshim* poursuit l'exposé du « code de sainteté » par ce commandement donné par Dieu au peuple d'Israël : « Soyez saints car je suis saint, moi, l'Éternel, votre Dieu. » Ainsi qu'il leur a déjà été ordonné au mont Sinaï, les Israélites sont tenus 1) d'honorer leurs parents, 2) d'observer les shabbats et les fêtes, 3) de ne pas adorer les idoles, 4) d'offrir des sacrifices de manière appropriée et 5) de laisser les bordures des champs et une part de leur vigne pour les pauvres.

Il est également interdit 6) de voler, 7) de frauder, 8) de jurer faussement au nom de Dieu, 9) d'extorquer autrui, 10) de cambrioler, 11) de détourner, ne serait-ce qu'une seule nuit, le salaire des ouvriers, 12) d'insulter un sourd, 13) de placer une pierre d'achoppement devant les pas d'un aveugle, 14) de rendre une décision de justice inéquitable, 15) de favoriser pauvres ou riches dans des décisions de cour, 16) de faire circuler des rumeurs sur son prochain, 17) de profiter des difficultés d'un autre, 18) de haïr, 19) de ne pas avertir avec sincérité celui qui transgresse des conséquences de ses actes et de partager ainsi sa faute, 20) de se venger, 21) de garder rancune.

Et Moïse conclut par cette précieuse recommandation : 22) « Aime ton prochain comme toi-même. »

6. D'autres commandements s'ajoutent aux précédents : on ne doit pas laisser ses animaux s'accoupler avec des animaux d'espèces différentes, ni ensemencer un champ avec deux différentes sortes de graines. De même, porter des vêtements tissés dans deux matières différentes est interdit.

Les fruits donnés par les arbres fruitiers ne seront consommés que cinq ans après leur plantation. Il est interdit de consommer du sang, de pratiquer la magie ou la divination, de se tailler la barbe, de se scarifier en signe de deuil ou de se tatouer, d'invoquer les esprits, de vouer un culte à Moloch qui incluait le sacrifice d'enfants. En outre, un homme qui a des relations sexuelles avec une esclave fiancée à un autre, sera condamné.

On doit considérer les personnes âgées avec respect et témoigner de l'amour envers l'étranger, « car vous avez été étrangers au pays d'Égypte ». Il est interdit d'user d'instruments faussés pour les poids et les mesures et d'insulter ses parents.

7. Plusieurs lois concernent les relations intérieures à la famille. L'adultère, l'accouplement avec des animaux, le mariage entre frères et sœurs, demi-frères et demi-sœurs ou avec ses beaux-parents est proscrit, tout comme les relations charnelles avec des tantes ou des oncles.

S'ils observent ces commandements, les Israélites seront « séparés d'avec les autres nations » en tant que « saints ». Ils seront le peuple de Dieu.

La *parasha Aharé Mot-Kedoshim* contient trois thèmes importants :
1. Yom Kippour et le « bouc émissaire ».
2. La sainteté dans la tradition juive.
3. « Aimer » son prochain.

1. QUE SIGNIFIE L'ÉTRANGE RITUEL DU BOUC ÉMISSAIRE ?

Le jour de Yom Kippour, ou « Jour de réconciliation » fut aussi appelé « apogée et couronnement de l'année religieuse juive ». Durant vingt-cinq heures de jeûne et de prière, les Juifs ont le devoir de réviser les normes éthiques et spirituelles qui régissent leur vie et de réaffirmer leur engagement de réaliser les *mitswoth,* ou « commandements », exigés par leur tradition. Pour mieux définir le message de Yom Kippour, le rabbin Bernard J. Bamberger nous dit que ce jour « parle à chaque être humain et conduit chacun à se mettre en harmonie avec son prochain et avec Dieu ».

Les origines de Yom Kippour sont entourées de mystère. Certaines traditions fascinantes associées à ce jour saint nous aident toutefois à mieux comprendre sa popularité chez les anciens Israélites. L'une des plus importantes et qui suscite un grand étonnement est la cérémonie du « bouc émissaire ».

Qu'est-ce qu'un « bouc émissaire » ?

Ce terme a été apparemment inventé par William Tyndale, le premier grand traducteur de la Bible en version anglaise. Par la suite, on l'utilisa pour désigner une personne, un animal, ou un objet choisi pour endosser l'impureté ou la culpabilité d'une communauté... Aujourd'hui, dans le langage courant, un bouc émissaire est une personne que l'on blâme pour ses propres malheurs et même pour ses fautes et transgressions[1]...

Ainsi qu'il l'est décrit dans la Torah, Aaron choisit deux boucs en tant qu'offrande expiatoire pour la communauté israélite. Après avoir abattu un taureau comme offrande pour lui-même et pour sa famille, il conduit les deux boucs à l'entrée du sanctuaire puis tire au sort désignant l'un « pour l'Éternel », l'autre « pour Azazel ». Le bouc « pour l'Éternel »

1. Bernard J. Bamberger, *The Torah : A Modern Commentary, op. cit.*, p. 860.

sera sacrifié sur l'autel du sanctuaire. Puis Aaron placera ses mains sur la tête du bouc « pour Azazel » et confessera à voix haute toutes les transgressions des Israélites. Après quoi l'animal sera relâché au désert et condamné à y errer jusqu'à la mort (Lévitique 16).

Selon la *Mishna*, ce rituel consistant à emmener le bouc émissaire du Temple de Jérusalem jusqu'au désert débuta comme une très importante cérémonie avant de devenir ultérieurement la cause de grande agitation, et même d'embarras. Certains se tenaient le long du chemin pour ridiculiser le cortège. D'autres pointaient du doigt le bouc « pour Azazel » sur lequel le grand prêtre avait avoué les fautes d'Israël, et lançaient avec ironie : « Comme il est petit, ce bouc, pour une si lourde charge de transgressions ! » (*Yoma* 6 : 4).

Comme nous pouvons l'imaginer, de nombreux interprètes se sont interrogés sur la véritable signification de cet étrange cérémonial. En quoi est-il relié à la symbolique religieuse de la fête de Yom Kippour ?

Ibn Ezra

L'exégète Ibn Ezra parle du rituel du bouc émissaire marqué « pour Azazel » comme d'un « mystère ». Selon lui, il pourrait être relié aux « chèvres-démons », une ancienne pratique païenne interdite ensuite par la Torah. Ces sacrifices étaient offerts à un dieu censé régner sur les étendues sauvages et capable de répandre le mal dans le monde (Lévitique 17 : 7). Le bouc émissaire avait donc pour mission de protéger la population contre les influences maléfiques.

Si Ibn Ezra a vu juste, pourquoi les Juifs auraient-ils utilisé semblable rituel qui semble imiter des pratiques païennes proscrites par les lois de la Torah ? Le commentateur moderne Baruch A. Levine suggère que le rituel du bouc « pour Azazel » n'avait rien à voir avec une quelconque offrande à un dieu païen. Il ne s'agissait pas non plus d'un rite païen. Au contraire, le bouc abandonné au désert offrait aux Juifs un moyen spectaculaire pour rejeter les influences et les tentations du mal symbolisé par Azazel.

Pour Levine, ce cérémonial était « fondé sur une prise de conscience selon laquelle même dans un monde gouverné par Dieu, les forces du mal sont à l'œuvre – des forces qui doivent être détruites pour que la demeure terrestre de Dieu [...] ne soit pas profanée ».

En transférant tous les péchés du peuple sur le bouc émissaire et en chassant ce dernier au désert, les Israélites pensaient qu'ils reportaient « les iniquités du peuple sur Azazel ». En somme, conclut Levine, ils créaient un « effet boomerang » en retournant les influences maléfiques à sa source, c'est-à-dire dans les vastes étendues désolées du désert... Ce faisant, ils démontraient que Dieu seul avait du pouvoir sur leur vie et qu'ils avaient triomphé de l'incarnation même du mal – à savoir Azazel[1].

Levine admet cependant que « cet ensemble de rituels semble se fonder sur une perception magique » et que son interprétation est « inacceptable pour

1. Baruch A. Levine, *JPS Torah Commentary : Leviticus*, *op. cit.*, p. 250-253.

beaucoup d'étudiants modernes de la Bible, comme elle l'était déjà pour certaines écoles traditionnelles ».

Rambam (Maïmonide)

L'un de ces commentateurs, Moïse Maïmonide, rejette toute identification du bouc émissaire aux pouvoirs magiques ou aux anges maléfiques. « Ce n'est nullement un sacrifice à Azazel, Dieu nous en préserve », écrit-il. Au lieu d'être un rituel faisant appel à des pouvoirs magiques, Moïse Maïmonide considère que ce cérémonial est une « allégorie active » dont le rôle est de « faire comprendre à celui qui transgresse que ses fautes le conduiront vers la désolation ». Quand ceux qui ont enfreint les lois de la Torah voient leurs péchés placés sur le bouc et expédiés au désert, il est à espérer qu'ils « abandonneront leurs fautes... prendront de la distance avec le mal et retourneront à Dieu avec un repentir sincère » (*Guide des égarés,* 3 : 46).

La fonction du bouc émissaire

La fonction du bouc émissaire... est l'expression d'un message éducatif le jour de Yom Kippour. En effet, chaque année, on nous donne l'occasion de déterminer le meilleur de notre vie, de purifier notre cœur afin de mieux être au service de la volonté de Dieu. Ce jour saint nous enseigne le plus beau des cadeaux : « Le libre arbitre nous est donné[1] » (*Avot* 3 : 19).

---

1. B.S. Jacobson, *Meditations on the Torah,* Sinaï Publishing, Tel Aviv 1964, p. 173.

Abravanel

Abravanel nous propose à son tour une interprétation symbolique de ce même rituel. Selon lui, les deux boucs, l'un marqué « pour l'Éternel », l'autre « pour Azazel », servent à rappeler aux Juifs le destin des frères jumeaux Ésaü et Jacob. Ésaü, tel le bouc « pour Azazel », erra dans le désert loin de son peuple, de ses lois et de ses traditions. Jacob, quant à lui, tel le bouc « pour l'Éternel », voua sa vie au service de Dieu. Selon Abravanel, lorsque Aaron, et après lui les grands prêtres, tirèrent au sort pour décider lequel des deux boues serait marqué « pour Dieu » ou « pour Azazel », c'était pour rappeler aux Israélites le choix essentiel qui leur était offert – vivre comme Jacob ou comme Ésaü, « pour Dieu » ou « pour Azazel » (*Commentaire sur Lévitique* 16).

Le sens de l'attribution des noms

Rabbi Samson Raphaël Hirsch voit dans les noms affectés aux boucs – « pour Dieu » et « pour Azazel » – le symbole du choix proposé à chaque Juif le jour de Yom Kippour. « Nous pouvons opter de vivre "pour Dieu", de rassembler l'ensemble des pouvoirs de résistance qui nous ont été conférés et de rejeter tout ce qui risquerait de nous détourner de notre vocation à vivre proches de Dieu. Sinon, nous prenons le parti de vivre "pour Azazel" et de laisser libre cours à notre égoïsme et à nos désirs [...] en nous soumettant à la puissance incontrôlée de nos sens... » (*Commentaire sur le Lévitique* 16 : 10).

Rabbi Hillel Silverman revient sur le fait que, selon le Talmud, les deux boucs « doivent être identiques en taille, apparence et valeur ». La leçon est importante, souligne-t-il, car ces deux animaux symbolisent ce que nous acceptons d'abandonner pour satisfaire notre soif de plaisir (« pour Azazel ») et ce que nous sommes prêts à consacrer au bien-être et à la sécurité des autres (« pour Dieu »).

Si le Talmud insiste tant sur la nécessité d'avoir deux boucs parfaitement semblables, explique encore Silverman, c'est pour mieux nous apprendre que « tout ce que nous consacrons à notre plaisir et à notre épanouissement personnel ("pour Azazel") disparaît dans "le désert", sauf si nous sommes prêts aussi à offrir des sacrifices à Dieu en guise d'"expiation[1]" ».

En d'autres termes, cet antique rituel n'évoque pas seulement le principe du « bouc émissaire » mais aussi le sort réservé aux deux animaux. L'un, symbole de notre générosité envers autrui et de notre fidélité à l'Éternel, finit comme offrande sainte « pour Dieu ». L'autre, chassé et condamné à errer dans le désert jusqu'à sa mort, illustre le sort réservé à ceux qui ne servent que leurs plaisirs égoïstes, gaspillant ainsi de précieuses potentialités qui sont comme « perdues au désert » (« pour Azazel »). Ce rituel observé le jour de Yom Kippour est donc bien un rappel que le fragile équilibre entre le souci de soi et celui des autres est difficile à trouver.

Bien que ses origines soient enveloppées de mystère, ce rite s'est perpétué jusqu'à la destruction du Temple en 70 de notre ère. L'intérêt et les recherches

1. Hillel Silverman, *From Week to Week*, *op. cit.*, p. 108-109.

qu'il suscite pour en déceler le sens profond et son lien avec la fête de Yom Kippour n'ont cependant jamais cessé. Faut-il y voir un procédé magique pour délivrer le peuple d'Israël de ses fautes ? Le bouc émissaire marqué « pour Azazel » est-il abandonné au désert pour sacrifier à un démon ou à un quelconque dieu du mal ? Cette cérémonie symbolise-t-elle les choix éthiques et spirituels que tout Juif se doit d'accomplir à chaque Yom Kippour ?

À moins que cette ancienne tradition ne soit un de ces rares exemples où toutes les interprétations ultérieures proposées au fil des siècles peuvent être considérées comme justes !

2. LA « SAINTETÉ » DANS LA TRADITION JUIVE

La *parasha Kedoshim* débute par ce commandement de Dieu : « Soyez saints (*kedoshim*) ! Car Je suis saint (*kadosh*), Moi, l'Éternel, votre Dieu » (Lévitique 19 : 2).

De nombreux exégètes s'interrogent sur le sens profond d'un tel commandement. Évoque-t-on ici la quête d'une pureté rituelle ? Puisqu'on le trouve associé à d'autres rites liés au premier sanctuaire, s'agit-il d'une qualité exigée pour pénétrer au cœur même du sanctuaire ? Le commandement « Soyez saints » est-il envisageable concrètement ? Peut-on le mettre en pratique ? Est-il réaliste d'attendre d'un être humain d'être aussi « saint » que Dieu est « saint » ?

Trois des plus anciennes interprétations de ce commandement apportent quelques éclairages précieux à ces interrogations. Rabbi H̲iyya, qui vécut en Israël au IIIe siècle, souligne que Moïse a transmis ce commandement – « Vous serez saints, car Moi, l'Éternel, votre Dieu, Je suis saint » – à « l'ensemble de la communauté d'Israël ». Il n'est donc pas seulement réservé à des prêtres pieux ou à quelques individus spécifiques mais à l'ensemble de la communauté. L'état de sainteté n'est donc pas accessible à une seule personne ou à un petit groupe d'initiés mais bien au peuple tout entier.

Rabbi Lévi, qui enseigna aux côtés de Rabbi Hiyya, souligne que le commandement « Soyez saints », tout comme la section de la Torah qui lui est adjointe, fut délivré directement au peuple car « l'ensemble des dix commandements y est contenu ». Rabbi Lévi laisserait donc entendre que la voie vers la sainteté passe par le respect de tous les commandements répertoriés dans cette section de la Torah. Établissant un parallèle entre le contenu des dix commandements délivrés à Moïse au mont Sinaï et les *mitswoth* présentées dans ces chapitres du Lévitique, Rabbi Lévi conclut que Dieu ne se contente pas d'enjoindre le peuple à « être saint ». Il insiste sur une manière éthique de mener sa vie qui mettrait en valeur sa distinction (*Lévitique Rabba* 24).

Le *midrash Sifra* sur le Lévitique, rédigé au IVe siècle, fait écho aux conclusions de Rabbi Lévi. Les mots *kedoshim tiheyou* (« vous serez saints ») y sont interprétés dans le sens de *peroushim tiheyou* (« vous serez séparés »). Pour certains exégètes, il s'agit d'une référence aux Pharisiens – connus sous le nom hébreu de *Peroushim* – qui professaient que l'on ne pouvait atteindre l'état de « sainteté », ou tout état honoré par Dieu, sans observer attentivement chacun des commandements.

D'autres interprètes font valoir que les auteurs du *Sifra* ont voulu souligner la responsabilité qui incombait aux Juifs de devenir un « royaume de prêtres et un *goy kadosh*, c'est-à-dire un peuple saint ». Ils croyaient que, en vivant selon les commandements de la Torah, les Juifs se différencieraient des autres nations, religions et peuples. En interprétant le mot *kedoshim* par *peroushim*, les auteurs du *Sifra* soutenaient que le commandement « Soyez saints » impliquait d'« être différent, unique, distinct des autres par son mode de vie éthique et rituel ».

Cela signifie-t-il que les Juifs doivent se retirer des sociétés dans lesquelles ils vivent, fuir le contact avec des personnes d'autres religions et origines ? Le philosophe moderne Martin Buber n'est pas de cet avis : « Tout en imitant Dieu en essayant d'être une nation, Israël ne doit pas pour autant se retirer du monde des autres nations mais plutôt irradier une influence positive à travers chaque aspect de l'existence juive. » Pour Buber, être *kadosh*, c'est-à-dire « différent, unique », ne signifie pas se soustraire du contact avec d'autres groupes religieux ou nationaux. Bien au contraire, c'est un objectif et une responsabilité qui incombe tout particulièrement aux Juifs. Le peuple juif doit atteindre une excellence éthique et spirituelle qui peut enrichir et « influencer » positivement tous les autres peuples (*Darko shel Mikra*, p. 96).

Mais quelle est la source de cette « influence positive » ? À quoi fait allusion Buber lorsqu'il évoque « chaque aspect de l'existence juive » ?

Si l'on se penche sur les commandements qui entourent les mots « Soyez saints, car Moi, l'Éternel, votre Dieu, Je suis saint », on trouve une réponse significative. Car ces commandements s'additionnent pour nous donner une définition claire de la « sainteté » telle que l'entend la tradition juive. Presque « tous les aspects de la vie juive » y sont mentionnés. Ainsi, les chapitres 17-26 du Lévitique – considérés par les spécialistes de la Bible comme un « code de sainteté » – contiennent des commandements qui traitent non seulement du shabbat, des fêtes et des différents sacrifices offerts au sanctuaire, mais aussi des observances régulant la vie morale de la communauté juive.

La liste de ces règles éthiques englobe presque tous les aspects des relations humaines. Selon ce code, l'éthique juive interdit l'inceste, l'infidélité de l'époux ou de l'épouse, l'idolâtrie ou l'adoration d'autres dieux, les faux serments, le vol, l'abus de confiance, la fraude, le non-versement d'un salaire en son temps, l'insulte à un sourd, la tromperie d'un aveugle, les décisions injustes, le favoritisme dans les litiges envers les pauvres comme envers les riches, les affaires malhonnêtes, l'exploitation du malheur d'autrui, les rancunes, la propagation de discours haineux, la vengeance, le recours à la divination, aux évocations et aux esprits. Sur le plan positif, l'éthique juive exige le respect envers ses parents, l'abandon des glanures et de certains fruits de la vigne pour le pauvre et l'étranger, la pratique d'une justice égale pour tous. Elle commande aussi de prévenir une personne sur le point de commettre une mauvaise action et d'aimer les autres comme nous-mêmes.

Ce qui ressort de cette définition de la « sainteté » établie par la Torah est une combinaison unique d'exigences éthiques et rituelles. Lorsque l'on entend le commandement « Soyez saints », on se trouve confronté à une combinaison unique d'obligations morales et spirituelles. Dieu exige de son peuple qu'il suive ces pratiques, qu'il applique ces mêmes préceptes à ses relations et à la vie de toute la communauté. Ce faisant, il peut devenir un « royaume de prêtres et un peuple saint ». En tant que modèle de sainteté, il pourrait alors devenir une source d'inspiration ou, pour employer l'expression de Martin Buber, « il rayonnera positivement ».

Être saint

Pour le rabbin Haïm Sofer, chercher à « être saint » ne concerne pas seulement l'intimité de sa maison alors que l'on aurait honte de son identité en public. Ne soyons pas, comme le disent les assimilationnistes, « un Juif à la maison et un homme à l'extérieur ». Soyons saints au sein de notre communauté, en public, dehors, dans la société. Parmi ceux de notre peuple comme au milieu d'inconnus, partout où l'on peut se trouver, sans jamais avoir honte de sa nature et de sa sainteté en tant que Juif (*Divré Sha'are Haïm*).

Rabbi Aha explique le sens de « Soyez saints » en citant Rabbi Tanhoum, fils de Rabbi Hiyyah : « Si une personne est en mesure de dénoncer un acte fautif commis par un autre et ne le fait pas, ou si elle peut soutenir, par son aide, des étudiants de la Torah et ne le fait pas, alors cette personne n'est pas considérée comme sainte. Mais, si une personne dénonce la faute d'un autre et prend en charge des étudiants de la Torah, cette personne tend vers la sainteté » (*Lévitique Rabba* 15 : 1).

Cette idée de sainteté implique que nos actes et ce que nous faisons de notre vie sont importants non seulement pour nous en tant qu'individus, ou pour la société, mais pour le cosmos tout entier. Un dessein divin traverse toute existence. Nous pouvons nous allier à lui ou nous y opposer – ou, pire encore, l'ignorer (Bernard J. Bamberger, *The Torah : A Modern Commentary*, p. 891-892).

Les commentateurs du Talmud soulignent bien que chaque Juif a le pouvoir de contribuer à la réalisation de la sainteté de l'ensemble du peuple d'Israël. Ils évoquent « l'influence » exercée par ceux qui étudient la Torah, et distinguent parmi ceux-ci deux catégories : l'un soutient généreusement les érudits, parle avec bonté aux autres et se montre honnête et honorable dans tous ses échanges commerciaux. D'une telle personne, il est dit : « Celui-là étudie la Torah. Son père et son maître peuvent être fiers de lui car ses actes mettent à l'honneur l'héritage de sa tradition. » Un autre étudie lui aussi la Torah, mais il se montre par ailleurs malhonnête, méchant, égoïste. C'est à son propos que l'on dit : « Celui-là étudie la Torah. Mais il est corrompu et agit de façon répréhensible. Il jette le déshonneur sur son peuple, sur la Torah, et sur Dieu » (*Yoma* 86 a).

De toute évidence, les rabbins du Talmud se sentent concernés par la réputation de la Torah et du peuple juif. Si l'on vit selon le commandement « Soyez saints » et que l'on respecte les lois qui définissent cette « sainteté », le peuple d'Israël devient plus que jamais un modèle de décence morale et peut exercer une influence bénéfique sur tous les peuples. Pour les rabbins du Talmud, « Soyez saints », consiste pour chaque Juif à se poser la question suivante : « Quelles sont les conséquences de mes décisions, de mes choix, de mes paroles, de mes promesses ? Amélioreront-ils le monde dans lequel je vis ? Apporteront-ils du crédit à mon peuple, à la Torah et à Dieu ? »

Atteindre la sainteté

Affirmer que Dieu est « saint » revient à dire qu'Il est grand, puissant, miséricordieux, juste et sage... Afin d'atteindre une telle sainteté... Israël devrait observer Ses lois et les commandements. En d'autres termes, pour les Israélites, individuellement et collectivement, la voie de la sainteté consiste à imiter les attributs divins... Car Dieu nous montre la voie et Israël la suit (Baruch A. Levine, *JPS Torah Commentary : Leviticus*, p. 256).

Ramban (Nahmanide)

Ces questions étaient sans nul doute dans l'esprit de Nahmanide lorsqu'il réfléchissait au sens de ces mots : « Vous serez saints, car Moi, l'Éternel votre Dieu, Je suis saint. » Dans son commentaire, il soulève un point important en faisant valoir que l'on peut accomplir les commandements, mais aussi se révéler une personne égoïste, méchante et corrompue. « On peut être une canaille avec la pleine permission de la Torah », souligne-t-il.

À l'appui de cette affirmation, Nahmanide démontre qu'une personne peut se plier à toutes les prescriptions sexuelles de la Torah tout en abusant de sa propre femme pour satisfaire ses passions incontrôlées. Ou boire et manger à l'excès, proférer des obscénités et tourner les autres en dérision.

Dans les affaires, on peut respecter la loi prescrivant de ne pas nuire à autrui et, pourtant, tromper ses semblables en se montrant peu disposé à parvenir à des compromis équitables.

Pour Nah̲manide, on peut toujours trouver des failles dans les lois de la Torah, et en tirer profit. Voilà pourquoi la Torah ne propose pas seulement une longue liste de commandements relatifs à tous les aspects de la vie éthique et rituelle mais contient aussi le « commandement général » d'être « saint ». Il nous rappelle d'« abandonner les choses autorisées mais dont nous pouvons fort bien nous passer… ces choses inutiles et malsaines ». « Soyez saints », selon l'interprétation de Nah̲manide, c'est refuser de tirer parti des vides juridiques laissés par la loi et d'en abuser en s'y sentant autorisé par la Torah (*Commentaire sur Lévitique* 19 : 2).

Les mots « Vous serez saints, car Moi, l'Éternel votre Dieu, Je suis saint » ont suscité une multitude d'interprétations et représenté un défi constant pour le peuple juif. À certaines époques, ils ont conduit les Israélites à se distancier d'autres cultures et peuples. À d'autres moments, ils ont été compris comme un rappel que le but le plus élevé de la vie juive est d'atteindre une « sainteté » qui rend honneur à Dieu, à la Torah et à tout le peuple juif. Aujourd'hui encore, ces anciennes paroles exigent toujours de nouvelles interprétations et de nouveaux repères pour définir ce qui est *kadosh*, c'est-à-dire « saint », dans la tradition juive.

3. PEUT-ON AIMER LES AUTRES COMME SOI-MÊME ?

La *parasha Kedoshim* contient l'un des commandements les plus cités de tous ceux de la Torah : « Aime ton prochain comme toi-même » (Lévitique 19 : 18).

Que signifie-t-il exactement ? Peut-on « aimer » sur commande ? Est-il possible pour l'être humain d'aimer les autres, notamment ceux qui ne font pas partie de sa famille, avec la même intensité et la même implication que soi-même ? Qu'en est-il de ceux qui viennent à nous nuire ou nous traitent injustement ? Pouvons-nous espérer réussir à les aimer comme nous-mêmes ?

Zougot

Un des plus anciens éclairages apportés sur ce grand commandement de la Torah nous est livré sous la forme d'une histoire concernant Hillel, un célèbre sage ayant enseigné au Ier siècle avant notre ère. Un jour qu'un non-Juif lui lançait ce défi : « Je me convertirai au judaïsme si vous pouvez m'enseigner la Torah tout entière tandis que je me tiendrai sur un seul pied », Hillel lui répondit sans ambages : « Ce qui est détestable à tes yeux, ne le fais pas à autrui. C'est là toute la Torah, le reste n'est que commentaire. Maintenant, va et étudie » (*Shabbat* 31 a).

Il est évident, ici, que Hillel préféra interpréter le commandement positif de la Torah – « Tu aimeras ton prochain comme toi-même » – en l'inversant comme une interdiction. En d'autres occasions, il choisit de même délibérément une formulation à la forme négative : « Si je ne suis pas pour moi, qui le sera ? Et si je ne suis que pour moi, que suis-je ? Et, si ce n'est pas maintenant, quand ? » (*Avot* 1 : 14). Hillel enseigna également l'adage suivant : « Ne te sépare pas de la communauté. Ne te montre pas sûr de toi jusqu'au jour de ta mort. Ne juge pas ton voisin avant que tu ne te sois trouvé dans la même situation que lui. Ne dis pas : j'étudierai quand j'aurai le temps, peut-être n'auras-tu pas le temps » (*Avot* 2 : 5).

De ces postulats formulés par Hillel, nous pouvons conclure qu'il a transposé le commandement positif d'aimer son prochain en le formulant négativement parce qu'il était convaincu qu'il était ainsi plus facile à comprendre. Nous pouvons identifier ce qui nous blesse et nous fait du mal. Nous pouvons définir ce qui est pour nous cause de douleur. Pour Hillel, « aimer son prochain comme soi-même », c'est se demander : « Si mon prochain me fait ce que je pense moi-même lui dire ou lui faire, cela me blesserait-il ou me causerait-il de la peine ? » Si la réponse est « Oui, cela entraînerait douleur ou blessure », alors il faut éviter cette action.

Mais que se passe-t-il lorsque mes goûts diffèrent de ceux d'autrui ? Lorsque l'autre se sent blessé par des choses ou des paroles qui ne m'affectent en rien ? Est-il juste de porter des jugements sur ce qui est blessant ou plaisant pour les autres à partir d'une perspective restreinte et unique ? N'est-il pas vrai que « le régal de l'un est le poison de l'autre » ?

On raconte que, lorsque Rabbi Akiba, qui se considérait comme un élève d'Hillel, suggéra que le commandement « Tu aimeras ton prochain comme toi-même » était « le plus grand principe de la Torah », son acolyte Ben Azzai exprima son désaccord en faisant valoir que l'enseignement selon lequel « Dieu créa l'être humain à sa propre ressemblance » (Genèse 5 : 1) était un précepte encore plus important.

Selon Ben Azzai, on ne peut pas s'appuyer sur ses propres sentiments ou attitudes pour décider de la façon de traiter les autres. Nos préférences, nos goûts et nos perceptions de ce qui apporte bonheur ou douleur diffèrent grandement selon chacun. Certains se montrent négligents vis-à-vis de leurs biens, d'autres non. Si quelqu'un ne considère pas tel commentaire comme insultant, cela ne signifie pas qu'un autre sera d'accord. « Vous ne devriez pas dire : "Puisque l'on me hait, que mon prochain soit lui aussi haï ou, encore, puisque j'ai des soucis, que mon prochain soit à son tour en difficulté", explique Ben Azzai. Souvenez-vous que vous-mêmes, tout comme votre prochain, avez été créés à la ressemblance de Dieu. » En d'autres termes, nous devons considérer les autres avec respect et amour, non pas parce que cela nous est ordonné, ni parce que leurs sentiments, leurs goûts ou leurs réactions nous paraissent ressembler aux nôtres. Nous devons respecter les droits, la dignité et les sentiments des autres parce que, comme nous, ils ont été créés à la ressemblance de Dieu (*Genèse Rabba* 24).

Pourquoi devons-nous aimer notre prochain ?

À propos du commandement « Aime ton prochain comme toi-même », Ibn Ezra explique que chacun est responsable d'aimer les autres êtres humains parce qu'un seul Dieu les a tous créés (Lévitique 19 : 18).

Moïse Maïmonide s'efforce lui aussi de clarifier ce que la Torah entend par ces mots : « Aime ton prochain comme toi-même. » Il s'agit en effet, nous dit-il, « d'aimer son prochain avec le même amour – tant dans sa qualité que dans ses modalités – que nous portons à nous-mêmes ». En d'autres termes, « la qualité et la nature de notre amour doivent être à leur maximum – semblables en qualité et nature à ce que nous engageons pour la défense de notre propre bien-être ».

Néanmoins, Maïmonide perçoit toute la difficulté que représente ce défi d'aimer les autres. C'est pourquoi il suggère qu'il n'est pas toujours possible pour les êtres humains d'être aussi soucieux du bien-être des autres que du sien propre. L'amour et le souci de l'autre, souligne-t-il, se manifestent suivant une intensité variable et « selon les circonstances ». Il y a des moments où promouvoir le bien de son prochain peut entrer en conflit avec ce que nous croyons être notre intérêt et notre bien-être. Dans de tels cas, Maïmonide propose que l'intensité et la quantité de notre amour puissent faire l'objet d'un compromis. « La Torah, conclut Maïmonide, ne commande pas la mesure de notre amour, mais plutôt sa sincérité. »

Qu'entend-il par sincérité ? Maïmonide se montre tout à fait précis. Aimer son prochain comme soi-même signifie rendre visite aux malades, réconforter les endeuillés, se joindre à une procession funéraire, célébrer la cérémonie de mariage avec les fiancés, offrir l'hospitalité, apporter des soins aux morts, prononcer un éloge funèbre. Et Maïmonide de conclure : « Tout ce que vous aimeriez que d'autres fassent pour vous, faites-le pour vos frères et sœurs » (*Mishné Torah, Hilhot Evel* 14 : 1).

Comme Maïmonide, Nahmanide insiste également sur le fait qu'« aimer » une autre personne avec la même intensité et la même qualité d'intérêt que l'on porte à soi-même est impossible. Il déclare sans détour qu'« on ne peut s'attendre à ce que des êtres humains aiment leurs prochains comme ils s'aiment eux-mêmes ».

Pour Nahmanide, le commandement de la Torah selon lequel « Tu aimeras ton prochain comme toi-même » signifie que l'on devrait souhaiter à ses prochains le bien en toute chose tout comme on se souhaite le succès. Nahmanide maintient toutefois que « même si l'on souhaite le meilleur à quelqu'un en matière de richesse, honneur, éducation et sagesse, cela ne signifie pas pour autant que l'on veut voir cette personne exactement égale à soi-même. On se veut toujours supérieur à l'autre d'une certaine manière ». La Torah reconnaît cette vérité propre aux êtres humains. C'est pourquoi, souligne Nahmanide, « la loi condamne cette forme d'égoïsme. S'il nous est demandé d'"aimer notre prochain comme nous-mêmes", c'est précisément pour apprendre à souhaiter pour autrui la réussite en toute chose, exactement comme nous le souhaitons pour nous-mêmes – et à le faire sans réserve » (*Discussion sur le Lévitique* 19 : 18).

Malbim

Ben Rabbi Meïr Lev Yehiel Michael, connu sous le nom de Malbim, ne partage pas l'avis de Maïmonide et Nahmanide. Il fait valoir que la question d'aimer son prochain ne concerne pas l'expression de sentiments ou d'un quelconque souhait de « réussite en toute chose ». Il s'agit plutôt du comportement d'une personne envers son prochain, de ses actions et non de ses pensées.

S'appuyant sur l'enseignement de Hillel et sur les écrits philosophiques de son contemporain, le philosophe allemand Emmanuel Kant (1724-1804), Malbim explique qu'une personne ne devrait pas se contenter de souhaiter pour son prochain ce qu'elle veut pour elle-même, à savoir, « prospérité et protection contre tout mal. Elle doit d'abord s'efforcer de faire tout ce qui est à l'avantage de son prochain, en termes de santé physique ou de réussite en affaires… Et, cela va sans dire, n'entreprendre aucune action dont elle souhaiterait être épargnée elle-même […] Ainsi, lorsque quelqu'un est sur le point de nuire à autrui pour défendre ses propres intérêts, il ferait bien de se demander s'il aimerait voir ce genre de conduite devenir une règle universelle ». Et se dire : « Est-ce que je veux vraiment vivre dans un monde où chacun est libre de faire ce que je m'apprête à faire ? » (*Discussion sur le Lévitique* 19 : 18).

Aimer c'est aussi pardonner

Fondant son observation sur un premier postulat avancé par le Baal Shem Tov, Pinhas Peli écrit : « Il ne nous coûte guère d'effort d'aimer les gens de bien et les personnes sympathiques. Mais le véritable défi de l'accomplissement de ce commandement est de réussir à aimer ceux qui ne sont pas aussi bons et aimables à nos yeux. “Aime ton prochain comme toi-même”, c'est accepter l'autre avec ses défauts et ses lacunes, tout comme on accepte ses propres défaillances » (*La Torah aujourd'hui*, p. 156).

•••

Aimer sans conditions

Simcha Zissel Ziv, enseignant du mouvement Moussar, ou « éthique » écrit : « La Torah exige que nous mettions en œuvre pour autrui tout ce qui lui est favorable. Mais cela ne peut s'accomplir seulement en réprimant nos sentiments de haine et de rejet, ni en mobilisant notre amour par sens du devoir. Ces efforts n'engendrent jamais d'amour véritable. Il faut simplement aimer nos semblables comme nous nous aimons nous-mêmes. Nous ne nous aimons pas parce que nous sommes des êtres humains, mais cet amour de soi nous vient naturellement, sans calcul ni réserve, sans exigence ni objectif particuliers. Nous n'avons jamais entendu quelqu'un dire : "J'ai déjà rempli mes devoirs envers moi-même" ! Nous devons aimer les autres de la même manière, naturellement et spontanément, avec joie et créativité, sans limites, sans spéculation ni rationalisation[1]. »

L'idée que l'amour de soi et l'amour pour autrui sont étroitement liés est à l'origine même de *L'Art d'aimer*, un ouvrage fondamental du psychologue moderne Erich Fromm. Pour souligner l'importance de « l'amour de soi », Fromm écrit : « L'idée exprimée dans le commandement "Tu aimeras ton prochain comme toi-même", c'est que le respect de sa propre intégrité, de son unicité, l'amour et la compréhension de soi, tout cela ne peut se dissocier du respect, de l'amour et de la compréhension portés à l'autre. L'amour de soi est indissolublement lié à l'amour de tout autre être. »

1. B.S. Jacobson, *Meditations on the Torah, op. cit.*, p. 180-181.

Pour Fromm, « l'amour est une activité [...] il consiste essentiellement à *donner* et non à recevoir ». Dans l'acte de donner, nous ne perdons ni ne sacrifions rien, il ne s'agit pas d'un renoncement à ce qui compte vraiment pour nous. Non, donner c'est faire l'expérience de notre énergie, de notre vitalité. « En donnant, observe Fromm, je fais vivre ma force, ma richesse, ma puissance. Et cette expérience d'une vitalité et d'une puissance accrues me remplit de joie. Je ressens toute cette abondance qui émane de moi, je me sens vivant [...] Donner apporte bien plus de joie que recevoir [...] car, en donnant, j'exprime tout ce qui fait de moi un être vivant. »

En définissant le « véritable amour » comme un « don », Fromm souligne qu'il faut apprendre à être généreux avec soi-même avant même de donner aux autres. « L'amour d'autrui et l'amour de nous-mêmes ne sont pas des solutions alternatives... L'amour, dans son principe, *est indivisible dès lors que le lien entre l'"objet" aimé et nous-mêmes s'opère.* L'amour authentique, insiste Fromm, est productif, il sous-entend l'attention, le respect, le sens de la responsabilité, la connaissance (de soi et d'autrui) [...] C'est œuvrer concrètement au développement et au bonheur de la personne aimée, en s'enracinant dans notre capacité à aimer... » « Si quelqu'un est capable d'amour productif, souligne Fromm, c'est qu'il s'aime également. S'il *ne* peut aimer *que* les autres, il n'aime en aucune façon. »

« Tu aimeras ton prochain comme toi-même », ordonne la Torah. Un commandement qui continue de soulever maintes interrogations sur la signification même de l'amour. Malgré les diverses opinions et définitions avancées sur cette question, il est clair que la tradition juive nous incite à nous aimer nous-mêmes en nous efforçant d'accéder à la connaissance et au respect de soi, d'acquérir une juste notion de notre capacité à donner et à transformer cet amour pour nous-mêmes en un généreux amour pour les autres[1].

Questions pour l'étude et la discussion

1. Comparez les diverses interprétations de la symbolique du « bouc émissaire ». Quelle est celle qui vous parle le plus ? Pourquoi ?
2. Les Juifs ont souvent été la cible de la haine, le « bouc émissaire » des frustrations, colères et déceptions d'autrui. Le rabbin Milton Steinberg suggère que seuls les Juifs qui sont bien informés et fiers des « valeurs saines et positives » de leur tradition ne seront pas « envahis par le mépris d'eux-mêmes ». De tels Juifs ne seraient pas affectés par la haine de ceux qui seraient tentés d'en faire leurs boucs émissaires. Êtes-vous d'accord avec cette affirmation ? Pourquoi ?
3. Comment définiriez-vous la « sainteté » dans la tradition juive ? Quelle en est la teneur ? Comment doit-on se comporter pour atteindre cet état de « sainteté » ? Que doit faire le peuple juif ?
4. Est-il réaliste d'espérer que des êtres humains parviennent à mettre en pratique le commandement « Tu aimeras ton prochain comme toi-même » ? Êtes-vous d'accord avec Erich Fromm lorsqu'il affirme que, si l'on ne s'aime pas soi-même, on ne peut réellement aimer son prochain ?
5. Commentant l'enseignement du Talmud selon lequel « celui qui retient son amour pour l'autre agit comme s'il repoussait le culte de Dieu », le rabbin Leo Baëck souligne que « se mettre à la place de son prochain,

---

1. Erich Fromm, L'art d'aimer, Desclée de Brouwer, 1968, 2007, p. 39, p. 66-68.

comprendre ses espoirs et ses désirs, saisir les besoins de son cœur est le présupposé de tout amour pour autrui, l'expression de notre "connaissance" de son âme[1] ». Peut-on établir un parallèle entre les observations de Baëck et celles de Hillel, de Moïse Maïmonide, de Nahmanide et du Malbim ?

1. Leo Baeck, *The Essence of Judaïsm*, *op. cit.*, p. 211-212.

Parashat Emor

Lévitique 21 : 1-24 : 23

La parasha Emor *nous révèle les lois réglant la vie des prêtres qui régissent le sanctuaire et président aux sacrifices. Elle évoque également les donations et offrandes convenant au sanctuaire. Cette section inclut également un calendrier des célébrations, à savoir le shabbat, Pessah, Shavouoth, Rosh Hashana, Yom Kippour et Souccot. Elle se conclut par la présentation des lois relatives à la profanation, au meurtre, et aux blessures physiques infligées à autrui.*

1. Des règles précises relatives à la sainteté des prêtres sont communiquées à Aaron et à ses fils. Il leur est interdit de toucher un cadavre sauf s'il s'agit de la dépouille d'un proche parent. Ils ne doivent pas se raser la tête ni se tailler la barbe, ni se scarifier délibérément la peau. Ils ne sont pas davantage autorisés à épouser des femmes divorcées. Enfin,

seul un homme dépourvu de tout handicap physique peut devenir prêtre.

Un prêtre affecté par une maladie de peau, qui a touché un cadavre, ou qui a eu une émission sexuelle est considéré comme impur et ne peut officier dans le sanctuaire, ni recevoir de donations ou d'offrandes du peuple. Après le coucher du soleil, il doit être déclaré pur et peut à nouveau consommer les offrandes. Les profanes, hormis ceux qui sont de la maison des prêtres, n'ont pas le droit de manger les donations ou offrandes.

Toutes les offrandes, qu'elles proviennent d'Israélites ou de non-Israélites, sont acceptées dans le sanctuaire. Cependant toute offrande qui aurait un défaut ou serait contaminée sera rejetée par les prêtres.

Moïse rappelle au peuple que la finalité de l'observation « fidèle » de tous ces commandements est de « sanctifier Dieu » et Lui manifester son amour et sa loyauté.

2. Moïse présente au peuple les *mo'adei Adonaï* ou « rendez-vous de l'Éternel », « convocations saintes », c'est-à-dire les jours [fêtes] du calendrier consacrés à Dieu qui doivent être observés.

Le shabbat sera célébré chaque septième jour et sera une période de repos complet, soit une journée de chômer.

Au soir du quatorzième jour du premier mois (Nissan) et durant les sept jours suivants, on célébrera la Pâque (Pessah). Les premier et dernier jours devront être considérés comme autant d'occasions saintes pendant lesquelles le travail est interdit.

On comptera sept semaines à partir du premier jour de Pessah jusqu'à la fête de Shavouoth, ou « fête des Semaines ». Des offrandes spéciales d'orge, deux pains faits de deux dixièmes de fleur de farine, un taureau, deux béliers, et sept agneaux sans tache seront apportés aux prêtres pour être offerts en holocauste au cinquantième jour. Ce jour sera observé comme une fête sainte, un jour sans travail.

Tandis qu'il présente au peuple le calendrier de ces célébrations saintes, Moïse rappelle au peuple que, au moment des moissons, il devra laisser les bordures des champs inachevées et abandonner les glanures pour le pauvre et l'étranger.

Après quoi, le premier jour du septième mois (Tishri) sera célébré en soufflant dans le *shofar* – une sonnerie puissante d'une corne de bélier. Ce jour sera chômé.

Dix jours plus tard ils doivent observer la fête de Yom Kippour, un jour saint et chômé, de « mortification » et de jeûne. Un repos complet sera observé du crépuscule au crépuscule.

À partir du quinzième jour du septième mois (Tishri), on célébrera pendant sept jours Souccot, ou « fête des Cabanes ». Pendant cette période, le peuple devra édifier des cabanes et y résider comme au temps où les Israélites vivaient sous des tentes après avoir été libérés du joug égyptien. Le premier jour de la fête, le peuple apportera au sanctuaire le fruit de l'arbre *hadar*, l'*etrog* ou cédrat, et des branches du palmier *loulav* ainsi que des rameaux d'arbres feuillus, le myrte et des branches de saule. Les premier et huitième jours de la célébration seront des jours de repos. Des offrandes consumées, des offrandes de céréales, des sacrifices et des libations seront présentés au sanctuaire.

3. Il est demandé aux Israélites, comme dans l'Exode 27 : 20-21 (voir la *parasha Tetsavé*), d'apporter de l'huile pure d'olives concassées pour alimenter continuellement les lampes du sanctuaire.

Il leur est également prescrit de cuire au four douze pains et de les apporter au sanctuaire accompagnés d'encens pur en guise d'offrande. Après quoi les prêtres doivent manger les pains.

4. Moïse rapporte une dispute entre un Israélite et un autre homme, de mère israélite et de père égyptien. Cet homme, dont la mère s'appelait Shelomith, fille de Dibri, de la tribu de Dan, profana le nom de Dieu et fut arrêté. Il fut entraîné hors du camp et lapidé jusqu'à ce que mort s'ensuive car, déclara Moïse, celui qui profane le nom de Dieu doit être puni de mort. Par la suite, le blasphème sera traduit par le non-respect de la vie humaine et un comportement injuste à l'égard des autres. Il ordonna également que toute personne commettant un meurtre soit mise à mort. Si quelqu'un cause des dommages physiques à un autre, alors sa punition sera d'endurer les mêmes blessures. « Fracture pour fracture, œil pour œil, dent pour dent », annonce Moïse. En outre, celui qui prend la vie d'un animal doit le remplacer. Pour chacun de ces cas, Moïse explique au peuple que les Israélites et les non-Israélites encourront des peines égales.

La *parasha Emor* traite de deux thèmes importants :

1. L'évolution et la signification des trois fêtes de Pessah, Shavouoth et Souccot.
2. Œil pour œil, dent pour dent : rétribution ou dédommagement ?

1. LES FÊTES JUIVES : PESSAH, SHAVOUOTH ET SOUCCOT

Le rabbin et grand théologien Abraham Joshua Hesclel observe que « le judaïsme est une *religion du temps* visant à la *sanctification du temps*. Contrairement à l'homme mentalement circonscrit à une dimension spatiale… et pour lequel le temps est invariable… homogène, et pour qui toutes les heures se ressemblent… la Bible appréhende le caractère complexe du temps… Le judaïsme nous enseigne… à nous attacher aux événements saints, à consacrer les sanctuaires qui émergent de ce flux magnifique qu'est une année[1]. »

La *parasha Emor* dresse le calendrier des « convocations saintes », ces jours sacrés à travers lesquels les Juifs ont sanctifié le temps, sélectionnant des jours précis pour s'élever l'esprit, jours de délices où l'on partage les significations les plus profondes

---

1. Abraham Joshua Hesclel, *The Sabbath : Its Meaning for Modern Man, op. cit.*, p. 8. Trad. fr. *Les bâtisseurs du temps*, Éditions de Minuit, 1957.

de l'existence humaine. Le chapitre 23 du Lévitique décrit le shabbat hebdomadaire, les fêtes de Rosh Hashana (que la Torah appelle « premier jour du septième mois » et « jour de la Sonnerie du *Shofar* »), Yom Kippour, ainsi que Pessah, Shavouoth et Souccot.

Les célébrations de Pessah et de Souccot durent sept jours. Elles commencent le soir du quatorzième jour du mois, quand vient le moment de la pleine lune. Selon la Torah, les premier et dernier jours de ces fêtes seront observés comme un jour de shabbat : aucun travail ne sera accompli du crépuscule au crépuscule. Shavouoth sera également un jour de repos mais célébré le cinquantième jour après le début de Pessah.

Le calendrier juif

Le calendrier juif se compose de douze mois, chacun comptant un peu plus de 29 jours. Il s'agit d'un calendrier semi-lunaire, et chaque mois commence avec une nouvelle lune. Une année entière se compose d'environ 354 jours, 11 jours de moins que les 365 jours de l'année civile solaire. En conséquence, régulièrement, un mois supplémentaire est ajouté au calendrier juif pour obtenir une année bissextile et ajuster le plus rigoureusement possible les mois aux saisons. Ce mois supplémentaire est connu sous le nom de Adar Sheni, ou Adar II.
Le calendrier juif débute au printemps. Le premier mois de l'année est Nissan.

Nissan 15-21 – Pessah
27 – Yom haShoah
Iyar 5 – Yom haAtzmaouth
18 – Lag baOmer
Sivan 6 – Shavouoth

Tamouz 17 – Jour de jeûne
Av 9 – Jour de jeûne
Eloul
Tishri 1 – Rosh Hashana
3 – Jour de jeûne
10 – Yom Kippour
15-21 – Souccot
22 – Shemini Atsereth
23 – Simhat Torah
Heshvan
Kislev 25 – Tevet 2
– Hanoukka
Tevet
Shevat 15 – Tou Bishvat
Adar 13 – Jour de jeûne
14 – Pourim

De même qu'ils se sont interrogés sur ce qui guidait les grands personnages bibliques ou qu'ils ont étudié les origines profondes des lois et des commandements de la Torah, les exégètes juifs se sont également intéressés de près au sens et à l'évolution des fêtes juives. Qu'est-ce qui rend ces jours « saints » ? En quoi sont-ils uniques ? Comment contribuent-ils à notre quête de sens et d'épanouissement personnel ?

Explorer la signification de Pessah

On trouve dans la Torah plusieurs descriptions des fêtes de Pessah. Celle qui figure dans la *parasha Emor* nous apprend que la célébration commence au soir du quatorzième jour du premier mois de l'année et qu'elle doit durer sept jours. Les premier et dernier jours seront célébrés comme des jours de shabbat, c'est-à-dire de repos complet. Aucun travail ne sera accompli ces jours-là. Lors des célébrations qui se dérouleront au soir du quatorzième jour du mois, une offrande de Pessah sera présentée à Dieu. Au quinzième jour, le peuple célébrera *Hag Hamatsoth*, ou « fête des Azymes ». En outre, le chapitre 23 du Lévitique nous informe que la *matsa*, c'est-à-dire le « pain azyme ou non levé », devra être consommée par le peuple tout au long des sept jours que durera la fête. De même, des offrandes devront être apportées au sanctuaire.

D'autres sections de la Torah nous fournissent davantage d'informations sur les premières fêtes de Pessah. Ainsi, juste avant d'envoyer au peuple égyptien la dixième et dernière plaie, Dieu dit à Moïse et à Aaron que « ce mois » (à savoir le mois de Nissan, au printemps) marquera le début de l'année, en d'autres termes « le nouvel an ». Au dixième jour du mois, le chef de famille choisira un agneau qui sera mis de côté jusqu'au soir du quatorzième jour. Quand viendra le crépuscule, l'agneau sera abattu, son sang appliqué sur les montants de porte de chaque maison israélite, et sa chair rôtie et mangée avec la *matsa* et les *merorim* – ou « herbes amères ». Tout ce qui n'aura pas été consommé devra être détruit par le feu avant l'aube.

Il nous est également expliqué que, dans chaque famille, le maître de maison devra ceindre ses reins d'un tissu, se chausser de sandales et tenir un bâton à la main. Sa tenue évoquera celle d'un homme prêt à partir en voyage. Toutes ces observances stimuleront la curiosité des enfants et les inciteront à demander : « Quel sens a ce rituel ? » Selon la Torah, le père devra alors répondre : « C'est le sacrifice de Pessah car Dieu a épargné les maisons des Israélites lorsqu'Il a frappé [tué] les [premiers-nés des] Égyptiens, et sauvé nos foyers » (Exode 12 : 1-27 ; Deutéronome 16).

Cette description ancienne des cérémonies de la première nuit de Pessah contient certains des éléments qui rythment encore aujourd'hui la cérémonie du *seder*. On y trouve la *matsa*, le *maror*, le repas spécifique autour auquel se rassemble toute la famille et les questions posées par les enfants. Alors que le rituel du *seder* n'a pas évolué jusqu'au IIe siècle de notre ère, il est clair dès le début que les fêtes de Pessah commémorent la sortie d'Égypte du peuple hébreu. C'est un rappel de la façon dont Dieu a épargné les maisons israélites, sauvant leurs premiers-nés et les libérant du joug de l'oppression. Le sens de cette liberté retrouvée devait être mis en scène au début de chaque année, et devait être enseigné à tous les enfants.

Bien des siècles plus tard, les Juifs résidant en terre d'Israël se rendaient chaque année à Jérusalem pour Pessah. Le chef de famille devait procéder au sacrifice de l'agneau, le préparer pour le rôtir et l'apporter là où la famille rassemblée s'apprêtait à le consommer. Au temps de Hillel et de Shammaï (c'est-à-dire aux premiers siècles avant et après notre ère), le repas de Pessah s'était transformé en un banquet élaboré qui se déroulait selon un *seder* – ou « ordre » – particulier. Les festivités incluaient quatre coupes de vin ; des bénédictions à propos du vin, la consommation de *matsa*, *maror* et *haroset* (mélange de noix, de pommes, de vin et de miel), les questions des enfants, la mention de l'*afikoman* (le dessert), le récit de la libération d'Égypte et le chant des psaumes 113-118 (*Mishna, Pessaẖim* 5, 10).

Le sens profond de ce cérémonial n'est toutefois pas oublié pendant les festivités du banquet. Pour rappeler aux siens les origines du peuple israélite, le chef de famille annonce : « Enfant d'Aram, mon père était errant… » Puis il conclut le récit par cette réflexion : « L'Éternel nous a délivrés d'Égypte… » Après une explication des symboles de Pessaẖ, *matsa* et *maror*, il cite les mots de Rabban Gamaliel : « À chaque génération, chacun doit se considérer comme s'il était, lui aussi, sorti d'Égypte. »

Alors que la première *haggadah*, ou « récit » de l'Exode, n'apparaît pas avant le IXe siècle en Babylonie, presque tous les éléments de la cérémonie du *seder* étaient déjà connus. Rav Amram, éditeur de la première *haggadah*, y ajoute toutefois quelques importantes innovations de son cru. S'appuyant sur les discussions et décisions des maîtres qui enseignaient dans les grandes académies babyloniennes, Amram inclut le *Kiddoush* ou « sanctification du Nom de Dieu à propos du vin » dans les repas de Pessaẖ, organise les quatre questions posées par les enfants au *seder* et introduit une section décrivant quatre types différents de participants au repas du *seder*.

Dans la *haggadah* de Rav Amram, le *seder* est devenu un moment de « pédagogie familiale » permettant de retracer et de commenter l'histoire juive et le miracle de la libération de l'oppression égyptienne. En référence à une discussion qui, autrefois, dans la ville de Lod, fut échangée toute une nuit entre Rabbi Eléazar, Rabbi Joshua, Rabbi Eléazar ben

Azaria, Rabbi Akiba et Rabbi Tarfon, la *haggadah* de Rav Amram, comme toutes les autres après elle, suggère un modèle pour le déroulement des célébrations. Le *seder* de Pessah a pour but de réunir la famille et les amis. Il permet de reconnecter les Juifs à leur histoire et de les relier les uns aux autres. Les discussions soulignent toutes les questions difficiles que nous nous posons sur la liberté, et ses prières sont toutes des actions de grâce qui s'élèvent vers Dieu pour avoir libéré le peuple hébreu de l'esclavage égyptien.

Au cours des évolutions successives que connut la fête de Pessah, nous voyons comment cérémonies et rituels se sont transformés au fil des siècles pour répondre à de nouvelles conditions de vie, de nouveaux goûts et besoins. Depuis le cérémonial du sacrifice et du repas partagé tout au long de la nuit jusqu'au banquet élaboré au scénario soigneusement conçu, Pessah est devenu l'une des fêtes les plus populaires de l'année juive. Mais la puissance de son message et son essence profonde n'ont pas été perdues. Pessah reste, pour le peuple juif, la grande célébration de la liberté.

Explorer la signification de Shavouoth

Tout comme les rituels de Pessah se sont modifiés au cours des siècles, il en fut de même pour la célébration de la fête de Shavouoth. Ce qui commença comme une fête du repos et des sacrifices à l'occasion des moissons, au cinquantième jour après le premier jour de Pessah se transforma au fil des âges en *Zeman Matan Toratenou,* ou « temps [fête] du don de notre Torah ».

Comment et pourquoi une telle transformation s'est-elle produite ?

Dans la Torah, Shavouoth est également connue sous le nom de *Hag haKatzir,* ou « fête des Moissons » (Exode 23 : 16) et comme *Yom ha Bikkourim,* ou « jour des Prémices » (Nombres 28 : 26). Le mot Shavouoth signifie « semaines » et se rapporte aux sept semaines qui séparent la Pâque (Pessah) du début de la moisson d'orge en terre d'Israël au commencement de la récolte de blé. Pour les Anciens, le compte à rebours des cinquante jours était un voyage d'une moisson à l'autre.

Au cinquantième jour, les Israélites célébraient en apportant au sanctuaire deux pains, sept agneaux d'un an, un taureau, et deux béliers accompagnés d'offrandes sous forme de nourriture et de libations. On présentera de même aux prêtres un bouc pour le sacrifice expiatoire et deux agneaux d'un an en guise d'offrande de complétude. Cette fête sera observée comme un shabbat et comme jour de reconnaissance pour une moisson abondante. Toute forme de travail sera proscrite.

La *Mishna* nous décrit la façon dont les offrandes étaient faites au sanctuaire de Jérusalem. Lorsque l'Israélite pénétrait dans le Temple, il devait se tenir devant le prêtre et dire : « Enfant d'Aram, mon père était errant, il descendit en Égypte, y vécut étranger, peu nombreux d'abord, puis y devint une nation considérable, puissante et nombreuse. Alors les Égyptiens nous traitèrent iniquement, nous opprimèrent, nous imposèrent un dur servage. Nous implorâmes l'Éternel, Dieu de nos ancêtres ; et l'Éternel entendit notre plainte, il considéra notre misère, notre labeur et notre détresse, et il nous fit sortir de l'Égypte avec une main puissante et un bras étendu, en imprimant la terreur, en opérant signes et prodiges ; et il nous introduisit dans cette contrée, et il nous fit présent de cette terre, une terre où ruissellent le lait et le miel. Or, maintenant j'apporte en hommage les premiers fruits de cette terre dont tu m'as fait présent, Éternel » (*Mishna Bikkourim* 3 : 2-5 ; Deutéronome 26 : 5-10).

Comme nous l'avons déjà vu, les mots « Enfant d'Aram, mon père était errant » se retrouvent au début de la *haggadah* de Pessah. Ici encore la prière de Shavouoth retisse un lien entre chaque individu et l'histoire de l'esclavage et de la libération du peuple hébreu. Ce récit de l'oppression et de la liberté retrouvée permet de revivre cet épisode, d'en devenir soi-même partie intégrante. En reliant la prière d'action de grâce pour une bonne moisson avec la gratitude éprouvée envers Dieu pour sa liberté, les Juifs des premiers temps célébraient à la fois les fruits du passé et l'espoir pour l'avenir.

Shavouoth permet de fondre l'identité juive dans l'alliance sainte qui l'unit au Dieu de la liberté et des moissons. Ce même Dieu qui libère la graine de l'obscurité de la terre pour la faire s'épanouir sous un brillant soleil et donner de son fruit est celui qui a libéré les Israélites de l'oppression. Pour les anciens, Shavouoth, tout comme Pessah, était un moment de renaissance, de moisson, d'éveil, et de libération.

Comment cette fête a-t-elle ensuite évolué vers ce que l'on a appelé *Zeman Matan Toratenou*, c'est-à-dire « fête du don de notre Torah » ?

Personne ne le sait vraiment avec certitude. Bien entendu, de nombreuses thèses ont été avancées. Les rabbins du Talmud précisent ainsi que les Israélites arrivèrent au mont Sinaï « à la troisième nouvelle lune » après leur sortie d'Égypte. Ils y campèrent trois jours et consacrèrent trois autres jours à tracer une frontière autour de la montagne. Cela les amena au sixième jour du mois de Sivan, soit cinquante jours après le début de Pessah. Ce qui, pour les rabbins du Talmud, démontre que Shavouoth est aussi le jour où les Israélites ont reçu la Torah au mont Sinaï (*Shabbat* 86a).

D'autres, et parmi eux de nombreux exégètes modernes, pensent que le lien entre le don de la Torah au mont Sinaï et les fêtes de Shavouoth coïncide avec l'apparition des synagogues, sans doute après la destruction du Temple de Jérusalem en 70 de notre ère. Avec la disparition du Temple, les pèlerinages vers Jérusalem cessèrent et le sens premier de ces jours de commémoration changea. Il ne s'agissait plus tant de remercier Dieu pour la moisson des champs que de lui rendre grâce pour le jour de la Révélation, à savoir la « moisson » de la Torah.

Cette théorie en complète une autre, partagée par de nombreux maîtres dont nous retrouvons les raisonnements dans le *Midrash*. Pour eux, l'épopée des Hébreux hors d'Égypte les a conduits à ce moment glorieux où Moïse reçoit la Torah au mont Sinaï, que le peuple accepte par cette promesse : « Nous ferons et nous écouterons » (Exode 24 : 7). Au sein de la synagogue nouvellement émergente qui mettait l'accent sur l'étude de la Torah, la mise en scène de la reconnaissance pour les premiers fruits à Shavouoth fut remplacée par la reconnaissance pour le don de la Torah.

Cependant et quelle qu'en ait été la raison, et le moment où les rabbins ont pris la décision de transformer Shavouoth en *Zeman Matan Toratenou,* ou le « temps du don de notre Torah », ils l'ont clairement justifiée en choisissant la section de la Torah qui devait être lue à cette occasion. Plutôt que de sélectionner un passage décrivant l'offrande des prémices au sanctuaire, ils ont préféré le texte d'Exode 19 : 1-8 et 20 : 1-14, décrivant l'arrivée des Israélites au mont Sinaï et énonçant les dix commandements. Il est évident que, pour ces maîtres, la libération de l'esclavage en Égypte a conduit le peuple à accepter les lois éthiques et rituelles de la Torah et à relever le défi de créer une société juste et solidaire. Pour ces rabbins dont les thèses se retrouvent dans le *Midrash,* c'est précisément cette acceptation des *mitswoth* – des commandements de la Torah – qui a donné une direction fondamentale au peuple hébreu et justifié son existence.

Non sans humour, Rabbi Abdimi ben H̲ama ben H̲asa nous offre sa propre version de ce qui s'est produit au Sinaï : il nous raconte que Dieu souleva la montagne et la tint au-dessus de la tête des Israélites. Lorsqu'ils levèrent les yeux, inquiets, Dieu leur dit alors : « Si vous acceptez la Torah, vous vivrez. Sinon, je vous enterrerai sous le mont Sinaï. » Voyant leur situation plus que précaire, les Israélites répondirent à l'Éternel avec ces mots que nous retrouvons dans Proverbes 3 : 18 : « C'est un arbre de vie pour ceux qui s'en rendent maîtres : s'y attacher, c'est s'assurer la félicité... »

L'humour de Rabbi Abdimi permet surtout de souligner l'importance du choix opéré alors : si le peuple choisit d'embrasser la Torah, il recevra la vie, sinon, ce sera la mort. En d'autres termes, la Torah est une vraie ligne de sauvegarde pour les Juifs, la raison même de leur survie. Accomplir ses *mitswoth*, vivre selon ses lois éthiques et rituelles, tel est le but de l'existence juive.

Shavouoth, comme *Zeman Matan Toratenou*, célèbre l'engagement saint au mont Sinaï des Israélites et des générations à venir de faire de la Torah leur « arbre de vie ». D'abord connue à ses origines anciennes, comme une fête agricole *H̱ag haKatzir* ou « fête des Récoltes » et *Yom haBikkourim*, « fête des Prémices de la terre », Shavouoth s'est développée en devenant une fête qui marque le rôle central de la Torah dans la vie juive. À Shavouoth, tout se passe comme si les Juifs retournaient au mont Sinaï, recevaient à nouveau les dix commandements et se rappelaient qu'ils sont des partenaires avec Dieu pour appliquer les enseignements de la Torah à tout un chacun dans la société et dans leur vie personnelle.

Explorer la signification de Souccot

Ce que nous venons d'apprendre à propos de l'évolution des fêtes de Pessaẖ et de Shavouoth se vérifie également pour la fête de Souccot. *Souccot*, pluriel du mot hébreu *soukka*, ou « cabane », marque sept jours de célébration pour ce qui était, aux premiers temps, une fête de la moisson. Mais, comme pour Shavouoth, sa signification et ses rituels se sont modifiés et enrichis tout au long de l'histoire juive.

Souccot, comme Pessah, commence au milieu d'un mois (Tishri) à la pleine lune. Son premier et dernier jour est saint et chômé. Les sacrifices prescrits par la Torah au sanctuaire comprennent des offrandes brûlées, des offrandes de céréales et des libations. En outre, le premier jour des célébrations, les Israélites devaient apporter un bouquet spécial consistant en un *etrog*, ou « cédrat », des branches de palmier et de saule, et du myrte.

On ordonne également aux Israélites de construire des *souccot*, ou « cabanes », pour y manger et dormir durant les sept jours de la fête. Notre *parasha* souligne clairement la nécessité de quitter le confort de sa maison. Les Israélites sont tenus de vivre dans les cabanes pour la même raison qu'ils doivent célébrer Pessah : « afin que vos générations sachent que j'ai donné des tentes pour demeure aux enfants d'Israël, quand je les ai fait sortir du pays d'Égypte » (Lévitique 23 : 37-43). Les cabanes sont par conséquent un rappel de la libération du joug égyptien.

En outre, Souccot est également connue dans la Torah sous le nom de *hehag*, ou « la fête » et *hag haassif*, ou « fête de la Moisson ou rassemblement ». Car la célébration de la fin des moissons d'automne était un moment d'action de grâce pour la générosité de la terre. Mais cette fête concerne aussi l'avenir. Comme pour les agriculteurs d'aujourd'hui, les fermiers qui, autrefois, travaillaient la terre s'inquiétaient d'avoir suffisamment de pluie pour garantir une récolte abondante à la prochaine saison. L'incertitude les hantait. Les cieux se gonfleraient-ils de nuages de pluie ? Les récoltes risquaient-elles de sécher et leurs troupeaux de mourir de soif à côté de puits secs ?

De tels soucis expliquent pourquoi, lors des fêtes antiques, il fallait apporter au sanctuaire le « bouquet de Souccot », c'est-à-dire l'*etrog*, le myrte, et des branches de saule et de palmier.

À l'époque du Temple, chaque jour de la fête, une procession apportait au sanctuaire de l'eau puisée dans la piscine de Siloé, à Jérusalem. Les prêtres versaient ensuite cette eau sur l'autel et le peuple agitait les bouquets de Souccot et en frappait le sol tout autour. Par la suite, dans leurs commentaires, les rabbins ont expliqué que le but de ce rituel était de demander Dieu de la pluie pour l'année à venir (*Rosh Hashanah* 16 : 1).

Aujourd'hui de tels rituels sont considérés comme des formes « de magie sympathique ». Ils reflètent les souhaits de ceux qui les pratiquent et demandent à Dieu de les accomplir.

En combinant les rituels du versement de l'eau sur l'autel et l'agitation des faisceaux de palmier (*loulav*) (qui imitent le fracas du tonnerre et le bruit de la pluie) avec le myrte et les branches de saule (qui pousse au bord de l'eau), on espérait ainsi rappeler à Dieu d'octroyer une pluie abondante pour les récoltes à venir.

Si telle était la signification des rituels de Souccot pour les anciens, que peuvent-ils signifier aujourd'hui ? Comment la *soukka*, ou « cabane » peut-elle être plus que le seul rappel des tentes édifiées autrefois par les Israélites errants ? Le bouquet de Souccot est-il autre chose qu'une étrange forme de magie sympathique ou seulement un rite pour obtenir de la pluie ?

Pour répondre à ces interrogations, les interprètes de la Torah ont proposé nombre de théories pertinentes. Ainsi Rabbi Akiba, comme une majorité de ses contemporains, a-t-il déclaré que la *soukka* « doit avoir le caractère d'une habitation éphémère ». Tandis qu'on y partage d'heureux moments avec sa famille et ses amis, qu'on y mange et qu'on y dort, le toit de la *soukka* doit être ouvert sous les étoiles. Il faut la décorer avec les fruits de la moisson et le *Tsrakh*, du palmier dont les branches se faneront (*Soukkot* 23a ; *Yoma* 10b ; *Betsa* 30b ; *Kitsour Shoulhan Aroukh* 134-135).

Rambam (Maïmonide)

Selon Maïmonide, embellir la *soukka* avec des tapisseries, des banderoles et de la vaisselle précieuse est hautement recommandé mais cela ne doit pas pour autant en faire un logement permanent (*Mishné Torah, Souccot* 6).

Car la nature provisoire de la *soukka* est sans doute la clef d'une symbolique plus profonde. Si sa nature même est de rappeler la fête des cabanes célébrée par les Israélites après leur libération d'Égypte, la *soukka* peut également symboliser l'essence profonde de la vie humaine. Le philosophe juif Philon d'Alexandrie (vers 20 avant notre ère-40 de notre ère) suggère dans sa discussion sur Souccot que le but de la *soukka* est de nous rappeler « la pauvreté dans la richesse. Même si l'on est populaire et grandement estimé... rappelons-nous notre insignifiance. Si l'on occupe de hautes fonctions... souvenons-nous que nous sommes avant tout d'humbles citoyens. Quand nous savourons la paix, rappelons-nous la guerre. Quand nous foulons la terre... rappelons-nous les orages en mer. Et quand nous sommes entourés d'amis dans notre ville, n'oublions pas ceux qui sont seuls et manquent désespérément de compagnie » (*Lois spéciales*, 204, 206-211).

Cette association de la *soukka* avec la nature fragile et constamment changeante de la vie humaine était une évidence pour les rabbins qui choisirent le livre de l'Ecclésiaste comme lecture et base d'étude pour le shabbat de Souccot. Le message de l'Ecclésiaste, tout comme celui de la *soukka*, est que la vie est fragile et constamment changeante. Les moments de joie succèdent aux jours de tristesse, le rire précède les larmes, les saisons se succèdent : on récolte et l'on perd, l'amour laisse place à la haine, la guerre à la paix (voir Ecclésiaste 3). Assis dans la *soukka* provisoire, ornée de décorations évoquant la moisson, non seulement on éprouve de la reconnaissance pour la générosité de la nature mais on réalise également combien peuvent varier les saisons d'une existence humaine et avec quelle rapidité les êtres humains migrent de la naissance à la mort.

Levi Isaac de Berditchev avait pour habitude d'inviter dans sa *soukka* des gens simples et illettrés. Un jour ses étudiants l'interrogèrent : « Maître, pourquoi demandez-vous à ces gens de venir ici avec nous chaque année ? » Lévi Isaac leur répondit : « Dans le monde à venir, lorsque les justes seront assis aux jours saints dans la *soukka* céleste, je me présenterai et chercherai à être admis. Mais on me refoulera. Qui suis-je donc pour prétendre m'asseoir parmi les plus grands et les plus justes ? Je défendrai alors ma cause en disant : J'ai invité les simples et les illettrés dans ma *soukka*. Alors seulement ils me permettront d'entrer. »

Selon le texte mystique connu sous le nom de *Zohar*, il ne suffit pas de construire, de décorer, et de profiter de sa *soukka* pour y manger, dormir et étudier. On doit également y convier des invités de deux sortes. D'abord, les sept illustres héros juifs – Abraham, Isaac, Jacob, Joseph, Moïse, Aaron et David – un à chaque jour. Cependant, selon le *Zohar* (*Emor* 23), ils ne visiteront pas obligatoirement la *soukka* mais n'y pénétreront que s'il est établi au préalable qu'on y a d'abord convié une autre sorte d'invités : les pauvres et les indigents. En d'autres termes, la signification de la *soukka* est de nous souvenir de partager notre bonne fortune avec notre prochain – amis, grands personnages du passé et, surtout, l'affamé et celui qui n'a pas de foyer.

En ce qui concerne l'*etrog*, le *loulav*, le myrte et le saule qui doivent figurer au banquet de Souccot, les interprètes suggèrent une série de significations.

Certains rabbins ayant délivré leur enseignement après la destruction du Temple de Jérusalem expliquent que les *Arba'a Minim*, ou les « Quatre Espèces » symbolisent le peuple juif. Dans l'un de ces commentaires, l'*etrog*, au goût et au parfum prononcés, est comparé aux Juifs qui connaissent la Torah et pratiquent des actes de justice et de générosité. Le *loulav*, savoureux mais privé d'arôme, représente les Juifs qui connaissent la Torah mais ne la mettent pas en pratique par leurs actes. Le myrte, au parfum délicieux mais fade de goût, est semblable à ceux qui accomplissent de bonnes actions mais ne savent rien de la Torah. Le saule, dépourvu d'odeur et de goût, ressemble à celui qui ne connaît pas la Torah et n'accomplit aucune bonne action. Puisqu'ils font tous partie du peuple juif, insistent les rabbins,

Dieu les liera ensemble dans un bouquet et dira : « Et qu'ainsi chacun fasse expiation pour les fautes de l'autre » (*Lévitique Rabba* 30).

Cette utilisation du bouquet de Souccot pour enseigner la tolérance et le souci de Dieu à l'égard de tous les Juifs se retrouve dans un autre commentaire. L'auteur précise que l'*etrog* et le *loulav* produisent du fruit alors que le myrte et le saule ne le font pas. Aussi, pour que le bouquet de Souccot soit introduit dans le sanctuaire, ces quatre espèces doivent être rassemblées et liées : « Tout comme les Quatre Espèces seront rassemblées, ainsi le peuple d'Israël ne sera pas autorisé à retourner dans son pays s'il n'est auparavant uni » (*Yalkout Shimoni, Emor*, 188a).

Ce qui est particulièrement significatif dans ces interprétations du bouquet de Souccot, c'est non seulement le souci omniprésent d'une unité juive mais aussi l'acceptation du pluralisme et des différences au sein même de la vie juive. Chaque segment du peuple juif, comme chacune des Quatre Espèces composant le bouquet de Souccot, apporte sa contribution spécifique. Ils dépendent les uns des autres. Sans respect pour ces différences, jamais le peuple n'atteindra la Terre promise – c'est-à-dire l'accomplissement de tous leurs espoirs et de leurs aspirations.

Au XXe siècle, dans son ouvrage intitulé *Knesset Israël*, Rabbi Ya'akov Israël développe la thèse suivante : « Si chaque groupe de Juifs fait bande à part en proclamant qu'il est le seul à détenir la justice et, ce faisant, refuse d'écouter l'avis d'un tiers, aucune solution ne peut être apportée à sa situation. [...] Les Quatre Espèces symbolisent la paix et l'unité.

De la même façon qu'elles diffèrent par le goût, l'odeur et la forme mais demeurent liées les unes aux autres, ainsi les différentes parties de notre peuple doivent constituer une alliance et œuvrer ensemble au bien commun. »

À la base de cette interprétation du bouquet de Souccot, on retrouve le souci de la survie future du peuple juif. L'insistance à relier les divers segments de la communauté, à accepter les différences et à favoriser l'unité est comprise comme la seule façon de garantir la vitalité et le futur de la communauté. Le bouquet constitué de quatre espèces végétales liées entre elles est comme les anciennes prières qui réclamaient la pluie et de bonnes moissons à venir. Il symbolise l'union du peuple et rappelle que le futur de tous les représentants de la communauté juive dépend du respect, de la coopération et de l'unité entre tous ses membres. Il est aussi un symbole universel de la paix. Agité en direction des quatre points cardinaux, en haut et en bas, il rappelle la présence de Dieu aux quatre coins de la terre, à travers toute l'humanité.

Conclusion à propos de Pessah, Shavouoth et Souccot

Chacune des fêtes mentionnées dans la *parasha Emor* continue à jouer un rôle central dans l'histoire juive. Comme nous l'avons vu, leurs rituels ont changé et évolué au fil des siècles. En s'adaptant à de nouvelles circonstances – du sanctuaire du désert au Temple de Jérusalem, de la destruction du Temple avec ses sacrifices à la création et l'usage exclusif des synagogues, de la vie sur la terre d'Israël à l'exil et à la dispersion à travers le monde, des pogromes et de la persécution jusqu'aux pays d'accueil en sécurité, de la Shoah à la renaissance de l'État d'Israël, – les rituels juifs se sont transformés, tout comme leur symbolique profonde.

Que ce soit l'addition d'une *haggadah*, ou la transformation de Shavouoth – primitivement jour de la Moisson et désormais fête du don de la Torah – ou la réinterprétation du bouquet de Souccot, chaque rituel naissant contient encore les traces de ses origines. Si la tradition juive a changé les rituels, et même abandonné certains, elle a uniformément maintenu et développé les thèmes originaux à la source de ces célébrations. Pessah est resté la fête de la liberté, Shavouoth une action de grâce pour les fruits de la nature et pour le don de la Torah, et Souccot une célébration de reconnaissance portant le souci de l'avenir. La pertinence de ces thèmes des premiers âges souligne l'importance toujours aussi vivante de ces trois fêtes juives.

2. « ŒIL POUR ŒIL, DENT POUR DENT » : LA LOI DU TALION

Par trois fois dans la Torah nous voyons être évoqué le problème de la compensation pour une blessure physique infligée par autrui. Ainsi, dans la *parasha Emor*, il est dit : « Si quelqu'un fait périr une créature humaine, il sera mis à mort. S'il fait périr un animal, il le paiera, corps pour corps. Et si quelqu'un fait une blessure à son prochain, comme il a agi lui-même on agira à son égard : fracture pour fracture, œil pour œil, dent pour dent ; selon la lésion qu'il aura faite à autrui, ainsi lui sera-t-il fait. Qui tue un animal doit le payer, et qui tue un homme doit mourir. Même législation vous régira, étrangers comme nationaux ; car je suis l'Éternel, votre Dieu à tous » (Lévitique 24 : 17-22).

Dans l'Exode 21 : 22-25, nous lisons que, si quelqu'un est impliqué dans un combat et bouscule une femme enceinte, provoquant une fausse couche, le mari de cette femme peut exiger des dédommagements pour la perte humaine. Cependant « si d'autres dommages s'ensuivent, la pénalité sera la vie pour la vie, œil pour œil, dent pour dent, main pour main, pied pour pied, brûlure pour brûlure, blessure pour blessure, contusion pour contusion ».

Un troisième exemple de ce principe se retrouve dans Deutéronome 19 : 18-19, et 21. Ici le conflit entre les deux parties n'est pas seulement de nature physique. Il se rapporte à une intention de nuire par la falsification délibérée d'un témoignage devant un tribunal. Dans cette situation, la Torah délivre aux juges la recommandation suivante : « Vous le traiterez comme il a eu dessein de faire traiter son frère [...] Ne laissez donc point s'attendrir votre regard : vie pour vie, œil pour œil, dent pour dent, main pour main, pied pour pied ! »

De nombreux interprètes ont, au fil des siècles, tenté d'expliquer ce que signifiait une telle peine dans la Torah. Ainsi, pour l'exégète biblique moderne Robert H. Pfeiffer, le précepte « œil pour œil, dent pour dent » incarne la « vieille loi du désert » pratiquée « par des Israélites qui n'ont jamais oublié qu'ils venaient du désert ». Selon lui, « une vie pour une vie » est, sous sa forme absolue, le principe de la loi du désert exigeant la vengeance par le sang… En d'autres termes, la pratique sanctionnée par la Torah était une mutilation physique en tant que compensation pour des dommages corporels infligés par une personne. Si un œil était atteint, l'auteur du préjudice devait perdre un œil. Il en allait de même pour un pied, une dent, une brûlure, une fracture, une main. Selon Pfeiffer, la vengeance par le sang est ce que la Torah approuve[1].

Sarna

La plupart des commentateurs sont toutefois en désaccord avec la conclusion de Pfeiffer. Ainsi, l'exégète contemporain Nahoum Sarna précise que la *lex talionis* ou « loi du talion », ainsi que l'avait appelé le droit romain, est fondée sur le principe selon lequel « la peine doit correspondre au crime ». Ce concept, qui faisait partie intégrante des rites israélites avant même que le peuple ne fût asservi en Égypte, fut introduit par lui en Mésopotamie. Il s'agissait là d'une idée révolutionnaire. Plutôt que de réclamer un quelconque châtiment corporel comme « vengeance de sang », le principe était de créer une « loi de l'équivalence » permettant à la partie lésée d'être dédommagée pour le préjudice subi. Si un œil était perdu, on lui versait la valeur d'un œil. S'il s'agissait d'une dent, l'équivalent d'une dent, etc.

Ce n'était pas là le seul élément révolutionnaire de ce précepte. Sarna, en effet, explique que d'autres cultures environnantes déjà, exigeaient

1. Robert H. Pfeiffer, *Introduction to the Old Testament*, Harper and Brothers, New York, 1941, p. 219-220.

une compensation financière pour des dommages physiques et que celle-ci obéissait à des considérations de classes sociales. Ainsi, le Code de Hammurabi prescrit que « si un seigneur a abîmé la dent d'un homme de son propre rang, on lui abîmera sa dent. S'il a abîmé la dent d'un homme du peuple, il lui payera le tiers d'une mine d'argent » (200-201). En d'autres termes, dans le Code de Hammurabi, la compensation est dictée par le rang occupé au sein de la communauté, par la position sociale. Dans la Torah au contraire, ces considérations ne s'appliquent pas. L'œil ou la dent d'une personne ne vaut pas plus que ceux d'une autre. Une compensation égale pour un dommage subi est la juste rétribution pour tout membre de la communauté, quelle que soit sa position.

Ceux qui, comme Pfeiffer, arguent du fait que la Torah réclame réellement la mutilation corporelle comme réparation d'un dommage sont dans l'erreur, souligne Sarna. On ne peut en aucun cas évaluer une mutilation équivalente. Que se passerait-il si une personne perdait seulement une partie de sa vue ou l'usage partiel d'un membre ? Comment envisagerait-on alors d'imposer la loi, de punir exactement avec les mêmes dommages ? En vérité, conclut Sarna, ce précepte de la Torah se rapporte à « une compensation financière ». Si l'on blesse l'œil, le pied, ou la dent d'un autre, on doit s'acquitter de la valeur représentée par de tels dommages.

La plupart des commentateurs juifs sont d'accord avec Sarna. Une des toutes premières discussions du Talmud sur cette question souligne l'importance de la compensation financière pour des dommages corporels. Le rabbin Simeon ben Yo<u>h</u>aï enseigne que le principe du « œil pour œil » doit se traduire par « argent ». Il clarifie sa conclusion par cette question : « Si un homme aveugle mutile un autre en l'aveuglant, peut-on considérer cela comme une compensation juste et suffisante ? » Par cette interrogation, Rabbi Simeon réduit à un non-sens la notion de blessure physique comme forme de compensation (*Baba Kamma* 84a). Depuis, l'interprétation de Rabbi Simeon ben Yo<u>h</u>aï du « œil pour œil » en tant que compensation financière est devenue la référence pour la tradition juive.

Ibn Ezra

Dans son commentaire sur ce sujet Abraham Ibn Ezra cite Sa'adia Gaon, dirigeant de la communauté juive babylonienne. S'opposant à ceux qui ont argué du fait que le principe « œil pour œil, dent pour dent » devait être compris littéralement en tant que revanche justifiable dans le cas d'une mutilation physique, Sa'adia pose la question suivante : « Si une personne en frappait une autre, privant cette dernière d'un tiers de sa vue normale, de quelle façon peut-on calculer les représailles pour obtenir exactement les mêmes résultats entraînés par le coup, ni plus ni moins ? »

Répondant à sa propre question, Sa'adia déclare qu'« une reproduction exacte des effets entraînés par l'agression s'avère bien plus difficile à calculer dans le cas d'une blessure ou d'une contusion qui, dans quelque endroit particulier du corps, pourraient entraîner la mort ». Il est clair, du point de vue de Sa'adia et de Ibn Ezra qui le cite, que l'intention de la Torah n'a jamais été une revanche par la mutilation physique mais plutôt une compensation financière équivalente au préjudice subi (voir discussion du Lévitique 24 : 17-22).

Maïmonide fait une remarque semblable. « Quand la Torah emploie les mots "puisqu'il a blessé physiquement une personne, ainsi en sera-t-il pour lui", il ne s'agit pas d'infliger littéralement une mutilation identique au coupable mais, même si ce dernier mérite pareille blessure, il lui sera demandé de dédommager sa victime par une compensation financière » (*Yad Hazakah, Hilkhot Havel OuMazik* 1, 3-6).

Leibowitz

En présentant ses observations sur l'argument de Maïmonide, Nehama Leibowitz va encore plus loin en expliquant pourquoi une compensation financière à la place d'une rétorsion physique était préférée par la Torah. Selon elle, le corps n'est pas une machine qui peut être utilisée et jetée. Il est saint en tant que réceptacle de l'âme humaine et cadeau de Dieu. En d'autres termes, poursuit Leibowitz, « une personne ne peut disposer de ses membres de la même manière qu'elle peut disposer de ses marchandises car ses membres et son corps tout entier ne relèvent pas de son autorité. Une personne n'est pas maîtresse de son corps, c'est Dieu, à qui appartiennent l'âme et le corps, qui en est Le Maître ». Ainsi aucune personne n'a le droit d'infliger le mal sur le corps d'une autre personne ou sur le sien. Quand la justice exige une compensation pour des dommages physiques, seule une compensation financière fera l'affaire. Honorer le corps est honorer Dieu[1].

1. Nehama Leibowitz, *Studies in Vayikra, op. cit.*, p. 245-257.

Si la tradition juive rejette la notion de mutilation physique comme représailles, alors comment évaluer une « compensation financière » pour les dommages commis ?

Cinq considérations sont prises en compte pour calculer au mieux cette juste compensation :

La première est le *nezek,* qui mesure à quel point combien un handicap physique permanent affectera les futurs revenus de la victime. Ici la tâche consiste à établir la différence financière entre ce que la victime aurait pu gagner et ce qu'elle gagnera suite à l'accident. Le montant perdu doit être compensé.

La deuxième est le *tsa'ar,* ou « douleur ». On doit être dédommagé pour la différence existant entre le montant demandé pour amputer le membre avec anesthésie et celui effectué sans anesthésie.

La troisième est le *rippouï,* ou « traitement médical ». Il s'agit du montant total des factures médicales depuis les faits ayant causé la blessure jusqu'au rétablissement complet.

La quatrième est le *shevet,* ou « perte des revenus ». Ce dédommagement est calculé sur la base des dommages subis. Si l'on doit cesser son activité professionnelle le temps de la guérison, une compensation doit être versée pour chaque jour perdu. Si ces dommages sont permanents, l'indemnité se calcule en déterminant combien une personne atteinte d'une telle incapacité serait payée si elle avait continué à travailler.

Enfin, une personne blessée est dédommagée en cas de *boshet* ou « humiliation » subie. Cela se calcule en déterminant le statut de la personne qui a causé le dommage. Si c'est un enfant qui a causé le préjudice, l'indemnité demandée sera différente de celle exigée en cas de dommages provoqués par un adulte. Si la victime a été blessée par un dirigeant ou une personne d'importance dont la colère a causé l'humiliation ou l'embarras, la compensation doit être calculée en prenant en considération l'angoisse mentale[1].

En plus de ces cinq conditions, la tradition juive exige également que la personne qui en a physiquement lésé une autre demande pardon à sa victime. Maïmonide exprime ainsi cette idée : « Aucune compensation n'est complète, aucun mal pardonné tant que la personne qui a infligé les dommages n'a pas demandé pardon à la victime et qu'elle n'a pas été pardonnée. »

Maïmonide, toutefois, n'en reste pas là. Sachant que la victime peut être blessée, en colère et se montrer impitoyable, il avertit : « Il est interdit à la personne lésée de se montrer cruelle et impitoyable. Ce n'est pas ce que recommande la tradition juive... dès que le coupable a cherché le pardon, une ou deux fois, et a montré qu'il regrettait sincèrement son acte, il doit être pardonné. Plus vite cela se réalise, mieux cela est » (*Yad Hazakah, Hilkhot Havel OuMazik* 5, 9).

Tandis que d'autres cultures moyen-orientales antiques, à la même époque, autorisaient les mutilations physiques en guise de représailles, la tradition juive introduit la pratique de la compensation financière et de la réconciliation. Quand la Torah emploie la formule « fracture pour fracture, œil pour œil, dent pour dent... », elle fait allusion à une compensation pour le préjudice subi. Comme nous l'avons

---

1. Abraham Chill, *The Mitzvot, op. cit.*, p. 71-74.

vu, la tradition rabbinique affine ce principe de compensation en ordonnant que le paiement prenne en considération l'incapacité, la douleur, le coût du suivi médical, la perte de revenus, et la honte. Non seulement la partie blessée doit être indemnisée pour les blessures endurées, mais la personne qui les a infligées devra chercher à obtenir le pardon.

Le respect pour le corps humain en tant que réceptacle saint de l'âme humaine est au cœur de l'éthique juive. De même, l'on doit traiter avec équité les personnes ayant subi des dommages et garantir de bonnes relations entre tous les membres de la société. Réalisant que des blessures ou la perte d'un membre ne pourront jamais être entièrement compensées et pourraient susciter une vengeance sanglante, la tradition juive exige une forme juste de dédommagement et la réconciliation. De cette manière, elle défend la cause de la justice et la poursuite de la paix.

Questions pour l'étude et la discussion

1. Énumérez et discutez les rituels et les bénéfices que l'on peut tirer de la cérémonie du *seder* de Pessah. Quels sont ceux qui remontent aux premiers temps du judaïsme ? Quels sont ceux qui ont une origine plus moderne ? Lesquels considérez-vous comme les plus ou les moins importants ? Pourquoi ?
2. D'anciens rabbins ont suggéré que le peuple d'Israël devait avoir reçu la Torah juste après la sortie de l'esclavage égyptien. D'autres arguent du fait que le peuple n'était pas prêt à assumer ses responsabilités. Ce fut seulement après avoir erré sept semaines dans le désert que les Hébreux furent en mesure d'accepter les enseignements de la Torah. Et pourtant, malgré

cela, ils ont abandonné Dieu et construit le veau d'or. Auquel de ces deux points de vue vous ralliez-vous ? Pourquoi ?

3. Le philosophe juif Abraham Joshua Hesclel a écrit que « le peuple juif sans Torah est obsolète ». À la lumière de la célébration de Shavouoth, comment interprétez-vous cette déclaration audacieuse d'Heschel ?
4. Au vu des différences qui séparent les exégètes juifs sur l'interprétation de la Torah et la pratique de leurs traditions, quelles leçons les Juifs d'aujourd'hui peuvent-ils retenir des significations de la fête et du bouquet de Souccot ?
5. Le maire X d'une ville frappe un opposant local. Le bras de Y est cassé, et il se trouve dans l'incapacité de travailler pendant cinq mois. Il est expert en informatique et gagne 3 000 euros par mois. Selon la tradition, comment mesurer les dommages ? Que demanderiez-vous à X de payer à Y en compensation ? Que demanderiez-vous à X de faire pour favoriser la réconciliation ? Consultez des experts en assurance. Que couvrent les compagnies d'assurance actuelles ? Que ne couvrent-elles pas ? Comment peut-on comparer leurs pratiques avec la tradition juive ?

Parashath Behar-behoukotaï

Lévitique 25 : 1-27 : 34

La parasha Behar-behoukotaï *est l'une des sept sections de la Torah qui, selon le nombre de shabbats recensés dans l'année, peut être soit lue comme deux parties distinctes soit combinée pour assurer la lecture de toute la Torah en un an. Même si nous les analysons ensemble, nous présenterons également une interprétation de chacun des thèmes principaux.*

La parasha Behar *présente des lois concernant l'année shabbatique et le jubilé. Il est demandé aux enfants d'Israël de cultiver pendant six années leurs champs et vendanger leurs vignes, mais la septième année sera une année complète de repos pour la terre, un shabbat. Tous les cinquante ans, il y aura un jubilé pendant lequel la terre et les vignes ne doivent pas être travaillées ; à ce moment la liberté sera proclamée pour tous les Israélites asservis pendant les quarante-neuf ans qui précèdent. Lors du jubilé, les terres distribuées lors de l'entrée en Israël et acquises pendant les quarante-neuf années précédentes reviendront à leurs premiers propriétaires.*

Dans la parasha Behoukotaï, *promesses et avertissements de Dieu sont nombreux si le peuple est loyal et fidèle dans l'obéissance de tous les commandements et si à l'inverse ils désobéissent. S'ils sont fidèles, paix, sécurité et récoltes abondantes adviendront et s'ils se détournent des commandements de Dieu, ils seront punis par la misère, la souffrance et la ruine. Le règlement des vœux et des dons apportés au sanctuaire est brièvement abordé.*

NOTRE TARGOUM

1. La *parasha Behar* commence par l'interdiction de semer, de récolter les terres, ou de tailler la vigne pendant l'année shabbatique. Les Israélites n'ont pas le droit de faire usage du produit spontané de la moisson ou de cueillir le raisin d'une vigne intacte pendant l'année de repos. Il est possible cependant de manger ce que la terre non cultivée peut produire pendant l'année de repos.

2. Tous les quarante-neuf ans, un jubilé doit être célébré. Il est annoncé par le son d'un *shofar* le jour de *Kippour* et par une proclamation de liberté ou de libération, à travers le pays pour tous ses habitants.

La liberté ou la libération signifiait que tous les Israélites devaient reprendre possession des parcelles de terre originelles données à leurs ancêtres à l'époque de Josué et de la conquête de Canaan.

Tenant compte de la loi de restitution de la terre à ses premiers propriétaires, le peuple apprend que lors d'un achat ou d'une vente, il doit déduire les années à partir du jubilé et ne faire payer que les années restantes de productivité. Plus nombreuses sont les années, plus élevé est le prix, moins nombreuses sont les années de productivité, moins élevé est le prix. Il est dit également au peuple : « Si tu vends une propriété à ton prochain, ou si tu acquiers de sa main quelque chose, ne vous lésez pas l'un l'autre. » Il est enseigné que la terre appartient à Dieu et le peuple est averti : « Vous n'êtes que des étrangers domiciliés chez Moi. »

3. Si un Israélite se trouve dans la gêne et doit vendre une partie de son bien, un parent doit lui venir en aide. Si, pour des raisons financières, quelqu'un doit vendre une maison dans une ville cernée de murs, il a le droit de la racheter jusqu'à la fin de l'année de la vente. Une fois l'année passée, la maison appartient définitivement à l'acquéreur. Les maisons qui se situent dans des villages ouverts, c'est-à-dire non cernés par des murs seront restituées à leur premier propriétaire au temps du jubilé.

Le peuple est prévenu que si un frère ou une sœur se trouve dans la gêne, ils seront considérés comme des étrangers domiciliés. On ne doit pas prendre des intérêts sur leurs prêts, ni sur la nourriture. Ils ne doivent pas être traités en esclaves. S'ils peuvent être employés comme travailleurs salariés, ils doivent être libérés au jubilé. « Car ils sont Mes serviteurs, que j'ai délivrés du pays d'Égypte ; ils ne peuvent se donner en esclavage. Tu ne peux pas les maltraiter, tu dois craindre ton Dieu. »

Si un Israélite, qui éprouve des difficultés financières, se place sous l'autorité d'un étranger domicilié ou de sa famille, qui a prospéré, il peut être racheté par un membre de sa propre famille. Le prix de la vente sera calculé sur la base du nombre d'années restantes jusqu'au jubilé. Si aucun membre de sa famille ne se présente pour le racheter, il sera libéré avec sa famille lors du jubilé.

4. La *parasha Behoukotaï* s'ouvre sur une promesse faite par Dieu aux Israélites. S'ils obéissent à tous

les commandements, ils seront récompensés par des pluies et des récoltes abondantes. Ils vivront en sécurité sur leur terre et jouiront de la paix. Si des ennemis les attaquent, ils en sortiront victorieux. Les parents auront la joie d'avoir de nombreux enfants qui ne connaîtront pas la faim. Dieu prendra soin d'eux, et ils marcheront toujours fièrement comme un peuple libre.

Cependant, s'ils ne suivent pas les commandements de Dieu, ils souffriront de terribles maladies, de maigres récoltes et de défaites par leurs ennemis. Les cieux seront de fer et la terre d'airain (stériles) ; les arbres refuseront leurs fruits et les bêtes sauvages les détruiront.

Si le peuple se détourne de Dieu et refuse d'observer Ses commandements, en vouant un culte aux idoles, ses villes seront abandonnées en ruines, et ses habitants seront dispersés parmi les nations. La terre sera laissée en désolation pendant un long shabbat sans récoltes. La peur des ennemis sera si grande que le simple bruissement d'une feuille qui tombe fera fuir ceux qui restent. Les survivants de cette désolation préféreront avoir péri.

Lorsque le peuple aura souffert de l'exil et aura été puni pour avoir manqué d'observer les commandements, l'Éternel se rappellera l'alliance contractée avec eux, avec Abraham, Isaac et Jacob. Ils ne seront pas rejetés pour toujours. Dieu n'annulera pas l'alliance, car c'est l'Éternel qui les a fait sortir d'Égypte pour être leur Dieu.

5. Cette section de la Torah et le livre du Lévitique se terminent par des lois concernant les vœux, les offrandes et dons au sanctuaire.

Si une personne formule le vœu ou promet de donner la valeur équivalente d'un être humain, il doit se référer à cette estimation : pour un homme entre vingt et soixante ans d'âge, cinquante shekels d'argent, et trente pour une femme ; pour un garçon entre un mois et cinq ans d'âge, cinq shekels, et trois pour une fille. Si la personne qui a promis d'effectuer un don ne peut pas se le permettre, le prêtre fera une estimation selon ses moyens.

Pour les promesses de dons d'animaux, de maisons ou de terre, c'est au prêtre de faire l'estimation appropriée. Dans le cas d'une terre donnée à un prêtre, elle peut être rachetée au moment du jubilé pour une somme supplémentaire de vingt pour cent de son montant. Si elle n'est pas rachetée, elle appartient au prêtre. Si la terre n'appartient plus à la personne qui l'avait offerte au sanctuaire, elle doit revenir à son propriétaire d'origine au moment du jubilé.

Toutes les dîmes et les impôts de dix pour cent prélevés sur la semence ou les fruits doivent être remis au sanctuaire. Cependant, si l'on souhaite en faire un usage personnel, on peut en payer sa valeur augmentée d'un cinquième.

La *parasha Behar-behoukotaï* contient trois thèmes importants :

1. Les années shabbatiques et jubilaires.
2. S'occuper des pauvres.
3. Les récompenses et punitions divines.

1. LES LEÇONS DES ANNÉES SHABBATIQUES ET JUBILAIRES

Si la Torah demande que l'on consacre le jour du shabbat au repos après six jours de travail, elle exige de même une année shabbatique de repos pour la terre après six années de culture ; elle demande aussi un *Yovel*, ou jubilé, une cinquantième année complétant un cycle de sept années shabbatiques.

Il est déjà fait mention de l'année shabbatique dans Exode 23 : 10-11, où il est indiqué aux Israélites de ne pas cultiver leurs terres, leurs vignes ou leurs plants d'oliviers. Pendant l'année shabbatique, ils doivent laisser tout ce qui pousse aux nécessiteux et aux bêtes sauvages.

Dans cette *parasha*, les Israélites sont informés qu'ils ne peuvent ni cultiver la terre ni tailler leurs vignes ou vergers. Ils peuvent néanmoins manger tout ce qui pousse naturellement pendant l'année shabbatique (Lévitique 25 : 1-17). En plus de la pratique de laisser la terre en jachère, la Torah exige également que toutes les dettes soient annulées pendant la septième année (Deutéronome 15 : 1-3).

Pendant l'année du jubilé, qui est annoncée par la sonnerie du *shofar* le jour de Kippour, toutes les lois de l'année shabbatique seront observées. De plus, toutes les propriétés héritées au temps où Josué a conduit les Israélites sur la terre d'Israël doivent être rendues aux familles auxquelles elles avaient été attribuées à cette époque. Pour assurer une juste estimation de la valeur des terres, tous les prix étaient calculés à partir de leur usage potentiel avant le jubilé, temps où elles reviendraient à leurs premiers propriétaires. Le jubilé était aussi un temps de libération pour ceux des Israélites qui, par pauvreté, avaient été forcés de se vendre en esclavage (Lévitique 25 : 8-17).

Ces pratiques concernant à la fois l'année shabbatique et le jubilé furent adaptées et étendues par la tradition rabbinique. Les propriétaires de champ, par exemple, n'avaient pas le droit de collecter et de stocker de larges quantités de nourriture dans leurs maisons car de telles pratiques priveraient les pauvres. Les individus ou les familles ne devaient prendre que la quantité de fruits et de légumes dont ils avaient besoin d'ordinaire. Si l'on venait à manquer de nourriture dans les champs, on exigeait des agriculteurs qu'ils vident leurs greniers pour rendre les stocks accessibles à toute la communauté. Il était interdit d'acheter ou de vendre les produits du champ pendant les années shabbatiques ou jubilaires.

Avec la conquête d'Alexandre le Grand du Moyen-Orient (330 avant notre ère), les Juifs passèrent d'une économie centrée autour de l'agriculture à une économie urbaine. Des emprunts d'argent furent nécessaires pour les affaires. Cependant les lois écrites de la Torah exigeaient une annulation des dettes par les créditeurs pendant l'année shabbatique. Des créanciers, craignant de ne jamais être remboursés, refusèrent d'accorder des prêts, ce qui eut pour conséquence une situation désespérée pour les indigents qui ne pouvaient obtenir l'argent dont ils avaient besoin. Pour remédier à cette injustice, Hillel créa un arrangement financier connu sous le nom de *prosbol* : les dettes étaient transférées au tribunal qui se portait garant de leurs remboursements même pendant l'année shabbatique[1].

Il est évident d'après cette *parasha* et les commentaires rabbiniques plus tardifs sur les commandements concernant l'année shabbatique et le jubilé, que l'on se préoccupait beaucoup d'alléger la détresse pesant sur ceux qui étaient susceptibles de souffrir pendant des années sans travail, sans production, et d'annulation de dettes. Les besoins des pauvres étaient un souci de première importance pour la tradition juive. Pourquoi donc les pratiques de l'année shabbatique et du jubilé furent-elles instaurées si elles se traduisaient par des difficultés pour certaines parties de la société ? Que signifiaient ces lois pour les Israélites et pour les générations de Juifs qui suivirent ?

Rashi

Le commentateur Rashi suggère que la raison de l'année shabbatique est de donner du temps à la terre pour se reposer, de la même manière que le shabbat hebdomadaire permet aux êtres humains de se renouveler et de se revitaliser. Il est peu probable que Rashi ait pleinement saisi le processus de fertilisation naturelle et de régénération de la terre mise en jachère pendant un an. Pourtant, il a dû réaliser comme les anciens que les récoltes étaient plus abondantes après que la terre se fut « reposée » pendant une année shabbatique. Pour Rashi, les années shabbatiques et de jubilé, comme le shabbat, permettaient à la terre de bénéficier d'une période

1. Abraham Chill, *The Mitzvot*, *op. cit.*, p. 108-111, 297-300, 413-415.

nécessaire pour se revigorer (voir *Commentaire sur Lévitique* 25 : 2).

Rambam (Maïmonide)

Moïse Maïmonide comprend clairement la relation de cause à effet entre le « repos » de la terre et sa productivité. Les années shabbatiques et jubilaires sont commandées, selon lui, parce que « l'abandon de la terre permettra son renforcement ; la jachère et l'inactivité de la terre augmentent sa force ». Mais Maïmonide souligne également le bénéfice éthique de ces années. Dans son commentaire sur l'obligation du don aux pauvres, il souligne que ces lois qui garantissaient de la nourriture pour les nécessiteux, la libération des esclaves, l'annulation des dettes et la restitution des terres avaient toutes pour but d'enseigner « l'empathie envers les autres et de promouvoir le bien-être de tous ». Un aspect important de ces années particulières pour les Juifs était d'encourager et d'enseigner la générosité pour ceux qui étaient dans le besoin, de partager les profits et les produits de la terre, et d'être justes dans leurs échanges commerciaux (*Guide des égarés*, 3 : 39).

Un parallèle à la création

Abraham Ibn Ezra suggère que le cycle agricole de sept années offre un parallèle au plan divin de la création. Dieu termine l'œuvre de la création en six jours, puis se repose. C'est ainsi qu'un Juif doit travailler la terre. Chaque année évoque un jour de la création. Les saisons, l'été, l'automne, l'hiver, et le printemps, sont comme les premières et dernières heures de chaque journée.

Et la septième année est parallèle au shabbat, temps de suspension du travail, une période de repos pour les champs (voir *Commentaire sur Lévitique* 25).

Une discipline de confiance

Éphraïm ben Aaron Solomon, l'auteur du *Keli Yakar*, rejette l'argumentation de Moïse Ibn Ezra en avançant que le but des années shabbatiques et jubilaires est « de nous enseigner de ne pas penser que les êtres humains contrôlent la production de la terre... [et] de nous apprendre à avoir confiance en Dieu, qu'Il nous donnera suffisamment de récoltes pendant six ans afin de pourvoir à nos besoins pendant les années de jachère ». Les années shabbatiques et jubilaires sont dans leur essence des exercices de confiance et de discipline de soi[1].

Peli

Protéger la société contre le mal

Ce shabbat du pays et l'année jubilaire qui l'accompagne sont considérés par de nombreux penseurs comme parmi les réformes sociales les plus avancées. Ils protègent la société contre les maux du féodalisme et du totalitarisme, assurant une inhérente « liberté pour tous les habitants du pays et le droit de chaque individu de retourner dans son foyer et sa famille[2] ».

Aaron Halevi, auteur du *Sefer HaHinoukh*, souligne aussi la dimension éthique des années shabbatiques

1. Abraham Chill, *The Mitzvot, op. cit.*, p. 110.
2. Pinhas Peli, *Torah Today, op. cit.*, p. 146-148. Trad. fr. *La Torah aujourd'hui*.

et jubilaires. Dieu nous ordonne de ne pas travailler le sol et de ne pas profiter de ses fruits pour les laisser aux pauvres afin de nous rappeler que la terre ne produit pas par elle-même, ni même par la culture humaine. « Il existe un Dieu qui commande ses produits. » De plus, « il n'est pas plus noble générosité que de donner sans attendre de retour ». Telle est la bonté que Dieu montre pour tous les êtres humains pendant ces années de repos de la terre. Dieu pourvoit généreusement de la nourriture pour tous et les êtres humains sont censés imiter Sa bonté dans leurs relations les uns avec les autres. De même que Dieu donne de la nourriture pendant les années de repos, les êtres humains doivent laisser les produits des cultures pour les nécessiteux et les affamés, agissant ainsi avec compassion et générosité.

À propos des commandements qui concernent l'annulation des dettes, la libération des esclaves et la restitution de toutes les terres à leurs propriétaires d'origine, Halevi pense que ces lois des années shabbatiques et jubilaires « forgent le caractère éthique ». Leur but est de faire comprendre aux êtres humains que tout appartient à Dieu, et finit par revenir à Dieu et à qui Dieu désire donner.

Une telle compréhension vise à « empêcher les gens de voler la terre de leurs voisins ou de la désirer dans leurs cœurs ». S'ils intègrent que tout appartient à Dieu et reviendra à Dieu, les gens seront moins susceptibles de se tromper les uns les autres et de se traiter avec injustice dans les affaires. Savoir que toutes les propriétés foncières reviendront à leurs premiers possesseurs, et que tous les esclaves seront libérés, garantit la sécurité, la justice, et la liberté dans la société[1].

Mesurer la vie en années shabbatiques

Le rabbin Morris Silverman suggère que « la vie d'une personne consiste normalement en dix périodes qui dure sept années... » Après avoir vécu vingt et une années ou trois périodes shabbatiques, « au lieu de dire que vous avez encore devant vous quarante-neuf ans, vous devriez dire que vous n'avez plus que sept périodes shabbatiques à vivre. Ainsi vous verrez que les jours de votre vie sont beaucoup trop courts. Vous pourrez mieux apprécier combien la vie est précieuse, si vous pensez la vie en termes de périodes shabbatiques et non un an à la fois ». Voilà ce que le commandement de l'année shabbatique nous enseigne[2].

Le commentateur moderne Baruch A. Levine explique que l'intention des lois du jubilé concernant la restitution des terres à leurs propriétaires d'origine est un moyen d'assurer que le pays d'Israël appartienne toujours au peuple juif. Selon lui, ce n'est ni une question d'éthique, ni de théologie, ni de renouvellement agricole ; c'est une question politique.

Levine pense que cette section de la Torah a pu être composée après que le peuple juif fut revenu de l'exil de Babylone dans les années 420 avant notre ère. Cyrus, le dirigeant babylonien, leur avait promis

1. B.S. Jacobson, *Méditations on the Torah, op. cit.*, p. 188-189 ; et Nehama Leibowitz, *Studies in Vayikra, op. cit.*, p. 260-261.
2. S.Z. Kahana, *Heaven on Your Head*, Hartmore House, Hartford, 1964, p. 134-135.

qu'ils récupéreraient le pays. À leur retour, après presque quatre-vingts années d'exil, ils trouvèrent leurs possessions entre les mains d'autres Juifs et de nombreux non-Juifs. Ils étaient face à un dilemme : comment pouvaient-ils s'installer dans le pays alors qu'il « appartenait » à présent à d'autres ?

La loi jubilaire de restitution de la terre aux premiers propriétaires qui l'avaient reçue du temps de Josué permit une solution. Dieu avait distribué la terre au peuple d'Israël, famille par famille. Même si elle pouvait être vendue pour être exploitée, elle ne pouvait pas être vendue pour toujours. À chaque jubilé, elle revenait à la famille originelle. Lorsque les Juifs revinrent sur la terre d'Israël depuis Babylone, cela signifiait que la cinquantième année, toutes les terres qu'elles soient possédées par des Juifs ou des non-Juifs, devaient être restituées. Comme Levine l'affirme, « l'intention était de reprendre le contrôle du pays. De cette façon, riches et pauvres étaient égaux. Les deux classes récupéreraient leurs terres[1] ».

Leibowitz

Ne<u>h</u>ama Leibowitz attribue aussi un sens sociologique et politique aux lois jubilaires concernant la restitution des biens fonciers à leurs propriétaires d'origine. Cependant, elle cite les arguments d'Henry George, penseur américain du XIXe siècle, selon lesquels le jubilé « était une mesure désignée pour maintenir une distribution égalitaire de la

1. Baruch A. Levine, *JPS Torah Commentary : Leviticus*, *op. cit.*, p. 270-274.

richesse ». Moïse avait réalisé par son expérience en Égypte que l'oppression des masses était une résultante du monopole entre les mains des riches de la propriété foncière et de la fortune. Si l'on suit l'opinion de George, poursuit Leibowitz, « la Torah avait pour intention d'empêcher la formation d'une classe sociale sans terre et la concentration du pouvoir et de la propriété entre les mains d'un petit nombre ». La garantie que la terre reviendrait à ses propriétaires initiaux chaque cinquantième année au moment du jubilé, était considérée comme le meilleur moyen de promouvoir « justice et équité[1] ».

Les interprètes de la tradition juive proposent une variété d'interprétations et de sens à propos des années shabbatiques et jubilaires. Pourtant, toutes partagent une dimension commune. Elles perçoivent dans les traditions de laisser la terre se reposer, nourrir les affamés, restituer la terre à ses propriétaires d'origine, et libérer les esclaves, des mesures empreintes de profondes significations éthiques, politiques et spirituelles. Les soucis éthiques qui inspirent ces anciennes lois agraires et économiques s'inscrivent en contraste avec de nombreuses politiques sociales, religieuses et économiques d'aujourd'hui et leur lancent un véritable défi.

2. LA *MITSWA* DE SE SOUCIER DES PERSONNES PAUVRES

Selon Rav Assi, qui vécut et enseigna pendant le IIIe siècle de notre ère, en Babylonie, la *mitswa*

1. Nehama Leibowitz, *Studies in Vayikra*, *op. cit.*, p. 260-261.

de *tsedaka* (justice, charité, bonté), qui consiste à se soucier des personnes dans le besoin, « est plus importante que tous les autres commandements ajoutés les uns aux autres » (*Baba Batra* 9a).

Quelles sont les origines d'une telle observation ? Où trouve-t-on dans la Torah le fondement de la conclusion de Rav Assi sur l'éthique juive ?

La réponse peut être lue dans la *parasha Behar*. Juste après la discussion des années shabbatiques et du jubilé, la Torah aborde la question du pauvre et du nécessiteux, de leur protection par la communauté, du soin qu'elle leur doit. À quatre reprises sont répétés ces mots : *Vekhi yamoukh ariha*, « Et si ton frère [ou ta sœur] est réduit à la misère », comme introduction à une explication de la manière dont les pauvres doivent être considérés.

Plusieurs exemples sont proposés. Il est dit aux Israélites que lorsqu'un parent se voit dans l'obligation de vendre sa propriété, un autre doit lever des fonds pour la racheter. Si un parent s'endette, il est interdit de lui prendre des intérêts ou aucun argent ou nourriture qui lui serait donné. Si sa situation de pauvreté s'aggrave et qu'en dernier recours il envisage de se vendre comme esclave, il doit être considéré comme un salarié employé mais jamais comme un esclave. Si un Israélite pauvre est acheté par un étranger résident (non-israélite), sa famille est dans l'obligation de lever des fonds pour le racheter ; s'il fait fortune et qu'il est prospère tout en étant esclave, il peut se racheter lui-même (Lévitique 25 : 25, 35, 39 et 47).

Ces régulations concernant le traitement des personnes dans le besoin ont débouché sur d'importantes discussions parmi les commentateurs juifs sur l'obligation de *tsedaka.* À travers les siècles, des normes éthiques de souci pour les nécessiteux ont émergé pour donner naissance à un modèle juif unique de responsabilité sociale.

En discutant par exemple de la signification des mots « Si ton frère est réduit à la misère », les rabbins soulignent qu'aider ceux qui ont perdu leurs biens, qui sont sans nourriture, sans vêtements, ou qui sont malades, infirmes ou dans le besoin, n'est pas seulement bénéfique pour ceux qui sont aidés mais apporte aussi le bonheur à ceux qui sont généreux. Ceux qui accomplissent des actes de *tsedaka,* explique Abbah ben Jérémie au nom de Rabbi Meïr, savent que leur bon penchant domine leur mauvais penchant. Rabbi Isi proclame que ceux qui donnent même une *perouta,* ou un tout petit montant, se sentent comblés.

Certains rabbins sont d'avis que lorsque la Torah dit : « Et si ton frère vient à être réduit à la misère », il s'agit de l'obligation de sauver ceux qui sont détenus par des pirates ou par des oppresseurs. Rav Houna argumente que le verset fait référence à la *mitswa* de rendre visite aux malades et estime même qu'un soixantième de la maladie est guérie par les visites.

Zougot

Rabbi Yoh̲anan dit que la Torah veut nous instruire d'observer le commandement d'enterrer les pauvres avec dignité et honneur.

Dans une autre interprétation du commandement de tendre la main à ceux qui sont tombés dans la pauvreté, Rabbi Yonah suggère que la Torah se soucie tout particulièrement de ne pas heurter les sentiments des nécessiteux. Ils ne doivent pas se sentir honteux de leur sort. Il cite comme exemple le cas d'une personne qui avait perdu son argent mais avait honte de demander de l'aide. « Je suis allé vers lui, explique Rabbi Yonah, et je lui ai dit que j'avais eu vent qu'il avait hérité d'une fortune d'un parent éloigné. Puis je lui ai proposé mon aide, en lui disant qu'il me rembourserait lorsque l'héritage serait arrivé. Après lui avoir donné la somme, je lui ai affirmé qu'il n'était pas nécessaire qu'il me rembourse. De cette manière, j'ai réduit son humiliation. »

D'autres rabbins avertissent qu'il ne faut pas humilier la personne indigente en lui posant des questions embarrassantes. Dieu, préviennent-ils, punira ceux qui sont aisés et qui demandent aux nécessiteux : « Pourquoi ne te trouves-tu pas un travail et ainsi tu gagneras de l'argent et tu pourras te nourrir du pain que tu as gagné ? Ou ceux qui disent : « Regarde ces hanches, regarde ces jambes, regarde ce corps bien gros. Une telle personne peut aller travailler. Eh bien, qu'elle le fasse et subvienne à ses propres besoins ! » De telles personnes, observent les rabbins, amèneront le mal sur elles-mêmes parce qu'elles n'honorent pas les autres comme êtres créés à l'image divine (*Lévitique Rabba* 36 : 1-16).

L'art de donner la *tsedaka* (justice, charité, bonté)

La plus grande justice (*tsedaka*) est de permettre au nécessiteux de gagner sa vie (*Shabbat* 63a).

La personne qui donne la *tsedaka* dans le secret est plus grande que Moïse (*Baba Batra* 9b).

Un flambeau ne diminue pas en intensité même s'il allume un million de mèches. Une personne qui donne à ceux dans le besoin ne perd rien (*Exode Rabba* 30 : 3).

La *tsedaka* ne connaît ni origine ni croyance (*Guitin* 61a).

Si tu veux relever une personne de la pauvreté et du désarroi, ne crois pas qu'il suffise de te tenir au-dessus d'elle et de tendre une main aidante vers le bas. Cela ne suffit pas. Tu dois t'abaisser jusqu'à elle, dans la boue et la saleté. Puis tu dois la prendre d'une main forte et tirer jusqu'à ce que vous vous leviez tous les deux dans la lumière[1].

Eleazar ben Eleazar HaKappar, maître du IIIe siècle connu sous le nom de Bar Kappara, affirme que nous « sommes tenus par l'obligation de considérer le corps d'une personne pauvre comme s'il s'agissait du nôtre ». En d'autres termes, nous devons vêtir, nourrir et abriter les personnes dans le besoin comme si elles étaient des extensions de notre chair et de notre sang. Ce que nous faisons pour elles doit être à la hauteur de ce que nous désirerions pour nous-mêmes. Et nous devons agir avec souci et respect pour leur dignité et leurs sentiments.

La *tsedaka* ne concerne pas seulement les riches, ni ne se limite à une aide matérielle. Les pauvres aussi sont tenus par l'obligation de la *tsedaka*. Rabbi

---

1. Salomon ben Meir HaLevi de Karlin, 1738-1798, cité par Francine Klagsbrun, *Voices of Wisdom : Jewish Ideals and Ethics for Everyday Living*, Pantheon Books, New York, 1980, p. 331.

Lévi explique : « Si tu n'as rien à donner, offre la consolation. Conforte les nécessiteux avec des mots gentils. Dis : "Mon âme s'épanche vers toi. Même si je n'ai rien à te donner, je comprends ce que tu ressens." » (*Lévitique Rabba* 24 : 1-15 ; voir aussi *Sota* 14a ; *Baba Batra* 10a).

Les remarques des rabbins des premiers siècles de notre ère sur le verset de la Torah « Si ton frère vient à être réduit à la misère » définissent les obligations de bienfaisance au sein de la tradition juive. S'appuyant sur ses prédécesseurs, Moïse Maïmonide dans son *Mishné Torah*, écrit dans la deuxième moitié du XIIe siècle, considère que la *tsedaka* « est le commandement positif le plus important » donné par Dieu au peuple juif.

Moïse Maïmonide, en accord avec les premiers rabbins, encourage générosité et sensibilité à l'égard des « plaintes des nécessiteux ». Il recommande que les êtres humains s'écoutent les uns les autres, se parlent avec sympathie, et n'insultent jamais ceux dont la vie est brisée par la pauvreté et la maladie. Même si ceux qui font partie du peuple d'Israël doivent se soucier les uns des autres, parce qu'ils sont liés par une destinée unique », l'obligation de la *tsedaka* s'étend aussi aux non-Juifs. « Il est interdit, écrit Maïmonide, de laisser partir les mains vides une personne pauvre. »

De plus, aider une personne qui se retrouve dans le désarroi, n'est pas une question de velléité optionnelle, de caprice ou de compassion. Il s'agit là d'une *mitswa*, c'est-à-dire d'une obligation, un commandement de Dieu. Le mot employé pour la « charité » (*caritas* en latin signifie tendresse) en hébreu est *tsedaka*, de la racine ts. d. k. (*tsadé, daleth, kouf)*, qui signifie, « droit » ou « juste », « moralement correct ». Dans la tradition juive, la *tsedaka* est faire ce qui est juste et bien. C'est sans aucun doute pour cette raison que Maïmonide insiste sur la loi : « Si une personne n'a pas de vêtements, il relève de ta responsabilité de lui en donner. Si des meubles sont nécessaires pour meubler une maison, tu dois donner des meubles. Si une personne pauvre a besoin d'aide pour se permettre d'organiser le mariage de son enfant, tu dois l'y aider. Si la personne est affamée, tu dois donner de la nourriture. Et ce sans tarder, qu'elle n'ait pas besoin de quémander[1] ! » (*Mishné Torah* 6-8).

En résumé de la considération de la tradition juive pour la *tsedaka*, la pratique de la justice, charité et bonté, Maïmonide propose une échelle de huit degrés. Voici une expression classique de l'éthique juive :

1. Le premier degré, le plus élevé, consiste à soutenir une personne réduite à la pauvreté par un prêt ou en lui proposant de devenir associée dans une entreprise ou en lui procurant du travail. La personne nécessiteuse peut ainsi devenir indépendante et subvenir seule à ses propres besoins.

2. En dessous est le second degré qui consiste à donner à quelqu'un de telle sorte que le donateur ne connaisse pas le bénéficiaire et que le bénéficiaire ne connaisse pas le donateur.

3. Troisième degré : donner à quelqu'un dont on connaît l'identité mais qui ignore celle du donneur.

---

1. Jacob Neusner, *Tzedakah*, Rossel, Chappaqua, New York, 1982, p. 81-106.

4. Quatrième degré : donner à quelqu'un dont on ignore l'identité mais qui connaît celle du donneur.

5. Cinquième degré : Prendre les devants : donner avant même d'être sollicité.

6. Sixième degré : donner après avoir été sollicité.

7. Septième degré : donner moins que ce qui est requis mais avec le sourire.

8. Huitième degré : donner mais à contrecœur, et de manière désagréable (*Mishné Torah* 10 : 7-15).

La préoccupation essentielle de tous les interprètes du verset de la Torah « Si ton frère venait à être réduit à la misère » est l'obligation de proposer de l'aide. Si une personne a des dettes, il faut lui prêter de l'argent sans intérêt. S'il s'agit de vêtements, de nourriture ou d'un toit, on doit les lui fournir. Rashi, commentant ce verset, rappelle qu'il est suivi de l'injonction « Tu dois le renforcer ». Ses mots signifient selon lui : « Ne laisse pas tomber les pauvres afin qu'ils deviennent indigents et qu'il soit difficile pour eux de revenir en arrière. Renforce-les plutôt dès que leur force et leur fortune s'affaiblissent » (voir aussi *Torah Temima sur Lévitique* 25 : 35).

L'éthique juive commande que la *tsedaka* soit faite sans tarder, généreusement, et de toujours faire en sorte que la dignité de ceux qui sont dans le besoin soit préservée.

3. RÉCOMPENSES ET PUNITIONS : LES CONSÉQUENCES DE NOS CHOIX

Le rabbin Bernard J. Bamberger, interprète moderne, souligne que de nombreuses nations du

Moyen-Orient ont développé des systèmes légaux qui promettaient de grandes récompenses pour ceux qui les observaient et de cruelles punitions pour ceux qui les transgressaient. Le Code sumérien de Lipit-Ishtar ainsi que le Code de Hammurabi prévoient des bénédictions pour ceux qui vivent selon la loi et souffrance et mort pour ceux qui s'y dérobent.

La Torah, avance Bamberger, ne suit aucun de ces codes. Elle propose plutôt une autre vision des conséquences des choix effectués par les individus et les nations. Même si bénédictions et malédictions arrivent suite à certains choix, la Torah présente une « lueur d'espoir » par de nouvelles opportunités de récompense et de bonheur. En d'autres termes, nous pouvons souffrir des conséquences de nos choix mais nous ne sommes jamais complètement condamnés[1].

En dressant une liste des bénédictions et des malédictions qui attendent les Israélites, la *parasha Behoukotaï* soulève des questions sérieuses. Elle décrit en premier lieu les bénédictions que Dieu amènera sur le peuple *s'il suit* les commandements de la Torah. La prospérité et la paix lui sont promises. Il sera à l'abri des bêtes sauvages, et la victoire sur les ennemis lui est assurée. Le pays produira d'abondantes récoltes, et la population augmentera. Mais si en revanche les Israélites ne suivent pas les commandements de la Torah, ils seront punis par des maladies, l'absence de récolte et la mort de leurs troupeaux et de leurs enfants. La peur de leurs ennemis et la famine les submergeront. Leurs

---

1. Bernard J. Bamberger, *The Torah : A modern Commentary, op. cit.*, p. 953-954.

villes seront ruinées. Ils seront défaits et ravagés par leurs ennemis et exilés (Lévitique 26 : 3-38).

Un parallèle de ce catalogue de bénédictions et de malédictions peut être trouvé dans le Deutéronome 28-30.

Après avoir lu une telle liste de bénédictions et de malédictions, on peut se poser la question suivante : Est-ce que Dieu punit vraiment ceux qui n'observent pas les lois de la Torah ? Est-ce possible de dire que le peuple d'Israël a souffert de l'exil, de la famine et de la peur parce que les Juifs n'ont pas tous choisi de mettre en pratique dans leur vie chaque loi de la Torah ? La tradition juive enseigne-t-elle que les nations et les individus sont punis par Dieu pour leurs mauvais choix, pour ne pas vivre en accord avec les lois de la Torah ?

Baruch A. Levine, commentateur contemporain, fait remarquer que « deux principes essentiels de la religion biblique trouvent leur expression dans cette section de la Torah. Le premier est le concept du libre arbitre, c'est-à-dire la conviction que chaque personne a la liberté de déterminer si elle va suivre les commandements de la Torah ou les rejeter. Le deuxième concept concerne les récompenses et les punitions et affirme que l'obéissance à la volonté de Dieu apporte une récompense ; la désobéissance apporte une punition terrible[1] ». Ces deux principes sont présents dans la Torah mais aussi dans les écrits de nombreux commentateurs.

Rabbi Hama ben Hanina, méditant sur ces principes, maintient que tous les commandements de la

1. Baruch A. Levine, *JPS Torah Commentary : Léviticus, op. cit.*, p. 182.

Torah furent donnés aux êtres humains afin de les sauvegarder contre leur penchant à faire de mauvais choix. Si l'on agit fidèlement selon ces commandements, la récompense suivra. Si ce n'est pas le cas, on en subira les conséquences.

Rabbi Eléazar illustre cette opinion en imaginant Dieu présentant un cadeau du ciel contenant la Torah et une épée et annonçant : « Si vous observez ce qui est écrit dans la Torah, alors vous serez épargnés par l'épée. Si vous ne vivez pas selon ce qui est écrit dans la Torah, alors vous serez détruits par l'épée » (*Lévitique Rabba* 25 : 5-6).

Cette vision de récompense pour l'accomplissement des commandements de la Torah et de punition pour la désobéissance trouve un écho dans un récit relaté par les premiers rabbins. Il s'agit d'un homme qui tombe du pont d'un bateau dans la mer. Le capitaine lui lance une corde et lui dit : « Accroche-toi bien. Ne lâche pas. Si tu lâches, tu perdras la vie. » La Torah, disent les rabbins, est la ligne de vie du peuple juif. S'ils s'y accrochent fidèlement et pratiquent ses commandements, ils vivront. S'ils l'abandonnent et l'ignorent, ils périront. Les récompenses et les peines sont liées aux choix qu'ils font (*Tanhouma, Buber* sur Nombres, p. 74).

Cette interprétation classique de loyauté à la Torah récompensée et de déloyauté punie se reflète dans les treize principes de foi de Moïse Maïmonide, intégrés depuis des siècles dans la plupart des livres de prières. Voici le onzième principe : « Je déclare avec une confiance parfaite que le Créateur… récompense ceux qui gardent les commandements et punit ceux qui les transgressent. » Selon Maïmonide tout dépend du libre arbitre des êtres humains. S'ils font le bien, ils seront récompensés par le bien. S'ils choisissent le mal, ils souffriront de pénibles conséquences.

Qu'en est-il cependant de ceux qui sont fidèles à la Torah, observent tous ses commandements avec loyauté, mais, au lieu de profiter des récompenses d'un esprit serein et d'avantages matériels, portent des fardeaux de malheur et de douleur ? Comment ceux qui prétendent que Dieu rétribue tous ceux qui gardent les commandements, et punit ceux qui s'en écartent, expliquent-ils la souffrance des justes ?

Certains penseurs juifs, comme Rabbi Eléazar ben Siméon, victime des persécutions romaines, enseignent que les êtres humains et les peuples devraient toujours se considérer comme moitié coupables, moitié méritants, sachant que le choix qui se présente à eux fera pencher la balance soit vers la récompense soit vers la punition. Du point de vue de Rabbi Eléazar, il est évident que ceux qui souffrent ont fait de mauvais choix, même s'ils refusent de reconnaître qu'ils ont commis des erreurs.

D'un autre côté, certains maîtres sont d'avis que les récompenses et les punitions ne sont pas délivrées dans ce monde mais dans le monde à venir. Selon eux, les êtres humains sont jugés par Dieu à la fin de leur vie. Ils récoltent les bénéfices d'avoir vécu une vie juste ou souffrent des conséquences de leurs mauvaises décisions pendant toute l'éternité. Étant donné que le tissage des bonnes et mauvaises actions est très subtil, seul Dieu peut être l'ultime Juge. C'est pour cette même raison, suggère le philosophe juif Joseph Albo, que Dieu ne dispense pas des récompenses matérielles et spirituelles uniquement pendant la vie terrestre mais aussi après la mort, dans le monde à venir (*Kiddoushin* 40a-b ; *Sefer haIggarim* 4 : 29 sq.)

Une garantie pour le monde à venir

Le rabbin Harold M. Schulweis souligne que certains anciens rabbins « refusent la doctrine des récompenses et punitions car elle va à l'encontre de leur sens de la justice... La souffrance des justes est en réalité un gage d'honneur et non une marque d'infamie ». Le Saint béni soit-Il apporte la souffrance aux justes afin qu'ils puissent hériter d'une part dans le monde à venir[1] (*Kiddoushin* 40b).

Les causes de la souffrance humaine

Le rabbin Roland B. Gittlsohn ne croit pas en un Dieu assis dans le ciel qui récompense ceux qui vivent en accord avec les commandements de la Torah et punit ceux qui ne le font pas. Il pense en revanche qu'il existe quatre causes de souffrances : « La première : défier les lois physiques de la nature, la seconde, ignorer ces mêmes lois, la troisième, défier les lois spirituelles de la nature, la quatrième, ignorer ces lois spirituelles[2]. »

Une explication de la souffrance

La souffrance fait ressortir le caractère et le développe. Elle est le creuset de nombreuses vertus : la résignation, la confiance, le courage, la ressource, l'endurance. Elle stimule, elle purifie (Claude G. Montefiore).

Pour de nombreux penseurs modernes, il est inacceptable de penser d'une part que le monde et la vie humaine sont au-delà de notre entendement, et d'autre part que Dieu récompense et punit de

1. Abraham E. Millgram, « Suffering and Evil », in *Great Jewish Ideas*, B'nai B'rith/Bloch Publishing Company, 1964, p. 206-207.
2. Roland B. Gittlsohn, *Man's Best Hope*, *op. cit.*, p. 127.

manière mystérieuse ou dans une autre vie. On peut légitimement se demander comment expliquer la souffrance d'enfants innocents mis à mort dans les camps de concentration nazis, ou l'agonie de personnes « justes » qui endurent la maladie, la cruauté ou la brutalité des autres. Où sont les récompenses et les punitions de Dieu dans de telles situations ?

Le rabbin Harold S. Kushner, dans son livre *Quand de mauvaises choses arrivent à des personnes justes*[1], argumente que l'une des raisons de la souffrance d'innocents, de personnes justes « est que ce qui nous définit en tant qu'humains est notre liberté de nous blesser les uns les autres, et Dieu ne peut nous arrêter sans nous priver de la liberté qui nous rend humains ». En d'autres termes, la douleur humaine n'est pas la résultante de l'intervention de Dieu mais elle est la conséquence de ce que les humains s'infligent les uns aux autres.

Kushner présente ainsi la question : « Les êtres humains peuvent se tromper les uns les autres, se voler, se blesser, et Dieu ne peut que poser un regard de pitié et de compassion sur le fait que les êtres humains ont appris si peu à travers les âges sur la manière de se comporter. Quand les gens demandent : “Où était Dieu à Auschwitz ? Comment a-t-Il pu permettre aux nazis de tuer autant d'hommes, de femmes et d'enfants innocents ?”, ma réponse est de dire que ce n'est pas Dieu qui a causé cela. Ce qui s'est passé a été le résultat du choix de cruauté de certains êtres humains envers d'autres. »

---

1. Harold S. Kushner, *When Bad Things Happen to Good People*, Shocken Books, New York, 1981.

Mais qu'en est-il des maladies de personnes innocentes, de la souffrance des malades ou des handicapés ? Comment oser dire qu'il s'agit d'une punition divine pour ne pas avoir observé les commandements ? Le rabbin Kushner, dont le fils Aaron est mort à l'adolescence d'une maladie rare, écrit : « Je ne crois pas que Dieu provoque le retard mental des enfants, ou choisit qui doit souffrir de dystrophie musculaire. Le Dieu auquel je crois ne nous envoie pas le problème ; il nous donne la force de faire face au problème[1]. »

Récompense, punition et conscience

Toute la tradition juive nous aide à comprendre le bien et le mal qui s'offrent à notre conscience. Si nous voulons croire dans notre for intérieur que cela signifie que Dieu punit le mal et récompense le bien, nous nous inscrivons dans l'enseignement du judaïsme.
Toutefois, tout mal est-il puni, tout bien récompensé ? Que penser des personnes dont on dit qu'elles n'ont pas de conscience ?
Peut-être constituent-elles la preuve flagrante que le monde de Dieu est très loin d'atteindre la perfection et que Dieu a donné la mission à l'homme de développer une conscience universelle[2].

Le rabbin contemporain Robert Gordis, citant Yannaï, sage du IIIe siècle, écrit : « Cela ne relève pas de notre pouvoir d'expliquer totalement soit le bien-être des méchants soit la souffrance des justes. »

---

1. *Ibid.*, p. 81-86, 127.
2. Meyer Levin, *Beginnings in Jewish Philosophy*, Behrman House, New York, 1971, p. 78-85.

Gordis envisage l'univers « comme une œuvre d'art, dont la structure ne peut pas être discernée si le spectateur se tient trop près du tableau ». Il affirme : « Ce n'est que lorsque l'on se recule à une certaine distance » que « les touches disparaissent et que l'intention de l'artiste apparaît dans toute sa splendeur ».

Ce que Gordis veut démontrer est que les êtres humains « sont trop proches de la structure de l'existence, trop profondément impliqués, pour être capables d'appréhender la perspective qui n'appartient qu'à Dieu ». En conséquence, nous ne pouvons saisir pleinement le sens des récompenses et punitions divines, ni les raisons qui dictent nos joies et nos souffrances. En fin de compte et après toutes nos explorations et nos explications, nous restons face au mystère de la vie et avec le choix de modeler tout ce qui nous est donné pour en faire des bénédictions ou des malédictions, des récompenses ou des punitions[1].

À travers les siècles, les juifs ont débattu pour comprendre la relation de Dieu aux êtres humains. L'étude et la pratique de la Torah sont devenues les moyens par lesquels ils cherchèrent à maîtriser la discipline éthique, à célébrer les saisons de l'existence et à éclaircir les mystères essentiels de la vie. Pour les anciens auteurs de la Torah, l'obéissance aux commandements était récompensée par des biens matériels et spirituels ; quant à la désobéissance, elle était punie par la privation et la destruction.

Des penseurs plus tardifs acceptèrent cette philosophie de la justice immanente ; d'autres

---

1. Robert Gordis, *A Faith for Moderns*, Bloch Publishing Company, New York, 1960, chap. 10.

s'y opposèrent fortement. Ils étaient plutôt d'avis que l'intervention divine n'était pas claire, que ce soit en termes de récompenses ou de punitions. Peut-être advenait-elle dans ce monde-ci, peut-être dans l'autre, ou des deux côtés de l'existence.

D'autres commentateurs encore pensent que Dieu a donné les commandements aux êtres humains pour leur bénéfice mais ne siège pas aux cieux pour décider qui va souffrir ou être heureux, qui va vivre et qui va mourir. Les commandements de la Torah nous aident plutôt à trouver la force dans des moments de peine et la confiance lorsque, en tant qu'êtres humains, nous ressentons de la confusion et du chagrin. Notre récompense se trouve dans le sens et la discipline que les commandements donnent à notre vie. S'il est une punition pour ne pas les observer, elle vient de la perte de sagesse et de sens potentiel que l'observance aurait pu procurer.

Le sens de la *mitswa* pour les Juifs libéraux

Lors de sa réunion de juin 1976, la Conférence centrale des rabbins américains a adopté la déclaration suivante : « Perspective centenaire du judaïsme réformé ». Pour décrire la relation des Juifs libéraux aux commandements de la tradition juive, il est dit que « le judaïsme met l'accent sur l'action plutôt que le credo comme première expression de la vie religieuse ». Les responsabilités juives pour agir, poursuit la déclaration, « commencent avec nos obligations éthiques mais elles s'étendent à de nombreux autres aspects de la vie juive, comme créer un foyer juif centré sur le dévouement à la famille, l'étude qui se poursuit toute la vie, la prière à la maison et les offices communautaires, la pratique religieuse quotidienne, l'observance du shabbat et des fêtes, la célébration des étapes importantes de la vie, l'implication dans la synagogue et la communauté juive en général ainsi que d'autres activités qui encouragent la survie du peuple juif et améliorent son existence. Dans chaque aspect de la pratique juive, les Juifs libéraux sont appelés à confronter les exigences de la tradition, dans toute l'expression de sa diversité, et à exercer leur autonomie individuelle, choisissant et créant à partir de leur implication et de leur connaissance ».

Une autre question concernant le choix d'appliquer les commandements de la Torah est d'égale importance. Même si les anciens rabbins ont pu identifier 613 commandements (chiffre mythique qui s'appuie sur le *midrash* de Rabbi Simlaï dans le traité *Menahoth* du Talmud), ils ne s'attendaient pas à ce que les Juifs les respectent tous, ni tous les rites qui leur sont associés. Dans la mesure où de nombreux commandements ont trait aux sacrifices offerts au Temple de Jérusalem, les maîtres du judaïsme ont considéré que les Juifs étaient exempts de leur observance jusqu'à la reconstruction du Temple.

De plus, il est de nombreux cas, aujourd'hui comme par le passé, où les autorités juives traditionnelles diffèrent dans leur interprétation et suivent des pratiques différentes. Par exemple certains ultra-orthodoxes considèrent le commandement « Croissez et multipliez » comme une interdiction des contraceptifs. D'autres Juifs orthodoxes ne partagent pas cet avis, considérant que l'usage des contraceptifs est autorisé quand le mari et son épouse ont eu un garçon et une fille.

Les Juifs libéraux laissent le libre choix aux individus de la manière dont ils vont observer les commandements, pour autant qu'ils ne choisissent pas par facilité mais par connaissance et que leurs choix soient éthiques. Ils ne se soumettent pas à une autorité rabbinique qui n'intervient que pour les informer ou les conseiller mais sans prendre de décision à leur place et ils rejettent l'idée que Dieu les punirait pour leurs choix. Le judaïsme libéral souligne l'obligation pour chaque Juif d'examiner les enseignements éthiques et les pratiques rituelles de la tradition juive et de mettre en pratique ceux qui enrichissent le sens de la vie, « qui encouragent la survie du peuple juif et améliorent son existence ». C'est dans l'accomplissement personnel que l'on ressent après avoir observé un commandement que réside sa récompense.

Dès le moment où les étudiants de la Torah ont commencé à débattre de l'intervention de Dieu sous forme de récompenses et de punitions, il y a sans doute eu des penseurs qui jugeaient que le sujet dépassait la compréhension humaine. Et en vérité, jusqu'à ce jour, la question reste controversée. Personne ne détient la réponse.

Nous ignorons pour quelle raison les innocents souffrent, pourquoi la cruauté est présente dans le monde, et pourquoi des personnes égoïstes jouissent d'une grande fortune tandis que des personnes généreuses endurent les horreurs de la douleur. Tout ce qu'il est en notre pouvoir de faire est d'accepter le mystère de la vie et de tenter de lui donner du sens par nos choix. C'est pour ces choix que la tradition de la Torah peut nous aider. En nous demandant à chaque fois que nous sommes face à une décision importante ce que la sagesse juive nous ordonne de faire, nous augmentons nos possibilités de « récompenses » et de « bénédictions ».

Questions pour l'étude et la discussion

1. Quelles leçons éthiques pouvons-nous apprendre de la description de la Torah des années shabbatiques et jubilaires ? Lesquelles sont les plus importantes ? Lesquelles le sont moins ?
2. Êtes-vous d'accord avec l'échelle donnée par Moïse Maïmonide des dons de générosité ?
3. Comment expliqueriez-vous la souffrance des innocents ?
4. Êtes-vous d'accord avec l'affirmation selon laquelle la souffrance et la douleur résultent du manque d'observance des commandements de la Torah ou que la souffrance améliore notablement le caractère ?

LES NOMBRES

Parashat Bemidbar

Nombres 1 : 1-4 : 20

Le second livre de la Torah, l'Exode, se termine avec la fin de la construction du Tabernacle et son inauguration, le premier jour du premier mois de la deuxième année après la sortie d'Égypte. Le quatrième livre de la Torah, intitulé en hébreu : Bemidbar *« dans le désert » et en français : Nombres, s'ouvre sur la demande de Dieu faite à Moïse de procéder au recensement de toute la communauté d'Israël. Le commandement est donné le premier jour du deuxième mois de la deuxième année après le départ du peuple d'Israël d'Égypte. Tout homme âgé de plus de 20 ans est recensé et on aboutit au résultat suivant : la population juive compte 603 550 personnes. Ce nombre ne tient pas compte des 22 000 Lévites qui sont exclusivement responsables du bon déroulement du culte et doivent toujours camper autour du sanctuaire. Après le décompte des garçons premiers-nés âgés de plus d'un mois, Moïse doit comparer leur nombre : 22 273 avec les 22 000 Lévites et procéder au rachat des 273 premiers-nés supplémentaires. Moïse dénombre également les Kohatites, séparément des Lévites, car ils sont responsables du transport des objets sacrés du sanctuaire, sans devoir être présents lors de son démontage ou de sa construction.*

NOTRE TARGOUM

1. Un mois après avoir assemblé le sanctuaire « dans le désert » (*bemidbar*), Dieu demande à Moïse de dénombrer tout Hébreu de plus de 20 ans, c'est-à-dire tous ceux qui peuvent porter les armes. Ce recensement se fait selon les maisons tribales : Ruben, Simon, Judah, Issachar, Zebulon, les fils de Joseph – Éphraïm et Menassé –, Benjamin, Dan, Acher, Gad et Naftali. Moïse et Aaron enregistrent la présence de 603 550 hommes.

Les Lévites, descendants de Lévi, n'entrent pas dans ce recensement car ils ne portent pas d'armes et sont exclusivement responsables du sanctuaire et du bon déroulement de son rituel. Ils sont dans l'obligation constante de camper autour du sanctuaire et d'assister Aaron et les prêtres lors de leurs actes rituels.

2. Moïse dénombre les Lévites âgés de plus d'un mois. Le total obtenu est de 22 000. Il compte également les premiers-nés mâles des Hébreux de plus d'un mois et arrive au nombre de 22 273.

Dieu dit à Moïse que la tâche des Lévites sera de veiller au bon déroulement des rituels, libérant ainsi les autres de toute responsabilité rituelle liée au Tabernacle. Mais, puisqu'il y a un surnombre de 273 premiers-nés israélites par rapport aux Lévites, une taxe de cinq shékèls par tête devra être donnée au prêtre qui les libérera de tout devoir sacerdotal.

L'argent est donné à Aaron et à ses fils pour être utilisé à leur discrétion.

3. Lors des déplacements du peuple d'Israël, le démontage et le montage du sanctuaire est sous la responsabilité exclusive d'Aaron et de ses fils. Tous ses objets, les voiles, les rideaux, l'arche, les cuves, les lampes doivent être recouverts de peaux de dauphin ou d'étoffes spéciales.

4. Il est demandé à Moïse et Aaron de compter les Kohatites, les descendants de la famille de Kehat, l'un des trois fils de Lévi. Ceux qui seront âgés de 20 à 50 ans auront la charge de porter les éléments du sanctuaire lors des déplacements.

La *parashat Bemidbar* contient deux thèmes importants :

1. Ce que signifie dans la tradition juive le concept de *midbar,* du désert.
2. La signification du recensement des Hébreux.

1. POURQUOI UN TEL NOMBRE D'ÉVÉNEMENTS ET D'UNE TELLE IMPORTANCE SE DÉROULENT-ILS DANS LE *MIDBAR* (« DANS LE DÉSERT ») ?

En 1838-1839, le célèbre artiste écossais David Roberts (1796-1864) a voyagé au Moyen-Orient. Ses dessins et son journal témoignent de son expérience et de ses observations. Marchant ou se déplaçant avec des caravanes dans le désert du Sinaï, Roberts et ses compagnons ont connu la chaleur brûlante de la journée et le froid glacial de la nuit. Son journal décrit les crêtes escarpées, les sommets imposants et désolés, les « sombres pics du mont Sinaï » et la stérilité du désert.

Décrivant sa montée, à travers les crevasses, vers le mont Sinaï, Roberts dit : « Bien qu'ayant connu les défilés les plus escarpés des Alpes et bien que, depuis Chamonix, j'aie suivi tous les itinéraires du Mont-Blanc, je n'ai jamais trouvé de passages aussi rudes et ardus que celui que nous sommes en train d'escalader. » Un autre membre de l'expédition écrit : « Je n'ai jamais vu un endroit aussi sauvage et aussi désolé » (David Roberts, *The Holy Land*, Nachman Ran Editor, Wellfleet Books, New York, 1982, p. V-27 – V-35).

Ceux qui ont voyagé dans la péninsule triangulaire du Sinaï, située entre le golfe de Suez et le golfe d'Eilat, connaissent ce paysage aux couleurs bigarrées. Au nord, sur la côte méditerranéenne, se suivent de hautes et mouvantes dunes de sable. Plus au sud on trouve des falaises de calcaire escarpées et des montagnes reliées par de vastes plateaux rocheux. Dans sa partie sud se trouvent d'imposants monts de granit, des vallées et des gorges érodées par les froides pluies hivernales et par la neige, incrustées de veines cuivrées et turquoise. Même aujourd'hui, moins de cent mille personnes habitent dans cette région aride et hostile.

C'est dans ce paysage désolé du désert du Sinaï que le peuple d'Israël qui venait d'être libéré, allait rester et errer pendant quarante années. Les étudiants de l'histoire juive et de la littérature de la Torah ont, à travers les siècles, constamment posé la question : Pourquoi y ont-ils séjourné si longtemps ? Pourquoi après les terribles et amères années d'esclavage égyptien, Moïse ne leur a-t-il pas fait prendre un chemin plus direct vers la terre d'Israël ? Et pourquoi la Torah a-t-elle été donnée au peuple d'Israël dans un environnement si hostile et non dans l'agréable Terre promise où coulent le lait et le miel ? Et en fin de compte, pourquoi dans la Torah un livre entier, *Bemidbar*, et une grande partie du Deutéronome sont-ils consacrés à la lutte du peuple d'Israël pour sa survie dans un lieu si inhospitalier ?

Les commentateurs de la Torah offrent de multiples réponses.

Abba Eban, homme d'État et historien, suggère que les Hébreux libérés de l'esclavage furent séquestrés dans ce lieu pour des raisons stratégiques. Leur intention était de revenir vers le pays de leurs ancêtres, mais ils étaient peu nombreux et dans l'incapacité de se confronter aux armées philistines qui contrôlaient la route du nord, le chemin le plus direct et le plus court vers Canaan, ou aux armées cananéennes qui campaient en bordure du Néguev. Eban explique que les quarante années de pérégrinations « d'une oasis à une autre oasis » furent nécessaires afin que le peuple soit suffisamment fort pour reconquérir leur terre (*My Land : The Story of the Jews*, Random House, New York, 1984, p. 15-16).

Bien qu'il ne soit pas en désaccord avec les remarques d'Abba Eban, l'historien israélien Nachman Ran voit dans l'expérience du désert une période obligatoire d'errance afin que le peuple acquière la capacité stratégique d'agir. Selon Nachman Ran, l'expérience du désert fut un temps nécessaire pour la constitution de la nation et l'élaboration de ce que sera la religion de ce peuple. « Pour une population qui n'avait vu que les plates plaines de l'Égypte, la marche dans le désert, dans cette région aux montagnes escarpées et aux vallées profondes, a certainement été une source perpétuelle d'étonnement et d'émerveillement. Aucune école plus efficace n'aurait pu être pensée pour faire d'une nation d'esclaves, une nation d'hommes libres, et pour sevrer un peuple de l'idolâtrie et le mener à la connaissance de la grandeur et de la puissance du Dieu de la nature et de l'esprit » (*The Holy Land*, p. V-27).

Pour Ran, le *midbar* est une « école » où les Hébreux ont pu grandir et s'éloigner définitivement de l'esclavage et de l'idolâtrie pour devenir un peuple libre et fort. Dans cet environnement unique, stérile et plein de dangers, ils apprirent à tenir compte des merveilles de la nature et de l'importance de chaque personne au sein de la communauté. N'étant plus des esclaves, ils durent prendre en main leur devenir. Cette marche dans le désert leur a appris la dépendance et la loyauté des uns envers les autres, l'importance des commandements d'ordre éthique ou rituel qui leur permettait de donner une densité supplémentaire à leur existence grâce au sens du sacré. En Égypte, ils étaient condamnés à vivre selon les désirs et les volontés des autres. Dans le désert, ils devinrent libres et responsables devant Dieu et devant eux-mêmes dans les choix qu'ils devaient faire et assumer.

D'autres commentateurs estiment que l'expérience du désert avait pour but de renforcer leur détermination afin qu'ils puissent faire face aux problèmes qu'ils allaient rencontrer dans le futur. Ils souffrirent de la faim et de la soif, ils furent attaqués par des ennemis cherchant à les annihiler, et furent contraints de vivre dans l'inconfort et l'incertitude. Leurs souffrances renforcèrent leur volonté de survivre. Elles donnèrent naissance à la conviction que, même sous l'oppression et la violence, ils avaient la capacité de vaincre ceux qui chercheraient à les détruire.

L'expérience du désert deviendra plus tard un modèle de comportement pour le peuple d'Israël. Dans des époques de persécutions, les Juifs continuèrent de se référer à cette période d'errance dans le désert du Sinaï. Se rappelant les échecs et les réussites de cette époque, ils s'en inspirèrent pour surmonter les obstacles qu'ils rencontraient dans leur présent.

Rabbi Akiba insiste sur cette leçon de la souffrance des Hébreux dans le désert et il lui donne une autre dimension. Selon lui, leurs échecs et leurs réussites leur ont permis « d'acquérir le mérite de recevoir ce don sans prix, le don de la Torah ». L'affirmation de rabbi Akiba est audacieuse car elle signifie que le malheur et la désillusion sont essentiels afin d'être plus à même de recevoir des récompenses particulières (*Sanhédrin* 101a).

L'auteure Helen Keller, aveugle et sourde depuis sa naissance, énonçait une idée similaire lorsqu'elle s'exprima en ces termes : « Je remercie Dieu pour mes handicaps car, à travers eux, je me suis trouvée, j'ai découvert ma voie et construit ma relation avec Dieu. » Cela fut possible grâce à sa volonté de surmonter ses infirmités.

Parfois la conséquence de notre propre souffrance est une meilleure compréhension de la peine que les autres peuvent ressentir et la détermination à les aider afin de la surmonter. Ressentir la peine peut nous ouvrir à l'empathie, nous donner une nouvelle sagesse et des perspectives renouvelées afin de lutter contre la violence et l'injustice, tout en exerçant la compassion, la vérité, le partage et la paix. L'un des meilleurs amis de rabbi Akiba, rabbi Simon ben Azzaï, avait peut-être cette idée à l'esprit lorsqu'il prononça cette parole : « La récompense d'accomplir une *mitzvah* est de pouvoir en accomplir d'autres » (*Avot* 4 : 2).

Et rabbi Akiba pensait peut-être à la récompense ou au sentiment de satisfaction qui découle de la souffrance acceptée pour de justes causes. Les Juifs ont souvent été persécutés à cause de leur fidélité à leur foi et à leur peuple. Akiba lui-même, aux mains des Romains, a été torturé et est mort en martyr. Alors qu'il agonisait, il murmura à ses disciples : « Maintenant je comprends les mots de la prière : Tu aimeras l'Éternel ton Dieu de tout ton cœur, de toute ton âme et de toutes tes forces » (Deutéronome 6 : 5). Au milieu du supplice qu'il subissait, il avait abouti à la conclusion qu'à travers la souffrance qu'il endurait, il donnait sa vie pour son peuple et pour sa foi.

Pourquoi dans le désert ?

Selon le philosophe Philon d'Alexandrie, la Torah a été donnée dans le désert car dans les villes règnent la corruption, la luxure, l'idolâtrie et d'autres maux encore.

Il avance que, afin d'être pur et prêt à recevoir la Torah, on doit se tenir à l'écart des vices de la cité (*Sur le Décalogue*, I).

La Torah a été donnée dans le désert pour nous enseigner que nous devons être ouverts comme le *midbar* l'est, afin d'apprendre la Torah (*Nedarim* 55b).

De même que le désert ne contient que des étendues de sable, de même le corps humain n'est composé que de poussière. Mais de même que le désert fut transformé en lieu de sainteté par l'apparition de la présence divine, de même en est-il des êtres humains. Ils deviennent une source de grandeur s'ils permettent à l'étincelle spirituelle qu'ils recèlent, d'inspirer leurs actions et de générer leurs actes (rabbin Mordechaï Katz, *Lilmod Ul'lamèd : From the Teachings of Our Sages*, Jewish Education Program Publications, New York, 1978, p. 129).

De nombreux commentateurs rabbiniques anciens réprouvent l'affirmation de rabbi Akiba selon laquelle, grâce aux souffrances que les Hébreux ont endurées en Égypte, ils reçurent la Torah dans le désert. Ils soutiennent que Dieu a choisi délibérément le *midbar* désolé comme le lieu le plus approprié pour donner la Torah. Pour étayer leur opposition, ils citent un grand nombre de raisons.

Le *midbar* aride, disent les rabbins, n'appartient à personne. C'est un *no man's land*. Pour cette raison, Dieu l'a choisi et l'a considéré comme le meilleur endroit pour promulguer sa Torah parce que la Torah doit pouvoir appartenir à tous. Comme le désert, la Torah est ouverte à tous et à la disposition de tous. Ce n'est pas un livre secret et nul n'en a l'exclusivité. À tout moment, chacun est le bienvenu pour l'accepter et la faire sienne. C'est pourquoi, d'après les rabbins, elle a été donnée dans un lieu ouvert à tous et n'appartenant à personne. C'est un présent donné à toute l'humanité (*Mekhilta, Bahodèch* et *Yitro*).

Un autre maître de la Tradition suggère que la Torah a été donnée dans le *midbar* et non en Israël pour prévenir des conflits au sein du peuple d'Israël. Si elle avait été donnée sur le territoire d'une tribu, celle-ci aurait pu déclarer aux autres tribus : « Voyez, nous sommes la plus importante de toutes les tribus car la Torah a été donnée sur notre terre. » Pour éviter de telles affirmations qui auraient pu engendrer jalousie et malentendus, Dieu a offert la Torah au peuple d'Israël dans le *midbar*, qui n'appartient à personne. Ainsi, l'enseignement qui en est tiré est qu'aucun Juif n'est supérieur à un autre et que la responsabilité de mettre en œuvre les commandements de la Torah incombe à tous les Juifs (*Nombres Rabba, Houkat* 19 : 26).

D'autres commentateurs affirment que la Torah a été donnée dans le désert du Sinaï car de même que le désert est ouvert à toutes les influences, ceux qui veulent comprendre la Torah et la faire leur, doivent rester ouverts à des enseignements différents les uns des autres. En d'autres termes, les meilleurs étudiants ne sont pas ceux qui rendent leur esprit sourd à toute influence, qui n'ont aucune patience et n'écoutent pas les opinions divergentes ; mais plutôt ceux qui ressemblent au désert en étant réceptifs à de nouvelles idées et prêts à considérer de nouvelles perspectives. Ils prennent leur temps pour approfondir et analyser des approches inventives, sans craindre des suggestions novatrices. Et un commentateur d'affirmer : « Celui qui n'a pas l'esprit libre comme le désert, n'est pas digne de recevoir la Torah » (*Pesikta deRav Kahana* 107a).

Un commentateur moderne, le rabbin Mordechai Miller, de Gateshead en Angleterre, affirme que « de tous les lieux dans le monde, seul un lieu aride et désolé, tourmenté et obscur a accueilli Dieu avec égard ». L'opinion de Miller est que le désert était le lieu le plus approprié pour énoncer le message spirituel de la Torah car le désert n'est pas corrompu et n'est pas un lieu de recherche de pouvoir ni de richesse. Il reste un lieu désolé, sauvage et pur, sans attente de transformation.

Le point de vue du rabbin Miller est « que la Torah est donnée à ceux qui ressemblent au désert, se purifiant de toute influence impure et de tout désir, de toute ambition et de toute recherche d'intérêt, traits incompatibles avec l'étude de la Torah ». Selon lui, de tels travers sont la conséquence de l'égoïsme, du désir de posséder ce qui appartient à l'autre, de la tentation de corrompre famille et amis, de la poursuite d'habitudes immorales, de l'impatience et de la cruauté envers les autres. Toutes ces influences nous empêchent d'atteindre des « niveaux élevés de moralité et d'élévation spirituelle ». Les idées préconçues et les jugements sommaires nous empêchent d'accueillir de nouvelles idées et nous emprisonnent dans de dangereuses habitudes (*Shabbat Shiurim* 5729, Feldheim, New York, 1979, p. 215-221).

L'affirmation du rabbin Miller que le don de la Torah dans le désert induit un important message spirituel et éthique, est partagée par le rabbin Morris Adler. Néanmoins, le rabbin Adler insiste sur un point différent. Il affirme que nous vivons dans l'« époque du désert ». La « voix de Dieu ne résonne ni clairement ni réellement à une telle époque ». La confusion règne au sujet de ce qui est juste et de ce qui est faux, entre la foi et la raison. À une telle époque, c'est comme si Dieu était absent.

Le rappel que la Torah fut donnée dans le désert, dit le rabbin Adler, enseigne qu'« il n'y a aucune condition humaine... aussi pleine de ténèbres soit-elle qui soit dépourvue de toute présence de Dieu ». Au contraire, « Dieu parle, et parfois... parle de façon plus claire dans le désert ». Souvent, explique-t-il, lorsqu'on se trouve dans des situations très difficiles, submergé par les préoccupations, les tensions et les souffrances, on a le sentiment de subir des injustices, et on « abandonne sous le poids d'un sentiment d'impuissance ». C'est précisément dans ces moments qu'il est nécessaire de se rappeler que Dieu a donné la Torah dans le désert et non dans une contrée ruisselante de lait et de miel. « Quel que soit votre désert, je vous affirme : Écoutez, écoutez car, en ce moment également, Dieu parle. » (*The Voice Still Speaks*, Bloch Publishing Co., New York, p. 265-269).

Peli

Reprenant la remarque du rabbin Adler, Pinhas Peli considère le désert comme une métaphore, qui révèle la réalité psychologique et spirituelle de l'existence humaine. En chacun existe un « espace sauvage », un « désert » où les désirs égocentriques règnent, où on ne tient compte que de ses appétits. Nul ne peut ressentir de plénitude dans le désert. Constamment, on se plaint du manque de nourriture et d'eau, de la chaleur étouffante des journées et du froid mordant des nuits. La colère, la frustration, les désaccords et la faim règnent. La Torah fut donnée dans le désert, selon Peli, « pour conquérir et faire plier le diabolique désert qui habite les êtres humains ». La leçon est que « si chacun ne maîtrise pas son propre désert, ce dernier risque de le maîtriser. La coexistence pacifique entre les deux est une illusion… » (*Jerusalem Post*, 1er juin 1985, p. 17).

Pourquoi tant d'événements importants se déroulent-ils dans le désert ? Comme nous l'avons vu, de nombreuses réponses ont été données. Une explication supplémentaire peut être ajoutée.

Selon la tradition juive, à la vue d'un désert on doit dire : « Béni sois-Tu Éternel, pour les merveilleuses œuvres de création. » Le désert a toujours inspiré l'admiration et la réflexion. Le silence qui y règne est mystérieux et invite à la contemplation. On va vers le désert, comme Moïse le fit, pour découvrir de nouvelles perspectives dans la vie, pour approfondir notre conscience spirituelle, pour clarifier nos réflexions morales. Telle est peut-être la raison de la place importante du désert dans la tradition juive. Le *midbar* est le lieu où les Hébreux, libérés de l'esclavage d'Égypte, ont reçu la Torah, mis au point leur stratégie afin d'entrer dans la Terre promise, et se sont unis pour devenir un peuple prêt à faire face à son futur plein d'incertitudes.

2. POURQUOI RECENSER LES HÉBREUX ?

Bemidbar, le livre des Nombres, s'ouvre sur une date. Elle indique que le premier jour du deuxième mois de la deuxième année depuis la sortie d'Égypte,

Moïse a été chargé de réunir tous les Hébreux. Une année s'est écoulée depuis qu'ils ont été libérés. Ils ont erré dans le désert et se sont tenus au pied du mont Sinaï pour recevoir la loi divine. Et le premier jour du deuxième mois, une année après avoir quitté l'Égypte, Dieu demande à Moïse de procéder au recensement du peuple d'Israël.

Les commentateurs qui s'attachent aux termes utilisés pour les instructions données à Moïse attirent notre attention sur les mots employés. Il s'agit de *seou èth roch* qui est généralement traduit par « procède au recensement » mais qui signifie de façon littérale « élève » ou « marque la tête ». Comme on le constate, le sens véritable demeure incertain.

De plus, les commentateurs font remarquer que ce recensement est différent de celui qui se trouve auparavant dans Exode 30 : 12-15. Dans ce premier recensement, aucune date n'est indiquée. Moïse doit relever le nom de tout homme âgé de 20 ans ou plus et réclamer un paiement d'un demi-shékèl à chacun en tant qu'offrande à Dieu. Or dans les Nombres, aucun paiement n'est mentionné ni requis.

Cela soulève plusieurs questions : Pourquoi ce recensement un an après la sortie d'Égypte ? Quel sens donner à *seou èth roch* ? Pourquoi trouvons-nous dans la Torah deux versions du recensement ? Et s'il y a un lien entre ces deux recensements, quel est-il ?

Par souci de clarté, commençons par répondre à la dernière question. Les premiers commentateurs font remarquer que Dieu demanda à trois reprises de procéder à un recensement, le premier juste après le départ d'Égypte (Exode 12 : 37), le second lorsque Moïse se trouve sur le mont Sinaï (Exode 30 : 12) et le troisième en ouverture au livre des Nombres.

Pourquoi le peuple doit-il être dénombré si souvent ? Selon les rabbins, c'est pour mettre en valeur l'amour de Dieu pour le peuple d'Israël. Selon eux, Dieu est comme un roi qui possède un fabuleux trésor et le chérit. Chaque jour, il le prend dans ses mains et l'étreint. Il le compte afin de s'assurer que rien n'a disparu. Selon les rabbins, il en est ainsi entre Dieu et le peuple d'Israël : Dieu aime les compter et, à chaque décompte, il déclare : « J'ai créé les superbes étoiles de l'univers, mais c'est Israël qui accomplira Ma volonté » (*Nombres Rabba* 2 : 19).

Rashi

S'appuyant sur cette interprétation, Rachi explique que chaque recensement est un signe d'amour et de confiance de Dieu envers Israël. De même que nous comptons les personnes ou les objets qui nous sont importants, de même nous « comptons » sur eux en espérant qu'ils prendront soin de nous et, si nécessaire, qu'ils prendront notre défense ; ainsi Dieu « compte » sur chaque Juif afin qu'il devienne son partenaire pour le *tikkoun olam*, dans l'amélioration du monde. Chaque recensement est un état des lieux amoureux de Dieu envers ses « intermédiaires » ou envers son « trésor ». Ce qui en découle est que, non seulement Dieu nous aime, mais aussi qu'il a besoin de nous. Dieu « compte » sur nous pour prendre en charge notre part de l'alliance et du partenariat qui nous lie à Lui (*Commentaire sur Nombres* 1 : 1).

Rashbam

Rashbam, le petit-fils de Rachi, n'est pas de cet avis. Il affirme que le recensement n'a aucun lien avec l'amour de Dieu envers le peuple juif. Au contraire, il considère que recenser tous les hommes de plus de 20 ans est une question de stratégie. « Pour se préparer à entrer en Israël, il est nécessaire de disposer d'une armée en ordre de marche. » Le recensement est entrepris afin de connaître le nombre de soldats pouvant être incorporés pour faire face au défi militaire qui les attend (*Commentaire sur Nombres* 1 : 1).

Ramban (Nahmanide)

Nahmanide est du même avis que Rashbam. Il explique que le recensement est une façon pour la Torah de mettre en garde ceux qui comptent sur les miracles. Le peuple sera amené à se battre pour s'installer sur la terre d'Israël. Elle ne lui sera pas octroyée par miracle. Le recensement est un moyen d'organiser et d'enregistrer ceux qui pourraient être soldats. Cela met en évidence que la victoire dépend de chacun et de la coordination de leurs aptitudes et de leurs efforts.

Les personnes sont des actifs : règles pour des compagnies à succès

Considérer toute personne comme un adulte ; la traiter comme partenaire, avec dignité et avec respect. La traiter – non comme un coût, ni comme une machine – mais comme la source première de gains et de productivité.

> Telles sont les leçons fondamentales de toute compagnie prospère... En d'autres termes, si vous recherchez la productivité et le profit qui vont de pair, les travailleurs doivent constituer votre actif le plus important (Thomas J. Peters and Robert H. Waterman Jr, *Search of Excellence*, Harper and Row Publishers Inc., New York, 1982, p. 238).

Le rabbin Jacob J. Weinstein élargit l'interprétation de Rashbam. Il met en évidence que le recensement est « un modèle de compétence administrative à grande échelle ». Moïse demande que les noms soient notés et enregistrés. Il organise le recensement par tribus, mettant à part les Lévites qui sont responsables du rituel et des objets du sanctuaire. Chaque tribu, structurée en familles paternelles, est divisée en sections et doit s'organiser individuellement avec un emblème particulier qui l'identifie.

Ce recensement n'est pas simplement un appel pour le service militaire mais il décrit l'organisation innovante d'une communauté. Le recensement est une nécessité pratique. Il permet aux Hébreux de mettre en évidence les talents et les capacités de chacun – cette richesse indispensable qui permet d'envisager la victoire. Par ce procédé du recensement, Moïse élabore une structure organisationnelle, crée un concept de la société juive et lui assigne un but, alors même qu'elle erre dans le désert du Sinaï (The Place of Understanding, Bloch Publishing Co., New York, 1959, p. 97-99).

Seou èth roch

Nahmanide note que les mots *seou èth roch* qui habituellement sont traduits par « procède au recensement », signifient littéralement « élève les têtes... ». Ces mots nous apprennent donc que « nous devons honorer ceux qui sont pieux et généreux et critiquer ceux qui ne le sont pas » (*Commentaire sur Nombres* 1 : 1).
Rabbi Pinhas enseigne qu'un secret est contenu dans les mots *seou èth roch*. Les mêmes termes sont utilisés pour l'exécution de quelqu'un car on dit : « Enlève la tête d'Untel ». Dans la Torah ces mots nous enseignent que, si le peuple d'Israël agit de façon positive, ils « garderont leurs têtes » et vivront, sinon, ils perdront leurs têtes et mourront (*Nombres Rabba* 1 : 11).

Contrairement à l'explication utilitaire du recensement, Nahmanide suggère un but psychologique à celui-ci. Le peuple d'Israël connaît son histoire. Le troisième patriarche, Jacob, s'est installé avec tous les siens en Égypte et ils étaient soixante-dix. Là ils subirent l'oppression, la maladie, les persécutions et la mort. Afin de soutenir leur moral et de susciter un sentiment de confiance en leurs capacités, Moïse organise ce recensement. Cela leur montre que, bien que descendus au nombre de soixante-dix, ils sont aujourd'hui 603 550 et peuvent donc être vainqueurs de n'importe quelle armée qui viendrait les attaquer.

De plus, Nahmanide explique que Moïse procède au recensement d'une façon particulière. Il demande à ceux qui en ont la charge d'« agir de telle sorte qu'une attention et un honneur particuliers soient accordés à chaque personne ». Ainsi, dit Nahmanide, Moïse dit à chaque recenseur : « Ne vous adressez pas aux chefs de chaque famille pour connaître le nombre de personnes la composant. Mais demandez plutôt à chacun de se présenter à vous. Prenez note de son nom et permettez à chacun de se sentir honoré de figurer dans ce recensement. » En comptant chaque personne individuellement, Moïse voulait que chacun ressente fierté et estime de soi.

Leibowitz

La commentatrice Nehama Leibowitz souligne l'importance de l'approche de Nahmanide qui met en évidence l'un des grands dangers sociaux d'aujourd'hui : les idéologies politiques, sociales, économiques et religieuses qui « subordonnent l'individu à la collectivité et l'assimilent à un rouage au sein de la machine de l'État, considérant que si une personne est tuée, il y en a toujours une autre pour la remplacer ». Leibowitz poursuit en disant : « Au contraire, Nahmanide insiste sur la personnalisation de chaque individu lors de ce recensement… attirant ainsi notre attention sur la valeur et l'importance de chaque individu comme porteur d'une âme, création unique de Dieu et un monde par lui-même » (*Studies in Bamidbar,* World Zionist Organization, Jerusalem, 1980, p. 12-15).

Chacun est important

Ils ne sont pas comme les animaux ou comme les objets, mais chacun a une importance par lui-même, chacun est un roi ou un prêtre. C'est pourquoi Dieu fait preuve d'un élan d'amour envers chacun d'eux, et telle est la raison de les mentionner chacun par leur nom et leur statut. Ils sont tous égaux et singuliers à la fois. Tel est leur statut (Isaac ben Menaché Arama, *Akédart Yitzhak*).

Le recensement prodigue un message à tout un chacun qui prend conscience qu'il n'est pas seul mais qu'il fait partie d'un ensemble. Cependant le monde dépend de chaque individu... Tous étant comptés, chacun connaît sa place et sa valeur au sein de la communauté au sens le plus large (Yehoudah Na<u>h</u>choni dans *Studies in the Weekly Parashat*, citant l'opinion de Shaloh dans son *Shené Luchot haBerit*).

Hirsch

Le rabbin Samson Raphaël Hirsch affirme que le recensement était plus qu'un moyen de soutenir le moral des Hébreux ou d'assurer chaque personne de son importance au sein de la communauté. Il n'est pas suffisant, dit Hirsch, d'avoir son nom dans une liste contenue dans un registre ou de connaître sa place au sein d'un ensemble. Selon lui, la signification du recensement est double.

Tout d'abord, comme cela est indiqué dans Exode 30 : 12, un paiement obligatoire d'un demi-shékèl par personne est nécessaire pour l'entretien du sanctuaire. Hirsch explique que « grâce à cette contribution », on apprend qu'« un Juif est compté comme appartenant au peuple à partir du moment où il *accomplit un acte* pour le sanctuaire ».

Le paiement d'un demi-shékèl comme impôt est la façon par laquelle chaque juif prouve son soutien à la communauté. Les fonds sont mis en commun afin de financer les écoles et les synagogues, pour prendre soin des personnes âgées, aider les pauvres et les sans-abri, les malades et ceux dans le besoin. Un Juif est « compté » par la communauté à travers le soutien qu'il lui apporte et est seulement sujet de recensement – de ceux qui sont comptés et sur lesquels on compte – lorsqu'il *accomplit quelque chose* pour le bien de l'ensemble de la communauté.

Deuxièmement, Hirsch voit dans l'ancien recensement plus qu'une leçon de responsabilité communautaire et de générosité. Il note que le recensement est présenté comme un précieux modèle d'organisation communautaire. « Les individus se regroupent d'abord selon leurs familles, les familles en tribus, et finalement les tribus dans une "maison d'Israël" commune. »

Hisrch insiste sur le fait que, de même que chaque individu est unique, les familles et les tribus le sont également. Tous sont liés « par un facteur intérieur commun, et chacun doit se considérer... comme un incontestable et essentiel élément de cette unité ». Dans ce recensement, chacun est mentionné par son nom, sa relation familiale et son affiliation tribale, néanmoins chacun se sent faire partie de l'ensemble de la communauté. « La diversité et les particularités familiales... et les dispositions spécifiques étaient cultivées avec soin et avec une attention particulière », explique Hirsch, néanmoins « chaque tribu dans sa particularité et chaque famille dans sa spécificité devaient trouver un moyen d'œuvrer pour la tâche commune qui incombait à la maison d'Israël... ».

C'est pourquoi le recensement est un modèle évoquant la responsabilité commune du peuple d'Israël comme celle de toute l'humanité. Il souligne l'importance fondamentale de préserver et de promouvoir les droits individuels et la créativité de chacun, et insiste sur l'existence des liens familiaux et de ceux d'ordre religieux, social, politique et économique qui permettent d'assurer un futur pacifié pour toute l'humanité. Hirsch conclut en disant que « chaque membre de la famille est nommé individuellement, afin que chacun puisse se lier avec les autres, conscient de ce que sa personne peut apporter à la nation » (*Commentaire sur Nombres* 1 : 1-2).

Ainsi, pour les commentateurs juifs, cet ancien recensement des Hébreux, un an après l'exode d'Égypte, était plus qu'un simple décompte d'individus. Ils ont commenté la méthode employée, soulignant les leçons qui pouvaient en être tirées concernant le rôle et la responsabilité de chacun au sein de la famille, de la nation et de l'humanité entière. Leurs réflexions créatives nous proposent de nombreuses idées à méditer.

Questions pour l'étude et la discussion

1. Les problèmes, les souffrances et les difficultés peuvent-ils donner plus de force à un individu ou à un peuple ? Comment ont-ils contribué à la survie du peuple juif à travers les âges ?
2. Le poète T.S. Eliot, utilisant la métaphore du désert, a comparé notre société contemporaine à une « terre en friche ». Êtes-vous de cet avis ? Pourquoi la tradition juive affirme-t-elle que la Torah fut donnée dans une « terre en friche » ? Qu'apprenons-nous en comparant notre existence actuelle avec l'expérience des Hébreux dans le désert ?

3. Quelles sont les leçons que nous pouvons tirer du recensement des Hébreux ? Comment peuvent-elles être appliquées à nos responsabilités envers nos familles, nos communautés, nos pays et envers l'ensemble de la famille humaine ?

Parashat Nasso

Nombres 4 : 21-7 : 89

La parashat Nasso *relate la fin du recensement, commencé dans les premiers chapitres des Nombres, avec le décompte des familles de Gerchon, Merari et Kehat et la description de leur travail au sein du sanctuaire. Elle comporte également la description des actes à entreprendre lorsque certains sont suspectés d'être malades ou dans un état d'impureté suite à un contact avec un mort. Moïse explique comment rechercher le pardon et comment se comporter quand un mari soupçonne sa femme d'adultère. Le cas du* nazir *(abstème) est développé ainsi que les sacrifices qu'il doit offrir après avoir accompli son vœu d'abstinence. La section se termine avec l'énoncé de la triple bénédiction sacerdotale et la description des offrandes apportées par les chefs des douze tribus lors de la cérémonie d'inauguration du Tabernacle.*

1. Moïse procède au recensement du clan des Gerchonites. Enregistrant ceux entre 30 et 50 ans, il dénombre la présence de 2 630 personnes. Ils sont

responsables du transport des tapis, des couvertures, des housses, des cordes et des accessoires du Tabernacle, ainsi que de l'autel. Ithamar, le fils d'Aaron, est chargé de superviser leur travail.

Moïse procède également au recensement du clan des Merarites. Enregistrant ceux entre 30 et 50 ans, il dénombre la présence de 3 200 personnes. Ils sont responsables du transport de la Tente d'Assignation comme les Gerchonites. Sous la direction d'Ithamar, ils doivent transporter les solives du Tabernacle, ses traverses, ses piliers, ses socles, leurs chevilles et leurs cordages.

Moïse procède également au recensement du clan des Kehatites. Enregistrant ceux entre 30 et 50 ans, il dénombre la présence de 2 750 personnes. Ils sont chargés du transport des éléments de la Tente d'Assignation.

Le total du nombre de Lévites s'élève donc à 8 580.

2. Toute personne lépreuse ou atteinte de flux ou souillée par un cadavre doit quitter le camp.

3. Moïse instruit le peuple sur le cas d'une personne causant un préjudice envers une autre, elle devra se confesser et restituer l'objet du délit augmenté d'un cinquième. Si la personne lésée est décédée, c'est au prêtre que le montant du préjudice sera restitué, accompagné d'un bélier comme offrande expiatoire. De telles offrandes appartiendront aux *cohanim*, aux prêtres.

4. Moïse informe le peuple de ce qui doit être fait lorsqu'un mari jaloux soupçonne sa femme d'infidélité sans que des témoins puissent attester la véracité

de cette accusation. Elle sera amenée devant le *cohen* qui découvrira la tête de la femme et posera dans ses mains l'« oblation de jalousie ». Il préparera un mélange d'eau, de terre et de cendres de l'oblation, appelé « eaux amères ».

Le prêtre lui dira alors : « Si aucun homme n'a eu de relation sexuelle avec toi et que tu n'as pas été infidèle à ton mari, sois épargnée par ces eaux amères de la malédiction. Sinon que Dieu fasse dépérir ton flanc et gonfler ton ventre. »

Alors le prêtre écrit une malédiction et fait boire cette eau à la femme. Si elle entre en transe, elle est coupable, sinon, elle est innocente.

5. Moïse rappelle au peuple que ceux qui font vœu de naziréat ne doivent ni se couper les cheveux, ni boire du vin ou de boisson alcoolisée, ni se trouver en contact avec un mort. Tout contact avec un mort annule le vœu. Sept jours plus tard, il rasera sa chevelure et offrira deux tourterelles ou deux jeunes colombes et un agneau âgé d'un an comme délictif.

À la fin de la période d'abstinence, il offrira un agneau d'un an, une brebis d'un an et un bélier, accompagnés par une corbeille d'azymes et des gâteaux d'azymes à l'huile et des galettes d'azymes à l'huile, outre les oblations et les libations. Après s'être coupé les cheveux il ou elle offrira ces sacrifices et ces libations qui seront placés sur l'autel. Le prêtre place l'épaule du bélier et les azymes dans la main du naziréen, puis les balance devant l'autel en signe de don. Ce rituel accompli, la personne peut boire du vin.

6. Moïse transmet la formulation de la bénédiction sacerdotale à Aaron et à ses fils :

> L'Éternel te bénira et te gardera,
> L'Éternel illuminera son visage vers toi et te sera bienveillant,
> L'Éternel élèvera son visage vers toi et te donnera la paix.

7. Lorsque le sanctuaire est terminé, Moïse le consacre avec tous ses instruments. Durant les douze jours suivants, les chefs de chaque tribu donnent des offrandes particulières aux Lévites pour être utilisées pour le sanctuaire.

8. Après l'inauguration du sanctuaire, lorsque Moïse désire parler avec Dieu, il doit entrer dans le Saint des Saints et écouter la voix qui lui parvient d'entre les chérubins.

La *parashat Nasso* contient deux thèmes importants :
1. Effacer la suspicion et restaurer la confiance.
2. S'abstenir comme une voie vers la sainteté.

1. LE CAS DE SUSPICION D'ADULTÈRE ; COMMENT RESTAURER LA CONFIANCE ?

Le livre des Proverbes contient de nombreuses considérations sur le comportement humain.

Concernant la « patience » et la « jalousie », il enseigne : « La patience est la conséquence de l'intelligence ; et l'impatience celle de la légèreté. La disposition à la sérénité assure la santé physique alors que la jalousie favorise la porosité des os » (14 : 29-30). En mettant en parallèle l'impatience et la jalousie, la tradition juive propose un contexte dans lequel inscrire le cas de la *sotah,* une femme soupçonnée d'adultère par son mari.

Que nous enseigne la Torah ?

Deux situations nous sont présentées. La première est celle d'une femme mariée ayant des relations sexuelles avec un autre homme que son mari et qui garde cette relation secrète. Le mari la suspecte d'un tel comportement mais n'a aucune preuve. Sa jalousie à son égard grandit. Que peut-il faire ? La seconde situation est celle d'une femme mariée qui n'a aucune relation sexuelle avec un homme autre que son mari. Néanmoins son mari la suspecte d'un tel comportement de façon infondée et est rongé par la jalousie. Comment peut-elle être protégée de cette « folie » de son mari ?

Dans les sociétés anciennes, de telles situations étaient traitées grâce à des « épreuves » ou à des « ordalies ». Dans le *Code de Hammourabi* (– 1750) par exemple, l'innocence d'une femme suspectée d'infidélité pouvait être prouvée en jetant la femme dans une rivière. Si elle survivait, elle était déclarée innocente, si elle se noyait, c'était la preuve de sa culpabilité. D'autres cultures contiennent de cruelles mesures concernant les femmes suspectées d'adultère. Elles pouvaient être rejetées du foyer par leur mari, être répudiées, humiliées publiquement, battues ou même tuées. Dans certaines sociétés de telles femmes étaient soumises à un jugement par le feu ou, comme dans la Torah, par la déglutition d'un liquide préparé par les prêtres après un rituel précis.

Il est évident que ces femmes souffraient quand leur mari avait un sentiment de jalousie, et la façon dont on les traitait était souvent assez cruelle. Mais il n'existait pas de « jugement » similaire pour un homme qui était suspecté, à juste titre ou non, d'infidélité envers ses femmes. Une telle justice « égalitaire » n'existait pas à l'époque et, en plus, la polygamie était la pratique acceptée par tous. Néanmoins, la Torah offre une option qui est un réel progrès dans la protection de la femme. Et les commentateurs abondent dans ce sens.

Dans *Sotah*, une section entière du Talmud consacrée au sujet de la « femme suspectée d'adultère », les autorités rabbiniques ont détaillé un processus complexe auquel un mari jaloux doit se plier. S'il suspecte sa femme d'avoir une relation avec un homme particulier, il doit la mettre en garde, devant deux témoins, de ne pas rencontrer cet homme seule et en secret. Alors, si deux témoins certifient qu'elle a rencontré cet homme seule et en secret suffisamment longtemps pour avoir une relation sexuelle avec lui, son mari peut la présenter au tribunal pour qu'elle soit dans l'obligation de boire les « eaux de l'amertume ». L'affaire ne peut pas être portée devant une cour locale mais uniquement devant la Cour suprême, ou Sanhédrin, de Jérusalem qui seule peut condamner une femme à une telle peine. Néanmoins, si ce mari a été infidèle à sa femme, soit avant soit après le mariage, ou si elle est handicapée, il ne peut pas la mettre en accusation pour un tel sujet (*Mishnah Sota* 1 : 1-4).

Ainsi, ces nombreuses conditions (mise en garde de la femme à propos de relations avec un homme particulier, témoignage de deux hommes sur le temps passé secrètement par cette femme avec cet homme, l'affirmation documentée de la fidélité du mari, la nécessité de présenter ce cas devant le Sanhédrin de Jérusalem) ont été précisées afin de protéger les femmes contre des maris qui, animés d'un sentiment de jalousie excessive, pouvaient traiter leurs épouses de façon injuste. Même une femme soupçonnée d'adultère ne pouvait être ni renvoyée du domicile conjugal ni répudiée et le mari ne pouvait pas porter atteinte à son intégrité physique. La loi rabbinique garantissait ses droits à une procédure et à un jugement équitables.

Protéger la femme

Dans les temps anciens, on pouvait attenter à la vie d'une femme suspectée d'être infidèle à son mari, même sans investigation préalable. En revanche, dans le judaïsme, une investigation approfondie était indispensable avant que toute action ne soit entreprise. Cette exigence était destinée à préserver la renommée de la femme et à la protéger contre une procédure partiale et impitoyable (*Sefer haHinoukh*, *Mitzvot* 365-367).

Lorsqu'en 70 le Temple fut détruit et que la Cour suprême, le Sanhédrin, cessa d'exister, l'ordalie des « eaux amères » pour la *sotah* ne fut plus pratiquée. Pour de nombreux commentateurs, d'autres questions concernant le soupçon d'adultère se posent toujours. Pour quelle raison une femme ou un homme deviendraient-ils infidèles ? De quelle façon une cour de justice devait-elle considérer la jalousie, le désir, la colère et l'abus ? Qu'y a-t-il de si unique dans la relation entre deux conjoints pour que la suspicion d'adultère nécessite la mise en place par la Cour suprême à Jérusalem d'une procédure élaborée pour déterminer le bien-fondé ou la nullité de cette suspicion ?

En débattant de ces deux questions, les commentateurs rabbiniques ont spéculé sur les raisons qui pouvaient inciter une épouse à rechercher des relations sexuelles avec un autre homme que son mari. En citant le livre des Proverbes, « une personne qui commet l'adultère n'a pas de sens moral ; seule une personne qui cherche à s'autodétruire accomplit un tel acte », les rabbins ont dressé un parallèle entre « aliénation » et « infidélité ». Dans une autre discussion, ils déclarent tout de go que « toute faute morale révèle une faiblesse mentale ». En d'autres termes, personne ne commet de faute si ce n'est par déni de la réalité. Des décisions dommageables ne sont prises que par ceux qui n'arrivent pas à saisir les conséquences de leurs actes.

Pour les rabbins, il apparaît clairement qu'il n'y a pas de différence entre un mari allant avec des prostituées et une femme ayant une liaison extramaritale. Les deux, selon les rabbins, « ont perdu toute raison ». Ils ont choisi d'agir hors de toute considération rationnelle des terribles conséquences qu'entraînent leurs actes, pour eux-mêmes et pour les leurs. Ni un homme, ni une femme n'ont de relation sexuelle hors du couple sinon parce qu'« un esprit de folie s'est emparé d'eux » (*Sota* 3a ; *Nombres Rabba* 9 : 6).

En qualifiant le comportement d'un homme ou d'une femme qui commettent un acte d'adultère ou sont suspectés d'infidélité, de « folie » ou de « manque de raison », les rabbins cherchent à mettre en évidence la *cause* de ce trouble. Pour eux la question ne se réduit pas à l'acte d'adultère mais aux facteurs qui en sont les causes. Qu'est-ce qui peut amener une personne à rechercher, hors du couple, amour et satisfaction sexuelle ? Cela peut-il être la conséquence de la solitude, de disputes incessantes, de profondes divergences d'intérêt, d'abus, de manque de sensibilité et d'écoute ou d'instabilité mentale ? Pour eux, comprendre les causes doit permettre de résoudre les problèmes. Cela peut ouvrir la voie vers la réconciliation entre l'homme et la femme.

Rabbi Meïr et sa femme, Berouriah, connue pour sa grande sagesse, étaient cités comme modèles de respect et d'attention l'un envers l'autre. Rabbi Méïr a énoncé de nombreuses remarques d'ordre psychologique concernant le comportement humain et le mariage. Au IIe siècle, il enseignait à ses étudiants qu'il y avait trois catégories de personnalités : celui qui voit une mouche tomber dans son verre, qui l'enlève et boit le contenu (est semblable à celui qui voit sa femme cancaner avec ses voisins et parents, homme ou femme, et parce qu'il a confiance en elle, la laisse faire), celui qui voit une mouche virevolter au-dessus de son verre et qui jette tout son contenu sans même le goûter (cette personne est impulsive et son comportement délétère l'amènera, sans autre procès, à répudier sa femme), et la personne qui voit une mouche morte dans son verre, qui la prend, la suce, la jette et boit tout le contenu du verre. Selon rabbi Meïr, cette grossière personne autorisera sa femme, sans émettre aucune protestation ou mise en garde, à avoir un comportement intime avec les serviteurs, à se promener sur la place publique habillée de façon immodeste et à se baigner où les hommes se baignent. Par son manque d'attention et d'égards envers sa femme, il se comportera cyniquement envers elle et trouvera alors une raison de la rejeter.

À propos de la considération de l'homme envers sa femme

Un homme devra conseiller à sa femme d'avoir un comportement empreint de modestie, il doit être conciliant et non dominateur, il ne doit jamais faire usage de la force ou de la pression psychologique à son égard, il ne doit pas sans cesse argumenter ou critiquer sa façon de tenir le ménage ; il ne doit jamais parler lorsqu'il est sous l'influence d'un sentiment de jalousie mais, au contraire, il doit lui parler avec considération et amour ; il doit être agréable de vivre à ses côtés et il doit accorder plus d'honneur à sa femme qu'à lui-même. Ainsi, elle ne s'éloignera pas de lui et ne tombera pas dans l'immoralité (d'après *Nombres Rabba* 9 : 2 ; et également Y. Nahchoni, *Studies in the Weekly Parashat, Bemidbar*, Mesorah Publications Ltd, Jerusalem, 1989, p. 945-948).

Rabbi Meïr insiste sur le fait que le tempérament du mari ou sa négligence peuvent générer une distance entre un mari et sa femme. Si un mari observe que sa femme a des relations inappropriées ou si une femme a le sentiment d'être abandonnée par son mari ou considère que son statut est compromis par une relation de son mari avec une autre femme, de telles situations ne peuvent trouver une solution que par un dialogue promptement ouvert et direct entre l'époux et l'épouse. Ils doivent pouvoir exprimer leurs sentiments. S'ils tiennent l'un à l'autre, ils doivent formuler ce qui les préoccupe dans la relation de l'un envers l'autre, sinon la méfiance peut les amener à des comportements immoraux. Rabbi Meïr a utilisé le cas de la *sotah* comme une occasion d'examiner et d'expliquer les défis qui peuvent fragiliser les relations au sein du couple (*Nombres Rabba* 9 : 12).

Peli

Pinhas Peli, ce commentateur moderne, ne diffère pas de l'approche psychologique de rabbi Meïr, ni des causes de tensions entre les époux. Cependant, concernant le rituel des « eaux amères », il aboutit à une autre explication. Il est d'avis que « la Torah offre le meilleur moyen à sa disposition afin de mettre fin à la méfiance entre un époux et son épouse ». Cela signifie que « le rituel de la *sotah* était une mesure extrême concernant un couple vacillant… La jalousie et le désir exacerbé de possession, comme tout sentiment de cet ordre, peuvent être destructeurs et provoquer l'éclatement d'un couple. C'est pourquoi le rituel de la *sotah* propose un remède pénible » (*Jerusalem Post*, 28 mai 1988, p. 22).

Le point de vue de Peli est que, parfois, l'acrimonie, la suspicion, la colère et la douleur peuvent détruire les liens du mariage. Dans de telles situations, il est nécessaire de boire les « eaux de l'amertume » afin de restaurer au sein du couple la confiance, le respect mutuel et la compréhension. Cette cure est une « posologie » radicale. Dans ces temps anciens, cela signifiait que la femme soupçonnée d'adultère devait se soumettre à ce rituel. De nos jours, cela peut signifier que les conjoints ensemble doivent rechercher des appuis et apprendre à dissiper l'amertume qui naît de l'incompréhension qui s'est établie entre eux, et renouveler ainsi leur amour et la confiance qu'ils ont l'un envers l'autre.

Les questions posées dans les temps anciens par le cas de la *sotah* restent actuelles. Elles concernent non seulement la relation entre époux, mais aussi toutes les relations qui sont fondées sur un engagement réciproque. Qu'il s'agisse de liens d'amitié, de partenariat dans les affaires, de liens familiaux, tous peuvent être brisés par la suspicion, l'égoïsme et l'incompréhension. Comment renouer ces liens et renforcer la relation ? Ironiquement, ceux qui négligent des liens déjà distendus peuvent se retrouver en train de boire les « eaux de l'amertume », un amer breuvage qu'ils auront eux-mêmes préparé.

2. LA QUESTION DU *NAZIR* – L'ABSTÈME : L'ABSTINENCE EST-ELLE UNE GARANTIE DE SAINTETÉ ?

La Torah assigne des responsabilités particulières à certaines catégories composant le peuple d'Israël : les chefs de tribu, les prêtres, les porteurs de l'ancien *michkan* (« le sanctuaire »). Ces fonctions sont définies par Dieu et sont héréditaires. Par contraste, la Torah nous indique que toute personne, homme ou femme, peut choisir librement d'être un *nazir*.

Devenir un *nazir* comporte un engagement qui dure au moins trente jours. Pendant cette période, le sujet ne coupera pas ses cheveux, ne consommera aucun élément ou produit issu de la vigne (raisins, vin, vinaigre, peau ou graines de raisin...). Comme le prêtre, un *nazir* ne doit jamais entrer en contact avec le corps d'une personne décédée. Selon la Torah, « durant la période de naziréat, la personne est *consacrée à Dieu* » (Nombres 6 : 8).

Les commentateurs de notre Tradition ne s'accordent pas sur le rôle du *nazir* et de cette institution. Neuf chapitres et soixante-six sections de la *Mishna*, ainsi que cent trente pages de la *Guemara*, constituant ensemble le Talmud, présentent des considérations variées et souvent contradictoires sur ce sujet. Aujourd'hui également, certains interprètes de la Torah considèrent positivement la *Torat Nazir*, le code comportemental du *nazir*, d'autres le condamnent, même si aujourd'hui une infime minorité le met en pratique.

Rachi et Radak

Sur la base du *Targoum Yonatan*, Rachi explique que le nom *nazir* – ou naziréen – vient de la racine hébraïque « se séparer » et se réfère à ceux qui étudient la Torah afin de « se séparer des personnes vivant selon les modes du temps ». Élargissant ce propos David Kimhi, Radak, complimentait le *nazir* car il propose « une voie aux jeunes personnes pour prendre leurs distances avec le monde des plaisirs et des passions ». D'autres approuvent cette pratique, en particulier l'abstention de consommation de vin car, dans le service de Dieu, cela permet d'avoir « un esprit clair » (Rachi, Kimhi, et *Tzénah ouReénah* sur Nombres 6 : 1).

Dans *Hovot haLevavot*, le livre de philosophie et d'éthique de Bahyah ben Yosef Ibn Pakoudah au XIe siècle, la pratique et la discipline que s'impose le *nazir* sont considérées comme éminemment positives. Il affirme que Dieu a placé les êtres humains sur terre pour mettre à l'épreuve leur âme et les faire s'élever au niveau des anges. Ils sont invités à combattre leurs besoins physiques, les tentations et les désirs afin d'atteindre un niveau supérieur de pureté. Souvent les plaisirs terrestres qui apparaissent comme inoffensifs, peuvent mener à des excès qui prennent le dessus sur notre raison, nous séduisent et sont mortifères.

Les *naziréens*, explique Bahyah, sont « les médecins de l'âme humaine ». Considérés comme modèles de l'abstinence, ils enseignent la modération. « Toute personne doit, poursuit Bahyah, travailler pour subvenir à ses besoins essentiels et ne pas être un poids pour les autres ; limiter sa conversation, ne pas porter sur le monde alentour un regard d'envie, contrôler son appétit et, quotidiennement, se satisfaire d'un repas unique, le considérant comme une médecine nécessaire et tous doivent jeûner un jour chaque semaine. » L'engagement du *nazir* devrait nous amener à considérer à sa juste valeur une vie simple et modeste.

Le commentateur Moché Hayim Luzzatto, dans *Messilat Yecharim*, son commentaire populaire du XVIIe siècle, abonde dans le sens de Bahyah au sujet du *nazir*. « L'abstinence véritable, explique Luzzatto, signifie faire exclusivement usage de ce qu'un besoin naturel a rendu indispensable. » Par exemple, nous devons abreuver notre corps avec ce qui lui est strictement nécessaire et boire le minimum. C'est ainsi que chacun devrait boire un minimum. Un tel contrôle de soi n'est pas à la portée de tous. Il est le résultat d'un don que reçoit une minorité de personnes en recherche de spiritualité et de sainteté, et qui désirent se rapprocher de Dieu.

Luzzatto décrit le comportement idéal d'une telle minorité. Ces personnes se tiennent à l'écart de la société, ne recherchent pas la possession de biens matériels autres que ceux nécessaires pour une vie simple, ignorent et méprisent les « plaisirs de la vie ». À la recherche de la solitude et de la sainteté, elles choisissent d'aller au-delà de ce que requièrent les commandements de la Torah. Luzzatto conclut en disant que leur comportement exemplaire fait des *naziréens* des maîtres respectés et des exemples d'inspiration.

D'autres commentateurs ne sont pas de cet avis, considérant que la vie du *nazir* est critiquable. Rabbi Eleazar haKappar, qui vécut au IIe siècle et fut un proche de rabbi Jehoudah qui a écrit la *Mishna*, affirmait que, en s'abstenant de vin et des biens de ce monde, le *nazir* néglige les commandements de la Torah et est un « transgresseur ». C'est pourquoi rabbi Eleazar fait remarquer qu'à la fin du texte concernant le *nazir*, il doit offrir un sacrifice d'expiation au Temple. S'étant délibérément abstenu de joies potentielles que Dieu a offertes à tous, il doit donc implorer le pardon divin. C'est la raison pour laquelle, remarque rabbi Eleazar, Dieu demande une telle offrande (*Taanit* 11a).

Affirmant leur ferme opposition aux vœux des *naziréens*, considérés comme un refus des plaisirs de la vie, les autorités rabbiniques des IIe et IIIe siècles, vivant en terre d'Israël, évoquent le caractère autodestructif de ces vœux. Ils les comparent à l'image de celui qui volontairement « prend une épée de sa main et se transperce le cœur ». Rabbi Yitzhak enseigne que, si on est présent lorsqu'une personne envisage de tels engagements, on doit lui dire avec fermeté : « N'y a-t-il pas suffisamment d'interdits et de lois dans la Torah pour toi ? Pourquoi t'autorises-tu, afin de ressentir du plaisir, à t'interdire ce que la Torah te permet d'apprécier ? » D'autres affirment que lorsqu'une personne se présente devant Dieu le jour du jugement, celui-ci lui demande : « Pourquoi t'es-tu refusé les plaisirs de ce que tes yeux ont vu et que j'avais préparé pour toi ? » (*Talmud de Jérusalem, Nedarim* 9 : 1, 30 : 3).

Judaïsme et ascétisme

Aucun des 613 commandements, positifs comme négatifs, qui définissent les normes dites « orthodoxes » de la vie juive n'a été développé par les rabbins pour introduire une forme d'ascétisme ou l'idée de mortification... Il y a un seul jour de jeûne public important – le jour de Kippour –, un jour solennel consacré à l'introspection... Il faut remarquer que dans les vœux de naziréat, il n'est jamais question de célibat. Le renoncement à une vie sexuelle normale n'a jamais été considéré dans le judaïsme comme une vertu (Abba Hillel Silver, *Where Judaism Differed*, Macmillan, New York, 1956, p. 195, 198-199).

Rambam (Maïmonide)

Le philosophe et commentateur Moïse Maïmonide s'oppose également au choix de l'abstinence et du renoncement. « La Torah, écrit-il, ne recommande aucune mortification du corps. Son propos est qu'on doit suivre la nature en empruntant une voie médiane. On doit manger avec modération et vivre une existence droite et fidèle au sein de la société et non dans un désert ou dans des montagnes. On ne doit pas mortifier son corps en se recouvrant de laine brute ou de cheveux. Car la Torah interdit de tels renoncements aux joies de la vie, conclut Maïmonide, et nous met en garde contre l'envie que nous pourrions avoir d'imiter l'exemple du *nazir*. »

Dans son exposé classique de la loi juive, le *Mishné Torah*, Maïmonide, au sujet du *nazir*, nous met en garde contre la tendance à l'autojustification qui nous fait dire que tout plaisir mène à la faute et doit donc être proscrit. Il conseille que ceux qui affirment prétentieusement que la passion, l'envie et l'orgueil doivent être évités, et décident de se séparer des autres et de s'abstenir de manger de la viande, de boire du vin, de se marier, de vivre dans des demeures confortables ou de se vêtir d'habits agréables, ceux-là doivent être avertis qu'ils suivent un « mauvais chemin ». Notre Tradition, soutient Maïmonide, « nous interdit de nous priver de toute joie de la vie autorisée dans la Torah » (*Chemoné Perakim* et *Mishné Torah, Déot* 3 : 1).

Les maîtres hassidiques émirent des réserves concernant la pratique du naziréat considérée comme un renoncement et une abstinence. Selon leur enseignement, nous sommes nés pour apprécier la vie, respirer les subtiles essences florales, savourer les délices de la nature, s'émerveiller devant la majesté des sommets montagneux, goûter la fraîcheur des forêts et assouvir les désirs sexuels dans le cadre mystérieux de la relation amoureuse. Pour les hassidim, apprécier la vie était une façon de rendre grâce à Dieu. Rabbi Pinhas Shapiro de Koretz assurait que la « joie expie les fautes car c'est un don de Dieu ». Rabbi Moché Leib de Sassov expliquait le verset : « La joie est meilleure que les larmes… » en disant qu'« elle ouvre les portes du ciel ».

Rabbi Baroukh de Medzibozh, le petit-fils du Baal Chèm Tov qui fonda le hassidisme, mettait en évidence l'approche positive de la tradition juive pour les délices que la vie peut offrir et son refus pour tout retrait du monde ou de l'abstinence quand il disait que « chacun doit avoir trois choses à cœur : l'amour de Dieu, l'amour d'Israël et l'amour de la Torah. Personne ne doit privilégier les pratiques d'ascèse. Il suffit que chacun comprenne ces trois choses car là réside la sainteté » (*Sefer haHassidout*, p. 60a).

Le commentateur moderne Simeon Federbush est critique envers les *naziréens*, non seulement parce qu'ils rejettent les « privilèges et les biens de ce monde », mais aussi parce que « leur attitude est antisociale et montre un certain dédain envers la société ». Federbush condamnait la pratique du naziréat car « il concourt à rejeter les biens que la vie accorde » et amène celui qui le met en pratique à « se séparer de ceux qui luttent pour l'amélioration de l'être humain ». Son argument est que « la solidité d'une chaîne dépend de la solidité du maillon le plus faible. Si on se prive de ce que l'on désire, qui prendra en compte les besoins des autres ? Ceux qui sont occupés à leurs propres pratiques ascétiques, comment pourraient-ils se préoccuper des besoins de leurs proches ? » (*Ethics and Law in Israel*, p. 166 cité par B.S. Jacobson, *Meditations on the Torah,* Sinai Publishing, Tel Aviv, 1956, p. 213).

Apprendre à limiter ses propres envies

Sforno met en évidence la limitation même du renoncement auquel le *nazir* s'oblige. « Il est demandé de s'abstenir uniquement de vin ; mais il n'est pas autorisé à causer de la souffrance à lui-même en introduisant d'autres restrictions et privations. Le but de la Torah est d'affaiblir les désirs et non de les éliminer totalement. » En apprenant à maîtriser ses propres désirs, on devient « saint pour Dieu » (Y. Nahchoni, *Studies in the Weekly Parashat, Bemidbar*, p. 956).

Aaron Halevi, l'auteur du *Sefer haHinoukh,* considérait, dans une certaine mesure, la question du naziréat de façon positive. Les êtres humains, expliquait-il, naissent en possession d'un important potentiel spirituel et intellectuel. Mais ce potentiel est introduit dans des corps fragiles emplis de passions et de désirs. Le défi auquel chacun est confronté est de contrôler les appétits et les tentations du corps et de s'élever vers la sainteté. En s'abstenant de vin et en ne coupant pas ses cheveux, le *nazir* vainc sa vanité et commence son ascension vers la sainteté. Il travaille à maîtriser sa tendance à l'indulgence envers lui-même et cherche à être scrupuleux dans l'application des demandes de la Torah et de Dieu.

Néanmoins, dit Halevi, on doit mettre en garde le *nazir* de ne pas en faire trop et de ne pas basculer dangereusement en privilégiant outre mesure l'âme aux dépens du corporel. Comme Maïmonide, Halevi insiste sur la modération, bien que félicitant le *nazir* pour son choix de rechercher la volonté de Dieu (*Mitzvot*, p. 368-367).

Ibn Ezra

Ibn Ezra comprend que la notion de « maîtrise de la vanité » peut être vécue à travers l'abstinence et affirme que le *nazir* symbolise, par son abstinence, les importantes vertus liées à l'emprise sur soi et à la discipline. Il remarque que le terme *nazir* en hébreu évoque également une « couronne » et que celui qui fait vœu de naziréat se pare des atours de la royauté en prenant le pouvoir sur les passions dangereuses et destructrices qui l'habitent. Même si Ibn Ezra n'a pas pris en compte l'importance de la dépendance au tabac, à l'alcool et aux drogues, il est évident qu'il voit dans les vœux et la discipline que s'impose le *nazir* un moyen d'aboutir à un contrôle sur de telles dépendances.

Moïse Isserles, commentateur et philosophe du XVIe siècle, reprend l'explication d'Ibn Ezra ; citant également l'idéal de la voie moyenne et royale formulée par Maïmonide et la modération dans tous les choix humains, il en déduit logiquement la conclusion suivante : le *nazir* met en évidence qu'il a « un faible pour les plaisirs terrestres » et des difficultés pour « maîtriser son *yétser hara* » (« inclination vers le mal »). C'est pourquoi, afin de s'éloigner des extrêmes et de revenir vers la voie médiane et royale, celui qui fait vœu de naziréat, « grâce à l'abnégation qu'il s'impose, peut retrouver le chemin vers l'idéal de modération ». En d'autres termes, le *nazir* réalise qu'il constate une certaine complaisance envers lui-même et choisit de surmonter cette tendance en se conformant à un certain renoncement. Il peut ainsi maîtriser ses désirs et trouver une réponse équilibrée en vivant une existence faite de modération.

La tradition juive demeure partagée entre l'approbation et la réprobation quant au renoncement du *nazir* au vin, à la coupe des cheveux et au refus de toucher le corps d'un défunt. La pratique du naziréat semble étrangère au monde actuel. Mais en se posant la question de savoir s'il faut encourager ou décourager une telle pratique, la raison fondamentale de l'engagement et du comportement du *nazir* risque d'être ignorée.

Pour notre époque, la véritable leçon qui peut être tirée de l'exemple du *nazir* peut être le défi de s'imposer une discipline concernant notre mode de vie qui nous oblige à choisir entre le « oui, je fais… » et le « non, je ne fais pas… ». Dans notre univers, les tentations que représentent l'alcool, les drogues, le tabac, le fait de consacrer tout son temps au travail ou de trop manger, tout ceci existe bel et bien. Réfléchir à l'exemple que nous propose la Torah de l'engagement et de la vie du *nazir* peut nous proposer un message symbolique important. L'interdiction du vin par exemple peut nous servir de signal du danger que représente toute dépendance et de la nécessité de garder un esprit clair. Le commandement concernant l'interdiction de la coupe de cheveux peut nous mettre en garde contre une tentation narcissique et la recherche de la parfaite image de soi, en sachant que suivre la mode, vouloir donner une image parfaite de soi et accorder une importance trop grande à l'apparence, cela n'est pas l'essentiel. Mais que le plus important est ce que nous sommes dans notre cœur et dans notre âme. L'interdiction pour le *nazir* de toucher un mort ne signifie pas le rejet de la notion de l'inéluctabilité de la mort mais l'acceptation, pour celui qui recherche la sainteté ou la pureté, d'œuvrer pour la défense et la préservation de la vie.

Approfondir les questions relatives au *nazir* permet de se situer non seulement sur le thème des privations mais aussi sur les joies que la vie peut procurer, comme sur la question fondamentale de la gestion de nos besoins et de la maîtrise de nos désirs afin de goûter au simple bonheur de vivre, d'en faire bénéficier notre communauté et de servir Dieu.

Questions pour l'étude et la discussion

1. Comment la tradition juive pouvait-elle « protéger » les femmes de la jalousie infondée de leurs maris ? Quelle autre méthode pourriez-vous proposer ? Qu'en est-il des droits du mari et de ceux de la femme ?
2. Est-ce une bonne chose que d'« excuser » un comportement immoral en évoquant une « instabilité mentale » comme sa cause ? Comment la justice et les individus peuvent-ils fonctionner de façon adéquate si le système prend en compte les causes « mentales » pour un acte antisocial ?
3. Pensez-vous que le *nazir*, en s'abstenant de consommer du vin, de couper ses cheveux et de toucher un mort, atteint un degré supérieur de sainteté ? Que nous dit notre Tradition sur les moyens de nous approcher de Dieu ? Quels sont les arguments de nos commentateurs

à ce sujet ? Quelles références comportementales permettent de s'approcher de ce que Maïmonide appelle la « voie médiane » ou la modération ?

4. Rabbi Judah a enseigné que « lorsque nous voyons des arbres se balancer au gré du vent printanier, nous devrions réciter une prière de louange à Dieu. Nous devrions dire : "Béni sois-Tu, Éternel, pour la création d'un monde où rien ne manque, un monde empli de beauté afin de réjouir le cœur de l'être humain" » (*Erouvin* 43b). Êtes-vous de l'avis que la reconnaissance des biens que la vie procure l'emporte sur l'idée que des privations et l'abnégation sont des moyens pour encourager les gens à apprécier l'existence humaine et éviter des comportements autodestructeurs ?

Parashat Behaalotekha

Nombres 8 : 1-12 : 16

La parashat Behaalotekha *contient des instructions concernant l'installation de la* menorah *dans le tabernacle et la consécration des* cohanim, *les prêtres, et des Lévites. Il décrit également le processus que doit suivre tout Hébreu qui n'a pas apporté son sacrifice pascal lors de Pessah, et il inclut également la description du voyage des Hébreux dans le désert. Lorsque le peuple se plaint de ne manger que de la manne, Moïse se tourne vers Dieu et lui dit : « Pourquoi me fais-tu supporter le poids de ce peuple ? » Dieu lui recommande de nommer soixante-dix anciens et magistrats pour partager avec lui le poids de la responsabilité de la conduite du peuple ainsi que l'esprit prophétique. Parmi les personnes appointées, Eldad et Medad sont enthousiastes et continuent de prophétiser. Josué prévient Moïse qui n'y voit aucun mal et les laisse poursuivre. Miriam et Aaron critiquent Moïse au sujet de son mariage avec une femme du pays de Kouch (Éthiopie). Miriam est punie et est frappée de lèpre. Moïse et Aaron intercèdent en sa faveur et, après avoir été exclue du camp pendant sept jours, elle est guérie et réintègre le camp.*

1. Le commandement d'installer la *menorah* à sept branches est répété dans cette *parashat* (Exode 25 : 37, 27 : 21).

2. Moïse appelle les Lévites et les consacre au service du sanctuaire afin de seconder les *cohanim* dans leur fonction sacrificielle. Ils sont ainsi consacrés au service du Temple en lieu et place des premiers-nés qui, autrement, auraient été désignés pour remplir ce rôle. Ils entrent dans le service actif du Temple lorsqu'ils sont âgés de 25 ans et l'âge de leur retraite est fixé à 50 ans.

3. Moïse instruit le peuple et leur indique le processus à suivre lorsqu'au soir de Pessah (le soir du 14 Nissan), ils ont été en contact avec le corps d'un défunt ou en voyage. Dans ces deux situations, ils ne peuvent pas offrir l'agneau pascal. Une autre date est introduite pour ce sacrifice un mois plus tard. Ils doivent alors le consommer avec des pains azymes et des herbes amères, observant les mêmes prescriptions que celles concernant Pessah. De plus, Moïse indique au peuple que tous les rituels et toutes les prescriptions relatives à Pessah s'appliquent également à toute personne étrangère, sans discrimination.

4. Une colonne de nuée recouvre le sanctuaire pendant le jour et une colonne de feu pendant

la nuit. Lorsque la colonne de nuée s'élève, les Hébreux lèvent le camp, se mettent en marche et la suivent à travers le désert. Dieu demande à Moïse de faire fabriquer des trompettes en argent et de les faire sonner par les fils d'Aaron à quatre reprises :

- pour signaler qu'il faut partir ;
- pour rassembler le peuple ;
- pour qu'ils se mettent en ordre de bataille ;
- pour annoncer la célébration d'un sacrifice, d'une fête ou d'une occasion joyeuse.

5. Le vingtième jour du deuxième mois de la deuxième année après la sortie d'Égypte, Moïse et le peuple commencent leurs pérégrinations à travers le désert, en route vers le pays d'Israël. Les tribus se rangent derrière leurs bannières propres. Moïse invite Hobab, fils de son beau-père Jéthro, à se joindre au peuple et à marcher avec eux. Mais il décline l'invitation. Avec l'Arche en tête, le peuple s'avance et Moïse déclare : « Lève-toi, Éternel ! Que tes ennemis soient dispersés et que tes adversaires fuient devant Toi » (Nombres 10 : 35).

6. Dans ses pérégrinations dans le désert, le peuple se plaint du manque de viande et de devoir se contenter de la manne pour tout repas. Dieu les met en garde et leur demande de cesser ces plaintes ingrates. Mais ils continuent à protester. Accablé par ces récriminations, Moïse demande à Dieu : « Pourquoi as-tu rendu ton serviteur malheureux ? Pourquoi n'ai-je pas trouvé faveur à tes yeux et m'as-tu imposé le fardeau de ce peuple ? Est-ce donc moi qui ai conçu ce peuple, moi qui l'ai enfanté pour que tu me dises : "Porte-le en ton sein, comme

le nourricier porte le nourrisson", jusqu'au pays que tu as promis à ses pères ?... Je ne peux pas porter seul ce peuple, c'est un fardeau trop lourd pour moi » (Nombres 11 : 11-14).

Dieu répond en lui conseillant, comme Jéthro l'avait déjà fait plus tôt (Exode 18 : 13-27), de nommer des anciens et des magistrats avec qui il pourra partager la conduite du peuple. Dieu fait souffler un vent qui amène des cailles. Il accorde également le don de prophétie aux soixante-dix anciens et aux magistrats. Deux d'entre eux, Eldad et Medad, continuent à prophétiser, donnant l'impression de contester l'autorité de Moïse et d'Aaron. Josué, le fidèle serviteur de Moïse, lui rapporte ces faits. Moïse refuse de les faire taire et répond à Josué : « Puisse tout le peuple de Dieu être composé de prophètes et que l'Éternel fasse reposer son esprit sur eux ! » (Nombres 11 : 29).

7. Plus tard et publiquement, Miriam et Aaron critiquent Moïse au sujet de son mariage avec une femme kouchite. Ils mettent en question l'intégrité de leur frère et disent : « L'Éternel n'a-t-il parlé qu'à Moïse uniquement ? Ne nous a-t-il pas parlé à nous également ? » (Nombres 12 : 2).

Dieu convoque Miriam et Aaron et leur explique que si l'Éternel a parlé à de nombreux prophètes à travers des visions, il parle à Moïse « face à face, dans une claire apparition et sans énigmes » (Nombres 12 : 8). Pour avoir critiqué son frère, Miriam est frappée de lèpre. Lorsque Moïse et Aaron intercèdent en sa faveur, Dieu demande qu'elle soit exclue du camp pendant sept jours avant d'être guérie et réintégrée dans le camp.

La *parashat Behaalotekha* contient deux thèmes importants :
1. Comprendre et répondre aux plaintes.
2. Comprendre les motifs de ceux qui se plaignent avant de les critiquer.

1. RÉPONDRE AUX MURMURES ET AUX PLAINTES

Peu de temps après leur libération de la servitude en Égypte, le peuple d'Israël exprime ses plaintes concernant la difficulté de la vie dans le désert (Harvey J. Fields, *La Torah commentée pour notre temps*, tome 2, *Parashat Beshalah*, p. 56-60). Moïse répond en demandant à Dieu de leur fournir eau et nourriture. À partir de ce moment, le peuple reçoit une portion de manne chaque jour et une double portion la veille du shabbat afin de ne pas avoir à la ramasser le jour du shabbat, ce qui serait considéré comme un travail. De l'eau fraîche est également fournie en abondance.

Deux ans après avoir reçu les commandements au mont Sinaï et construit le Tabernacle, les Hébreux élèvent à nouveau la voix pour se plaindre amèrement. Ils protestent au sujet des conditions de vie dans le désert. En réaction à ce comportement, Dieu les punit en envoyant un feu au sein du camp. Le voyant, Moïse intercède et le feu cesse.

Cependant les plaintes ne font que recommencer. Avec ceux qui n'étaient pas juifs et qui se sont mêlés à eux lors de la sortie d'Égypte, le peuple éprouve une certaine nostalgie en se souvenant des conditions de vie en Égypte. « Si seulement nous avions de la viande ! Nous nous souvenons des poissons frais que nous mangions gratuitement en Égypte, des concombres, des melons, des poireaux, des oignons et de l'ail. Maintenant nous sommes exténués. Il n'y a rien du tout pour nous ! Aucune perspective autre que cette manne » (Nombres 11 : 5-6).

Concernant les plaintes et les jérémiades du peuple, les interprètes de la Torah posent deux questions : Quelles en sont les causes ? Quelle aurait dû être la réponse appropriée de Moïse ?

Rachi

Rachi excuse le peuple en suggérant qu'ils sont épuisés après les trois premiers jours de leur marche. Contrariés, en colère même, que Moïse les presse au lieu de leur laisser le temps de se reposer, ils élèvent leur voix et protestent. Irritables et épuisés, ils gémissent comme des enfants, se souvenant de moments plus agréables, lorsque leurs besoins en nourriture et leur bien-être étaient pris en charge par d'autres. (*Commentaire sur Nombres* 11 : 1).

Ramban (Nahmanide)

Nahmanide est du même avis que Rachi. Il explique que le peuple a de bonnes raisons de se plaindre. Moïse les a fait quitter l'environnement du mont Sinaï auquel ils s'étaient habitués puisqu'ils y étaient restés deux années. Maintenant ils se trouvent au milieu d'un désert désolé face à un avenir incertain. D'inquiétantes questions se posent :

Sont-ils à l'abri d'ennemis ? Auront-ils suffisamment de nourriture et d'eau ? Qui assurera leur approvisionnement ? Leur angoisse est douloureuse. Elle les rend perplexes. Tous leurs murmures, dit Nahmanide, provient de leur angoisse et de leur apitoiement sur eux-mêmes. « Comme d'autres le feraient, ils réagissent à la contrainte et à la pression qu'ils ressentent » (*Commentaire sur Nombres* 11 : 1).

Néanmoins, Nahmanide ne présente pas son exégèse comme une excuse ou une justification pour expliquer la réaction du peuple. Au contraire, il considère que ces demandes sont égocentriques. Elles sont l'expression d'un manque de confiance en Dieu. Au lieu de rendre grâce pour tout ce qu'ils vivent de positif, ils sont ingrats et déloyaux. Au lieu d'être confiants et de se sentir en sécurité avec Moïse et Dieu, ils s'apitoient au sujet de la nourriture et proposent des comparaisons fallacieuses et excessives entre leur vie d'esclaves en Égypte et leur existence de peuple libre dans le désert. Englués dans une vision nostalgique et erronée de leur passé, ils se complaisent dans leurs amères critiques, et deviennent incapables de partager une vision et une stratégie pour leur avenir (*Commentaire sur Nombres* 11 : 4-46).

Hirsch

Rabbi Samson Raphaël Hirsch propose un autre point de vue. Selon lui les Hébreux souffrent non pas de nostalgie mais d'ennui. Tous leurs besoins sont satisfaits. Leur situation dans le désert frise la perfection. Chaque jour ils reçoivent la manne et ont suffisamment d'eau fraîche. Rien ne leur manque.

Néanmoins, selon Hirsch, ils ont le sentiment d'être « enterrés vivants ».

« Les Hébreux, dit-il, sont comme en deuil d'eux-mêmes. Ils se considèrent comme déjà morts. » Tous leurs besoins étant satisfaits, la Torah leur ayant été donnée, leur sanctuaire étant construit, leur vie « n'offre plus d'intérêt, devient sans objet, perdant tout sens à leurs yeux ». Frustrés de ne pas avoir de nouveau but, de défi à relever ou de mission à remplir, ils commencent à murmurer contre Moïse et contre Dieu.

Hirsch les imagine disant à Moïse : « Ce n'est pas de nourriture que nous manquons... ce qui nous manque est une vie qui a du goût, qui soit stimulante et excite notre appétit. Il nous manque la variété de la nourriture nécessaire à notre santé. La monotonie répétitive et la similitude sans fin de nourriture la rendent insupportable. » Les Hébreux, selon Hirsch, recherchent désespérément une voie pour échapper à leur mélancolie. Ils recherchent l'excitation, la stimulation, des expériences nouvelles et des nourritures variées. Les lamentations qu'ils expriment à Moïse expriment leur besoin de trouver de nouveaux défis, de nouvelles visions, de nouvelles occasions et de nouvelles possibilités (*Commentaire sur Nombres* 11 : 1-11).

Ils étaient dans la confusion

Les enfants d'Israël ont été témoins de la Révélation au mont Sinaï. Ils ont certainement vécu ce moment dans une grande intensité, mais l'inspiration et l'enthousiasme ont vite été déçus. Après un certain temps, au lieu d'être transformés par cet événement et de devenir un peuple saint, capable d'être une lumière parmi les nations, ils se sont rappelé les plantureux buffets sur les rives du Nil, les somptueux mariages, et les opulentes cérémonies de *bar-mitzvah* avec boissons et nourritures à gogo. Au Sinaï, la vision était aiguë et éclatante, mais le désert a fait taire cette vision et une obsession de possession et de matérialité l'a remplacée. Les Hébreux ont eu le sentiment d'être dépossédés de tout et ont ressenti un grand vide. C'est pourquoi ils se sont plaints, sans savoir eux-mêmes ce qu'ils recherchaient (rabbi Shlomo Riskin, *Jerusalem Post*, 27 mai 1990).

Peli

Pinhas Peli reprend le point de vue de Hirsch en étant très critique envers l'attitude des Hébreux. « Éprouvant de l'ennui face à une vie facile, ils cherchent de nouvelles sensations et de nouvelles envies afin de rendre leur vie intéressante et d'être stimulés. Considérer l'avenir proche est trop démoralisant, alors ils se tournent vers le passé... Leur mémoire est assurément très sélective. Ils ne se souviennent plus des mauvais traitements et de l'humiliation de l'esclavage. Ils ne se remémorent pas l'excitation et les joies de la libération. Tout ce dont ils se souviennent, ce sont les poissons qu'ils mangeaient en Égypte. »

Le point de vue de Peli est clair. Comme Hirsch, il considère que les plaintes des Hébreux sont la conséquence de leur insatisfaction devant cette situation presque parfaite et ce statu quo que vit le peuple d'Israël. On peut se demander si, dans leur commentaire, Peli et Hirsch suggèrent que l'être humain est démuni lorsqu'il fait face à la perfection, situation qu'il n'arrive pas à supporter (*Jérusalem Post*, 15 juin 1985).

Pourquoi se sont-ils plaints ?

Le cri des rebelles exprimait une demande de viande et de variété de nourriture, non pour de la nourriture à proprement parler, car la famine ne sévissait pas... Satiété, ennui, absence de défis, et les inconvénients d'une vie nomade furent à l'origine du mécontentement, d'une puissance égale à une situation de misère et de pauvreté (W. Gunther Plaut, *The Torah : A Modern Commentary*, UAHC Press, New York, 1981, p. 1095).

Mauvais sera le jour...

Mauvais sera le jour pour l'humanité lorsqu'elle sera entièrement satisfaite de la vie qu'elle mène, de son mode de pensée, des actions accomplies ; quand il n'y aura plus d'appel à concevoir de plus importants projets, alors que l'âme humaine sait avoir été créée et façonnée pour réaliser de telles choses puisque chacun est, en dépit de tout, enfant de Dieu (Philip Brooks).

Contrairement à ceux qui expliquent les réclamations des Hébreux comme l'expression de leur anxiété ou de leur ennui, Samuel, qui était à la tête de l'académie de Nahardéa en Babylonie pendant le IIIe siècle, suggère une autre explication. Il nous invite à tenir compte des termes utilisés par les Hébreux. Que veulent-ils dire, questionne-t-il, lorsqu'ils s'écrient : « Nous nous souvenons des poissons que nous mangions gratuitement en Égypte » ?

Samuel suggère que « des poissons que nous mangions gratuitement en Égypte », cela ne concerne pas la nourriture mais les relations sexuelles interdites. En d'autres termes, les Hébreux ne faisaient pas mention des délicieuses nourritures qui leur étaient servies en Égypte, ni de leur ennui de manger quotidiennement de la manne mais ils se référaient à la liberté sexuelle qui était la norme en Égypte. Selon Samuel, ils ressentaient comme une privation les limites imposées par la Torah dans la vie sexuelle de l'individu (par exemple, la Torah interdit les relations sexuelles adultérines et incestueuses, comme celles avec d'autres membres de la famille, avec les parents, les frères et sœurs, les tantes et les oncles, les grands-parents et les beaux-parents). Ce type de réglementation qui demandait un changement radical dans leur comportement, explique Samuel, fut la raison pour laquelle les Hébreux, à la porte de leurs tentes, murmurèrent contre Moïse et contre Dieu.

Les disciples de Samuel développèrent cette idée, affirmant que ceux qui exprimèrent leur ressentiment au sujet de la manne étaient ceux qui s'étaient livrés à des pratiques sexuelles interdites. Pourquoi cela ? La manne, disaient ces disciples, tombait devant chaque tente selon les besoins spécifiques des familles concernées. Si un homme avait commis un adultère et qu'un enfant était né de cette union interdite, une portion supplémentaire de manne tombait devant *sa* tente. C'est ainsi que tous pouvaient savoir qu'il était le père d'un enfant né hors mariage. C'est pourquoi certains se dressèrent devant Moïse. La loi et la manne changèrent leur façon de vivre car elles les obligeaient à se soumettre à un nouveau code de moralité. Ils ressentirent amèrement d'être tenus responsables de leur comportement moral (*Yoma* 75a).

Rabbi Meïr Simcha HaCohen (1845-2926), l'auteur du commentaire *Méchèkh Hokhmah*, suggère que les lois morales de la Torah n'ont pas été les seules causes de la rébellion des enfants d'Israël. Ils se sont opposés aux autres restrictions, en particulier celles concernant les nourritures permises et les nourritures prohibées. Les lois de la *cashrout* interdisent la consommation de viande de porc et d'autres viandes et précisent comment les animaux doivent être abattus. HaCohen affirme que les Hébreux se sont révoltés car ils voulaient consommer de la viande sans restriction comme cela était le cas en Égypte. « Arrête de nous rendre la vie si compliquée, gémissent-ils devant Moïse, laisse-nous manger la nourriture de notre choix. »

Rabbi Reuven P. Bulka partage le point de vue de HaCohen, faisant remarquer que « l'un des éléments essentiels du mode de vie fondé sur la Torah est de proposer une conduite fondé sur la maîtrise de soi qui, seule, permet de vivre une existence de plénitude. Le judaïsme propose un style de vie basé sur une autodiscipline qui est l'élément indispensable pour arriver à une meilleure réalisation de soi ». Appliquant cette approche à notre section de la Torah, Bulka écrit : « C'est peut-être cette notion de contrôle qu'introduit le don quotidien de la manne. La révolte contre cette limitation est devenue une rébellion contre le mode de vie juif en général. Les rebelles rejetaient toute notion de contrôle et de limitation. À la place de cela, ils exigeaient une vie leur apportant la satisfaction immédiate de leurs désirs » (*Torah Therapy : Reflections on the Weekly Sedra and Special Occasions*, Ktav, New York, 1983, p. 83-84).

Rabbi Jacob Weinstein propose une autre interprétation. Il rejette toute idée de faute et de culpabilisation chez les Hébreux. Au contraire, il invoque la compassion et demande que leur difficulté de vivre soit prise en compte. Le peuple est désespéré, anxieux et incertain de son avenir. Ce que nous avons ici, dit Weinstein, nous montre combien « les difficultés du présent nous font idéaliser le passé, oublier les anciennes difficultés et occulter les indignités vécues hier. Pour le dire autrement, notre vision du passé est influencée par notre façon de ressentir le présent. Les Hébreux ont fait ce que de nombreux peuples firent et font dans de semblables circonstances. Leur peur devant l'incertitude du futur leur fait idéaliser le passé » (*The Place of Understanding*, p. 103).

Rabbi Morris Adler est en désaccord profond avec Weinstein. Il refuse de trouver des excuses aux Hébreux et à leurs plaintes. Au contraire, il pense que la Torah nous propose de considérer « combien la mémoire peut être un danger ». Les êtres humains déforment et modifient leur vision de l'histoire pour répondre à leurs préjugés. Les Hébreux oublièrent « les coups de fouet... les brutalités de l'oppresseur. Ils se rappelèrent la nourriture qu'ils avaient l'habitude de manger, la sécurité dont ils jouissaient... leurs souvenirs se transformèrent en accusation contre Moïse... une source de ressentiment qui fut la cause d'une vision tragique de leur existence. Ils devinrent la génération du désert, destinée à errer pendant quarante années sans jamais arriver à destination et sans hériter de la promesse par leur manque d'engagement » (*The Voice Still Speaks*, p. 297).

Les interprètes de la Torah à travers les âges ont proposé de nombreuses explications au sujet des plaintes constantes du peuple d'Israël. Ce faisant, ils proposent des interprétations expliquant les protestations politiques et sociales qui ont été exprimées à travers l'histoire. Le texte de la Torah, néanmoins, nous présente également la réaction de Moïse devant les protestations des Hébreux. En entendant leurs plaintes, Moïse révèle également quelques-unes des siennes. Se sentant seul, isolé et cerné, il demande à Dieu : « Pourquoi as-tu rendu ton serviteur malheureux ? Pourquoi n'ai-je pas trouvé faveur à tes yeux et m'as-tu imposé le fardeau de ce peuple ? » Selon la Torah, Dieu lui répond en l'invitant à nommer soixante-dix anciens et magistrats, des hommes d'expérience, amenés à partager la lourde tâche de la direction du peuple avec lui.

Une fois déjà, le beau-père de Moïse, Jéthro, lui avait donné ce même conseil (voir *La Torah commentée pour notre temps,* tome 2, *Parashat Yitro*, p. 66-71). Moïse écouta ce conseil et le mit en pratique, étant effectivement secondé par les anciens et les magistrats. Peut-être que maintenant, comme le suggère la tradition rabbinique, ces magistrats sont morts, ayant été tués pour avoir participé à la construction du veau d'or. C'est ainsi que Moïse s'est trouvé à nouveau seul pour diriger le peuple et a découvert à nouveau que la tâche était trop lourde pour lui tout seul. Les plaintes du peuple rendirent cela évident. Pour le diriger, il avait besoin des sages conseils et de l'assistance de ceux qui pouvaient l'aider à soulager l'anxiété du peuple et à entretenir leur énergie créatrice pour le bénéfice de toute la communauté.

La Torah suggère que la façon la plus productive de faire face aux plaintes n'est pas de se plaindre à Dieu, ni de marmonner que « la tâche est trop pesante pour moi ». Une telle négativité mène à l'échec. Moïse apprend qu'il doit partager ses difficultés avec d'autres, façonner l'avenir en réunissant autour de lui ceux avec lesquels il peut partager la lourde responsabilité de la direction du peuple et une même vision du futur.

Rabbi Judah identifie ce moment de la plainte du peuple comme l'une des dix épreuves auxquelles les Hébreux ont été confrontés dans le désert. Lors de chaque épreuve, la survie du peuple est en jeu et une leçon est tirée. Dans ce cas, l'épreuve nous apprend que la responsabilité doit être partagée. C'est en partageant les épreuves avec d'autres qu'on peut d'autant mieux les surmonter et en tirer les leçons (*Erouvin* 15b).

2. POURQUOI MIRIAM ET AARON SE SONT-ILS ÉLEVÉS CONTRE MOÏSE ?

Après la nomination des soixante-dix anciens et des magistrats, le peuple a quitté Kivrot HaTaavah et est arrivé à H̲atzérot, dans le désert du Sinaï. Il est dit que, lors de ce séjour à H̲atzérot, « Miriam et Aaron critiquèrent Moïse au sujet de son mariage avec une femme kouchite ». Ils dirent : « L'Éternel n'a-t-il parlé qu'à Moïse uniquement ? Ne nous a-t-il pas parlé à nous également ? » (Nombres 12 : 1-2).

Pourquoi la sœur et le frère de Moïse se sont-ils élevés contre lui ? Pourquoi cela devient-il une affaire publique et non privée, et pourquoi ce différend ne reste-t-il pas dans le domaine familial ?

Face à ce récit, certains commentateurs expriment leur surprise devant ce manque de raison apparente au sujet des critiques énoncées par Miriam et Aaron à l'encontre de Moïse. D'autres affirment que la cause est clairement indiquée dans le texte lui-même. N'est-il pas dit, selon eux, que la sœur et le frère de Moïse le critiquent à cause de son mariage avec une femme kouchite et parce qu'il se comporte comme si Dieu parlait exclusivement à travers lui ? Ceux qui maintiennent que la critique envers Moïse est sans raison, font remarquer que même si le texte propose cette explication, il n'en reste pas moins que jamais Moïse n'a revendiqué une exclusivité dans son rapport avec Dieu. Et aucune identité de la femme kouchite n'est donnée.

Étant donné la légitimité des opinions divergentes, quel sens donner à ce texte de la Torah ? Pourquoi Miriam et Aaron critiquent-ils leur frère ? Et pourquoi seule Miriam est-elle punie ?

Cherchant des explications à ces questions, l'auteur du *Targoum Onkelos* explique que Miriam et Aaron critiquent Moïse de s'être séparé de Tsipora, sa si belle femme. De plus, puisque la Torah mentionne Miriam avant Aaron, ceci prouve qu'elle a pris l'initiative et a entraîné Aaron à critiquer Moïse. Pour cette raison, elle a mérité une punition plus sévère.

Rachi est de cet avis. Mais il soulève une question : Puisqu'il n'y a pas de preuve dans le texte, comment Miriam et Aaron savent-ils que Moïse s'est séparé de sa femme, Tsipora ?

Rachi répond lui-même à cette question en se fondant sur l'approche de rabbi Nathan, un maître babylonien du IIe siècle, qui fait remonter l'origine de la confrontation entre Aaron et Miriam d'une part et Moïse d'autre part à l'épisode concernant Eldad et Medad. Miriam, explique-t-il, se tenait à côté de Tsipora quand elle a entendu le rapport de Josué qui faisait remarquer à Moïse qu'Eldad et Medad continuaient de prophétiser (cf. 1). Sachant que Moïse se séparait de sa femme lorsque Dieu lui parlait, Tsipora s'écria : « Pauvres femmes ! leurs maris vont les abandonner de la même façon que Moïse m'abandonne. »

Selon rabbi Nathan, entendant la remarque de Tsipora, Miriam la répéta à Aaron. Sans se préoccuper de la vérité de la situation, Miriam et Aaron se sont précipités pour mettre Moïse en accusation d'abandon de famille. Ils mirent publiquement Moïse dans l'embarras, l'accusant de ce qu'ils considéraient comme un abandon injuste et une preuve d'insensibilité envers sa femme.

Utilisant cette approche créative de rabbi Nathan, Rachi conclut que Miriam est punie suite à cette accusation gratuite qu'elle énonce à l'encontre de Moïse, prétendant qu'il était insensible aux désirs de sa femme, et pour avoir parlé de façon irrespectueuse de son frère en public (*Commentaire sur Nombres* 12 : 1).

Réagissant à ces élucubrations d'Onkelos, de rabbi Nathan et de Rachi, Joseph Ibn Kaspi les accuse de modifier le sens du texte de la Torah. « Je suis choqué, dit-il, de constater que ces maîtres de l'interprétation qui me sont si supérieurs... expliquent la Torah dans un sens totalement opposé au texte, substituent un mot ou ajoutent une phrase et en modifient ainsi radicalement la signification. »

Kaspi continue à exprimer son opposition à leur interprétation et dit que le texte de la Torah vient simplement nous dire que Moïse a pris une deuxième femme kouchite, en plus de son épouse, Tsipora. « Il a agi ainsi pour des raisons personnelles, et nous n'avons pas le droit de fouiller dans ses affaires et dans ses motivations... Il est également inacceptable, comme le font Onkelos, rabbi Nathan et Rachi, de suggérer que Moïse vivait dans le célibat. Il n'était ni moine franciscain, ni dominicain ni carmélite ! »

Radak

Kimhi également s'élève avec véhémence contre ceux qui inventent des histoires pour expliquer des textes de la Torah, ce que fait le *Midrash* constamment ! Comment explique-t-il donc les critiques publiques de Miriam et d'Aaron à l'encontre de Moise ?

Kimhi affirme que le texte de la Torah vient nous dire que Miriam et Aaron s'opposaient au mariage de Moïse avec une *autre* femme kouchite. Kimhi explique que Tsipora, la femme de Moïse, était elle-même une Kouchite. Sans chercher à comprendre les motivations de Moïse d'épouser une seconde femme, ils le critiquent. Ils arrivent à des conclusions hâtives et prétendent à tort, insiste Kimhi, que, comme prophètes, ils sont les égaux de Moïse ; c'est pourquoi ils croient comprendre les raisons qui le poussent à se marier à nouveau. En vérité, dit Kimhi, ils le stigmatisent sans justification et par ignorance. En conséquence, ils sont punis (*Commentaire sur Nombre* 12 : 1...).

Compte tenu de cette explication, on peut se demander si Kimhi n'est pas autant coupable que Onkelos, rabbi Nathan et Rachi et ne peut pas être accusé d'ajouter des récits à la Torah afin de donner une explication rationnelle aux critiques de Miriam et d'Aaron à l'encontre de Moïse.

En opposition à Kimhi, Jacob ben Isaac Ashkenazi, l'auteur du *Tzénah ouReénah,* un commentaire qui était destiné aux femmes, suggère deux raisons possibles qui expliqueraient la condamnation de Miriam et d'Aaron. Ashkenazi suppute que leur critique contre Moïse de se marier avec une femme kouchite procède de leur conviction que Moïse se pense supérieur à tous. Miriam et Aaron, suggère Ashkenazi, sont tourmentés car Moïse, au lieu de trouver une femme parmi les Hébreux, cherche, en choisissant une Kouchite, à se marier en dehors de la communauté juive. Ashkenazi était peut-être préoccupé par le nombre de mariages exogames dans sa propre communauté. C'est pourquoi il affirma que Miriam et Aaron demandèrent, d'un ton accusateur, à Moïse : « N'y a-t-il pas, au sein du peuple d'Israël, des femmes assez bien pour toi ? »

Ils s'opposèrent à son mariage avec une femme kouchite...

Le philosophe Martin Buber prétend que « la raison de la critique à l'encontre de Moïse est sa femme ». Miriam « prend la tête » de la contestation car « il s'agit d'une affaire de famille... Ce que le frère et la sœur reprochent à Moïse n'est pas la conséquence de l'idée de "pureté du sang" mais exprime leur souci concernant la continuité du don de la prophétie... qui pouvait être défavorablement affectée par l'intégration d'un élément étranger » (*Moses*, Harper and Row Publishers Inc, New York, 1958, p. 167-168).

De plus, écrit Ashkenazi, il peut y avoir une autre explication à l'accusation de Miriam et d'Aaron. Peut-être, pense Ashkenazi, sont-ils furieux du traitement qu'inflige Moïse à sa femme Tsipora. Il se peut qu'ils l'aient entendu dire à sa femme : « Je suis occupé à une tâche importante qui concerne la communauté d'Israël et je n'ai pas de temps à te consacrer. » Par conséquent, ils ont pu en conclure que Moïse négligeait sa femme et refusait même d'avoir des relations sexuelles avec elle. L'explication de la Torah : « à cause de la femme kouchite » peut donc être comprise comme l'expression de leur préoccupation au sujet du bien-être de Tsipora. C'est pourquoi, selon Ashkenazi, on peut comprendre pourquoi Miriam et Aaron avaient décidé de critiquer en public le comportement de leur frère (*Tzénah OuReénah* sur Nombres 12 : 1).

Ils calomnièrent Moïse

Celui qui calomnie une personne en secret ne sera pas pardonné. Celui qui calomnie une personne de sa famille ne sera pas pardonné... Il nous est dit que Miriam et Aaron calomnièrent Moïse car il avait épousé une femme kouchite... Tsipora n'était-elle pas... différente de toutes les autres femmes par sa peau foncée, ses paroles douces et ses bonnes actions ?

Et les Hébreux ne furent-ils pas qualifiés par Dieu lui-même de Kouchites, comme dans le verset : « N'êtes-vous pas pour Moi comme les Kouchites, enfants d'Israël ? » (*Amos* 9 : 7 ; *Pirké derabbi Eliezer* 53).

Leibowitz

Après avoir passé en revue les différentes explications concernant les critiques énoncées par Miriam et Aaron à l'égard de Moïse, Nehama Leibowitz conclut que ce récit de la Torah a comme sujet la calomnie et les commérages. Elle explique que ce comportement est la conséquence « d'une volonté de rabaisser l'image d'un personnage important, de noircir la réputation de quelqu'un de célèbre, de dénigrer le caractère de celui qui fait le bien et de minimiser toute expression de grandeur chez l'autre ». Cela est courant chez ceux qui ont un esprit étroit, qui s'attachent à découvrir les petitesses des autres, sans réussir eux-mêmes à accomplir des actes grandioses et héroïques.

Leibowitz suggère que telle est précisément la faiblesse humaine, conséquence de la jalousie que ressentaient Miriam et Aaron à l'égard de leur frère et qui les amena à parler contre Moïse. « À l'évidence, explique Leibowitz, la Torah n'a pas voulu interdire explicitement les dénigrements contre tous en général et contre les responsables spirituels de notre génération en particulier. Elle a voulu interdire toute forme de discours désobligeants ou de commérages envers les autres. »

Citant Bahyah ben Yosef Ibn Pakoudah, l'auteur de l'ouvrage d'éthique *Hovot haLevavot* (*Les Devoirs du cœur*), Leibowitz nous met en garde : « Si un de vos amis vous est supérieur... en actes... ne permettez pas à votre esprit malin de dire : "Il faut retourner l'opinion des autres contre lui, débusquer ses fautes, répandre des accusations mensongères sur son compte afin d'affaiblir sa réputation." Au lieu de cela, dites à votre esprit malin : "Rappelez-vous Miriam et Aaron lorsqu'ils parlèrent contre Moïse." » (*Studies in Bamidbar*, p. 132-133).

Parce que l'histoire de Miriam et d'Aaron parlant négativement de Moïse ne précise pas leurs motivations, les interprètes de la Torah ont laissé libre cours à leur imagination. Il ne faut donc pas s'étonner si cette histoire continue de susciter le débat. Est-ce la jalousie ou la préoccupation pour le rôle de dirigeant de Moïse qui amena son frère et sa sœur à protester contre son mariage avec une Kouchite ? Personne ne peut en être sûr. Néanmoins, chacune des explications de nos commentateurs soulève d'importantes questions éthiques concernant le comportement humain et la résolution de conflits. Une fois de plus, le texte de la Torah invite à la réflexion et se concentre sur des questions d'ordre moral.

Questions pour l'étude et la discussion

1. Les commentateurs suggèrent plusieurs raisons pour expliquer les plaintes des Hébreux au sujet de leur situation. Leur peur est générée par l'incertitude concernant leur avenir. Ils sont dans l'indécision et le trouble. Ils sont gâtés mais résistent devant le changement de leur situation et sombrent dans l'ennui et l'absence de défi. Ils supportent mal les restrictions imposées par les lois éthiques et idéalisent leur passé.

Ils sont obsédés par des préoccupations matérialistes et à la recherche de sensations nouvelles. Quelle raison parmi celles-ci fournit la meilleure explication pour les plaintes qu'ils expriment à Moïse et à Dieu ? Comment, selon les étapes de notre vie, devrions-nous exprimer de telles plaintes ? Quelle est la meilleure façon de faire face à ces plaintes ? Pourquoi est-il si important pour des responsables, de partager, comme Moïse fut amené à le faire, les protestations de leurs sujets plutôt que d'endosser la responsabilité entière d'une telle situation ?

2. Est-il problématique d'inventer ou de lire dans le texte de la Torah des explications qui étaient étrangères à l'intention de ou des auteurs ? N'est-ce pas être hors sujet ? Voyez comment Joseph Ibn Kaspi considère que Onkelos, rabbi Nathan et Rachi ont « perverti » le texte en ajoutant des interprétations personnelles qui n'ont rien à voir avec le texte. Seriez-vous de son avis ? Quelle interprétation a le plus de sens pour expliquer le comportement de Miriam et d'Aaron à l'égard de leur frère ?
3. L'auteur de Proverbes 10 : 18 affirme que celui qui « calomnie l'autre est un sot ». Comment définiriez-vous le « calomniateur » ? Pourquoi pensez-vous que les rabbins considèrent que calomnier une autre personne est une faute grave ? Pourquoi pensez-vous que la tradition juive considère la calomnie comme une offense capitale (*Tosefta Péah* 1 : 2) ?

Parashat Chelaẖ Lekha

Nombres 13 : 1-15 : 41

La parashat Chelaẖ Lekha *décrit comment les douze explorateurs, chacun représentant une tribu d'Israël, ont parcouru le pays d'Israël. Après quarante jours, ils reviennent. Dix d'entre eux décrivent positivement le pays, quant aux villes, ils assurent qu'elles sont fortifiées et que de terribles guerriers, semblables à des géants, les défendent. Deux d'entre eux, Caleb et Josué, les désapprouvent et insistent pour partir à la conquête du pays. Entendant ces rapports contradictoires, le peuple proteste auprès de Moïse et Aaron, leur disant : « Retournons en Égypte. » Dieu menace d'abandonner ce peuple déloyal et de former un nouveau peuple sous la direction de Moïse. Ce dernier plaide auprès de Dieu pour qu'il pardonne au peuple car Dieu mettrait sa réputation en jeu. Son argument est que, si le peuple meurt dans le désert, les Égyptiens diront que Dieu les a libérés de l'Égypte pour les faire succomber. Pour son manque de confiance, le peuple est alors condamné à errer pendant quarante ans dans le désert jusqu'à ce que la génération née en Égypte, à l'exception de Caleb et de Josué, s'éteigne. Seule la génération suivante pourra entrer dans le pays d'Israël et le conquérir. Puis sont décrits les sacrifices qui doivent être offerts au sanctuaire, ensuite est précisé le statut du* guer *(« l'étranger »), celui qui réside au sein du peuple. Les Hébreux sont informés que le ramassage du bois le shabbat est interdit et son infraction sera punie par lapidation. Enfin, le commandement du* tzitzit, *la frange avec un fil d'azur placée aux quatre coins des vêtements, est énoncé. Ces franges doivent être un signe qui rappelle à chacun sa responsabilité dans l'accomplissement des commandements de la Torah.*

1. Dieu ordonne à Moïse d'envoyer douze explorateurs, un par tribu, afin de faire un rapport sur l'état du pays d'Israël. « Vous observerez l'aspect de ce pays, dit-il, et le peuple qui l'occupe, s'il est robuste ou faible, peu nombreux ou considérable, comment sont ses villes, quant au sol, s'il est gras ou maigre, s'il est boisé ou non, et ramenez des fruits du pays. »

Les explorateurs passent quarante jours dans le pays pour l'observer. Avant de rentrer, ils passent par la vallée d'Eshkol, près de Hébron, où ils coupent une grappe de raisin et quelques grenades et figues. À leur retour, ils montrent aux Hébreux les magnifiques fruits qu'ils ont cueillis, preuve que le pays est réellement un pays où coulent « le lait et le miel ». Mais dix des explorateurs effraient les Hébreux en leur décrivant les habitants du pays comme des hommes vigoureux et dangereux et les villes fortifiées et imprenables.

Ce compte rendu terrifie la communauté. Néanmoins Caleb essaie de rassurer le peuple et dit : « Montons-y et prenons-en possession, car certes nous serons vainqueurs. »

Semant davantage la panique au sein du peuple, les dix explorateurs affirment que le pays « est un pays qui dévorerait ses habitants. Tous ceux que nous y avons vus sont des géants, disent-ils, et nous étions à nos propres yeux comme des sauterelles et ainsi étions-nous à leurs yeux » (Nombres 13).

La communauté entière se retourne contre Moïse et Aaron, les invectivant en disant : « Pourquoi l'Éternel nous mène-t-il dans ce pays pour y périr par le glaive, nous voir ravir nos femmes et nos enfants… Certes, il vaut mieux pour nous retourner en Égypte » (Nombres 14).

À ce moment Josué et Caleb interviennent et disent que le pays est « excessivement bon » et que, avec la confiance en Dieu, le peuple pourra le conquérir. Rejetant cet avis, le peuple menace de les lapider.

Dieu dit à Moïse que, puisque le peuple manque de confiance et de foi, il sera annihilé. « Je veux le frapper de la peste et l'anéantir, et te faire devenir toi-même un peuple plus grand et plus puissant que celui-ci. » Moïse, comme Abraham l'avait fait, s'oppose à cette décision divine en posant la question : « Et les Égyptiens, quand ils constateront cela, diront : "Parce que l'Éternel n'a pas pu faire entrer ce peuple dans le pays qu'il leur avait solennellement promis, il les a égorgés dans le désert" » (pour Abraham, voir Genèse 18 : 16-33).

Moïse implore Dieu afin qu'il pardonne le peuple pour son manque de confiance et de foi. Dieu, consentant, déclare : « L'Éternel est plein de longanimité et de bienveillance, il supporte l'iniquité et la transgression… »

Le peuple apprend alors que, suite à leur manque de confiance et de foi, ils erreront dans ce désert pendant quarante années et que toute la génération qui a été libérée d'Égypte y mourra. Leurs descendants ainsi que Caleb et Josué pourront conquérir le pays.

Alors le peuple affirme qu'il a changé d'avis et est maintenant prêt à partir à la conquête du pays. Moïse les met en garde et leur prédit la défaite. Par défiance, certains se mettent en ordre de marche mais, à H̲ormah, sont vaincus par les Amalécites et les Cananéens.

2. Moïse donne les instructions sur le mode des offrandes brûlées au feu qu'ils doivent présenter au sanctuaire. Il est conseillé au peuple, en offrant des sacrifices, de rechercher le pardon pour les fautes commises sans intention. Ceux qui commettront des fautes intentionnelles seront néanmoins punis.

Moïse leur enseigne également que le *guer*, c'est-à-dire l'étranger qui réside parmi eux (nom donné plus tard au « converti »), doit être traité selon les mêmes lois qu'eux : « Une même loi vous régira, vous et l'étranger qui réside parmi vous, vous serez égaux devant l'Éternel » (Nombres 15 : 14-16).

3. Pendant leur séjour dans le désert, un homme est découvert en train de ramasser du bois le jour du shabbat. Parce qu'il a enfreint le commandement de respecter le jour du shabbat, il est condamné à mort par lapidation.

4. Moïse instruit les Hébreux concernant le commandement d'attacher un cordon bleu (le colorant est extrait du sang d'un mollusque rare) aux franges accrochées aux quatre coins de leurs vêtements. Ces franges ont comme fonction de leur rappeler leur responsabilité dans l'accomplissement des commandements de la Torah afin « d'être saints pour Dieu ».

La *parashat Chelah̲ Lekha* contient deux thèmes importants :

1. La faute des explorateurs de ne pas dissocier les faits de leurs ressentis, ni le vrai du faux.
2. Le sens du port des *tzitzit* ou franges.

1. QUELLE FUT LA FAUTE DES EXPLORATEURS ?

La Torah propose deux versions du récit des explorateurs qui furent envoyés pour étudier le pays d'Israël. La *parashat Chelah̲ Lekha* (Nombres 13 : 1-15 : 41) contient un récit beaucoup plus élaboré que celui de la *parashat Devarim* (Deutéronome 1 : 19-45). Les deux versions concordent sur le fait que les chefs des douze tribus furent envoyés pour explorer le pays d'Israël.

Les explorateurs reviennent vers le peuple après quarante jours de marche et ramènent avec eux des fruits mûrs. Dix des douze explorateurs informent le peuple que dans le « pays coulent le lait et le miel », *mais* que c'est aussi « le pays des Anakites », ou géants, et nous étions « comme des sauterelles à leurs yeux », disent-ils. Ils disent également que c'est le pays des Amalécites, ennemis des Hébreux.

Josué et Caleb ne sont pas de l'avis des dix autres explorateurs et pressent le peuple d'aller de l'avant et de conquérir le pays.

Pris de panique, le peuple s'élève contre Moïse et dit : « Retournons en Égypte. » Courroucé par ce rapport et par l'attitude du peuple, Dieu les punit en les condamnant à quarante années d'errance dans le désert, une année pour chaque journée de la mission des explorateurs. Le peuple apprend qu'aucun de ceux qui ont été libérés d'Égypte n'entrera dans le pays d'Israël. Seuls leurs enfants ainsi que Josué et Caleb entreront victorieusement dans le pays.

Il est évident que quelque chose de tragique s'est passé ! Le peuple qui a été réduit en esclavage et a souffert de longues années en Égypte, est condamné à errer dans le désert pendant quarante années et à y mourir. Quelle est la cause de ce bouleversement ? Qu'ont fait les explorateurs ou qu'ont-ils dit pour mériter un tel châtiment ? Quelle est leur faute ?

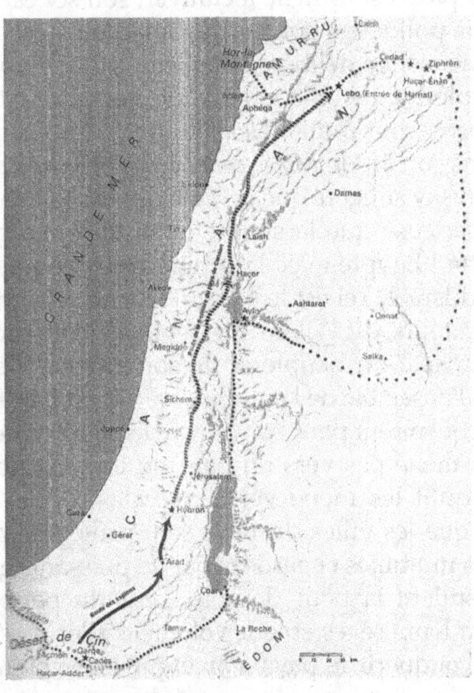

Comme nous pouvons le penser, cet événement si significatif est différemment interprété par les commentateurs de la Torah.

Un auteur, cité dans un très ancien recueil de commentaires, suggère que les explorateurs, comme ce fut le cas pour Miriam, ont commis une faute, celle de la médisance (voir *parashat Behaalotekha*, p. 48-51). Au lieu de se souvenir de la punition que Miriam a subie en critiquant publiquement Moïse, les explorateurs reviennent de leur expédition et, immédiatement et publiquement, dénigrent le pays d'Israël. Ils disent au peuple : « C'est un pays qui dévore ses habitants », voulant dire par là que le pays est difficile à cultiver, son sol est aride, son air pollué est source de maladies. À cause de leur mensonge délibéré et de leur critique du pays, les explorateurs et la génération qui a accepté leur rapport seront punis (*Nombres Rabba* 16 : 2).

Dans son étude *Moïse comme chef politique*, Aaron Wildavsky suggère que la faute des explorateurs est plus sérieuse que la simple médisance. Le peuple a quitté l'Égypte avec la promesse de conquérir le pays d'Israël. Tel est le but qui leur est assigné. Les explorateurs, dit Wildavsky, reviennent et, profitant de l'anxiété du peuple et de son attente, « discréditent l'ensemble de l'entreprise ». Tel est leur forfait.

Ils conspirent pour convaincre le peuple que Dieu ne les mène pas vers un pays où tout est possible mais qu'il les mène vers une catastrophe. Affirmant que les villes du pays sont protégées par de hautes murailles et gardées par de puissants géants, ils instillent la peur dans le cœur du peuple. Ils brisent leurs rêves et leur volonté d'aller de l'avant et de conquérir le pays. Parce que les explorateurs détruisent les espoirs de leur peuple, eux et leur génération sont condamnés à errer et à mourir dans le désert (Aaron Wildavsky, *Moses as Political Leader*, University of Alabama Press, 1984, p. 114-118).

« C'est le rejet de la terre d'Israël, affirme Isaac Arama, un commentateur du XVe siècle vivant en Espagne sous le règne de Ferdinand V et d'Isabelle Ire, qui explique nos tribulations et notre exil… Nous ne pourrons jamais retrouver notre équilibre spirituel et physique si nous ne retournons pas vers elle. » Puisque les explorateurs ont méprisé et rejeté le pays qui leur était promis, et que le peuple a demandé à Moïse de les ramener en Égypte, ils sont condamnés à mourir dans le désert. À cause de cette trahison, ils ne méritent pas de conquérir le pays et de construire leur nation.

Le maître hassidique Yitzhak Meïr de Guèr conçoit les choses différemment. Il explique que la faute des explorateurs n'est pas dans leur volonté de miner les espérances du peuple de s'établir dans le pays mais elle réside dans la réalisation de leurs objectifs après leur mission exploratrice. Les êtres humains, dit rabbi Meïr de Guèr, ne peuvent pas être tenus responsables de leurs mauvaises pensées ou de leurs plans criminels. Ils sont fautifs quand ils mettent leurs plans à exécution. Telle est la faute des explorateurs. À cause de leur rapport défavorable, ils détournent une nation entière de son but qui est celui de la conquête du pays (A.Z. Friedman, *Wellsprings of Torah*, Judaica Press, New York, 1969, p. 306).

Sforno

D'autres commentateurs accusent également les explorateurs de tromper le peuple. Sforno explique que, lorsque les explorateurs mentionnent les Anakites, ou les « géants », ils veulent suggérer que le climat du pays est si pollué que seuls des hommes robustes peuvent y survivre. Quand ils affirment qu'ils se considéraient comme des « sauterelles », les explorateurs exagéraient délibérément la stature de leurs ennemis afin d'effrayer le peuple.

Peli

En remarquant la phrase : « C'est un pays qui consume ses habitants », Pinhas Peli note que les explorateurs mènent une « campagne de démoralisation », et trompent volontairement leurs auditeurs avec des mensonges concernant la terre qu'ils viennent de traverser (*La Torah aujourd'hui*, Desclée de Brouwer, 1988, p. 186-187).

Leibowitz

« Les explorateurs, selon Nehamah Leibowitz, connaissaient très bien leur rôle. D'abord ils ont chanté les louanges de la Terre promise, sachant qu'un mensonge, pour être cru, doit recéler une part de vérité pour lui donner une apparente objectivité. Ils savaient comment faire pour qu'un rapport apparemment objectif puisse déboucher sur l'énoncé d'une opinion subjective. » C'est pourquoi ils dirent au peuple : « Nous avons parcouru un pays où coulent le lait et le miel, et voici ses fruits. » Puis ils dirent : « Mais nous y avons vu des géants. » Pour leur faute d'inciter le peuple à la crainte et au refus de conquérir le pays, pour leur avoir menti, pour les avoir fourvoyés avec des exagérations délibérées et, intentionnellement, n'avoir pas séparé le vrai du ressenti, pour toutes ces raisons les explorateurs ont été punis (*Studies in Bamidbar*, p. 135-146).

Rabbi Menahem Schneerson est du même avis et considère que la faute des explorateurs réside dans le fait d'avoir été la cause de la démoralisation du peuple. Néanmoins, il met en évidence qu'ils se sont bernés eux-mêmes. Ce sont des hommes pieux et bons, soucieux de la vie spirituelle du peuple. Mais, selon Schneerson, ils craignent que les Hébreux, lors de leur entrée en Israël, ne soient tellement occupés par des questions matérielles : le travail, la recherche de nourriture pour leurs familles, la construction de leurs maisons, l'élaboration d'une vie culturelle, et le bien-être de la société, qu'ils aient « progressivement de moins en moins de temps et d'énergie pour se consacrer au service de Dieu ».

Schneerson affirme qu'en disant : « C'est un pays qui mange ses habitants », ils sous-entendent autre chose. Leur faute est de berner le peuple et eux-mêmes en croyant que « la spiritualité fleurit mieux dans l'isolement et le retrait du monde ». Les explorateurs, conclut Schneerson, « étaient dans l'erreur. Le but de la vie conforme à la Torah n'est pas l'élévation de l'âme : c'est dans la sanctification du monde qu'elle réside, ce qui suppose pour le peuple d'Israël la prise de possession de la terre d'Israël et sa transformation en un pays saint » (*Torah Studies*, Lubavitch Foundation, London, 1986, p. 241-242).

Ramban (Nahmanide)

Nahmanide est en désaccord avec la plupart de ces interprétations. Il soutient que les explorateurs n'exposent pas des faits erronés, ni n'exagèrent en décrivant ce qu'ils ont vu. Ils montrent au peuple les fruits qu'ils ont cueillis et rapportent la vérité sur le pays. Leur faute, selon Nahmanide, est d'avoir mal compris le but de leur mission et dans la manière de faire leur rapport.

Ils sont envoyés, selon Nahmanide, pour une « mission de reconnaissance » sans intention de leur demander un rapport circonstancié concernant le moyen idéal de conquérir le pays. Du fait que Moïse se préparait à mener une guerre, leur mission était de présenter un rapport sur le pays et le peuple qui y habitait, afin de mieux préparer une campagne militaire qui assurerait la victoire. Et l'avenir du peuple dépendait de ce rapport.

Leur faute, selon Nahmanide, est le ton sur lequel ils ont livré leur rapport. À leur retour, ils ont commencé par utiliser des termes laudateurs, des expressions positives au sujet des merveilleux fruits de cette terre ; puis, ils sont devenus très négatifs. Utilisant le terme *èfès*, qui signifie « mais », ils déclarent : « Mais le peuple de ce pays est puissant. » Cette appréciation, conclut Nahmanide, « a un sens négatif et qualifie un acte hors de la portée d'un être humain, quelque chose d'impossible à accomplir de quelque façon que ce soit ». Ceci fut ressenti comme une menace effroyable planant sur le peuple. De façon évidente, cette présentation négative de la part des explorateurs a semé la panique dans le peuple et l'a amené à rejeter toute idée de conquête du pays d'Israël.

Le positif et le négatif

Le rabbin Abraham Chill note que les explorateurs ont évalué les dangers de la conquête en les comparant aux conséquences positives de celle-ci. Ils étaient confrontés à deux options, une positive et une négative. « Les tossafistes devant cette énigme, dit Chill, affirment que, si on est confronté à la nécessité de faire un choix, il vaut mieux penser positivement... La dynamique de cette positivité doit prendre le pas sur toute négativité » (*The Sidrot*, Geffen Publications, Jerusalem, 1983, p. 132).

Nah̲manide accuse également les explorateurs de cacher certaines informations importantes. Moïse leur demande de déterminer si leurs ennemis sont nombreux ou non. Les explorateurs n'ont jamais fourni cette information essentielle. De plus, ils dissimulent leur faute en sapant l'autorité de Moïse. Au lieu de lui faire ce rapport en privé, ils le présentent publiquement à tout le peuple. Après, ajoute Nah̲manide, les dix explorateurs font du porte-à-porte en distillant de fausses informations. C'est cette rétention volontaire d'informations et cette volonté délibérée d'affaiblir l'autorité de Moïse qui est la cause de leur punition (*Commentaire sur Nombres* 13 : 1-14 : 2).

Morris Adler, un commentateur contemporain, suggère une autre lecture du comportement des explorateurs. Leur faute est la « corruption » du peuple par l'abus de leur position et de leur pouvoir. Adler nous rappelle que les explorateurs ne sont pas n'importe quels Hébreux. Ils ont été choisis avec soin car « ils étaient ceux qui étaient influents ». Le peuple avait confiance en leur jugement et en eux. Lorsqu'ils mentirent au sujet de ce qu'ils avaient vu, ils minèrent la confiance que le peuple avait en eux.

Ce récit, dit Adler, est une leçon qui montre comment « d'éminents personnages, éduqués et bien placés... peuvent miner le moral d'un peuple d'une manière presque aussi efficace qu'un assaut militaire. Ils fragilisèrent le mur qui protégeait le peuple, conséquence de sa confiance en son destin ; ils générèrent la panique et la désillusion aussi sûrement que si les légions ennemies avaient fondu sur les Hébreux. Ceci est le type de subversion que, plus tard, les princes en Israël pratiquèrent, et qui mit l'existence du peuple en grand danger ».

Pourquoi les explorateurs, ces chefs et responsables de tribus, se sont-ils engagés dans cette voie subversive ? Adler pense qu'ils se satisfaisaient du statu quo dans le désert et s'opposaient à tout changement. Tout y était à portée de la main : nourriture, eau et abri. Ils ne voulaient pas avoir à assumer la responsabilité de la conquête de la Terre promise, ni risquer de perdre leur pouvoir et la sécurité dont ils bénéficiaient. Telle fut leur faute, conclut Adler. Ils voulurent occulter les difficultés et les peines du monde et vivre tranquillement dans la sécurité de leur désert. Ils choisirent de pervertir le rêve de la conquête de la Terre promise, où chacun pouvait prétendre à la justice, à la liberté et à la paix (*The Voice Still Speaks*, p. 301-305).

L'opinion d'Adler sur les motivations des explorateurs rejoint l'un des plus anciens commentaires sur leur mission. Rabbi Shim'on bar Yochaï (IIe siècle) affirma à ses disciples que « les explorateurs étaient partis vers le pays d'Israël avec de mauvaises intentions et étaient revenus du pays d'Israël avec de mauvaises intentions ». En d'autres termes, avant même de commencer leur mission de reconnaissance, ils avaient déjà été d'accord sur leurs conclusions et sur ce qu'ils allaient dire au peuple à leur retour. Ce qu'ils allaient voir ou entendre ne les fit pas changer d'opinion. Au contraire, ils allaient choisir les exemples qui allaient dans le sens de leurs idées préconçues, rejetant les autres qui allaient à leur encontre. Telle fut leur faute. En refusant d'apprécier le pays sans idée préconçue et sans étroitesse, ils échouèrent, et le peuple avec eux. (*Sotah* 35a et Rachi sur Nombres 13 : 26).

Pourquoi étaient-ils figés sur de telles notions préétablies ? Qu'est-ce qui a amené les explorateurs, ces chefs en Israël, à présenter un rapport si négatif ? Pourquoi avaient-ils été amenés à répandre le doute et la panique au sein du peuple au sujet de la conquête du pays ? Une explication peut être trouvée dans la dernière justification qu'ils partagent et énoncent aux Hébreux sur la population qui habite dans le pays. Dans un moment de rare candeur, ils disent : « Tous ceux que nous avons vus étaient des gens de grande taille ; nous avons vu les Nefilim là-bas – les Anakites sont une branche des Nefilim – *et nous étions semblables à des sauterelles à nos yeux,* et ainsi étions-nous certainement à leurs yeux. »

Les explorateurs ont révélé alors leur absence d'estime d'eux-mêmes. « Nous étions semblables à des sauterelles à nos yeux », disent-ils, indiquant ainsi le peu d'estime qu'ils avaient de leurs propres capacités à agir. Ils se considéraient comme des mauviettes, impuissants, dépourvus de la force et de l'imagination qui leur permettraient de vaincre leurs ennemis. Leur manque de considération d'eux-mêmes engendre le mépris de soi et la peur des autres.

Le psychologue Erich Fromm observe que l'affirmation de soi, la joie, l'enthousiasme et la liberté qu'on peut ressentir et exprimer prennent leurs racines dans notre propre capacité à aimer. « Nous ne pouvons aimer les autres qu'à la condition d'avoir la capacité de nous aimer nous-mêmes. » On ne peut conquérir des « terres promises » que lorsque nous avons foi en nos propres capacités et en notre propre créativité. La faute des explorateurs est la conséquence de leur manque d'amour et de respect d'eux-mêmes. Cela explique peut-être leur punition. Dans l'impossibilité de s'apprécier eux-mêmes, ils furent condamnés à errer et à mourir dans le désert. Seuls Josué et Caleb, qui refusèrent de se comparer à des « sauterelles », ont été jugés dignes d'entrer dans la Terre promise.

2. LA SIGNIFICATION DE PORTER LES TZITZIT OU FRANGES

La tradition issue de la Torah touche à presque tous les aspects de l'existence humaine, y compris la façon de se vêtir. Il était, par exemple, interdit aux femmes de porter des vêtements masculins comme aux hommes de porter des vêtements féminins, sans doute par peur de ne pas pouvoir distinguer les sexes, comme il est interdit de porter des étoffes *shaatnez,* c'est-à-dire un vêtement dont le tissu serait un mélange de laine et de lin pour distinguer ce qui provient du monde végétal de ce qui provient du monde animal[1] (Deutéronome 22 : 5, 11). Le commandement de porter des *tzitzit* – ou « franges » – est particulièrement important. Il n'est pas uniquement mentionné dans notre *parashat* mais également dans Deutéronome 22 : 12.

Moïse instruit les enfants d'Israël de porter des *tzitzit* aux quatre coins de leurs vêtements « à travers les générations ». Chaque frange doit compter un *petil tekhélèt,* un fil d'azur. Comme justificatif aux *tzitzit,* Moïse dit au peuple : « Quand vous les regarderez, vous vous souviendrez des commandements de l'Éternel et vous les accomplirez afin de ne pas suivre l'incitation de votre cœur et de vos yeux à la débauche. Ainsi vous vous souviendrez d'observer tous mes commandements et d'être saints pour l'Éternel votre Dieu. Je suis l'Éternel votre Dieu qui vous a fait sortir d'Égypte, d'une maison d'esclavage afin d'être votre Dieu. Je suis l'Éternel votre Dieu » (Nombres 15 : 39-41).

À travers les siècles, les hommes juifs et quelques femmes ont placé les *tzitzit* aux quatre coins d'un de leurs vêtements appelé : *talith katan,* un petit *talith* porté sous ou sur la chemise, et sous le *talith* porté lors de la prière. La *mitzvah* de porter les *tzitzit* est considérée comme si importante par les rabbins qui ont composé les premières prières de notre rituel, qu'ils l'ont incluse dans le *Chema,* déclaration de l'unité de Dieu, récité quotidiennement matin et soir.

---

1. Il s'agit d'un reliquat de l'ancienne opposition entre la société sédentaire et la société nomade.

Le *petil tekhélèt* a causé certains soucis. Soit il devint impossible de trouver les ingrédients permettant de fabriquer la teinte bleue pour le fil d'azur, soit sa formule de fabrication a été perdue. Certains scientifiques ont spéculé sur son origine et ont affirmé qu'il s'agissait du sang d'un mollusque appelé *h̲ilazon* qu'on trouve sur les côtes en Israël. Lorsque ce mollusque a disparu, la fabrication et le port des *tzitzit* ne furent pas abandonnés. La plupart des rabbins négligèrent la prescription de la Torah sur le nécessaire *petil tekhélèt* et décrétèrent que la frange, sans ce fil bleu, avait même valeur qu'avec, et certains continuèrent à porter des fils bleus. De plus, ils assurèrent que le port des *tzitzit*, même sans le *petil tekhélèt*, était incontournable. En fait, rabbi Shim'on bar Yochaï et rabbi Meïr enseignèrent que « l'application minutieuse de la *mitzvah* permet de s'approcher de Dieu ! » D'autres affirmèrent que « la *mitzvah* de porter les *tzitzit* est aussi importante que tous les autres commandements » (*Menah̲ot* 43a ; *Talmud de Jérusalem, Berakhot* 1 : 2 ; *Nedarim* 25a).

Quelle est la motivation d'une telle appréciation ? Pourquoi la tradition juive attache-t-elle une telle importance au port des *tzitzit* ?

Rachi

Dans son commentaire sur le mot *tzitzit*, Rachi note que la valeur numérique qui compose ses lettres équivaut à 600 (*tzadé* = 90, *yod* = 10, *tzadé* = 90, *yod* = 10, *ta* = 400) et que la frange comporte huit fils et cinq nœuds. Le total est donc 613 qui est le nombre de commandements qui se trouvent dans la Torah selon un *midrash* attribué à rabbi Simlaï, IVe siècle.

Dans la tradition juive, ces 613 commandements sont connus sur l'acronyme de *TaRYaG Mitzvot* (*Tav* = 400, *Rech* = 200, *Yod* = 10, *Guimel* = 3). Ces 613 commandements sont divisés en 248 commandements positifs et 365 commandements négatifs. Pour Rachi, le port des *tzitzit* et le fait de « *regarder les franges* » permettent de rappeler l'obligation de mettre en application les 613 commandements de la Torah (*Commentaire sur Nombres* 15 : 37 ; *Makkot* 23b).

Cette opinion de Rachi est fondée sur les paroles des premiers commentateurs. Ils soutiennent que lorsque les « Juifs voient les *tzitzit*, cela leur rappelle les commandements, qu'ainsi ils s'en souviennent et cela les amène à les mettre en application ». Puisque l'accomplissement de chaque *mitzvah* est importante, la fonction des *tzitzit* est un symbole fort qui incite à vivre selon un comportement juif. Portés et vus, ils sont un signe qui incite à l'application des commandements (*Nombres rabba* 7 : 5).

Dans certaines communautés, lorsqu'on s'apprête à porter le *talith*, notre châle de prières avec ses franges, on prononce la prière d'inspiration mystique suivante qui détaille la fonction des *tzitzit* : « En vue d'unifier le nom de Dieu… et au nom de tout Israël, je m'enveloppe de ce *talith* avec ses *tzitzit*. Que mon âme, mes 248 membres et mes 365 veines (total = 613) soient enveloppés par la lumière des *tzitzit*… Par l'application de ce commandement, puissent mon âme, mon esprit, l'étincelle divine qui m'habite et ma prière être exempts de toute distraction… Et puisse l'accomplissement de ce commandement être considéré par Dieu comme fondamental et correspondant aux 612 autres commandements dans tous leurs détails, toutes leurs particularités, et aux intentions qui leur sont liées. »

Puisque le commandement de la Torah de porter les *tzitzit* précise : « Quand vous les regarderez, vous vous souviendrez des commandements de l'Éternel et vous les accomplirez afin de ne pas suivre l'incitation de votre cœur et de vos yeux à l'égarement », les rabbins ont assigné aux *tzitzit* plus qu'un sens symbolique. Selon eux, ils permettent également de préserver un comportement éthique et, en particulier, l'intégrité sexuelle. « Le cœur et les yeux tendent à dévoyer le corps. » Nos sens requièrent maîtrise et discipline, disent les rabbins. Telle est la raison des *tzitzit*. Ils protègent ceux qui les portent des tentations vers le mal (*Nombres Rabba* 7 : 6).

Néanmoins, les tzitzit ne possèdent aucun pouvoir magique. Pin<u>h</u>as Peli explique que les *tzitzit* « ne sont pas un talisman, ni une amulette censée protéger la personne qui les porte des démons et des mauvais esprits ». Au contraire, ces franges représentent « la conscience intime de la personne religieuse ».

Peli rappelle le récit rabbinique de ce rabbin qui fit appel à une prostituée réputée pour sa beauté et sa douceur. Elle prépara une chambre avec sept lits magnifiques. Allongée nue sur l'un d'eux, elle invita le rabbin à la rejoindre. Quand il se dévêtit, les *tzitzit* lui frappèrent le visage et il tomba sur le sol. Lorsqu'elle lui demanda ce qui n'allait pas, il lui dit que, voyant les *tzitzit*, il s'était rappelé le devoir moral qui lui incombait. « Ils témoignent que ce que je m'apprêtais à faire était immoral ! » Constatant que sa croyance influait sur son comportement, la femme décida d'étudier le judaïsme et de se convertir (*Mena<u>h</u>ot* 44a).

Les individus, commente Peli, sont distraits, insouciants, oublieux de leurs obligations et facilement tentés par des comportements déviants. Ils suivent souvent les incitations de leurs yeux et de leur cœur sans prendre en compte les conséquences de leurs actes sur eux-mêmes et sur les autres. Le commandement de porter ces franges est prescrit pour contrecarrer de telles tendances et pour nous faire prendre conscience de nos obligations morales et religieuses.

Dans sa discussion au sujet des *tzitzit*, le professeur Yeshayahou Leibowitz, frère de Nehamah Leibowitz, établit une différence entre obligations « morales » et « religieuses ». Les décisions éthiques, selon Leibowitz, concernent la relation entre une personne et une autre, relation dans laquelle l'autre doit être considéré comme un être humain avec comme seul critère le bien et le mal. On doit se dire : « Je vais agir envers les autres comme j'aimerais qu'ils agissent envers moi », ou d'une autre façon : « Si d'autres agissaient comme je m'apprête à le faire, le monde serait-il plus juste, agréable et serait-il un espace de paix ? »

Quant aux décisions d'ordre religieux, explique Leibowitz, elles nous placent devant Dieu et demandent à chacun de vivre en accord avec les commandements, car c'est cela que Dieu demande.

Au lieu de demander : « Est-ce juste ou non ? » ou : « Est-ce ainsi que j'aimerais que les autres agissent à mon égard ? », la question qui doit être posée est : « Que me demande Dieu ? » Les *tzitzit*, fait remarquer Leibowitz, nous rappellent que nous ne devons pas suivre l'incitation de notre cœur et de nos yeux. Ils sont un puissant rappel pour le Juif des obligations religieuses envers Dieu (Shmuel Himelstein, *Weekly Parashat*, Chemed Books, Brooklyn, New York, 1990, p. 138-141).

L'opinion de Leibowitz qui assigne aux *tzitzit* la fonction de rappeler au peuple d'Israël ses obligations religieuses envers Dieu, concorde avec les affirmations des premiers rabbins selon lesquels les franges étaient un rappel pour le peuple d'Israël de sa libération et de sa relation avec Dieu. Avant l'Exode, disent les rabbins, les enfants d'Israël devaient porter la marque des esclaves indiquant qu'ils appartenaient à Pharaon. Ces signes étaient humiliants, comme la rouelle ou le chapeau jaune au Moyen Âge ou l'« étoile jaune » portée par les Juifs dans les pays soumis au régime nazi et qui permettait de les identifier, objet de mépris et cible de la haine et de la brutalité.

Une fois libéré, le peuple reçoit la prescription de porter les *tzitzit*. Ces franges sont l'insigne de la liberté. Elles symbolisent la libération des Juifs : ils ne seront plus jamais les esclaves de quiconque et serviront uniquement Dieu (*Menaẖot* 43 ; *Shabbat* 57a).

David Wolfson, un des premiers leaders sionistes, énonce une autre signification pour les *tzitzit*. Quand Theodor Herzl lui demanda de préparer le premier Congrès sioniste à Bâle (Suisse) en 1897, Wolfson réfléchit à un drapeau et à ses couleurs, un drapeau qui satisferait tous les délégués venant des quatre coins du monde. Devant ce problème, Wolfson raconte qu'il eut « une inspiration et s'écria : "Mais nous avons déjà un drapeau ! Il est blanc et bleu : le *talith* (avec ses *tzitzit*) avec lequel nous nous enveloppons pendant la prière. Ce *talith* est notre blason, notre emblème. Prenons donc le *talith* et déployons-le aux yeux de tous les Juifs et aux yeux de toutes les nations" » (B.S. Jacobson, *Meditations on the Torah*, p. 223).

Aujourd'hui, s'inspirant d'exemples comme celui des filles de Rachi, de nombreuses femmes de toutes les tendances du judaïsme, orthodoxes, conservatrices et libérales, portent les *tzitzit* et affirment ainsi leur égalité face aux commandements.

Aujourd'hui, les *tzitzit* continuent d'être considérés par les Juifs comme un symbole de leur alliance historique avec Dieu et comme celui de la liberté et de la conscience de leur existence en tant que peuple. Regarder les franges nous rappelle à nos responsabilités morales et rituelles, rappelle également que chaque Juif est le serviteur de Dieu et doit se confronter aux tentations et aux difficultés de choisir entre ce qui est bien et ce qui est mal avec, comme référence, les impératifs qui découlent des 613 commandements de la tradition juive. Les *tzitzit* continuent à servir d'insigne de l'identité et de l'engagement juifs.

Questions pour l'étude et la discussion

1. La plupart des commentateurs cherchent une réponse à la question : « Quelle fut la faute des explorateurs lorsqu'ils revinrent du pays d'Israël ? » Des différentes réponses données, laquelle revêt le plus de sens pour vous ? Pourquoi ?
2. Isaac Arama affirme que la faute des explorateurs fut leur rejet de la terre d'Israël. Un des premiers ministres des Religions de l'État d'Israël, J.-L. Maïmon, déclara en 1951 que celui qui délivrerait un mauvais rapport sur le pays d'Israël – même si les faits s'avéraient

exacts – était un « explorateur » ! Est-il possible de critiquer son propre pays ? Est-ce être déloyal ? Est-ce être déloyal pour un Juif d'« exposer un mauvais rapport » sur l'État d'Israël ?

3. Le philosophe Abraham J. Heschel commentait : « Un *véritable symbole* est un objet visible qui représente quelque chose d'invisible, quelque chose de présent qui représente quelque chose d'absent... Dans le judaïsme, la raison d'être des objets rituels n'est pas d'inspirer l'amour envers Dieu mais de nous initier à l'amour de la pratique des *mitzvot*... » Comment le port des *tzitzit* ou « franges » remplit-il la définition que donne Heschel de l'objet rituel ? Comment les lumières du shabbat, la boîte d'épices de la *Havdalah*, la *matza* consommée à Pessah, la *mezouzah* ou le *loulav* nous permettent-ils de nous initier à l'amour de la pratique des *mitzvot* ?
4. Comment pouvons-nous exprimer un souci éthique à travers le choix de nos vêtements ? Le traitement des salariés, l'emploi de mineurs, le traitement des animaux, l'interdiction du gaspillage, ces éléments doivent-ils être un critère d'un comportement éthique à prendre aujourd'hui en compte ? Y en a-t-il d'autres ?

Parashat Koraẖ

Nombres 16 : 1-18 : 32

La parashat Koraẖ *relate la rébellion de Koraẖ, Dathan, Abiram ainsi que Ōnn contre Moïse et Aaron qui dirigent le peuple. Avec 250 chefs respectés de la communauté, ils accusent Moïse et Aaron de se croire plus « saints » que le reste du peuple. Entendant leurs récriminations, Moïse leur demande de se présenter le lendemain devant le sanctuaire avec des offrandes et Dieu montrera qui doit assurer la direction de la communauté et mérite sa confiance. Le lendemain matin, les chefs de la rébellion et leurs partisans sont punis. Certains sont engloutis lorsque la terre s'ouvre sous leurs pieds ; d'autres meurent brûlés par le feu ou frappés par une plaie. La communauté accuse Moïse et Aaron de causer la mort du peuple. Dieu menace d'annihiler le peuple, mais Moïse ordonne à Aaron de placer une offrande sur l'autel afin de protéger le peuple contre le danger. Moïse organise la prêtrise qui est confiée à Aaron et à ses descendants. Avec l'aide de la tribu de Lévi, ils seront chargés de la gestion des dons offerts au sanctuaire. Contrairement aux autres tribus, les Lévites ne recevront aucun territoire lors du partage. Les offrandes serviront à assurer leur existence puisque ce qui se passe dans le sanctuaire est à leur charge.*

1. Korah, le petit-fils de Lévi, avec Dathan, Abiram ainsi que Onn, descendants de Ruben, ainsi que 250 chefs élus de la communauté, organisent une rébellion contre Moïse et Aaron. « Tout le peuple est saint, se plaignent-ils. Pourquoi donc vous élevez-vous au-dessus de la communauté de Dieu ? » Stupéfait devant leur accusation, Moïse défie Korah et ses partisans d'apporter des encensoirs et de l'encens le lendemain au sanctuaire. « Dieu fera connaître qui est saint et qui ne l'est pas », dit-il.

Se tournant vers Korah, Moïse met en doute ses motivations. « Tu as reçu une fonction particulière dans le sanctuaire et des opportunités pour diriger. Pourquoi donc recherches-tu également le titre de Cohen que Dieu a donné à Aaron ? »

Quand Moïse propose à Dathan et Abiram de les rencontrer, ils refusent. « Pour quelle raison devrions-nous te rencontrer ?, disent-ils. Tu nous as fait sortir d'un pays où coulent le lait et le miel pour nous faire mourir dans ce désert. Désires-tu maintenant assurer ton pouvoir sur nous ? Nous ne viendrons pas. » Interdit, Moïse prie Dieu : « N'accorde pas ton attention à ce discours. Je ne leur ai rien pris ni ne les ai trompés. »

2. Le lendemain matin, Moïse et Aaron rencontrent Korah et ses partisans devant le sanctuaire. Chacun apporte son encensoir avec des charbons

ardents et de l'encens. Entre-temps, Korah a soulevé toute la communauté contre Moïse et Aaron.

Dieu parle à Moïse et Aaron, leur demandant de se séparer de Korah et de ses partisans car il s'apprête à les faire disparaître. Moïse et Aaron plaident en faveur du peuple, demandant à Dieu : « Si une personne faute, serais-tu courroucé contre toute la communauté ? »

Dieu dit à Moïse d'ordonner au peuple de se retirer de l'espace autour des tentes de Korah, de Dathan et Abiram. Moïse annonce au peuple qui le regarde : « Si ces personnes meurent d'une mort naturelle, cela voudra dire que je n'ai pas été désigné par Dieu pour vous diriger. Si elles sont englouties par une faille qui s'ouvrira sur la surface, ce sera un signe de Dieu, confirmant que j'ai été envoyé pour assurer votre direction. » C'est alors que la terre s'ouvre et engloutit Korah, Dathan et Abiram, ainsi que leurs familles et leurs 250 partisans.

3. Moïse demande à Eleazar, le fils d'Aaron, de réunir les encensoirs et de les battre pour en faire des plaques qui recouvriront l'autel. Le placage qui reflétera la lumière rappellera aux enfants d'Israël qu'Aaron et ses descendants sont seuls habilités à servir le sanctuaire.

4. Le lendemain de la rébellion de Korah, les Hébreux accusent amèrement Moïse et Aaron de causer la mort de leur communauté. Entendant cette accusation, Dieu dit à Moïse et Aaron : « Éloignez-vous de cette communauté que je l'annihile en un instant. » Constatant qu'une plaie se répand au milieu du peuple, Moïse dit à Aaron de placer

un encensoir sur l'autel afin d'obtenir le pardon divin pour le peuple. Quand la plaie cesse, elle a fait 14 700 morts.

5. Moïse demande à chaque chef des douze tribus de déposer une verge au sein du sanctuaire. Chaque chef de tribu doit graver son nom sur sa verge. Le nom d'Aaron est inscrit sur celle de la tribu de Lévi. Le lendemain, lorsqu'il entre dans le sanctuaire, Moïse constate que la verge d'Aaron a bourgeonné et a donné des amandes. Après que les verges des chefs de tribu leur ont été rendues, celle d'Aaron est replacée dans le sanctuaire comme un avertissement pour ceux qui voudraient se révolter contre Dieu.

6. Aaron et ses fils sont promus comme *cohanim,* prêtres, pour assurer tous les rituels du sanctuaire. Le Lévites doivent les seconder, mais ils ne doivent avoir aucun contact avec l'autel ou tout autre objet sacré. Des offrandes doivent être données aux prêtres pour leur usage et la dîme (un dixième des produits récoltés) est donnée aux Lévites comme rémunération pour leurs services au sanctuaire. Ni les *cohanim,* ni les Lévites ne peuvent posséder de terres.

La *parashat Koraẖ* contient deux thèmes importants :
1. La différence entre des disputes justes et injustes.
2. Magie et miracles dans la tradition juive.

1. LA RÉBELLION DE KORAH : UNE QUERELLE MORTELLE

Les apparences peuvent nous tromper car nous pensons parfois comprendre ce que nous voyons ou lisons, et il n'en est rien. Tel est le cas avec la rébellion de Korah, Dathan et Abiram ainsi que d'Onn contre Moïse et Aaron. À première vue, cela semble être un récit unique au sujet d'une protestation organisée par ceux-ci et 250 de leurs partisans. Mais, comme de nombreux biblistes contemporains le font remarquer, le récit de la Torah est un condensé de deux événements différents.

En démêlant ce récit, on peut conclure que le premier concerne Korah, fils de Yitzhar, fils de Kohat qui était le fils de Lévi. Korah proteste contre la nomination d'Aaron et de sa famille comme prêtres, suggérant que Moïse, utilisant le pouvoir qui lui est donné, favorise son frère au détriment d'autres branches de la tribu de Lévi, et en particulier de Korah. Critiquant Moïse, Korah dénonce publiquement cette nomination en disant : « Tu es allé trop loin ! Toute la communauté est sainte, tous, et l'Éternel est parmi eux. Pourquoi vous élevez-vous au-dessus de la communauté de Dieu ? »

Il est évident que l'intention de Korah est de saper l'autorité de Moïse et d'obtenir la prêtrise pour lui et sa famille. En réponse, Moïse demande à Korah : « N'est-ce pas assez pour vous que le Dieu d'Israël vous ait distingués parmi les enfants d'Israël et vous ait donné la possibilité… d'accomplir les actes dans le Tabernacle de Dieu… ? Et maintenant vous exigez la prêtrise en plus ! »

Mêlée à cette revendication concernant la prêtrise, une seconde protestation envers Moïse est exprimée par Dathan, Abiram et Onn. Ils l'accusent de promettre au peuple un pays où coulent le lait et le miel et, au lieu de cela, de les exposer à la mort en les faisant errer dans le désert. Comme Korah, il semble que leurs intentions soient de fomenter une révolte contre Moïse et son rôle de chef.

Dans les deux récits, Korah, Dathan et Abiram ainsi que Onn sont rejoints par 250 chefs, « des chefs respectés ». Ces chefs ne sont pas nominativement identifiés et aucune raison n'est donnée quant à leur rébellion contre Moïse et Aaron. Mais participant à la révolte, ils sont mis à mort par le feu lorsque Korah, Dathan et Abiram seront engloutis lors de l'ouverture de la croûte terrestre.

Plusieurs questions demeurent sans réponse concernant la révolte de Korah, Dathan et Abiram. Quel est le véritable objet de la protestation ? L'auteur du Psaume 106 au verset 3 dit : « Ceux qui agissent avec justice et font toujours ce qui est droit sont heureux », et offre une appréciation concernant la rébellion de Dathan et Abiram contre Moïse et Aaron en ces termes : « Il y avait de la jalousie envers Moïse dans le camp et Aaron, le saint de Dieu./ La terre s'est ouverte et a englouti Dathan, et elle s'est refermée sur le clan d'Abiram./ Un feu s'est élevé parmi leurs partisans, un brasier qui a consumé les méchants » (Psaume 106 : 16-18). Le Psalmiste a-t-il raison ? Est-ce « la jalousie » qui a généré la rébellion ou y avait-il d'autres raisons spécifiques qui l'ont motivée ?

Malheureusement, le texte de la Torah nous laisse dans l'expectative sur la véritable raison de la révolte de Korah, Dathan et Abiram. Néanmoins, le manque d'information concrète n'a pas empêché les commentateurs de développer leurs propres théories. Comme nous l'avons vu dans les chapitres précédents, l'absence de détails et de faits est souvent une invitation à des spéculations et laisse libre champ à l'imagination et à l'invention. Face à ce besoin d'expliquer les châtiments tragiques et la mort de Korah, Dathan et Abiram, les exégètes ont offert une riche variété d'explications.

Les premiers commentateurs ont suggéré que Korah a acquis le soutien des 250 chefs tribaux en usant d'un « discours persuasif ». Il est intelligent et un excellent tribun, faisant valoir habilement sa cause de façon convaincante. Ses auditeurs sont captivés par son ton conciliant et convaincant et par la façon dont il présente son point de vue et son argumentation. Son style, ses inflexions de voix et son vocabulaire choisi amènent ses auditeurs à admettre le bien-fondé de ses critiques envers Moïse et Aaron.

D'autres commentateurs ajoutent que la remise en cause faite par Korah de Moïse et d'Aaron est le fruit d'un sentiment grandissant de frustration, celui d'avoir été dépouillé de privilèges qu'il pensait être garantis par sa position familiale. Comment arriver à de telles conclusions ? Les commentateurs font remarquer qu'Amram, le père de Moïse et d'Aaron, était le frère de Yitzhar, Hevron et Ouziël. Korah était le fils aîné de Yitzhar. Pourtant lors de la nomination à des postes de dirigeants, Korah voit Moïse et Aaron être investis de charges éminentes comme fils de son oncle aîné. Il constate également qu'Elitsaphan, le fils le plus âgé d'Ouziël (le plus jeune fils d'Amram), est élevé au rang de prince des Kehatites. En tant que fils aîné de Yitzhar (le second fils d'Amram), il est ulcéré d'être dépossédé de son rang par la nomination de Elitsaphan par Moïse et s'écrie : « Je suis le second dans la lignée ! Ce titre devait me revenir. En agissant ainsi, Moïse agit de façon injuste. Le fils du plus jeune des frères de mon père me serait-il supérieur ? »

Korah manipule le peuple

Pour fomenter la révolte, Korah passe toute la nuit allant de tribu en tribu, accusant Moïse et Aaron de malversations. Il construit habilement son discours pour chaque audience, mais son message est toujours le même : « Je ne suis pas comme Moïse et Aaron qui recherchent la gloire et le pouvoir pour eux-mêmes. Je désire que tous puissent profiter de la vie. » C'est en les trompant qu'il gagne le soutien du peuple (*Nombres Rabba* 18 : 10).

De nombreux commentateurs ont de la sympathie pour les arguments de Korah. Ils affirment qu'en l'excluant, lui le fils aîné du frère cadet le plus âgé d'Amram, et en élevant Elitsaphan, le fils aîné du plus jeune frère d'Amram, Moïse contrevient à la tradition de nommer le plus âgé avant le plus jeune, ouvrant un conflit familial douloureux et chargé émotionnellement. L'orgueil de Korah est blessé, ses ambitions sont ruinées. Considérant qu'il avait été dépouillé de ses droits d'héritage, il trouve une justification à mener une révolte contre Moïse et Aaron.

D'autres commentateurs ne sont pas de cet avis. Ils mettent en évidence que si la déception de Korah peut être compréhensible, son rejet public de Moïse et d'Aaron est un acte irresponsable. Compte tenu de son comportement, la punition est justifiée. S'inspirant de l'affirmation de la Torah que Korah met publiquement en question l'autorité de Moïse, les commentateurs offrent des explications pleines d'imagination. Ils disent que pour mettre Moïse dans l'embarras, Korah leva la main et demanda à Moïse : « Puisque la Torah demande que l'un des fils des franges du *talith* soit bleu, si tout le *talith* est bleu, le fil d'azur est-il toujours nécessaire ? » À une autre occasion, Korah demanda : « Si de nombreux *sifré* ("rouleaux") qui contiennent les textes se trouvant dans la *mezouzah*, se trouvent dans une maison, est-il nécessaire de placer une *mezouzah* à sa porte ? » En soulevant d'apparentes contradictions, Korah chercha à railler Moïse et Aaron. La véritable cible de Korah, selon les commentateurs, n'était pas Moïse ni Aaron mais bien la Torah. En imaginant ces situations extrêmes, Korah ridiculisait non seulement la Torah mais sa source, c'est-à-dire Dieu lui-même (*Nombres Rabba* 18 : 1-4).

D'autres commentateurs affirment que Korah va plus loin que de se moquer de la Torah. Il la détourne de son sens. Devant les Hébreux, il insinue que les lois de la Torah sont compliquées, suggérant également qu'elles sont arbitraires. Cherchant à éveiller des sentiments antagonistes à l'encontre de Moïse et d'Aaron, il leur raconte que Moïse et Aaron ont harcelé une veuve et sa fille en invoquant des arguments juridiques. Lorsqu'elles s'apprêtèrent à labourer leur champ, ils leur dirent : « Selon la Torah, vous n'êtes pas autorisées à labourer… » Lorsque la veuve coupa la laine de ses animaux,

Aaron prétendit que la Torah lui donnait le droit de prélever la taxe réservée au *cohen* sur la première tonte. Souriant avec cynisme, Korah concluait : « Vous constaterez qu'ils exploitent ceux qui sont pauvres et indigents » (*Midrash Shocher Tov* sur le Psaume 1 : 1).

Selon ces interprétations pleines d'imagination, les commentateurs de la Torah expliquent pourquoi Korah fut puni de mort pour sa rébellion. Mais qu'en est-il de Dathan et Abiram, et des 250 chefs de la communauté ? Comment expliquer qu'ils furent également engloutis par la terre ?

Certains parmi les commentateurs rabbiniques les plus anciens disent que telle fut leur punition car ils s'étaient associés à Korah. Dathan et Abiram plantaient leurs tentes à côté de la sienne et entendaient les critiques constantes de Korah sur Moïse et Aaron, au point d'être convaincus de la justesse de sa cause. Du fait de leur amitié pour Korah, ils l'appuyèrent dans sa rébellion et subirent donc le même sort que lui. C'est pourquoi, en référence à Dathan et Abiram, notre Tradition dit : « Malheur à ceux qui font le mal et malheur à leurs voisins. »

D'autres commentateurs assurent qu'ils furent punis pour d'autres raisons que d'être les voisins de celui qui fomenta le mal. Dathan et Abiram « ont mérité leur punition à cause de leur paroles » et à cause de leur « entêtement ». Quand Moïse leur demanda de venir discuter avec lui au sujet de leurs divergences, ils refusèrent. Alors qu'il s'approchait de leurs tentes, espérant que ce signe d'humilité les convaincrait de changer d'attitude, ils le repoussèrent et cherchèrent à l'humilier. En agissant ainsi, ils générèrent la révolte au sein du peuple. Pour leur « insolence » et leur « effronterie », ils furent anéantis avec Korah (*Nombres Rabba* 18 : 4, 5, 12 ; *Midrash Tanchoumah* sur Korah).

Contrairement à ces commentateurs qui imaginèrent des faits pouvant expliquer la punition qui frappa Korah, Dathan et Abiram, d'autres cherchèrent à les trouver dans le récit de la Torah elle-même.

Ibn Ezra

Abraham Ibn Ezra explique tout cet épisode comme une déplaisante dispute politique concernant les changements qu'introduisait Moïse concernant le statut du premier-né. Moïse modifie ce statut lorsque, à la place des premiers-nés, il intronise les Lévites pour servir le sanctuaire et assurer le rituel sacrificiel. Selon Ibn Ezra, de nombreux Hébreux ont alors eu le sentiment que ce changement était introduit pour en faire bénéficier les siens. Ensuite, il nomme son frère Aaron et ses descendants à la prêtrise, au-dessus des Lévites. Ceci irrita l'ensemble des Lévites qui pensaient assurer ensemble le contrôle du sanctuaire et des sacrifices, sans avoir à suivre des ordres.

Ibn Ezra explique que Dathan et Abiram se sont joints à la révolte car ils estimaient que Moïse les dépossédaient, eux les enfants de Ruben, premier-né de Jacob, de leurs privilèges. Korah, lui aussi un premier-né, réussit à fusionner tous ces sentiments de mécontentement et organisa la révolte contre Moïse et Aaron en leur disant « Toute la communauté est sainte, tous… Pourquoi vous élevez-vous au-dessus de la communauté de Dieu ? » Cette rébellion, conclut Ibn Ezra, est attisée par la colère des premiers-nés. Korah accuse Moïse de discrimination en s'arrogeant les droits des premiers-nés afin de réserver ces droits et ces privilèges à lui-même et aux siens.

Ramban (Nahmanide)

De nombreux commentateurs ne sont pas de l'avis d'Ibn Ezra. Nahmanide, par exemple, note que la mutinerie de Korah ne se déroule pas lorsque Moïse confère aux Lévites la responsabilité du culte dans le sanctuaire et à Aaron et à ses descendants le rôle de sacrificateurs.

Au contraire, remarque Nahmanide, Korah organise sa contestation lorsque les explorateurs reviennent divisés du pays d'Israël avec des rapports peu engageants, et après que le peuple se fut amèrement plaint des conditions de vie dans le désert. « Korah, précise Nahmanide, trouve ce moment opportun pour se rebeller contre Moïse et sa politique. Il présume que le peuple se rangera à ses côtés suite à leur frustration et à leur inconfort. »

Selon Nahmanide, cette insistance sur l'état psychologique du peuple prêt à se rebeller contre Moïse et Aaron explique également la conduite provocante et les accusations de Dathan et Abiram. Ils ont non seulement refusé de rencontrer Moïse et de débattre avec lui de leurs reproches, mais ils ont déformé les faits historiques pour susciter la révolte du peuple contre lui. Leurs mensonges leur ont permis d'exiger des avantages personnels. Publiquement, Dathan et Abiram ont demandé à Moïse : « Ne vous suffit-il pas de nous avoir fait sortir d'un pays où coulent le lait et le miel, pour nous faire en plus mourir dans le désert ? »

Avec une certaine subtilité, ils transforment le récit du passé. Soudain l'Égypte, qui était associée à l'oppression, à l'esclavage et à la disette, est magnifiée comme « un pays où coulent le lait et le miel ». Profitant de la confusion et des peurs ressenties par le peuple, Dathan et Abiram pervertissent la vérité et trompent les Hébreux. Telle est la raison de la punition qu'ils subirent (*Commentaire sur Nombres* 16).

Deux visions de la sainteté

Le philosophe Martin Buber estime que Korah, comme Moïse, désire que le peuple... soit un peuple saint. Pour Moïse tel était le but. Et, afin de l'atteindre, génération après génération, il faut que les individus choisissent... entre la voie de Dieu et le chemin erroné de leurs cœurs, entre la vie et la mort... Pour Korah, le peuple... est saint par nature... C'est pourquoi il ne voyait pas la nécessité de poser la question du choix. Leur divergence concernait deux approches différentes de la foi et de la vie (*Moses : The Revelation and the Covenant*, Harper and Row Publishers Inc., New York, 1958, p. 189-190).

Leibowitz

Nehama Leibowitz, en se fondant sur *Pirké Avot* 5 : 17, aboutit à une autre conclusion concernant la question de la punition si sévère qui a frappé Korah, Dathan, Abiram et les 250 responsables. Les *Pirké Avot* affirment qu'il y a deux types de disputes : celles au « nom du ciel », c'est-à-dire pour la recherche de la justice et de l'équité, et celles qui sont générées pour des raisons égocentriques et sans autre but que celui d'avoir raison. Pour donner des exemples, les rabbins citent les disputations entre Hillel et Chammaï dont les arguments étaient uniquement éthiques ou halakhiques. Pour le second exemple, les rabbins citent la révolte de Koraẖ et de ses partisans.

Leibowitz écrit que Koraẖ et ses partisans « n'étaient qu'une bande de contestataires », chacun ressentant des griefs personnels contre l'autorité, animés par un ego surdimensionné et par une ambition personnelle, unis pour renverser Moïse et Aaron et satisfaire leurs désirs personnels. Et nul ne sait si, en fin de compte, « ils n'allaient pas se disputer entre eux, car chacun recherchait un objectif personnel différent... ». Selon Leibowitz, ils méritaient leur punition, car leurs raisons étaient égoïstes, et leur but était de diviser et de scinder le peuple juif (*Studies in Bamidbar*, p. 181-185).

Le rabbin M. Miller est de l'avis de Leibowitz concernant Koraẖ et ses partisans. Mais, citant le commentaire de rabbi Yehoudah Loew ben Betzalel, au XVIe siècle, plus connu sous le nom de Maharal de Prague, Miller maintient que Dathan et Abiram n'avaient pas de justifications ni de reproches légitimes pour se joindre à Koraẖ. Au contraire, « ils préféraient diviser les gens uniquement pour créer la zizanie ». Ils prenaient plaisir à « humilier le fort en niant la valeur humaine de chacun... ». Ce qui les motivait était la « recherche du mal pour le mal... la pure joie d'entendre la diffamation de l'autre » (*Shabbat Shiurim*, p. 245-252).

L'importance de la loi

Le rabbin Shlomo Riskin suggère que « le conflit entre Moïse et Korah, reflète le conflit interne à chacun... ». Korah nie l'importance de la loi. Il dit : « Qui a besoin d'un système d'obligations et d'interdits, de "tu feras" et de "tu ne feras pas" puisque nous sommes tous déjà saints ? » Cet exposé était certainement reçu positivement par tout Hébreu qui désirait ne pas se poser trop de questions. Qui accepte de s'entendre dire ce qu'il doit faire et ce qu'il ne doit pas faire ? Si je veux commettre un adultère, qui est l'autre pour me dire que je ne devrais pas le faire ? (*Jerusalem Post*, 1er juillet 1989).

D'autres interprétations de la révolte de Korah et de la destruction de ses partisans par Dieu doivent être prises en compte. Korah, Dathan, Abiram et leurs partisans prétendent que « tout le peuple est saint ». Ce faisant, ils mettent en question l'autorité de Moïse et d'Aaron qui leur confère la capacité de prendre des décisions. Ils disent que tous sont saints, mais n'en tirent pas toutes les conséquences. Ils ne procèdent à aucun vote ou à quelque action à caractère démocratique. Leur révolte a pour objectif de déterminer *qui* sera le chef et qui décidera pour la communauté, et a pour finalité de prendre tout le pouvoir.

Leur mutinerie révèle une grande tension qui est aussi bien politique que religieuse. Quand Korah attaque Moïse et Aaron en prétendant que toute l'assemblée d'Israël est « sainte », et en posant la question : « Pourquoi vous élevez-vous au-dessus de l'assemblée de Dieu ? », il tire avantage de la confusion commune entre la liberté individuelle et les limites à cette liberté qu'impose la vie en société. En tant qu'individu, je voudrais être libre de tous mes mouvements ; comme membre d'une société, la borne de la propriété d'autrui est une limite que je ne peux pas franchir. Vivant au sein d'une communauté, je dois souvent sacrifier ma liberté, mes avantages, mes plaisirs et mes biens pour le bien-être de tous.

La dispute entre Koraẖ, Dathan, Abiram et les 250 responsables d'un côté et Moïse et Aaron de l'autre est de savoir qui a la capacité de définir ce que la loi prescrit et quelle doit être la pratique au sein de la société. Cela sera-t-il l'apanage de ceux qui ont été désignés comme les interprètes de la Torah (Moïse et Aaron) ou doit-elle suivre les caprices de ceux qui savent manipuler les foules (Koraẖ et ses partisans) ? La communauté sera-t-elle dirigée par ceux qui savent élever la voix contre les plus puissants ou par les lois de la Torah, connues de tous ?

Si on considère la punition de Koraẖ et de ses partisans, il semble évident que la Torah privilégie la loi aux dépens d'une totale liberté individuelle et de la recherche de la satisfaction des désirs personnels. La rébellion de Koraẖ est condamnée, non seulement parce qu'elle est l'expression de son égocentrisme, mais aussi parce qu'elle représente un danger en laissant penser que la société peut exister en laissant libre cours aux intérêts personnels et à la liberté individuelle. Pour que la société puisse fonctionner sans heurts, les droits de l'individu doivent être limités, et les chefs doivent avoir des pouvoirs particuliers conformes aux lois.

Rav Huna, un rabbin décisionnaire du judaïsme babylonien pendant quarante ans au IIIe siècle, souligne ce point lorsqu'il commente ce récit et affirme que, si on écoute la terre là où Korah a été englouti, on l'entend dire encore et encore : « Moïse et sa Torah représentent la vérité. Nous sommes des menteurs. » Les droits individuels doivent être garantis et protégés par la loi. Ils disparaissent lorsque la société devient tyrannique et que chacun proclame comme Korah : « Je suis saint, c'est pourquoi j'ai le droit de faire tout ce que je désire » (*Baba Batra* 74a).

Les commentateurs sont critiques à l'égard de Korah, Dathan, Abiram et leurs partisans. Tous sont de l'avis que leur rébellion a trouvé sa source dans des motivations égoïstes et délictueuses et qu'ils méritaient le châtiment qui leur fut infligé. Pour les lecteurs modernes, ce récit ancien et les interprétations qu'il a suscitées restent une source précieuse qui nous permet de mieux faire la différence entre une dispute juste et une dispute injuste et de mieux cerner ce qu'est une société juste et libre.

2. MAGIE ET MIRACLES DANS LA TRADITION JUIVE

Après que Korah, Dathan, Abiram et leurs partisans ont contesté et critiqué le pouvoir exercé par Moïse et Aaron, Moïse les défie en leur demandant d'apporter au sanctuaire leurs encensoirs et de l'encens. Moïse demande alors au peuple de se séparer des rebelles et déclare que Dieu fera connaître qui a autorité pour diriger le peuple. « Par ce qui arrivera le matin, dit Moïse, vous saurez que c'est l'Éternel qui m'envoie pour assumer l'ensemble de la charge. »

Le lendemain matin, le peuple se rassemble. Selon la Torah, ils regardent et voient la terre s'ouvrir miraculeusement, engloutissant Koraẖ, Dathan, Abiram, leurs familles, leurs tentes et tous leurs biens. Tout a sombré dans les entrailles de la terre. Puis, soudain, un feu se lève, consumant les 250 partisans de Koraẖ. La communauté entière assiste à cette scène horrible.

Plus tard, dans notre *parashat*, Moïse demande aux chefs des douze tribus de déposer leur verge dans le sanctuaire. Le lendemain, il constate que celle d'Aaron a miraculeusement germé, produisant des bourgeons et des amandes ! Néanmoins, en dépit de ce prodige, le peuple d'Israël continue à se plaindre de sa situation.

Des événements miraculeux sont décrits dans différents textes de la Torah. Les dix plaies sont envoyées pour punir l'entêtement de Pharaon. La mer Rouge (ou mer des Joncs) s'ouvre pour laisser passer les Hébreux puis se referme sur l'armée de Pharaon qui y est engloutie.

La manne tombe du ciel pour nourrir les Hébreux qui errent dans le désert. De l'eau jaillit du rocher que Moïse a frappé. Et dans la *parashat Balak*, l'ânesse de Bil'am parle à son maître.

Comment pouvons-nous comprendre ces événements qui défient les lois de la nature ? Doit-on croire à de tels événements ? Si on rejette ces phénomènes en les considérant comme impossibles ou si on met en question la vraisemblance de tels miracles, cela remet-il en question l'autorité de la Torah et la valeur des leçons que nous en tirons en est-elle diminuée ? Lorsque la Torah contient des récits miraculeux tels que celui de l'ouverture de la terre et de l'anéantissement de Korah, Dathan et Abiram, devons-nous conclure qu'il s'agit d'une fiction et non d'une vérité religieuse profonde ?

Nous ne serons pas surpris d'apprendre que les commentateurs de la Torah se sont confrontés à de telles questions pendant de nombreux siècles. Les premiers commentateurs rabbiniques considérèrent qu'il fallait croire, d'une foi parfaite, en de tels récits miraculeux. Pour eux, si la Torah relate des faits et mentionne qu'il y a eu des témoins, c'est que ces événements sont incontestables.

Pourtant, comment la manne qui tombe des cieux, un animal qui parle, une mer qui s'ouvre, la terre qui engloutit Korah, Dathan et Abiram, comment de tels événements peuvent-ils être rationnellement compatibles avec les lois de la nature ? Et comment rendre compte de tels miracles ?

Pour répondre à ces questions, les premiers interprètes de la Torah suggèrent que de tels miracles ont été planifiés par Dieu lors de la création des cieux et de la terre. Ces faits ne sont donc pas contraires aux lois de la nature. Au contraire, ils ont été *programmés* lors de la création pour se dérouler précisément à ces moments historiques où ils étaient nécessaires pour le bon déroulement de l'histoire. Nous pouvons donc comprendre ces miracles comme des événements « naturels » préprogrammés (*Avot* 5 : 6).

Néanmoins, cette affirmation rabbinique est combinée avec un profond scepticisme. « Les miracles ne peuvent pas servir de preuve pour affirmer un argument », disent les rabbins. « Dans une situation de grand danger, on ne doit pas espérer de miracle. »

Et Yannaï nous met en garde contre un sentiment de facilité et nous enjoint de « ne pas dépendre de miracles ». Nachman ben Yaakov enseigne que « les miracles se produisent mais qu'ils sont rarement la source de notre nourriture » (*Yevamot* 121b ; *Kiddouchin* 39b ; *Sabbat* 32a, 52b).

Rambam (Maïmonide)

Le philosophe et commentateur Moïse Maïmonide considère les miracles et le pouvoir divin de commander la nature comme une preuve de l'existence de Dieu. Considérant la Torah comme une source fiable d'informations sur tout ce qui nous entoure, Maïmonide affirme : « Nous pourrions nous demander : Pourquoi Dieu a-t-il inspiré certaines personnes et pas d'autres ? Pourquoi a-t-il révélé la Torah à un peuple et non à un autre ou à d'autres ? Pourquoi la capacité de prophétiser a-t-elle été confiée à certains et non à d'autres ? Nous répondons à ces questions en disant, affirme Maïmonide, que telle est la volonté divine, telle est la sagesse divine… et nous n'avons pas la capacité de comprendre pourquoi la sagesse divine en a décidé ainsi. » Maïmonide, tout en reconnaissant que les miracles mentionnés dans la Torah posent question, affirme que ceux-ci sont la démonstration du pouvoir mystérieux et prodigieux de Dieu sur toute la nature (*Guide des Égarés*, Verdier, 2012, p. 199-200).

Na<u>h</u>manide suggère que les grands miracles tels que le partage de la mer des Joncs, nous amènent à apprécier à leur juste valeur les « miracles cachés » qui existent autour de nous. Il explique que « tout ce qui se passe dans notre existence, que ce soit dans le domaine privé ou dans le domaine public, est miraculeux ». La vie elle-même est un don empli de miracles (*Commentaire sur Balak*).

Baruch Spinoza, philosophe juif et interprète de la Bible du XVIIe siècle, propose une vision différente des miracles. Pensant que rien ne peut aller à l'encontre des lois de la nature, Spinoza rejette les miracles qu'il considère comme « des préjugés d'un peuple ancien », qui croit que, au profit de ce peuple, Dieu intervient dans la nature. Ceci explique la façon dont des histoires telles que celle de Korah, Dathan et Abiram sont relatées. Elles sont déformées, dit Spinoza, par les idées préconçues et les moyens d'interpréter que les anciens Hébreux avaient à cette époque pour aborder des événements qu'ils ne pouvaient ni comprendre ni expliquer (*Traité théologico-politique*, R.H. Elwes, Dover Publications, New York, 1955, p. 82-93).

Le rejet de Spinoza de la notion de miracle est mis en question par le philosophe et commentateur du XXe siècle Martin Buber. Il écrit que « le concept de miracle » décrit dans la Torah « peut être défini comme le point de départ qui ouvre vers un émerveillement empreint de déférence ». « Un tel émerveillement » est un phénomène naturel et normal. De plus, ajoute Buber, « il est le point de départ d'une nouvelle conception religieuse fondée sur l'idée qu'un individu ou un groupe de personnes est invité à se poser des questions et à s'émerveiller continuellement devant des phénomènes naturels – ou historiques – comme produisant et fournissant un sens à l'existence de cette personne ou de ce groupe ». Réaliser qu'il est possible de s'approcher de la « cause » d'un événement « miraculeux » aboutit à cet état d'« émerveillement » et nous fait discerner qu'un pouvoir, limité par aucun autre, est à l'œuvre.

Replacé dans ce contexte, ce passage de la Torah relatant l'ouverture de la terre sous les pieds de Korah, Dathan et Abiram est un miracle qui étonne et nous amène à discerner le « pouvoir » de Dieu en « action ». Confronté à un miracle, on peut affirmer l'existence de Dieu et de son « pouvoir » sans limites. Le miracle est une fenêtre qui ouvre sur la présence de Dieu (*Moses*, p 74-78).

Croyances dans les miracles

Tout miracle peut être expliqué – après qu'il s'est produit... Tout miracle est possible, même le plus extravagant, même qu'une hache puisse flotter... En fait, rien n'est miraculeux à propos d'un miracle si ce n'est qu'il se déroule au moment adéquat. Des centaines de fois, le vent d'est a certainement dévoilé un gué dans la mer Rouge et il le fera encore... Mais que cela se soit produit au moment où un peuple en détresse a mis le pied dans l'eau – là est le miracle (Franz Rosenzweig, *L'Étoile de la Rédemption*, Seuil, 1982).

Le rabbin Mordecai M. Kaplan (le philosophe qui a inspiré la création du mouvement du judaïsme reconstructionniste) n'est pas de l'avis de Buber et rejette la plupart des explications traditionnelles concernant les miracles bibliques. « De nos jours, alors que l'humanité a accompli de grands pas dans la compréhension et le contrôle de la nature par une technologie qui affirme que les lois de la nature s'appliquent partout et de la même façon, la croyance dans les miracles qui contreviennent aux lois de la nature est psychologiquement impossible pour la plupart d'entre nous. » Kaplan rejette l'argument que le miracle doit être accepté puisque de nombreux témoins peuvent en attester la réalité. Il écrit : « Aujourd'hui la science met en question "la crédibilité des miracles", les considérant comme factuellement impossibles » (*Questions Jews Ask : Reconstructionist Answers*, Reconstructionist Press, New York, 1956, p. 155-156).

Peli

Pinhas Peli ne pose pas la question de la « crédibilité des miracles » mais affirme que chaque miracle mentionné dans la Torah contient un message important. Par exemple, « la chute spectaculaire de Korah doit servir d'avertissement. Elle doit nous rendre attentifs aux différences qui existent entre des arguments responsables et vrais et une rhétorique fallacieuse bien qu'attrayante ». Le récit de la verge d'Aaron qui produit des bourgeons et des amandes est là pour nous « apprendre que le véritable chef n'est pas celui qui va générer des résultats immédiats… et va résoudre instantanément tous les problèmes. Même le chef choisi par Dieu par un moyen miraculeux ne peut éviter les différents stades qui mènent à la production de l'amande par l'arbre. Toutes les étapes doivent être respectées. Tout d'abord des pousses, puis des bourgeons et enfin seulement, le fruit, le produit fini » (« Torah Today », *Jerusalem Post*, 29 juin 1985).

Il est évident que les conceptions du miracle chez les interprètes juifs sont multiples. Certains sont sceptiques, d'autres y trouvent des significations profondes et spirituelles ; d'autres encore considèrent que les miracles sont des fictions qui ont germé dans des esprits primitifs pleins d'imagination et qui ne peuvent donc pas être prises sérieusement en considération aujourd'hui. « Les miracles, selon Ne<u>h</u>amah Leibowitz, ne peuvent pas changer les esprits et les cœurs. Ils peuvent toujours générer une explication » (*Studies in Bamidbar*, p. 231).

Il ne fait aucun doute que les récits bibliques des miracles posent question. Le mystère qui les entoure attire notre attention et dénote leur importance. Nous les lisons et sommes fascinés, nous demandant quelle est leur signification profonde car nous éprouvons le sentiment qu'ils contiennent un sens caché que nous devons découvrir. C'est un fait que l'extraordinaire attire notre attention et non ce qui est ordinaire, nous lançant le défi de dévoiler ce qui est caché, les allusions, le secret et le message qu'il contient. Ceci pourrait-il être la justification des miracles relatés dans la Torah ? Ne sont-ils pas une puissante invitation – placés là – pour que notre esprit, notre imagination et notre cœur soient captés et s'ouvrent vers de nouveaux modes de pensée et de questionnement ?

Questions pour l'étude et la discussion

1. Lors de leur révolte, y a-t-il une différence entre les attitudes de Kora<u>h</u>, de Dathan et d'Abiram ? Y a-t-il des parallèles avec des protestataires contemporains ? Qu'ont-ils fait, selon les commentateurs, pour mériter un tel châtiment ?

2. Korah affirme que Moïse et Aaron agissent comme s'ils avaient plus de sainteté que les autres Hébreux. Comment les différents commentateurs interprètent-ils cette accusation ? Que pouvons-nous apprendre de leurs interprétations à l'échelle de l'individu et de la société ?
3. David Ben Gourion, le premier Premier ministre d'Israël, a dit : « En Israël, pour être réaliste, il faut croire au miracle. » Que voulait-il dire par là ? Comment cela s'applique-t-il à certains récits de la Torah ?

Parashat Houkat

Nombres 19 : 1-22 : 1

La parashat Houkat *commence avec la description du sacrifice de la* para adouma, *ou « vache rousse » par Eleazar le prêtre, et le rituel de purification pour ceux qui ont été en contact avec un cadavre. Miriam, la sœur de Moïse et d'Aaron, meurt à Kadèch. Encore une fois, le peuple se plaint du manque d'eau. Dieu dit à Moïse de prendre son bâton et d'ordonner au rocher de faire jaillir l'eau. En colère contre le peuple qui se plaint, Moïse le qualifie de « rebelle » puis frappe le rocher avec son bâton. Et l'eau jaillit. Le peuple boit et abreuve ses animaux. Dieu informe Moïse que, suite à sa colère, il ne conduira pas le peuple lors de son entrée dans le pays d'Israël. Moïse demande au roi d'Edom le droit de passer à travers son territoire. Le roi refuse et les Hébreux suivent une autre route. Lorsqu'ils arrivent à Hor, Aaron meurt et son fils Eleazar hérite de sa charge. Le peuple respecte une période de deuil de trente jours. Ils sont ensuite attaqués par les Cananéens. Ils les défont et, avec l'aide de Dieu, conquièrent leur territoire. Néanmoins, le peuple continue de se plaindre à Moïse en disant : « Pourquoi nous as-tu fait quitter l'Égypte pour mourir dans le désert ? » Dieu envoie des serpents pour les mordre suite à leur déloyauté envers lui. Moïse intercède en leur faveur lorsqu'ils admettent leur faute. Dieu dit à Moïse de placer un* seraf *en airain en forme de serpent sur son bâton. Et lorsque le peuple regardera ce serpent, il sera guéri des morsures de serpents. Les Hébreux sont attaqués par les Amoréens, le peuple de Bashan et d'Og. Le peuple d'Israël est victorieux, conquérant les villes et s'emparant de vastes territoires.*

NOTRE TARGOUM

1. Moïse et Aaron apprennent que le rituel de la préparation de l'eau de purification afin d'effacer les fautes du peuple doit commencer par le choix, l'abattage et le sacrifice d'une *para adouma* – une vache rousse. L'animal doit être sans défaut et n'avoir jamais porté le joug. Après l'avoir abattue, Eleazar, le prêtre, doit recueillir son sang et procéder à sept aspersions vers le sanctuaire, puis brûler la vache rousse entière. Les cendres de la vache rousse doivent être recueillies et mélangées à de l'eau pure afin de purifier les Hébreux de certaines catégories d'impuretés.

2. Ceux qui touchent un cadavre deviennent impurs sept jours durant. Le troisième et le septième jour, ils seront purifiés avec l'eau obtenue par le sacrifice de la vache rousse.

3. Les Hébreux arrivent à Kadèch, dans le désert de Tzin, et Miriam, la sœur de Moïse et d'Aaron, meurt et y est enterrée.

4. La communauté manque d'eau et se plaint à Moïse et Aaron en leur demandant : « Pourquoi nous avez-vous fait quitter l'Égypte pour nous amener

mourir dans ce désert aride ? » Courroucés par leur ingratitude, Moïse et Aaron prient Dieu, qui leur dit de rassembler le peuple devant un rocher d'où l'eau jaillira. Moïse, excédé, qualifie le peuple de « rebelle », il le rassemble devant le rocher, il prend son bâton et frappe le rocher. L'eau jaillit. La quantité d'eau est suffisante non seulement pour que tout le peuple étanche sa soif, mais également pour qu'il puisse abreuver ses animaux. Dieu dit alors à Moïse et à Aaron qu'ils ne seront pas autorisés à entrer dans le pays d'Israël à cause de leur colère. Le lieu de cet incident est nommé Meribah, qui signifie « querelle ».

5. Cherchant la paix, Moïse envoie des messagers au roi d'Edom pour lui demander la permission de faire passer le peuple à travers son territoire, vers le pays d'Israël. Il s'engage envers le roi à ce que les Hébreux ne prennent aucune nourriture ni aucune boisson lors de leur passage. Le roi refuse, menaçant de réunir son armée et de déclarer la guerre aux Hébreux s'ils pénètrent sur son territoire. Moïse et le peuple contournent le pays d'Edom.

6. Dieu dit à Moïse de faire monter Aaron et son fils, Eleazar, au sommet de la montagne de Hor. Là Moïse prend les vêtements sacerdotaux d'Aaron et les remet à Eleazar. Aaron meurt sur la montagne et les Hébreux le pleurent pendant trente jours.

7. Pendant leur marche dans le désert, le peuple d'Israël est attaqué par les Cananéens. Avec l'aide de Dieu, les Hébreux sont victorieux.

8. Près de la mer des Joncs, le peuple se plaint à Moïse du manque de pain et du manque d'eau. Ils le critiquent pour les avoir fait sortir d'Égypte. Dieu punit leur comportement rebelle en envoyant des serpents dont les morsures font mourir un grand nombre d'Hébreux. Prenant conscience de ce qu'ils ont fait, ils demandent à Moïse d'intercéder en leur faveur. Dieu dit à Moïse de fabriquer un *seraf* (« un serpent d'airain ») et de le mettre sur son bâton. Et lorsque le peuple regarde le serpent, il est guéri.

8. Les Hébreux, attaqués par les Amoréens et le peuple de Bashan et d'Og, sont victorieux. Ils conquièrent leurs villes et s'emparent de leur territoire.

La *parashat Houkat* contient deux thèmes importants :
1. Le mystère et la signification des rituels.
2. La raison pour laquelle Moïse et Aaron ne seront pas autorisés à entrer dans le pays d'Israël.

1. *LA PARA ADOUMA* : QUELLE EST LA SIGNIFICATION DE CET ÉTRANGE RITUEL ?

La cérémonie de la *para adouma* ou « vache rousse » a certainement paru aux Hébreux de l'époque biblique comme un rituel à la fois étrange et essentiel. Selon la Torah, et les textes du Talmud, les prêtres devaient rechercher une vache sans défaut, d'une robe rousse sans tache et qui n'avait jamais porté de joug ou n'avait jamais été utilisée pour le travail. Le prêtre devait sacrifier une telle vache à l'extérieur du sanctuaire, prendre son sang, procéder à sept aspersions dans la direction du sanctuaire et préparer un feu. La vache devait être placée sur ce feu avec une pièce de bois de cèdre et de l'hysope attachés ensemble avec un lien rouge. Lorsque la vache était complètement brûlée, ses cendres étaient réparties en trois parts : l'une pour permettre la purification de personnes ayant été en contact avec un cadavre ; la seconde gardée à l'extérieur du sanctuaire comme réserve ; et la dernière pour être mélangée avec les cendres d'une autre vache rousse. Selon certains, depuis l'époque de Moïse jusqu'à la destruction du deuxième Temple par les Romains en 70 de notre ère, seules neuf vaches rousses ont été utilisées pour de telles cérémonies.

Comment une telle cérémonie se déroulait-elle ?

Une personne rituellement pure devait mélanger de l'eau de source contenue dans une jarre avec les cendres de la vache rousse. Cette eau allait servir pour asperger une personne en état d'impureté rituelle, le troisième et le septième jour de son impureté. Et le septième jour, au coucher du soleil, la personne redevenait pure (*Yoma* 2a, 14a, 42b-43b ; *Sotah* 46a ; *Niddah* 9a ; *Nazir* 61b ; *Meguillah* 20a ; *Kiddouchin* 25a, 31a, 62a ; Abraham Chill, *The Mitzvot : The Ten Commandments and Their Rationale*, Bloch Publishing Co., New York, 1974, p. 348-349).

Cette étrange cérémonie a étonné de nombreux commentateurs. Comment les cendres d'une vache rousse contiennent-elles le pouvoir de purifier ceux qui ont touché un cadavre ? Pourquoi cette cérémonie est-elle si importante ? Quelle est sa signification ou son pouvoir ?

Il semble que les non-Juifs se soient également étonnés de cette cérémonie de la vache rousse. Le fameux rabbin Yohanan ben Zakkaï, le président du Sanhédrin à l'époque de la destruction du deuxième Temple, a été interpellé par un non-Juif qui lui a demandé de lui expliquer le sens de ce rituel. « Pensez-vous vraiment que des cendres d'une vache rousse puissent purifier une personne qui a touché un cadavre ? N'est-ce pas de la magie ? » lui a-t-il demandé par défi.

Rabbi Yohanan lui répondit en comparant le rituel de la vache rousse au rituel romain utilisé pour guérir une personne démente. « N'exposez-vous pas cette personne à la fumée de racines et ne l'aspergez-vous pas d'eau afin de la guérir ? Ces deux cérémonies ne sont-elles pas similaires ? » demanda le rabbin.

Plus tard, les élèves de rabbi Yohanan, qui avaient entendu cette conversation, lui dirent : « Rabbi, vous avez fait appel au bon sens pour donner une réponse simpliste à ce non-Juif. Maintenant, donnez-nous le vrai sens du rituel de la vache rousse. »

Rabbi Yohanan leur dit qu'il n'y avait pas de réponse adéquate à cette question. Le rituel a été prescrit par Dieu. Il fait partie des lois de la Torah. Telle est la justification de sa pratique et non une interprétation rationnelle (*Pesikta deRav Kahana* 4 : 7).

Rabbi Isaac, qui fut certainement un élève de rabbi Yohanan, est du même avis et affirme que même le roi Salomon, dans sa grande sagesse, n'a pas pu déceler la rationalité du rituel de la vache rousse. Cette opinion est partagée par rabbi Yoshoua de Sikhnin, qui explique que le rituel de la vache rousse est une des « quatre lois de la Torah » pour lesquelles il n'y a aucune explication rationnelle (*Yalkout Chim'oni* 759 ; *Nombres Rabba* 19 : 5).

Ramban (Nahmanide)

En revanche, Nahmanide critique ceux qui se satisfont en disant : « Il n'y a pas d'explication pour ce rituel » et il propose une explication qui lui est propre. Mettant en évidence que les êtres humains, depuis Adam, commettent des erreurs et sont fautifs, Nahmanide prétend que leur cadavre est impur et que tous ceux qui les touchent deviennent impurs. Afin d'éliminer cette impureté, ils doivent être aspergés avec l'eau mélangée aux cendres de la vache rousse. Ce rituel les purifie en leur enlevant l'impureté conséquence de leurs fautes (*Commentaire sur Nombres* 19 : 2).

Rabbi Joseph Bekhor Shor propose une autre interprétation pour le rituel de la vache rousse. Il explique qu'il a pour but d'empêcher les Juifs de commettre une faute en étant en contact avec un cadavre. C'est une tendance naturelle que de vouloir garder le contact avec des êtres aimés qui sont morts et, parfois, de vouloir les caresser et embrasser leur cadavre, au moins pour une dernière fois. Shor affirme que, pour mettre en garde les Juifs devant la tendance ou la pratique répandue, parmi de nombreuses sociétés d'alors, du culte des morts et de porter des vêtements faits à partir de leur peau ou de leurs os, la Torah déclare que tout contact avec un cadavre est source d'impureté.

Leibowitz

Une aspersion avec de l'eau mélangée avec les cendres de la vache rousse est le seul rite de purification pour une telle faute. Le rituel possède un pouvoir de purification et recèle un enseignement. Il ne se contente pas de purifier d'une faute mais est un puissant rappel de l'interdiction faite aux Juifs de toucher ou de vénérer un cadavre (*Studies in Bamidbar*, p. 233-235).

Purifier des eaux polluées

Analysant le rituel de la vache rousse, le chercheur en chimie Dr Robert Kunin écrit qu'à l'époque biblique, nos ancêtres étaient conscients de la pollution des eaux et savaient comment traiter de telles eaux polluées... Un chimiste, analysant ce rituel, se rend vite compte que le mélange de cendres est une mixture de granulats et de carbone actif en poudre ainsi que d'os brûlés, c'est-à-dire un pur mélange carboné capable de supprimer les toxines, les virus et les polluants connus, de même que toute trace de radioactivité. Il faut noter que la composition des cendres et les formes élémentaires du traitement des eaux décrites dans le livre des Nombres correspondent aux méthodes appliquées à l'heure actuelle et conformes aux réglementations édictées par le gouvernement des États-Unis ("The Mystery of the Red Eifer", Dor 15, Spring 1985, p. 267-269).

Sforno

Ovadiah Sforno propose une explication symbolique. Il fait remarquer que le prêtre prend d'une part du bois de cèdre, identifié avec l'orgueil parce que le cèdre est un arbre imposant et se dresse vers le ciel, et d'autre part de l'hysope, image de l'humilité car c'est une petite plante parfumée qui pousse lentement, le tout lié par un cordon rouge qui représente la transgression, et qu'il jette ces trois éléments dans le feu qui consume la vache rousse. Symboliquement, les cendres représentent ainsi un ensemble composé d'*orgueil*, d'*humilité* et de *faute*, qui est alors mélangé à l'eau pour le rituel de purification.

Pour Sforno, la force évocatrice associée au rituel de la vache rousse éloigne le fautif du mal, conséquence de l'orgueil, et le rapproche de l'idéal d'humilité. Le mélange de cendres et d'eau participe au processus du repentir. De façon plus spécifique, si l'arrogance nous pousse à négliger les lois de la Torah en touchant un cadavre, nous avons besoin de purification. Le rituel contient des messages symboliques. En étant aspergé du mélange de cendres de la vache rousse, du bois de cèdre, de l'hysope, et d'un lien rouge, le fautif dont l'action a été guidée par son orgueil, est purifié et il lui est rappelé que son action doit être guidée par l'humilité et qu'il doit se comporter avec plus de modération (*Commentaire sur Nombres* 19 : 1-10).

Hirsch

Rabbi Samson Raphaël Hirsch considère également que le sens du rituel de la vache rousse est symbolique. Mais son interprétation diffère de celle de Sforno. Pour Hirsch, le rituel est l'expression d'une « proclamation publique de la conviction de la libération de toute faute, de la capacité humaine de maîtriser les tentations et les séductions du monde matériel, proclamant ainsi la disposition de chacun d'exercer sur soi un choix conforme aux principes moraux... » En d'autres termes, chacun peut corriger ses fautes, s'écarter d'un mauvais chemin et guérir de la blessure qui en découle.

Comment Hirsch arrive-t-il à cette conclusion ?

Il commence par faire remarquer que la vache rousse représente « l'animalité » en chacun – toutes ces capacités non maîtrisées, non contrôlées qui sont nôtres. Hirsch assure que de telles capacités se concrétisent dans les comportements qui sont autodestructeurs et souvent aux dépens des autres. Par exemple, sous l'emprise d'une colère incontrôlée, une personne va frapper un proche qu'elle aime, le blessant et compromettant les relations futures avec lui.

En sacrifiant la vache rousse qui n'a jamais porté de joug, symbolisant les forces non maîtrisées, Hirsch explique que nous sommes invités à « la pleine maîtrise de notre animalité ». Des tendances non maîtrisées et des ambitions non contrôlées doivent servir notre libre arbitre et non le contraire. En offrant à l'extérieur du sanctuaire une vache rousse qui n'a jamais porté de joug, les Hébreux manifestent la volonté de maîtriser leur « animalité » en choisissant librement de canaliser cette capacité. Ils démontrent ainsi qu'ils peuvent prendre librement les décisions morales qui influent sur leur vie et sur celle de la société.

Mais, poursuit Hirsch, le libre choix que possède tout être humain est sujet aux lois physiques de l'entropie et de la mort qui est le « repos du corps au-delà du monde physique et organique ». Les êtres humains naissent et meurent. Ils sont constamment confrontés à la mort, ce qui les rend impurs. Hirsch affirme que cela les « contamine » et fixe leurs limites – celles de l'animal humain.

Le rituel de la *para adouma* permet à l'être humain de surmonter une telle contamination et concerne l'autre versant des limites de la vie et de la mort. Tel est son sens et son pouvoir d'évocation. Hirsch maintient que le mélange de « cendres » de la vache rousse sacrifiée, représentant le triomphe sur notre animalité, avec les « eaux vivantes », démontre que chaque être humain est doté d'une « essence spirituelle éternelle... ». En contrôlant et en guidant notre capacité à créer, à exprimer la justice et l'amour, nous défions la mort et approchons une certaine immortalité. La cérémonie de la vache rousse célèbre cette capacité de vivre au-delà des limites imposées par les mystérieuses portes de la mort (*Commentaire sur Nombres* 19 : 1-10).

Personne, quelle que soit la gravité de ses actes, n'est perdu...

Je crois que le rituel de la vache rousse, aussi curieux qu'il puisse nous apparaître, tout en préservant certains éléments primitifs, révèle de façon efficace et réaliste comment le Juif et le judaïsme considèrent l'être humain. C'est un moyen de purifier celui qui est impur car personne n'est sans espérance... aucune personne ne tombe trop bas, ni ne renie totalement l'image divine placée en elle... Personne ne doit traverser la vie oppressé et opprimé par le poids d'une faute, être perpétuellement et éternellement condamné à cause d'une seule faute ou d'une succession d'erreurs. La croyance religieuse offre une possibilité de tout recommencer, une fois lavé de ces entraves (Morris Adler, *The Voice Still Speaks*, p. 333).

Contrairement à l'interprétation symbolique et innovante de Hirsh du rituel de la vache rousse, le bibliste moderne, Jacob Milgrom maintient que cet ancien rituel a pour but d'expier la faute individuelle ou celle liée au sanctuaire. C'est une cérémonie de purification éthique.

Les Hébreux de cette époque, explique Milgrom, considéraient que des actes immoraux n'affectaient pas uniquement les personnes qui les commettaient. Certaines conséquences contaminaient et polluaient la communauté entière. Milgrom cite trois catégories de fautes qui entrent dans ce cadre : des fautes individuelles commises par inadvertance, des actes répréhensibles commis par inadvertance par la société et les fautes commises intentionnellement. Dans ces trois cas de figure, les délits avaient un effet de contamination qui affectait non seulement l'individu concerné mais aussi toute la communauté et même le sanctuaire. Implorer le pardon en offrant des sacrifices et des prières, et même reconnaître les erreurs et réparer leurs conséquences, n'est pas suffisant pour purifier ce qui a été souillé.

Dans le monde d'alors, dit Milgrom, seul le rituel de la *para adouma* avait le pouvoir d'effacer ou d'exorciser une telle faute. « En aspergeant l'autel avec du sang ou en l'apportant à l'intérieur du sanctuaire au nom de la personne qui avait été la cause de la contamination, conséquence d'une impureté physique ou d'une transgression par inadvertance, le prêtre purgeait les objets les plus sacrés et les parties du sanctuaire de leur impureté. » En d'autres termes, la personne et la communauté qui avaient subi ce dommage retrouvaient leur état de pureté et pouvaient à nouveau pénétrer dans le sanctuaire et vaquer à leurs occupations en ne portant plus le poids de la culpabilité (Jacob Milgrom, *JPS Torah Commentary : Numbers*, Jewish Publication Society, Philadelphia, 1989, p. 438-447).

Comme nous l'avons vu, les avis des commentateurs divergent sur la signification du rituel de la vache rousse. Le sens du choix et du sacrifice de cette vache qui n'a jamais connu de joug et le mélange unique de cendres, avec le bois de cèdre, l'hysope et le lien rouge dans de l'eau, restent un mystère. David I. Kertzer, érudit contemporain, cherche à l'élucider en soulignant que les rituels de purification « séparent souvent les membres du groupe du reste du monde ». Ils leur confèrent un statut unique en créant « une unité solidaire » (*Ritual, Politics, and Power*, Yale University Press, New Haven, 1988, p. 17-18).

Le rituel de la vache rousse a-t-il pour effet de créer un lien communautaire, comme les cérémonies d'intronisation pendant lesquelles on consomme des nourritures et des boissons particulières ou comme la circoncision qui est un signe d'alliance ? Il est évident que de tels rituels peuvent conférer aux personnes qui y prennent part, le sentiment d'appartenance à une identité commune, qui les distingue du « reste du monde ».

Formellement, le rituel de la vache rousse fonctionne comme un moyen, pour la personne qui avait brisé un tabou en touchant un cadavre, de réintégrer la communauté sacrée. La séparation d'avec la communauté et le sanctuaire était un sujet très sérieux et grave. Ceux qui agissaient contrairement aux règles de la communauté ou transgressaient des pratiques spécifiques au groupe, se sentaient bannis ; un processus de réintégration tel que celui de la *para adouma* était alors requis afin de pénétrer à nouveau au sein de la communauté et de retrouver le bien-être de ressentir la solidarité.

Le sens originel de chaque élément de la cérémonie de la *para adouma* élude la question du pourquoi. Un élément est néanmoins clair : tous les interprètes sont d'avis que l'aspersion d'un mélange de cendres et d'eau enlève la contamination pour le fautif et autorise sa réinsertion dans la société et la possibilité retrouvée d'entrer dans le sanctuaire. Ainsi, cette cérémonie, comme le rituel de la circoncision et les lois de *cashrout*, affirme la « solidarité » et la « sainteté » du peuple juif. Ce rituel a pu participer en son temps à la continuité juive. Depuis la destruction du Temple, il n'est plus pratiqué même si son évocation continue à interroger les questions de vie et de mort et de réintégration des personnes endeuillées au rituel communautaire.

2. DÉCODER LA FAUTE ET LA PUNITION DE MOÏSE ET D'AARON

De même que le rituel mystérieux de la *para adouma* a représenté un défi pour les commentateurs, de même la sévère punition, décrite dans cette *parashat*, qui a frappé Moïse et Aaron a suscité de nombreux commentaires.

Le peuple arrive à Kadèch dans le désert de Tzin et là, Miriam, la sœur de Moïse et d'Aaron, meurt et est enterrée. À nouveau, le peuple se réunit et s'oppose à Moïse et Aaron, accusant les deux frères de les mener dans le désert pour les faire mourir. « Pourquoi nous avez-vous fait quitter l'Égypte pour nous amener dans cet endroit aride ? Il n'y a même pas d'eau à boire ! »

Moïse et Aaron se tournent vers Dieu qui leur dit : « Toi et ton frère Aaron, prenez le bâton et rassemblez la communauté et, devant leurs yeux, ordonnez au rocher de faire jaillir l'eau. Ainsi vous produirez de l'eau du rocher et procurerez la boisson pour la communauté et pour son bétail. »

Le peuple est rassemblé devant le rocher et Moïse leur dit : « Écoutez, vous rebelles, pensez-vous que de ce rocher nous puissions vous procurer de l'eau ? » Il lève alors sa main et frappe deux fois le rocher avec son bâton. L'eau jaillit devant toute la communauté. Le peuple boit l'eau et abreuve ses animaux.

Néanmoins, Dieu n'en a pas fini avec Moïse et Aaron. Il leur dit : « Puisque vous n'avez pas eu assez confiance en Moi et n'avez pas affirmé Ma sainteté devant tout le peuple d'Israël, vous ne conduirez pas cette communauté lorsqu'elle entrera dans le pays que je lui donne. » Dieu qui a donné de l'eau aux Hébreux qui se plaignent, humilie publiquement Moïse et Aaron.

Qu'ont-ils donc fait pour être punis aussi sévèrement ? Ces deux chefs zélés qui ont mené le peuple pendant près de quarante années, comment peuvent-ils être condamnés à mourir dans le désert, sans même voir la Terre promise ? Et si Moïse, qui a utilisé son bâton et a parlé aux Hébreux a commis une erreur, pourquoi Aaron est-il également puni ?

Ces questions préoccupent les interprètes. Comment un Dieu de justice peut-il infliger une telle sentence à des dirigeants loyaux ?

Certains commentateurs éprouvent de la compassion pour Moïse. Les premiers interprètes rabbiniques trouvent des justifications pour l'acte de Moïse. Non seulement les Hebreux se réunissent contre Moïse, mais ils le narguent alors qu'il se tient devant le rocher. « Tu prétends accomplir des miracles, lui disent-ils, nous connaissons tes tours. Tu te tiens devant un rocher que tu as préparé pour faire montre de tes pouvoirs magiques. Si tu veux prouver tes capacités, déplace-toi et tiens-toi devant cet autre rocher, et non pas celui que tu as choisi ! » Furieux devant ces insultes, Moïse perd son sang-froid. Il les qualifie de *hamorim* qui signifie « insubordonnés » ou « fous ». Il frappe le rocher, mais seulement un mince filet d'eau s'écoule. Le peuple rit de lui. Il se moque de Moïse et lui dit : « Moïse, est-ce seulement cela que tu peux faire ? Est-ce là ton grand pouvoir ? Il n'y a même pas assez d'eau pour quelques nourrissons, et il en faudrait assez pour des milliers de personnes. » L'embarras et la colère submergent Moïse. Après un bref temps d'arrêt, il frappe le rocher une deuxième fois, produisant un jaillissement d'eau.

Ces interprètes rabbiniques mettent en scène cet épisode en montrant que le peuple a agacé Moïse à un tel point que, dans son exaspération, il a perdu patience. On peut comprendre qu'il se soit vexé. Les Hébreux portent aussi une part de responsabilité, Moïse n'est pas le seul à avoir commis une erreur. Sa punition n'est que partiellement justifiée. Telle semble être également la conclusion à laquelle aboutit le Psalmiste lorsque, revenant sur l'incident, il écrit : « Ils (le peuple d'Israël) suscitèrent la colère (divine) aux eaux de Meribah/ Et Moïse fut puni à cause d'eux, parce qu'ils s'étaient rebellés contre Dieu et ses lèvres prononcèrent l'arrêt » (*Nombres Rabba* 19 : 9 ; Psaume 106 : 32-33).

D'autres commentateurs rabbiniques sont en désaccord avec cette explication. Ils mettent en évidence que Moïse et Aaron sont coupables car ils ont fait preuve d'arrogance. Dieu leur a demandé de *parler* au rocher et non de le *frapper*. Au lieu de cela, Moïse le frappe publiquement, non seulement une fois mais *deux* fois ! En faisant cela, Moïse semble exprimer un doute en la capacité de Dieu de faire jaillir de l'eau. Pour cette raison, Dieu lui dit : « Puisque tu n'as pas eu suffisamment confiance en moi pour affirmer Ma sainteté aux yeux du peuple hébreu, c'est pourquoi tu ne dirigeras pas cette communauté lors de son entrée dans le pays que je leur donne » (*Nombres Rabba* 19 : 10).

Rambam (Maïmonide)

Moïse Maïmonide estime que Dieu a puni Moïse à cause de son exaspération suite aux plaintes et aux querelles avec le peuple d'Israël. Sa grande colère est la cause de sa chute : son intelligence et son impatience le condamnent. Au lieu de rester calme, Moïse se met dans une grande rage. Il insulte le peuple en le qualifiant de « rebelle » ou, comme nous l'avons vu plus haut, de « fous ». Ce faisant, il échoue en tant que chef et comme modèle de comportement. Pour Maïmonide, Moïse aurait dû rester calme en prenant plus en compte la frustration des Hébreux et être davantage à l'écoute de leurs critiques et de leurs plaintes, même si elles étaient sans fondement. Au lieu de cela, il a laissé libre cours à sa colère, a insulté le peuple et a frappé violemment le rocher. Une telle réponse extrême, dit Maïmonide, mérite une punition (*Shemonah Prakim* 4).

La faute fut de lever le bâton

Samson Raphaël Hirsch explique que la faute de Moïse fut la conséquence d'une profonde déception devant l'attitude du peuple d'Israël. Il est abasourdi par le fait qu'après quarante années, il doive continuer à utiliser son bâton pour rester crédible. C'est pour cette raison qu'il exprime de « vives reproches... et dans un mouvement de rage, frappe le rocher ». « Ce fut, Hirsch insiste, un mouvement impulsif et c'est là que réside sa faute » (*Commentaire sur Nombres* 20 : 10-12 dans le *Pentateuch*, L. Honig and Sons Ltd, London, 1959, p. 368-370).

À propos de la colère

La colère tue l'insensé (Job 5 : 2).

Perdre son sang-froid mène à la perte (Jonathan ben Eleazar, *Nedarim* 22a).

La colère fait perdre au sage sa sagesse et au prophète ses visions (Simon ben Lakich, *Pesahim* 66b).

La colère commence dans la folie et finit par des regrets (Abraham Hasday, *Ben haMélèkh vehaNazir* 30 : 12-30).

Aaron ne fait rien

Pinhas Peli écrit qu'Aaron est condamné car il regarde, en restant silencieux, son frère perdre le contrôle de lui-même. Il ne fait rien pour apaiser la situation, ni ne prend la défense des Hébreux. « Aaron aurait pu faire comprendre à Moïse son erreur et lui recommander de s'arrêter. Ne protestant pas, il devient complice et est donc puni de la même façon » (La *Torah aujourd'hui*, p. 195).

Nahmanide s'oppose à l'explication de Maïmonide. Accusant Maïmonide d'ajouter du « non-sens au non-sens », Nahmanide fait remarquer que nulle part dans le texte il n'est fait mention de la colère de Moïse ou d'Aaron à l'égard du peuple. Au contraire, dit Nahmanide. C'est le peuple qui est en colère. Encore et encore ils se plaignent de leur situation, démontrant par là leur manque de confiance en Dieu.

En ce qui concerne Moïse et Aaron, leur faute réside dans le fait de tromper les Hébreux. Sans ménagement, ils parlent au peuple. Les réunissant devant le rocher, ils leur disent : « Écoutez, vous rebelles, allons-*nous* faire jaillir pour *vous* de l'eau de ce rocher ? » au lieu de dire : « *Dieu* ne pourrait-il pas vous donner de l'eau à partir de ce rocher ? ». Ce qui implique que, grâce à leurs pouvoirs et non grâce à Dieu, l'eau jaillira du rocher.

C'est dans cette tromperie délibérée de Moïse et Aaron envers le peuple que réside leur véritable faute. Ils essaient de séduire le peuple, et peut-être eux-mêmes, en lui faisant croire qu'à sa demande et par leurs propres capacités, l'eau jaillira du rocher. Nahmanide conclut que Moïse et Aaron sont critiquables et condamnables pour deux raisons : ils prennent des décisions de leur propre chef, donnant l'impression qu'ils ont peu confiance en Dieu, et, en attirant l'attention sur eux, ils omettent de « sanctifier » le pouvoir de Dieu devant le peuple. Pour ces raisons ils ne sont pas autorisés à conduire le peuple et à le faire entrer dans la Terre promise (*Commentaire sur Nombres* 20 : 1-13).

Rabbi Levi Itzhak de Berditchèv, un célèbre rabbin hassidique du XVIIe siècle, prolonge le discours de

Nahmanide. Défenseur obstiné du peuple d'Israël, il affirme que Moïse et Aaron sont punis pour *leur façon* d'exprimer leurs critiques.

Levi Itzhak explique ainsi son point de vue : « Il y a deux façons de critiquer. On peut utiliser la gentillesse et la compréhension, élevant les autres au lieu de les rabaisser, car eux aussi ont été créés avec un reflet de Dieu en eux, et leurs bonnes actions plaisent à Dieu... Quand la critique est exprimée ainsi, elle ne rabaisse pas la personne mais renforce son désir d'accepter et de mettre en pratique les commandements de la Torah. » « Le deuxième type de critique, dit Levi Itzak, humilié la personne, lui faisant perdre l'estime de soi et la confiance en elle, lui fait ressentir de la honte pour qu'elle accomplisse les commandements de la Torah. »

Moïse et Aaron sont punis parce que, en tant que dirigeants du peuple d'Israël, ils critiquent les Hébreux avec d'inutiles paroles de réprimande. Ils leur font honte en les qualifiant de *hamorim,* « rebelles ». Au lieu de leur donner de la fierté, leur rappelant qu'ils sont créés à l'image de Dieu, ils les réprimandent en utilisant des termes cruels et insultants. Leur punition est la conséquence de leur manque de compréhension et d'empathie envers les Hébreux (David Blumenthal, *God at the Center,* Harper and Row, San Francisco, 1987, p. 118-119).

Le manque d'humilité mène à la violence

Dans toutes les fautes de Moïse, que ce soit le meurtre de l'Égyptien, le bris des Tables de la Loi ou l'épisode du rocher, il y a des éléments communs : la colère et la violence, une volonté sans limite et un oubli momentané de Dieu. La faute de Moïse à Meribah, l'une de la série décrite plus haut et la plus grave, révèle un trait caractéristique de son caractère. Pourquoi grave ? Grave car la civilisation dépend de l'humilité de chacun. Sans le sens des limites qui découle de la prise de conscience de l'existence d'une loi morale et d'un Dieu source de l'éthique, la brutalité, la corruption et les atrocités deviennent possibles (rabbin Norman D. Hirsch, "The Sin of Moses", *CCAR Journal*, octobre 1965).

Le commentateur moderne, Aaron Wildavsky considère différemment l'échec de Moïse. « À Meribah, écrit-il, Moïse substitue la force à la confiance. Dans ses mains et avec le bâton, l'acte ordonné par Dieu est réduit à des manipulations de magiciens. Mais cela va encore plus loin. Si la capacité de chef de Moïse a été son identification avec le peuple, alors le manque de confiance à Meribah est double. Non seulement Moïse se distancie de Dieu en doutant de la compétence divine, mais il se distancie également du peuple affirmant comme sien le pouvoir qui est celui de Dieu. »

Ironiquement, dit Wildavsky, Moïse qui, à ce moment, se rebelle contre l'ordre de Dieu, qualifie le peuple de « rebelle ». En fait, « Moïse se rend coupable de la pire forme d'idolâtrie : l'autodivinisation ». Lorsqu'il dit au peuple : « Écoutez, vous rebelles, pourrions-*nous* vous fournir de l'eau à partir de ce rocher ? » puis frappe le rocher, il donne l'impression d'être lui, et non Dieu, à l'origine du miracle qui fait jaillir une source d'eau. Ce faisant, Moïse se rebelle contre Dieu. Il fait comme s'il assumait le rôle de Dieu en suggérant que, grâce à l'action de ses mains, avec le bâton, il a la capacité d'accomplir des miracles. « Spirituellement, ajoute Wildavsky, c'est un retour vers la servitude, comme si Moïse se prenait pour un Pharaon. » C'est pour cette faute qui peut être qualifiée d'*idolâtrie* – l'auto-divinisation – que Moïse est puni (*Moses as a Political Leader*, p. 155-158).

Comme nous le voyons, il y a de nombreuses façons de justifier la punition dont Moïse et Aaron ont été frappés. Le texte de la Torah semble laisser cela indéfini. Pour cette raison, les commentateurs à travers les âges ont essayé de résoudre cette énigme. Néanmoins, dans toutes leurs explications, ils ont peut-être oublié un indice important. Le rabbin Morris Adler a suggéré dernièrement que le texte de la Torah est vague, de façon délibérée, car il cherche « à nous apprendre de façon détournée, comme cela est souvent le cas, la grande vérité suivante : la faute des gouvernants n'est pas forcément flagrante et évidente ; leurs échecs peuvent sembler non essentiels et pourtant être lourds de conséquence, difficiles à décrypter et pourtant destructifs pour la société ».

La thèse d'Adler est de grande portée. Il fait remarquer que peu de dirigeants sont de véritables criminels et sont corrompus. Ce qui ne les empêche pas de succomber « à d'invisibles tentations ». Ils cherchent l'approbation des peuples en manipulant la vérité, en maquillant les principes, en compromettant l'indépendance de leurs prises de position pour obtenir des appuis financiers. Ils décident et jugent comment agir, non pour agir selon la vérité mais en tenant compte de la façon dont leurs décisions seront reçues. Se hissant sur un piédestal, ils demandent : « Quelle est l'opinion de la presse à mon égard ? » et non : « Quelle est la juste politique qui doit être entreprise ? »

« Ainsi, dit Adler, la Torah n'énonce pas clairement quelle est la faute du dirigeant… mais volontairement nous laisse dans le vague et le flou. Peut-être a-t-il fait preuve d'un moment d'orgueil… de colère… d'insensibilité au monde… Peut-être n'a-t-il pas su utiliser sa sagacité pour répondre aux circonstances et s'est-il satisfait de répéter les gestes relevant d'idées et de coutumes liées à un lointain passé. »

Le message de ce passage de la Torah est peut-être que, si nous sommes dubitatifs quant à la raison qui justifie la punition de Moïse et Aaron, nous devons l'être également en ce qui concerne les décisions de nos dirigeants – et de la plupart des peuples. Ce n'est pas l'erreur grossière et évidente qui mène à la défaite mais bien plutôt « les manquements subtils, intangibles et impalpables » qui les empêchent d'entrer dans la Terre promise (*The Voice Still Speaks*, p. 341-345).

Questions pour l'étude et la discussion

1. Certains commentateurs sont d'avis que les rituels et la religion relèvent du domaine de la foi et ne doivent pas être soumis à la raison. « C'est un acte de foi, disent-ils, que de reconnaître certaines affirmations comme vraies. » Cet argument peut-il être appliqué au rituel de la *para adouma* ? Cet argument peut-il être utilisé comme justificatif pour d'autres rituels juifs ?

Un minimum de « foi aveugle » permet-il à la religion (et la science) de prospérer ?

2. De nombreux commentateurs suggèrent que le rituel de la vache rousse contient des messages symboliques. Lequel a le plus de sens pour vous ? Comment d'autres rituels comme la circoncision, le *Seder* de Pessah (repas de Pâque), l'immersion dans le *mikveh* (« bain rituel ») ou le *talith* (« châle de prières ») sont-ils porteurs d'un important message pour les Juifs d'aujourd'hui ?
3. Le commentateur biblique, Samuel David Luzzatto a fait observer que « Moïse a commis une faute mais que les commentateurs l'ont accusé de treize et plus encore… chacun inventant une nouvelle faute ». Quelle est la faute suggérée par les différents commentateurs qui, pour vous, fait le plus de sens et pourquoi ?
4. Le rabbin Shlomo Riskin écrit : « Le fait que Moïse n'ait pas pu entrer dans le pays d'Israël n'est pas tant la conséquence de sa faute que le résultat de l'incapacité du peuple à prendre son destin en main. » Quelle fut, d'après vous, l'importance de la pression des Hébreux exercée sur Moïse ? La raison invoquée par le rabbin Riskin est-elle juste ? Blâmeriez-vous la société ou les conditions de vie pour expliquer l'incapacité des individus ?

Parashat Balak

Nombres 22 : 2-25 : 9

Le titre de la parashat Balak *vient du nom de Balak fils de Tzippor, roi de Moab. Craignant que les Hébreux ne viennent l'attaquer, Balak envoie des messagers pour inviter Bil'am ben Beor, un prophète païen renommé, et le faire venir afin qu'il maudisse le peuple d'Israël. Dans un premier temps, Dieu interdit à Bil'am de répondre positivement à la demande de Balak. Dans un deuxième temps, le devin est autorisé à se rendre chez Balak à la condition de prononcer les paroles que Dieu lui dictera. En chemin, l'ânesse de Bil'am voit un ange se tenir devant elle et refuse d'aller plus loin. Bil'am la frappe. Et lorsque l'ânesse se plaint d'être maltraitée, Bil'am finit par voir lui aussi l'ange. Angoissé, il demande s'il doit retourner sur ses pas, mais l'ange lui dit de poursuivre son chemin, le mettant en garde et lui intimant l'ordre de ne dire que ce que Dieu lui dira d'énoncer. À trois reprises, le roi Balak demande à Bil'am de maudire les Hébreux, mais à chaque fois, le devin les bénit. Furieux, Balak dit à Bil'am de rentrer chez lui. En partant, Bil'am prédit que bientôt Israël « brisera les tempes de Moab ». Plus tard, lorsque les Hébreux dressent leur camp à Shittim, des hommes ont des relations sexuelles avec des femmes moabites et offrent des sacrifices à leurs divinités. En conséquence, ils sont frappés d'une plaie et, quand Pinhas, fils d'Eleazar le prêtre, s'aperçoit qu'un Hébreu entre dans sa tente avec une femme moabite, il se saisit d'une lance et les tue tous les deux. Son action arrête la plaie qui a causé la mort de 24 000 Hébreux.*

NOTRE TARGOUM

1. Craignant que les Hébreux n'attaquent son pays, Balak fils de Tzippor, roi de Moab, envoie des messagers auprès de Bil'am fils de Beor qui vit à Pethor, une ville située sur l'Euphrate dans l'ancienne Mésopotamie. Bil'am est connu comme prophète païen doté de pouvoirs particuliers concernant bénédiction et malédiction. Balak lui promet de le rémunérer très généreusement s'il maudit le peuple d'Israël. Quand les messagers de Balak disent à Bil'am ce que leur roi désire, Bil'am leur demande de passer la nuit chez lui afin de considérer tranquillement cette offre.

Durant la nuit, Dieu dit à Bil'am : « Ne va pas avec eux. Tu ne dois pas maudire ce peuple, car il est béni. » Le lendemain matin, Bil'am annonce aux messagers qu'il ne peut pas accepter l'offre de Balak. Lorsqu'ils informent Balak de la réponse de Bil'am, Balak envoie de nouveaux messagers qui, selon ses instructions, doivent promettre à Bil'am d'accéder à toutes ses demandes. Bil'am écoute l'offre qui lui est faite et déclare : « Même si Balak me donnait une maison pleine d'argent et d'or, je ne pourrais rien faire… qui soit contraire à la volonté de Dieu. »

Plus tard, dans la nuit, Dieu dit à Bil'am de suivre les messagers mais de dire uniquement ce que Dieu lui dira.

2. Bil'am part pour Moab sur son ânesse. En chemin, un ange tenant dans sa main une épée se tient face à l'ânesse, lui barrant le chemin. L'ânesse s'écarte du chemin. En colère, Bil'am la frappe. À nouveau l'ange apparaît face à l'ânesse. Elle se presse contre la barrière et blesse le pied de Bil'am. Bil'am la frappe avec un bâton. Lorsque l'ange apparaît une troisième fois, l'ânesse s'immobilise, refusant de bouger. Bil'am la frappe à nouveau.

Finalement, l'ânesse parle, se plaignant à Bil'am et lui disant : « Pourquoi me frappes-tu ? Ne suis-je pas l'ânesse que tu montes depuis de nombreuses années ? Me suis-je déjà comportée de cette façon ? »

À ce moment, l'ange, avec son épée à la main, apparaît à Bil'am et lui révèle que, si l'ânesse ne s'était pas arrêtée, il l'aurait tué. Craignant la réaction de l'ange, Bil'am lui dit : « Je vais rentrer chez moi, si tel est ce que tu désires. » L'ange répond : « Va avec les messagers de Balak, mais tu prononceras uniquement les paroles que je t'énoncerai. »

3. Quand Bil'am arrive, Balak lui demande pourquoi il a refusé une première fois son invitation. Bil'am répond : « Je ne peux dire que ce que Dieu met dans ma bouche. »

Bil'am demande à Balak de construire plusieurs autels et de préparer les sacrifices pour y être offerts. Se tenant à côté des offrandes, Bil'am glorifie les Hébreux, déclarant : « Comment puis-je maudire ceux que Dieu n'a pas maudits ?… Puisse mon sort être semblable au leur. »

Entendant cet éloge, Balak s'écrie : « Que m'as-tu fait ? » Il emmène Bil'am à Pisgah, un lieu élevé, où il construit sept autels. Là encore, au lieu de maudire les Hébreux, Bil'am les bénit et prédit : « Aucun malheur en vue pour Jacob... L'Éternel, leur Dieu, est avec eux. »

Furieux, Balak prend Bil'am et l'emmène au sommet de Peor. Regardant le camp des Hébreux en contrebas, le prophète païen s'exclame : « Qu'elles sont belles tes tentes, Jacob, tes demeures, Israël !... Béni soit celui qui te bénit, maudit soit celui qui te maudit ! »

Exaspéré par l'attitude de Bil'am, Balak essaie encore une fois de corrompre Bil'am afin qu'il maudisse les Hébreux. Et Bil'am répond qu'il ne peut énoncer que les paroles que Dieu met en sa bouche, affirmant que les Hébreux triompheront de tous leurs ennemis, y compris du peuple de Moab.

4. Alors qu'ils campent à Shittim, des Hébreux ont des relations sexuelles avec les femmes de Moab et commencent à servir leurs divinités. Dieu les punit en les frappant d'une plaie. Alors qu'un Hébreu fait entrer une femme moabite dans sa tente, Pinhas, fils d'Eleazar le *cohen*, se rue sur eux avec une lance avec laquelle il les transperce. À ce moment, la plaie qui avait fait 24 000 victimes dans le camp des Hébreux, cesse.

La *parashat Balak* contient deux thèmes importants :

1. La présence mystérieuse et prodigieuse de Dieu dans l'histoire.
2. Faire face à un futur inconnu.

1. BIL'AM ET SON LIVRE CURIEUX

Le Talmud donne à ce passage de la Torah le nom de « Livre de Bil'am ». Bil'am qui est identifié comme le fils de Beor habitant Pethor, une ville sur l'Euphrate située dans la Syrie actuelle, est le personnage principal de cet épisode. Mais la Torah ne donne aucun autre renseignement sur ce personnage. Il est uniquement dit d'où il vient et que Balak, le roi de Moab, lui dit : « Qui est béni par toi est béni, et celui que tu maudis est maudit » (*Baba Batra* 15a).

La mention de ce « Livre de Bil'am » pose plusieurs questions importantes : Qui est Bil'am ? De quels pouvoirs jouit-il ? Est-il un ennemi ou un ami du peuple hébreu ? Dieu lui parle-t-il vraiment et apparaît-il à son ânesse ? Quelle est la signification de ces événements dans lesquels Moïse n'est même pas mentionné et dont les protagonistes ne sont pas des Hébreux ?

La première interprétation des pouvoirs de Bil'am et de ses intentions se trouve dans la Bible hébraïque. Dans Nombres 31 : 8, il est dit que les Hébreux après leur victoire sur les Midianites « tuent Bil'am ben Beor par l'épée » et ceci sans autre explication.

Une raison de cette punition se trouve exprimée dans Deutéronome 23 : 4-6, où nous sommes informés qu'« aucun Amonite, ni aucun Moabite ne sera admis au sein de la communauté de l'Éternel ; aucun de leurs descendants, même à la dixième génération… parce qu'ils ne vous ont pas accueillis avec de la nourriture et de l'eau, et parce qu'ils ont loué les services de Bil'am fils de Beor, de Pethor en Aram-Naharayim, pour vous maudire. Mais l'Éternel, ton

Dieu, n'a pas accepté d'écouter Bil'am ; et l'Éternel, ton Dieu, a tourné la malédiction en bénédiction ; car l'Éternel, ton Dieu, t'aime. » Cette identification de Bil'am comme Moabite, un devin dont on loue les services pour maudire et affaiblir Israël mais dont l'intention malveillante est inversée par Dieu, est répétée dans les livres de Josué 13 : 22, 24 : 9-10, de Michée 6 : 5 et de Néhémie 13 : 2.

Les premiers interprètes rabbiniques partagent cette approche négative de Bil'am. Rabbi Eliezer et rabbi Yo<u>h</u>anan sont d'un même avis et disent que les bénédictions qu'il énonce en faveur d'Israël ne sont pas ses propres paroles mais celles que Dieu met dans sa bouche. Rabbi Eliezer prétend qu'un « ange » les lui a mises dans sa bouche alors que rabbi Yo<u>h</u>anan n'est pas de cet avis. Selon lui, elles sont extraites de sa bouche avec un « crochet ». Même Dieu dut les faire sortir de force de sa bouche (*Sanhédrin* 105b).

Rabbi Abba ben Kahana est de l'avis de rabbi Yo<u>h</u>anan et déclare que Bil'am était l'un des trois personnages considérés par Dieu comme « méprisables ». Les autres sont Caïn qui a tué son frère et Ezékias dont la vantardise et l'égocentrisme ont mené à la destruction du Temple de Jérusalem et à la déportation du peuple d'Israël en Babylonie. Pour rabbi Abba ben Kahana, Bil'am était le plus vil d'entre les pécheurs car son intention était de maudire et d'affaiblir le peuple d'Israël. D'autres interprètes le comparent à un « agent de change » parce qu'il vend ses conseils, de même que ses malédictions et ses bénédictions, aux chefs de peuples.

Certains interprètes spéculent sur la possibilité que Bil'am ait été dirigé par « Satan » (figure imagée du mal) et qu'il haïssait les Hébreux plus que Balak parce qu'ils n'avaient jamais eu besoin de ses services et de ses conseils. Il doutait également de l'efficacité de la promesse divine de les protéger. Résumant ces avis rabbiniques, un commentateur dit : « Il possédait trois qualités : un œil cruel, un esprit arrogant et une âme avide » (*Nombres Rabba* 20 : 6-11).

Bil'am corrompt ses capacités

Affirmant que Bil'am est responsable car il a conseillé de débaucher les Hébreux en les amenant à se prostituer avec les Moabites, l'interprète contemporain, Pinhas Peli commente : « Dieu accorde aux êtres humains divers degrés de dispositions dans différents domaines de créativité ; mais ce sont eux qui, en définitive, sont responsables d'utiliser ces dons latents à bon escient. Nombreux sont ceux qui gaspillent leurs talents ; d'autres les pervertissent. Bil'am était parmi ces derniers... Après avoir entonné l'un des chants de louange les plus sublimes en exaltant Israël, Bil'am procède en offrant à son ennemis l'un des plus sinistres conseils pour savoir comment détruire Israël et ses "belles tentes" ; derrière son dos, il conspire en vue de son annihilation à travers le leurre des déesses de la fertilité » (*Jerusalem Post*, 19 juillet 1986, p. 22).

Ibn Ezra

À la suite des premiers commentateurs rabbiniques, Ibn Ezra prétend que Bil'am est un intrigant perfide, un homme dangereux. Il fonde son accusation en montrant qu'à aucun moment Bil'am n'a fait part aux envoyés de Balak que Dieu ne lui permettra pas de maudire les Hébreux. Il les laisse croire qu'il est désireux de maudire les ennemis du roi. De plus, il demande à Balak de construire des autels et d'offrir des sacrifices sans lui dire que Dieu ne l'a autorisé qu'à bénir les Hébreux. Bil'am garde pour lui ces informations et maquille la vérité. Il cherche à tirer avantage des craintes du roi et à en tirer un bénéfice financier appréciable.

Ramban (Nahmanide)

Nahmanide partage l'avis d'Ibn Ezra mais voit un élément plus inquiétant que le « gain financier ». Il prétend que « le désir premier de Dieu était que Bil'am parte avec les messagers pour bénir Israël… car Dieu désirait qu'Israël soit béni par un prophète des nations ». En ne fournissant pas aux envoyés un message clair, Bil'am crée la fausse impression « que Dieu lui a donné la permission de maudire le peuple… » En conséquence, « lorsqu'ils prennent conscience que Dieu ne maudit pas les Hébreux, ils en tirent la conclusion que Dieu a changé d'avis et qu'il est léger… » Pour Nahmanide, Bil'am est un dangereux personnage car il ne peut que bénir les Hébreux, mais il n'a aucun scrupule à tromper ses interlocuteurs au sujet des véritables intentions de Dieu (*Commentaire sur Nombres* 22 : 20).

Hirsch

Le rabbin Samson Raphaël Hirsch propose une approche différente de celle de Nahmanide. Pour Hirsch, la foi de Bil'am en Dieu évolue, comme évolue sa bonne volonté d'accomplir la volonté de Dieu. Dans un premier temps, quand Bil'am accepte d'aller avec les messagers de Balak, « son esprit est obsédé par sa volonté d'accomplir ce que Balak désire et ce qu'il désire lui-même ». Le but est de maudire Israël. Mais quand il prend conscience que « Dieu ne peut pas être influencé par des actes de sorcellerie, ses intentions changent ».

Réalisant qu'il ne peut pas maudire le peuple, Bil'am « devient un véhicule de la volonté de Dieu ». Avec l'expérience, sa foi en Dieu devient plus enracinée en lui. Il devient plus réceptif pour écouter et accomplir la volonté divine. Arrivé à ce stade, Hirsch conclut : « Il n'est pas question de croire que Dieu met des mots dans sa bouche contre sa volonté comme c'était le cas au début, mais Bil'am reçoit une prophétie hors de toute contrainte et s'exprime librement » (*Commentaire sur Nombres* 22 : 22, 24 : 1-4).

Leibowitz

Neh̲ama Leibowitz partage l'avis de Hirsch au sujet de l'évolution de Bil'am. Il aurait commencé avec des intentions négatives envers Israël, mais a évolué en devenant quelqu'un dont la foi en Dieu augmentait avec l'expérience et la proximité du sujet. Elle met en évidence que Bil'am est passé du stade de « sorcier commun à celui de prophète "qui entend les paroles de Dieu" ». « Bil'am, dit Leibowitz, a d'abord demandé à Balak de construire des autels et d'offrir des sacrifices. Sa volonté était d'invoquer l'aide divine grâce à des moyens magiques, cherchant à influencer la volonté divine en accord avec ses propres intérêts plutôt que de créer une plus grande communion avec Dieu. Finalement, après deux essais de bénir Israël "contre sa volonté", Bil'am se sépare de ses schémas anciens et s'abandonne de tout cœur à l'incontournable prophétie dictée par Dieu. »

Bil'am était un converti

Le bibliste et archéologue W.F. Albright conclut que Bil'am était un devin originaire du Nord de la Syrie, de la vallée de l'Euphrate, qui s'est converti au Yahvisme (la foi d'Israël) et qui, plus tard, abandonna le peuple d'Israël pour s'associer aux Midianites qui luttaient contre les Yahvistes (W. Gunther Plaut, *The Torah : A Modern Commentary*, p. 1184-1185).

Au contraire des commentateurs précédents et avec une certaine hardiesse, Leibowitz prétend que Bil'am était un « prophète » et non un devin ou un sorcier ou un magicien qui louait ses services. Comme Hirsch, elle considère positivement l'évolution spirituelle de Bil'am qui, de la situation d'une personne qui conçoit moins bien la réalité que son ânesse, devient quelqu'un qui atteint le niveau de la « vraie prophétie ». À ceux qui posent la question de savoir si la prophétie peut être accordée à des non-Hébreux comme aux Hébreux, Leibowitz cite le savant israélien contemporain, Ephraim E. Urbach. Selon ce dernier, la tradition juive considère que « la prophétie n'est pas un don exclusif accordé à Israël… Au contraire, la prophétie… fut accordée, au début, à tout être humain » (*Studies in Bamidbar*, p. 282-327).

Le philosophe Martin Buber vient contredire Nehama Leibowitz. Pour lui, Bil'am n'a jamais atteint le niveau de la « véritable prophétie ». Un prophète, explique Buber, ne prédit jamais « un avenir scellé pour toujours ». Les prophètes ne prédisent pas ce qui va advenir demain. Au contraire, « ils annoncent un présent qui se dessine selon les choix et les décisions humaines ». C'est un présent « dans lequel le futur est en préparation » mais dont la venue dépend de l'action et des décisions des êtres humains.

Bil'am, selon Buber, n'est pas « mandaté », ni « envoyé » par Dieu. Il n'arrive pas à prendre lui-même des décisions personnelles. Au contraire, « Dieu l'utilise ». Bil'am a peut-être la capacité de devenir un prophète et de prendre des initiatives, mais il n'a jamais exploité ce potentiel. Il reste détaché et éloigné des autres. Il n'a jamais influencé d'autres personnes mais s'est contenté de répéter les paroles de Dieu, sans aucun apport personnel. Il parle de l'avenir sans jamais participer aux choix et aux décisions qui construisent l'avenir. Par conséquent, il reste un magicien quelconque (*Moses*, p. 170-171).

Un autre bibliste et critique littéraire contemporain, Robert Alter, développe la vision de Buber sur Bil'am. Constatant que le « Livre de Bil'am » contient des passages « hautement comiques », Alter remarque que Bil'am est un voyant qui ne voit pas, et est, ironiquement, le personnage d'un récit sur la vision ! Pour faire passer l'effet comique, l'auteur fait intervenir une ânesse qui a une vue plus perçante que celle de son maître. Bil'am, le plus renommé des magiciens, est décrit comme un professionnel du paganisme. Il proclame avoir le pouvoir de manipuler Dieu mais finit par être contrôlé et dirigé par Dieu.

Toute cette histoire, selon Alter, a pour but de démontrer les imperfections du paganisme. « Le paganisme, avec sa notion que des pouvoirs divins peuvent être manipulés par une caste de magiciens professionnels grâce à des procédures prescrites dans leurs moindres détails, est lié à une vision mécanique du monde alors que, selon l'approche biblique, la réalité est en fait contrôlée par un Dieu omnipotent, au-delà de toute manipulation humaine. » Pour les païens, la connaissance du monde et la façon de le maîtriser sont l'apanage de magiciens experts et de voyants comme Bil'am. Ceci explique pourquoi Balak est prêt à le payer grassement afin qu'il maudisse Israël. En contraste avec cette représentation, la Torah propose une vision de l'être humain qui ne peut pas comprendre, et encore moins manipuler la volonté divine. La volonté divine est hors de tout entendement, trop imposante et déconcertante pour être saisie.

Le « Livre de Bil'am » est plus qu'un exemple de l'art de la Torah. Il révèle l'ancienne approche juive concernant la sorcellerie et la magie et contient une critique acerbe contre les prophètes professionnels qui assuraient leur existence soit en maudissant, soit en bénissant les ennemis ou les alliés de leurs dirigeants. Dans cette histoire ancienne au sujet d'un voyant qui ne voit pas et dont l'ânesse saisit mieux que lui quelle est la volonté divine, les notions païennes concernant la manipulation de Dieu sont ridiculisées et condamnées. Le récit semble développer l'idée que l'histoire humaine et l'histoire d'Israël dépendent du pouvoir d'un Dieu insondable. Personne ne peut comprendre réellement les intentions de Dieu. Souvent ce qui est ressenti comme une malédiction s'avère être une bénédiction, et ce qui semble être un avantage se transforme en une amère désillusion.

2. DÉCODER LA POÉSIE ET LES BÉNÉDICTIONS DE BIL'AM

Le « Livre de Bil'am » contient non seulement un narratif émouvant sur un prophète païen supposé maudire le peuple d'Israël, mais également quelques très beaux poèmes. Balak, le roi de Moab, craint que les Hébreux ne fassent « table rase » de son pays et ses biens. Il espère que Bil'am prédira leur anéantissement. Pourtant, lorsque Bil'am se prépare à maudire Israël, à chaque fois, ses paroles se transforment en bénédictions. Ses envolées sont rythmées par des phases poétiques et composées de louanges au peuple que Balak désire entendre être maudit.

Les commentateurs bibliques contemporains divergent quant à la date de la composition des poèmes attribués à Bil'am. Certains pensent qu'ils ont été écrits à une époque différente de celui du narratif biblique. Ils pensent que ces « descriptions poétiques datent de la période des rois Saül et David » et sont l'écho des aspirations nationales de cette époque, lorsqu'Israël voulait affirmer sa supériorité sur les peuples païens voisins.

D'autres commentateurs ne sont pas de cet avis, affirmant que la narration et les poèmes de l'histoire de Bil'am « forment une unité organique ».

D'autres encore font remarquer que même si ces deux éléments ont été écrits indépendamment l'un de l'autre, ils ont été plus tard fusionnés « par une seule main éditrice », produisant ainsi « une création artistique nouvelle » (Julius A. Bewer, *The Litterature of the Old Testament,* Colombia University Press, New York, 1992, p. 13-14 ; Yehezkel Kaufmann, *The Religion of Israel,* Shocken Books, New York, 1972, p. 84-91 ; et Jacob Milgrom, *JPS Torah Commentary : Numbers,* p. 467-468).

Ce désaccord sur l'historique et les auteurs de la poésie dans le « Livre de Bil'am » ne sera peut-être jamais éclairci. Malheureusement, il n'existe aucun document de cette époque qui puisse faire avancer la question. Elle reste au niveau spéculatif. Cela ne nous empêche pas de chercher à interpréter la signification de cette poésie concernant le peuple d'Israël. Chacun des trois poèmes contient des expressions étonnantes et enchanteresses.

Dans le premier, Bil'am dit des Hébreux :

> Car du sommet des montagnes
> je les verrai,
> et des collines je l'apercevrai ;
> ce peuple vivra à part
> et dans les nations il ne se comptera pas.
>
> Nombres 23 : 9

Quel est le sens de ce verset ?

Rachi

Rachi, attaché au sens premier en hébreu, suggère que Bil'am prédit un avenir tranquille pour le peuple d'Israël. Ce verset signifie : « Je considère les origines (sommet des montagnes) et vois que tu es fermement enraciné dans ton histoire (collines). Tu es distinct (vivra à part) par les traditions de la Torah, et par ta fidélité à celles-ci, tu ne risqueras pas de disparaître (se comptera) mais tu te perpétueras et tu prospéreras. »

Hertz

Le rabbin Joseph H. Hertz est de l'avis de Rachi et interprète la phrase : « ce peuple vivra à part » dans le sens suivant : « Israël a toujours été un peuple isolé et distingué des autres peuples par ses lois religieuses et morales et par le fait qu'il a été choisi pour être l'instrument de l'objectif divin. » Il comprend : « dans les nations il ne se comptera pas » de façon différente de celle de Rachi. Hertz cite le travail de Marcus Jastrow qui étudie l'hébreu et les langues anciennes du Moyen-Orient et qui note que *yithachav* qui signifie « compter » peut aussi être traduit par « conspirer ». Le verset peut alors être lu de la façon suivante : « Israël est un peuple qui vivra à part et *ne conspirera pas contre les nations* » (*The Pentateuch and Haftorahs*, Soncino Press, London, p. 674).

L'interprétation de Hertz reflète les idées en cours en Angleterre au XIXe et au début du XXe siècle plutôt que le sens exact du texte de la Torah. Il semble dire que, même si la tradition juive est différente des autres expressions religieuses, elle ne s'oppose pas aux autres peuples et aux autres cultures. Soucieux devant la montée de l'antisémitisme, et de ceux qui affirmaient que le peuple juif se considère comme supérieur aux autres nations, Hertz utilise les paroles de Bil'am pour montrer que ces affirmations sont sans fondement.

Le rabbin Samson Raphaël Hirsch n'est pas non plus très à l'aise avec cette déclaration de Bil'am, « … du sommet des montagnes je les verrai… ce peuple vivra à part ». Pour Hirsch, Bil'am a une « vision panoramique » du peuple d'Israël dans « les temps futurs ». Cette vision, dit Hirsch, signifie qu'Israël « vivra dans un pays à l'écart avec peu d'échanges avec les autres nations ». Sa « mission nationale sera l'élément qui sous-tendra son action et l'unité de son corps social et ne le fera pas rechercher de grandeur comme c'est le cas pour les autres nations ». En d'autres termes, le peuple d'Israël ne cherche pas à « contrôler le monde », comme les antisémites cherchent à le faire croire. Au contraire, les Juifs cherchent uniquement à développer une coexistence pacifique et à coopérer avec les autres peuples et les autres nations. Chacune de ces interprétations montre la perplexité et la gêne de leurs auteurs au sujet de la description d'Israël comme « un peuple qui vivra à part et ne se comptera pas parmi les nations ». Cette description soulève des questions fondamentales sur la définition et la nature de l'existence juive. Les Juifs constituent-ils une nation comme les autres nations ou sont-ils un groupe religieux sans aucune aspiration nationale ? Dans la poésie de Bil'am qui bénit Israël, les commentateurs juifs révèlent leur douloureuse ambivalence et leurs sérieuses préoccupations concernant cette mécompréhension dangereuse véhiculée par les antisémites au sujet des Juifs et de leur Tradition.

Néanmoins, ils semblent à la lecture des vers poétiques de Bil'am que ces interprétations soient forcées. La question reste posée : Pouvons-nous découvrir l'intention de Bil'am ou des auteurs de ces poèmes qui lui sont attribués ?

Peut-être faut-il revenir au sens simple et comprendre que le peuple d'Israël « vivra à part » dans une relation spécifique avec Dieu dans le cadre de l'alliance et, du fait de cette alliance, sera jugé différemment par les autres et par lui-même. Quand Bil'am observe le peuple, il perçoit dans ses traditions et ses valeurs une source unique de bénédictions.

Dans le second poème de louange de Bil'am on trouve les versets suivants :

> Il n'y a pas de dommage en Jacob,
> pas de malheur en vue en Israël ;
> L'Éternel son Dieu est avec lui…
> Voici un peuple, il se dresse comme une lionne,
> et comme le roi des animaux, il se lève ;

Nombres 23 : 21, 24

Na<u>h</u>manide propose une autre lecture de ce texte de la Torah. Il affirme que « Il n'y a pas de fausseté en Jacob, pas de peine en Israël » n'est pas la traduction fidèle du texte en hébreu. Il insiste sur le fait qu'en hébreu le mot *aven*, qui est traduit par « dommage », veut dire « iniquité » et que le terme *amal*, traduit par « malheur », exprime la « déception ». C'est ainsi donc que, selon Na<u>h</u>manide, le verset doit être lu : « Il n'y a pas d'iniquité (parmi les membres du peuple) en Israël ni de déception (au sein du peuple) en Israël. »

Pour Nahmanide, Bil'am ne prédit pas le futur d'Israël mais exprime un jugement concernant le caractère des Hébreux. Puisqu'ils ne s'engagent pas dans les voies de la fausseté, de la tricherie ou de la violence délibérée, Dieu est avec eux. C'est pourquoi ils méritent d'être protégés contre leurs ennemis et, comme le lion, le « roi des animaux », ils seront victorieux de tous ceux qui les attaqueront (*Commentaire sur Nombres* 23 : 21, 24).

Les premiers commentateurs rabbiniques offrent une autre interprétation de la phrase : « Voici un peuple, il se dresse comme une lionne et comme le roi des animaux, il se lève. » Cette phrase, disent les rabbins, saisit la qualité unique et étonnante du peuple d'Israël. « Un moment ils dorment et négligent les *mitzvot* et soudain se réveillent et se lèvent "comme un lion", lisent les mots du *Chema,* "Écoute Israël, l'Éternel notre Dieu, l'Éternel est Un" et mettent en application les règles éthiques de la tradition fondée sur la Torah dans tous les domaines de leur action économique et dans leur relation avec les autres. » Ils sont animés par la foi et l'engagement envers Dieu. Et, selon les rabbins, suite à un tel comportement, Bil'am et les cinq rois de Midian, Evi, Rekem, Zur, Hur et Reba (Nombres 31 : 8) seront défaits. Inspiré par une éthique de vie, le peuple d'Israël se lèvera comme un lion et ne prendra aucun repos avant que ses ennemis n'aient été écrasés (*Nombres Rabba* 20, 20).

Le troisième poème de louange pour les Hébreux inclut les phrases suivantes :

> Qu'elles sont belles tes tentes, Jacob,
> Tes demeures Israël !

> Comme des torrents elles s'étendent
> Comme des jardins près d'un fleuve
> Comme des aloès plantés par l'Éternel,
> Comme des cèdres près de l'eau,
> La sève ruisselle dans ses branches,
> Et sa graine est abondamment arrosée…

Nombres 24 : 5-7

Rachi interprète le premier verset : « Qu'elles sont belles tes tentes, Jacob », avec beaucoup de créativité. Il essaie d'imaginer et de spéculer sur ce que Bil'am voit lorsqu'il regarde le camp vu d'en haut. Rachi suppose que Bil'am constate que l'« entrée des tentes ne se trouve pas directement en face l'une de l'autre ». De là, Rachi suggère que les Hébreux mettent en application un principe moral unique qui garantit l'intimité de chaque demeure. Ils plantent leurs tentes de telle façon que personne ne peut voir ce qui se déroule dans l'espace privé de l'autre. Chaque tente est isolée des autres, ce qui est la garantie du respect de l'intimité.

Poursuivant dans ce sens, à partir du commentaire de Rachi, Ne<u>h</u>amah Leibowitz interprète ainsi ce passage : « Bil'am, ayant grandi dans un cadre où des pratiques idolâtres et immorales avaient cours, rend hommage à la pureté et à la chasteté, deux caractéristiques du peuple juif. » Le terme *tovou* qui signifie « agréable », dit Leibowitz, exprime la « perfection dans tous ses aspects : beauté et charme, simplicité et pureté ». Ce que Bil'am voit, c'est l'image d'un peuple parfait – exemplaire en tous domaines (*Studies in Bamidbar*, p. 290-296).

Le rabbin Joseph H. Hertz poursuit dans cette idéalisation des Hébreux. Pour lui, Bil'am « est submergé par une admiration sans fin devant le camp des Hébreux avec ses tentes harmonieusement placées, devant cette atmosphère paisible qui y règne, donnant une image idyllique, emplie de joie et gage de prospérité ». Citant ce que certains commentateurs rabbiniques ont dit des mots poétiques énoncés par Bil'am, Hertz explique que les « tentes » sont les « tentes de la Torah », et que les « demeures » (c'est-à-dire les maisons) sont les « synagogues ». Il conclut en déclarant : « À ce moment, surgissent et s'imposent à la vision de Bil'am les écoles et les synagogues qui ont toujours constitué la source et le secret de la force spirituelle d'Israël » (*The Pentateuch and Haftorahs*, p. 678).

Suggérer que, d'une certaine façon, Bil'am a vu par anticipation les futures institutions de la vie juive, ses écoles et ses synagogues, est une idéalisation très exagérée. Il n'en reste pas moins que les termes poétiques utilisés : « Qu'elles sont belles tes tentes, Jacob, tes demeures, Israël ! » sont inscrits sur les murs de nombreuses synagogues et on les trouve au début des *Pesouké deZimra*, ou « Versets de louange » qui ouvrent le rituel juif du matin. Alors que pour Bil'am ces paroles avaient certainement un sens clair : l'éloge du peuple d'Israël, ces mots expriment aujourd'hui l'enthousiasme des Juifs pour leurs synagogues, leurs écoles et leurs maisons.

Le commentateur moderne Jacob Milgrom ne considère pas ces paroles comme un éloge pour les institutions juives mais comme une prédiction du futur d'Israël. Le poète, dit Milgrom, suggère que leurs tentes seront dressées dans un environnement verdoyant « près de l'eau », rappelant le jardin d'Éden. Le jardin sera planté d'arbres odoriférants comme l'aloès, d'imposants cèdres dont les branches suintent dans l'humidité, et dont les racines seront abreuvées par « de l'eau abondante ». Le peuple connaîtra la victoire sur ses ennemis. « Dieu qui l'a libéré de l'Égypte anéantira ses détracteurs et brisera leurs flèches. » Cette prédiction pour un peuple vivant dans une contrée aride, appréhendant les ennemis alentour, est rassurante. Elle procure l'espoir en l'avenir.

Un thème commun unit les trois poèmes de Bil'am : l'anxiété face au futur, la crainte devant des dangers à venir encore inconnus. Les poèmes de Bil'am expriment clairement les angoisses d'un peuple dont l'histoire a été incertaine et source d'anxiété. Le premier poème définit les Hébreux comme un peuple unique parmi les nations, protégé lorsqu'il est fidèle à l'alliance avec Dieu. Le second promet le triomphe sur tous ceux qui complotent pour la destruction d'Israël. Et le troisième poème imagine Israël comme un peuple qui goûte une existence idéale, dans la sécurité et l'abondance du jardin d'Éden.

De nos jours, le souci pour la sécurité et les rêves de prospérité constituent les thèmes centraux de préoccupation non seulement pour les Juifs mais pour tous les êtres humains. La paix dans la justice reste insaisissable. Avidité et hostilité continuent à mettre en danger notre famille humaine. Les politiciens, les diseurs de bonne aventure, les fanatiques, et les religieux fraudeurs continuent à promettre tout et son contraire. Peut-être cela explique-t-il pourquoi ces anciens poèmes de Bil'am conservent toute leur puissance et capturent notre imagination.

Questions pour l'étude et la discussion

1. Comment justifier l'approche négative que de si nombreux commentateurs ont de Bil'am ?
2. Le philosophe Martin Buber estime que Bil'am n'a jamais atteint le degré de « véritable prophétie ». Qu'est-ce que cela veut dire ? Quelle est la distinction qu'il introduit ? Qu'est-ce que la critique de Robert Alter ajoute aux conclusions de Buber à propos de Bil'am ?
3. Le rabbin W. Gunther Plaut écrit : « La mise à l'écart des Juifs a signifié au pire la ghettoïsation, puis la privation des droits civiques, l'antisémitisme et, finalement, la Shoah. Au mieux, elle a signifié la tentative d'élever tout le peuple vers la sainteté... » Comment ceux qui interprètent la phrase poétique de Bil'am : « Il y a un peuple qui vivra à part » expliquent-ils son sens ?
4. Dans le troisième poème de Bil'am, l'eau est un thème récurrent. Comment est-il employé ? Pourquoi ? Comparer son usage dans le poème de Bil'am avec Genèse 2 : 8-10, Psaume 1 : 3, Isaïe 58 : 11 et Jérémie 17 : 8, 31 : 11.

Parashat Pinhas

Nombres 25 : 10-30 : 1

La parashat Pinhas *donne des détails concernant l'incident relaté à la fin de la* parashat Balak *: Pinhas, fils d'Eleazar, tue Zimri fils de Salou et Kozbi fille de Tzour, une Midianite, qui sont entrés dans la tente dans le but d'avoir une relation sexuelle. Le zèle de Pinhas sauve les Hébreux de l'épidémie qui s'était déclarée. Dieu le remercie en lui accordant une alliance de paix et en assurant pour toujours la prêtrise à sa descendance. Moïse incite le peuple à se venger des Midianites car, avec perfidie, ils avaient envoyé les femmes midianites qui avaient incité les Hébreux à l'idolâtrie et à la débauche. À la suite de l'épidémie, Moïse et Aaron procèdent à un recensement du peuple d'Israël. On compte alors 601 730 Hébreux. Moïse annonce le partage de la terre d'Israël qui accorde des parts aux tribus proportionnelles au nombre de personnes les constituant. Chaque personne reçoit un même lot en surface, à l'exception des Lévites à qui aucun territoire n'est attribué mais à qui des compensations financières sont accordées pour leur travail au sein du sanctuaire. À l'occasion de ce recensement, la question des filles de Tsélofhad est soulevée. Puisque leur père était mort sans laisser de descendance masculine, elles revendiquent le droit à hériter de sa part dans le partage de la terre. Dieu agrée leur demande et dit à Moïse de déclarer qu'une fille héritera de son père lorsque celui-ci n'a pas eu de fils. Dieu demande à Moïse de monter sur le mont Avarim afin de découvrir le pays d'Israël et l'informe qu'il mourra là.*

Lorsque Moïse demande que son successeur soit choisi, Dieu dit à Moïse de nommer Josué à cette fonction. Et Moïse précise à Josué qu'il doit, lorsqu'une question importante sera soulevée concernant la communauté, se présenter à Eleazar, le cohen, *qui consultera les* ourim *et* toumim *pour savoir quelle est la réponse à donner. La* parashat *se termine avec la description des sacrifices quotidiens, ceux du shabbat, et des néoménies, de Pessah, de Shavouot, de Souccot, de Rosh HaShanah et de Yom Kippour, ainsi que ceux des jours intermédiaires de Souccot, y compris le huitième jour : Shemini Atzérèt.*

1. Donnant des détails sur l'incident qui clôt la *parashat Balak*, la Torah nous informe que Pinhas, fils d'Eleazar le prêtre, emporté par son zèle, tue Zimri, fils de Salou, et Kozbi, fille de Tzour, une Midianite, qui venaient d'entrer dans une tente pour avoir une relation sexuelle. Selon la Torah, l'intention des femmes midianites était d'entraîner les hommes hébreux à la débauche et à l'adoration d'idoles. C'est pourquoi Pinhas se précipite pour punir Zimri et Kozbi. Comme Pinhas a fait preuve d'un tel zèle, Dieu le récompense en scellant avec lui une alliance de paix et s'engage à ce que ses descendants assurent la prêtrise pour toujours.

Moïse doit, sur les ordres de Dieu, attaquer les Midianites et les défaire car, en envoyant les femmes midianites pour inciter les hommes à la débauche, ils ont essayé d'entraîner le peuple d'Israël à servir la divinité midianite de Baal-Peor, et avaient provoqué une plaie qui s'était abattue sur le peuple.

2. Après la plaie, Moïse et Aaron recensent tous les hommes de plus de 27 ans, en âge de porter les armes. Le total est de 601 730.

3. Dieu donne à Moïse les indications pour diviser le pays d'Israël afin que toutes les tribus aient leur espace. Chaque tribu recevra un territoire en fonction de sa taille et toutes les familles recevront une surface égale. Les Lévites, au nombre de 23 000, ne recevront aucun territoire mais leur travail au sein du sanctuaire sera rémunéré financièrement.

4. Les filles de Tselofẖad : Maẖlah, Noah, Hoglah, Milkah et Tirtsah, s'adressent à Moïse en réclamant elles aussi un droit au partage car, leur père étant mort sans avoir eu d'héritier mâle, elles estiment avoir droit à l'héritage. Dieu informe Moïse que leur cause est juste et que la part qui devait revenir à leur père devra leur être donnée. De là, le droit des filles, lorsqu'il n'y a pas d'héritier mâle, à hériter des biens fonciers. Ce droit est inscrit dans la Torah.

5. Dieu demande à Moïse de monter sur les hauteurs d'Avarim. De là il verra le pays d'Israël mais, comme Aaron, il ne pourra pas y mener son peuple car il a désobéi à Dieu lors de l'épisode des eaux de Meribah-Kadèch.

Moïse demande à Dieu de désigner son successeur afin que « la communauté ne soit pas comme un troupeau sans berger ». Dieu dit à Moïse de choisir Josué, fils de Noun, et de lui transmettre sa mission devant le peuple. Moïse doit également dire à Josué de consulter Eléazar le prêtre pour toute question concernant la communauté. Josué doit alors suivre les instructions d'Eléazar qui recevra les siennes en consultant les *ourim* et *toumim* (les pierres qui sont enchâssées dans le pectoral du grand prêtre, une pour chaque tribu, qui sont supposées indiquer par leur brillance les conclusions à tirer de la divination).

6. Moïse décrit les sacrifices qui doivent être offerts au Temple et présentés quotidiennement, chaque shabbat, néoménie, jour de fête (Pessah, Shavouot, Souccot et, pour chaque jour de cette dernière fête, y compris le huitième : Shemini Atzérèt), Rosh HaShanah et Yom Kippour.

La *parashat Pinhas* contient deux thèmes importants :
1. Le danger du fanatisme.
2. Le droit des femmes.

1. PINHAS : UN FANATIQUE DANGEREUX OU UN HÉROS DE LA FOI ?

L'acte de Pinhas tuant avec une lance Zimri, fils de Salou de la tribu de Simon, et Kozbi, fille de Tzour, un chef tribal midianite, soulève de nombreuses questions d'ordre moral.

Comme la Torah le relate, des Hébreux sont entraînés dans la débauche par des femmes midianites qui, en même temps, les incitent à adorer Baal-Peor, leur divinité. Dieu demande à Moïse de mettre à mort tous les meneurs qui ont entraîné le peuple dans cette bacchanale. À ce moment, Zimri et Kozbi, de façon ostensible, passent devant Moïse et entrent dans une tente avec l'intention d'avoir une relation sexuelle. Pinhas, fils d'Eleazar, le fils d'Aaron, est furieux. Il se saisit d'une lance, se précipite vers la tente et tue Zimri et Kozbi. Cet incident se termine avec l'octroi par Dieu à Pinhas d'une *berit chalom* (« alliance de paix ») et par l'assurance que, pour toujours, ses descendants seront des prêtres.

Pinhas a-t-il bien agi ? Doit-il être encensé ou condamné pour son zèle, doit-il être récompensé ou puni pour avoir tué Zimri et Kozbi ? Puisque Pinhas semble tirer avantage d'avoir contrevenu au commandement : « Tu n'assassineras pas » (Exode 20 : 13), comment expliquer ce qui apparaît comme une contradiction ?

Les premiers commentateurs rabbiniques sont divisés quant à la réponse à donner à cette question. Certains commentateurs mettent en évidence que Moïse voit Zimri et Kozbi passer devant lui et entrer dans la tente sans réagir ni demander qu'ils soient punis. Sans explication et sans attendre une autorisation et encore moins un jugement, Pinhas s'empresse d'exécuter Zimri et Kozbi. Pinhas, alors qu'il n'a pas consulté Moïse, pourtant la plus haute autorité légale de la communauté, s'est attribué lui-même le droit et le pouvoir de la mise en accusation et de l'exécution.

Rav, le doyen de l'académie de Sourah, et Samuel, celui de Nahardéa en Babylonie, sont d'avis opposé concernant l'action de Pinhas. Rav le condamne. Il avance que Pinhas, comprenant ce que Zimri et Kozbi s'apprêtaient à faire, dit à Moïse : « N'as-tu pas enseigné à notre peuple, lorsque tu es descendu du mont Sinaï, qu'un Hébreu qui a une relation sexuelle avec une idolâtre, peut être mis à mort par des hommes zélés ? » Selon Rav, Moïse, après avoir écouté Pinhas lui aurait répondu : « Que Dieu qui a énoncé la sentence l'exécute Lui-même ! »

Il est évident que Rav considère défavorablement le fanatisme de Pinhas. Moïse lui aurait dit : « Pourquoi as-tu énoncé le jugement et l'as-tu mis à exécution ? », critiquant le fait qu'il n'avait pas suivi le conseil de Moïse. Selon Rav, même si Pinhas a agi en accord avec la loi, il aurait dû laisser Dieu « exécuter » la sentence plutôt que le faire lui-même.

En revanche, Samuel, qui est souvent en désaccord avec Rav, approuve Pinhas et le complimente pour son zèle. Samuel avance que dans le cas où la loi divine est publiquement profanée, il faut considérer que l'acte radical de Pinhas est approprié et même noble. De plus, selon Samuel, dans la situation de Pinhas, il est permis d'ignorer l'opposition ou l'accord de Moïse car l'action de Pinhas, à l'évidence, est de mettre en application la loi qui interdit la débauche et l'idolâtrie.

Les exigences de Dieu

Pinhas vit dans l'action de Zimri une rupture manifeste de l'alliance, un retour flagrant à des pratiques que le contrat du Sinaï avait clairement condamnées. Dans la courte histoire du peuple, Il n'y avait pas de précédent qui permettait de déterminer la façon de procéder devant une telle urgence morale et religieuse... L'acte impulsif de Pinhas n'était pas une exécution sommaire mais reflétait le souci de voir les demandes de Dieu mises en application par les êtres humains et cela nécessitait de donner un exemple qui frapperait les esprits afin de s'opposer à toute permissivité sur le plan religieux (W. Gunther Plaut, *The Torah : A Modern Commentary*, p. 1195).

Rabbi Barpazzi évoque la possibilité que Moïse et d'autres avec lui dans le camp étaient courroucés par le comportement fanatique de Pinhas et prêts à le punir en l'excluant de la communauté. Ils étaient irrités car le comportement de Pinhas était d'un zèle excessif et, pour accomplir son geste, il s'était opposé à l'autorité de Moïse et érigé en juge en ne cherchant à recevoir ni l'accord de la communauté, ni celui de la justice. Alors qu'ils s'apprêtaient à excommunier Pinhas, Dieu intervint et déclara que l'action de Pinhas était digne de louanges et serait récompensée par une « alliance de paix » et par la certitude que les descendants de Pinhas recevraient le droit de la prêtrise pour toujours. Suite à cela, toute opposition cessa.

Rabbi Barpazzi semble suggérer que, si Pinhas fit ce qui était juste en légiférant lui-même, il se trompa dans sa façon d'agir. Il aurait dû consulter Moise et, peut-être, d'autres encore. Son action aurait été alors plus juste s'il avait recherché l'assentiment de la communauté au lieu d'agir seul (*Talmud de Jérusalem, Sanhédrin* 9 : 7, 11, 82a).

D'autres interprètes affirment que Pinhas se décida à agir seul lorsqu'il constata la passivité de Moïse qui ne s'empressait pas d'appliquer les lois de la Torah. Ces commentateurs supposent que Moïse était affaibli par de si nombreuses années pendant lesquelles il avait assuré la direction du peuple ou, parce que trop vieux, il avait oublié les lois interdisant les relations sexuelles entre Hébreux et idolâtres. Au regard de la situation et devant le danger de voir tout le peuple être puni par Dieu à cause de la négligence de Moïse, Pinhas a pris les choses en main, sauvant le peuple d'une catastrophe. Pour cette raison, ces interprètes ont estimé que l'action de Pinhas était pleinement justifiée et fut récompensée par Dieu. Ces maîtres concluent que l'action décisive de Pinhas nous apprend à être « féroces comme un léopard, agiles comme un aigle, rapides comme un cerf et forts comme un lion pour accomplir la volonté de Dieu » (*Nombres Rabba* 20 : 24 ; *Avot* 5 : 23).

Rambam (Maïmonide)

Moïse Maïmonide est de cet avis et l'inclut dans son *Mishné Torah*. Il écrit qu'« un Juif peut être mis à mort par des zélotes s'il est découvert en train d'avoir une relation sexuelle avec une idolâtre ou une prostituée ». Il cite comme exemple le comportement de Pinhas, statuant que « les zélotes peuvent tuer une personne uniquement si elle est découverte en train d'accomplir cet acte. S'ils la tuaient après l'acte lui-même, ils devraient être poursuivis pour assassinat » (*Relations illicites* 124-125).

Kanaïm pogueïm bo

Traduit de façon littérale, *kanaïm pogueïm bo* signifie que les zélotes peuvent faire justice eux-mêmes et peuvent,

• • •

sur-le-champ, exécuter une personne qui transgresse la loi. Bien entendu, il y a de nombreuses restrictions juridiques afin de limiter l'application de ce principe. Premièrement, la punition ne peut être actée que lorsque l'acte est en train d'être accompli. Selon certaines autorités, la *hatraah* ou « avertissement » doit avoir été clairement signifiée. De façon plus significative, ici la règle : *halakhah veèin morim ken* s'applique. Il s'agit de considérer que, même si le châtiment est justifié, on ne peut en demander à personne l'application. Néanmoins, si une personne applique la condamnation, elle agit en accord avec la *halakhah* (J. David Bleich, *Contemporary Halakhic Problems*, vol. II, Ktav, New York, 1983, p. 273-274).

D'un autre avis que Maïmonide, le commentateur turc rabbi Moshe ben Hayim Alshekh (XVIe siècle) suggère que le zèle de Pinhas n'avait peut-être pas la défense des lois morales de la Torah comme seule et unique justification. En fait, le meurtre de Zimri et de Kozbi est un acte délibéré pour affirmer qu'il est digne de la prêtrise, et qu'il en va de même pour ses descendants.

Selon Alshekh, Pinhas réalise que sa revendication à la prêtrise est discutable. Lors de sa naissance, son père, Eleazar fils d'Aaron, n'était pas encore prêtre. Pratiquement, Pinhas ne peut donc pas hériter directement de la fonction de son père. « C'est pourquoi il décide de risquer sa vie et, armé par la *mitzvah* de tuer Zimri, il espère effacer ce qui apparaît, à ses yeux, comme une imperfection, celle de ne pouvoir être prêtre par filiation bien que son père le soit. »

Alshekh croit que Pinhas est poussé par un motif caché qui le pousse à faire preuve de zèle. Il se rue pour tuer Zimri et Kozbi, non suite à un outrage public contre Dieu et la Torah mais pour attirer l'attention de Moïse et s'assurer de la fonction de la prêtrise, pour lui et ses descendants. Son acte doit donc être dénoncé (*Commentaire sur Nombres* 25 : 1).

Hirsch

Le commentateur Samson Raphaël Hirsch est en désaccord avec l'argument d'Alshekh. Il justifie et fait l'éloge de l'acte de Pinhas en niant qu'il s'agisse d'une fuite en avant. Au contraire, il considère que cet acte est la conséquence d'un sentiment profond que, au-delà d'une grave trahison envers Dieu, il s'agit d'un déni de soi. Il explique que Zimri n'est pas un Hébreu ordinaire. Il a le rang de « prince », c'est-à-dire de quelqu'un qui doit montrer l'exemple au peuple à travers un comportement moral exemplaire et la recherche de pureté. L'acte public qu'il commet en entrant dans sa tente avec l'intention d'avoir une relation sexuelle avec une femme midianite « ridiculisait Dieu… la Torah et Israël ». Cet acte était avilissant pour le peuple hébreu et sa foi.

Selon Hirsch, face au comportement offensant de Zimri quelqu'un doit se lever pour restaurer la foi du peuple d'Israël en Dieu et faire la preuve de son attachement aux commandements divins. S'il n'agissait pas, Pinhas était convaincu que le peuple renoncerait à sa relation avec Dieu et « mettrait en danger son existence à venir ». Cette conviction de Pinhas et « son action honnête et courageuse » ont, selon Hirsch, sauvé « l'âme de la nation juive ont son attachement à Dieu et à sa Torah ». Pour cette raison, Dieu le récompense en lui accordant une alliance de paix et en l'assurant que lui et ses descendants seront désignés pour exercer la prêtrise pour toujours (*Commentaire sur Nombres* 25 : 6-15).

Le danger de celui qui croit d'une foi sans faille

Le fanatique vit dans l'incomplétude et le doute. Il n'a aucune confiance en soi – car il a une image négative de lui-même – et ne peut trouver de gratification que dans la totale adhésion à une idée qu'il embrasse... Il se voit comme celui qui a la capacité d'être le soutien et le défenseur de cette cause sacrée à laquelle il adhère. Et il est prêt à sacrifier sa propre existence pour prouver à lui-même et à tous que, de façon incontestable, tel est son rôle. Il offre sa vie en sacrifice pour prouver que telle est sa raison d'être... La haine passionnelle peut donner un sens et un but à une vie sans intérêt. Ces personnes hantées par le vide de leur propre existence essaient de trouver une nouvelle raïson d'être non seulement en se consacrant corps et âme pour une cause qu'elles considèrent comme sainte mais également en s'attachant à une idée à laquelle elles consacrent leur vie avec fanatisme (Eric Hoffer, *The True Believer*, Harper and Row, New York, 1966, p. 80 et 92).

Le contemporain de Hirsch, le rabbin Naftali Zvi Yehoudah Berlin, auteur du commentaire *HaEmek Davar*, suggère que, si le zèle de Pinhas reflète sa conviction profonde, il révèle aussi d'inquiétantes et troublantes motivations. Ceux qui sont prêts à assassiner, à terroriser leurs semblables, à détruire au nom d'une idéologie, sont souvent guidés par des sentiments de haine, d'angoisse, d'amertume et par le poison des préjugés. La conséquence est que leur acte vengeur contre autrui est souvent suivi d'un geste autodestructeur. Le sentiment de culpabilité et de remords les amène à se prendre eux-mêmes comme cibles ou ceux qui leur sont proches.

Berlin pense que Pinhas, malgré son acte courageux exprimant son volontarisme et son engagement envers Dieu et sa Torah, est profondément troublé par son zèle impulsif. Malgré le fait que ses motivations sont pures, il reste confondu par son empressement à prendre en charge l'application de la loi, sans en référer à Moïse et sans présenter Zimri devant les juges et les tribunaux de son époque.

C'est ce qui explique pourquoi, selon Berlin, Dieu accorda à Pinhas une « alliance de paix ». Ce n'est pas une récompense pour son comportement impulsif, mais une thérapie. Cette « alliance » a pour but de le calmer « et lui apprendre qu'il ne doit être ni impulsif ni coléreux. Comme la nature de son acte, tuer par ses propres mains, pouvait le marquer d'une émotion intense et destructrice, Dieu lui propose un moyen d'atténuer ce sentiment afin de pouvoir faire face à sa situation et afin que son âme trouve apaisement et sérénité ». Il est évident que Berlin est troublé par le zèle dont Pinhas fait preuve, estimant qu'il est animé par des troubles psychologiques qui requièrent une guérison à travers cette « alliance de paix » accordée par Dieu (*Discussion sur Nombres* 25 : 11-12).

Ces différentes interprétations au sujet du comportement de Pinhas révèlent de profondes divergences d'opinion et de jugement au sujet du meurtre de Zimri et de Kozbi. Certains l'applaudissent, d'autres déplorent cet acte, laissant aux lecteurs modernes de la Torah le défi de répondre à la question : Pinhas était-il un dangereux fanatique ou un véritable héros de la foi ?

2. DROITS DE LA FEMME : QU'EN DIT LA TORAH ?

Afin de préparer le peuple à entrer en terre d'Israël, Moïse assigne à chaque famille des lots fonciers, selon la liste établie des tribus. Par héritage ces biens passent de père en fils, d'une génération à l'autre.

Prenant connaissance de cela, les cinq filles de Tselofh̲ad, de la tribu de Menassé, un des fils de Joseph, se présentent à Moïse et protestent. Se tenant devant le *michkan* (tabernacle), où se déroulent toutes les réunions publiques, et devant Moïse et les responsables de la communauté, elles mettent en cause l'injustice des lois d'héritage qui ne concernent que les hommes. « Notre père n'a pas fait partie des séditieux liés à Korah̲, mais il est mort dans le désert, sans laisser de fils. Nous demandons que son nom ne soit pas oublié et que la part qui lui revenait nous soit attribuée, à nous ses filles. »

Moïse consulte Dieu et apprend que cette demande est justifiée. Il déclare alors à la communauté : « Si un homme meurt sans laisser de descendance mâle, sa propriété peut être transférée à sa fille. » À l'évidence, les filles de Tselofh̲ad obtinrent une victoire significative pour les droits des femmes.

Mais en est-il toujours ainsi ?

Dans le dernier chapitre des Nombres (36 : 1-13), les chefs de la tribu de Menassé s'élèvent contre cette loi. Au sujet de la répartition des biens fonciers de leur tribu, ils accusèrent Moïse d'escroquerie.

Puisque chaque tribu va recevoir une part de la terre d'Israël et que le bien foncier se transmet de père en fils, le territoire de la tribu restera toujours le même. Mais, si les filles de Tselofhad à qui la terre de leur père a été donnée en héritage se marient avec des hommes d'autres tribus que celle de Menassé, la terre deviendra un jour, par héritage, la propriété d'une autre tribu. « Notre portion sera ainsi diminuée », font remarquer les chefs de la tribu à Moïse.

Selon la Torah, Dieu informa Moïse que la protestation des chefs de cette tribu était compréhensible et que leur cause était juste. Afin de résoudre cette difficulté, il fut précisé aux filles de Tselofhad qu'elles ne pouvaient épouser que des hommes de leur tribu, et le peuple d'Israël fut informé qu'« aucun héritage hébreu ne pouvait passer d'une tribu à une autre… toute fille appelée à hériter… devra épouser un homme appartenant à la tribu de son père… » (Nombres 36 : 7-8). Si les femmes ont acquis le droit d'hériter, il est clairement subordonné au principe supérieur de la préservation des surfaces et des limites des domaines attribués à chaque tribu.

Les interprètes de la Torah ont soulevé plusieurs questions au sujet de cet incident concernant les filles de Tselofhad : Pourquoi un traitement particulier a-t-il été accordé à ces femmes ? Quelle était la motivation pour ce traitement particulier ? Pourquoi Moise s'est-il adressé à Dieu pour une décision qu'il aurait pu lui-même prendre sur place ? Les femmes ont-elles réellement emporté une « victoire » ? Quels rôles sont considérés comme appropriés pour les femmes au sein de la communauté juive et au sein de la société en général ?

Jacob Milgrom, un commentateur moderne, compare la pratique concernant les droits d'héritage des anciens Hébreux avec celles de leurs voisins. Il constate que selon la loi sumérienne édictée près de mille ans avant que la Torah ne soit écrite, les femmes ont le droit d'hériter des biens fonciers de leur père. Longtemps avant l'Exode, cette pratique était courante dans le bassin mésopotamien, dans les communautés le long de la côte méditerranéenne, comme dans la loi égyptienne. Plus tard, la loi grecque énoncera le droit des femmes à l'héritage à l'égal des hommes.

En regard avec cette « égalité de traitement », Milgrom pose la question suivante : « Comment alors expliquer que la Bible institue le droit pour les femmes d'hériter de leur père uniquement dans le cas où celui-ci n'a pas eu de fils ? » En d'autres termes, pourquoi la Torah semble-t-elle instituer une discrimination aux dépens des femmes, en particulier en ce qui concerne le droit d'hériter de terrains et de propriétés appartenant à leurs parents ?

Milgrom suggère que, contrairement à ses voisins, les sociétés mésopotamiennes et égyptiennes étaient déjà des « sociétés urbanisées et centralisées », et que les lois de la Torah reflètent la structure d'une société nomade et clanique. Dans une telle société « le souci premier du système légal était la préservation du clan ». L'équilibre entre les membres de la tribu et des familles permettait d'assurer, en leur sein, des relations paisibles et favorisait la coopération entre eux.

Ceci explique pourquoi les demandes aussi bien des filles de Tselofhad que des chefs de la tribu de Menassé sont considérées comme des causes justes.

Les deux s'appuient sur le principe de la nécessité de préserver l'existence du clan. L'argument des filles de Tselofhad est que, si elles n'héritent pas, le nom de leur père sera effacé de la liste des familles de Menassé puisque ses biens seront absorbés par d'autres. Quant aux chefs de la tribu, ils font remarquer que si les filles de Tselofhad se marient avec des hommes d'une autre tribu, le clan perdrait des terres lui appartenant. La solution de la Torah résout ces deux problèmes. Les filles de Tselofhad hériteront des biens de leur père, préservant ainsi son nom ; mais la surface du lot attribué à la tribu de Menassé ne diminuera pas puisque les filles de Tselofhad devront prendre pour époux des hommes de la même tribu.

Néanmoins, cette solution ne donne pas aux femmes l'égalité des droits dont jouissent les hommes en matière d'héritage.

La Torah, comme le Talmud, affirme clairement que, dans des circonstances « normales », lorsqu'il y a des femmes et des hommes, l'héritage passe de père en fils. Les femmes partagent les biens de leurs maris, elles n'héritent pas de leurs pères (*JPS Torah Commentary : Nombres*, p. 482-484).

L'explication sociologique de Milgrom concernant les lois d'héritage tribales et claniques dans l'ancien Israël et la comparaison avec d'autres sociétés anciennes permettent de comprendre les raisons sous-jacentes des lois de la Torah. Mais quelle est la place de la femme dans la Torah ? Et comment les commentateurs ont-ils interprété la protestation des filles de Tselofhad et leur demande de bénéficier de droits égaux au sein de la société ?

Peli

Pinhas Peli écrit que ces femmes « ne sont pas présentées comme des personnes privées mais comme les représentantes et les porte-parole des personnes de leur sexe. Les causes qu'elles défendent n'est pas considéré comme une demande personnelle pour l'acquisition d'un bien foncier mais comme une protestation contre la discrimination à l'encontre des femmes considérées comme des citoyens de seconde catégorie ». Citant les idées des premiers commentateurs rabbiniques, Peli rend hommage aux filles de Tselofhad pour leur sagesse et leur approche de la situation qui les touche.

Les rabbins montrent par exemple que, lorsque Moïse dévoile les lois d'héritage, les filles de Tselofhad se rendent compte qu'elles ne sont pas incluses dans ces lois. La Torah dit qu'au lieu de se précipiter et de mettre violemment en question Moïse, elles « s'approchent » de lui. En d'autres termes, elles font preuve de retenue et de patience. Elles s'organisent, échangent leurs points de vue, se mettent d'accord sur la formulation de leur demande puis, « viennent près » de Moïse pour lui en faire part.

Selon Simon ben Lakich, le fondateur de l'académie de Tibériade au IIIe siècle, elles ne se présentent pas immédiatement à Moïse. Elles parlent de ce sujet avec les chefs de dizaines de la tribu, puis avec les chefs des cinquantaines, des centaines et des milliers. Respectant chacun d'eux, elles demandent à chaque groupe de considérer la question avant de la présenter au groupe hiérarchique suivant. À la fin de ce patient processus, elles « viennent près » de Moïse.

D'autres interprètes rabbiniques affirment que les filles de Tselofhad ont choisi avec beaucoup de soin la façon d'exprimer leur demande. Tout en constatant que les lois de la Torah étaient injustes à leur égard et à l'égard d'autres, elles firent preuve d'une loyauté constante envers Moïse, leur peuple et la Torah. Elles mirent en évidence le contraste entre leur père qui était toujours resté fidèle à Moïse et les Hébreux qui avaient suivi Korah. De plus, elles choisirent un vocabulaire qui rendait évidente la différence entre elles et ceux qui avaient ordonné à Moïse : « Donne-nous un chef, et nous retournerons en Égypte. » Contrairement à la violence exprimée dans l'expression de cette demande, elles dirent à Moïse : « Donne-nous notre héritage dans le partage de la terre. » De cette façon, disent les rabbins, les filles de Tselofhad ont fait preuve de leur engagement sans faille envers leur peuple et envers la terre d'Israël. Au lieu d'abandonner la promesse de la Terre promise, elles demandèrent précisément à avoir droit à cet héritage (*Nombres Rabba* 16 : 10-12).

Peli conclut l'examen des sources rabbiniques anciennes en disant que les filles de Tselofhad « dans leur admirable sagesse... ont choisi le bon lieu, le bon moment et l'approche appropriée » pour faire pression sur Moïse afin de préciser la loi sur l'héritage. Il écrit : « Dans leur argumentaire en faveur des droits des femmes... elles invitèrent Moïse à prendre conscience des droits des femmes... ce qu'il n'avait pas fait précédemment. D'ailleurs, dit le Talmud, Moïse devait écrire que les filles avaient les mêmes droits que les fils. Mais ce fut un privilège accordé aux filles de Tselofhad comme le résultat de leur délicate et ferme intervention » (*Baba Batra* 119a ; « Torah Today », *Jerusalem Post*, 20 juillet 1985).

Une différence dans la piété ?

Les femmes en Israël ont toujours été plus pieuses que les hommes. Nous voyons qu'elles n'ont pas voulu donner leurs boucles d'oreilles pour la construction du veau d'or. De même, lorsque les explorateurs revinrent, les femmes ne furent pas de l'avis de la majorité. C'est pourquoi tous les hommes moururent dans le désert et ne purent entrer dans le pays d'Israël mais leurs femmes y entrèrent (Nombres 26 : 64 ; *Tzénah ouReénah* sur Nombres 27 : 1).

Le rabbin Samson Raphaël Hirsch considère que l'incident entre Moïse et les cinq filles de Tselofhad concerne un sujet bien plus large qu'une question d'héritage d'une portion de terre. Hirsch soutient que le cœur de la question est la disparition du nom patrimonial. Il met en évidence que les filles de Tselofhad ne se contentent pas de dire : « Donne-nous notre héritage de la terre » mais elles proposent une explication concernant cette demande. Elles implorent Moïse en disant : « Ne permets pas que le nom de notre père disparaisse… »

La perpétuation du nom de leur famille est leur juste cause, dit Hirsch. Telle est la raison pour laquelle la Torah affirme qu'une fille a droit à l'héritage uniquement lorsque le défunt n'a aucun descendant mâle. Car, dans ce cas, le nom de cette famille disparaîtrait. Afin de se prémunir d'un tel danger, « s'il n'y a aucun fils ou descendant de fils, alors la fille ou son descendant de cette fille héritera » (*Commentaire sur Nombres* 27 : 1-4).

Préoccupation pour les filles dans la mesure où elles n'étaient pas indépendantes financièrement

Les rabbins, tout en déniant aux filles une part dans l'héritage lorsqu'il y a des fils, prévoient, lorsqu'elles ne sont pas mariées, de nombreuses dispositions pour assurer leur existence. Les coûts et les frais engendrés pour ces dispositions constituent les premières charges grevant le patrimoine du défunt. Si le patrimoine est peu important, le principe suivant a été édicté : « Les filles doivent être prises en charge même si les fils doivent être réduits à la mendicité » (J.H. Hertz, *The Pentateuch and Haftorahs*, p. 692).

Le commentateur moderne, le rabbin W. Gunther Plaut cite le cas des filles de Tselofhad comme un exemple concernant le traitement de la question des femmes au cours de la période biblique. Il observe : « Bien que la Torah énonce de nombreuses lois pour lesquelles les hommes et les femmes sont traités à égalité (comme celle concernant le respect pour les parents, la punition dans le cas d'inceste, les lois au sujet de la nourriture), les lois de la Torah concernent en premier lieu les hommes. Ils ont des droits que les femmes ne possèdent pas. Elles doivent être des femmes et des mères, investies d'une dignité inhérente à leur statut, mais au regard de la loi et des pratiques sociales, elles sont reléguées à un statut de citoyen de seconde classe, celui de mineurs à vie. » En ce qui concerne le cas des filles de Tselofhad,

Plaut conclut qu'il « leur est accordé un traitement particulier – pour autant qu'elles remplissent le rôle premier de préserver l'intégrité de la tribu et de son territoire » (Nombres 36 : 6), rappelant que les hommes restent toujours membres de leur tribu alors que les femmes, par mariage, deviennent membres d'une autre tribu (*The Torah : A Modern Commentary*, p. 1218-1219).

Comme Plaut le remarque, la loi juive traditionnelle accorde à la femme un statut de « citoyen de seconde classe ». Certaines autorités rabbiniques anciennes considèrent que les femmes sont bavardes, envieuses, gloutonnes, paresseuses, querelleuses et velléitaires, d'autres soutiennent qu'elles sont plus pieuses, plus indulgentes, plus hospitalières, plus sensibles aux besoins des autres et plus sages que les hommes, ce qui est également une forme de sexisme. Néanmoins tous sont de l'avis qu'elles n'ont pas capacité à être témoins, ou juges, ou à être comptées dans le *minyan*, le quorum nécessaire pour un office communautaire, ni à s'asseoir à côté des hommes pendant un office. De plus, selon Maïmonide, une femme mariée est dans l'obligation de « laver le visage, les mains et les pieds de son mari ; de lui préparer la coupe de vin, de faire son lit, de se tenir debout à côté de lui et de le servir ». En ce qui concerne les *mitzvot* positives, les femmes sont exemptées de toutes celles qui sont limitées à un temps donné, comme celles de mettre les *tefillin* ou de dire les trois offices journaliers (*Genèse Rabba* 18 : 45 ; *Avot* 2 : 8 ; *Shabbat* 33b ; *Kiddouchin* 30b ; *Meguillah* 14b ; *Berahot* 6b ; *Niddah* 45b ; *Yad haHazakkah, Ichout* 21 : 3).

Cette approche dégradante de la femme reflète l'époque et les sensibilités de la période pré-moderne. C'est précisément cette conception que les premiers Juifs libéraux ont rejetée dès le XIXe siècle. En 1837, Abraham Geiger a défendu l'idée de l'égalité des sexes en proclamant : « Que dès maintenant on ne fasse plus de différence entre les devoirs et les droits des hommes et ceux des femmes... ni de déclaration sur l'infériorité spirituelle supposée des femmes... et qu'aucune institution publique, dans la loi ou dans la pratique, ne ferme les portes des synagogues aux femmes ; aucun dénigrement des femmes... »

Neuf ans plus tard, à la conférence rabbinique de Breslau, un exposé présenté appela à l'accession à l'égalité des femmes dans tout le domaine religieux, déclarant que les personnes des deux sexes partagent les mêmes responsabilités dans l'éducation des enfants et que les femmes, aussi bien que les hommes, doivent approfondir leurs connaissances juives à travers l'éducation. Même s'il a fallu attendre près d'un siècle pour que des femmes soient ordonnées rabbins ou puissent devenir ministres officiants, très tôt de nombreuses femmes ont joué un rôle essentiel au sein des communautés juives libérales (W. Gunther Plaut, *The Rise of Reform Judaism : A Sourcebook of Its European Origins*, UAHC, New York, 1963, p. 252-255).

Les Juifs traditionnels contemporains ont également pris en compte le changement d'attitude concernant les femmes. Peu d'hommes juifs exigent de leurs épouses les devoirs tels que ceux présentés par Maïmonide. Le rabbin Eliezer Berkovits, un éminent rabbin orthodoxe, va jusqu'à déclarer qu'une telle pratique « est incompatible avec le statut de la femme dans l'esprit du judaïsme... le respect de soi nous interdit d'accepter ce genre de service venant de notre femme, comme de toute autre personne ». Se référant au cas des filles de Tselofhad, Berkovits note que, « malgré les lois bibliques de l'héritage, dans les familles juives orthodoxes aujourd'hui, les femmes héritent de leurs maris et les filles de leur père comme les garçons ». Mais sans aucune ambiguïté, Berkovits rappelle que, dans le judaïsme traditionaliste, les femmes continuent à souffrir d'inégalités et d'incapacités et que pour résoudre cette question, il est indispensable d'utiliser les « possibilités conformes » à l'esprit et à l'interprétation de la loi juive. Pour lui, cela ne concerne pas uniquement la question du statut de la femme mais également la capacité du judaïsme traditionaliste de répondre aux exigences du monde moderne (Menachem Marc Kellner, *Contemporary Jewish Ethics*, Sanhedrin Press, New York, 1978, p. 355-373).

Aujourd'hui, les femmes assument des rôles de direction, que ce soit dans le domaine social, politique, religieux ou professionnel. Souvent, hommes et femmes travaillent ensemble à des postes de responsabilité comme celui de gérant, d'administrateur et d'expert. De nombreuses femmes créent leur propre entreprise financière, s'engagent dans des carrières scientifiques et étudient dans des séminaires chrétiens et des écoles rabbiniques.

À notre époque, les femmes jouent un rôle égal à celui de l'homme dans la définition de la tradition juive et dans l'élaboration de la pratique qui en découle. À l'époque biblique, ce sont les filles de Tselofhad qui ont contesté la loi et ont amené à la modification d'une loi inégalitaire de la Torah.

Réclamant leurs droits, elles ont fait que soit élaboré un juste traitement pour d'autres. Aujourd'hui, comme les hommes et les femmes luttent ensemble pour définir leurs droits et leurs devoirs, cela permettra sans aucun doute de renforcer l'égalité entre les hommes et les femmes et d'insuffler une nouvelle vie à des pratiques et à des valeurs éthiques essentielles de la tradition juive.

Questions pour l'étude et la discussion

1. Deux grands maîtres de la Tradition, Rav et Samuel, sont en désaccord concernant la justification du geste de Pinhas qui assassine Zimri et Kozbi. Sur quelle base morale fondent-ils leur argumentation ? Comment les autres commentateurs considèrent-ils cette question morale ?
2. Comment appliqueriez-vous l'ancien principe talmudique *kanaïm pogueïm bo* à Pinhas qui assassine Zimri et Kozbi ? Protège-t-il contre les fanatiques qui s'emparent de la loi ? Un tel principe peut-il être appliqué dans le domaine international pour justifier l'hostilité entre des peuples et des nations ?
3. La Torah qualifie de « justes » la demande des filles de Tselofhad et les protestations des chefs de la tribu de Menassé. La solution proposée par la Torah vous semble-t-elle équitable ?
4. La professeure Paula E. Hyman déclare : « Dans le cadre du judaïsme traditionaliste, les femmes ne sont pas des personnes légalement libres. Leur statut est celui du mineur, du sourd-muet et du sot ; devant la justice, leur témoignage n'est pas recevable… Leur héritage n'est pas celui des héritiers mâles, elles jouent un rôle passif lors du mariage, et elles n'ont pas qualité pour engager un divorce… Ce que les féministes juives recherchent… n'est pas d'entendre des propos

laudateurs mais le changement de paramètres, dans la reconnaissance que la tradition juive a exclu les femmes de nombreux domaines de l'expérience juive et les a considérées comme inférieures aux hommes, intellectuellement et spirituellement » (« The Other Half : Women in the Jewish Tradition », *Conservative Judaism*, été 1972, p. 14-21). Comment les mouvements modernes du judaïsme répondent-ils à la demande des féministes juives ?

Parashat Mattot-Mass'é

Nombres 30 : 2-36 : 13

La parashat Mattot-Mass'é *est une des sept sections de la Torah qui, selon le nombre de shabbatot dans l'année, est lue soit en deux sections distinctes soit en une seule afin que toute la Torah puisse être lue dans le cours d'une année. Dans cet ouvrage, elles sont réunies en un seul chapitre, on y trouve plusieurs thèmes importants qui seront présentés avec leurs commentaires.*

La parashat Mattot *nous apprend les lois, données aux Hébreux, concernant les vœux. Elle contient également la description de la guerre des Hébreux contre les Midianites, ainsi que le partage du butin. Cette* parashat *se termine par la réponse de Moïse à la demande des Gadites et des Rubénites de recevoir en partage les territoires de Jazer et de Gil'ad.*

La parashat Mattot-Mass'é *retrace les quarante années de pérégrination des Hébreux depuis leur départ d'Égypte jusqu'à leur arrivée près du pays d'Israël. Moïse communique ses instructions au sujet de la conquête du pays, définissant ses frontières et le divisant entre les tribus. Il précise également les critères pour l'établissement des six villes refuges où ceux accusés d'un meurtre peuvent se réfugier pour garantir leur sécurité et un jugement juste. Le livre des Nombres se termine par une contestation concernant les filles de Tselofhad (discussion dans* parashat Pinhas*) et une clarification des lois de la Torah concernant l'héritage.*

NOTRE TARGOUM

1. Moïse expose les lois divines qui réglementent les vœux. Tous les vœux doivent être accomplis. Mais, lorsqu'une femme fait un vœu, il ne peut être accompli que si son père, lorsqu'elle est mineure, ou son mari, lorsqu'il s'agit d'une femme mariée, n'émet aucune objection. En revanche, dans le cas d'une veuve ou d'une femme divorcée, le vœu les lie et elles sont dans l'obligation de les réaliser.

2. Moïse commande aux Hébreux de se mettre en guerre contre les Midianites qui, avec les Moabites, alors que le peuple se trouvait à Chittim (Nombres 25 : 1-9), les ont attirés vers la débauche et à l'adoration de Baal-Peor. Les Hébreux détruisent les villes de Midian, s'emparant d'un butin, des femmes et des enfants. Moïse réprimande les chefs des tribus car, selon les ordres, tous les adultes devaient être mis à mort. Il les contraint à appliquer les ordres et à tuer tous les hommes parmi les Midianites et toutes les femmes qui ont eu des relations sexuelles.

Les combattants qui ont tué ou touché un cadavre doivent rester à l'extérieur du camp pendant sept jours, puis se purifier et purifier le butin qu'ils ont pris par des opérations avec de l'eau et du feu. Les prêtres et les chefs familiaux doivent inventorier le butin et le partager entre les combattants et le sanctuaire.

3. Les Rubénites et les Gadites, qui avaient de nombreux troupeaux, se présentent devant Moïse avec une demande : celle de s'établir dans les terres de Jazer et de Gil'ad, à l'est du Jourdain. Ils prétendent que les terres sont meilleures pour élever du bétail, comparées à celles qui leur ont été allouées à l'intérieur des frontières d'Israël. Bien que ces territoires aient été conquis par le peuple d'Israël, ils n'ont été inclus ni dans l'héritage des tribus, ni dans le partage entre elles.

Moïse est très opposé à cette demande. Il les accuse de vouloir abandonner leur peuple au moment de leur entrée en terre d'Israël. Il compare leur attitude à celle de leurs parents qui, après avoir été envoyés pour explorer le pays, à leur retour, ont présenté un rapport négatif et erroné. Les Rubénites et les Gadites s'engagent à former des troupes de choc afin de mener le combat pour la conquête du pays d'Israël et à conserver uniquement les territoires qui leur seront assignés. Convaincu de leur intégrité, Moïse leur laisse prendre possession des terres de Jazer et de Gil'ad.

4. *Parashat Mattot-Mass'é* établit la liste des noms et des lieux où le peuple d'Israël s'est arrêté pendant son exode. Leurs pérégrinations dans le désert et dans les steppes de Moab jusqu'aux rives du Jourdain, près de Jéricho dura quarante années. L'Exode a commencé le quinzième jour du premier mois, celui de Nissan. Quarante ans plus tard, sur la montagne de H̲our, Aaron meurt à l'âge de 123 ans. Quand les Hébreux atteignent les steppes de Moab, près du Jourdain et de la ville de Jéricho, Moïse les enjoint à entrer en terre d'Israël, à anéantir ses habitants, à détruire leurs idoles et à démolir leurs

sanctuaires. Ils devront ensuite partager la terre selon les lots assignés à chaque tribu.

Moïse informe les Hébreux que leur frontière du sud suivra une ligne de la pointe sud de la mer Morte jusqu'à Kadèch Barnéa, au milieu du désert du Néguev et, de là, vers la Méditerranée, au sud de la ville actuelle de Gaza. La frontière occidentale suivra la côte méditerranéenne. Au nord, la frontière sera proche de la frontière israélo-libanaise d'aujourd'hui, puis du mont Hermon vers le sud de la capitale syrienne, Damas. De là, la frontière orientale ira vers le lac de Tibériade puis suivra le Jourdain jusqu'à la mer Morte.

Moïse informe le peuple que le territoire à l'intérieur de ces frontières doit être divisé en neuf parts et demie, leur rappelant que les tribus de Ruben, de Gad et la moitié de la tribu de Menassé ont reçu leur part à l'est du Jourdain.

5. Il est demandé au peuple d'Israël d'assigner des villes et des espaces aux Lévites, ainsi que de désigner six villes où une personne coupable d'un meurtre sans avoir eu l'intention de causer la mort, puisse s'y réfugier pour être protégée et avoir droit à un procès équitable.

6. Les chefs des clans de Menassé et de Joseph se plaignent auprès de Moïse à propos de ce qui a été décidé concernant les droits d'héritage qui ont été accordés aux filles de Tsélofhad. Ils font remarquer que, si elles se marient avec des hommes appartenant à d'autres tribus, les terres dont elles hériteront appartiendront donc aux tribus de leurs maris et ne feront plus partie des territoires des clans

de Menassé et de Joseph. Dieu informe Moïse que ces remarques sont justifiées. Afin de résoudre la question de femmes qui hériteront de leurs pères, Moïse décrète que chaque femme qui héritera d'un bien immobilier, doit épouser un homme appartenant à un clan de sa tribu. Cette disposition assurera l'intégrité territoriale de chaque tribu. En accord avec cette loi, les filles de Tselofhad épousèrent des hommes de leurs clans.

La *parashat Mattot-Mass'é* contient deux thèmes importants :

1. Prendre soin de soi et des autres.
2. Quelle justice envers le meurtrier sans préméditation ?

1. VOS FRÈRES IRAIENT À LA GUERRE ALORS QUE VOUS RESTERIEZ ICI ?

La *parashat Mattot-Mass'é* soulève des questions morales importantes suite à la demande des Rubénites et des Gadites de s'établir dans les territoires conquis de Jazer et de Gil'ad, à l'est du Jourdain. Les chefs de ces tribus approchent Moïse, déjà âgé, Eléazar le grand prêtre ainsi que les chefs des tribus à un moment stratégique puisque c'est un mois avant la bataille pour la conquête d'Israël. Ils expliquent que les terres de Jazer et de Gil'ad sont propices pour l'élevage du bétail qu'ils possèdent en grand nombre. « Accorde-nous cette faveur, lui disent-ils, et, en nous accordant ces territoires, permets-nous de rester de ce côté du Jourdain. »

Devant cette demande, Moïse est très contrarié. Pensant à une trahison de leur part, il leur répond avec colère : « Vos frères iraient à la guerre alors que vous resteriez ici ? Allez-vous être la cause du refus des autres Hébreux de passer le Jourdain pour entrer dans le pays que l'Éternel leur a donné ? » Après un temps, il les accuse de trahison et d'un comportement comparable à celui de leurs pères. « C'est ce que vos pères ont fait lorsque je les ai envoyés de Kadèch-Barnéa pour observer le pays. Après être allés jusqu'à la vallée d'Eshkol et avoir observé tout le pays, ils ont influencé les Hébreux pour qu'ils ne se lancent pas à la conquête du pays que l'Éternel leur avait donné… Et maintenant, vous, descendants de transgresseurs, vous vous comporteriez comme vos pères. »

Face à cette terrible accusation, les Rubénites et les Gadites restent sur leurs positions. Répondant à l'accusation de Moïse, ils demandent suffisamment de temps pour construire des enclos pour leurs troupeaux et des villes pour leurs enfants. Après quoi, ils s'engagent à former l'avant-garde de l'armée des Hébreux lors des batailles pour la conquête de la terre jusqu'à ce que « chaque Hébreu entre en possession du bien qui lui est alloué ». Ils assurent Moïse qu'ils ne réclameront aucune portion du territoire à l'ouest du Jourdain.

Moïse tient compte de leur engagement, insiste pour qu'ils y restent fidèles. Il leur dit : « Construisez des villes pour vos enfants et des enclos pour votre bétail, mais faites ce à quoi vous vous êtes engagés. »

Critiquant les demandes des Rubénites et des Gadites, les premiers rabbins commentent leur excessive avidité et les mettent en parallèle avec Koraẖ, Goliath et Bil'am qui, sans scrupules, cherchèrent à accumuler des richesses pour les perdre aussi vite. Ils soutiennent que la demande formulée par les Rubénites et les Gadites est motivée par des intérêts égoïstes. Ils sont comme tous ceux qui « aiment leur argent » et sont prêts à sacrifier le bien-être de leur peuple pour préserver leur étroit intérêt personnel. En réalité, disent les rabbins, « ils s'éloignent de leurs compatriotes à cause de leur désir de possession ».

En mettant en parallèle les Gadites et les Rubénites avec Bil'am, Goliath et Koraẖ, les commentateurs rabbiniques suggèrent que leur défaite est la conséquence de la même cause. Ils « amassèrent leur richesse » en utilisant la force, le pouvoir, la manipulation et les moyens dévoyés. Ils ne pensent qu'à eux, ne prennent personne d'autre en considération, et utiliseront tous les moyens afin d'augmenter leurs biens. Leur richesse est éphémère, disent les rabbins. Elle arrive aussi vite qu'elle disparaît car ce n'est pas un « don de Dieu ». Leur avidité leur fait tout perdre au bout de deux générations puisque leur territoire sera envahi par les Assyriens.

L'accusation des rabbins va encore plus loin. Ils mettent en évidence le caractère irresponsable de la demande des Gadites et des Rubénites et de leurs priorités. Lorsque Moïse critique leur requête en disant qu'ils cherchent à acquérir des territoires sur l'autre rive du Jourdain avant d'aider leurs frères à conquérir le pays d'Israël, ils répondent : « Nous construirons des enclos pour notre bétail et des villes pour nos enfants. »

Leur réponse, soulignent les rabbins, révèle leurs priorités. Plutôt que de parler des villes pour leurs enfants et leurs familles, ils mentionnent d'abord les enclos pour leur bétail. Ils accordent beaucoup plus d'importance à leur bétail qu'aux êtres humains, à leurs possessions qu'à leurs propres familles. C'est pourquoi les rabbins concluent en disant que Moïse a entièrement raison de les accuser de cupidité (*Nombres Rabba* 12 : 7-9).

L'historien Flavius Josèphe, qui vécut au Ier siècle de notre ère (37-100), partage la critique acerbe des rabbins concernant les Gadites et les Rubénites. Il écrit que Moïse discerne leur stratégie qui est, en ne participant pas avec les autres Hébreux à la conquête du pays d'Israël, de chercher à sécuriser leurs biens à l'est du Jourdain. Pour cette raison, Flavius Josèphe donne raison à Moïse lorsqu'il les qualifie « d'arrogants et de pusillanimes » car « leur intérêt est la recherche du luxe et du bien-être au moment où les autres membres du peuple d'Israël seront confrontés à de douloureux défis pour obtenir leur lot de territoire dont ils rêvent ». Flavius Josèphe les accuse de rechercher leur intérêt propre et de négliger leur responsabilité envers le bien commun de leur peuple (*Les Antiquités juives*, IV-5, Cerf, 1995).

Peli

Le commentateur moderne Pinhas Peli est de l'avis que les demandes des Gadites et des Rubénites représentent une grave menace « sécessionniste » au sein du peuple d'Israël. « La préoccupation de Moïse, écrit Peli, était… avec les implications éthiques qui découlent de leur volonté séparatiste, d'assurer une unité alors que la guerre de conquête devenait un élément inéluctable à prendre en compte. La conquête du pays n'incombait pas uniquement à ceux qui voulaient vivre dans le pays. Pour Moïse, cette reconquête devait être le point culminant de la prodigieuse rédemption et devait être accomplie par toutes les tribus qui sont sorties d'égypte. »

Néanmoins, selon Peli, Moïse était préoccupé par « les conséquences que pourraient avoir les prises de position de Gad et de Ruben sur le moral du peuple ». Il les réprimande avec un discours vif, les qualifiant d'« engeance d'individus ignobles » et les compare aux « explorateurs félons » dont le rapport était destiné à effrayer la génération précédente et à l'empêcher d'avoir la volonté de conquérir le pays d'Israël. Leur demande de s'établir à l'est du Jourdain risquait d'affaiblir l'unité du peuple et menaçait d'émousser leur volonté et leur engagement au moment où ils en avaient le plus besoin. Selon Peli, Moïse comprenait qu'un peuple divisé n'avait aucune chance d'être victorieux de ses ennemis. Leur demande n'était ni plus ni moins qu'une trahison. Pour cette raison, il les réprimanda durement (*La Torah aujourd'hui*, p. 204-205).

Ramban (Na<u>h</u>manide)

Na<u>h</u>manide convient avec Moïse que le comportement des Gadites et des Rubénites est suspect. Mais il affirme que leurs véritables intentions ont été mal comprises. Moïse, écrit-il, se rend coupable d'une réaction excessive. Au lieu de les écouter patiemment, il s'empresse de les condamner. Il les soupçonne de chercher uniquement à rester à l'est du Jourdain parce qu'ils sont effrayés de devoir combattre les peuples cananéens.

Ceci explique, selon Nahmanide, pourquoi Moïse les accuse de ne pas pouvoir se maîtriser et d'agir comme leurs parents qui, lors de l'épisode des explorateurs, par crainte du futur, ont diffusé de fausses informations en décrivant les habitants du pays comme des « géants » qui ne feraient qu'une bouchée des Hébreux si le combat devait se mener contre eux. Nahmanide critique Moïse et fait remarquer que l'intention des Gadites et des Rubénites n'a jamais été d'abandonner leurs frères à eux-mêmes pour la conquête du pays, mais d'élargir l'héritage de toutes les tribus en s'établissant sur des terres riches qui se trouvent à l'est du Jourdain. Pour justifier cette affirmation, Nahmanide cite les paroles qu'ils adressent à Moïse : « Nous irons en armes de façon résolue, à la tête des enfants d'Israël, jusqu'à ce que nous les ayons amenés à leur destination... Nous ne prétendons point posséder d'héritage avec eux de l'autre côté du Jourdain, puisque c'est en deçà du Jourdain, à l'orient, que notre possession nous sera échue » (Nombres 32 : 17-19).

L'argument de Nahmanide est que les Gadites et les Rubénites sont venus vers Moïse « avec une demande et non avec une posture d'opposition ». Ils recherchaient, non seulement ce qui était le meilleur pour eux, mais aussi ce qu'ils pensaient être préférable pour les Hébreux. Leur désir était d'élargir le territoire de leur peuple et non de le diminuer. Si Moïse avait pris le temps de les écouter au lieu de les condamner immédiatement, leurs intentions réelles auraient pu être clairement exprimées.

Moïse est critiqué

Nos sages déclarent que Moïse a offensé Dieu en qualifiant les Hébreux de « bandes d'impies » et a été puni en conséquence... puisqu'un de ses descendants est devenu prêtre d'un culte païen... Cela nous apprend... que lorsqu'une personne se querelle avec quelqu'un, elle ne doit pas insulter les ancêtres de cette personne... il existe aussi un ancien interdit sur les paroles qui discréditent ceux qui dorment dans la poussière, même s'il y a de bonnes raisons de tenir de tels propos (Yitzhak Magriso, *MéAm Loèz* sur Nombres 32 : 14-15).

Abravanel

Abravanel est de l'avis de Nahmanide et propose une explication au sujet de l'erreur de jugement de Moïse et pour sa réponse indignée. Sur quels éléments Moïse se fonde-t-il pour répondre si rapidement et avec irritation à la demande des Gadites et des Rubénites d'installer leurs familles et leur bétail de l'autre côté du Jourdain ? Il trouve une réponse à cette question dans les premiers mots qu'ils prononcent devant leur chef vieillissant. Ils lui disent : « Si nous avons trouvé faveur à tes yeux, cette terre sera donnée en possession à tes serviteurs, ne nous fais pas passer le Jourdain » (Nombres 32 : 5).

Leur erreur est d'exprimer leur demande au sujet de leur passage du Jourdain sous une forme négative. Ce faisant, Moïse, à tort, est amené à penser qu'ils craignent les batailles à venir et cherchent un moyen pour éviter de participer à la conquête de la terre d'Israël. S'ils avaient simplement dit : « Nous sommes prêts à participer à la conquête du pays et te demandons de nous donner le droit d'hériter des terres à l'est du Jourdain », Moïse n'aurait pas interprété à tort leurs propos. Leur faute réside dans la présentation maladroite de leur demande et dans les termes mal choisis de leur requête (*Commentaire sur Nombres* 32 : 5).

Isaac Arama, contemporain d'Abravanel, estime que Moïse aurait dû s'excuser pour son jugement hâtif et erroné des intentions des Gadites et des Rubénites. Mais il ajoute que leurs motifs étaient trop lapidaires et, pour Moïse, cela a été la cause de la confusion. D'une part, ils étaient prêts à participer aux combats avec les autres tribus ; et d'autre part, ils ont donné le sentiment de demander à rester de l'autre côté du Jourdain avec leurs familles. Leur discours était ambivalent et balançait entre la loyauté envers leur peuple et leur désir de renoncer à leur héritage de la terre d'Israël. Ils savaient bien que le but de ces quarante années était, pour leur peuple, de prendre possession et de vivre en terre d'Israël, mais « ils voulaient également rester à l'extérieur parce qu'ils avaient trouvé des bonnes terres pour leur bétail, comme si le but essentiel avait été de trouver des terrains favorables pour l'élevage ».

Leurs motivations trop confuses avaient amené Moïse à percevoir une ambivalence dans leur demande, l'incitant à les accuser de trahison. Leur absence de clarté dans leurs motivations et dans leur vision du futur les avait amenés à être incapables d'articuler un but. Ils devinrent prisonniers de leurs propres ambivalences, incapables de déterminer ce qu'ils voulaient car cela non plus ils ne le savaient pas clairement. Il n'est pas étonnant que Moïse n'ait pas pu discerner leurs véritables intentions puisque les Rubénites et les Gadites ne les comprenaient pas eux-mêmes (*Akedat Itz'hak* sur Nombres 32 : 1-27).

La controverse continue

Selon rabbi Sim'ha Zissel de Kelm, la demande des deux tribus et demie de ne pas traverser le Jourdain à cause de leur bétail est la conséquence d'une recherche de richesse. Il n'est pas nécessaire d'avoir beaucoup d'imagination pour mettre en parallèle les riches pâturages pour le bétail de cette époque avec les riches pâturages pour le bétail aujourd'hui. Pourquoi les Juifs continuent-ils à vivre hors d'Israël aujourd'hui – de l'autre côté du Jourdain ou de l'autre côté de l'Atlantique ? N'est-ce pas parce qu'ils ont trouvé de riches pâturages pour leur bétail, et c'est une honte de s'y résoudre. Si aujourd'hui des enfants de Gad et de Ruben demandaient que leur choix soit respecté, nous pouvons penser que Moïse leur dirait aujourd'hui ce qu'il a dit hier : « Pourquoi vos frères devraient-ils affronter leurs ennemis alors que vous resteriez ici ? » (rabbi Shlomo Riskin, « Commentaire sur Nombres 32 : 6 », *Jerusalem Post*, 21 juillet 1990).

Contrairement aux explications d'Abravanel et d'Isaac Arama, le rabbin Moshe ben Hayim Alshekh trouve des excuses aux Gadites et aux Rubénites, estimant que leur demande était motivée par des considérations généreuses et réalistes et n'était pas la conséquence d'une certaine confusion. Il remarque que les Gadites et les Rubénites « cherchent à convaincre les chefs de tribus que, suite à leur choix, tout le monde y gagnera car le territoire sera plus grand ». « La raison pour laquelle ils mettent en avant qu'ils *commenceront* par construire des enclos pour leur bétail puis prendront les décisions nécessaires pour assurer l'existence de leurs enfants est de convaincre Moïse que la sécurité de leurs enfants n'est pas leur première préoccupation. » Leur priorité absolue est d'agir pour le bien de tout le peuple.

À l'appui de cet argument, Alshekh écrit : « Quand Moïse réalise que l'intention de ces tribus est recevable et que leurs propos, du fait de l'imprécision de leurs paroles, ont porté à confusion, il donne l'instruction à Eléazar et à Josué de ne pas être inquiets à cause de leur décision de résider à l'est du Jourdain. » Comme Abravanel, Alshekh considère que le problème est plutôt une question de « sémantique ». Néanmoins, au lieu de blâmer les Gadites et les Rubénites pour leurs buts aventureux et confus, il clôt la question disant que, une fois que Moïse a compris la véritable intention de leur demande, « il accepte la justesse de la demande des Rubénites et des Gadites et déclare que sa méfiance était infondée » (*Commentaire sur Nombres* 32 : 20).

La demande des Gadites et des Rubénites de recevoir en héritage des territoires situés à l'est du Jourdain et d'y demeurer jusqu'à ce qu'ils aient construit des enclos pour leur bétail et des villes pour leurs enfants, pose des questions éthiques essentielles concernant la répartition des responsabilités envers soi et envers sa famille d'une part et sa responsabilité envers la communauté d'autre part. La confrontation entre Moïse et les Gadites et les Rubénites au sujet des intérêts et des intentions est un sujet général et constant.

Zougot

Hillel résume ce dilemme à travers trois questions : Si je ne me soucie pas de moi, qui s'en souciera ? Si je ne me soucie que de moi, que suis-je ? Et si ce n'est pas maintenant, quand ? (*Avot* 1 : 14).

2. LA CITÉ REFUGE : UNE JUSTICE POUR UN HOMICIDE INVOLONTAIRE

La *parashat Mattot-Mass'é* propose une approche révolutionnaire pour résoudre juridiquement la question de ceux qui aurait commis un homicide sans avoir eu l'intention de tuer. Elle suggère que dans de tels cas, la personne accusée d'homicide involontaire puisse échapper « aux vengeurs de sang », les proches de la victime qui cherchent à exercer leur droit de vengeance, en rejoignant immédiatement l'une des six *aré miklat*, les « villes refuges ». Dans ces villes, trois se trouvant en Israël (Hebron, Sichem et Kedech) et trois à l'est du Jourdain (Bezer, Ramoth et Golan), ceux qui ont commis un homicide involontaire peuvent trouver refuge et justice, et être protégés de ceux qui les poursuivent pour exercer la dette de sang, c'est-à-dire pour venger la mort d'un des leurs.

Comment ces *aré miklat* ou « cités refuges » fonctionnent-elles ?

La Torah et la loi rabbinique nous donnent quelques réponses. Durant la période biblique, les proches d'une victime pouvaient, que le meurtre soit prémédité ou non, poursuivre et exécuter son meurtrier sans être poursuivis pour meurtre prémédité.

Par contre, ceux qui avaient commis un homicide sans intention de causer la mort pouvaient échapper à leurs poursuivants en se réfugiant vers l'une de ces villes et en s'y abritant. Les routes menant à ces villes devaient porter des indications claires avec des panneaux indiquant la direction à prendre. De plus, les routes devaient être bien entretenues, avec le plus de lignes droites possible et éviter tout dénivelé inutile. Aucun obstacle ne devait gêner la course de celui qui cherchait à rejoindre une ville refuge.

À leur arrivée dans ces villes, les meurtriers devaient de se présenter devant les anciens de la ville qui devaient leur offrir l'hospitalité. Une fois remis de leur périple, ils étaient présentés devant une cour de justice qui devait décider s'il y avait eu ou non intention de causer la mort. S'ils étaient déclarés coupables d'assassinat avec préméditation, ils étaient immédiatement mis à mort, sinon ils étaient autorisés à séjourner dans la ville refuge sans payer de taxes locales, recevant des subsides pour vivre, et ce jusqu'à la mort du grand prêtre en exercice. Après la mort du grand prêtre, ils pouvaient retourner chez eux sans avoir à craindre d'être poursuivis par les vengeurs de sang (Nombres 35 : 9-34 ; Deutéronome 4 : 43, 19 : 8-10 ; Josué 20 : 7 ; *Makkot* 10a-b, 13a).

Le commentateur moderne, le rabbin W. Gunther Plaut pense que « l'institution d'un tel "refuge" est le premier de son genre... » et met en évidence que « les caractéristiques des dispositions bibliques sont là pour restreindre le champ d'application de ces lois d'asile au seul meurtrier par inadvertance et lier cette institution avec la mort du grand prêtre ».

Plaut insiste sur le fait que ces lois avaient pour but de prévenir contre le crime de sang en ôtant le droit de se faire justice soi-même et en donnant compétence, pour l'exercice de la justice, à des institutions nommées à cet effet.

Pour Plaut, les *aré miklat* répondaient à trois préoccupations. Elles devaient protéger les individus ayant causé la mort sans intention de la donner, de la colère des vengeurs de sang, les punir et « contenir et isoler la faute qui avait été commise ». Il suggère qu'en isolant « l'individu qui avait commis un crime sans préméditation, cela indiquait que cet acte était ressenti comme un traumatisme moral par toute la communauté » puisque le peuple d'Israël avait une relation particulière avec Dieu, relation qui trouvait son fondement dans un respect scrupuleux de la sainteté de la vie (*The Torah : A Modern Commentary*, p. 1249-1250).

Le rabbin Jacob ben Isaac Ashkenazi de Janow, auteur du *Tsénah ouReénah*, est de cet avis également, affirmant que les *aré miklat* ont pour but de limiter et d'enfermer en un lieu les fautes liées au meurtre. Il écrit que chaque meurtre, qu'il soit prémédité ou non, diminue la présence de Dieu du monde car chaque être humain a été créé à l'image de Dieu. Quand cette image est détruite, la présence divine est « envoyée en exil ». C'est pourquoi, explique rabbi Jacob, le meurtrier non intentionnel est confiné dans la ville refuge jusqu'à la mort du grand prêtre. Ceux qui diminuent la présence de Dieu sur terre « ne peuvent pas être dans le monde » et ne doivent pas le souiller par leur faute tant que le grand prêtre qui œuvre pour faire ressentir la présence de Dieu sur terre, est vivant (*Commentaire sur Nombres* 35 : 25).

Hirsch

Le rabbin Samson Raphaël Hirsch insiste sur le point soulevé par les rabbins Plaut et Jacob concernant la sainteté de la vie, en soulignant la relation particulière entre le peuple, le pays d'Israël et Dieu. Il écrit : « La terre est donnée à condition que la vie de chacun soit respectée puisque considérée sacrée dans la Torah, et cela de façon incontestable. Une seule goutte de sang versée sans que personne n'y prête attention est une faille dans la relation entre la terre et le peuple d'une part et, d'autre part, entre ces deux éléments et Dieu. »

Rambam (Maïmonide)

Lois des *aré miklat*

Les villes refuges ne doivent ni être trop grandes ni trop petites, mais moyennes ; elles doivent être situées dans des lieux où il est possible de devenir propriétaire et disposer de ressources en eau ; si ces conditions n'existent pas, il faut y remédier ; elles doivent être situées dans un environnement rendant attractif l'établissement autour d'elles (Moïse Maïmonide, *Mishné Torah*, « Au sujet de l'homicide », 8 : 8).

Mais, contrairement à Plaut et à Jacob, Hirsch ne considère pas les villes refuges scomme des lieux de rétention afin que le monde environnant ne soit pas contaminé par la faute commise par le meurtrier par inadvertance. Il les considère plutôt comme des lieux à l'intérieur desquels chacun peut trouver le pardon et se reconstruire. L'argument de Hirsch est de considérer que nous naissons au sein du monde et que « celui-ci constitue notre environnement naturel et constant » ; « consigner le meurtrier par inadvertance dans une ville refuge est lui donner la possibilité d'une seconde naissance. Les villes refuges sont donc tout l'univers pour celui qui y est relégué. »

Selon Hirsch, cette « renaissance » à l'intérieur de la ville refuge n'est pas une forme de punition mais une occasion d'y retrouver le sens de « la vie ». Pour cette raison, dit Hirsch, la ville « doit être de taille moyenne… non entourée de murailles, disposer de ressources d'eau et de marchés… et toutes les classes sociales doivent pouvoir s'y installer ». Des enseignants et des élèves, des scientifiques, et ses habitants doivent avoir des qualités spirituelles et intellectuelles. Selon la tradition juive, les élèves doivent pouvoir suivre leur maître si celui-ci a causé la mort d'une personne sans intention de la donner, et on doit permettre à un maître de suivre son élève qui serait dans cette situation.

Citant la description des villes refuges dans le Deutéronome 19 : 5, Hirsch insiste sur le fait que le meurtrier non intentionnel « doit pouvoir s'y réfugier *et vivre* ». Pour cette raison, les villes refuges doivent offrir un environnement qui facilite la « renaissance », être des lieux d'échange où chacun peut bénéficier de la compagnie des autres, s'épanouir en mettant à profit ses compétences, et grandir spirituellement comme intellectuellement. En dépit du fait que le meurtrier est consigné dans ces villes jusqu'à la mort du grand prêtre, elles ne sont pas assimilables à des *prisons*. Elles « doivent former, conclut Hirsch, un monde en elle-même, en dépit de leur petite taille » (*Commentaire sur Nombres* 35 : 6-12).

Le commentateur médiéval Aaron Halevi n'est pas de l'avis de Hirsch, soulignant que les villes refuges sont instituées pour être des lieux de sanction pour ceux qui ont causé la mort d'autrui. « Leur crime est grand car ils ont corrompu le monde entier. Nos maîtres disent que celui qui commet un crime prémédité ne sera pas sauvé de la mort même s'il observe l'intégralité des commandements de la Torah… C'est pourquoi, une personne qui a causé la mort d'autrui par accident mérite la punition de l'exil car elle a été l'agent d'un terrible désordre. Sur le plan social, l'exil est comparable à la mort car il sépare cette personne de tous ceux qu'elle aime, en particulier de son foyer et elle doit vivre parmi des étrangers » (*Sefer haHinoukh* 409).

L'opinion de Halevi reflète celle des premiers rabbins qui comparaient l'« exil » d'Adam du jardin d'Éden à l'« exil » du meurtrier par inadvertance dans les *aré miklat*. Mais cette punition est atténuée par une certaine compassion. Les rabbins font remarquer qu'Adam, ayant mangé du fruit de l'arbre de la connaissance du bien et du mal et bien qu'il lui ait été dit : « Le jour où tu mangeras de cet arbre, tu mourras » (Genèse 2 : 17), n'a pas été puni de mort. Au lieu de cela, disent les rabbins, Dieu a fait preuve de compassion et l'a renvoyé du jardin d'Éden.

La leçon qui doit en être tirée, poursuivent les rabbins, est que nous devons faire preuve de compassion au sujet du « sort de celui qui a commis un meurtre par inadvertance. Une telle personne doit être protégée des vengeurs de sang, être exilée de son lieu de vie et rejoindre une ville refuge... De plus, il est nécessaire d'établir le long du chemin des lieux où elle pourra reprendre ses forces et que des panneaux soient placés portant la mention "Vers la ville refuge" afin qu'on sache comment s'y rendre » (*Nombres Rabba* 23 : 13).

Rabbi Yitzhak Magriso, l'auteur de *MéAm Loèz*, insiste également sur l'aspect compassionnel de la tradition juive envers le meurtrier par inadvertance par l'introduction des *aré miklat*. Il soutient que leur but est « d'empêcher le vengeur de sang de le tuer ». Le rabbin Magriso ajoute que la « raison pour laquelle le meurtrier par inadvertance se réfugie dans une *aré miklat* jusqu'à la mort du grand prêtre, est de laisser le temps passer afin que l'esprit de vengeance des parents de la personne tuée soit émoussé. En participant au deuil d'un important personnage comme le grand prêtre, ils réaliseront que tout être humain est, tôt ou tard, même les plus grands de la génération, amené à mourir ».

Le rabbin Magriso reconnaît une certaine injustice à lier la libération du meurtrier par inadvertance de la ville refuge à la mort du grand prêtre. Après tout, un meurtrier par inadvertance peut être assigné à résidence dans une ville refuge pendant de longues années alors qu'un autre ne devra y demeurer pas plus qu'une journée si le grand prêtre meurt juste après la décision du tribunal l'autorisant à séjourner dans la ville refuge. Cette disparité du temps de la condamnation pose la question de l'équité puisque cette durée est liée à la vie du grand prêtre. À l'évidence, la famille d'une personne aimée qui a été tuée pourrait poser la question : « Quelle sorte de justice est-ce donc ? »

Selon le rabbin Magriso, la réponse est qu'il est impossible de mettre en parallèle et en équivalence un meurtre avec préméditation et un meurtre sans préméditation, et de dire lequel est le plus grave et lequel est le moins grave. Certains meurtres par inadvertance sont proches du meurtre avec préméditation comme, par exemple, le cas de celui qui abat des arbres en ne prenant aucune précaution et sans chercher à savoir si quelqu'un se trouve à proximité et risque d'être blessé ou non. Et comment apprécier le cas de celui qui, en levant sa hache pour entailler le tronc, frappe à la tête une personne qui se trouvait près de lui et la tue ?

Mais si la victime se trouvait assez loin et si le fer s'est détaché du manche et l'a tuée, sa responsabilité est moindre. Dans ce cas, la mort est totalement involontaire.

Dieu connaît la gravité relative de tels meurtres sans préméditation… C'est pourquoi, lorsqu'il s'agit d'un meurtre par inadvertance réelle, la mort du grand prêtre est proche. Mais s'il s'agit d'un meurtre par inadvertance proche d'un meurtre prémédité, il se passera beaucoup de temps avant que le grand prêtre ne décède, et la punition sera donc beaucoup plus lourde (*Commentaire sur Nombres* 35 : 9-15).

Le rabbin Magriso établit clairement le principe selon lequel, puisque la mort accidentelle a plusieurs causes, soit par imprudence, soit par pure coïncidence, l'expiration de la peine doit également dépendre du « hasard » ou de la « coïncidence ». La mort du grand prêtre entre parfaitement dans ce cadre. Personne ne peut connaître la date de son décès. Cela peut être considéré comme dépendant de la « volonté de Dieu », hors de toute intervention humaine. Pour cette raison, le « moment opportun » pour la libération d'une des *aré miklat*, qu'il soit proche ou éloigné de la date de la sentence, ne peut pas être mis en question.

Don Isaac Abravanel propose une explication plus psychologique du lien entre la mort du grand prêtre et la fin de l'exil du meurtrier involontaire dans une des *aré miklat*. Il fait remarquer que lorsque le grand prêtre mourait, tout le peuple « tremblait et se repentait pour ses fautes ». La tristesse était grande et révélait les incertitudes liées à la vie elle-même. « On pouvait donc présumer, explique Abravanel, que les vengeurs de sang qui avaient perdu un des leurs à la suite d'un meurtre par inadvertance, lors de ce triste événement qu'était la mort du grand prêtre, reconsidéreraient les circonstances de la mort de leur proche. Ils pourraient donc être amenés à modérer leur soif de vengeance, à ne plus chercher à mettre à exécution leur résolution de tuer celui qui avait accidentellement causé la mort de l'un des leurs... C'est pourquoi le meurtrier pouvait envisager la possibilité de quitter la ville refuge et de rentrer chez lui » (*Commentaire sur Nombres* 35 : 25).

Alors que certains commentateurs sont de l'avis que les *aré miklat* sont considérées comme des lieux de punition ou sont là pour éviter que ne se répande, à travers toute la société, la « faute liée au crime », la plupart des maîtres insistent sur le caractère salvateur de cette institution dont le but est de permettre que celui qui a tué un individu par mégarde, puisse être protégé et ne pas être tué par les vengeurs de sang qui seraient tentés de se faire justice eux-mêmes. Cet endroit était donc prévu afin que dans ce lieu une telle personne puisse continuer à *vivre* protégée et que sa vie puisse être féconde pour tous. Les villes refuges ne sont donc ni des « prisons », ni des « colonies pénitentiaires ». Bien au contraire, les *aré miklat* sont des lieux pour « renaître », où une personne, rongée par la honte et la culpabilité d'avoir involontairement causé la mort, puisse surmonter ses remords et son angoisse, et se reconstruire pour mener à nouveau une existence humaine positive.

Questions pour l'étude et la discussion

1. La demande des Gadites et des Rubénites de s'installer à l'est du Jourdain a jeté le trouble chez Moïse. La loyauté d'une personne doit-elle s'exercer d'abord envers sa famille ou envers le peuple ? Y a-t-il des moments où nous devons mettre de côté notre propre intérêt pour le bien de la nation et de notre peuple ? Quels sont les critères pour prendre de telles décisions ? Que pouvons-nous apprendre de l'exemple des Gadites et des Rubénites ?
2. Plusieurs commentateurs critiquent Moïse au sujet de sa réaction à la demande des Gadites et des Rubénites. Aurait-il dû les écouter avec plus d'attention et de sensibilité afin d'analyser leurs craintes et leurs espérances ? Aurait-il dû faire preuve de plus de patience et de compréhension ? A-t-il eu tort de faire le parallèle entre leur comportement et celui de leurs ancêtres disparus qui ne pouvaient pas se défendre ? Quel commentateur interprète le mieux la réaction de Moïse ?
3. Certains commentateurs prétendent que les *aré miklat* ont été instituées afin que les meurtriers ne puissent pas se fondre dans la société avec le risque de rencontrer un membre de la famille de la personne qu'ils avaient tuée par inadvertance. Une telle rencontre pouvait engendrer une profonde tristesse ou provoquer

une violente manifestation de colère, jusqu'à causer sa propre mort de la main des vengeurs de sang. L'isolement du meurtrier est-il la réponse adéquate à un meurtre accidentel ? Un meurtre est-il un crime qui peut être puni de différentes façons ? Pourquoi ?

4. Comment pourriez-vous comparer le traitement du cas du meurtrier par inadvertance aujourd'hui avec celui développé dans la Torah et par ses commentateurs ?

LE DEUTÉRONOME

Parashat Devarim

Deutéronome 1 : 1-3 : 22

La parashat Devarim *s'ouvre sur une série de discours que Moïse adresse aux Hébreux. Alors qu'ils sont sur le point d'entrer en terre d'Israël, Moïse s'apprête à mourir sur le mont Nebo, dans le pays de Moab. Il dit aux Hébreux qu'ils vont entrer en possession de la terre promise à Abraham, Isaac et Jacob. Il leur rappelle le moment où lui Moïse, n'avait plus la capacité de les diriger seul et que Dieu lui avait dit de nommer des sages dirigeants pour le seconder. Il leur remémore également l'épisode des explorateurs dont le rapport négatif les avait effrayés. À cause des mensonges des explorateurs et de leur propre manque de confiance, une génération entière ne fut pas autorisée à entrer dans le pays. Seuls Caleb et Josué fils de Noun, dont le rapport avait été positif, seront appelés à diriger le peuple lors de son entrée en terre d'Israël. Moïse leur rappelle leur route vers le sud depuis Kadèch-Barnéa à Etzion-Gaber, puis vers le nord pour contourner le pays d'Edom et de Moab vers Kedémot et 'Hechbon, et leurs batailles victorieuses contre Si'hon, le roi de 'Hechbon, et Og, le roi de Bachan.*

NOTRE TARGOUM

1. En hébreu, cette section de la Torah, comme le nom du cinquième et dernier livre de la Torah, porte le nom de *Devarim,* c'est-à-dire « mots » ou « paroles », car il contient les derniers mots ou discours de Moïse aux Hébreux. S'adressant à eux du mont Nebo, d'où on peut voir le pays d'Israël, Moïse donne l'ordre au peuple de se préparer à entrer dans le pays promis à Abraham, Isaac et Jacob. Il précise que ses frontières doivent être la mer Méditerranée à l'ouest, le Liban au nord et l'Euphrate à l'est.

2. Rappelant leurs pérégrinations dans le désert pendant quarante ans, Moïse leur remémore leur attitude négative et leurs plaintes. Il constate qu'il fut incapable de porter seul le poids de leur direction et fut dans l'obligation de nommer, au sein de chaque tribu, des juges capables et expérimentés pour le seconder, juges à qui il recommanda de prendre en compte les différences d'opinion et de juger chaque cas avec équité et impartialité. Les cas les plus difficiles devaient lui être rapportés.

3. Moïse rappelle au peuple que, alors qu'ils avaient atteint Kadèch-Barnéa à environ quatre-vingts kilomètres au sud de Beer-Sheva, il leur donna l'ordre de poursuivre leur chemin et de conquérir la terre d'Israël. Lorsqu'ils suggérèrent que des explorateurs soient envoyés pour reconnaître le

pays, il donna son accord. Lorsque ces explorateurs revinrent, dix sur douze firent un rapport qui exagérait la puissance des habitants de la terre, ce qui effraya les Hébreux. En conséquence de leur manque de confiance, Dieu condamna leur génération entière à mourir sous le coup des épées des Amoréens, avant d'attendre la Terre promise.

Seuls Caleb et Josué fils de Noun, dont le rapport était positif et qui concluaient avec l'exhortation à conquérir la terre, avaient acquis le privilège de mener la nouvelle génération à la conquête du pays d'Israël.

4. Moïse retrace les différentes étapes de leur marche dans le désert. Il leur rappelle son avis de ne pas faire la guerre contre les descendants d'Esaü qui étaient établis à Séïr, et de ne pas harceler les Moabites. Trente-huit années de pérégrination s'étaient écoulées depuis leur parcours de Kadèch-Barnéa jusqu'au wadi de Zérèd. Pendant cette période, ceux de l'ancienne génération avaient trouvé la mort.

Moïse donne l'ordre à la nouvelle génération de faire la guerre contre Si<u>h</u>on, roi de <u>H</u>echbon, et contre Og, roi de Bachan, s'ils refusent aux Hébreux de les laisser traverser leurs pays sans encombre. Lorsque ces rois refusent un tel passage, les Hébreux les attaquent et sont victorieux. Leurs territoires ainsi conquis sont partagés entre les tribus de Ruben et de Gad, ainsi que la demi-tribu de Menassé.

Moïse conclut cette partie de son discours en nommant Josué comme successeur, le chargeant de mener la conquête de la terre d'Israël, sans craindre ses habitants.

La *parashat Devarim* contient deux thèmes importants :
1. L'art du jugement.
2. La responsabilité des dirigeants et des administrés.

1. JUGEZ ÉQUITABLEMENT EN TOUTES CIRCONSTANCES

Le cinquième livre de la Torah, *Devarim,* ce qui signifie en hébreu « mots » ou Deutéronome qui vient du grec « répétition de la Loi », présente une série de discours prononcés par Moïse devant les Hébreux au moment où ils s'apprêtent à entrer dans le pays d'Israël. Dans ces discours, Moïse retrace les quarante années de pérégrinations des Hébreux dans le désert.

Certains érudits affirment que le livre de *Devarim* a été écrit par un prophète inconnu pendant le règne de Josias (639-609 avant notre ère) et a servi de base pour la réforme et la consolidation du royaume de cette époque (2 Rois 22-23). D'autres critiquent cette théorie, arguant que le texte est bien de Moïse, qu'il reflète le vocabulaire et les lois qui se trouvent déjà dans les livres de l'Exode, du Lévitique et des Nombres, et qu'il révèle les dernières leçons que Moïse prononce sur le mont Nebo, juste avant sa mort.

Même si le désaccord subsiste au sujet de la date et de l'auteur du Deutéronome, tous se rejoignent pour reconnaître la qualité littéraire de ce livre. Il contient non seulement des textes concernant l'histoire et les traditions anciennes des Hébreux mais également un recueil essentiel des valeurs éthiques et des lois qui structuraient leur vie sociale.

Au début de notre section, Moïse rappelle un moment de crise lorsqu'il se rendit compte que, seul, il ne pouvait pas assumer la direction des Hébreux. Il se rappelle leur avoir dit : « Je ne peux plus supporter votre contestation et l'opposition que vous manifestez à mon égard. » Afin d'être secondé, il appointa des chefs de tribu et des juges « pleins de sagesse, de discernement et d'expérience ». « Je les chargeai d'écouter avec attention le peuple et de prendre des décisions justes, qu'il s'agisse d'Hébreux ou d'étrangers. Je les enjoignis d'être impartiaux dans leurs jugements, accordant autant d'attention au faible qu'au puissant. Je leur dis de ne craindre personne en rendant un jugement car la justice est à Dieu » (Deutéronome 1 : 16-17).

En commentant le lourd fardeau qui pèse sur celui qui rend la justice, les premiers rabbins, dont beaucoup présidaient des cours de justice, mettent en parallèle rendre la justice et jouer avec le feu. « Si on s'approche trop près d'un feu, on se brûle, si on est trop loin, on a froid. L'art de rendre la justice ajoutent-ils, est de trouver la juste distance. »

La clairvoyance est essentielle lorsqu'on rend la justice. En abordant une question juridique et afin de rendre des jugements équitables, le juge doit faire preuve de neutralité, avoir une approche et une attitude équilibrées. Mais comment arriver à une telle indépendance combinée avec une approche et une attitude équilibrées ? Comment éviter tout préjudice, tout parti pris et toute partialité au profit d'une personne et non d'une autre ?

Dans son exposé, Moïse suggère trois principes fondamentaux pour énoncer des jugements : une « écoute attentive » envers les plaignants, ne pas faire montre de « partialité » envers les faibles ou les puissants, hébreux ou étrangers, ni « craindre » qui que ce soit en prononçant un jugement. Reprenant ces directives, les interprètes de la Torah ont élaboré une méthode pour rendre la justice concernant des sujets relatifs aux relations humaines (*Mekhilta* sur *Yitro*).

Rabbi Berakhiah, citant son maître rabbi H̱anina, remarquait que « ceux qui rendent la justice doivent posséder sept qualités : sagesse, discernement, savoir, compétence, respect, humilité, honnêteté et insensibilité devant toute corruption ». Puisque pendant de nombreux siècles les communautés juives fonctionnaient avec leur propre *dayanim*, ou juges, pour tout sujet concernant les questions communautaires ou de personnes (par exemple, les différends entre mari et femme, enfants et parents, associés en affaires, ou des questions concernant des demandes de dommages et intérêts, des héritages ou des questions rituelles), il était essentiel que la réputation des *dayanim* soit irréprochable. Les sept attributs énoncés par rabbi Berakhiah spécifiaient des critères élevés auxquels devaient satisfaire les juges et tous ceux qui étaient amenés à rendre la justice (*Deutéronome Rabba* 1 : 10).

Rabbi H̱anina, riche marchand et médecin qui, au IIe siècle, avait fondé une académie dans la ville de Tziporin ou Séphoris en Galilée, décrivit également comment devait être menée une audition lors d'un conflit. « Un juge ne doit pas entendre les arguments d'une personne sans que la deuxième partie soit présente. Il ne doit pas être le sujet d'une pression de la part d'une des parties afin qu'elle soit entendue avant que la seconde partie ne soit présente. » Une audience juste et impartiale est celle où les deux parties sont présentes afin de pouvoir corriger ou objecter au sujet de faits énoncés ou sur la présentation de l'autre partie. Une audience en présence d'une des deux parties uniquement peut porter préjudice à un juste rendu de la justice. Une « audience » nécessite donc la présence des deux parties (*Sanhédrin* 7b).

Dans le cadre de la loi juive, « entendre une personne » est un concept large. Par exemple, si une personne présentée à un juge désire apporter de nouveaux éléments ou demander que le champ d'investigation soit élargi, il doit en être ainsi. Un juge doit faire preuve de patience même si cela entraîne un long processus ou si le cas est fastidieux et inintéressant. Les interventions des parties doivent être entendues le temps nécessaire et ne jamais être interrompues. Le juge doit poser des questions lui permettant d'aller « au fond des choses » pour « s'approcher de la vérité ». « Entendre » signifie accorder toute son attention aux nuances, aux inflexions de la voix et aux possibles manipulations des faits.

La loi rabbinique est également sensible à la façon dont les juges utilisent leur regard. Ils ne doivent pas regarder l'un des plaignants uniquement. Ils donneraient ainsi l'impression de considérer l'un comme plus important que l'autre ou que l'argumentation de l'un, son aspect vestimentaire, son expression corporelle ou son physique sont plus agréables que ceux de l'autre partie. Une telle impression pourrait faire croire, avant que le verdict ne soit énoncé, que le juge fait preuve de partialité en faveur de l'un au détriment de l'autre. Cela peut conduire l'un des plaignants à quitter l'audience en concluant : « Les yeux du juge étaient constamment fixés sur mon adversaire. Il le favorisait sans jamais prêter attention ni à ma présence ni à mes arguments » (*Chouhan Aroukh* ; Ora'h 'Hayim).

Commentant le sujet de l'« apparente » partialité, rabbi Moché ben Hayim Alshekh met en garde le juge qui accorderait de l'importance aux vêtements portés par les parties. « Si l'un est habillé avec des vêtements de qualité et à la dernière mode, ce n'est pas une raison pour le favoriser. On ne doit pas sortir d'une audience en disant : "Si j'avais porté des habits de meilleure qualité, le juge aurait écouté mon cas avec certainement plus de respect et de sympathie." »

Il ne faut pas non plus, ajoute Alshekh, qu'un juge craigne que sa réputation ne pâtisse si, après avoir entendu les arguments des parties, il décide de transmettre le dossier à un autre juge ou à une instance supérieure. Selon lui, accepter de ne pas être capable d'énoncer un jugement équilibré et argumenté n'est pas un signe de faiblesse mais au contraire de force et de compétence. De plus, il arrive qu'il ne soit pas possible d'arriver à une conclusion impartiale ou qu'un juge ne soit pas suffisamment expert pour saisir l'importance des informations qui lui sont fournies et aboutir à un jugement équitable et sage (*Commentaire sur Deutéronome* 1 : 17).

Le commentateur Jacob ben Isaac Ashkenazi de Janow note que « faire montre de partialité » ne concerne pas seulement la façon pour les juges

« d'entendre » un différend mais aussi une manière de s'adresser à ceux qui défendent leurs arguments devant eux. Ashkenazi les met en garde car « ils peuvent influencer le comportement émotionnel des deux parties, encourageant l'une et décourageant l'autre. En fait, une telle attitude de partialité peut rendre plus difficile pour l'une des parties la défense de son cas, particulièrement si elle a le sentiment de ne pas être prise au sérieux par le juge. Faire pression ou signaler son mécontentement aux parties peut les influencer lors de la présentation de leur cas… Cela peut les amener à avoir une présentation confuse et à négliger des arguments essentiels pour leur cause. C'est pourquoi les juges ne doivent en aucun cas laisser transparaître leurs préférences au sujet des cas qui leur sont présentés » (*Tzénah ouReénah* sur Deutéronome 1 : 17).

Juger les autres

Les juges doivent se comporter comme si une épée était suspendue au-dessus de leur tête et si l'enfer était ouvert à leurs pieds. Ils doivent savoir qui est l'objet de leur jugement et que Dieu punira les juges qui s'écartent de la stricte ligne de la justice… Lorsque des juges prononcent des sentences empreintes de justice, c'est comme s'il rétablissait le droit au sein du monde entier… (*Sanhédrin* 7a ; *Tour, 'Hochèn Michpat* 8, *Zougot Rashi*, p. 101).

Rabbi Akiba a enseigné : Lorsque tu juges, ne t'autorise pas à laisser tes sentiments guider ta décision (*Mishna Ketoubot* 9 : 2).

Hillel a dit : Ne juge pas l'autre sans te mettre à sa place (*Avot* 2 : 5). Et Rachi a ajouté : Ne juge pas l'autre

qui a succombé à une tentation tant que tu n'as pas été l'objet d'une tentation équivalente et n'y as pas succombé.
Josué ben Péra'hya a dit : « Juge toujours l'autre au bénéfice du doute. » Et citant le maître hassidique Sim'ha Bunam, le rabbin Isaac Unterman a commenté ainsi cette parole : « Il est toujours préférable d'accorder aux autres le bénéfice du doute. Si la personne est réellement innocente, vous aurez agi de façon juste et en accord avec la vérité. Si, dans le cas contraire, la personne est coupable, votre jugement n'est pas irrévocable » (*Pirké Avot*, p. 45).

Hertz

Le rabbin Joseph H. Hertz, citant un récit du *Talmud de Babylone,* insiste sur les précautions que doivent prendre les juges pour faire preuve d'impartialité. Samuel, un érudit et un juge, était en train de traverser un torrent sur une planche. Un étranger, voyant que le rabbin avait besoin d'être aidé, lui tendit la main et l'amena sain et sauf de l'autre côté de la rive. Apprenant à qui il avait affaire, Samuel réalisa que cet homme devait comparaître, quelques jours plus tard, devant lui pour un jugement.

« Cher ami, lui dit Samuel, par ce geste et puisque vous m'avez aidé lorsque j'étais en difficulté, vous m'avez disqualifié en tant que juge pour siéger dans votre cas. »

Des faveurs, même une innocente gentillesse, la charité, ou des actes de générosité ne doivent pas être acceptés par ceux qui sont amenés à rendre justice. L'intégrité d'un juge doit être au-dessus de tout soupçon.

La question de la « partialité » s'applique également envers les étrangers et ceux qui ne sont pas des citoyens. Hertz insiste sur le fait que la loi juive indique clairement « qu'il ne doit y avoir aucune différence entre un Juif et un non-Juif ». En matière de justice, un même respect et un même traitement doivent être accordés à l'un comme à l'autre. Ils doivent être écoutés et jugés sur les éléments contenus dans leurs dossiers, et non selon leur identité nationale, ethnique, religieuse ou raciale. La tradition juive sait très bien comment chacun peut être discriminé en fonction de sa langue, de ses coutumes, de ses croyances religieuses ou de la couleur de sa peau. Elle s'oppose à l'introduction de deux standards, l'un pour les citoyens et l'autre pour les étrangers (*The Pentateuch and Haftorahs*, p. 738-739).

Hirsch

Dans son commentaire, Samson Raphaël Hirsch cite l'ancien commentaire de la Torah, le *Sifré*, qui insiste sur le fait que ceux qui sont amenés à appliquer la justice doivent « prendre le temps nécessaire pour chaque cas et doivent accorder à chacun le temps utile pour lui permettre de présenter son argumentation, même s'il s'agit d'un cas que le juge a traité maintes et maintes fois ». Hirsch insiste sur le danger d'aboutir à de rapides décisions fondées sur de premières impressions. En justice, il y a le danger d'écouter les premiers arguments et, rapidement, d'énoncer un jugement fondé sur de précédents cas. Agissant ainsi, les juges ne tiennent pas compte des circonstances particulières qui devraient être prises en considération afin d'aboutir à une juste décision.

Pour cette raison, la loi juive exige que chaque cas soit entendu avec tous ses détails et qu'une « opinion préalable sur ce cas ne soit pas être formulée ».

Hirsch soulève également la délicate question des pressions exercées sur les juges par les plaignants. Selon cette section de la Torah, les juges ne « doivent craindre personne » lorsqu'il s'agit de rendre une sentence puisque la « justice est à Dieu ».

Sur le plan pratique, qu'est-ce que cela signifie ? Un juge doit-il mettre sa vie en danger, ou celle des membres de sa famille, en prononçant un jugement qui peut provoquer des actes de violence ?

Rambam (Maïmonide)

Fondant ses conclusions sur le verset de notre *parashat* : « de n'avoir peur de quiconque car la justice est à Dieu », Maïmonide dit : « C'est le devoir du juge de rendre un jugement sans se préoccuper des éventuelles rétorsions que le malfaiteur pourrait lui faire subir. » Le juge ne doit pas dire : « Je crains que cette personne n'en vienne à tuer mon fils ou à brûler mon blé ou ne détruise mes plantations » (*Sefer haMitzvot*, Commandements négatifs 276).

Hirsch est de l'avis de Maïmonide en insistant sur le fait que, « en prononçant un jugement, le juge agit en lieu et place de Dieu ». Il explique : « Il ne s'agit pas de toi, c'est la justice de Dieu qui est actualisée et accomplie à travers toi. C'est pourquoi tu ne dois pas renoncer à ton juste jugement sous prétexte de craintes, même légères. » Citant le Talmud, Hirsch conclut : « Tout juge qui, à travers ses jugements, rend une justice juste accomplit un acte de vérité et est considéré comme participant à l'œuvre créatrice de Dieu » (*Commentaire du Deutéronome* 1 : 17).

L'insistance de la tradition juive sur le devoir d'entendre correctement chaque partie et de rendre de justes sentences ne concerne pas uniquement les juges. Ces principes s'appliquent également à tous ceux qui sont amenés à entendre les arguments des uns et des autres et à aider les autres à résoudre des conflits : les amis, la famille, les parents, les enfants, les associés, les collègues, les étudiants, les coéquipiers – tous ceux qui, inévitablement, entendront les arguments des uns et des autres et seront pris à partie. Si une troisième personne écoute patiemment les arguments de chaque partie, ne met pas fin abruptement à la discussion mais pose des questions pour clarifier les positions, accorde son attention aux nuances exprimées par chacun et fait son possible pour traiter de façon égale et équitable chacun des plaideurs, il y a de bonnes raisons de croire que le conflit pourra trouver une issue positive et raisonnable.

Les règles éthiques, pour juger les arguments de chacun, qui sont présentées dans notre section de la Torah et développées par nos commentateurs, offrent une sage approche qui permet d'accomplir une justice équitable. Puisque prononcer des jugements c'est « jouer avec le feu », ces importants principes peuvent nous éviter de nous brûler.

2. LES EXPLORATEURS : UNE AUTRE APPROCHE

À plusieurs reprises dans le Deutéronome, Moïse s'adresse aux Hébreux et mentionne d'anciens événements. Rappeler leur histoire, en particulier les quarante années de pérégrination dans le désert, est un rôle important qu'il assume en tant que chef. Il les relie à leurs racines, mettant l'accent sur leur identité et leur expérience unique comme peuple qui a subi l'esclavage et a fait face, dans un désert désolé, au défi de la création d'une communauté fondée sur des lois et des traditions communes. En leur rappelant leur histoire, il les prépare à leur avenir dans le pays d'Israël. Chaque événement devient une leçon afin de les rendre plus forts face aux épreuves qu'ils auront à affronter.

Il est intéressant de remarquer que lorsque Moïse évoque l'envoi des douze explorateurs pour découvrir le pays d'Israël, sa version du Deutéronome (1 : 19-45) diffère totalement de celle dont nous avons déjà parlé dans la *parashat Chelah-Lekha* (Nombres 13 : 1-15 : 41).

Dans la *parashat Chelah-Lekha,* Dieu demande à Moïse d'envoyer un chef de chaque tribu afin d'explorer le pays d'Israël. Il leur est demandé de revenir avec des informations concernant leurs habitants, la géographie, les villes fortifiées, l'état du sol et des forêts, et de rapporter quelques fruits. À leur retour après quarante jours, les explorateurs disent que le pays « ruisselle de lait et de miel » mais mettent en garde le peuple car ses habitants sont des géants et les villes sont fortifiées. Ils répandent la peur dans le peuple, leur affirmant que « nous ne pouvons pas attaquer le peuple qui habite le pays car ils sont plus forts que nous ».

Seuls Josué et Caleb sont d'un avis différent et conseillent à Moïse et au peuple d'aller de l'avant et de prendre possession du pays.

Effrayés par les autres explorateurs, le peuple proteste auprès de Moïse et Aaron en disant : « Pourquoi l'Éternel nous a-t-il fait venir vers ce pays pour mourir sous le coup des épées ? Retournons donc en Égypte. » À cause de leur manque de confiance et pour avoir répandu la peur au sein du peuple, Dieu punit les explorateurs en faisant disparaître leur génération pendant les quarante années de pérégrination. Seuls leurs enfants, conduits par Caleb et Josué, entreront dans la Terre promise.

Dans la version des Nombres, les explorateurs sont accusés d'avoir répandu la peur et le manque de confiance parmi le peuple. Ces chefs tribaux respectables ont fourvoyé le peuple par des rapports mensongers et des exagérations. Et Moïse leur a dit : « Vous supporterez votre punition. »

La version des explorateurs que nous trouvons dans notre *parashat* diverge de façon significative. Moïse rappelle leurs pérégrinations jusqu'à Kadèch-Barnéa depuis le mont H̱oreb, où il leur a donné les Dix Commandements. Dans le souvenir de Moïse, ils campent à la limite de la terre d'Israël, prêts à la conquérir. C'est alors que le peuple s'approche de lui et dit : « Envoyons des hommes en éclaireurs afin qu'ils évaluent le pays pour nous et nous indiquent le chemin que nous devons emprunter et les villes vers lesquelles nous allons. »

Moïse est d'accord et désigne les douze explorateurs. Après avoir parcouru le pays pendant quarante jours, ils reviennent et déclarent : « C'est un bon pays que l'Éternel notre Dieu nous donne. » Le peuple, néanmoins, n'a pas écouté leur rapport. Au lieu de cela, ils refusent de suivre le commandement de Dieu de conquérir le pays. Ils se plaignent des conditions de vie dans le désert et « retournent bouder dans leurs tentes ». En réponse à leur manque de confiance, Dieu les punit en leur annonçant que personne, à l'exception de Caleb et de Josué, n'entrera dans le pays d'Israël. « À cause de vous, dit Moïse, Dieu était fâché avec moi, m'interdisant également d'entrer. »

Dans les rappels de Moïse, ce n'est pas Dieu qui demande à Moïse d'envoyer les explorateurs mais le peuple qui vient vers Moïse et lui demande que des explorateurs partent en reconnaissance. De plus, ce ne sont pas les explorateurs qui commettent la faute de tromper le peuple en lui disant qu'il y a des géants parmi les Amoréens, mais c'est le peuple qui interprète de manière erronée leur rapport. En vérité, c'est le peuple, et non les explorateurs, qui « n'a pas confiance en l'Éternel votre Dieu, qui marche devant vous à travers vos déplacements… »

Dans le livre des Nombres, les explorateurs sont coupables de tromper le peuple. Ils sont la cause de la perte de confiance de la communauté et de la mort de leur génération. Dans le Deutéronome, ce ne sont pas les explorateurs mais le peuple qui porte la responsabilité de cet épisode tragique.

Comment expliquer ces deux versions différentes d'un même événement ? Sommes-nous en présence d'une réelle contradiction d'événements relatés dans la Torah elle-même ? Ou sommes-nous témoins de la mémoire vacillante d'un Moïse vieillissant ?

Rachi explique que, dans le Deutéronome et lors de ses derniers discours au peuple d'Israël, Moïse, de façon délibérée, explique pourquoi il a été tellement déçu de la demande du peuple que des explorateurs soient envoyés vers la terre d'Israël. Citant une ancienne explication du *Sifré*, Rachi affirme que Moïse était troublé parce que « le peuple s'était présenté devant lui comme une foule indisciplinée, les jeunes écartant les anciens, faisant montre d'irrespect envers chacun et envers lui ».

Rachi explique également que Moïse avait essayé sans succès de les rassurer avec une parabole. Il leur avait dit : « Il y avait un homme qui avait dit à un de ses amis : "Vends-moi ton âne." Lorsque cet ami acquiesça, l'acheteur lui dit : "Voudrais-tu me le vendre sous condition ?" À nouveau l'ami acquiesça. L'acheteur lui dit alors : "Puis-je l'essayer dans des terrains montagneux et dans un pays de collines ?" L'ami à nouveau acquiesça. Finalement l'acheteur, réalisant que son ami avait une totale confiance en lui, dit : "Je prends ton âne sans aucune condition." »

Rachi explique que, lorsque Moïse eut terminé de raconter sa parabole, il dit au peuple : « J'accepte d'envoyer les explorateurs, en espérant que vous voyiez en cela ma totale confiance en Dieu et dans la qualité de ce pays. Mais tel ne fut pas le cas puisque vous n'avez pas remis en cause votre demande d'envoyer des explorateurs. La catastrophe était donc inévitable. »

Selon Rachi et le *Sifré*, c'est le peuple qui obligea Moïse à envoyer des explorateurs, et c'est le peuple qui, par son manque de confiance dans le rapport de Caleb et de Josué, causa la ruine de ses propres espoirs. Dans son récit du Deutéronome, précise Rachi, Moïse exprime clairement son accusation à l'égard du peuple (*Commentaire sur Deutéronome* 1 : 19-24).

L'auteur d'un ancien commentaire rabbinique, le *Tanna debe Eliyahou*, élargit l'accusation. Affirmant l'ingratitude du peuple, il met en évidence que, même si Moïse les a fait sortir d'Égypte, les a incités, avant la sortie d'Égypte, à demander de l'argent et de l'or aux Égyptiens, les a délivrés de la main de l'armée de Pharaon en leur faisant passer la mer des Joncs à pieds secs, ils sont restés têtus et déloyaux. N'ayant confiance ni en Moïse, ni en Dieu, non seulement ils se sont amèrement plaints sur les conditions de vie dans le désert, mais ont également exigé que Moïse envoie des explorateurs dans le pays d'Israël.

L'auteur du *Tanna debe Eliyahou* illustre son interprétation en présentant sa version de la confrontation entre le peuple et Moïse. Lisant entre les lignes les déclarations de Moïse, il met ses propres paroles dans la bouche de Moïse, affirmant qu'en plus des paroles que la Torah lui attribue, Moïse a dit aussi au peuple : « Chacun d'entre vous m'a approché, non seulement quelques-uns d'entre vous, mais tous les adultes et tous les enfants, exigeant que les explorateurs soient envoyés en Israël. » En d'autres termes, c'est le peuple qui est responsable de l'envoi des explorateurs.

L'auteur du *Tanna debe Eliyahou* ajoute également que, bien que voyant les fruits ramenés du pays, les raisins, les figues et les grenades, ils restèrent méfiants, refusant d'aller de l'avant et de conquérir le pays. C'est pourquoi ils furent punis et ne purent entrer dans le pays d'Israël (29 : 27, p. 144-146).

Qui est responsable pour le mal ?

Rabbi Judah Arye Loeb Alter dans son commentaire *Sefat Emet* demande : « Pourquoi Moïse accepte-t-il d'envoyer les explorateurs puis accuse-t-il le peuple de les avoir envoyés ? » « Parce que, répond rabbi Loeb, le peuple a fait pression sur Moïse, l'obligeant à les envoyer. Leur insistance leur a fait comprendre que leurs fautes peuvent influencer également leurs dirigeants et les amener à la faute » (A.Z. Friedman, *Wellsprings of Torah*, p. 369-370).
Jérusalem fut détruite parce que personne n'osait parler et que tous se critiquaient les uns les autres en s'accusant mutuellement de leurs fautes (*Shabbat* 119b).
Rabbi Jonah a enseigné : « Ceux qui refusent d'écouter les critiques ou d'en donner, mourront. » Disant ainsi que la critique est le seul moyen d'éviter les erreurs (*Commentaire sur Proverbes* 15 : 10).
Dans son livre *L'Abandon des Juifs. Les Américains et la solution finale*, David S. Wyman met en évidence les erreurs et les manquements des dirigeants occidentaux qui ne portèrent pas secours aux Juifs transportés vers les camps d'extermination nazis, soulevant la question de la responsabilité de ceux qui ne se sont pas élevés face au mal. Il écrit : « Roosevelt, Churchill et le pape auraient dû déclarer ouvertement aux nazis qu'ils étaient parfaitement conscients du programme d'assassinat en masse et de leur absolue condamnation de cela. Si, en plus, Roosevelt et Churchill avaient menacé de condamnation pour ces crimes et avaient essayé de sauver les Juifs de l'extermination en leur offrant l'asile, les nazis auraient cessé de croire que l'Occident se désintéressait de ce qui était fait aux Juifs. Cela aurait peut-être ralenti leur extermination. Et cela aurait peut-être hâté la décision des SS de mettre fin au programme d'extermination » (p. 331-340).
La punition des sages qui refusent de prendre part au gouvernement est de vivre sous la férule d'un gouvernement composé de mauvais dirigeants (Platon).

> Une manifestation ne résoudra pas la question de la pauvreté, ni la question du logement, ni la question de l'éducation. Mais au moins, une manifestation crée une sorte de crise constructive qui amène une communauté à prendre conscience des problèmes et à commencer à aller de l'avant pour agir sur ces questions (Martin Luther King Jr).

L'argument de Rabbi Moshe ben Hayim Alshekh est que le peuple est non seulement déloyal et infidèle mais cherche de façon délibérée à duper Moïse. Ils lui font croire qu'ils demandent l'élaboration d'un plan stratégique pour conquérir le pays, d'où la nécessité d'y envoyer des hommes pour explorer le pays. Alshekh écrit que le peuple insiste également pour que le rapport des explorateurs ne soit pas remis à Moïse mais à eux, faisant ainsi preuve de défiance à l'égard de Moïse. Le peuple, conclut Alshekh, doit donc porter l'entière responsabilité pour la défiance envers Moïse et pour son rejet de tout dirigeant quel qu'il soit. Concernant leur condamnation à ne pas entrer dans le pays d'Israël, ils ne peuvent pas accuser les explorateurs. Leur malhonnêteté et leurs subterfuges menèrent au désastre (*Commentaire sur Deutéronome* 1 : 7).

Nehamah Leibowitz, une commentatrice moderne, met en évidence ce même point. Faisant référence au travail d'interprétation du critique biblique David Hoffmann, Leibowitz explique les différences entre les versions du récit des explorateurs contenues dans les Nombres et dans le Deutéronome. Dans les Nombres, « Moïse parle comme un historien qui relate les événements tels qu'ils se sont déroulés ».

Dans le Deutéronome, « il prononce un discours moralisateur insistant auprès du peuple pour qu'il apprenne les leçons de l'histoire ».

« Dans sa critique du peuple, écrit Leibowitz, Moïse rappelle que ce fut le peuple qui initia l'idée d'envoyer des explorateurs vers le pays... Il le fait pour pouvoir en déduire une leçon morale et mettre en évidence la responsabilité directe de leurs ancêtres dans le déroulement des faits. Ils ont d'abord voulu envoyer des explorateurs, et leur responsabilité pour ce qui est advenu après en est d'autant plus grande. » Pour Leibowitz, Moïse « désirait mettre ce point en évidence auprès des descendants de cette génération ».

En suivant cette ligne de raisonnement, Leibowitz montre également que « dans le premier récit, les explorateurs sont dépeints comme des calomniateurs qui induisent en erreur le peuple ». Néanmoins, « dans le second récit... la responsabilité principale, celle de la calomnie, n'est plus celle des explorateurs. Moïse charge le peuple et accuse les Hébreux dans leur ensemble et uniquement eux ».

Leibowitz conclut : « La Torah veut nous enseigner une leçon importante. Les êtres humains sont mis à l'épreuve par Dieu à chaque moment de leur existence... Les oreilles écoutent et le cœur peut être séduit. La question est alors : Celui qui écoute est-il induit en erreur par celui qui le séduit sans que sa responsabilité soit engagée ? La Torah rend chaque personne responsable de ses actions. Celui qui écoute a le choix de faire le sourd devant le mal et les mots qui cherchent à l'induire en erreur. Le choix appartient à chacun de nous. Nous avons le devoir de résister... Chacun de nous doit être son propre chef, être responsable pour toute action, et ne pas être un simple rouage dans la vaste machine appelée "société" » (*Studies in Devarim*, WZO, Jerusalem 1980, p. 16-25).

Dans leurs distinctions entre les deux récits des explorateurs, les commentateurs juifs ont soulevé des questions éthiques au sujet de la responsabilité humaine face au mal. Ils ont insisté sur le point que ce ne sont pas les dirigeants seulement qui portent une responsabilité pour les injustices et les malversations de la société. Les citoyens ordinaires doivent également être considérés comme portant une part de responsabilité. Ils affirment que Moïse voulait enseigner cette leçon en revisitant l'histoire juive.

La leçon reste d'actualité aujourd'hui. Un politicien britannique, Edmund Burke, a affirmé : « Tout ce qui est nécessaire pour que le mal triomphe est l'apathie d'un peuple. »

Questions pour l'étude et la discussion

1. Quelles sont les règles que les commentateurs juifs établissent pour prononcer de « justes » jugements entre des parties opposées ? Comment ces règles peuvent-elles être appliquées lorsqu'il s'agit de contentieux familiaux, entre amis, et entre associés en affaires ?
2. La loi juive enseigne qu'« une personne qui accepte de l'argent pour agir en tant que juge, rend ses jugements sans valeur, et une personne qui accepte de l'argent pour témoigner rend son témoignage sans valeur » (*Mishna Berakhot* 4 : 6). Compte tenu de ce que la Torah et les commentateurs disent sur « faire preuve de partialité », en quoi est-ce mal d'accepter de l'argent pour juger ou témoigner ?

3. Dans notre passage de la Torah, Moïse accuse les Hébreux d'avoir demandé que des explorateurs soient envoyés vers la terre d'Israël et d'avoir cru que leur rapport montrait que cette conquête était impossible et vouée à l'échec. Cette accusation est-elle justifiée ? Le peuple et ses chefs – incluant Moïse et Aaron – ne partagent-ils pas cette faute ? Qui est réellement coupable ?
4. En 1943, lorsque les Allemands décidèrent de rafler tous les Juifs du Danemark, une extraordinaire opération de sauvetage fut organisée, associant le peuple danois et le gouvernement suédois. Les Juifs furent cachés et secrètement transportés en Suède où ils purent vivre sains et saufs jusqu'à la fin de la guerre. Des 8 000 Juifs vivant au Danemark, seulement 400 furent arrêtés par les nazis ; 51 d'entre eux trouvèrent la mort dans le camp de concentration de Theresienstadt. Est-il possible pour de simples citoyens de faire la différence face au mal absolu ? De façon évidente, le peuple danois le fit. Quels autres exemples peut-on citer ? Qu'ont-ils en commun ?

Parashat Vaèt_h_anan

Deutéronome 3 : 23-7 : 11

Dans la parashat Vaèthanan *Moïse, juste avant sa mort, poursuit son discours aux Hébreux. Il demande à Dieu de le laisser entrer en terre d'Israël mais sa demande est refusée. Il met en garde le peuple de ne pas tomber dans l'idolâtrie ; leur rappelle leur devoir d'observer les commandements qui leur ont été donnés et leur remémore l'impressionnante expérience vécue au H̲oreb où ils ont reçu les Dix Commandements. Moïse désigne les villes de Bezer, Ramot et Golan comme villes refuges pour ceux qui commettent un homicide involontaire. Rappelant que Dieu a conclu une alliance avec le peuple d'Israël sur le mont H̲oreb, Moïse énonce les Dix Commandements. Dans un élan de ferveur, le peuple lui demande d'énoncer les autres commandements et s'engage à les respecter. Puis Moïse s'exclame : « Écoute Israël, l'Éternel est notre Dieu, l'Éternel Un. Tu aimeras l'Éternel ton Dieu de tout ton cœur, de toute ton âme et de toutes tes forces. » Les mettant en garde afin qu'ils ne répètent pas les erreurs commises à Massa, Moïse leur dit : « Faites ce qui est juste et bon aux yeux de l'Éternel, afin que ce soit bien pour vous… » Finalement, Moïse informe les Hébreux de ne pas épargner les peuples dont ils vont occuper le territoire et de ne pas contracter de mariage avec eux. Les Hébreux étant le peuple choisi et choyé par Dieu, ils seront aimés par lui s'ils restent fidèles à l'alliance et aux commandements.*

NOTRE TARGOUM

1. Moïse continue son discours entamé dans la *parashat* précédente et s'adresse aux Hébreux alors qu'ils campent près de Beith-Peor, à l'est du Jourdain. Il relate la demande qu'il avait formulée à Dieu de lui donner la possibilité d'entrer dans le pays d'Israël et sa déception devant le refus de Dieu qui lui a dit de regarder le pays à partir de Pisgah, un promontoire à l'est du Jourdain, et de fournir à Josué les informations nécessaires pour la conquête du pays.

2. Moïse rappelle aux Hébreux que Dieu leur a donné des lois et des commandements afin qu'ils puissent demeurer dans le pays d'Israël où ils vont entrer. Ils doivent les mettre en pratique avec loyauté et fidélité et les enseigner à leurs enfants. Ceci sera la preuve qu'ils sont un peuple « sage et avisé… une grande nation ».

Il rappelle au peuple le moment où ils se sont tous tenus avec lui au mont Horeb (Sinaï). La « montagne était couverte de flammes qui atteignaient le ciel assombri par d'épais nuages », et Dieu les a enjoints d'observer les Dix Commandements « et de ne pas fabriquer ni adorer des idoles ». Moïse les met en garde contre l'abandon des commandements qui aurait pour conséquences leur expulsion du pays et leur dispersion parmi les nations. S'ils recherchent Dieu de tout leur cœur et de toute leur âme, Dieu ne leur fera pas défaut et n'oubliera pas l'alliance conclue avec leurs ancêtres.

Moïse rappelle la relation unique entre Dieu et le peuple d'Israël. C'est pourquoi Dieu leur a parlé au mont Horeb, du sein des flammes, les a libérés de l'esclavage et leur a donné le pays d'Israël. « Sache en ce jour et rappelle-toi que l'Éternel seul est Dieu dans les cieux en haut et sur la terre en bas, et qu'il n'y en a pas d'autre. Observe les lois et les commandements de Dieu… afin que tu puisses vivre longtemps sur la terre que l'Éternel ton Dieu t'accorde pour toujours. »

3. Moïse désigne trois villes – Bezer, Ramot et Golan – comme des villes refuges pour que ceux qui commettent un homicide involontaire puissent ainsi être jugés et protégés.

4. Moïse poursuit son discours en déclarant que « Dieu a scellé une alliance au mont Horeb… du milieu du feu ». Il répète alors les Dix Commandements que Dieu prononça alors : 1) Je suis l'Éternel ton Dieu qui t'a fait sortir du pays d'Égypte, une maison d'esclavage. 2) Tu n'auras pas d'autre dieu que moi. Tu ne te feras pas d'image sculptée… 3) Tu n'invoqueras pas le nom de l'Éternel ton Dieu à l'appui du mensonge… 4) Observe le jour du shabbat et sanctifie-le… 5) Honore ton père et ta mère… 6) Tu n'assassineras pas. 7) Tu ne commettras pas d'adultère. 8) Tu ne voleras pas. 9) Tu ne porteras pas de faux témoignages contre ton prochain. 10) Tu ne convoiteras pas…

Rappelant la révélation au mont Horeb, Moïse rappelle aux Hébreux leur terreur devant le feu et leur demande que lui, Moïse, reçoive les Dix Commandements en leur nom. Il accepta et les mit en garde de suivre les commandements de Dieu, et leur dit : « Ne déviez ni à droite ni à gauche ; mais suivez le chemin que Dieu vous a donné. »

Moïse prononce alors : « Écoute Israël, l'Éternel est notre Dieu, l'Éternel Un. Tu aimeras l'Éternel ton Dieu de tout ton cœur, de toute ton âme et de toutes tes forces. Que ces paroles que je t'impose en ce jour soient gravées dans ton cœur... Enseigne-les à tes enfants... Parles-en dans ta maison et quand tu marches en chemin... Place-les entre tes yeux... inscris-les sur les poteaux de ta maison... »

Aux parents il ajoute : « Quand vos enfants vous demanderont : "Quel est le sens de ces lois et de ces commandements ?", vous leur expliquerez : "Nous étions esclaves de Pharaon en Égypte et Dieu nous a libérés... afin que nous puissions recevoir la terre promise à nos ancêtres. C'est pourquoi il est de notre devoir d'accomplir ces commandements afin que nous vivions." »

5. Moïse annonce aux Hébreux qu'à leur entrée dans le pays d'Israël, ils devront expulser les Hittites, les Girgachites, les Amoréens, les Cananéens, les Perizites, les Hivites et les Jébuséens. Il met en garde les Hébreux contre les mariages avec les populations locales, leur rappelant : « Dieu vous a choisis pour être son peuple précieux... » Ceux qui observeront ses commandements seront récompensés et ceux qui ne le feront pas seront voués à la destruction.

La *parashat Vaèthanan* contient deux thèmes importants :
1. Décryptage de la signification du *Chema*.
2. Aimer Dieu.

1. POUVONS-NOUS DÉCRYPTER LE SENS DU *CHEMA* ?

Des 4 875 versets de la Torah, l'un se détache comme étant la profession de foi des Juifs. Depuis l'époque du Temple de Jérusalem, les mots *Chema Ysraël, Adonay Elohénou, Adonay Ehad*, « Écoute Israël, l'Éternel est notre Dieu, l'Éternel Un », sont récités deux fois par jour par les Juifs pieux. Ils sont parmi les premiers mots enseignés à un enfant juif et les derniers prononcés avant la mort. Les martyrs juifs les ont laissés avec conviction et puissance contre les forces de la tyrannie et, à travers les siècles, ils ont constitué la phrase en hébreu la plus universellement connue de la tradition juive.

Hertz

En se penchant sur les mots du *Chema*, le rabbin Joseph H. Hertz qui fut le grand rabbin de l'Empire britannique, écrit : « Dans toute la littérature… il n'y a probablement pas de paroles qui puissent leur être comparées et qui auraient la même force intellectuelle et spirituelle ou exerceraient une telle influence sur la pensée et la force civilisatrice de l'humanité que ces six mots qui sont devenus le cri de ralliement du peuple juif depuis plus de vingt-cinq siècles » (*Authorized Daily Prayer Book,* Bloch Publishing Co., 1948, p. 269).

Le rabbin W. Gunther Plaut, l'auteur de *The Torah : A Modern Commentary,* qualifie le *Chema* de « précieux joyau… un diamant serti dans la couronne de la foi, une vérité éprouvée et un invariant de l'histoire humaine » (p. 1369-1370).

En dépit de ces témoignages qui insistent sur l'importance du *Chema,* les commentateurs de la Torah ont soulevé la question du sens de ces mots. Et, comme pour d'autres passages de la Torah, leurs interprétations diffèrent.

Rabbi Pinhas ben Hama affirme que les Hébreux prononcèrent le *Chema* pour la première fois alors qu'ils se tenaient au pied du mont Sinaï. Pour les premiers rabbins, cette phrase est l'affirmation du partenariat qui existe entre le peuple juif et Dieu. D'autres rabbins affirment que « l'Éternel notre Dieu » veut dire : « Dieu est notre Source ». En d'autres termes, les êtres humains sont le fruit de la volonté divine et sont à l'image de Dieu (*Deutéronome Rabba* 2 : 31, 35).

Rachi

Rachi offre une approche différente. Vivant au XIe siècle en France, dans un environnement au sein duquel se déroulait une confrontation avec une autre foi, il exprimait son espérance qu'un jour tous les humains s'entendraient sur une même notion de Dieu et feraient advenir la paix. Pour lui, les mots « Écoute Israël, l'Éternel est notre Dieu, l'Éternel

Un » doivent être traduits ainsi : « Écoute Israël. L'Éternel que nous reconnaissons comme étant notre Dieu, sera un jour accepté par tous les peuples comme Un, et leur croyance en un Dieu nous unira tous comme une seule famille humaine. »

Cette approche de Rachi reflète la perspective contenue dans la prière du *Alénou* qui est récitée à la fin de tous les offices. Reprenant les termes de Deutéronome 4 : 39 : « Sache en ce jour et rappelle-toi que l'Éternel seul est Dieu dans les cieux en haut et sur la terre en bas, et qu'il n'y en a pas d'autre », le *Alénou* rappelle l'espoir que le mal disparaîtra de la surface de la terre, que le monde « atteindra la perfection sous les ailes de la gouvernance de Dieu » et que tout être humain reconnaîtra que « Dieu est Un » (Zacharie 14 : 9).

Dans *Gates of Prayer : The New Union Prayerbook* de Hayim Stern (Central Conference of American Rabbis, New York, 1975, p. 620) figure une version moderne du *Alénou* qui reflète l'interprétation de Rachi : « Dieu éternel, nous nous tournons vers demain avec un espoir encore plus fort en la venue de Ton royaume, un monde où la pauvreté et la guerre seront bannies, où l'injustice et la haine auront disparu. Apprends-nous toujours et encore à partager la peine des autres, à tenir compte de ton appel à la justice, et à rechercher la bénédiction de la paix. Aide-nous à vaincre le mal et à approcher le temps où l'humanité sera unie. »

Rambam (Maïmonide)

Pour Maïmonide, le *Chema* n'est pas une déclaration d'espérance de voir tous les humains être amenés à reconnaître éventuellement que « Dieu est Un » mais une déclaration théologique affirmant que « la Cause de toute existence est Un(e) ». Dans les *Treize principes de foi,* Maïmonide déclare que l'unité de Dieu est éternelle et unique, que Dieu crée tout ce qui est et continue de créer tout ce qui sera, et que Dieu n'a ni corps ni forme. Dans d'autres de ses écrits, il maintient que le pouvoir de Dieu ne peut être comparé à aucun pouvoir connu par les humains. « Dieu n'est pas sujet à des limites physiques ou à des définitions… Le pouvoir de Dieu est illimité. »

Selon Maïmonide, le *Chema* affirme l'unité fondamentale de tout ce qui existe et existera. Le pouvoir de Dieu s'étend à tout ce qui est. C'est la Cause première qui unit les innombrables étoiles du cosmos ; la planète bleue, c'est-à-dire le globe terrestre, avec son réseau de vie si complexe ; et le passé, le présent et l'avenir de l'humanité. Par la déclaration du *Chema,* les Juifs reconnaissent que Dieu n'est pas un mortel, ni n'est limité par les faiblesses humaines, et n'est pas un symbole réductible à un bloc de pierre, de bois ou à des images artistiques. Maïmonide conclut que Dieu est le Pouvoir Un qui a créé tout ce qui est (Philip Cohen, *Rambam on the Torah,* Rubin Mass Ltd, Jerusalem, 1985, p. 146-147).

Ramban (Nahmanide)

Nahmanide considère que le *Chema* est une déclaration très personnelle de Moïse. Il fait remarquer que lorsque Moïse utilise les mots « Écoute Israël », il les fait suivre par : « l'Éternel *notre* Dieu » et non par « l'Éternel *ton* Dieu ». Pourquoi Moïse, demande Nahmanide, à ce moment particulier de l'histoire juive utilise-t-il les termes : *notre* Dieu ?

Nahmanide pense que Moïse est soucieux des apparences. Dieu a délivré le peuple de l'esclavage, a subvenu à ses besoins dans le désert et lui a donné les Dix Commandements. Maintenant, en rappelant tout ce que Dieu a accompli, Moïse ne veut pas s'exclure. En déclarant l'unité de Dieu dans les termes du *Chema*, il énonce clairement qu'il s'inclut également comme témoin de la bonté et du pouvoir de Dieu.

> שמע ישראל יי אלהינו יי אחד
> *Chema Ysraël, Adonay Elohénou, Adonay Ehad,*
> Écoute Israël, l'Éternel est notre Dieu, l'Éternel Un.

Nahmanide fonde son interprétation sur le texte écrit dans le *Sefer Torah*/rouleau de la Torah. Dans celui-ci, la dernière lettre du premier mot est un *ayïn* et la dernière lettre du dernier mot est un *daleth*. Ces deux lettres combinées forment le mot *èd* qui signifie « témoin ». En récitant le *Chema*, les Juifs deviennent les témoins de l'unité de Dieu et de son pouvoir (*Commentaire sur Deutéronome* 6 : 4).

Rabbi Abraham Samuel Benjamin Sofer, un commentateur hongrois du XIXe siècle, attire notre attention sur le texte lui-même. Selon le rabbin Sofer, le verset aurait pu être : « Écoute Israël, *Adonay* est notre Dieu et Un. » Mais le nom *Adonay* apparaît deux fois. Pourquoi ?

Sofer suppose que Moïse voulait enseigner que toute expérience humaine provient de Dieu. Ce que nous connaissons comme étant le bien et le mal, nos moments de joie comme nos moments de tristesse, nos réussites et nos échecs, notre bonne ou notre mauvaise fortune, tout vient de Dieu. Il fut un temps, explique Sofer, où on croyait en des divinités multiples, les divinités pour le bien et les divinités pour le mal. En contradiction avec cette assertion, Moïse dit au peuple : « Écoute Israël, *Adonay* notre Dieu nous accorde les bontés que nous observons et *Adonay* notre Dieu est l'auteur des jugements sévères que nous endurons. *Adonay* est Un » (voir l'échange avec B.S. Jacobson, *Meditations on the Torah*, p. 271).

Le commentateur contemporain Shlomo Riskin est d'un avis proche de celui de Sofer. Analysant avec soin les mots de *Chema Ysraël, Adonay Elohénou, Adonay Ehad*, il note que deux noms sont employés pour parler de Dieu. Le premier est *Adonay* et le second est *Elohénou*. Les anciennes traditions juives considèrent que *Adonay* exprime les qualités de mansuétude et d'amour de Dieu alors que les qualités de justice et de rigueur sont associées à *Elohim* (*Elohénou* signifie « notre Dieu »).

Riskin affirme que lorsque Moïse a énoncé les premières paroles du *Chema*, il a voulu clarifier une question essentielle à laquelle les Hébreux étaient confrontés, comme les autres peuples également : Comment affirmer l'unité de Dieu et la façon dont Dieu agit dans notre monde et dans nos vies ? Riskin écrit : « Quand les choses vont bien, quand on ressent la chaleur de l'amour, du succès, d'une bonne santé, on attribue naturellement cela à la nature d'un Dieu de bonté et de compassion (*Adonay*). Mais quand des tragédies nous frappent comme la mort d'un être aimé, des drames nationaux, un tremblement de terre, on ressent l'impressionnant et l'inexplicable pouvoir de Dieu (*Elohim*). Le saint *Zohar* enseigne que cette approche duelle de Dieu est le résultat de notre compréhension limitée. Si nous pouvions voir avec plus de discernement, nous pourrions comprendre tout ce que Dieu accomplit pour le bien de l'humanité. Peut-être ne pouvons-nous pas toujours percevoir cela, mais comment une créature limitée dans ses possibilités peut-elle espérer pénétrer et comprendre la Volonté infinie ? »

« Le message du *Chema,* ajoute Riskin, est que si nos yeux et nos oreilles pouvaient s'ouvrir complètement à la connaissance, nous pourrions comprendre que tout ce qui advient dans le monde, aussi bien ce que nous pensons être pour le bien que ces autres éléments qui nous effraient par leur puissance, que tout ceci découle de ce Dieu de compassion et d'amour ; en d'autres termes que "l'Éternel est Un". La tradition juive, conclut Riskin, nous enseigne que de même que nous remercions Dieu pour le bien, de même nous devons accepter qu'il est à l'origine de ce qui nous arrive lorsque nous ressentons cela comme un mal. Si nous pouvions comprendre réellement ce que le *Zohar* enseigne, alors nous comprendrions que le mal n'existe pas » (*Jerusalem Post*, 12 août 1989, p. 23).

Ce que le *Chema* affirme et ce que le *Chema* condamne

Le *Chema* est « contre la pluralité de petites divinités, demi-divinités ou l'absence de toute divinité ; il est opposé à l'idolâtrie qui fragmente l'adoration du tout en celle de ses parties... C'est l'unité face à la dualité qui scinde le monde entre le bien et le mal et assigne le mal à une divinité secondaire et souffre-douleur, accordant à la divinité principale la dignité de la gestion unilatérale du bien... ».

Le *Chema* affirme « parentalité absolue de Dieu… d'où l'unité de l'humanité. Face à la diversité des familles humaines… le *Chema* dit : Écoute bien ! Dieu est Un ; c'est pourquoi les enfants de Dieu doivent être un » (Jacob J. Weinstein, *The Place of Understanding*, p. 126-127).

« Écoute, ô Israël… » signifie que tout Juif est membre… d'une communauté qui existe non seulement à travers l'espace mais aussi à travers les âges.
« L'Éternel notre Dieu… » signifie que, quelles que soient nos conditions, nous ne renierons pas la vie, ni ne perdrons l'espoir que la justice finira par être victorieuse…
« L'Éternel Un » signifie que dans notre univers le mal n'a aucune chance de gagner… L'autorité ultime n'est pas la force armée mais Dieu qui, à son heure, établira sa souveraineté (Morris Adler, *The Voice Still Speaks*, p. 372-373).

Pouvons-nous néanmoins croire que « le mal n'existe pas » et que tel est le message du *Chema* ? Le rabbin Leo Baeck, figure éminente du judaïsme en Allemagne pendant les années de la Shoah, posa cette question essentielle : « L'esprit juif a toujours cherché à comprendre l'unité qui sous-tend notre monde réel. Cette réalité qui s'exprime dans une sphère ou dans une autre, apparaît à l'esprit juif comme une vaste unité… Seul un Dieu unique est ; c'est pourquoi il n'y a qu'un seul ordre des choses, en dépit des contradictions au sein de notre monde… Ainsi, en toute chose, il y a une réalité sous-jacente qui ne peut pas être représentée et qui est unique, une, cachée, infinie et éternelle…

Tout procède du Dieu Un ; et tout retourne vers Dieu Un » (Albert H. Friedlander, *This People Israel : The Meaning of Jewish Existence*, Jewish Publication Society, Philadelphia, 1965, p. 7, 14, 23).

L'approche de Baeck semble être en contradiction avec celle de Riskin. Il ne veut pas dire que le « mal n'existe pas » ou qu'il n'y a pas de souffrance. Au contraire ; la souffrance et le mal dont les êtres humains font l'expérience sont une réalité et procèdent de Dieu. « La souffrance devient un test de la capacité humaine à surmonter les difficultés », dit Baeck. Et il conclut que « la sagesse du judaïsme – que son histoire lui a enseignée – est de considérer la vie comme une mission imposée par Dieu à tout être humain. La souffrance en fait partie intégrante ; tout individu créatif en fait l'expérience. À travers la souffrance humaine, chacun réalise les contradictions qui donnent une signification tragique à son désir d'accomplissement et de plénitude ». En d'autres termes, non seulement le mal est une réalité, mais dans la lutte contre le mal, les êtres humains testent leurs capacités de résistance. En récitant le *Chema*, les Juifs orientent leurs aspirations à résoudre les conflits et à les parfaire dans l'unité en tendant vers une unité harmonieuse. Ils assignent à leur capacité d'action la résolution des conflits et leur aboutissement dans « une unité et une harmonie » (*The Essence of Judaism*, Schocken Books, New York, 1948, p. 136-138).

Alors que Baeck ne nie pas la « réalité » du mal, la solution qu'il propose est que Dieu, qui peut tout et connaît tout, engendre le mal afin que les êtres humains soient éprouvés et sortent victorieux de cette confrontation.

Le philosophe moderne, le rabbin Mordecai M. Kaplan s'oppose à cette vision. Il fait remarquer que, si nous disons que Dieu est responsable de l'existence du mal, alors nous devons accepter que Dieu soit à l'origine de toutes les atrocités qui ont jalonné l'histoire humaine, et que Dieu est responsable des tremblements de terre, de la famine, des inondations et de toutes les catastrophes naturelles. Une telle affirmation, dit Kaplan, fait de Dieu un monstre maléfique.

Au lieu de cela, Kaplan croit que nous pouvons résoudre cette difficile contradiction en « assumant que l'omnipotence (la capacité d'action infinie) de Dieu n'est pas réalisée actuellement mais est une potentialité ». Si nous prenons en considération que Dieu est éternel (hors du temps), alors il est possible de comprendre que « le mal qui maintenant corrompt le cosmos sera finalement éliminé » par les êtres humains qui, comme création de Dieu, sont appelés à « réduire l'impact du mal dans notre monde ». Ainsi, le mal, contrairement à l'approche de Leo Baeck, n'est ni délibérément ni sciemment placé par Dieu dans notre existence pour nous tester, mais représente au contraire un obstacle au bien que Dieu cherche à accomplir.

Kaplan clarifie ce point en répondant à la question suivante : « Pourquoi Dieu a-t-il *conçu* la poliomyélite ? » Il écrit : « Dieu n'a pas conçu la poliomyélite. Dieu nous seconde toujours pour que nous puissions améliorer l'état de notre monde, mais le monde ne peut pas immédiatement devenir ce que Dieu voudrait qu'il soit. Lorsque les êtres humains mettent à profit l'intelligence que Dieu leur a donnée, ils déchiffrent de mieux en mieux les lois de la nature, et apprennent de plus en plus comment les maladies peuvent être prévenues et guéries. » De cette façon, conclut Kaplan, les êtres humains aident Dieu à « réduire l'impact du mal dans le cosmos ». Pour lui, le *Chema* est l'expression de ce partenariat particulier entre Dieu et le peuple juif dans sa bataille contre la souffrance et pour le triomphe du bien sur le mal (*Questions Jews Ask*, p. 115-120).

Le rabbin David Hartman considère également que le *Chema* est l'expression du partenariat entre le peuple juif et Dieu. Il écrit : « En récitant le *Chema*, nous entendons Dieu s'adressant à la communauté. L'insistance est sur "Écoute Israël, étudie, pense et sois attentif au message révélé par la Torah". C'est le moment d'engagement de la communauté envers Dieu et envers sa Torah. Dans le *Chema*... on ressent intimement l'événement fondateur de la Révélation au Sinaï. Dieu invite la communauté à entrer dans l'alliance. »

Selon l'explication de Hartman, Moïse a employé les termes du *Chema* pour rappeler aux Hébreux l'expérience qu'ils firent, au mont Sinaï, de la présence de Dieu lorsqu'ils reçurent les Dix Commandements. Depuis ce moment, dit Hartman, en prononçant ces mots formulés par Moïse, les Juifs renouvellent l'alliance conclue au mont Sinaï. En disant le *Chema*, ils réinstaurent leur promesse de mettre en pratique les *mitzvot*, les commandements rituels et éthiques, s'engageant envers Dieu « qui prescrit un mode de vie global » (*A Living Covenant*, The Free Press, New York, 1985, p. 164-165).

Le rabbin Jacob ben Isac Ashkenazi de Janow, auteur du *Tzénah ouReénah*, compare la récitation du *Chema* au fait de recevoir une lettre d'amour. Il écrit : « En disant le *Chema*, vous devriez être comme la personne qui reçoit une lettre du roi aimé, qu'il a lui-même écrite, à elle spécialement, aujourd'hui. Elle lit et entend chaque mot de la lettre. Ainsi devons-nous être et devons-nous accorder toute notre attention à chacun des mots du *Chema* » (*Commentaire sur Deutéronome* 6 : 6).

À travers les siècles, les Juifs ont récité le *Chema* comme l'expression la plus parfaite de leur foi. Ils ont considéré les mots qui le composent comme des « lettres d'amour », ce qui ne les a pas empêchés d'argumenter sur chaque terme de cette « lettre », y découvrant de multiples messages comme si les termes contenus dans le *Chema* leur donnaient les clefs pour comprendre la relation entre Dieu et eux. Aujourd'hui, les recherches et les débats se poursuivent. La déclaration du *Chema* comme l'expression de la foi juive reste une source d'inspiration et un défi.

2. EST-IL POSSIBLE D'AIMER DIEU ?

En définissant l'« amour », le psychologue Erich Fromm affirme qu'il s'agit « d'une activité et non d'un affect passif. Il s'agit de "se tenir debout" et non de "tomber". » Fromm poursuit en expliquant que le « caractère actif de l'amour peut être décrit en statuant que l'amour c'est principalement *donner*, et non recevoir… Donner est la plus grande expression de puissance. En donnant, je fais l'expérience de ma force, de ma richesse et de mon pouvoir. Cette expérience de grande vitalité et de capacité me remplit de joie. Je fais l'expérience de moi-même comme source de générosité, de don et de vie… Donner est un acte qui génère la joie bien plus que recevoir, non parce qu'il est dépossession, mais parce que dans cet acte de donner réside ma conscience d'être en vie » (*The Art of Loving*, Harper and Row Publishers Inc, New York, 1974, p. 18-19).

Juste après l'énoncé du *Chema* dans Deutéronome 6 : 4, Moïse instruit les Hébreux et leur dit : « Tu aimeras l'Éternel ton Dieu de tout ton cœur, de toute ton âme et de toutes tes forces. » Ce commandement est la pierre angulaire de la tradition juive. Il est dit deux fois par jour et est considéré par la tradition rabbinique comme une des 613 *mitzvot*, les commandements qui constituent la pratique juive.

Cette phrase soulève néanmoins de multiples questions. Selon la définition qu'Erich Fromm donne de l'amour, est-il possible d'aimer Dieu ? Qu'est-ce que Moïse sous-entendait en énonçant ce commandement ? L'« amour » pour une personne ou pour Dieu peut-il être « ordonné » ? Comment un tel amour peut-il être exprimé ?

Les premiers interprètes rabbiniques se sont également heurtés à ces questions. Dans le *Tanna debe Eliyahou* (p. 139-141), ils affirment que la *mitzvah* d'« aimer Dieu » est le « commandement le plus important de la Torah » et qu'il doit avoir pour conséquence d'inviter à aimer Dieu. Si, par exemple, on étudie la Torah et agit avec honnêteté et équité en affaires, alors les autres diront : « Considérez la façon aimable et éthique de ceux qui disent aimer Dieu. Considérant le résultat immédiat d'un tel amour, ils chercheront eux aussi à aimer Dieu et inciteront leurs enfants à étudier la Torah et à suivre ses commandements. »

De plus, disent les rabbins, aimer Dieu veut dire ne pas faire de différence dans le comportement que nous adoptons dans les relations entre Juifs et dans celles avec les non-Juifs. Aimer Dieu nous invite à traiter chaque être humain avec respect et à agir envers tous de façon honnête, juste et bienveillante. Ceux qui, à travers leur comportement, montrent leur amour pour Dieu deviennent un exemple. C'est l'influence de Dieu dans leur vie qui en fait des témoins du pouvoir de Dieu.

Un autre sujet abordé par les commentateurs rabbiniques est la distinction entre aimer et craindre Dieu. Ils expliquent cette différence en racontant une histoire, celle d'un roi et de ses deux serviteurs. Le premier aimait le roi, le second le craignait. Un jour, le roi partit pour un long voyage. Le serviteur qui aimait le roi se mit à planter un beau jardin, à l'entretenir avec soin et, quand le roi revint, il lui présenta un magnifique plateau de fruits. Le roi fut enchanté et empli de gratitude. Voyant cet empressement du roi à remercier son serviteur, celui qui le craignait se hâta de trouver des fruits et de les présenter au roi, mais ceux-ci étaient secs. Constatant qu'il s'agissait d'une pensée tardive, cela déplut au roi.

Aimer Dieu signifie connaître la joie engendrée par l'acte de « générosité ». L'amour mène au don, au partage de sa propre créativité avec l'autre. La crainte étouffe notre capacité au partage. Elle éloigne nos énergies de tout effort positif au profit d'efforts visant à nous protéger et à nous mettre au service de nous-mêmes. L'acte d'amour nous amène à réunir nos forces afin d'apporter une contribution attentionnée vers les autres. Nous pouvons alors utiliser nos capacités et nos talents à présenter de « magnifiques plateaux de fruits ». Aimer Dieu, disent les anciens rabbins, est comme tout véritable amour, une expression de gratitude heureuse et créative (*Yoma* 86a).

Rachi a également cherché à définir quel est le sens à donner à l'amour de Dieu. En s'appuyant sur les commentaires du *Sifré*, il affirme que la Torah elle-même offre une explication. Au commandement d'« aimer Dieu », elle ajoute les mots : « de tout ton cœur, de toute ton âme et de toutes tes forces ». « De tout ton cœur » signifie que nous devons servir Dieu avec toutes nos capacités pour le bien, avec compassion et générosité, avec notre capacité à relever les défis, à rechercher le succès et avec notre force physique. « De toute ton âme » signifie que nous devons être prêts à donner nos vies, si nécessaire, pour défendre les principes de notre foi. « De toutes tes forces » veut dire que nous devons être prêts à consacrer nos biens et nos richesses pour accomplir des actes de bienveillance afin d'assurer l'avenir de notre peuple. Rachi conclut que les « amoureux de Dieu » considèrent les commandements de la Torah ni comme une « antiquité » ni comme extérieurs au monde réel ; ils les considèrent comme toujours pertinents et comme un défi pour chaque époque (*Commentaire sur Deutéronome* 6 : 4-6).

Maïmonide qui, sur bien des points, est du même avis que les rabbins du *Tanna debe Eliyahou* et Rachi, considère néanmoins le commandement d'« aimer Dieu » sous un angle différent. Si la bienfaisance et la compassion en font partie, pour lui, « aimer Dieu de tout ton cœur » est un engagement d'ordre intellectuel. Il est question d'étude et de contemplation critique. « Par l'acte de contemplation, écrit Maïmonide, on peut s'approcher d'une plus exacte compréhension de la nature de Dieu et aboutir à un état de joie dans lequel l'amour de Dieu se manifeste de lui-même. »

Maïmonide pense alors, non seulement à l'étude des commandements de la Torah mais aussi à celle des sciences, ceci incluant la philosophie. « L'amour de Dieu dépend du degré de connaissance, dit-il. C'est pourquoi nous devons nous consacrer à l'acquisition de la connaissance afin d'être informés dans les arts et dans les sciences grâce auxquels nous pouvons développer une juste connaissance au sujet de Dieu et de nos responsabilités morales. C'est uniquement lorsque nous comprenons la nature réelle du monde et de l'univers que nous pouvons pénétrer la sagesse de Dieu et aboutir au véritable amour de Dieu. »

Aimer Dieu est néanmoins plus que l'acquisition de la connaissance de la Torah et de la « nature de notre monde ». Citant l'action d'Abraham, le fondateur de la tradition juive, Maïmonide fait remarquer que le patriarche prit sur lui d'enseigner à des convertis potentiels l'approche juive de Dieu et de l'éthique. De cette façon, il les amena à aimer le Dieu Un et les accueillit au sein du peuple juif. « Ainsi, il fit que Dieu soit aimé par de nombreuses personnes. » Pour Maïmonide, il ne suffit pas d'étudier et d'accomplir les commandements avec dévotion. Aimer Dieu signifie se tourner vers ceux qui n'ont pas de foi et les faire entrer et les convertir au judaïsme (*Mishne Torah, Techouvah* 3, 6, 10 : *Sefer haMitzvot*, Commandements positifs 3).

Samuel Luzzatto et Nehamah Leibowitz

Aimer Dieu

Ceux qui placent Dieu devant eux et sont exclusivement préoccupés d'accomplir ce qui plaît à Dieu et d'observer les commandements de Dieu seront appelés les amoureux de Dieu... l'amour de Dieu n'est pas un commandement séparé mais est le principe qui sous-tend tous les commandements. L'amour en lui-même ne peut pas être le sujet d'un commandement (Samuel Luzzatto, Nehamah Leibowitz, *Studies in Devarim*, p. 65).

Le psychologue Erich Fromm fait remarquer que le fondement de notre besoin d'aimer se situe dans l'expérience de la séparation et du besoin qui en découle, et dans le fait de surmonter l'angoisse due à la séparation en faisant l'expérience de l'union. La forme religieuse de l'amour, ce qui est appelé l'amour de Dieu, n'est, psychologiquement parlant, pas différent. Il jaillit du besoin de surmonter le sentiment de séparation et de réaliser l'union (*The Art of Loving*, p. 53).

Le seul moyen d'atteindre l'amour et la crainte véritables de Dieu, d'exprimer un authentique désir de s'approcher de Dieu à travers le rituel et de connaître Dieu, s'obtient grâce à l'offrande d'une prière comme sacrifice de soi à travers un enthousiasme incandescent (rabbi Kalonymus Kalmon, cité par Louis Jacobs, *Hasidic Prayer*, Schoken Books, New York, 1978, p. 20).

Celui qui est incapable de prier est autorisé à raconter des blagues afin d'éveiller le sentiment d'amour dans son esprit. Peut-être dira-t-il alors : « Si je peux rire de tels non-sens, je peux d'autant plus apprécier les délices que Dieu m'accorde. » Une telle personne pourra alors réciter ses prières avec un sentiment d'amour et de crainte mêlés (Magguid de Mezeritch et Louis Jacobs, *Hasidic Prayer*, p. 51).

Bahyah ben Yosef Ibn Pakoudah, l'auteur du *Devoirs du cœur*, partage l'avis de Maïmonide, à savoir que l'on peut atteindre l'amour de Dieu à travers « la contemplation et l'étude » et que cet amour se manifeste à travers l'ouverture vers les autres afin d'enseigner le judaïsme aux non-Juifs et de les accueillir au sein du peuple d'Israël. Mais il diffère en insistant sur un point. « Cet amour, écrit-il, demande qu'une personne médite sur le fondement et les principes des commandements... [une telle méditation] lui apportera une grande félicité. »

Pakoudah reconnaît que les préoccupations quotidiennes empêchent souvent d'aboutir à une telle contemplation et à une telle « félicité ». Pour dépasser la tension et les tentations du quotidien et la recherche de bien-être qui empêchent d'aboutir au véritable « amour de Dieu », il maintient qu'il est nécessaire « de ne pas succomber aux demandes du monde, de se détacher des besoins matériels et des désirs physiques ». Ceux qui recherchent véritablement à « aimer Dieu » doivent « communier avec Dieu dans la solitude, consacrer leur vie à Dieu et à lui seul, s'abandonner et être en recherche constante de Dieu, sans avoir d'autres désirs » (voir aussi chap. 3, et B.S. Jacobson, *Meditations on the Torah*, p. 263-274).

Le commentateur moderne, le rabbin W. Gunther Plaut rejette l'idée de Pakoudah de devoir se retirer du monde afin de communier « avec Dieu dans la solitude » comme l'expression du véritable amour de Dieu. Au lieu de cela, Plaut revient à la notion des premiers rabbins qui affirmaient que l'« amour de Dieu » s'exprimait à travers les actes et l'accomplissement des *mitzvot*. « C'est l'attention que nous portons aux *mitzvot* qui nous rendra conscients, nous et les autres également, de celui qui est Un et au nom de qui nous accomplissons ces commandements, et plus seront fortes notre fidélité et notre intention au sujet de la *mitzvah* et de Celui qui nous l'a donnée, plus nous pourrons pénétrer dans cet espace où l'amour pur pourra s'exprimer... » Et Plaut de conclure : « Chaque *mitzvah* accomplie avec l'esprit qui convient est un acte d'amour pour Dieu. Cela peut avoir lieu partout où l'occasion d'accomplir une *mitzvah* se présente. Ce n'est donc pas exclusivement l'aboutissement d'une contemplation spirituelle » (*The Torah : A Modern Commentary*, p. 1370-1371).

Peli

Pinhas Peli est de l'avis de Plaut et considère que l'expression première de l'amour de Dieu se manifeste d'abord à travers l'accomplissement des *Mitzvot*. Il maintient néanmoins que, si l'amour de Dieu est la conséquence de la « conscience de l'unicité de Dieu », il trouve son expression dans la façon dont il nous influence afin de devenir des exemples auprès des autres.

Peli attire notre attention sur l'injonction de Moïse : « Prends à cœur les paroles que je t'enjoins en ce jour. Enseigne-les à tes enfants... » Et il explique que « l'enseignement dont il est question ici n'est pas de transmettre des informations ou de sermonner ou de donner des ordres mais il s'agit de proposer un exemple de comportement qui, image de la sincère loyauté et de la passion qui transparaissent à travers notre action, devient une source d'inspiration pour nos enfants et nos étudiants... ».

Peli écrit : « Nos enfants apprendront de notre façon de mettre en pratique notre religion… L'acte et la pensée doivent aller de pair dans la vie de la personne religieuse vraie » (« Torah Today », *Jerusalem Post*, 10 août 1985, p. 10).

Définir la signification de l'amour et de sa manifestation chez les êtres humains reste un sujet majeur de débat parmi ceux qui étudient le comportement humain. L'amour est-il une question de confiance, de respect mutuel, d'un sens des responsabilités vis-à-vis de soi et des autres, un moyen de surmonter la crainte de la solitude, une attraction biologique assurant la survivance de l'humanité ? Est-ce un don magique et prodigieux de Dieu ? Et, s'il est difficile d'expliquer ce qu'est l'amour entre les humains, il en va de même pour l'amour de Dieu.

Pour cette raison, les commentateurs juifs continuent de débattre afin de décrypter l'injonction de Moïse aux Hébreux : « Tu aimeras l'Éternel ton Dieu… » Néanmoins, dans toutes leurs discussions, ils oublient de reconnaître que l'amour n'est pas statique mais est une dynamique. Il évolue, grandit et mûrit. L'amour exprimé par un enfant est différent de celui ressenti par un adolescent ou celui ressenti par une personne âgée qui, derrière elle, a une vie emplie d'expériences. L'amour est un ensemble composé de multiples sentiments : le respect, la reconnaissance, la loyauté, la bienveillance, la compassion. Il s'exprime dans l'aide apportée à celui qui est dans le besoin, dans la recherche de la justice, dans la compassion envers les autres, dans la chaleur d'une embrassade, et dans la passion partagée entre deux êtres humains.

C'est peut-être Moïse, le dirigeant âgé et sage des Hébreux, qui comprit le mieux que l'amour n'est pas l'expression d'un seul sentiment mais plutôt un don mystérieux et merveilleux ressenti par un être humain et exprimé de multiples façons. Cette connaissance s'exprime à travers son injonction : « Tu aimeras l'Éternel ton Dieu de tout ton cœur, de toute ton âme et de toutes tes forces. » Moïse a peut-être voulu dire que l'amour de Dieu est réalisé lorsque nous laissons s'exprimer notre capacité intellectuelle (ton cœur), spirituelle (ton âme) et physique (tes forces). L'amour de Dieu grandit, change et croît. Comme pour l'amour entre êtres humains, il est l'aboutissement d'une vie et non d'un moment. Pour cette raison, Moïse demande que telle soit notre plus haute priorité tout au long de la vie.

Questions pour l'étude et la discussion

1. Le rabbin Milton Steinberg a fait remarquer : « En proclamant l'unicité de Dieu… les prophètes… ont donc établi le principe que la réalité répond à un ordre et n'est pas anarchique ; que l'humanité est une et non un désordre ; et qu'une loi universelle d'équité s'applique à tous les êtres humains » (*Basic Judaism*, Harcourt Brace, 1947, p. 42-43). Compte tenu de la discussion à propos du *Chema* et de ses interprétations, en quoi le monothéisme, affirmé par Moïse et les prophètes, garde-t-il toute sa pertinence aujourd'hui ?
2. Le rabbin Leo Baeck a écrit : « Dans le judaïsme, l'amour de Dieu ne se résume pas à un sentiment, il se réalise dans le cadre de l'activité éthique » (*The Essence of Judaism*, p. 129). Trouvez-vous que les commentateurs des paroles de Moïse : « Tu aimeras l'Éternel ton

Dieu… » sont de cet avis. Quelle définition de l'amour de Dieu fait plus de sens pour vous ? Pourquoi ?

3. Étant donné la définition de l'amour de Dieu donnée par Maïmonide, devons-nous avoir une activité prosélyte ?

Parashat Ekèv

Deutéronome 7 : 12-11 : 25

Dans la parashat Ekèv *Moïse continue à s'adresser aux Hébreux. Il leur rappelle que Dieu leur assurera la prospérité et la victoire sur leurs ennemis à la condition d'être fidèles à son alliance en observant ses commandements. Leur rappelant les quarante années de pérégrination dans le désert, Moïse leur dit : « Dieu vous a soumis à la dureté de la faim… puis vous a donné la manne… afin de vous apprendre que les êtres humains ne vivent pas uniquement de pain… » Il les met alors en garde, après s'être établis dans leur pays et avoir goûté de ses fruits, de ne pas affirmer avec arrogance : « C'est grâce à mes aptitudes et au travail de mes propres mains que j'ai récolté cette richesse. » Ils ne doivent pas non plus conclure, poursuit Moïse, que c'est grâce à leurs vertus que Dieu leur a donné la victoire sur leurs ennemis et leur a permis de conquérir leur pays. Mais c'est pour punir les habitants de Canaan à cause de leur idolâtrie, et pour respecter l'alliance faite avec Abraham, Isaac et Jacob que Dieu leur a donné possession de ce pays. Moïse évoque l'infidélité du peuple ; de quelle façon ils ont construit le veau d'or alors qu'ils venaient de recevoir les Dix Commandements au mont Horèb ; comment ils se sont rebellés à Kadèch-Barnéa ; et son intervention auprès de Dieu pour les sauver de l'anéantissement et leur donner de nouvelles Tables sur lesquelles étaient gravés les Dix Commandements. Il rappelle la mort et l'ensevelissement d'Aaron. Il leur dit encore une fois que Dieu désire qu'ils « abandonnent leur attitude qui favorise l'endurcissement de leur cœur », qu'ils observent les commandements et apprennent les leçons de leur histoire, en particulier des moments où Dieu les a libérés de l'esclavage égyptien et les a guidés dans le désert. S'ils gardent les commandements, comme Moïse les y encourage, alors Dieu repoussera tous les peuples devant eux et aucun ne résistera à leur pouvoir.*

NOTRE TARGOUM

1. Moïse continue à s'adresser aux Hébreux avant qu'ils n'entrent dans le pays d'Israël et les met en garde en leur disant : « Si vous obéissez à ces lois et les observez fidèlement, alors Dieu accomplira l'alliance conclue avec Abraham, Isaac et Jacob. » Il informe le peuple que le pays d'Israël est un pays fertile et sans épidémie et leur annonce qu'ils seront victorieux de leurs ennemis.

Il rappelle au peuple ses pérégrinations dans le désert. Dieu, explique-t-il, les a éprouvés pour savoir s'ils seraient fidèles aux commandements. Ils ont reçu la manne pour toute nourriture, « afin de leur apprendre que l'être humain ne se nourrit pas uniquement de pain, mais qu'il peut vivre de ce que l'Éternel décrète ».

Moïse met en garde les Hébreux contre l'arrogance, leur conseillant, quand ils mangent des produits du pays, de « remercier l'Éternel votre Dieu pour cette bonne terre qu'il vous a donnée ».

Moïse les avertit en disant : « Lorsque vous serez rassasiés et aurez bâti de belles demeures pour y habiter, et que vos bêtes et vos troupeaux se seront multipliés, que votre argent et que votre or aura augmenté, et que tout ce qui vous appartient aura prospéré, ne vous enorgueillissez pas de cela en oubliant l'Éternel votre Dieu – qui vous a libérés du pays d'Égypte, d'une maison d'esclavage ; qui vous a conduits à travers le désert et vous a nourris de la manne. Et ne pensez pas : "C'est de ma propre capacité et du travail de mes propres mains que j'ai récolté cette richesse." Rappelez-vous que c'est l'Éternel votre Dieu qui vous donne la capacité d'acquérir la richesse, selon l'Alliance qu'il a promis à vos ancêtres (Abraham, Isaac et Jacob) de respecter, comme c'est le cas maintenant. »

2. Moïse met également en garde les Hébreux : « Après avoir été victorieux de vos ennemis, ne dites pas : "Dieu m'a permis d'occuper ce pays grâce à mes mérites." » Moïse insiste sur le fait que Dieu a permis aux Hébreux de posséder le pays parce qu'il en a dépossédé leurs ennemies suite à leur malveillance. Dieu leur a également donné cette terre pour respecter l'alliance conclue avec Abraham, Isaac et Jacob.

3. Évoquant le moment où il est monté sur le mont H̲orèb (Sinaï) et a rapporté les Tables de l'Alliance sur lesquelles les Dix Commandements étaient gravés, Moïse rappelle aux Hébreux que leurs ancêtres avaient construit le veau d'or. Il cite les paroles que Dieu lui avait adressées : « Je constate que ce peuple a la nuque raide. Laisse-moi et je vais le détruire et effacer leurs noms de dessous les

cieux, et je vais former, à partir de toi, un peuple encore plus nombreux qu'eux. »

Moïse leur rappelle qu'après avoir brisé les Tables de l'Alliance, il prit le parti du peuple, argumentant avec Dieu : « N'annihile pas ton peuple… Sinon les habitants du pays d'où tu nous as libérés diront : "C'est parce que l'Éternel est incapable de les mener jusqu'à la terre qu'il leur a promise, et parce que Dieu les hait, qu'il les a fait sortir pour les faire mourir dans le désert" » (voir la discussion du texte parallèle dans *La Torah commentée pour notre temps*, tome 2, *Parashat KiTissa*, Exode 30 : 11-34 : 35, p. 117-121).

Moïse rappelle que Dieu grava de nouvelles Tables de l'Alliance avec les Dix Commandements et lui demanda de reprendre la route vers le pays d'Israël. Puis il évoque la mort et l'enterrement de son frère Aaron.

4. « Et maintenant, Israël, que te demande l'Éternel ton Dieu ? » Moïse, avec emphase, pose cette question au peuple. Dieu, déclare-t-il, demande qu'ils respectent les commandements. « Vois, les cieux jusqu'à leurs plus lointaines extrémités appartiennent à l'Éternel votre Dieu, la terre et tout ce qu'elle renferme ! Or ce furent vos ancêtres pour lesquels l'Éternel exprima son amour, ainsi Dieu vous a choisis, vous leurs descendants directs, parmi tous les peuples. »

Pour ces raisons, Moïse ajoute : « Rejetez la dureté de votre cœur et ne raidissez plus votre nuque. Car l'Éternel votre Dieu est le Dieu suprême… défendant la cause de l'orphelin et de la veuve, aimant l'étranger… en lui donnant la nourriture et le vêtement.

De même vous aimerez l'étranger… Vous devez honorer l'Éternel votre Dieu. »

La *parashat Ekèv* contient deux thèmes importants :
1. Arrogance et gratitude.
2. « Circoncire » son cœur.

1. MISE EN GARDE CONTRE L'ARROGANCE

Avant que le peuple ne rentre dans le pays d'Israël et avant de mourir sur le mont Nebo, Moïse, dans ses discours, pose au peuple des questions éthiques de la plus grande importance. Leur rappelant leurs difficiles années d'errance dans le désert, il dit que Dieu les a testés en leur faisant ressentir la faim, pendant de longues journées sous le soleil brûlant et de longues nuits glaciales. Et pendant tout ce temps, seule la manne fut leur nourriture. Ces années ont été marquées par de dures épreuves.

Malgré tout, Moïse ne centre pas son propos uniquement sur le passé. Il s'inquiète de leur avenir car il entrevoit le moment où les Hébreux seront confortablement installés, prospères et en sécurité dans leur pays. Ils auront alors vaincu tous leurs ennemis et bénéficieront d'une économie florissante. Il se demande quel sera leur équilibre spirituel dans un tel futur de victoires et d'abondance. Ne sachant pas quelle voie ils choisiront, Moïse leur présente quatre propositions :

Première proposition : Se souvenir des difficultés du passé et de quelle façon ils ont été mis à l'épreuve pendant ces quarante ans dans le désert afin que chacun apprenne qu'il ne vit pas de pain uniquement, mais de tout ce que Dieu commande.

Deuxième proposition : Dieu vous amène dans un bon pays où vous ne manquerez de rien. Lorsque vous aurez mangé et serez rassasiés, remerciez l'Éternel votre Dieu pour le bon pays qui vous a été donné.

Troisième proposition : Quand vous serez comblés et aurez construit de belles demeures, augmenté la taille de vos troupeaux, de votre or, de votre argent, prenez garde à ce que votre cœur ne s'enorgueillisse, oubliant les commandements de Dieu en pensant : « Mes capacités et mon travail m'ont permis de réunir tous ces biens. »

Quatrième proposition : Après avoir vaincu vos ennemis et occupé le pays, ne vous dites pas en secret : « Dieu m'a permis d'occuper cette terre grâce à mes qualités propres. »

De nombreux commentateurs révèlent les soucis de Moïse tels qu'ils s'expriment à travers ces directives et posent la question : Pourquoi cette anxiété au sujet du comportement que les Hébreux pourraient adopter après leurs victoires à venir et en considérant leur prospérité ? Pourquoi Moïse se concentre-t-il sur leurs réactions potentielles suite à leurs réussites ?

Les premiers commentateurs nous donnent une clef dans leur discussion sur la deuxième directive : « Lorsque vous aurez mangé et serez rassasiés, remerciez l'Éternel votre Dieu pour le bon pays qui vous a été donné. » En expliquant cet enseignement, les commentateurs de l'époque talmudique font remarquer que ce verset a amené les rabbins de la Grande Assemblée à composer le *Birkat haMazon*, la bénédiction qui est prononcée à la fin de chaque repas. Jugeant qu'il faut honorer notre « dette » envers Dieu, ils ont estimé que « toute personne consommant et goûtant des fruits du monde créé par Dieu sans prononcer une prière de gratitude vole ce qui appartient à Dieu ».

Les exégètes rabbiniques pensaient que Moïse était préoccupé par la façon dont les Hébreux se comporteraient après être entrés dans le pays d'Israël. Il craignait qu'une fois établis et bénéficiant de ses fruits, ils n'aboutissent à la conclusion de ne rien devoir à Dieu. Moïse présumait qu'ils oublieraient tout ce que Dieu avait fait pour eux et en tireraient la conclusion que c'est à eux seuls qu'ils devaient leurs abondantes récoltes.

Pour cette raison, disent les rabbins, Moïse a mis en garde les Hébreux de ne pas consommer de la nourriture sans prononcer des bénédictions de gratitude, de ne pas savourer des fruits du pays sans prononcer des paroles de reconnaissance envers Dieu. Il assimile le fait de manger et de boire sans prononcer de bénédiction à un « vol » (*Berakhot* 33a-35a).

Rabbi Na<u>h</u>man et rabbi Yo<u>h</u>anan considèrent que faire preuve d'ingratitude est non seulement « voler Dieu » mais aussi « oublier » et « nier » Dieu. Selon eux, Moïse est soucieux en pensant que les Hébreux, lorsqu'ils seront entrés dans le pays, connaîtront une grande prospérité et oublieront tous les commandements que Dieu leur a donnés. Submergés par l'abondance, ils deviendront arrogants et nieront les demandes que Dieu leur a faites. Un tel « oubli » mènera à l'abandon de leur tradition aussi bien rituelle qu'éthique. Et cela conduira à la disparition de la société exigeante qu'il cherche à promouvoir (*Berakhot* 49b et Sotah 4b).

Ramban (Nahmanide)

Nahmanide souligne l'importance accordée par Moïse au devoir de mémoire. Il craint que les Hébreux, alors qu'ils s'apprêtent à conquérir le pays d'Israël et à profiter de sa production, n'en viennent à penser qu'ils sont les seuls responsables de leurs victoires et des abondantes récoltes de leurs champs. Une telle conclusion serait logique. Après tout, ce sont des hommes vigoureux, un peuple courageux et déterminé. Lorsqu'ils sortiront vainqueurs des batailles et récolteront ce que cette terre riche produit, ils pourraient être convaincus d'être les maîtres de leur destinée. Pour cette raison, selon Nahmanide, Moïse leur répète : « Lorsque vous aurez la tentation de dire : Le pouvoir et la force de mes propres mains ont produit cela, *souvenez-vous…* »

Nahmanide fait remarquer que, pour Moïse, « se souvenir » est l'antidote de l'arrogance. Il explique que ce grand dirigeant comprend que la tendance humaine est de s'accorder le crédit des succès et des victoires. Dans toutes les situations, l'autosatisfaction est une tentation dangereuse. C'est pourquoi Moïse leur dit de se souvenir de leur histoire et de tempérer leur fierté en se rappelant que c'est Dieu qui les a libérés de l'esclavage d'Égypte et que c'est Dieu qui les a nourris dans le désert sauvage, alors qu'ils étaient impuissants et affamés. Il leur est conseillé de se rappeler, lorsqu'ils habiteront dans de confortables maisons, célébrant l'abondance des récoltes et de leur fortune, que c'est Dieu qui donne le pouvoir d'amasser de telles richesses. Et, lorsqu'ils s'apprêteront à se vanter de leurs victoires et à se flatter de leurs qualités, ils devront se rappeler que c'est Dieu qui donne le pouvoir de vaincre ses ennemis.

Les dangers de l'orgueil

Le peuple d'Israël est comparé à une vigne pour nous apprendre que la vigne a de petites et de grosses grappes de raisin, et que les grosses grappes sont sous les petites ; ainsi, plus une personne est importante (en sagesse), plus grande doit être son humilité. Le roi Salomon enseigne que l'orgueil amène une personne à la malhonnêteté dans ses discours. Il fait qu'une personne déviera de la vérité et énoncera des accusations qui sont infondées. Dieu pleure à cause de ceux qui sont remplis d'orgueil (Ba'hia ben Achèr, Kad haKema'h, *Encyclopedia of Torah Thoughts*, Shilo Publishing House Inc., New York, 1980, p. 130-136).

Nahmanide insiste sur le fait que de tels souvenirs, en particulier au moment des réjouissances, relativise l'expression de fierté. Ils modèrent les expressions d'autoglorification et les dangers qui découlent de la flatterie qu'on s'accorde soi-même. L'histoire invite à devenir humble. Elle prévient contre toute affirmation arrogante au sujet du pouvoir humain en replaçant victoires et défaites dans le contexte mystérieux et plus large de toute vie. Dans sa mise en garde aux Hébreux, Moïse cherche à leur enseigner que toute récolte abondante, que les biens et les victoires imprévus ne sont pas uniquement le fruit de leur action, mais des dons de Dieu (*Commentaire sur Deutéronome* 8 : 18-9 : 4).

Non par le pain uniquement

Les humains ne vivent pas du pain... mais uniquement grâce au pouvoir de Dieu qui s'est répandu au temps de la création et qui a fait que le pain puisse être extrait de la nature. C'est de cette essence spirituelle que l'être humain vit puisque ce sont les aliments qui apportent à l'âme sa nourriture (*Likouté Torah*, dans A.Z. Friedman, *Wellsprings of Torah*, p. 387).

Rabbi Moshe Hayim Alshekh est de l'avis de Nahmanide. Il remarque que « la personne qui bénéficie de richesses exceptionnelles et de chance apparente » fait face à de fortes tentations. Il explique qu'il est difficile de ne pas « verser dans l'arrogance » et dans « le sentiment d'être le propre architecte de sa bonne fortune et que Dieu n'y est pour rien ». Le danger de telles impressions, dit Alschekh, est que souvent elles éloignent de Dieu et de ses commandements. Le processus qui mène à s'éloigner des commandements de Dieu, dit Alschekh, est graduel et son développement est presque imperceptible. On commence par « observer les commandements en vue de quelque récompense matérielle. Puis on mange sans remercier Dieu et reconnaître qu'il est la source de toute nourriture. Pour à la fin croire que c'est à soi qu'on doit la réussite et le succès et, rejetant Dieu, on se tourne vers le culte des idoles ».

Selon Alschekh, Moïse comprit ces dangers et c'est ce qui explique les directives qu'il donna au peuple (*Commentaire sur Deutéronome* 7 : 4-8 : 14).

Leibowitz

La commentatrice Nehama Leibowitz fait écho aux conclusions de Nahmanide et d'Alshekh. Elle souligne le fait que Moïse insiste sur la tendance naturelle à l'impudence et sur les dangers résultant de l'absence de confiance en Dieu. Elle écrit : « Une certaine cécité a pour conséquence de ne ressentir la présence de la main de Dieu qu'aux moments où on est témoin de miracles, comme ce fut le cas pendant les pérégrinations d'Israël dans le désert. Ils n'ont pas pris conscience des miracles qui se produisaient continuellement en leur faveur et même quand, dans le monde autour d'eux… tout semblait se dérouler comme habituellement. »

Leibowitz laisse entendre que l'intention de Moïse est de mettre en garde les Hébreux contre un tel « aveuglement ». Son but est qu'ils gardent leur capacité d'étonnement devant les merveilles du monde et en considérant leur destinée si particulière. Ceci explique qu'il insiste sur l'action de Dieu dans leur histoire. « Le rappel des miracles passés, conclut-elle, est de leur faire prendre conscience des miracles cachés dont la Torah cherche à nous rendre conscients… afin de renforcer notre foi en l'intervention directe de Dieu » (*Studies in Devarim*, p. 90-96).

Le rabbin Morris Adler voit dans ces lignes de conduite énoncées par Moïse plus que ce que proposent les commentateurs précédents. Il suggère que la conscience « qu'on ne vit pas uniquement de pain » est le « véritable objectif de toute recherche et action d'ordre spirituel ». Adler défend l'idée que, par cette « déclaration fondamentale et essentielle », Moïse affirme que les individus ne « sont pas uniquement un corps, mais aussi un esprit ». Ils sont capables de penser par eux-mêmes et peuvent réaliser toute leur potentialité s'ils prennent conscience de leurs capacités intellectuelles et de leur possibilité de chercher des réponses à leurs questions. « La curiosité intellectuelle est l'un des aspects de la vie humaine les plus importants et les plus saisissants... Lorsque cette capacité est à son maximum, on s'ouvre à la connaissance scientifique, à la compréhension du monde environnant et de soi... »

Moïse insiste ainsi sur l'importance qu'il accorde à l'esprit humain en mettant en garde les Hébreux que se nourrir de pain n'est pas suffisant. Les individus ont besoin également de nourriture intellectuelle. On doit accorder à l'éducation une priorité absolue dans le développement de l'individu car c'est ainsi que l'esprit est éduqué et évolue.

Néanmoins, Adler est sûr que lorsque Moïse affirme que l'« être humain ne vit pas que de pain », il insiste également sur l'idée que les individus sont à la recherche de ce qui est bien et en quête d'une croyance. Ils ne peuvent pas agir sans avoir recours à leur sens de ce qui est juste et droit. Ils ne peuvent pas non plus exister sans reconnaître « le mystère de l'existence ; sans réaliser que la connaissance humaine est limitée et ne nous donne accès qu'à une vague et confuse compréhension des choses ».

Adler semble suggérer que Moïse cherche à s'opposer à l'arrogance de ceux qui déclarent : « Seules mes aptitudes et mon action m'ont permis d'amasser ces biens qui m'appartiennent », ou qui déclarent avec fierté que leurs succès et leurs richesses sont uniquement le fruit de leur travail. Il met en garde contre le danger de leur « manque de sens moral », de leur égocentrisme, de leur « perte du sens de l'obligation », de leur refus de mettre également leurs talents et leurs capacités au service des autres, et de leur manque de compréhension que les individus « dépendent des forces cosmiques » qui soutiennent toute existence. Selon Adler, par ces mises en garde, Moïse insiste auprès des Hébreux pour qu'ils prennent en compte la sagesse qui émane du sentiment de gratitude et d'humilité et fait prendre conscience de la responsabilité qui incombe à tous. Il conclut que « la véritable connaissance s'épanouit à partir de la reconnaissance de l'existence de l'obligation ».

Nos quatre commentateurs voient dans la ligne de conduite que Moïse propose des leçons essentielles. Ils mettent en évidence que l'arrogance et l'orgueil représentent un danger et mènent à l'insensibilité morale, à la corruption et au déni de Dieu. Ils estiment que Moïse suggère que l'antidote à l'arrogance est le sentiment de gratitude et la capacité à se souvenir. Nos commentateurs développent cette approche en concluant que la juste évaluation de l'histoire permet de mettre réellement en perspective les réalisations humaines. Elle nous invite à exprimer notre gratitude et notre conscience des dons de Dieu en notre faveur

2. CONTRE LA DURETÉ DU CŒUR

Dans ses discours aux Hébreux, Moïse ne se contente pas de rappeler le passé, il parle avec emphase des défis du futur. Il rappelle comment il gravit le mont Sinaï afin de rapporter les Dix Commandements aux parents de la génération présente et comment ils se sont rebellés contre Dieu en construisant le veau d'or. C'est à ce moment qu'il fait mention de son intercession afin de sauver le peuple et de son retour vers eux avec les deuxièmes Tables de la Loi puisque les premières avaient été brisées sur l'idole d'or.

Cette histoire est, selon les paroles de Moïse, une préfiguration de leurs obligations dans le futur. Après avoir rappelé au peuple comment, juste après quarante jours, leurs parents sont tombés dans l'erreur et ont donné avec enthousiasme leur or pour créer une idole, Moïse leur pose une délicate question : « Et maintenant Israël, qu'est-ce que l'Éternel ton Dieu, demande de toi ? »

Et sans laisser un moment entre la question rhétorique et la réponse, il leur dit : « Seulement ceci, de craindre l'Éternel ton Dieu, de marcher dans les chemins de Dieu, d'aimer et de servir l'Éternel ton Dieu de tout cœur et de tout ton être, de garder les commandements de Dieu et ses règles que je te donne aujourd'hui, pour ton bien » (Deutéronome 10 : 12-13). Désirant élargir leur conception de Dieu, et peut-être pour rompre la dangereuse tendance à réduire Dieu à un objet ou une idole, Moïse désigne le ciel. Et il poursuit : « Certes, le ciel et le ciel des cieux, la terre et tout ce qu'elle contient sont à Dieu. » Autrement dit, Dieu est plus grand que tout ce que l'esprit humain peut faire et penser. Il est plus grand que la somme de tout ce qui existe au sein de sa merveilleuse création et Dieu est la Source de tout ce qui est dans les cieux et sur la terre.

Néanmoins, Moïse ne limite pas sa description de Dieu avec l'idée que Dieu a créé tout ce qui existe dans le cosmos. Il éveille l'imagination des Hébreux en leur faisant remarquer : « Dieu a cependant aimé vos ancêtres et a choisi leurs descendants après eux – vous-mêmes – parmi tous les peuples » (Deutéronome 10 : 14).

On peut imaginer l'effet de ces paroles et le sentiment de bonheur et de fierté qui pouvait être ressenti par les Hébreux en écoutant Moïse. Ces déclarations leur faisaient percevoir leur originalité, celle d'avoir reçu un privilège auquel les autres n'avaient pas été associés. C'est un motif de bonheur de savoir que Dieu les « aime », les protégera et répondra à leurs demandes. « Être choisi par Dieu », on peut presque entendre les Hébreux se chuchoter à l'oreille les uns aux autres : « C'est recevoir, parmi tout ce qui existe dans les cieux et sur la terre, un traitement particulier ! Nous sommes les chanceux ! »

Mais Moïse ne permet pas au peuple de conclure ainsi. Au contraire, il utilise un langage qui les étourdit et les engage dans une autre conception de leur relation avec Dieu. Il leur dit : « Circoncisez votre cœur et n'endurcissez pas votre nuque. Car l'Éternel est le Dieu des dieux… le grand, le puissant et l'extraordinaire Dieu, qui ne fait pas de faveur et n'accepte pas le présent corrupteur, mais défend la cause de l'orphelin et de la veuve, et aime l'étranger, lui donnant le pain et le vêtement. Vous aussi, aimez l'étranger, car vous avez été étrangers dans le pays d'Égypte... C'est pourquoi aime l'Éternel, ton Dieu et sers toujours l'Éternel, ses lois, ses pratiques et ses commandements. »

Ce message est fort. Moïse cherche à stimuler les Hébreux. Il utilise le langage qu'ils connaissent et comprennent, mais dans un sens entièrement nouveau. Ils connaissent le commandement de la circoncision des garçons au huitième jour, mais maintenant Moïse leur enjoint de « circoncire leur cœur ». Que veut dire cela ? Moïse pense-t-il vraiment à un obscur rituel comportant une excision sur une partie du corps ?

Dans la tradition juive, la circoncision consiste à couper le prépuce afin de découvrir le gland du pénis. Mais il ne s'agit pas d'une intervention à caractère chirurgical. Depuis la période d'Abraham, elle est devenue un rituel qui identifie les Juifs porteurs de la *berit* (« alliance ») entre le peuple d'Israël et Dieu. La cérémonie est appelée la *berit milah* (« alliance de la circoncision »). Selon la Tradition, elle est pratiquée le huitième jour après la naissance d'un garçon ou lorsqu'un homme se convertit en application du verset : « Tout mâle parmi vous, à travers toutes les générations, sera circoncis... ce sera un signe d'alliance entre Moi et vous » (Genèse 19 : 9, 14).

Alors que la circoncision du pénis a été un marqueur pour l'homme juif et a été un élément spécifique pour l'identité juive et sa survie, on peut s'étonner de constater que Moïse met en parallèle la « circoncision » du pénis et celle du cœur. Un indice peut être trouvé dans les discours du prophète Jérémie pendant le règne du roi Josias (-639 à -609). Constatant le traitement injuste fait au pauvre, outragé par la corruption des riches et par l'absence de moralité de la société juive de son époque, Jérémie invite le peuple à un retour vers sa Tradition. Parlant au nom de Dieu, il les somme ainsi : « Circoncisez-vous pour l'Éternel, écartez le prépuce de vos cœurs, peuple de Judah et habitants de Jérusalem, et que ma fureur ne jaillisse pas comme un feu et ne consume tout, sans que personne ne puisse l'éteindre, à cause de vos mauvais agissements » (Jérémie 4 : 4).

Commentant le message de Jérémie, le rabbin Sheldon Blank (1923-2014) écrit que le « symbole » qu'utilise Jérémie montre son souci à propos des « cœurs incirconcis ». Il explique que la « psychologie biblique localise les sentiments et les émotions dans les parties du corps et considère le cœur comme l'organe de la compréhension des choses – un cœur incirconcis est un esprit obtus. » Blank fait remarquer que Jérémie met en parallèle le cœur humain et les champs où les céréales sont plantées. Un fermier ne plantera pas un champ laissé à l'abandon recouvert de mauvaises herbes. Pour que le sol soit productif, il le labourera afin d'éliminer les mauvaises herbes. Ainsi en est-il pour les êtres humains ; leur esprit doit être débarrassé de ses idées toxiques afin de devenir réceptif. Alors seulement de nouvelles idées peuvent y être semées et s'épanouir. « Cela, conclut Blank, est le sens évident de cette comparaison lorsqu'elle est énoncée la première fois : le cœur incirconcis est l'esprit obstiné » (*Jeremiah : Man and Prophet*, Ktav, New York, 1961, p. 193-207).

Selon Blank et d'autres commentateurs contemporains, Jérémie met en garde le peuple de Judah que, à moins d'un changement radical de leur comportement et d'un « retour » vers l'accomplissement des commandements de la Torah, ils vivront « désastre après désastre ». Leur nation sera détruite par des nations qui dévaleront depuis le nord. « Lavez votre cœur et purifiez-le », les met en garde le prophète. Mais tous ceux qu'il rencontre sont entêtés et ont « un esprit qui n'est pas réceptif ». C'est pourquoi, au nom de Dieu, il se plaint amèrement : « Car mon peuple est stupide, ils ne m'accordent aucune attention, ce sont des enfants irresponsables, ils ne sont pas sensés, ils sont sagaces pour faire le mal mais incapables de faire le bien » (Jérémie 4 : 14, 22).

Pour Jérémie le cœur incirconcis correspond à un mépris de la morale. Il utilise son intelligence pour duper les autres, pour profiter d'eux, pour oppresser les pauvres, le sans-logis et l'affamé ; se détournant de ceux qui ont besoin d'aide et de réconfort. La non-circoncision du cœur est une forme d'obstination qui aboutit à traiter cruellement et impitoyablement l'autre.

Le moyen de guérir un cœur d'une telle infirmité est de le « circoncire », de lui « ôter l'épaisseur », cause de son insensibilité qui produit un « esprit sourd et aveugle » et une incapacité à choisir entre ce qui est bien et ce qui est mal. Mais comment ceci peut-il être évité ? Comment empêcher le cœur de se durcir et d'adopter des comportements dangereux et égoïstes ? Jérémie suggère que le cœur humain, ou que l'« esprit » humain, doit être traité comme un champ de céréales. Il doit être labouré, constamment traité et ensemencé. Pour Jérémie la « circoncision du cœur » commence par une prise en compte de l'alliance entre Dieu et Israël. En nous référant volontairement aux commandements de la Torah dans tous les domaines de notre action, nous prenons véritablement conscience de l'existence du bien et du mal, de ce qui est positif pour la société humaine, et de ce qui va à l'encontre du bien commun. Le cœur sensible auquel Jérémie fait allusion est synonyme d'un cœur sage, juste et bienveillant.

Rachi

L'usage que fait Jérémie des paroles de Moïse demandant aux Hébreux de « couper l'excroissance de leur cœur » semble justifier l'interprétation de Rachi. Il avance que Moïse dit aux Hébreux de « supprimer ce qui recouvre et obstrue leur cœur, empêchant Mes paroles d'y accéder ». Rachi ne précise pas ce qui obstrue le cœur qui pour lui est le siège des sentiments et de l'intelligence. Ce qu'il affirme est qu'une fois que le cœur est scellé, la sagesse de Dieu ne peut y pénétrer ; les paroles divines contenues dans la Torah sont retenues à l'extérieur. Quelle que soit la cause de cette impossibilité d'accéder au cœur, elle doit disparaître afin de rétablir la possibilité de comprendre, de voir, d'entendre et de ressentir.

Comment peut-on le faire ? Rachi suggère que le moyen de faire disparaître la membrane qui enserre et enferme le cœur est l'étude, l'autocritique et l'accomplissement des *mitzvot* éthiques et rituelles de la Torah. Ceci est très certainement ce que sous-entendait Moïse quand il a choqué les Hébreux en leur disant : « Circoncisez votre cœur. » Pour Rachi, l'étude de la Torah est la façon dont les Juifs peuvent

« ôter l'épaisseur qui obstrue le cœur » (*Commentaire sur Exode* 6 : 10 et Deutéronome 10 : 16).

Rachi avait peut-être à l'esprit un commentaire de rabbi Akiba et de rabbi Yehoshoua ben Levi qui, tous deux, identifièrent « l'épaisseur qui obstrue le cœur » au *yétzèr hara*, au « penchant humain à faire le mauvais choix ». Le *yétzèr hara* est notre tendance à l'égocentrisme, à prendre nos décisions selon le bénéfice qui peut en être tiré. Il se manifeste également dans notre insensibilité envers le ressenti des autres. Les rabbins déclarent que si le *yétzèr hara* n'est pas maîtrisé par le *yétzèr hatov*, « notre penchant à faire le bon choix », il va enserrer notre cœur, causant son « occlusion » et nous empêchera d'accomplir la volonté de Dieu. Les rabbins tirent la conclusion que Moïse mesure ce danger et donc met en garde les Hébreux en les invitant à ôter cette « occlusion », le *yétzèr hara*, de leur cœur (*Souccah* 52a).

Hirsch

Rends ton cœur docile

Le rabbin Samson Raphaël Hirsch suggère qu'en disant aux Hébreux de « circoncire leur cœur » Moïse sous-entend qu'ils doivent « rendre leur cœur sensible à eux-mêmes et à Dieu... s'éloigner de l'inextricable conséquence de l'insubordination du cœur, maîtriser les élans et les désirs du cœur... et ne pas s'autoriser à se détourner du service de Dieu par des pensées ou des appétences incontrôlées et par des entêtements et de capricieuses obstinations » (*Commentaire sur Deutéronome* 10 : 16).

Rambam (Maïmonide)

Maïmonide voit dans l'énoncé de Moïse un avertissement contre l'« obstination » ou l'« entêtement ». Pour lui, le but unique de la Torah est de placer la créativité et les désirs humains sous la responsabilité de chacun. Le libre arbitre nous est donné. La Torah est là pour nous aider à faire nos choix. Elle nous encourage à prendre conscience de nos erreurs : l'entêtement et l'égoïsme submergent souvent nos meilleures intentions et nous déroutent.

Selon Maïmonide, Moïse en est parfaitement conscient. C'est pourquoi il met en garde les Hébreux qui vont s'établir dans leur nouveau pays et se trouver confrontés à des comportements égoïstes. Ils vont oublier Dieu qui les a libérés de l'esclavage. Ils vont abandonner la Torah de Dieu et les commandements, en prenant des décisions dictées par l'égoïsme et la cupidité plutôt que par les lois de justice de la Torah, par la bienveillance et l'amour. Maïmonide affirme que, sentant le danger, Moïse leur demande de « circoncire leur cœur ». Voici ce qu'il entend par cela : dans la prise de décisions, gardez votre cœur sensible aux enseignements de la Torah, aux sentiments des autres, aux erreurs que vous risquez de commettre et à la nécessité de les corriger (*Guide des Égarés* 33).

Insatisfait de cette interprétation rationnelle de Maïmonide, des maîtres du hassidisme suggèrent que Moïse ne se réfère pas à l'entêtement humain ou à la détresse de certains lorsqu'il dit aux Hébreux de « circoncire leur cœur et de ne plus endurcir leur nuque ». Mais selon eux, Moïse pressent qu'ils vont soulever des questions concernant la Torah et ses commandements. Ils vont mettre en doute la validité éthique du comportement proposé, faisant remarquer qu'en donnant aux pauvres, ils auront moins pour eux-mêmes. De telles questions, selon des maîtres du hassidisme, peuvent aboutir à des réponses et à des choix risqués. La preuve que Moïse a conscience de cela se trouve dans sa déclaration : « Circoncisez l'épaisseur de votre cœur » qui, lorsque quelques voyelles subissent des changements mineurs, peut être lue ainsi : « Si vous désirez circoncire l'épaisseur de votre cœur et la raideur de votre cou, cessez de poser des questions. »

À l'appui de cette explication, ces maîtres hassidiques rappellent un récit concernant rabbi Chnéour Zalman de Liadi. Lorsqu'il terminait sa prière dans la synagogue, on s'approchait de lui pour poser de délicates et difficiles questions concernant les différentes significations des commandements de la Torah. Un jour, se rappelant inopinément le discours de Moïse, il s'écria : « Ne posez plus de questions ! Au lieu de cela, chantez avec moi cette mélodie. Et si vous ne connaissez pas les paroles, chantez la bouche fermée. » Le chant calma les appréhensions des personnes présentes et leur esprit fut apaisé. Et lorsqu'elles se penchèrent sur la Torah, elles découvrirent par elles-mêmes les réponses aux questions qu'elles se posaient (S.Y. Zevin, *A Treasury of Chassidic Tales*, vol. 2, Mesorah Publications, New York/ Hillel Press, Jerusalem 1980, p. 512-515).

Les maîtres hassidiques sont préoccupés par l'attitude de certains qui font preuve d'un rationalisme cynique à vouloir tout comprendre et, en particulier, tous les mystères de la création, des cieux et de la terre, de la vie et de la mort. Une telle attitude dérive, selon eux, du postulat que l'esprit humain peut tout maîtriser et tout expliquer grâce à sa raison, ce qui génère un arrogant sentiment de supériorité et de puissance. Moïse, disent les maîtres hassidiques, craignait l'émergence de telles attitudes. Il les assimilait à « la dureté de votre cœur ». Il savait que l'être humain ne peut pas répondre à toutes les questions qu'il se pose et que de nombreux pans de l'univers et de notre propre personne resteront toujours entourés de mystère. C'est pourquoi, disent les maîtres du hassidisme, il dit aux Hébreux : « Si vous voulez circoncire votre cœur et adoucir votre nuque, alors ne posez plus de questions. Contentez-vous de ce que la Torah vous enseigne et des mystères et des merveilles que la vie vous offre. »

Il n'en reste pas moins que cette invitation à « circoncire le cœur » est étrange et déroutante. Comme nous l'avons vu, les commentateurs offrent une grande variété d'interprétations à ce sujet. À première vue, « couper l'excroissance du cœur » est une obscure suggestion qui effraie. Mais Moïse, qui avance dans l'âge, sait qu'il doit éveiller l'attention des jeunes Hébreux alors qu'ils vont bientôt suivre Josué dans la conquête du pays d'Israël. Peut-être cela explique-t-il l'usage de cette curieuse métaphore. Les sentiments humains en faveur de la justice, de la vérité, de l'honnêteté et de la bonté peuvent être facilement érodés. « Si vous observez de nombreuses scènes de violence, disent les psychologues, vous vous y accoutumerez. C'est alors que vous tolérerez et même excuserez la violence. »

Après avoir dirigé les Hébreux pendant quarante ans, Moïse connaissait les pensées de leur cœur et les siennes. Il comprenait les forces et les faiblesses humaines et les dangers que représentaient la colère, l'orgueil, l'égoïsme, les habitudes, l'indifférence et l'entêtement. Ils devaient être ôtés, un peu comme le prépuce, en signe d'alliance entre Dieu et le peuple juif.

Le but de l'alliance entre Dieu et le peuple juif est d'élever la vie humaine au niveau d'un comportement empreint de sainteté, de justice, de bienveillance, d'honnêteté et d'amour. Tout ce qui pouvait empêcher les Hébreux d'agir ainsi devait être éliminé. C'est pourquoi Moïse les met en garde en utilisant une métaphore suggestive et forte. En mentionnant le rituel de la circoncision, il leur commande de « circoncire l'excroissance de leur cœur et de ne plus raidir leur cou ». Comme s'il voulait dire que pour mériter la Terre promise, il faut que le peuple hisse encore plus haut son sens moral et son honnêteté.

Questions pour l'étude et la discussion

1. Le livre des Proverbes contient plusieurs mises en garde contre l'orgueil et l'arrogance. Voici quelques versets : « Dans la bouche de l'insensé éclôt l'orgueil ; mais les lèvres des sages les en préservent » (14 : 3). « L'orgueil précède la ruine, l'arrogance est le signe avant-coureur de la chute. Prendre une attitude modeste avec les humbles vaut mieux que partager du butin avec les orgueilleux » (16 : 18-19). « L'honneur de l'être humain amène son abaissement alors que la modestie est une source d'honneur » (29 : 23). Êtes-vous d'accord avec ces anciennes paroles ? Pourquoi les commentateurs juifs considèrent-ils que l'orgueil est la cause de nombreux et dangereux problèmes éthiques ?

Le fait de dire « merci » peut-il réduire le sentiment d'arrogance ? Que proposent d'autres commentateurs comme antidotes à l'orgueil ?

2. Nos commentateurs définissent le « cœur non circoncis » comme étant réfractaire à l'écoute, figé dans les habitudes et entêté. La tradition hassidique affirme que la façon d'ouvrir son cœur est de se consacrer à une méditation paisible ou de chanter mais certainement pas en argumentant et en donnant des réponses. Êtes-vous de cet avis ? Y a-t-il de meilleurs moyens pour « circoncire » le cœur afin de générer l'empathie, la compassion et la sagesse ?

Parashat Reéh

Deutéronome 11 : 26-16 : 17

Dans la parashat Reéh *les discours de Moïse se poursuivent. Il dit aux Hébreux qu'ils auront à choisir entre une vie de bénédictions et une vie de malédictions et les invite à suivre les commandements de Dieu dans le pays dans lequel ils vont s'installer à l'ouest du Jourdain. Il leur prescrit de détruire les autels des religions idolâtres et de prier Dieu dans le lieu qu'il leur indiquera. Sont énoncées les règles concernant les sacrifices, les dîmes, les attentions à accorder aux Lévites ainsi que celles concernant l'abattage des animaux et la consommation de la viande. Moïse met en garde le peuple de ne pas se laisser entraîner vers l'idolâtrie par des faux prophètes, par des membres de leurs familles ou par des amis. Il leur demande de ne pas défigurer leur visage et de ne rien consommer qui soit nuisible à leur santé. Il précise quels animaux peuvent être consommés et lesquels ne le sont pas, et détaille les règles concernant la part des dîmes à accorder à l'étranger, à l'orphelin et à la veuve. Il définit les années shabbatiques comme étant le moment permettant d'annuler les dettes et de prendre soin des pauvres, promettant à ceux qui le feraient de ne craindre aucun manque car ils recevront la bénédiction divine. Et il précise certaines règles concernant les esclaves et revient sur le sujet des fêtes de pèlerinage : Pessah, Chavouot et Souccot.*

NOTRE TARGOUM

1. Moïse déclare que Dieu a donné aux Hébreux la capacité de faire que leur vie soit une vie de bénédictions ou une vie de malédictions. Il les invite à choisir une voie source de bénédictions en décidant de mettre en application les commandements de Dieu. Des bénédictions sur le mont Guerizim et des malédictions sur le mont Ebal seront prononcées lors de leur entrée dans le pays d'Israël, ces deux montagnes se trouvant en face l'une de l'autre et près de Sichem. Moïse insiste sur l'obligation pour le peuple, une fois entré dans le pays d'Israël, de détruire tous les sites d'adoration des idoles et d'apporter leurs sacrifices, leurs dîmes et leurs dons aux Lévites dans le lieu que Dieu aura choisi.

Moïse leur confirme que, selon leurs désirs, ils pourront consommer de la viande d'ovins ou de bovins ainsi que de chevreuil et de gazelle, mais que la consommation du sang est prohibée. Il doit être versé sur le sol, comme de l'eau. Les offrandes d'animaux doivent être brûlées sur l'autel.

2. Moïse met en garde contre la tentation d'ajouter ou de retrancher des commandements à ceux existants. Il avertit les Hébreux contre la tentation d'adorer les idoles des autres nations, les enjoignant de ne pas suivre les incitations des faux prophètes, des devins et même des membres de leurs familles

qui chercheraient à les éloigner de leur croyance. Ils devront rejeter toute tentation de servir les idoles. Et il leur recommande de ne faire preuve d'aucune pitié envers ceux qui inciteraient les Hébreux à l'idolâtrie. Ils devront être lapidés pour avoir cherché à éloigner les Hébreux de leur fidélité envers Dieu et envers les commandements de la Torah[1].

3. Moïse leur dit qu'ils sont « un peuple consacré à l'Éternel leur Dieu, car l'Éternel leur Dieu les a choisis parmi tous les peuples de la terre pour être son peuple précieux ». Revenant sur cette idée du « peuple choisi par Dieu » (voir aussi *La Torah commentée pour notre temps*, tome 2, *Parashat Shemini*, p. 159-164), Moïse leur rappelle qu'ils ne doivent pas taillader leur corps ou se raser la tête lorsqu'une personne aimée vient de décéder. Ils peuvent consommer de la viande de bœuf, de mouton, de bélier, de chevreuil, de gazelle, de bélier sauvage, de bouquetin, d'antilope, de tout animal ruminant ayant le sabot fendu. Toute autre viande leur est interdite, incluant le chameau, le lièvre et le porc. Tout ce qui vit dans l'eau et a des nageoires et des écailles est permis. Les oiseaux de basse-cour sont autorisés mais l'aigle, le vautour, le milan, le faucon, la buse, le corbeau, l'autruche, la chouette, la mouette, le pélican, le cormoran, la cigogne, la huppe et la chauve-souris sont interdits. Toute autre créature ailée est également interdite, ainsi que tout animal permis qui est trouvé mort. Il est également interdit de faire cuire le chevreau dans le lait de sa mère.

---

1. Ce type de condamnation n'a jamais été exécuté.

4. Moïse présente les règles concernant les dîmes annuelles qui doivent équivaloir au dixième des récoltes céréalières. Il précise que le dixième de la production, ou son équivalent monétaire, doit être mis de côté pour les célébrations des fêtes et pour les Lévites qui ne possèdent pas de terrains. Chaque troisième année, l'intégralité de la dîme doit être donnée au Lévite, à l'étranger, à l'orphelin et à la veuve. Et tous les sept ans, les dettes sont annulées.

Étant concerné par la situation du pauvre, Moïse déclare aux Hébreux : « N'endurcis pas ton cœur et ne ferme pas tes mains devant ton parent et donne-lui ce qui lui est nécessaire… Donne-le de bon cœur et n'aie pas de regrets… car en retour, l'Éternel ton Dieu te bénira… car il y aura toujours des pauvres dans ton pays. »

5. Plus loin, Moïse décrit les règles concernant l'esclave hébreu : il doit être libéré après sept ans de service ; il ne doit pas être renvoyé les mains vides mais recevoir de la nourriture pour son troupeau, du blé battu et du malt ; un esclave qui refuserait sa libération aura l'oreille percée à la porte de la ville, indiquant ainsi qu'il a choisi lui-même de rester esclave durant toute sa vie.

6. Moïse répète les lois concernant les trois fêtes de pèlerinage : Pessah, Chavouot et Souccot (voir également *La Torah commentée pour notre temps*, tome 2, *Parashat Emor*, p. 194-203).

La *parashat Reéh* contient deux thèmes importants :
1. Sacrifier les animaux et manger de la viande.
2. Le sens de *am segoulah,* un « peuple élu ».

1. LA *CHEHITAH* : RÈGLES CONCERNANT L'ABATTAGE DES ANIMAUX ET LA CONSOMMATION DE VIANDE

S'adressant aux Hébreux au sujet de leur vie future dans le pays d'Israël, Moïse insiste sur l'importance essentielle de l'application des *mitzvot* (« commandements ») de la Torah. Il leur précise que s'ils les mettent en pratique, ils seront bénis ; sinon, ils seront maudits. Le choix leur appartient.

Un élément important à propos de ce choix concerne ce qu'ils vont manger. Moïse prédit que, dès qu'ils seront installés et connaîtront une certaine prospérité, ils auront une envie particulière de consommer de la viande et diront : « Je veux manger de la viande. » Moïse les y encourage en leur disant : « Vous pourrez manger de la viande quand vous le désirerez. »

Auparavant, lorsqu'ils étaient dans le désert, la seule viande permise provenait des animaux sacrifiés sur l'autel du sanctuaire. En dehors de cela, ils ne mangeaient que la manne qu'ils recevaient chaque jour. Le vendredi, ils en recevaient une portion double pour shabbat. Moïse leur expose une autre possibilité, celle de la consommation de viande. Lorsqu'ils se seront établis dans le pays d'Israël, ils pourront satisfaire leur envie de viande.

Mais Moïse leur indique clairement qu'il y a des limites importantes qu'ils devront suivre : « Vous pourrez abattre tout animal du gros ou du menu bétail, que l'Éternel ton Dieu te donne, comme *je vous l'ai indiqué* ; et tu pourras manger au gré de tes désirs… *Mais assure-toi que tu ne consommes pas de sang.* » Car, comme la Torah l'énonce clairement dans Lévitique 6 : 1-8 : 36, consommer du sang est interdit. Il doit être expurgé du corps de l'animal, versé sur le sol et recouvert. Considéré comme une substance sacrée porteuse de vie, il ne doit pas être consommé (voir la discussion dans *La Torah commentée pour notre temps*, tome 2, *Parashat Tzav*, p. 150-152).

Moïse considère également qu'un processus doit être suivi lors de l'abattage d'un animal. Il dit aux Hébreux d'abattre l'animal « comme je vous l'ai indiqué ». Néanmoins, il n'y a aucune indication de ce procédé dans la Torah. Plus tard, pendant la période talmudique, les rabbins et les interprètes de la Torah ont énoncé les règles de la *cheh̲itah*, l'abattage dit « rituel » des animaux et de la volaille (*H̲oullin*). Ces règles doivent être suivies avec beaucoup de précaution par le *choh̲èt*, celui qui procède à l'abattage et qui est responsable, au sein de la communauté juive, de la préparation de la viande.

Le *choh̲èt* doit étudier les textes concernant l'abattage et devenir un expert dans la mise à mort de l'animal. Ses mains et ses gestes doivent être sûrs, le couteau qu'il utilise doit avoir un tranchant parfait et être vérifié régulièrement avec un fil ou en passant l'ongle dessus. La lame doit être propre, effilée, sans accroc ni entaille. Sa longueur doit être au moins le double du diamètre du cou de l'animal et ne pas être pointue.

Avant de procéder à l'abattage, le *cho<u>h</u>èt* prononce la bénédiction suivante : « Béni sois-Tu Éternel notre Dieu, roi du monde, qui nous as sanctifiés par tes commandements et nous as donné des commandements concernant la *che<u>h</u>itah.* » On doit procéder à l'abattage avec une incision horizontale au niveau du cou qui sectionne la trachée, l'œsophage, les artères carotides et les veines jugulaires. Le couteau doit aller et venir sans *chehiyah* (« pause »), ni *derachah* (« pression excessive »), ni *hachladah* « enfouissement », ni *hagramah* (« déviation »), ni *aguirah* (« arrachement »). Le *cho<u>h</u>èt* doit laisser le sang s'écouler au sol sur un lit de poussière et prononcer la bénédiction : « Béni sois-Tu Éternel notre Dieu, roi du monde, qui nous as sanctifiés par tes commandements et nous as ordonné de couvrir le sang avec la terre » (Isaac Klein, *A Guide to Jewish Religious Practice*, JTS, distribué par Ktav, New York, 1979, p. 307-312).

Quel est le but de ces règles précises concernant l'abattage des animaux ?

Rambam (Maïmonide)

Dans son *Guide des Égarés*, le médecin et philosophe Moïse Maïmonide discute de l'importance de l'alimentation et des moyens appropriés de l'abattage. Apparemment informé que certains prétendent qu'un régime végétarien est supérieur à un régime carné, il affirme qu'un régime équilibré doit comprendre « des légumes et de la viande animale ». Il écrit : « Aucun médecin n'a de doute à ce sujet. »

Compte tenu du besoin en viande dans la nourriture, Maïmonide insiste sur le mode de mise à mort des animaux. La tradition juive enseigne que l'animal doit ressentir le moins de douleur possible. Ainsi, il est interdit de faire subir des souffrances inutiles à l'animal en coupant sa gorge avec maladresse, en utilisant une scie ou en coupant un de ses membres alors qu'il est encore vivant. Il est également interdit d'abattre un animal et son petit le même jour… Dans ce domaine, aucune différence n'est faite entre la douleur ressentie par un être humain et celle ressentie par un animal. Tous les deux sont des êtres vivants qui aiment et ressentent des émotions. Et les sentiments d'une mère envers son enfant ou, pour un animal, pour son petit, ne sont pas la conséquence de l'éducation mais de l'instinct. Maïmonide ajoute : « C'est pour cette raison que la Torah nous demande, lorsque nous voulons prendre ses œufs ou ses petits, de faire que la mère s'envole et soit éloignée du nid… car ainsi la mère ne voit pas que ses petits sont pris et ainsi ne ressent pas de peine » (3 : 48).

En insistant sur la douleur des animaux, Maïmonide reprend un thème éthique qui se trouve dans le Talmud : *tzaar baalé ḇhayim*, c'est-à-dire la préoccupation concernant la douleur infligée aux êtres vivants. Lors de leur mise à mort, tout doit être fait pour éviter la douleur inutile aux animaux. Le processus de la *cheḇhitah*, l'utilisation d'un couteau dont le fil est semblable à celui d'un rasoir et l'endroit de la gorge où est pratiquée l'incision – où les terminaisons nerveuses sont peu nombreuses –, font que l'incision est la moins douloureuse possible. Le rapide sectionnement de l'artère carotide et de la veine jugulaire cause une perte de sang massive qui, en quelques secondes, entraîne une inconscience de l'animal. Le procédé de la *chehitah* a été considéré pendant de nombreux siècles comme la méthode d'abattage la plus « humaine ».

Le souci de Maïmonide et d'autres commentateurs au sujet du *tzaar baalé hayim*, la « douleur des êtres vivants », n'est pas seulement la conséquence de la compassion envers les animaux car le même principe s'applique aux êtres humains et à la relation entre eux. Ces lois sont fixées, selon Maïmonide, « en vue d'améliorer notre comportement, afin de ne pas acquérir des habitudes cruelles et de ne pas infliger de souffrances inutiles aux autres. Nous devons être attentionnés et nous comporter de façon humaine, envers les animaux également ».

Consommer ou ne pas consommer de la viande

Rabbi Judah haNassi a dit qu'une personne doit être attentive à ne pas consommer de viande. Rabbi Yohanan a dit que les personnes de notre génération sont fragiles physiquement et, si quelqu'un a seulement une pièce d'or, il devrait acheter de la viande avec cette pièce. Rabbi Nahman a dit que les gens de notre génération sont si fragiles qu'ils devraient aller jusqu'à emprunter pour pouvoir acheter de la viande afin d'avoir suffisamment de force pour servir Dieu (*Tzénah ouReénah, Devarim*, p. 912).

Hirsch

Le rabbin Samson Raphaël Hirsch a écrit : « La consommation de viande est l'une des raisons pour Dieu de nous avoir donné les troupeaux de bovins et d'ovins » (*Commentaire sur le Deutéronome* 12 : 21).

Au nom de l'autodiscipline, il vaut mieux pour les êtres humains ne pas consommer de viande. Mais la Torah l'a uniquement autorisée si le désir de manger de la viande est trop fort et si le trouble et la gêne sont très forts et ont été ressentis depuis longtemps. En prenant en compte tous les inconvénients et les désagréments de toute la procédure, chacun pourrait éventuellement être amené à contenir cet incontrôlable et puissant désir de consommation de viande (Keli Yakar, cité par Abraham Chill, *The Mitzvot*, p. 400).

Du même avis que Maïmonide, le rabbin Aaron Halevi de Barcelone observe dans son *Sefer haHinoukh* (596) que le but fondamental de toutes les régulations concernant les animaux et leur mode d'abattage « est de nous apprendre que nos âmes doivent être belles, de choisir des comportements emplis de bienveillance et de compassion. En obligeant nos âmes à nous comporter ainsi envers des animaux qui ont été créés dans le but de nous servir… nous sommes amenés à faire le bien envers nos contemporains et à faire de telle sorte qu'ils agiront de la meilleure façon vis-à-vis de tous et éviteront de gêner les autres. Tel est le juste chemin pour le peuple saint et élu ».

Le motif essentiel qui sous-tend ces réglementations concernant l'abattage des animaux est l'effet produit par cet acte sur le comportement de tous. Les maîtres juifs craignent que le fait d'ôter la vie à des êtres vivants ne puisse entraîner une certaine insensibilité et, même, de la cruauté. Pour s'opposer à ce danger, ils insistent sur les bénédictions à prononcer avant et après l'abattage, l'attention à accorder au tranchant du couteau et à la rapidité avec laquelle doivent être exécutés les gestes afin d'éviter toute douleur inutile. Tout ceci enseigne la compassion envers l'animal que doit ressentir celui qui procède à l'abattage.

Le commentateur moderne, le rabbin Abraham Isaac Kook est d'un avis différent. Pour lui, le fait de tuer des animaux et de consommer de leur chair est moralement répréhensible et le but des règles de la *chehitah* n'est pas de parfaire le comportement humain. Elles sont là comme un compromis pour satisfaire des besoins physiques qui, un jour, seront maîtrisés.

Kook soutient que, lors de la création (Genèse 1 : 24-28), il est dit que les êtres humains doivent « être féconds et se multiplier, régner sur les poissons de la mer, les oiseaux du ciel et les animaux qui se meuvent sur la terre ». Néanmoins, il n'est pas demandé à l'humanité d'abattre les animaux afin de consommer leur viande. Alors que la consommation de viande est autorisée à partir de Noé et pour les générations futures, Kook fait remarquer que lorsque les Hébreux vivent dans le désert, ils sont autorisés à consommer de la viande qui provient uniquement des sacrifices offerts sur l'autel du sanctuaire. Il explique que l'autorisation de consommer de la viande est mentionnée dans la Torah lorsque

Moïse réalise que le peuple ne peut pas contrôler son appétit pour la viande.

Pour cette raison, selon le rabbin Kook, les règles de l'abattage furent introduites, visant ainsi à éviter toute souffrance inutile à l'animal. Leur but est d'insister sur le fait que, en dépit du besoin humain de manger de la viande, tuer des animaux est un acte cruel et un avilissement. Kook précise que les règles de la *che<u>h</u>itah* mèneront les êtres humains à renoncer à infliger des douleurs aux animaux. Alors ils abandonneront donc toute consommation de viande. « Ces règles sont là pour éduquer l'être humain. La protestation silencieuse, avec le temps, se transformera en un cri puissant qui aboutira à son résultat ultime, celui de l'arrêt de toute consommation de chair d'êtres vivants. Le but de la *che<u>h</u>itah* est de réduire la peine et de créer les conditions afin que chacun comprenne qu'en procédant en conformité avec ces règles, on est en présence non d'un objet inanimé mais d'un être vivant » (*Studies in Devarim*, p. 137-142).

Le point de vue du rabbin Kook selon lequel l'idéal est justement de renoncer à l'abattage d'animaux et à la consommation de viande est certainement l'une des idées avec lesquelles les végétariens sont le plus en accord. Parce que Kook pensait que l'humanité se rallierait certainement à cette opinion et que les règles de la *che<u>h</u>itah* amèneraient à cette conclusion, il ne s'est jamais opposé à l'abattage des animaux ni prononcé en faveur d'une alimentation végétarienne.

Toutes les règles de la *che<u>h</u>itah* font partie des rituels juifs. Elles structurent la vie des Juifs et sont un moyen de lier les membres de la communauté entre eux, par le simple fait de partager des comportements communs. Elles ont également pour but d'élever les moments ordinaires en leur conférant un caractère sacré. Quand le *chohèt* prononce la bénédiction qui précède l'abattage, ou lorsque le sang est couvert avec de la poussière, il se rappelle que son action – même lorsqu'il met à mort un animal dont la chair est destinée à la consommation – a pour but de mettre en application les commandements de Dieu. Sa compétence doit être mise au service de la compassion pour la douleur que ressent l'animal. Le caractère sacré de toute vie lui est alors rappelé. En traitant l'abattage comme un acte religieux, la tradition juive fait de telle sorte que cet acte ne débouche pas sur un comportement humain cruel et insensible.

Aujourd'hui, les méthodes d'abattage, les risques associés à la consommation de la viande et les dangers que cela représente, sont un sujet de controverse. Certains affirment que l'utilisation d'un pistolet électrique posé sur la tempe d'animaux rangés en ligne est d'une extrême cruauté ; en comparaison, les règles et les procédures de la *chehitah* sont nettement préférables car elles introduisent des considérations éthiques et religieuses au sein de cette sinistre boucherie des animaux – qui tous sont des créatures porteuses de vie.

2. *AM SEGOULAH* : ISRAËL PEUT-IL ÊTRE LE « PEUPLE CHOISI » DE DIEU ?

À plusieurs reprises dans la Bible, il est dit qu'Israël est le *am segoulah* (« peuple choisi ») de Dieu.

Le troisième mois après leur libération d'Égypte, Moïse monte sur le mont Sinaï. Là, selon la Torah (Exode 19 : 4-6), Dieu dit à Moïse : « Vous avez vu ce que j'ai fait aux Égyptiens, comment je vous ai portés sur des ailes d'aigle et vous ai amenés vers Moi. C'est pourquoi maintenant, si vous M'obéissez avec fidélité et gardez Mon alliance, vous serez Mon *am segoulah*, une "possession précieuse" parmi tous les peuples… Vous serez pour Moi un royaume de prêtres et un peuple saint. »

Dans *Reéh*, notre section de la Torah, Moïse déclare aux Hébreux : « Vous êtes un peuple consacré à l'Éternel votre Dieu : l'Éternel votre Dieu vous a choisis entre tous les peuples de la terre pour être son peuple choisi » (Deutéronome 14 : 2). Dans un autre discours au peuple, Moïse développe cette idée, indiquant clairement la réciprocité de cet engagement entre Dieu et le peuple d'Israël. Il dit : « Vous avez affirmé en ce jour que l'Éternel est votre Dieu, que vous marcherez dans les voies de Dieu, que vous observerez les lois de Dieu, ses commandements et ses jugements, et vous obéirez à Dieu. Et l'Éternel a confirmé en ce jour, comme il vous l'avait déjà promis, que vous êtes son *am segoulah*, son "peuple choisi" et que vous observerez ses commandements, et que Dieu vous établira, en célébrité, en renom et en gloire, plus haut que toutes les nations que Dieu a suscitées ; et que vous serez, comme Dieu l'a promis, un peuple saint pour l'Éternel votre Dieu » (Deutéronome 26 : 17-19).

L'idée que Dieu choisit ou désigne le peuple d'Israël comme étant un *am segoulah* est centrale dans la tradition juive. Le prophète Malachie (3 : 17) utilise ce terme. De même que le Psalmiste qui, dans le

Temple de Jérusalem, loue Dieu pour « avoir choisi Jacob – c'est-à-dire Israël – comme une possession qui lui est chère » (135 : 3-4).

Et chaque jour, le shabbat comme les jours de fête, juste avant de réciter le *Chema*, « Écoute Israël, l'Éternel est notre Dieu, l'Éternel Un », nous disons : « Béni sois-Tu Éternel qui as choisi le peuple d'Israël avec amour ». Cette même idée est mentionnée lors d'une *alyiah*, dans la bénédiction prononcée avant la lecture de la Torah : « Béni sois-Tu Éternel… qui nous as choisis entre tous les peuples et nous as donné ta Torah. »

Il est évident que ce thème du peuple d'Israël comme « peuple choisi » est central dans la pensée juive. Mais qu'est-ce que cela signifie réellement ? Comment la Torah comprend-elle cela ? Et comment cette notion a-t-elle été interprétée au cours des siècles ?

Les premiers commentateurs rabbiniques parlent du mystère de l'amour entre Dieu et le peuple d'Israël. Dieu, disent-ils, a découvert l'oppression que subissait le peuple d'Israël en Égypte. Il les a libérés, les a conduits dans le désert et leur a donné la Torah sur le mont Sinaï. L'amour de Dieu pour Israël est « éternel ». C'est un amour qui sauve et protège, un amour partagé qui exprime l'affection et l'engagement de chaque partie vis-à-vis de l'autre. En interprétant le Cantique des Cantiques, comme un chant d'amour entre Dieu et Israël, les rabbins ont affirmé que Dieu disait d'Israël : « Ma bien-aimée est à moi et je suis son bien-aimé. » À quoi le peuple d'Israël répond : « Dieu est mon Dieu, et nous sommes le peuple de Dieu. »

Ce sentiment de l'amour éternel et mystérieux de Dieu pour Israël a fait naître la notion de *am segoulah* telle qu'exprimée par Moïse lorsqu'il dit que le peuple est « consacré » à Dieu qui les a choisis non parce qu'ils étaient forts ni parce qu'ils étaient nombreux, mais parce que Dieu les « aime ». Moïse leur dit que c'est pour cette raison que Dieu les a libérés d'Égypte et a scellé une alliance avec eux (*Exode Rabba* 99 : 1, *Tanna debe Eliyahou*, p. 31 ; *Cantique Rabba* 2 : 16 ; Deutéronome 7 : 6-11).

La nature de l'amour, entre Dieu et Israël ou entre des êtres humains, ne peut pas être expliquée. Personne ne connaît le secret qui attire une personne vers une autre et ce qui soutient une telle relation à travers les années marquées par des moments de bonheur et de tristesse, de fête et de réalisations, de désaccord et de désillusions. Si le potentiel et le pouvoir de l'amour restent une énigme, il en va de même du mystère de la relation entre Dieu et les êtres humains. L'origine de la vie, la source de la curiosité humaine et l'impérieux désir de créer, de prendre soin de soi et des autres, de rechercher la justice, ainsi que l'existence de l'amour sont au-delà de toute explication. Nous sommes conscients de notre étonnement devant cet état de fait et dubitatifs quant aux explications que nous en donnons. Nombreux sont les premiers commentateurs rabbiniques qui ne trouvent aucune explication au choix de Dieu pour Israël comme *am segoulah,* à sa libération de l'asservissement égyptien, à son exil et à son retour vers sa terre, si ce n'est que comme l'expression d'un amour puissant et mystérieux.

Néanmoins et avec un certain humour, d'autres commentateurs rabbiniques définissent cette relation comme exprimant un émoi mutuel. Dieu et Israël tiennent l'un à l'autre et s'aiment mutuellement car ils ne peuvent pas faire autrement. Ces commentateurs prétendent que, lorsqu'Israël erre dans le désert, Dieu est à la recherche d'un peuple qui accepterait sa Torah. Toutes les grandes nations de la terre sont approchées et refusent cette Torah car, apprenant ce qu'elle exigerait d'eux, elles considèrent que ses enseignements et ses contraintes sont incompatibles avec leurs croyances et leur culture. Finalement, disent les rabbins, Dieu voit ces Hébreux pitoyables et désespérés cherchant leur chemin dans le désert. Tenant le mont Sinaï au-dessus d'eux, Dieu leur demande en les menaçant : « Acceptez ma Torah sinon cette montagne sera votre tombeau ! » Constatant qu'ils n'avaient pas d'autre choix, les Hébreux répondirent : « C'est un arbre de vie pour ceux qui s'y attachent… »

Pour ces rabbins, les Hébreux ont choisi la vie en acceptant la Torah. C'est le choix désespéré d'un peuple désespéré choisi par un Dieu désespéré. Dieu a besoin d'un *am segoulah,* non pour lui offrir des faveurs spéciales mais pour qu'il accepte un fardeau spécial. Les Hébreux deviennent ainsi responsables de porter et d'apporter la Torah et ses commandements à travers le monde. La survivance du monde et de tout ce qui existe dépend des vérités de la Torah et de la loyauté de ceux qui doivent mettre en application ses commandements rituels et éthiques. Israël est aimé de Dieu quand il choisit d'être le partenaire de Dieu et quand il vit en accord avec la Torah. En choisissant de vivre selon les commandements, il garantit sa survie (*Nombres Rabba* 14 : 10 ; *Avodah Zarah* 2b-3a).

Rachi

Rachi offre sa propre interprétation sur le fait que le peuple d'Israël est qualifié de *am segoulah*. Il suggère que le peuple d'Israël est comme une précieuse coupe en or ou une pierre précieuse au milieu d'une collection de coupes et de pierres appartenant à un gouvernant. Toute sont précieuses, spéciales et non exclusives. Rachi écrit que tous les peuples et toutes les nations appartiennent à Dieu et aucun, incluant Israël, ne peut prétendre qu'il est le seul peuple de Dieu.

La relation particulière d'Israël avec Dieu, selon Rachi, découle de l'alliance historique et mutuelle qui les lie et de l'engagement d'Israël d'abandonner l'idolâtrie et les pratiques païennes afin de devenir un peuple saint à travers la pratique des *mitzvot* de la Torah. Dieu les a choisis à cette fin. Le peuple d'Israël est un « peuple précieux » de Dieu s'il est fidèle à sa part du contrat (*Commentaire sur Exode* 19 : 5 ; Deutéronome 14 : 2).

Ramban (Naẖmanide)

Naẖmanide met en relation l'opinion de Rachi et celle des mystiques juifs qui évoquent l'amour de Dieu pour Israël et celui d'Israël pour Dieu. Ils enseignent que lorsque le peuple d'Israël est loyal en respectant et appliquant les *mitzvot*, il est le peuple aimé de Dieu, *am segoulah*, et il est comme « un trésor dans les mains de Dieu ». Tel est l'avis de Naẖmanide qui insiste sur la nature de cette relation. Dieu aime Israël car il remarque l'amour, les attentions et la loyauté d'Israël envers lui. Chaque *mitzvah* mise en pratique est une preuve de sa loyauté. L'amour entraîne l'amour et de chaque acte de loyauté découlent de justes récompenses. Ceci est la preuve de l'amour. Accomplir les *mitzvot* est la confirmation de cet amour. Tout le reste est déloyauté (*Commentaire sur Exode* 19 : 5).

Dangers et défis

Israël a été choisi dans le but d'entrer dans une relation d'alliance avec le Dieu de l'univers afin d'être pour Dieu un « royaume de prêtres ». Sans la Torah et sans les commandements, le « peuple choisi » cesse d'être un concept porteur de sens et peut dégénérer en une notion païenne, chauvine et raciste (Jacob Petuchowski, *Ever since Sinai*, B. Abit Books, Milwaukee, 1979, p. 64).

Israël n'a pas découvert Dieu, c'est Dieu qui a découvert Israël. Le judaïsme est la recherche de l'humain par Dieu. La Bible relate cette recherche d'Israël par Dieu... Il n'y a pas de concept d'un Dieu choisi mais il y un concept de peuple choisi. Cette idée ne signifie pas qu'il y a une préférence pour un peuple par rapport aux autres. Nous ne disons pas que nous sommes supérieurs aux autres peuples. L'idée de « peuple choisi » signifie qu'un peuple a été approché par Dieu. Cela évoque donc la relation du peuple d'Israël avec Dieu et non sa relation avec les autres peuples. Il n'affirme pas une qualité inhérente possédée par ce peuple mais une particularité de sa relation avec Dieu (Abraham Joshua Heschel, *Dieu en quête de l'homme*, Seuil, Paris, 1968, p. 446-447).

En cherchant à comprendre la signification actuelle de « peuple choisi », le rabbin W. Gunther Plaut suggère que « tel est peut-être le rôle du peuple juif aujourd'hui : celui de maintenir l'idée de l'existence d'une minorité et donc de la diversité... d'être acculturé et néanmoins non assimilé ; d'être totalement immergé dans le monde et également hors de celui-ci ; d'être loyal envers les nations mais internationaliste ; d'être porteur de multiples cultures sans être identifié à aucune d'entre elles, d'être accepté comme particulier sans jamais être considéré comme *kodèch* ("consacré"). Ceci est gravé sur le front de chaque Juif tout en étant invisible » (*The Case for the Chosen People*, Doubleday, New York, 1965, p. 120-121).

Dans son livre *Le Kuzari*, le philosophe Judah Halevi propose une approche différente. Il met en scène un rabbin et le roi des Kazars qui discutent de ce sujet. Dans ce livre, écrit au XIe siècle en Espagne, Halevi propose l'idée que le peuple d'Israël est « le cœur des nations ». Quand il est malade ou souffre, tous les peuples sont malades et souffrent. Il est un *am segoulah*, un peuple « distingué des autres nations par ses bonnes dispositions qui, si on peut dire, en font une caste angélique ». Chacun de ses membres est sensible à l'essence divine… « avec pour conséquence de transformer l'âme humaine en une âme divine qui se déconnecte des sens matériels et adhère aux sphères supérieures où elle se délecte de la lumière divine et entend le discours divin ».

Pour Halevi, faire partie du « peuple élu » est ressentir l'influence de Dieu et être façonné par elle. Vivre dans la « lumière divine » apporte au cœur humain sagesse et compassion, justice et amour. Entendre le « discours divin » en son esprit ouvre à la possibilité d'accomplir ce que Dieu désire en mettant en pratique les commandements de la Torah.

Cette vision de Halevi de faire partie du « peuple choisi » ne garantit pas une vie après la mort dans de magnifiques et agréables jardins, mais plutôt une vie terrestre « parmi les anges ». Le peuple juif est donc, selon Halevi, le « cœur des nations ». Ce qu'il fait et comment il accomplit les commandements de la Torah entraînent des conséquences non seulement pour lui-même mais pour l'humanité tout entière (*Le Kuzari*, Verdier, Paris, 1992).

Le philosophe moderne Martin Buber adopte la vision de Halevi et ajoute sa propre explication. Buber cherche à définir plus clairement « l'idée d'élection » en qualifiant le peuple juif de *res sui generis*, c'est-à-dire un peuple unique qui a été modelé par son histoire et par « une importante transformation intérieure », ce qui l'a fait devenir « un royaume oint » représentant de Dieu. Il met en garde contre une dérive nationaliste conséquence d'un sentiment d'orgueil vide de sens et d'une affirmation gratuite de supériorité. Pour Buber, l'affirmation d'Israël comme peuple choisi « n'induit pas un sentiment de supériorité mais un sens de destinée. Il ne s'agit pas d'une comparaison avec les autres peuples mais d'une communion centrée sur un but, celui qui a modelé le peuple et l'a fait devenir une nation ».

Et Buber poursuit ainsi : « Les prophètes ont formulé ce but et n'ont jamais cessé d'énoncer leurs mises en garde. Si on prétend être choisi au lieu de s'élever au-dessus de sa condition, si on transforme cette idée d'élection en un objet statique au lieu d'obéir à ce qu'elle commande, on la dénature. » En termes plus spécifiques, Buber met au défi les sionistes en affirmant qu'« Israël doit être une nation qui, à travers ses institutions et ses actes, fait régner la justice et la vérité » et invite tous les peuples à « marcher dans les voies de l'Éternel ».

Pour Buber, le peuple d'Israël n'est pas comme toutes les nations. Le peuple d'Israël a une mission, un objectif prophétique. Il doit œuvrer pour un temps où justice et compassion seront les références tant pour l'individu que pour les nations, aussi bien dans leur développement propre que dans le cadre des relations entre elles, et où l'humanité sera libérée de toute cruauté, de toute tromperie et de la guerre. Le peuple d'Israël est l'instrument de Dieu afin de permettre l'émergence d'une époque fondée sur la connaissance, la vérité et la paix. Tel doit être le sionisme. Et Buber conclut son essai adressé aux sionistes vivant sur la terre d'Israël ou dans le monde en disant que le « véritable sionisme est le désir d'établir "la cité du grand roi"… Nous avons besoin des "sionistes de Sion" ici et ailleurs » (*Israel and the World : Essays in a Time of Crisis*, Shocken Boks, New York, 1963, p. 223-224 et 258 et suivantes).

Le rabbin Mordecai M. Kaplan, fondateur du mouvement du judaïsme reconstructionniste, est d'un avis différent de celui de Martin Buber et de la plupart des commentateurs au sujet de *am segoulah*. Pour Kaplan le concept d'« être choisi » se fonde sur quatre hypothèses erronées et injustifiées :

- que les Juifs possèdent des traits héréditaires qui, sur le plan religieux et éthiques, les rendent supérieurs aux autres ;
- que les Juifs ont été les premiers à être dotés de ces concepts et de ces idéaux religieux et éthiques ;

- que les Juifs possèdent les formes religieuses et les idéaux éthiques les plus vrais ;
- et que le but historique de l'existence du peuple juif est d'enseigner ces idéaux au sein du monde.

De telles hypothèses, selon Kaplan, ne peuvent pas être prouvées. Il défend l'argument que ces « traits nationaux » sont le produit « de circonstances historiques… d'environnements géographiques et d'institutions sociales divers » plus que de l'« hérédité ». « Pour les Juifs, demander que soit porté à leur seul crédit le fait d'avoir donné à l'humanité ces concepts religieux et éthiques qui promettent un monde meilleur, est d'une arrogance extrême. » Peu de Juifs modernes, selon Kaplan, croient qu'ils possèdent « la forme la plus vraie de la vérité » en ce qui concerne la religion et l'éthique. Selon lui, l'idée que Dieu a choisi Israël pour « remplir une mission de faire connaître Dieu aux nations » n'est pas centrale dans la tradition juive mais se trouve uniquement dans « moins d'une douzaine de passages dans le Second Isaïe ».

Kaplan avance l'idée que chaque nation et peuple a une « vocation » particulière. Il écrit : « Aucune nation n'est choisie ou élue ou supérieure aux autres nations, mais chaque nation doit découvrir sa vocation et son attribut spécifique comme source d'expérience religieuse et de médium pour apporter le salut à ceux qui dépendent d'elle… » En ce qui concerne le peuple d'Israël cela veut dire utiliser ses traditions, son expérience historique, sa sagesse, son éthique et sa culture pour assurer son existence et enrichir les autres peuples de son mode de vie unique (*The Future of the American Jew*, Macmillan, New York, 1948, p. 211-213).

Le rejet par Kaplan de l'idée que le peuple juif est *am segoulah,* « élu », a été très critiqué. Les biblistes et les spécialistes du judaïsme ont fait remarquer que ce concept n'est pas uniquement présent dans les paroles attribuées au Second Isaïe mais se trouve largement répandu dans la Torah et les autres textes bibliques, comme dans le Talmud et les *midrashim.* D'autres indiquent que, à l'exception de l'interprétation de Judah Halevi qui qualifie Israël de « cœur des nations », le concept de *am segoulah* n'a jamais été interprété comme signifiant qu'Israël est supérieur aux autres peuples. Au contraire, le sens de cette affirmation est ce que Kaplan qualifie de « vocation ». En d'autres termes, le peuple d'Israël a une fonction particulière, une responsabilité, un rôle unique à jouer dans l'histoire des nations.

Le dessein d'Israël

Le dessein d'Israël n'est pas de prétendre être le propriétaire historique d'un héritage sans prix mais de vivre, de servir et d'enseigner au vu et au su de tout le monde ce dont il est porteur, c'est-à-dire un grand nom et une tradition glorieuse... de vivre comme explorateur de Dieu, acteur de justice, défenseur presque fanatique de l'idée d'équité sociale et détenteur d'une juvénile pureté de cœur. La réalisation de cet héritage dépend de la vie de tout Juif aujourd'hui, ici et partout, et de la capacité de chaque Juif individuellement de consacrer sa vie pour cette noble tâche (rabbin Stephen S. Wise, cité dans Sydney Greenberg, *A Modern Treasury of Jewish Thoughts*, Thomas Yoseloff, New York, 1964, p. 285).

C'est à cette « tâche » que le rabbin Leo Baeck s'est consacré lorsqu'il a cherché à éclaircir le sens du terme « choisi ». Il écrit qu'« Israël est choisi quand il se choisit lui-même ». Comme de nombreux commentateurs, Baeck considère que le concept d'être *am segoulah* est problématique. Si le peuple d'Israël obéit aux commandements de Dieu et est loyal à l'alliance avec Dieu, alors il survivra et se développera comme un « peuple choisi ». « Israël, bien que choisi par Dieu, ne peut rester le peuple choisi que s'il pratique l'équité ; la faute le sépare de Dieu », dit Baeck. Et il poursuit : « L'élection est un appel prophétique à un peuple entier. La mission va au-delà d'Israël lui-même ; c'est une élection pour le bien des autres… (comme le prophète le dit) "Moi, l'Éternel, je t'ai appelé pour la justice et je te prends par la main, je te protège et je t'établis pour la fédération des peuples et la lumière des nations ; pour dessiller les yeux frappés de cécité, pour tirer le captif de la prison, et du cachot ceux qui vivent dans les ténèbres" » (Isaïe 42 : 6-7). Baeck conclut que « l'idée classique de l'élection… n'a pu germer que dans la conscience de l'existence du concept d'élection » (*The Essence of Judaism*, p. 65-68).

La plupart des commentateurs juifs semblent être de l'avis que le peuple juif considérait que l'alliance avec Dieu signifiait plus qu'une relation unilatérale. Elle comportait le devoir exceptionnel d'être l'instrument de Dieu pour établir la vérité, la justice, l'équité, la compassion parmi les peuples et la paix sur terre. Cette conscience de la responsabilité s'est développée en eux et, comme Baeck l'explique, devint la « prise de conscience de l'élection ». Rien en ceci ne doit déboucher sur une prétention de supériorité. Au contraire, être un *am segoulah* signifie que le peuple d'Israël doit mettre son existence en accord avec les valeurs et les exigences du judaïsme. Être choisi par Dieu signifie être responsable, non seulement pour sa propre survie, mais aussi pour la survie de tous les peuples.

Afin de déterminer le sens d'être un *am segoulah,* un « peuple choisi » de Dieu, les commentateurs doivent continuer à répondre à la question essentielle suivante : « Quel est le but de l'existence juive ? » C'est à travers les réponses données aux anciennes idées que de nouvelles conceptions et responsabilités émergent.

Questions pour l'étude et la discussion

1. Pourquoi la tradition juive accorde-t-elle une telle importance à la façon d'abattre un animal ? Y a-t-il d'autres considérations que la douleur ressentie par l'animal ?
2. Les lois de la *chehitah* font partie des rituels juifs. Les rituels sont supposés accorder une grande importance à la vie, développer nos valeurs morales et notre sensibilité et célébrer l'existence dans la joie. Comment ces rituels et ces règles concernant la *chehitah* peuvent-ils concourir à cela ?
3. Des commentateurs considèrent que l'affirmation selon laquelle le peuple d'Israël est un *am segoulah* mène à l'arrogance et génère un sentiment de supériorité. Comment cette notion ancienne d'être « un peuple élu » a-t-elle pu déboucher sur l'idée d'être choisi pour mettre en application les commandements de la Torah et comment l'idée d'être « une lumière pour les nations » répond-elle à cette question ?
4. De nombreux philosophes actuels estiment que survivre en tant que nation est suffisant et qu'aucun

peuple ni aucune nation ne doit justifier de son existence, de ses traditions ou de sa culture. En prenant comme exemple l'histoire du peuple juif, la survivance est-elle une raison suffisante ? Le peuple d'Israël et tous les peuples ne doivent-ils pas se poser la question au sujet de la vie au-delà de leurs frontières et ceci dans leur propre intérêt ? La conception de l'idée de *am segoulah* exprimée par Judah Halevi peut-elle motiver les Juifs à agir en tant que peuple, au-delà même de leur propre survivance ?

Parashat Chofetim

Deutéronome 16 : 18-21 : 9

La parashat Chofetim *s'ouvre sur le commandement d'appointer des juges et des juges d'application des peines afin que la justice suive son cours au sein de la société, puis Moïse met en garde contre l'adoration des idoles. Deux témoins doivent être entendus avant qu'une cour prononce une condamnation dans une affaire pénale. Les cas d'homicide, de poursuite civile ou ceux qui seraient trop difficiles pour une simple cour doivent être transférés à d'autres cours plus habilitées pour de tels cas. Les réglementations pour choisir un roi ou un chef sont présentées, de même que la mise en garde à ce chef à qui on doit rappeler qu'il doit fidèlement suivre les lois de la Torah. Les offrandes pour les prêtres sont à nouveau énoncées, comme les différences entre vrais et faux prophètes. Les villes refuges pour le meurtrier par inadvertance sont décrites avec la loi interdisant de déplacer les limites de propriété. Cette section se termine par des lois concernant les temps de guerre et la responsabilité lors de la découverte d'un cadavre trouvé hors des limites de la ville.*

NOTRE TARGOUM

1. Moïse prescrit au peuple d'appointer des juges afin que la justice règne là où ils s'établiront. Ces juges doivent être impartiaux et ne doivent accepter aucun présent corrupteur. « Justice, justice tu poursuivras afin que tu puisses prospérer et prendre possession du pays que l'Éternel ton Dieu te donne. »

Une personne ne peut être condamnée à mort qu'à partir du témoignage de deux hommes. Le témoignage d'un seul homme est insuffisant pour valider une condamnation. Si un témoin fait un faux témoignage, il doit être puni. Dans les cas concernant un homicide, un cas civil ou une affaire trop complexe pour la cour concernée, le cas sera transféré à une cour plus haute ou à d'autres juges dont le verdict devra être exécuté.

2. Il est interdit au peuple de construire des autels pour des idoles, d'offrir des sacrifices défectueux ou de s'engager dans l'adoration de la lune ou du soleil.

3. Lorsqu'il entrera dans le pays d'Israël, le peuple pourra choisir la royauté comme forme de gouvernement. Le roi devra ne pas être un étranger, ne pas avoir trop de chevaux, il lui sera interdit de renvoyer ses serviteurs en Égypte et de les échanger pour acheter des chevaux, il ne devra pas avoir trop de femmes ni trop d'or. Il devra étudier les lois de la Torah pendant toute sa vie, ce qui témoignera

de son humilité et il ne devra jamais être arrogant vis-à-vis de son peuple.

4. Moïse répète que les Lévites, l'entière tribu de Lévi, n'aura pas droit à la propriété foncière. De toutes les offrandes ils recevront les épaules, les mâchoires et l'estomac en plus des prémices des grains, du vin, de l'huile et de la toison des ovins. Ils trouveront ainsi compensation pour leur service au Temple.

Il met à nouveau en garde le peuple contre les pratiques religieuses interdites telles que l'offrande des enfants jetés au feu et contre les devins, les magiciens, les sorciers, les jeteurs de sorts, et ceux qui invoquent les démons et les morts. Ceux qui pratiquent de tels sortilèges doivent être bannis de la communauté.

5. Moïse prédit que d'autres prophètes comme lui s'élèveront au sein du peuple et qu'on devra leur obéir. Mais il met en garde le peuple qui ne devra pas suivre ceux qui parlent au nom d'autres dieux ou ceux qui énoncent des fausses prédictions au nom de Dieu. Il déclare que ce sont des « faux prophètes ».

Les préparant à leur entrée dans le pays, Moïse rappelle l'importance d'établir des villes refuges pour ceux qui sont accusés d'avoir accidentellement causé la mort d'une personne. Il explique que si une personne en train de couper un arbre utilise une hache dont le fer se détache du manche et cause la mort de quelqu'un, le meurtrier par inadvertance doit être autorisé à se réfugier dans une ville refuge, afin d'être protégé contre les vengeurs de sang de la famille de la victime. Moïse explique que, de cette façon, le sang innocent ne sera pas versé.

Il interdit également de modifier les limites des propriétés, ce qui serait une forme de vol de la propriété allouée par Dieu à chaque famille lors de l'entrée du peuple dans le pays d'Israël.

6. Anticipant les guerres que le peuple d'Israël aura à mener lors de la conquête du pays, Moïse ordonne aux prêtres d'encourager le peuple avec la formule suivante : « Écoute, Israël, en ce moment vous allez livrer bataille à vos ennemis ; que votre courage ne mollisse pas ; soyez sans crainte, ne vous laissez ni déconcerter ni terrifier par eux. Car l'Éternel, votre Dieu, marche avec vous… pour vous procurer la victoire. »

Il poursuit en leur donnant les instructions concernant ceux qui doivent être exemptés d'aller à la guerre. Il s'agit de ceux qui ont bâti une nouvelle maison sans en avoir pris possession, planté une vigne sans en avoir acquis la jouissance, de celui qui a promis mariage à une femme mais ne l'a pas encore épousée ou de celui qui a peur.

Les tactiques guerrières sont aussi mentionnées par Moïse. Il insiste pour qu'une ville, contre laquelle le peuple marcherait, se voit d'abord proposer la paix. Si ses habitants se rendent, ils paieront un tribut et serviront le peuple ; s'ils ne se rendent pas, la ville sera assiégée et pillée.

Quand une ville est capturée, Moïse interdit que ses arbres soient coupés. Leurs fruits peuvent être consommés mais ils ne doivent pas être abattus. Car les arbres ne sont pas des humains, ils ne peuvent pas fuir. Seuls les arbres non fruitiers peuvent être abattus et utilisés pour les travaux nécessaires au siège.

7. Moïse déclare que lorsqu'on trouve un cadavre hors des limites de la ville et que le meurtrier est inconnu, les anciens et les officiels des villes alentour doivent mesurer la distance entre leur ville et le cadavre. Les anciens de la ville la plus proche doivent offrir une génisse en sacrifice et déclarer : « Nos mains n'ont point répandu ce sang-là, et nos yeux ne l'ont pas vu se répandre », et ils seront pardonnés.

La *parashat Chofetim* contient deux thèmes importants :

1. La garantie et la poursuite de la justice.
2. Le souci pour les arbres et l'équilibre écologique du monde.

1. « LA JUSTICE, LA JUSTICE TU POURSUIVRAS »

La poursuite de la justice est un des thèmes les plus fréquemment répétés, non seulement dans la Torah mais aussi dans l'ensemble de la tradition juive. Dans les relations commerciales, « des poids justes et des mesures justes » doivent être utilisés, il faut écouter « avec justesse lors de disputes entre personnes, des Hébreux comme des étrangers ». Nul ne doit accepter de présent corrupteur ni favoriser les justiciables, que ce soit le riche ou le pauvre.

La société doit favoriser l'exercice de la justice tant au niveau social, politique qu'international. Le prophète Amos déclare au nom de Dieu : « Que la justice coule comme les eaux et l'équité comme de puissants courants. » Isaïe proclame : « Cherchez la justice et libérez celui qui est oppressé. » Le Psalmiste pose la question : « Qui est digne d'habiter dans le sanctuaire de Dieu ? » et il répond : « Celui qui est sans défaut, agit selon la justice, reconnaît la vérité, ne calomnie, n'agresse personne ni ne garde rancune. » La mère de Lemouel, le roi de Massa, donne ce conseil à son fils : « Ouvre la bouche en faveur du muet, prends la défense de tous les vaincus du sort. Ouvre la bouche pour juger avec équité et faire droit au pauvre et à l'indigent » (Lévitique 19 : 36 ; Deutéronome 1 : 16 ; Amos 5 : 24 ; Isaïe 1 : 17 ; Psaume 15 : 12 ; Proverbes 31 : 8-9).

L'insistance de la tradition biblique sur la poursuite de la justice a influencé tous les maîtres rabbiniques. Commentant notre section de la Torah instituant les juges dont la tâche est de « poursuivre la justice », rabbi Chim'on ben Gamlièl qui fut le président du Sanhédrin au milieu du premier siècle de notre ère, met en garde sa génération : « Ne ridiculise pas et ne méprise pas le monde judiciaire car la justice est l'un des fondements du monde. Sache que le monde repose sur trois fondements : sur la justice, sur la vérité et sur la paix » (*Deutéronome Rabba* 5 : 1 ; *Avot* 1 : 18).

D'autres commentateurs rabbiniques ont considéré que garantir la justice dans les cours et dans toutes relations entre les êtres humains a plus d'importance que tous les sacrifices offerts dans le Temple de Jérusalem. Pour justifier cette opinion, ils citent un verset des Proverbes qui déclare : « Accomplir des actes d'équité et de justice est plus désirable à Dieu que les sacrifices. » Les rabbins affirment que les sacrifices ont été importants durant une période limitée, pendant que le Temple existait. Et par opposition, agir avec justice est de tout temps essentiel pour assurer l'équilibre social.

Poursuivre la justice

Rechercher la justice c'est libérer celui qui est oppressé. Mais comment peut-il être libéré sans que l'oppresseur soit jugé et que l'on mette un terme à l'oppression ! L'histoire n'est pas une école religieuse où on pose la question sur le pardon ou sur l'absence de pardon. Tolérer l'injustice c'est tolérer la souffrance humaine. Puisque l'orgueilleux et le puissant qui infligent les souffrances ne se plieront pas volontairement au discours moral, la responsabilité envers celui qui souffre exige que la justice soit appliquée afin qu'il soit mis un terme à l'oppression (Eliezer Berkovits, *Man and God, Studies in Biblical Theology*, Wayne State University Press, Detroit, 1969).

Rabbi Na<u>h</u>man cite l'exemple du roi David pour montrer l'importance de la justice pour la société. « Il jugeait selon l'équité, acquittant les innocents, condamnant les coupables et obligeant les voleurs à restituer les biens qu'ils avaient volés. C'est ainsi que son royaume était fort et sûr. Tous se faisaient confiance, coopéraient les uns avec les autres et vivaient en paix » (Proverbes 21 : 3 et *Deutéronome Rabba* 5 : 3).

La littérature biblique et rabbinique accorde une grande importance à tout ce qui touche à l'exercice de la justice. La *parashat Chofetim* s'ouvre sur l'injonction de Moïse faite aux Hébreux d'« appointer des juges et des juges d'application des peines pour chaque tribu et dans tous leurs lieux de résidence ». Les anciens doivent appointer ces juges pour que des cours de justice puissent fonctionner. Elles doivent avoir la capacité d'entendre les justiciables, de siéger et d'énoncer leurs jugements. Si, pour une raison ou une autre, les juges n'arrivent à aucune conclusion, le cas doit être transféré à une instance supérieure relevant des prêtres.

Rabbi Judah haNassi, l'auteur présumé de la *Mishna*, décrit le système juridique et les cas qui sont présentés devant les cours. Chaque ville doit avoir son propre *Beit din* (« maison du jugement ») ou tribunal, comprenant trois ou sept juges avec deux assistants lévites. À Jérusalem, on trouve un Petit Sanhédrin avec vingt-trois juges et un Grand Sanhédrin qui non seulement était la Cour suprême mais avait aussi la responsabilité d'établir le calendrier religieux et de déterminer toute question relative à la tradition religieuse. Le Grand Sanhédrin comptait soixante et onze membres, car Dieu avait commandé à Moïse de nommer soixante-dix anciens pour l'aider à diriger le peuple. En ajoutant Moïse, les rabbins affirmèrent que le Grand Sanhédrin devait donc compter soixante et onze membres.

Rabbi Judah décrit les fonctions de chaque cour. Le *Beit din* local était chargé de juger les litiges de propriété et de dommages personnels. Le Petit Sanhédrin était concerné par les affaires pénales et les cas pouvant mener aux peines capitales. Le Grand

Sanhédrin entendait les matières complexes et était chargé de résoudre les cas que les juridictions inférieures lui faisaient parvenir.

Le système juridique détaillait les règles concernant l'appointement des juges, l'interrogation des témoins, la procédure des cours et la façon d'énoncer les jugements. Ne pouvaient pas être juges les parents des justiciables, les joueurs de dés, ceux qui prêtaient à intérêt, qui élevaient les pigeons voyageurs et qui vendaient le produit de la terre pendant les années shabbatiques. Des parents ne pouvaient pas être témoins. Les témoins devaient être entendus individuellement sans pouvoir entendre la déposition des autres témoins afin que la cour puisse les comparer et arriver à une juste décision.

En matière civile, il était possible de présenter des arguments en faveur ou en défaveur des justiciables. Mais en matière pénale, les arguments favorables au justiciable étaient entendus en premier, puis les arguments défavorables étaient présentés. Les juges les plus anciens devaient s'exprimer en premier en matière civile. Par contre en matière pénale, le plus jeune juge devait parler en premier afin que son opinion ne soit pas influencée par celle des juges plus âgés.

Une majorité simple était requise en matière civile ; en matière pénale une majorité simple suffisait pour l'acquittement et une majorité de deux était nécessaire pour que la peine soit prononcée. Une plus haute cour pouvait annuler la décision d'une cour inférieure en matière civile ; mais en matière pénale, une plus haute cour ne pouvait qu'inverser de la condamnation à l'acquittement. Une décision en matière non pénale pouvait être énoncée le jour même. En matière pénale, si le verdict était l'acquittement, il pouvait être énoncé le jour même, mais dans le cas de la condamnation à la peine capitale, l'annonce ne devait être faite que le lendemain. Les cours ne siégeaient jamais le shabbat ou un jour de fête (*Mishna Sanhédrin* 1-5).

Le traitement équitable devait être la règle absolue de tous les cas au sein du système judiciaire juif. De faux témoignages et des tentatives d'influencer les juges n'étaient pas tolérés, ceci afin de garantir des jugements équitables. Les décisions devaient pencher vers l'acquittement ou le renvoi plutôt que vers la condamnation.

Commentant le commandement de la Torah d'appointer des juges afin qu'ils puissent rendre la justice, le *Sifré* insiste sur l'importance à accorder à la nomination de juges qui doivent être experts dans la connaissance de la *halakhah* (« la loi »), doivent être d'une totale intégrité et honnêteté et dont le comportement doit être irréprochable.

Rachi

Rachi note que rendre la justice suppose de ne pas accepter de présents corrupteurs, de ne jamais favoriser ni accorder devant la cour un traitement préférentiel à un témoin ou à un justiciable (*Commentaire sur Deutéronome* 16 : 18-20).

Plusieurs commentateurs posent la question : Pourquoi Moïse répète-t-il deux fois le mot *tzédèk* (« justice ») dans le verset : « Justice, justice tu poursuivras si tu veux te maintenir en possession du pays que l'Éternel ton Dieu te destine » (Deutéronome 16 : 20) ?

Ils mettent en évidence que la répétition n'est pas nécessaire dans ce verset. La répétition de mots étant rare dans la Torah, ils proposent plusieurs explications.

Certains commentateurs actuels suggèrent que cette répétition était un mode ancien pour mettre l'accent sur un détail ou une idée. En répétant le mot *tzédèk*, Moïse souligne l'importance de la justice pour assurer la paix et l'équilibre au sein de la société.

D'autres font remarquer que ce terme est répété pour insister sur l'idée que la poursuite de la justice relève non seulement de la responsabilité du gouvernement et des juges, mais que c'est aussi une *mitzvah* – un impératif – pour chacun. On ne peut pas dire : « Que les cours de justice décident de ce qui est juste ou injuste, de ce qui est condamnable et de ce qui ne l'est pas. Quant à moi, je garderai le silence. »

Ceci est peut-être ce que rabbi Aha exprimait en citant rabbi Tan<u>h</u>oum, le fils de rabbi <u>H</u>iyah, qui disait : « Même si une personne est un fin connaisseur de la Torah, un maître très renommé qui met parfaitement en pratique les commandements rituels, s'il peut s'opposer à un acte répréhensible mais s'en abstient, il est considéré comme maudit. » Entendant cette observation, rabbi Yirmeyah a cité rabbi <u>H</u>iyah qui enseignait : « Si une personne n'est ni versée dans la Torah, ni un maître, ni quelqu'un réputé pour la juste application des commandements rituels, mais s'élève contre le mal, une telle personne est qualifiée de bénédiction. »

Pour les interprètes de la Torah, et pour les prophètes, la poursuite de la justice est fondamentale. Corriger les maux générés par les actes humains était considéré comme la plus haute priorité éthique. La répétition par Moïse de « justice, justice » était comprise comme signifiant : « Ne te contente pas de constater un acte répréhensible. Lève-toi et proteste ! » (*Lévitique Rabba* 25 : 1).

Pourquoi je proteste

L'auteur Élie Wiesel raconte l'histoire de l'un des justes de Sodome qui marchait dans les rues de la ville en protestant contre l'injustice qui y régnait. Les gens se moquaient de lui et le dénigraient. À la fin, un jeune homme lui demanda : « Pourquoi continues-tu à protester contre le mal ; ne vois-tu pas que personne n'y prête attention ? » Il répondit : « Je vais te dire pourquoi je continue. Au début, je pensais que j'allais changer le comportement des gens. Aujourd'hui, je sais que ce ne sera pas le cas. Si je continue de protester, c'est pour ne pas risquer d'être changé par les autres » (*One Generation After*, Random House, New York, 1970, p. 72).

Servir d'exemple

Levi Isaac enseigna le sens du commandement : « Établis des juges... là où tu résideras » qui enjoint à chacun d'établir la justice dans tous les lieux où il se trouve, dans ses maisons, dans les lieux dont il a la responsabilité et partout où il agit. Chaque Juif doit être un exemple en accomplissant la justice pour Dieu (David R. Blumenthal, *God at the Center*, p. 154-155).

L'obligation de détourner son chemin pour garantir la justice est, dans les discussions rabbiniques, illustrée par la comparaison entre Abraham et Job. Job souffre dans sa chair. Il perd tous ses biens et est frappé par la mort de ses enfants. Cherchant une explication et mettant en cause Dieu, il demande : « N'ai-je pas donné à manger à celui qui était affamé, à boire à celui qui avait soif, n'ai-je pas vêtu celui qui était nu ? Pourquoi tous ces maux s'abattent-ils sur moi ? »

Les rabbins ont déclaré que Dieu a répondu : « Ceci est vrai, tu as agi comme tu l'as dit, mais tu n'as pas fait tout ce que tu pouvais faire pour établir la justice. Compare ton comportement avec celui d'Abraham. Alors que tu invitais ceux qui avaient faim et qui frappaient à ta porte, Abraham recherchait dans la ville ceux qui avaient faim et les invitait à sa table. Tu donnais de la viande à ceux qui étaient habitués à manger de la viande, Abraham, lui, donnait de la viande à ceux qui n'en mangeaient habituellement pas. Alors que tu donnais du vin à boire et des lits pour dormir à ceux qui habituellement buvaient du vin et dormaient dans des lits, Abraham a construit des auberges sur les chemins pour les voyageurs qui étaient assoiffés et fatigués. »

Du point de vue rabbinique, Job ne faisait que la moitié du chemin. Il était assis et attendait. Il fit ce qu'il devait faire mais ne cherchait pas à faire plus. En comparaison, Abraham allait au-delà de ce qui était simplement normal. Il recevait généreusement tous les voyageurs fatigués et leur accordait une totale hospitalité. Il ne se contentait pas d'aider celui qui était dans le besoin, il cherchait à prévenir les causes des difficultés qu'il rencontrait. En construisant des auberges sur les routes, il faisait un effort supplémentaire. Il mettait en pratique ce que dit la Torah : *tsédèk tsédèk tirdof* (« Justice, justice tu poursuivras ») (*Avot de rabbi Natan* 7). Même si l'idée d'une justice immanente est difficile à accepter et que le livre de Job nous interdit de penser qu'il est puni pour son comportement, l'exemple d'Abraham nous montre qu'il faut aller au-delà de la simple application de la loi en essayant de lutter contre les causes de l'injustice.

Simon ben Lakich, qui vivait et enseignait à Tibériade, au IIIe siècle, interprétait la répétition : *tsédèk tsédèk tirdof* comme concernant la procédure judiciaire. D'après lui, toutes les précautions devaient être prises en cette matière et à tous les niveaux. La répétition de *tsédèk*, enseignait-il, est de nous rappeler qu'un effort particulier doit être fait pour réétudier le cas et reconsidérer les preuves en prêtant une attention particulière à ce que les témoins avaient à dire et en évitant toute précipitation (*Sanhédrin* 32b).

D'autres commentateurs font remarquer que la répétition de *tsédèk* est liée au verbe *tirdof* (« poursuivre »), cela pour insister sur les deux formes de justice qui doivent être mises en application : le *tsédèk* est l'« action juste » et le deuxième *tsédèk* fait allusion à la recherche du « juste compromis ». Par exemple, si deux bateaux se présentent au même moment devant une étroite passe maritime, que doit-on faire ? Chacun affirme être arrivé le premier et désire donc passer en premier. Chacun a le *tsédèk* pour lui. Mais s'ils pénètrent en même temps dans la passe, ils se heurteront et couleront tous les deux.

Les rabbins conclurent que la meilleure solution est d'aboutir à un compromis. La répétition de *tzédèk* nous apprend que lorsque deux parties peuvent justifier de la même demande, la solution juste est de proposer un compromis acceptable pour les deux (*Torah Temimah ; Commentaire sur Deutéronome* 16 : 20).

Rambam (Maïmonide)

Moïse Maïmonide suggère une interprétation complémentaire au sujet de la répétition de *tsédèk*. Cette répétition nous invite à mettre l'accent sur la nécessité d'aboutir à un jugement à travers un processus de consultation. Les personnes et les juges ne doivent pas prendre des décisions fondées sur leurs impressions personnelles. Ils doivent discuter les cas de façon approfondie, les examiner avec circonspection, écouter les différentes opinions et les perspectives diverses afin d'aboutir à un jugement en toute impartialité. Poursuivre la justice veut dire que tous les faits doivent être connus et réunis, tous les experts doivent avoir été consultés, sans jamais chercher à écourter un témoignage (*Commentaire sur Deutéronome* 16 : 20).

Il en ressort que la poursuite de la justice est un sujet essentiel et central pour la société juive. Dans la Bible juive et au cœur de la tradition rabbinique, la mise en application de la justice est indispensable pour que la vérité et la paix puissent être établies. Les Juifs se doivent d'établir la justice car aucune société humaine ne peut subsister sans la justice. La pierre angulaire de l'éthique juive est d'être « prudent et vigilant dans tout ce qui touche à la justice » car « là où il y a la justice, la paix et la vérité prévalent » (*Avot* 1 : 1 ; *Pesikta deRav Kahana* 140b).

2. NE DÉTRUISEZ PAS L'ENVIRONNEMENT, C'EST UN DON PRÉCIEUX DE DIEU !

Si la poursuite de la justice a pour but d'assurer le subtil équilibre entre les individus au sein de la société, les recommandations de Moïse concernant le traitement des arbres ont pour but de préserver les délicates relations des êtres humains avec la nature qui les environne. Moïse dit au peuple : « Lors d'une guerre contre une ville, lorsque vous serez amenés à établir un siège long contre elle, vous ne détruirez pas les arbres en portant sur eux la cognée ; ce sont eux qui vous nourrissent, vous ne devez pas les abattre. » Et pour affirmer une relation avec les arbres, il pose la question : « L'arbre du champ n'est-il pas en effet comme un être humain pour que tu t'attaques à lui ? » (Deutéronome 20 : 19). Et il ajoute : « Les arbres des champs, comme les êtres humains, ont-ils la capacité de fuir devant vous vers la ville assiégée ? »

Alors que le commandement traite spécifiquement du fait de couper des arbres pour mener un siège, les interprètes juifs ont élargi le propos pour évoquer toute forme de destruction inutile. Ce principe s'appelle *bal tachhit* ou « ne détruis pas » (voir la description de ce principe en ce qui concerne le traitement des animaux dans la *parashat Reéh*).

De la même façon, il est interdit de modifier le cours d'une rivière si cette modification peut avoir pour conséquence l'impossibilité pour les racines des arbres de trouver de l'eau dans le sol. Lorsqu'il fut demandé aux rabbins quelles étaient les justifications d'une telle loi, ils expliquèrent que notre *parashat* interdit de détruire les arbres, non seulement en utilisant une cognée pour les abattre, mais que cela concernait aussi tout acte menant à leur destruction, y compris le détournement de l'eau de leurs racines. Les commentateurs rabbiniques élargissent aussi l'interdiction d'« abattre des arbres pour faciliter le siège d'une ville » au temps de paix également. La destruction inutile est condamnée : « Toute personne qui délibérément casse de la vaisselle, déchire des vêtements, dégrade des habitations, scelle une fontaine ou gaspille de la nourriture, cette personne viole la loi *bal tachhit* » (*Houlin* 7b ; *Tosafot Baba Kamma* 115b ; *Avodah Zarah* 30b ; *Kiddouchin* 32a).

Répugnance au vandalisme

Rabbi Joseph Caro dans son *Choulhan Aroukh* déclare : « Il est interdit de détruire, d'abîmer quoi que ce soit qui est utile pour les êtres humains » (*Hilkhot Shemirat Gouf vaNéfèch* 14).

Le rabbin Robert Gordis commente : « Le principe du *Bal Tachhit* est profondément ancré dans la conscience juive. Ainsi, la répugnance au vandalisme devint presque un reflexe psychologique, et une destruction gratuite était considérée avec réprobation et horreur par les Juifs pendant des siècles » (*Congress Bi-Weekly*, 2 avril 1971, p. 10).

Apprenez à vos enfants ce que nous avons appris aux nôtres – que la terre est notre mère. Tout ce qui arrive à notre environnement naturel atteint les enfants de la terre. Si les êtres humains polluent la terre, ils se polluent eux-mêmes. Ceci nous le savons. La terre n'appartient pas à l'humanité mais l'humanité appartient à la terre. Ceci nous le savons. Tout est connecté comme le sang qui unit une famille. Tout est connecté. L'humanité n'a pas tissé la toile de la vie ; ce n'est qu'un de ses fils. Tout ce que l'humanité fait à la toile de la vie, elle se l'inflige à elle-même (Chief Seattle dans Steve Van Matre et Bill Weiler, *The Earth Speaks*, Institute for Earth Education, Warrensville, Ohio, 1983, p. 122).

Alors que tous les commentateurs semblent être d'accord pour s'élever contre la destruction gratuite, il existe des différences d'opinion sur la justification d'une telle position. Les différences révèlent au moins deux fondements qui expliquent l'intérêt de la tradition juive pour l'environnement.

Moïse Ibn Ezra, par exemple, adopte une vue très pragmatique à propos de l'abattage des arbres. Son argument est que les arbres fruitiers produisent de la nourriture et les êtres humains ont besoin de leurs produits pour assurer leur subsistance. C'est pourquoi il nous est interdit de les abattre car, ce faisant, nous portons préjudice à nous-mêmes. Il écrit : « La vie des êtres humains provient des arbres. » On ne détruit pas l'environnement naturel car cette destruction devient une autodestruction.

Hirsch

Le rabbin Samson Raphaël Hirsch partage cette approche pragmatique centrée sur l'humain. Il souligne que « l'arbre des champs est indispensable à l'être humain et les produits du sol nécessaires à l'existence humaine ». Pour Hirsch, comme pour Ibn Ezra, détruire les arbres fruitiers ou gaspiller de précieuses ressources, c'est mettre en danger la vie humaine et gâcher ce qui est indispensable à notre survie. Dieu nous a donné le monde pour que nous en profitions, avec ses fruits et ses produits qui assurent notre subsistance. Nous avons été autorisés à « prendre possession des poissons de la mer, des oiseaux du ciel, du bétail et de toute la terre », non de polluer ses eaux et son air ni de gaspiller ses précieuses ressources et ses magnifiques forêts. De telles imprudentes dégradations mettent en danger non seulement notre planète mais également la vie humaine (*Commentaire sur Deutéronome* 20 : 19).

Une histoire au sujet de Honi haMeaguèl qui vivait en terre d'Israël au Ier siècle montre de façon incontestable la dépendance des humains envers les arbres. Marchant un jour dans la campagne, il voit un homme âgé planter un caroubier et lui demande : « Combien faut-il de temps pour qu'un caroubier donne des fruits ? » Le vieil homme lui répond : « Soixante-dix ans. » Surpris, Honi demande : « Vieil homme, penses-tu vivre encore soixante-dix ans pour manger des fruits de l'arbre que tu es en train de planter ? » Le vieil homme se mit à rire et répondit : « Quand je suis venu dans ce monde, j'ai trouvé des caroubiers plantés par d'autres. Maintenant je plante de nouveaux arbres pour mes enfants et les enfants de mes enfants » (*Taanit* 23a).

Les environnementalistes actuels se posent les mêmes questions que le vieil homme, au sujet de la nécessité de planter des arbres fruitiers pour le futur. Restaurer les ressources qui se raréfient est une question essentielle qui affecte non seulement notre présent sur terre mais façonne également notre futur. Détruire des forêts tropicales qui contiennent entre 50 % et 80 % des espèces végétales et animales de la planète et de nombreuses substances pouvant guérir certaines maladies, comme modifier génétiquement des céréales, ceci peut mettre en danger l'avenir de l'humanité sur terre. Exploiter la forêt sans aucune politique de reboisement a réduit les surfaces forestières en Amérique, en Europe, en Afrique et en Asie, laissant de grands espaces ouverts à l'érosion. Brûler de grands espaces produit des millions de tonnes de gaz à effet de serre et pollue l'atmosphère.

Les préoccupations éthiques des commentateurs juifs prônant la préservation et la reconstitution des ressources essentielles ont d'évidentes implications pour notre vie. Se soucier des arbres est une question de vie ou de mort. Telle est peut-être la raison de la prise de position de rabbi Yo<u>h</u>anan ben Zakaï, un élève de Hillel, qui dirigea le Sanhédrin durant le siège de Jérusalem par les Romains en 70 de notre ère. Rabbi Yo<u>h</u>anan a enseigné que, si nous sommes en train de planter un arbre alors qu'on nous annonce l'arrivée du Messie, celui qui apportera la paix à l'humanité, on ne doit pas s'arrêter de planter. « Tout d'abord, dit rabbi Yo<u>h</u>anan, finis de planter l'arbre, tu pourras ensuite aller accueillir le Messie. »

En d'autres termes, le devoir d'assurer l'avenir en plantant un arbre est plus important que la promesse de la paix, même si c'est le Messie qui arrive pour l'annoncer. Tout acte pour préserver et protéger l'environnement contribue à promouvoir la survie de l'humanité.

Bénédictions pour les arbres

Rabbi Judah a dit : « Quand tu sors au printemps et que tu vois les arbres bourgeonner, tu dois dire : "Béni sois-Tu Éternel, qui fais que rien ne manque dans le monde et qui as créé de belles choses et de beaux arbres pour que les êtres humains puissent en tirer du plaisir" » (*Berakhot* 43b).

Quand tu vois des personnes belles et élégantes, tu diras : « Béni sois-Tu Éternel, qui as créé de belles créatures en ce monde » (*Mishna Berakhot* 7 : 7).

Commençons par penser au mystère de la vie et aux liens qui nous relient à la vie qui emplit l'univers. Nous ne pouvons alors que recevoir notre propre vie et toutes les autres vies qui viennent à notre rencontre et ressentir un immense respect et une immense gratitude pour la vie (Albert Schweitzer).

Il y a encore une autre interprétation à la directive énoncée par Moïse concernant les arbres. Au-delà de la justification de cette prohibition vue sous l'angle pragmatique centré sur l'humain, il y a aussi une base spirituelle pour l'interdiction d'abattre les arbres et de détériorer notre environnement. Ainsi, Jacob ben Isaac Ashkenazi de Janow, auteur du *Tzénah ouReénah,* suggère qu'il y a une bonne raison pour la Torah non seulement d'interdire d'abattre les arbres mais aussi de poser la question : « Les arbres sont-ils comme les humains aptes à fuir devant vous vers la ville assiégée ? » Elle le fait, dit rabbi Jacob, pour attirer notre attention sur le caractère sacré de la « vie » que recèlent les arbres.

Jacob ben Isaac pose la question : « Pourquoi la Torah compare-t-elle l'arbre à un être humain ?

Parce que, comme les êtres humains grandissent à l'intérieur d'eux-mêmes, ainsi en va-t-il pour les arbres. Et comme les êtres humains donnent naissance à des enfants, ainsi les arbres portent-ils des fruits. Quand un être humain est frappé, son cri est entendu à travers le monde, et quand un arbre est abattu, le cri de sa douleur est entendu d'un bout du monde à l'autre bout du monde » (*Commentaire sur Deutéronome* 20 : 19).

Prenant l'arbre comme exemple, rabbi Jacob cherche à créer un sentiment d'empathie et de conscience envers tout ce qui est vivant – les êtres humains, les animaux, les arbres et la végétation – car tous ont été formés par Dieu, la Source sacrée de la vie. Pour cette raison, toute existence doit être respectée et protégée.

Il est à remarquer que le souci de la tradition juive pour l'environnement trouve son origine dès les temps anciens lorsque la crainte de l'exploitation de la nature et de sa mise en danger n'était pas encore un sujet de préoccupation. Néanmoins, les interprètes de la Torah ressentaient les effets préjudiciables de l'exploitation de la création de Dieu, de la pollution et du gaspillage du potentiel de la nature et de ses précieuses ressources. Ils considéraient que la terre est un cadeau fait à l'humanité, que les êtres humains sont les partenaires de Dieu, c'est pourquoi ils doivent prendre soin du délicat équilibre écologique de la terre. Avec le Psalmiste ils enseignaient que « les cieux sont les cieux de Dieu, et la terre, Dieu l'a donnée à l'humanité » (Psaume 115 : 16).

Questions pour l'étude et la discussion

1. Rabbi Éphraïm Lunschitz, mort à Prague en 1619, demandait : « Est-il possible pour l'homme d'agir équitablement alors que ses motivations peuvent être iniques ? » Prenez le cas d'un homme d'affaires qui, secrètement, manipule ses balances pour que le poids indiqué soit inférieur au poids réel et qui, en même temps, fait la promotion de ses produits en affirmant qu'ils sont les moins chers du marché par rapport aux mêmes produits chez ses concurrents. Comment le principe de justice discuté par les commentateurs peut-il s'appliquer à ce cas ?
2. La tradition juive affirme que sans la justice il ne peut pas y avoir de vérité ou de paix au sein de la société humaine. Êtes-vous de cet avis ? Quels exemples historiques ou contemporains pouvez-vous apporter à l'appui de cet argument ?
3. Les commentateurs rabbiniques affirment que, lorsque Dieu créa les humains, ils furent placés devant tous les arbres du jardin d'Éden. Et Dieu leur dit : « Considérez tout ce que j'ai créé, comme cela est beau et bon ! J'ai créé tout cela pour vous. Pensez-y. Ne corrompez pas ni ne détruisez mon monde car il n'y aura personne pour réparer vos dommages après vous » (*Ecclésiaste Rabba* 7 : 28). Quelles leçons pouvons-nous tirer de cette mise en garde rabbinique ?
4. Les scientifiques ont identifié quatre dangers majeurs pour l'environnement terrestre : a) la destruction des forêts et des espèces vivantes ; b) la surpopulation ; c) le réchauffement planétaire et d) l'élimination des déchets. Compte tenu de la discussion concernant l'interdiction de la destruction des arbres, comment pouvez-vous examiner ces « dangers » en prenant comme référence la tradition juive ?

Parashat Ki Tétsé

Deutéronome 21 : 10-25 : 19

La parashat Ki Tétsé *contient un ensemble hétérogène de soixante-douze commandements concernant des sujets aussi divers que le traitement des captives, l'enfant rebelle, l'animal perdu, l'oiseau dans son nid, la balustrade du toit, le divorce, les droits des étrangers, les prêts, les vœux, la protection des biens, la bienfaisance en faveur du pauvre, les règles de l'héritage et l'exigence de justesse des poids et mesures. Cette* parashat *se termine par l'injonction de se souvenir des Amalécites qui attaquèrent les Hébreux alors qu'ils étaient épuisés dans le désert.*

1. Moïse prescrit les règles pour le juste traitement des captives. Si elles sont épousées puis répudiées, elles seront considérées comme libres.

Le droit d'héritage du premier-né s'applique même lorsque le père a eu plusieurs épouses et de nombreux enfants.

Un fils glouton et rebelle qui n'obéit pas à ses parents peut être amené devant deux « anciens » afin d'être jugé. S'il est considéré comme coupable, il doit être lapidé. Une personne mise à mort doit être enterrée le jour même[1].

2. Si l'animal d'un voisin ou un de ses habits est perdu et qu'on le retrouve, il doit lui être restitué. Si un animal tombe sur la voie publique, on doit l'aider à se relever. On ne doit pas être indifférent à ce qui se passe.

Les hommes et les femmes ne doivent pas s'habiller avec les vêtements de l'autre sexe[2].

Si on trouve un nid avec des oisillons ou des œufs, l'oiseau mère doit être chassée et ne pas être prise avec les oisillons ou les œufs.

Des parapets doivent garnir un toit.

Dans un vignoble, on ne doit pas semer un autre végétal. On ne doit pas atteler un bœuf et un âne ensemble ni museler un bœuf lorsqu'il foule le grain. On ne doit pas porter de vêtements dont le tissu est un mélange de lin et de laine. Des *tzitzit* (« franges ») doivent être noués aux quatre coins de nos vêtements.

Si un homme épouse une femme et qu'il prétend qu'elle n'était pas vierge, si les parents prouvent, draps à l'appui, qu'elle l'était au moment du mariage, l'homme sera châtié et condamné à payer un dédommagement au père pour avoir ruiné la

---

1. À ce sujet, les rabbins ont édicté des règles extrêmement précises et rigoureuses, rendant impossible toute condamnation d'un « fils glouton et rebelle ».
2. Il s'agissait certainement de s'opposer à des pratiques liées à l'idolâtrie.

réputation de sa fille. Il ne pourra pas divorcer. Mais si cela s'avère exact, elle doit être lapidée pour avoir commis une infamie en Israël[1].

La sanction de l'adultère est la mort. Si un homme a une relation sexuelle avec une femme promise à un autre homme, ils mourront tous les deux, elle parce qu'elle n'a pas crié à l'aide, lui parce qu'il a abusé de la femme d'autrui. Mais s'il la viole au milieu d'un champ, lui seul sera mis à mort car son cas est semblable à celui du meurtrier. Si un homme a une relation sexuelle avec une vierge et qu'ils sont découverts, il devra l'épouser et ne pourra jamais la répudier[2].

3. Un homme ne peut pas épouser l'ex-femme de son père. Les enfants de couples adultérins ou incestueux, de même que les Ammonites et les Moabites, ne peuvent pas faire partie du peuple d'Israël. Les Iduméens doivent être considérés comme des frères et sœurs.

Tous les excréments humains doivent être éliminés hors du camp.

Les esclaves cherchant refuge doivent être accueillis et ne doivent pas être maltraités.

La prostitution est interdite pour tout Juif ou toute Juive et l'argent de la prostitution ne doit pas être accepté comme don au Temple.

---

1. Dans la littérature biblique et rabbinique, il n'est jamais fait mention de l'exécution d'une telle punition.
2. À l'origine il s'agissait d'une répudiation car, comme aujourd'hui dans les communautés « orthodoxes », seul l'homme pouvait engager la procédure de divorce. Dans les communautés libérales, la femme peut également engager cette procédure. Dans nos pays, le divorce civil doit précéder le divorce religieux.

4. Pour tout prêt fait à un Hébreu, il est interdit d'exiger un intérêt, mais cela est possible envers un étranger. On doit respecter ses engagements.

Quand on travaille dans la vigne ou dans le champ de son voisin, on peut cueillir des grappes et arracher des épis avec les mains, mais on n'a pas le droit de mettre des grappes dans un contenant ni de faucher avec une faucille.

Un homme ne peut pas se remarier avec une femme de qui il a divorcé et qui, entre-temps, s'est mariée avec un autre homme qui est décédé ou, à son tour, l'a répudiée.

Un nouveau marié est exempté de toute obligation militaire pendant un an.

Lorsqu'un prêt est consenti à un voisin, il est interdit d'entrer chez lui pour exiger l'objet mis en gage. S'il est dans le besoin, on ne doit pas se coucher nanti de son gage, on doit le lui rendre au coucher du soleil. Il est interdit d'abuser du pauvre, hébreu ou non, et son salaire doit lui être remis le jour même, avant le coucher du soleil.

On ne doit pas fausser le droit de l'étranger. On ne doit pas prendre en gage le vêtement d'une veuve. Si on oublie une javelle dans le champ, on la laissera pour l'étranger, l'orphelin et la veuve. On ne doit pas glaner son olivier une deuxième fois ni grappiller sa vigne une deuxième fois. Au lieu de cela, il faut laisser le pauvre se nourrir de ce qui a été laissé dans les champs.

5. Quand une cour rend un jugement, la sentence de celui qui est condamné doit être exécutée en présence de l'autre partie. La punition ne doit pas excéder quarante coups.

Quand des frères vivent ensemble et que l'un meurt sans laisser de descendance, il est du devoir du frère vivant d'épouser la veuve de son frère : le premier fils qu'ils auront portera le nom du frère défunt afin que son nom ne disparaisse pas en Israël. Si le frère refuse, la veuve le déclarera publiquement comme étant « celui qui refuse de construire la maison de son frère ».

Dans toutes les transactions, on doit utiliser des poids et des mesures exacts. Dieu a horreur de ceux qui agissent avec malhonnêteté.

Enfin, Moïse rappelle comment Amalek a attaqué les Hébreux fatigués et affaiblis par leur marche dans le désert. « Souviens-toi et efface le souvenir d'Amalek de dessous le ciel. »

La *parashat Ki Tétsé* contient deux thèmes importants :
1. Une mise en garde contre l'indifférence.
2. Des lois concernant le mariage et le divorce.

1. « TU NE SERAS PAS INDIFFÉRENT »

La *parashat Ki Tétsé* contient soixante-douze commandements, le nombre le plus important de toutes les sections de la Torah. Parmi ceux-ci, le commandement de restituer un bien perdu et la responsabilité envers la personne dans le besoin.

En ce qui concerne la restitution d'un bien perdu, la Torah enjoint de rendre tout objet appartenant à une autre personne, que ce soit un bœuf, un mouton, un vêtement ou toute chose qui a été perdue. La Torah ajoute cette mise en garde : « Tu ne dois pas rester indifférent » (Deutéronome 22 : 1-3).

La Torah est également très explicite quant à l'obligation d'aider celui qui est dans le besoin. Notre responsabilité est d'aider l'autre à supporter son fardeau. Ainsi, par exemple, si on marche sur un chemin et que nous voyons le bœuf ou l'âne d'un ami chuter, la Torah dit : « Ne l'ignore pas, tu dois l'aider à le relever avec lui. »

Quelle est l'obligation qui nous incombe si un objet perdu ou un animal égaré appartient à un ennemi ou à une personne envers laquelle nous avons un sentiment d'antipathie ?

Dans un passage parallèle de la *parashat Mishpatim* (Exode 23 : 4-5), Moïse précise que, dans une telle situation, l'objet perdu ou l'animal perdu appartenant à un ennemi doit être restitué à son propriétaire. La Torah veut-elle dire que nous avons la même responsabilité envers un ennemi que celle que nous avons envers un ami lorsqu'il s'agit d'un bien perdu ou de l'aider à soulager un de ses animaux ? Un tel commandement ne contredit-il pas les réactions émotionnelles habituelles ?

Les rabbins insistent pour que l'aide soit accordée et l'objet perdu restitué, qu'il s'agisse d'un ami ou d'un ennemi. De plus, si une personne tire un profit d'un objet trouvé avant qu'il ne soit rendu à son propriétaire, ce profit devra être restitué au propriétaire en même temps que l'objet. Lorsque le bien ne peut pas être restitué et que son gardiennage entraîne des frais, ceux-ci devront être remboursés par le propriétaire lorsqu'il reprendra possession de son bien (*Baba Metzia* 26a-30a).

Le statut d'un bien perdu

Certains objets trouvés deviennent immédiatement la propriété de celui qui les trouve, d'autres objets trouvés doivent être portés à la connaissance de tous.
Voici ceux qui deviennent la propriété de ceux qui les trouvent : des fruits éparpillés, des pièces de monnaie éparpillées, quelques gerbes de blé dispersées dans la rue, des gâteaux de figues pressées, des miches de pain, des morceaux de viande, des fuseaux de laine dans leur état naturel...
Les articles suivants doivent être portés à la connaissance de tous afin que leur propriétaire puisse en reprendre possession : des fruits dans un contenant ou un contenant vide, de l'argent dans un porte-monnaie ou un porte-monnaie vide, un tas de fruits, une pile de pièces de monnaie, trois pièces empilées les unes sur les autres, quelques gerbes tombées dans un domaine privé, des pains faits maison, des fuseaux de laine qui faisaient partie des objets d'un atelier... Si quelqu'un trouve un objet dans une boutique, il lui appartient ; mais s'il le trouve entre le comptoir et la chaise du commerçant, il appartient au commerçant (*Mishna Baba Metzia* 2 : 1, 2 : 4).

Les commentateurs rabbiniques racontent par exemple qu'une personne, passant la porte de rabbi Hanina ben Dossa, par inadvertance abandonna quelques poules. « Nous ne devons pas consommer de leurs œufs », dit rabbi Hanina à sa famille. Mais les poules et les œufs se multiplièrent vite et il devint impossible de toutes les garder. Alors rabbi Hanina les vendit et acheta des chèvres. Plus tard, l'homme qui sans le vouloir avait abandonné les poules vint les réclamer. Rabbi Hanina lui demanda s'il avait des signes d'identification afin de prouver qu'il était le propriétaire des poules. L'homme apporta une preuve et rabbi Hanina lui donna immédiatement les chèvres.

On raconte que rabbi Pinhas ben Yaïr reçut la visite de deux hommes qui déposèrent chez lui deux mesures d'orge, puis les oublièrent. Rabbi Pinhas sema l'orge et la récolta, cela pendant plusieurs années et il engrangea le produit de ce travail. Sept ans plus tard, les deux hommes revinrent et rabbi Pinhas leur dit : « Prenez toute l'orge qui est dans la grange » (*Taanit* 25a ; *Deutéronome Rabba* 3 : 5).

Leibowitz

Ces deux récits insistent non seulement sur la responsabilité de rendre les objets oubliés à leur propriétaire, mais aussi sur le principe que toute personne trouvant un objet ne peut pas en tirer profit. Dans sa discussion sur ces récits rabbiniques, Nehama Leibowitz met en évidence leur dimension éthique. « La *mitzvah* de restituer un objet perdu… oblige non seulement à un acte passif, celui de garder l'objet trouvé jusqu'à ce que son propriétaire le réclame, mais aussi à agir positivement de telle sorte que les intérêts du propriétaire soient sauvegardés afin qu'il ne perde rien et également que tout lui soit restitué. » La loi juive est explicite. Elle rend obligatoire la restitution de ce qui a été égaré. Celui qui l'a trouvé doit en prendre soin, ne doit en tirer aucun avantage et, s'il est investi, les profits ainsi générés doivent être restitués au propriétaire (*Studies in Devarim*, p. 214).

La question du retour d'un bien perdu soulève d'autres considérations concernant la façon dont les êtres humains se comportent les uns envers les autres et la confiance requise pour que l'humanité se développe sereinement. Ba<u>h</u>yah ben Yosef Ibn Pakoudah indique que de telles considérations éthiques se rapportent à d'autres questions soulevées dans la Torah. Rendre un bien, dit Ba<u>h</u>yah, est l'accomplissement du commandement de la Torah d'« aimer son prochain comme toi-même » (Lévitique 19 : 18). La propriété est une extension de chaque individu et est semblable à un membre de son corps. Aimer son prochain signifie prendre soin de tout ce qui est important pour lui de la même façon qu'on aimerait qu'il prenne soin de tout ce qui est important pour soi. Rendre un bien perdu c'est démontrer son amour et son souci pour l'autre (Abraham Chill, *The Mitzvot*, p. 452-454).

Aaron Halevi dans son *Sefer ha<u>H</u>inoukh* va plus loin que Ba<u>h</u>yah en disant que le commandement de restituer ce qui a été perdu est « fondamental » et que « toute société dépend de ce commandement ». Il s'agit non seulement de prendre soin de ce qui appartient à d'autres mais aussi de les « aimer ». Ce qui est en jeu ici est la « confiance » que chacun peut avoir envers les autres. Une société dépend de l'honnêteté de chacun et de la nature des relations entre les individus qui la constituent. Si on ne peut pas avoir confiance les uns envers les autres, on peut être amené à penser que les autres désirent ce qui nous appartient et inversement, alors au sein de la société la suspicion, l'égoïsme et la discorde règnent. La restitution ou non des biens perdus, dit Halevi, est une indication fondamentale qui permet de mesurer la santé « morale » de la société (*Le Livre des commandements*, Keren Hasefer, 1974, p. 450-451).

Tu le restitueras

Un homme vint rendre visite au rabbi Aharon de Tchernobyl et lui raconta ses cauchemars. Dans l'un il se voyait prendre une mallette pleine d'argent. Lorsqu'il se mit à la recherche de son propriétaire, il ne le trouva pas. Il investit l'argent et devint très riche. Mais celui qui avait perdu sa mallette connut de grands déboires, ses affaires périclitaient et il perdit la confiance que les autres lui portaient. Il mourut, laissant une veuve et des enfants sombrant dans la pauvreté, personne ne leur venant en aide ni ne subvenant aux frais de l'éducation des enfants.

L'homme qui était devenu riche dit au rabbi Aharon de Tchernobyl qu'il avait des rêves fréquents où il se voyait prendre la mallette et être responsable pour tous les maux endurés par la famille de son propriétaire. Il implora le rabbi de lui dire quoi faire.

Le rabbi lui ordonna de donner la moitié de sa fortune à la famille du défunt et de veiller à ce que ses enfants reçoivent une bonne éducation. Lorsqu'il fit cela, ses cauchemars cessèrent (S.Y. Zevin, *A Treasury of Chassidic Tales*, p. 561-563).

Quelles sont vos obligations concernant la restitution d'un bien perdu si ceci vous cause de nombreux problèmes ? Si vous aviez déjà restitué à son propriétaire le bien qu'il perd à nouveau et que vous le retrouviez ? Si ce bien appartient à un ennemi ? Si le bien de votre ennemi est en danger ?

Ramban (Nah̲manide)

Nah̲manide affirme que le commandement de restituer un objet égaré est obligatoire quels que soient les problèmes que pourrait rencontrer celui qui l'a trouvé. Celui-ci doit annoncer avoir trouvé un objet perdu afin que ceux qui peuvent connaître son propriétaire puissent l'en informer et ainsi mettre fin à son anxiété.

Il faut mettre en application ce commandement quel que soit le propriétaire de l'objet trouvé, qu'il soit un ami, un étranger ou même un ennemi. Si on rencontre une personne dont les biens sont en danger – un âne qui est tombé car sa charge était trop lourde, un animal qui s'est égaré, un véhicule accidenté –, l'impératif éthique est de protéger le bien. Cela s'applique également à tout bien appartenant à un ennemi. Nah̲manide l'exprime ainsi : « Aide les autres. Rappelle-toi le lien humain qui existe entre tous et oublie tes rancœurs » (*Commentaire sur Deutéronome* 22 : 1-2).

Benno Jacob

Benno Jacob insiste sur le commentaire de Nah̲manide et dit : « Si tu vois l'animal de ton ennemi qui est tombé sur la route, il est naturel que tu penses : "Je vais l'ignorer et ne pas tendre une main secourable. Après tout, pourquoi accomplirais-je un acte de générosité en faveur de celui qui me hait et m'a si mal traité ?" Mais la Torah demande de surmonter nos ressentiments et de faire notre possible pour venir en aide. »

Jacob voit dans l'acte d'aider un ennemi, un moyen d'aboutir à une réconciliation. Tout d'abord, celui qui constate qu'un animal est tombé comprend qu'une aide doit être accordée et peut se dire : « Je vais alléger la douleur de cet animal. » Une fois que ceci est fait, un lien commun est créé à travers cet animal. Ceci peut mener à d'autres actes et paroles et aboutir au pardon qui rapprochera ceux qui étaient en colère les uns envers les autres. De cette façon, la *mitzvah* de relever un animal peut permettre à deux personnes de renouer leurs liens dans l'amitié et la confiance retrouvée (*Commentaire sur Exode* 23 : 4-5).

Peli

Tu ne dois pas rester indifférent

À partir du moment où on voit un animal égaré ou un objet perdu, on ne doit pas « se dérober ». Qu'on soit occupé ou qu'on ne se sente pas concerné par ce qui se passe autour de nous, en réalité, nous sommes concernés et dans l'obligation de garder l'objet chez nous et de le mettre en lieu sûr jusqu'à ce qu'il soit restitué à son propriétaire... Selon des lois civiles, nous sommes dans l'obligation de déposer ces objets perdus devant les autorités civiles. Mais aucune loi n'autorise à ignorer l'existence de cet objet (Pinhas Peli, *Jerusalem Post*, 7 septembre 1985).

Souvent on accorde la même valeur à la vie et à ce qu'on possède. C'est pourquoi, lorsqu'on perd quelque chose, on perd un objet qui a une grande valeur subjective et on peut ressentir une grande tristesse comme si une vie avait été perdue. Ceux qui trouvent un objet perdu et ne le rendent pas à leur propriétaire ajoutent à la détresse et à l'angoisse que le propriétaire de l'objet peut ressentir (rabbi Mena'hèm ben Benjamin Recanati, XIIIe siècle, Italie, cité dans Abraham Chill, *The Mitzvot*, p. 454).

Rambam (Maïmonide)

Moïse Maïmonide ajoute le commentaire suivant : « Il nous est interdit de fermer les yeux lorsque nous trouvons un objet perdu ; nous devons le ramasser et le rendre à son propriétaire. » C'est ce qui est signifié par : « Tu ne dois pas être indifférent » (*Sefer haMitzvot*, Commandements positifs 269).

Malbim

Nehama Leibowitz s'appuie sur le commentaire du Malbim et suggère que le commandement de ne pas tourner la tête et d'aider son ennemi lorsque ses biens sont en danger est un exemple qui montre comment la Torah propose la gestion du monde réel. Elle ne présente pas un monde dans lequel tout le monde s'entend ou s'empresse de venir en aide à l'autre. Au lieu de cela, elle « prend en compte la triste réalité qui est celle où on ne cherche pas à mettre en pratique le commandement : "Tu ne haïras pas l'autre dans ton cœur" ».

Leibowitz insiste sur le fait que la Torah « propose des règles de conduite même pour une situation amorale comme celle de deux personnes hostiles l'une à l'autre, imposant un acte d'assistance tel que soulager l'âne de son ennemi de sa trop lourde charge et lui restituer son bien perdu. Il est ainsi espéré, poursuit Leibowitz, que ces actes de bonne volonté puissent éventuellement mener à la disparition de la haine... » Et comme elle le met en évidence, les commentateurs rabbiniques du Talmud fixent ainsi une référence morale qui doit être mise en application et en spécifient les détails. « Si on se trouve dans une situation dans laquelle l'animal de notre ami a besoin d'aide et qu'il en va de même pour notre ennemi, notre premier geste doit être en faveur de notre ennemi. Car ainsi, nous nous accoutumons à contenir nos instincts » (*Studies in Shemot*, World Zionist Organization, Jerusalem, p. 428-434 : *Baba Metzia* 32b).

Après avoir clarifié le devoir de chacun de rendre un objet perdu et de mettre en lieu sûr les biens trouvés jusqu'à leur restitution à leur propriétaire, la Torah conclut avec les mots *lo toukhal lehit'alèm*, « tu ne peux pas rester indifférent ». De nombreux commentateurs ont mis en évidence cette phrase qui peut être traduite ainsi : « tu ne peux pas te dérober » ou « tu n'agiras pas comme si tu étais aveugle ».

Le caractère explicite de cette phrase met en avant la demande éthique de la Torah. Lorsqu'on trouve un objet perdu, un animal qui plie sous sa charge, un objet appartenant à un ami ou à un ennemi qui est en danger, le devoir est d'apporter son aide. Nous ne devons pas détourner notre regard ou continuer à vaquer à nos occupations. Occulter notre responsabilité et refuser d'agir afin d'aider les autres est immoral. L'indifférence est intolérable. L'aide responsable est au cœur de l'éthique juive.

2. MARIAGE ET DIVORCE

La *parashat Ki Tétzé* précise aussi bien l'institution du mariage que le processus du divorce. Dans la Torah, ce sont les hommes qui choisissent leurs femmes et peuvent engager le divorce. Si une femme a menti en affirmant qu'elle était vierge au moment du mariage, le texte dit qu'elle pouvait être condamnée à mort par lapidation, même si, selon toute vraisemblance, il n'y a jamais eu de lapidation en Israël. Si une femme « ne satisfait pas son mari et qu'il trouve en elle quelque chose de désagréable », il peut en divorcer. Quelques textes font allusion aux sentiments qui doivent être le fondement du mariage ; mais il n'y a aucune indication de droits mutuels ou égaux pour la femme dans le choix de son mari et dans la possibilité d'engager la procédure de divorce (Genèse 24 : 67).

En interprétant la description du mariage et du divorce, les commentateurs ont posé d'importantes questions. Ils dissertèrent sur le but du mariage, explorèrent ses conséquences émotionnelles et légales, examinant les conditions nécessaires et le rituel du divorce. Comme sur d'autres sujets, ce sont les commentateurs qui, au cours des siècles, ont dévoilé de nouvelles approches et initié de nouveaux rituels. Ce faisant, ils ont adapté les commandements de la Torah aux nouvelles conditions de la société et ont pris conscience des nouveaux impératifs moraux. Le mariage et le divorce sont le parfait exemple des changements dynamiques et de l'évolution de la tradition juive.

Après la création de l'univers, la Torah relate que Dieu dit : « Il n'est pas bon que l'homme soit seul.

Je vais lui trouver un compagnon. » Pour répondre à cette solitude, Dieu forma la femme et déclara : « L'homme quittera son père et sa mère et s'attachera à sa femme et ils deviendront une seule chair. » À travers cette description, la Torah avance l'idée que le mariage débouche sur une aide mutuelle, une confiance totale, une attitude empathique envers l'autre et un véritable compagnonnage. Chaque conjoint est une aide pour l'autre. Ils sont également inséparables : « une seule chair », physiquement et spirituellement. Ensemble ils constituent un nouveau monde sacré grâce auquel une famille est créée (Genèse 2 : 18-24).

Les premiers commentateurs rabbiniques insistaient sur l'importance que revêtait le mariage. Rabbi Akiba remarquait qu'un « homme qui ne se marie pas diminue l'image divine » sur terre, voulant dire par là que la volonté de Dieu est que l'homme et la femme soient liés par l'amour et le mariage. Rabbi Jacob enseignait que « la vie de celui qui n'a pas de femme est une vie dépourvue de joie, de bénédiction, de soutien, de bonté et de pardon ». D'autres ajoutent qu'il est dépourvu de Torah et de protection morale. Et Rabba ben Oula ajoute « de paix » (*Genèse Rabba* 17 : 2, *Yevamot* 62a-63b).

L'auteur du commentaire mystique du *Zohar* affirme la centralité du mariage en assurant que, depuis qu'il termina la création du monde, Dieu s'est consacré à générer de « nouveaux mondes » en réunissant épouse et époux. Puisque le mariage assure la transmission de la vie et l'expression de l'amour, rien n'a plus de valeur. Le mariage, conclut le *Zohar*, maintient Dieu au sein du monde parce que la présence de Dieu réside au sein de l'amour qui unit l'homme et la femme (*Zohar* 1 : 89a, 3 : 59a).

Alors que la Torah fait référence à « un homme qui épouse une femme », elle ne prescrit aucune cérémonie ni aucun rituel. Plus tard, la tradition rabbinique a défini trois aspects rituels du mariage : *chiddoukhin* (« engagement ») ; *éroussin* (« fiançailles ») et *nissouïn* (« vœux matrimoniaux »). À l'origine, ces trois rituels étaient célébrés à différents moments. Plus tard, les *éroussin* et les *nissouïn* ont été intégrés à une seule cérémonie appelée *kiddouchin* (« saintetés »).

Juste avant la cérémonie nuptiale ou durant celle-ci, la *ketoubah* (« contrat écrit ») entre le mari et la femme, est signé. La *ketoubah* a été considérée à travers les siècles comme un engagement prénuptial, détaillant les obligations incombant au mari. Il doit être un soutien pour sa femme, la nourrir, la vêtir, lui procurer une habitation et satisfaire son désir sexuel. Il spécifiait également les engagements financiers que le mari devait respecter en cas de divorce. Dans certaines communautés, la *ketoubah* est rédigée selon les termes anciens en araméen, dans d'autres une *ketoubah* égalitaire en hébreu, où sont énoncés les responsabilités et les engagements mutuels qui lient les nouveaux mariés, est préférée.

Lorsque la *ketoubah* est signée avant la cérémonie, la fiancée et le fiancé sont conduits sous la *houppah* qui symbolise la demeure du couple, et la *birkat éroussin* (la « bénédiction des fiançailles ») est prononcée, incluant la bénédiction suivante : « Béni sois-Tu Éternel, qui sanctifies ton peuple Israël à travers la célébration de la *houppah* et des *nissouïn*. » Le marié place alors l'anneau nuptial au doigt de la mariée et lui dit : « Par cet anneau tu m'es consacrée comme épouse selon la loi de Moïse et d'Israël. » Dans toutes les communautés libérales et massorti, les femmes procèdent de la même façon et, en général, prononcent la même formule que leur mari.

L'échange des anneaux est suivi par la lecture de la *ketoubah*, puis par les *Chéva berakhot* (« sept bénédictions »). Dieu est loué pour avoir créé le monde, les humains et le désir de perpétuer la vie. Il lui est demandé de bénir le couple comme Adam et Ève furent bénis dans le jardin d'Éden, et est exprimé l'espoir que les réjouissances des mariés seront bientôt entendues dans le pays d'Israël. Le rabbin présente la *ketoubah* et la cérémonie se termine par le bris du verre. Selon certains rabbins, cette coutume commémore la destruction de Jérusalem et de son temple en +70 car, tant que cette situation perdure, notre joie ne peut pas être complète. D'autres proposent une autre signification qui rappelle l'engagement des mariés de venir en aide à ceux qui sont meurtris, démunis, qui ont faim, sont sans abri et sont sans défense. D'autres encore voient dans ce geste l'expression symbolique du triomphe de l'espérance et de l'amour qui prend le dessus sur toutes les souffrances et tous les désespoirs que notre histoire a connus.

Les prières et les rituels des *kiddouchin* ont pour but d'accorder de la solennité à ce moment et de célébrer l'amour partagé par les mariés. La cérémonie du mariage est là pour, non seulement reconnaître publiquement le sentiment amoureux qui les lie, mais pour symboliser aussi la reconnaissance de la création d'une nouvelle maison, d'une nouvelle entité familiale en Israël, garante du futur du peuple d'Israël. À travers leur engagement de construire un foyer juif où le shabbat et les fêtes seront célébrés, où le bien du peuple juif à travers le monde sera pris en compte, où l'étude et l'entraide feront partie du quotidien, les mariés renforcent l'existence du peuple d'Israël. Les commentateurs rabbiniques considéraient que le mariage était non seulement une institution pour permettre à chacun de vivre pleinement ses espérances, mais ils le comparaient aussi à « l'ingrédient essentiel de la potion magique qui a permis aux Juifs de survivre en tant que tels » (Trude Weiss-Rosmarin, citée dans *A Modern Commentary of Jewish Thoughts*, p. 149).

En dépit de ces considérations sur l'institution du mariage, les rabbins étaient réalistes. Ils savaient qu'un tel partenariat entre un homme et une femme qui commence dans le ravissement et le bonheur, peut se terminer dans la déception et l'amertume. Rabbi Akiba observait que « si l'homme et la femme le méritent, Dieu est présent autour d'eux, mais dans le cas contraire, le feu les consumera ». Rabbi Akiba dont le mariage avec Rachel était l'aboutissement d'un amour passionné, partagé, fondé sur le respect et le soutien à l'autre, parlait en connaissance de cause. Lui, et surtout Rachel, avaient fait face au refus des leurs et elle avait enduré de lourds sacrifices afin de permettre à rabbi Akiba d'étudier et de devenir un maître incontesté. L'engagement de chacun vis-à-vis de l'autre était un exemple pour les étudiants de rabbi Akiba. Et il avait conscience que sans l'acceptation mutuelle de priorités entre les époux, sans la confiance et l'affection qui s'accommodent des différences, le mariage peut devenir un champ de bataille où tous seront consumés par un feu dévastateur (*Sotah* 17a).

La tradition juive, prenant en compte les incompatibilités qui peuvent exister entre un mari et sa femme, accepte la triste nécessité du divorce. « Nombreux sont ceux qui se marient », dit un rabbin, « certains réussissent leur couple, d'autres échouent ». D'autres rabbins donnent du mariage cette image puissante : « Quand l'amour est fort, les mariés peuvent dormir dans un lit qui est large comme une lame d'épée. Quand l'amour a disparu, un lit ne sera jamais assez grand, aussi large et confortable qu'il soit. » Un couple peut s'unir en nourrissant de grandes attentes, partageant les mêmes enthousiasmes, des passions mutuelles et une volonté de créer une maison et une famille exceptionnelles. En dépit de ces bonnes intentions, les différences apparaissent. Les tensions engendrées par le travail et la non-résolution des problèmes en suspens peuvent déboucher sur une insatisfaction et la décision de divorcer (*Nombres Rabba* 9 : 4 ; *Sanhédrin* 7a).

La Torah considère que le divorce est un fait qui doit être régulé par la loi et les traditions de la communauté. La Torah dit : « Si une femme ne trouve pas grâce à ses yeux, s'il trouve en elle quelque chose qui lui déplaît, il écrit pour elle un acte de rupture, *sefer keritout* ou un *guèt*, un libelle de divorce selon la terminologie du Talmud. Il le lui donne en main propre et la renvoie dans sa maison » (Deutéronome 24 : 1).

Les commentateurs rabbiniques insistent sur le fait qu'une femme a le droit aussi d'initier le divorce si elle est malheureuse avec son époux. Les raisons invoquées par l'homme ou la femme sont multiples : des incompatibilités sexuelles ou sociales, des sentiments de rejet en présence de l'un ou de l'autre, l'infertilité, le refus de l'un ou de l'autre d'avoir des enfants, le refus de travailler ou de subvenir aux besoins de l'autre, les maladies mentales, une maladie chronique qui rendrait l'intimité physique impossible, l'infidélité, la conversion à une autre religion, l'abandon ou l'abus (Isaac Klein, *A Guide to Jewish Religious Practice*, p. 466-473).

La Torah se limite à mentionner « le document de divorce », mais la tradition rabbinique plus tardive définit la procédure de divorce : 1) Le mari doit convoquer un *soffer* (« scribe ») afin de lui demander d'écrire un *guèt* qui est un document de répudiation et qui inclut les termes suivants : « Je te libère… tu peux aller et te marier avec tout homme avec lequel tu désires… » Le *guèt* est donné à la femme en main propre par son mari devant deux témoins qui l'ont signé. Si la distance rend ce geste impossible, le *guèt* peut être remis à sa femme à travers un délégué qu'il aura désigné. Pour qu'un divorce soit valide, les deux parties doivent accepter ce processus, sans aucune contrainte (*Choulhan Aroukh* 140-141). Aujourd'hui, dans les communautés libérales, la femme comme l'homme peut demander aux rabbins d'engager la procédure de divorce. Il ne s'agit plus d'une répudiation mais d'un processus juridique qui met un terme au contrat signé le jour du mariage. Il s'agit d'un acte réciproque et non plus unilatéral, sur le modèle de la *ketoubah* qui engage réciproquement les conjoints.

En dépit de l'acceptation réaliste de la nécessité de l'existence du divorce, les commentateurs juifs ne nient pas la tragédie qu'il représente. « Si un homme divorce de sa femme, enseignent-ils, même l'autel du Temple fond en larmes. » Rabbi Yohanan est encore plus radical dans son jugement : « Celui qui répudie son épouse, Dieu le hait ! » Il ne fait aucun doute que ces commentateurs considéraient que le divorce marquait non seulement un échec douloureux pour les mariés qui étaient pleins d'espoirs, mais qu'il était aussi un sévère revers pour la communauté juive et affaiblissait sa vitalité et son avenir (*Gittin* 90b, *Avot de rabbi Natan* 30).

Tous les mariages connaissent des moments de bonheur comme des moments de déception. Un rabbin du Moyen Âge faisait remarquer que « la lune de miel dure un mois, et les difficultés toute la vie ». La tradition juive propose avec sagesse que les époux doivent chercher des conseils auprès de ceux qui les entourent et que leur amour doit être leur médiateur. L'auteur et psychologue spécialiste du couple, le Dr Aaron T. Beck, écrit : « Les conjoints doivent coopérer, chercher le compromis et mettre en application les conclusions communes auxquelles ils auront abouti. Ils doivent être conciliants l'un envers l'autre, écoutant l'autre et lui pardonnant. Ils doivent tolérer les défauts de l'autre, ses erreurs et sa singularité. » Beck concluait que si « ces vertus sont développées au sein du couple, le mariage devient plus solide et mûrit » (*Love Is Never Enough*, Harper and Row Publishers, New York, 1988, p. 4). Mais l'erreur est admise dans la tradition juive et le divorce est parfois une nécessité salutaire.

Avec les changements majeurs de la société actuelle, le rôle des hommes et des femmes dans la société, la volonté mutuelle des hommes et des femmes d'agir pour que le mariage perdure est encore plus essentielle. La tradition juive peut jouer un rôle important dans le développement du couple.

Célébrer ensemble les moments familiaux et liturgiques crée un lien au sein du couple, comme l'engagement auprès d'une communauté et en faveur de l'entraide. L'amour étouffe lorsqu'il n'est pas partagé. Lorsqu'il peut s'épanouir dans tous les aspects de la vie d'un couple, il évolue et renforce les liens, apportant bonheur et sérénité.

Les rabbins du Talmud ont prétendu qu'il « est aussi difficile de former un couple et d'assurer son développement qu'il fut difficile pour Dieu d'ouvrir la mer pour libérer le peuple juif ». La prise en compte que l'amour entre deux êtres est un insondable mystère et un présent fragile est au centre de la conception du mariage et de celle du divorce au sein de la tradition juive. Construire cette relation pour en retirer toutes ses bénédictions est un défi pour tout conjoint.

Questions pour l'étude et la discussion

1. La Torah et presque tous les commentateurs ont insisté sur le devoir de remettre tout objet perdu à son propriétaire. Pourquoi cela est-il essentiel pour l'équilibre d'une société ? Y a-t-il d'autres commandements qui ont une même importance ?
2. Êtes-vous d'accord avec ces commentateurs qui prétendent qu'aider notre ennemi débouchera sur une possible amitié entre lui et nous ? Quels exemples peuvent être cités à l'appui de cette thèse ?
3. Si vous écriviez une *ketoubah* aujourd'hui, que comporterait-elle comme engagements entre les mariés afin d'assurer la pérennité du couple ? Si vous écriviez un *guèt* moderne, que comporterait ce document de séparation ?
4. Commentant la signification de l'engagement juif comme un moyen de renforcer les liens du mariage,

Benjamin Kaplan écrivait : « Un foyer religieux et engagé peut générer un sentiment de partage et d'adhésion... il peut être la meilleure protection pour apaiser les tensions qui peuvent s'installer au sein d'un couple... il peut absorber les chocs et tempérer les ardeurs... au sein de la difficile et compétitive société dans laquelle nous vivons » (*The Jews and His Family*, Louisiana State University Press, Baton Rouge, 1967, p. 189). Êtes-vous d'accord avec cette affirmation ? Donneriez-vous comme conseils à un couple juif de s'engager à célébrer les fêtes et à participer à la vie de la communauté juive ?

Parashat Ki Tavo

Deutéronome 26 : 1-29 : 8

La parashat Ki Tavo *énonce des lois qui devront être appliquées lorsque le peuple d'Israël sera installé dans le pays d'Israël. Selon les prescriptions énoncées par Moïse, chaque année, ils devront se présenter au prêtre dans le Temple un panier avec les prémices des fruits et prononcer une prière. Cette prière rappellera qu'ils étaient esclaves en Égypte, que Dieu les a libérés et leur a donné ce pays qui a produit les prémices dont ils peuvent se réjouir. Ils devront aussi prélever un dixième de leur récolte qu'ils donneront aux Lévites, à l'étranger, à l'orphelin et à la veuve, et ils doivent s'engager à respecter tous les commandements qui leur ont été donnés. Ils seront ainsi un peuple aimé de Dieu. Moïse et les anciens leur indiquent, lorsqu'ils seront installés en Israël, qu'ils devront écrire ces commandements sur des pierres enduites de chaux et les dresser sur le mont Ebal, où ils construiront un autel consacré à Dieu. Les représentants des tribus de Simon, Lévi, Judah, Issachar, Joseph et Benjamin devront se tenir sur le mont Guerizim et écouteront les bénédictions dont bénéficieront ceux qui mettront en pratique les commandements de Dieu. Leur faisant face, les représentants des tribus de Ruben, Gad, Acher, Zebulon, Dan et Naftali se tiendront sur le mont Ebal et entendront les malédictions qui s'abattront sur ceux qui désobéiront aux commandements de Dieu. Dieu promet aux Hébreux les bénédictions, plénitude, sécurité et paix s'ils suivent sincèrement et pleinement les enseignements de la Torah. Les malédictions, destruction, souffrance et exil, s'abattront sur ceux qui se détourneront des enseignements de la Torah. Moïse leur dit : « Observez fidèlement tous les termes de cette alliance, afin que vous puissiez réussir dans ce que vous entreprendrez. »*

NOTRE TARGOUM

1. Moïse instruit le peuple concernant leurs obligations lorsqu'ils seront entrés en Israël. À la fin de leurs récoltes, ils se rendront au Temple et présenteront les prémices de leurs fruits dans une corbeille. Lorsque le prêtre déposera la corbeille sur l'autel, ils diront : « Mon père était un migrant araméen. Il descendit en Égypte en petit nombre et y séjourna… Les Égyptiens nous ont maltraités… Nous avons crié vers l'Éternel… L'Éternel entendit notre supplication… L'Éternel nous a libérés de l'Égypte… et nous a donné cette terre… C'est pourquoi j'apporte les premiers fruits du pays que toi, Éternel, tu m'as donné. »

La troisième année, après avoir mis de côté la dîme qui sera donnée au Lévite, à l'étranger, à l'orphelin et à la veuve, les Hébreux devront déclarer : « J'ai fait disparaître de chez moi les choses consacrées et je les ai données au Lévite, à l'étranger, à l'orphelin et à la veuve, comme tu me l'as demandé… Observe du haut des cieux et bénis ton peuple Israël et le pays que tu nous as donné, un pays où coulent le lait et le miel, comme tu l'avais promis à nos ancêtres. »

Moïse rappelle aux Hébreux qu'ils doivent observer les commandements de Dieu avec loyauté. Il leur dit qu'ils sont le peuple chéri par Dieu et que, grâce à leur fidélité, Dieu « leur accordera louange, renom et gloire, au-dessus de toutes les nations… et vous serez, comme Dieu l'a promis, un peuple consacré à l'Éternel, votre Dieu ».

2. Moïse donne des instructions sur ce que les Hébreux devront faire lorsqu'ils auront traversé le Jourdain. Ils devront ériger une grande pierre sur le mont Ebal, les recouvrir de chaux, et y écrire les commandements de la Torah. Ils devront également ériger un autel pour les offrandes avec des pierres qui n'auront pas été taillées.

Moïse décrit une cérémonie à laquelle prendront part les représentants des tribus de Simon, Lévi, Judah, Issachar, Joseph et Benjamin qui se tiendront sur le mont Guerizim lorsque les bénédictions seront énoncées. Les représentants des tribus de Ruben, Gad, Acher, Zebulon, Dan et Naftali prendront place sur le mont Ebal lorsque les malédictions seront prononcées. Cette cérémonie avait pour but de souligner l'importance fondamentale de la mise en pratique des commandements de la Torah dans la conduite de la vie des Hébreux.

Les malédictions s'abattraient sur eux en cas d'idolâtrie, d'insulte aux parents, du non-respect des limites de propriété, du fait d'égarer un aveugle, de ne pas respecter les droits de l'étranger, de l'orphelin ou de la veuve, d'avoir un comportement sexuel impropre, d'agir secrètement et avec violence, d'accepter des cadeaux corrupteurs ou de ne pas vivre en accord avec les termes de la Torah.

Moïse met en garde les Hébreux qu'ignorer les commandements de Dieu serait la cause de calamités, de frayeurs et de malheurs. Les ennemis ravageraient le pays. À travers les maladies, les canicules et la sécheresse, Dieu punirait Israël. « Les cieux seraient de bronze et la terre de fer… et vous serez dispersés. De plus, vous serez amenés en exil, d'autres moissonneront vos champs, et ce que vous aurez planté ne poussera pas. Le criquet dévastera tous les arbres et les produits de votre terre. Vous serez affligés de plaies et de maladies chroniques. Vous ne trouverez pas la paix… Votre vie sera des plus précaires ; vous vivrez sous la terreur, nuit et jour, sans aucune certitude d'avenir. »

À l'inverse, l'abondance de bénédictions est assurée au peuple s'il est fidèle aux lois de la Torah. Il sera béni par la victoire sur ses ennemis, par l'abondance de ses récoltes et la réussite de toutes ses actions. « L'Éternel fera de toi la tête des nations et non la queue ; tu seras toujours au-dessus et jamais au plus bas… si tu ne dévies ni à droite ni à gauche des commandements dont je t'ai instruit… Tes enfants seront bénis, tes possessions prospéreront, ta corbeille et ta huche seront bénies. Tu seras béni à ton arrivée et tu seras béni à ton départ. »

Grâce à la fidélité aux commandements, Moïse dit au peuple : « L'Éternel ouvrira pour toi son bienfaisant trésor du ciel, pour dispenser les pluies en temps voulu sur la terre et faire prospérer toutes tes actions. Tu prêteras à de nombreuses nations mais n'auras aucune dette envers aucun. » Tels sont les termes de l'alliance que Moïse a conclue, au nom de Dieu, avec le peuple d'Israël.

La *parashat Ki Tavo* contient deux thèmes importants :
1. La dramatisation de l'histoire.
2. Faire face aux conséquences de nos actions.

1. LA RAISON DU RAPPEL ET DE LA DRAMATISATION DE L'HISTOIRE

Dans ses adresses aux Hébreux dans le désert, Moïse centre ses discours sur le futur du peuple lorsqu'il aura conquis la terre d'Israël et pourra profiter de ses récoltes. Ils devront alors « prendre les prémices du sol… les placer dans un panier et se rendre au lieu que l'Éternel ton Dieu aura choisi pour y faire résider son nom » (Exode 26 : 1-2). Lorsqu'ils seront dans le sanctuaire, ils présenteront le panier au prêtre et diront : « Je reconnais devant l'Éternel notre Dieu, que je suis entré dans la terre que l'Éternel avait promis à nos ancêtres de nous donner » (Exode 3).

Au moment où le prêtre prendra le panier, les Hébreux poursuivront avec la déclaration suivante : « *Arami ovèd avi…* Mon père était un Araméen fugitif. Il descendit en Égypte peu nombreux et s'établit là ; là il devint une grande et nombreuse nation. Alors les Égyptiens nous imposèrent un dur labeur. Nous implorâmes l'Éternel, le Dieu de nos ancêtres, et l'Éternel entendit notre plainte, et il vit notre misère et notre oppression. L'Éternel nous a fait sortir d'Égypte par une main puissante et un bras étendu, par des signes et des prodiges. Et Dieu nous a amenés dans ce pays qui regorge de miel et de lait. C'est pourquoi j'apporte les prémices des fruits du pays que toi, Éternel, m'as donné » (Exode 5-10).

On peut facilement s'imaginer ce que pouvait représenter ce rituel : emplir un panier avec les prémices du sol, se rendre au Temple et prononcer ces paroles.

Mais quel était le but de cette cérémonie ?

Plusieurs commentateurs font remarquer que ce texte est l'une des seules prières qui se trouvent dans la Torah. Le sens à lui attribuer fait débat.

Rashi

Certains commentateurs, comme l'auteur du *Sifré* et Rachi, comprennent *arami ovèd avi…* comme signifiant qu'un Araméen, Laban pour qui Jacob avait travaillé pendant vingt ans et qui était son oncle, avait cherché à le tuer. Cette interprétation est celle des rabbins qui écrivirent les premières *Haggadot* de Pessah̲.

Le petit-fils de Rachi affirme qu'il ne s'agit pas de Laban mais d'Abraham qui est né et a grandi en Aram-Naharaïm.

Ibn Ezra

D'autres, comme Abraham Ibn Ezra, font remarquer que cela n'a pas de sens d'identifier Laban ou Abraham comme étant *arami ovèd avi*. Pour Ibn Ezra, Moïse fait ici allusion à Jacob, dont la mère venait de Aram-Naharaïm, a été persécuté par Laban, a fui la famine en se réfugiant en Égypte alors dirigée par Joseph qui pouvait assurer la survie de la famille de Jacob.

Compte tenu de la diversité des interprétations d'*arami ovèd avi*, on pourrait traduire ces mots ainsi : « Mon père était un Araméen réfugié (migrant ou persécuté) », et pourrait se référer à Abraham ou à Jacob. Ce texte pourrait également vouloir dire : « Un Araméen a cherché à faire périr mon père », ce qui, en d'autres termes, signifie que Laban avait cherché à détruire la famille de Jacob. La plupart des biblistes sont de l'avis que l'Araméen qui cherche à fuir est soit Abraham, soit Jacob.

La *Mishna* décrit la célébration colorée des prémices au Temple de Jérusalem. Dans chaque ville à travers le pays d'Israël, des groupes de prières se réunissaient. Ils se livraient à des cérémonies la veille au soir et le matin, se mettaient en marche derrière un joueur de flûte, suivi d'un bœuf avec ses cornes ornées d'or et une couronne de branches d'olivier sur sa tête. Lorsqu'ils arrivaient à Jérusalem, ils envoyaient des messagers au Temple et préparaient les offrandes des prémices. Dans leur marche à travers la ville, les habitants de Jérusalem les accueillaient en disant : « Bienvenue à Jérusalem. » À leur arrivée dans le Temple, les Lévites entonnaient leurs chants.

Dans le Temple, leur panier à la main, ils devaient dire : « Mon père était un Araméen fugitif… C'est pourquoi j'apporte les prémices des fruits du pays que toi, l'Éternel, m'as donné. » La longue marche vers Jérusalem, la parade dans les rues de la ville, la musique qui accompagnait leur entrée dans le

Temple et la solennité de la déclaration que chacun faisait, le panier dans ses mains, devaient produire une forte impression sur les pèlerins et s'inscrire pour toujours dans leur mémoire (*Bikourim* 3).

Est-ce à cela que pensait Moïse lorsqu'il a défini le rituel de l'offrande des prémices ? A-t-il pensé à un accompagnement musical ? Pourquoi une déclaration précise a-t-elle été imposée à celui qui présentait cette offrande ? Pourquoi ne pas avoir laissé la possibilité d'une prière spontanée envers Dieu pour le remercier de l'abondance de la récolte ? Pourquoi dans cette prière la mention du passé, des souffrances, de la misère et de l'oppression ?

Dans le *Guide des Égarés*, Moïse Maïmonide s'est penché sur ces questions (3 : 39). Selon lui, offrir des prémices permet d'« habituer chacun à se montrer généreux » et permet ainsi de « limiter les désirs, non seulement alimentaires mais aussi de possession de richesse ». Maïmonide considère que ce rituel est un antidote au matérialisme et à l'autosatisfaction. « Ceux qui amassent des fortunes et vivent dans le grand confort, fait-il observer, sont souvent égocentriques et arrogants. Ils sont tentés d'abandonner les considérations éthiques à cause d'un égoïsme excessif. » Apporter sa récolte des premiers fruits dans un panier et réciter la prière permet de « développer le sentiment d'humilité ».

Maïmonide

Maïmonide fait également remarquer qu'« en période de bien-être, il est nécessaire… de rappeler les expériences douloureuses et les moments de détresse ». De tels souvenirs nous rappellent que l'expérience humaine est un ensemble de succès et d'échecs, de joies et de désillusions. L'histoire, comme la vie de chaque être humain, est complexe et souvent source de frustrations. Oubliant cela, on devient facilement cynique et on s'éloigne de ses espérances et de ses rêves.

Le triomphe de la liberté sur l'oppression est souvent un long cheminement marqué par des souffrances, des reculs et nécessite un grand engagement. Jacob a souffert, ses enfants ont connu la famine et l'errance, ses petits-enfants et les générations suivantes furent oppressées, martyrisées et connurent l'esclavage en Égypte. Sans une confiance intangible dans le pouvoir libérateur de Dieu, les Hébreux n'auraient jamais connu la liberté. Cet espoir les a soutenus à travers les heures sombres qu'ils ont connues. En offrant leurs prémices avec cette déclaration qui rappelle leur tumultueuse histoire, le peuple soulignait l'importance d'affirmer que rien n'est acquis pour toujours. Et Maïmonide de conclure que « ce rituel permet de garder en mémoire les miracles que Dieu nous accorde et de maintenir notre confiance en lui. »

Rashbam

Pour Rashbam, ce rituel a une autre dimension qui dépasse le rappel du passé et le fait que le peuple juif dépende des miracles de Dieu. Rashbam fait remarquer que chaque participant, se tenant à l'intérieur du Temple avec son panier de prémices, participait ainsi à un geste empli de signification – une confession hautement personnelle. S'identifiant à Abraham il déclare : « *Mon* père (Abraham) était un Araméen nomade. » Ce faisant, il exprimait sa pensée profonde et affirmait : « *Mon* ancêtre, non celui d'un autre mais le *mien*, était nomade et *mes* parents ont souffert en Égypte, ont été libérés et ont lutté pour conquérir le pays d'Israël. Ils furent victorieux et je tiens ce panier grâce à l'aide que Dieu a accordée. »

Rashbam était certain que pour le pèlerin, ce rituel avait un sens fondamental qui lui permettait de s'identifier à ses aïeux et d'affirmer que les fruits contenus dans son panier et que la libération d'Égypte n'étaient pas la conséquence de l'action humaine uniquement, que la volonté divine transformait les graines en fruits et que c'était Dieu qui avait libéré les esclaves. Rashbam considérait que chaque participant à ce rituel dans le Temple arrivait à la conclusion suivante : « *Mes* ancêtres sont venus d'un autre pays où ils avaient été réduits à l'esclavage et sont arrivés dans cette bonne et prospère contrée. C'est pourquoi, en remerciements, j'apporte ces prémices au Temple car je réalise que cette abondance n'est pas uniquement le fruit de mon travail mais aussi la conséquence de la bénédiction de Dieu » (*Commentaire sur Deutéronome* 26 : 3-11).

Rabbi Aaron Halevi estime que les Hébreux doivent réciter la prière : « Mon ancêtre était un Araméen nomade... l'Éternel nous a libérés d'Égypte... C'est pourquoi j'apporte ces premiers fruits... » car « l'esprit et l'imagination des gens sont profondément influencés par ce qu'ils disent ». Cette prière « éveille le cœur et amène ceux qui la prononcent à affirmer que tout ce dont ils jouissent est exclusivement un don du Dieu de l'univers » (*Sefer haHinoukh* 606).

Contre la prétention à...

Rabbi Jacob J. Weinstein commente ainsi cet acte : « Dans les temps de prospérité, il était demandé à chaque Hébreu de rappeler que son ancêtre était un nomade araméen, un immigrant, un réfugié sans racines et sans domicile fixe. Il lui est rappelé qu'il faut plus que du travail, des compétences, de l'ambition et de la volonté pour s'élever de la pauvreté à la richesse. Cela nécessite également l'aide de Dieu... La véritable piété, comme l'exprime le philosophe Santayana, est la reconnaissance et la prise en compte des véritables sources de notre existence » (*The Place of Understanding*, p. 136-138).

Le philosophe du XXe siècle Martin Buber considère que cette déclaration de l'Hébreu est unique car elle est une expression personnelle, énoncée à titre individuel. Au lieu de dire : « Nos ancêtres étaient des Araméens fugitifs », on dit : « Mon ancêtre... » Ce que nous avons ici, dit Buber, est l'émergence simultanée du peuple et de l'individu. L'essentiel de ce rituel permet l'identification de l'individu avec l'histoire d'Israël. Il l'enracine dans le passé en l'invitant à s'identifier comme le descendant direct (*mon ancêtre...*) de ceux qui furent libérés de l'esclavage d'Égypte et errèrent pendant quarante années dans le désert avant d'entrer en terre d'Israël.

Cette identification n'est pas fortuite. Elle lie de façon délibérée les Hébreux à leur expérience historique et à leur responsabilité de mettre en application les commandements. Chaque année, explique Buber, le fidèle se rend dans le Temple et dit : « Moi, comme individu, j'affirme que je me considère comme une personne qui vient d'entrer dans ce pays et, à chaque fois que j'offre ces premiers fruits, je reconnais ce que je suis et je renouvelle mon appartenance identitaire » (*Israel and Palestine*, Farrar, Strauss and Young, New York, 1952, p. 3-5).

L'interprétation que fait Buber de la déclaration du fidèle comme l'expression de la relation avec l'histoire, peut être comparée à la déclaration qui est lue dans la *Haggadah* de Pessah. Après avoir terminé la narration de la libération de l'esclavage, narration qui commence ainsi : « Au début nos ancêtres étaient idolâtres… » et comporte un commentaire rabbinique sur « mon ancêtre était un Araméen fugitif », chaque personne qui assiste au *Seder* dit : « À chaque génération, chacun doit se considérer comme s'il sortait d'Égypte… » La structure du *Seder* et celle de la prière accompagnant l'offrande du panier empli des premiers fruits lient l'individu au peuple juif. De tels rituels s'opposent à l'individualisme et à l'attitude solitaire en plaçant l'individu en compagnie de ceux qui partagent les mêmes aspirations éthiques, les mêmes héros et héroïnes, les mêmes tragédies et les mêmes triomphes. En participant au *Seder*, chacun est renvoyé à « la maison » en ayant renoué avec son histoire et sa tradition millénaires.

Qu'en est-il de ceux qui ne sont pas nés juifs, dont le passé n'est pas le passé juif et qui se sont convertis au judaïsme ? Il est approprié qu'eux également disent *arami ovèd avi*, « mon ancêtre était un Araméen fugitif ».

Selon la *Mishna*, les convertis peuvent apporter au Temple leur panier empli des premiers fruits ; mais ils ne doivent pas prononcer la prière. Cette prière contient des paroles qui sont contraires à leur vérité.

Elles ne peuvent pas s'appliquer aux convertis car ils ne peuvent pas dire : « En ce jour, je reconnais devant l'Éternel, notre Dieu, qu'il nous a fait entrer dans ce pays que l'Éternel avait promis d'attribuer à nos ancêtres » et « Mon ancêtre était un Araméen fugitif. » Plutôt que d'énoncer des paroles qui ne sont pas conformes à son histoire puisque ses parents ne sont pas juifs, le converti peut apporter son panier empli des premiers fruits sans prononcer cette ancienne prière. Pour la *Mishna*, ce rituel ne devait pas être dévalorisé en invitant des personnes à prononcer des paroles qui contrediraient leur passé (*Bikkourim* 1 : 4).

Le point de vue de la *Mishna* est contesté par d'autres autorités. Ainsi, rabbi Judah affirme que, non seulement les convertis sont autorisés à prononcer les paroles : « Mon ancêtre était un Araméen fugitif », mais ils sont également encouragés à prononcer les paroles qui incluent la phrase : « Notre Dieu et Dieu de nos ancêtres, Dieu d'Abraham et Dieu de Sarah, Dieu d'Isaac et Dieu de Rébecca, Dieu de Jacob, Dieu de Rachel et Dieu de Léa. » Rabbi Judah fonde son opinion sur le fait qu'Abraham était lui-même un converti et que Dieu lui avait promis d'être le « père d'une multitude de peuples ». Selon lui, cette promesse légitimait le fait de considérer Abraham comme le « père » de tous les non-Juifs ayant fait le choix de devenir juifs, ce qui rendait approprié pour toute personne ayant rejoint le peuple d'Israël de s'adresser à Abraham comme on s'adresse à son ancêtre (*Talmud de Jérusalem, Bikkourim* 1 : 4).

Au XIIe siècle, Moïse Maïmonide a exprimé son accord avec l'approche de rabbi Judah. Il énonça la règle suivante : « Un converti peut prononcer la prière des premiers fruits. » Cette opinion devint la règle au sein de toutes les communautés juives. Il est intéressant de noter que c'est le seul cas où Maïmonide contredit la *Mishna* (*Mishné Torah, Bikkourim* 4 : 3).

Plus tard, un converti connu sous le nom d'Ovadia écrivit à Maïmonide pour qu'il clarifie sa décision. « Un converti peut-il, demande-t-il, réciter la prière qui contient les mots : "Notre Dieu et Dieu de nos ancêtres" ou "qui nous as enjoint de" ou "qui nous as choisis" ou "qui nous a fait sortir d'Égypte" ? »

Appelant Ovadia « notre enseignant et notre maître… le savant dont l'entendement est grand, le converti juste », Maïmonide répond : « Vous devez prononcer les prières exactement comme elles sont formulées dans la liturgie. Ne changez rien ! Vous devez faire de même qu'un Juif de naissance prie et récite les bénédictions, que ce soit en privé comme en public lorsque vous dirigez la prière… La raison pour cela est qu'Abraham, notre père, s'adressait à toute l'humanité… En conséquence, toute personne qui accepte le judaïsme, et ce jusqu'à la fin des générations… est un descendant d'Abraham… Et il n'y a aucune différence entre vous et nous » (Jacob S. Minkin, *The World of Moses Maimonides*, Thomas Yoseloff, New York, 1957, p. 375-376).

Leibowitz

Commentant les termes de Maïmonide, Ne<u>h</u>amah Leibowitz conclut que cette lettre à Ovadia rejette toute théorie raciale qui évaluerait la qualité d'un individu selon ses origines. Maïmonide fonde de façon claire et vraie les mérites des personnes aux yeux de Dieu en fonction de leur conduite et de leurs actes.

Peli

Pinhas Peli partage ce point de vue et l'élargit. « En adoptant la religion juive, le converti entre dans le peuple d'Israël et s'intègre à son histoire. Abraham, Isaac et Jacob, à qui le pays d'Israël a été promis, deviennent les ancêtres du converti. C'est à juste titre qu'il peut dire le texte entier lors de la présentation des premiers fruits » (*La Torah aujourd'hui*, p. 238-239).

Le rituel de l'offrande des premiers fruits avait pour but d'exprimer la gratitude envers Dieu pour la libération de l'esclavage, pour la terre d'Israël et pour l'abondance et la qualité de la récolte. Le rituel est bien plus que des paroles de remerciements. L'impact de cette expérience allait bien au-delà des gestes et des paroles. En rappelant les luttes d'Abraham et la souffrance des Hébreux sous l'esclavage, le pèlerin faisait de l'histoire des Hébreux sa propre histoire. La cérémonie, pour un Juif de naissance ou pour un Juif par choix, confirmait la relation de l'individu avec le peuple d'Israël. À travers cette cérémonie, chacun devenait un participant conscient et fier face aux défis posés par le judaïsme et son avenir.

2. BÉNÉDICTIONS ET MALÉDICTIONS ; QUI EN EST RESPONSABLE ? SONT-ELLES JUSTIFIÉES ?

Dans les discours de Moïse aux Hébreux, nous trouvons une idée centrale – une idée qui est apparue auparavant dans la Torah. Certains la considèrent comme le plus grand défi placé devant les Hébreux. Il est dit que s'ils observent fidèlement les *mitzvot*, c'est-à-dire les « commandements », ils seront bénis. Mais s'ils ne mettent pas en pratique les commandements, ils seront maudits. Le choix leur appartient.

Cette présentation de bénédictions ou de malédictions se trouve également dans le Lévitique, dans la *parashat Behar-Behoukotaï* (voir *La Torah commentée pour notre temps*, tome 2, p. 210-227). La Torah revient ici sur ce sujet. Mais cette fois, il est présenté comme une formule rituelle qui doit être prononcée à l'intention du peuple par les chefs des tribus et proclamée par les Lévites.

Le rituel contient douze malédictions, chacune commençant par : « Maudit celui qui… » Les malédictions condamnent celui qui 1) crée des images, 2) maudit les parents, 3) déplace les limites, 4) égare un aveugle, 5) détourne le droit de l'étranger, de l'orphelin et de la veuve, 6) a une relation sexuelle avec la femme de son père, 7) a une relation sexuelle avec un animal, 8) a une relation incestueuse avec sa sœur, 9) a une relation sexuelle avec sa belle-mère, 10) fait secrètement du mal à son voisin, 11) accepte les pots-de-vin, 12) et ne respecte pas les lois de la Torah.

A contrario, si le peuple observe fidèlement les commandements de la Torah, Moïse assure le peuple qu'ils seront quatre fois bénis, chaque bénédiction commençant par : « Tu seras béni… » Le peuple sera donc béni 1) dans les villes et dans les champs, 2) par le nombre de tes enfants, par la production agricole et par l'accroissement de tes troupeaux, 3) dans ta corbeille et dans ta huche, 4) et à ton entrée comme à ta sortie.

Après avoir spécifié ces bénédictions, Moïse ajoute d'autres récompenses si le peuple observe les commandements que Dieu lui a donnés. Il ajoute la victoire sur les ennemis, l'accroissement de la production agricole et animale, une grande prospérité et un rôle de leader au sein des nations.

Moïse poursuit en spécifiant les calamités qui s'abattraient sur le peuple en cas de désobéissance : désastres, échecs dans toutes leurs entreprises, maladie, gale, ciel de plomb et terre de fer, destructions par leurs ennemis, folie, aveuglement, délitement des liens familiaux, exil, assujettissement à de terribles ennemis, famine, l'oppression et le retour à l'esclavage en Égypte.

La Torah conclut ces malédictions et ces bénédictions, ces récompenses et ces punitions par cette déclaration : « Voici les termes de l'alliance que l'Éternel a commandé à Moïse de conclure avec les Hébreux… »

On peut se demander ce que Moïse a pensé de ces bénédictions et de ces malédictions ? A-t-il cru réellement que le refus d'appliquer les commandements aboutirait à ces effroyables punitions ? Ou a-t-il présenté les conséquences si séduisantes dans le cas de l'obéissance et si calamiteuses dans le cas de la désobéissance en pensant que seule la « crainte de Dieu » mènerait à l'acceptation des lois ? Dans notre société moderne, quelle leçon peut être tirée de ces malédictions et de ces bénédictions ?

Le savoir entraîne la responsabilité

Rabbi Simon ben Halafta a enseigné que pour celui qui connaît la Torah et ses commandements mais ne les met pas en application, la punition sera plus sévère. D'autres rabbins ont enseigné que ceux qui agissent dans la vie en accord avec les commandements apportent au monde le bien comme la paix (*Deutéronome Rabba* 7 : 4, 7).

Beaucoup parmi les premiers interprètes de la Torah ont suggéré que Dieu récompense ceux qui obéissent aux *mitzvot* de la Torah. Rabbi Josué de Siknin, au nom de rabbi Lévi, enseigne que Dieu écoute les prières de ceux qui mettent en pratique les commandements et que telle est leur récompense. D'autres suggèrent que la récompense est la réussite dans les affaires. Rabbi Jonathan estime que l'application des *mitzvot* a pour conséquences la possibilité d'avoir de nombreux enfants, la garantie que la pluie tombera en temps opportun et l'assurance de la vie au-delà de la mort (résurrection). Rabbi Abba ben Kahana résume l'opinion de la majorité des premiers commentateurs et dit : « Si les Hébreux vivaient en concordance avec les lois de la Torah, Dieu les récompenserait en leur assurant une vie dans le monde à venir – une vie au-delà de la mort. »

Être assuré d'une existence dans le monde à venir, c'est dépasser la difficulté de vivre dans le monde présent qui est imparfait. Comme les auteurs bibliques de Job et de Kohélèt le notent, des gens de bien souffrent comme ceux qui font le mal. Ceux qui ont une existence pieuse et sont généreux souffrent souvent de mille maux et ne ressentent aucune protection et aucun bienfait suite à leur loyauté envers Dieu. En réponse à la question : « Pourquoi les hommes de bien souffrent-ils et certains "méchants" semblent-ils échapper à toute souffrance et à tout malheur ? », de nombreux rabbins ont affirmé que les bénédictions et les malédictions de Dieu les attendent dans le monde à venir – le *'olam haba.* C'est là que nous connaîtrons la vraie et complète justice de Dieu.

Du point de vue de ces commentateurs, cela ne veut pas dire que nous ne jouons aucun rôle dans la détermination de leur devenir dans ce monde-ci. Au contraire, les choix que nous faisons influencent le décret final de Dieu. L'intention de la Torah, en nous donnant une liste de bénédictions et de malédictions, est de nous astreindre à choisir une vie pendant laquelle nous accomplirons des *mitzvot* afin de nous assurer une éternité emplie de bénédictions (*Deutéronome Rabba* 7 : 1-9).

Rachi propose une lecture différente de celle faite par les rabbins. Relevant le double usage du verbe « écouter » dans la mise en garde de la Torah : « Si écouter tu écoutes (les commandements)... », il explique que ce redoublement a un but éducatif. La Torah essaie d'aider les gens à comprendre que le chemin qui mène à la mise en pratique des commandements peut être difficile, particulièrement au début. C'est la raison pour laquelle des bénédictions sont promises pour ceux et celles qui accomplissent les commandements. Ils sont ainsi encouragés à faire le premier pas afin de commencer à mettre les commandements en pratique. Une fois qu'ils sont engagés dans ce sens et découvrent le plaisir que cela procure, ils seront plus enclins à accepter les commandements divins (*Commentaire sur Exode* 19 : 5).

Le point de vue de Rachi semble aller dans le sens que celui de rabbi Simon ben Azzaï : « Sois aussi décidé dans la mise en pratique d'un commandement mineur que dans celle d'un commandement important et éloigne-toi de la transgression, car une *mitzvah* mène à une autre *mitzvah*. La récompense de la mise en pratique d'une *mitzvah* est la possibilité d'accomplir une autre *mitzvah*, et la punition pour une transgression est le risque de commettre une autre transgression » (*Avot* 4 : 2). Rachi, comme ben Azzaï, considère la liste des bénédictions et des malédictions comme une pédagogie, un moyen pour nous inviter à mettre en application les commandements de la Torah.

Moïse Maïmonide est de cet avis mais insiste sur le fait que la Torah promet de façon explicite la guérison de sérieux handicaps pour ceux qui agissent en accord avec les commandements car « il est impossible d'appliquer les commandements si on est malade, affamé, assoiffé ou soucieux ». La bonne santé comme récompense permet à ceux qui mettent en pratique la Torah d'aboutir au but ultime de celle-ci : « atteindre à une connaissance plus parfaite et recevoir la certitude d'entrer dans le monde à venir ». Les récompenses ne sont pas uniquement des incitations. Elles permettent de nous élever au-dessus de la fragilité humaine et de bénéficier d'une bonne santé et d'une longue vie pendant laquelle on peut parfaire nos connaissances et être récompensés par l'assurance de l'entrée dans les cieux (*Mishné Torah, Techouvah* 9).

Faut-il donc en déduire que la personne qui applique les commandements de la Torah est assurée d'être bénie et récompensée alors qu'une personne qui refuse de mettre en application les commandements de la Torah sera punie et maudite ? Comme nous l'avons vu, cela paraît être le sens de ce texte et de la plupart de ses commentateurs.

Le rabbin David Hartman, un philosophe décédé récemment, explique le commentaire de Maïmonide en citant une histoire relative à son père, un Juif traditionaliste. Chaque année, la famille construisait une magnifique *Souccah*, invitant les amis à partager la joie de la fête. David Hartman écrit qu'une année, « un orage soudain obligea la famille à quitter la *Souccah* et je ne peux pas oublier l'explication que nous a fournie notre père en quittant la *Souccah*. Il nous a dit : "Ce soir, Dieu doit être contrarié par la communauté d'Israël. Il ne nous accueille pas sous son toit de paix." La pluie, continue le rabbin Hartman, était un signe de la colère divine et de son éloignement ».

Hartman n'est pas de l'avis de son père et ne croit pas que Dieu envoie de façon délibérée malédictions et bénédictions aux humains en fonction de leurs agissements, de l'observance ou non des commandements. Comme alternative, il déclare que le monde dans lequel nous vivons est imparfait. Nous commettons des erreurs et parfois, alors que notre intention est bonne, nous heurtons, sans le vouloir, d'autres personnes. Même lorsque nous nous efforçons de créer des relations humaines où s'expriment la confiance, la justice, la compassion et l'amour, nous échouons souvent. Les meilleures intentions peuvent parfois aboutir à de grands malentendus. Des bénédictions peuvent se transformer en malédictions et générer de grands désordres.

Telle est la réalité, dit Hartman. La tradition juive nous enseigne à être « modérés et attentionnés lorsque nous accomplissons une *mitzvah* ». « Dieu, affirme-t-il, accorde la protection nécessaire pour accomplir les *mitzvot*, mais la croyance en la protection divine ne doit pas nous faire oublier les réels dangers. On doit avoir confiance en Dieu et en son amour protecteur mais avoir une claire conscience de la réalité », et reconnaître que, parfois, nos meilleures intentions peuvent engendrer des catastrophes.

Ceci signifie-t-il que nous ne devons attendre aucune récompense pour l'accomplissement des *mitzvot* ? Non, dit Hartman, mais cette espérance peut devenir problématique. « Renoncer à toute attente de récompense en ce monde pour l'application des *mitzvot* peut mettre en question la relation personnelle qui nous lie à Dieu et qui est le fondement de toute vie religieuse… S'il nous est enseigné que nous devons nous attendre à recevoir des récompenses en ce monde, nous risquons parfois d'être déçus, mais cela donnera encore plus de sens et de signification aux moments heureux de notre vie en les considérant comme des signes de l'approbation divine » (*A Living Covenant*, p. 184-194).

La position du rabbin Hartman est que la mention des malédictions et des bénédictions, dans notre passage de la Torah, est intéressante car elle nous rappelle le caractère essentiel de notre relation avec Dieu. Elle nous aide à définir les conséquences de nos actions même si, parfois, nous n'arrivons pas à comprendre certaines de leurs conséquences. Néanmoins, la plupart du temps, les malédictions sont comme des signaux d'alerte. Elles nous disent ce que nous ne devons pas faire. D'un autre côté, les bénédictions dont nous jouissons nous rappellent que Dieu trouve que notre action est positive.

Le rabbin Abraham Joshua Heschel considère ce passage d'une tout autre façon. Il nous met en garde car le but de la Torah n'est pas « de nous proposer des équations simples de récompenses et de punitions, mais d'élargir notre compréhension du monde ». Elle a pour but d'élargir l'horizon de notre conscience et de nous faire prendre conscience du partenariat qui nous lie à Dieu lorsqu'il s'agit du bien et du mal et lorsque nous sommes confrontés aux énigmes de l'existence. Pour lui, il est évident que la question fondamentale est : « Que nous demande Dieu ? »

Heschel répond que Dieu nous demande d'agir et que cela constitue une *mitzvah.* « C'est à travers les *actes* que nous devenons conscients de ce que la vie est réellement, qu'à travers nos actes nous pouvons blesser et heurter, détruire et dévaster, que nous avons la capacité de ressentir la joie et de la partager avec les autres ; d'aider ou d'ajouter aux tensions que nous ressentons nous-mêmes et que les autres peuvent ressentir... L'action est un test, un jugement et un risque. Ce que nous accomplissons peut nous apparaître insignifiant, mais les conséquences sont immenses. L'écart de conduite d'un individu peut avoir de désastreuses conséquences pour un pays. Le soleil se couche mais les suites d'un acte courent encore... »

Pour Heschel, les conséquences de nos actions peuvent être graves, parfois inconnues ou à très long terme. Elles peuvent générer des bénédictions ou des malédictions, des bonheurs ou des désespoirs. Mais elles sont le vecteur à travers lequel nous célébrons ou rejetons notre partenariat avec Dieu. « L'accomplissement d'un acte sacré crée plus qu'un frémissement dans notre cœur. Il est l'écho d'un chant inachevé de Dieu… que nous entonnons et complétons. D'une certaine façon, Dieu dépend de nous car Dieu est en attente de nos actes. »

Ainsi, dit Heschel, en est-il du futur de notre planète et des espèces qui la peuplent. « Nous nous tenons sur la lame du rasoir. Il est si facile de faire du mal, de heurter, de mépriser, de détruire… la vie. » Pour cette raison nous devons nous considérer comme « en partie coupables et en partie méritants ». Si nous accomplissons un acte positif, nous faisons pencher la balance vers la bénédiction. Une transgression, et la balance penche vers les malédictions. « Tout est en équilibre, de l'individu au monde entier. L'action d'une personne peut décider de l'avenir du monde. »

Heschel place sur chacun d'entre nous la responsabilité pour les récompenses et les sanctions, les bénédictions et les malédictions. La longue liste de bénédictions et de malédictions mentionnées dans la Torah ne constitue pas des avertissements, mais des incitations pour nous inviter à agir, ou l'assurance d'une existence heureuse au-delà de la mort. Les bénédictions et les malédictions, nous dit Heschel, sont les rigoureuses conséquences des choix que nous faisons. Nous tenons dans nos mains non seulement le devenir de nos vies propres mais aussi le devenir du monde. À travers les choix que nous faisons des *mitzvot* que nous allons ou non accomplir, nous éloignons la présence de Dieu de notre environnement ou devenons les instruments sacrés à travers lesquels le pouvoir de Dieu en faveur de la justice, du bien, de la compassion et de l'amour pénètre le monde et le transforme (*Dieu en quête de l'homme*, chap. 28 et 34).

Moïse présente aux anciens Hébreux une alliance et ses conséquences. Ils doivent faire des choix. En mettant en application les *mitzvot*, ils peuvent s'attendre à être bénis ; autrement, ils subiront une avalanche de destruction. Leur futur n'est pas la conséquence d'un destin aveugle : il dépend d'eux et de leurs choix. On peut dire qu'à l'époque de Moïse, Dieu attendait leur réponse. Et on peut dire qu'aujourd'hui Dieu attend notre réponse.

Questions pour l'étude et la discussion

1. Pour le rabbin Lawrence A. Hoffman, qui enseigne au Hebrew Union College, la prière est l'expression artistique par excellence qui nous permet de formuler notre vision rationnelle du monde, d'exprimer notre espérance et notre conception de l'existence. « Lorsque la liturgie est opérante, nous sommes des artistes au sens le plus vrai car nous tendons vers l'unité fondamentale à travers le pouvoir des images du temps, de l'espace et de l'histoire » (*The Art of Public Prayer*, Pastoral Press, Washington D.C., 1988, p. 148-151). Exprimez les diverses interprétations de la prière du pèlerin. En quoi cette prière remplit-elle la définition du rituel selon Hoffman ?
2. Dans son livre *Choosing Judaism*[1], Lydia Kukoff, qui a choisi d'être juive, fait cette proposition à ceux

1. Lydia Kukoff, *Choosing Judaism*, UAHC Press, New York, 1981.

qui choisissent le même chemin qu'elle : « Parfois je suis assise sous la *Souccah,* ou je participe à la procession de la Torah à *Simhat Torah* et porte un *Sefer Torah,* et je pense au temps où ces rites ne me parlaient pas. Aujourd'hui, je suis si heureuse de ne pas avoir abandonné dans mon chemin. N'abandonnez jamais. Aujourd'hui, tout est nouveau pour vous. Alors, essayez simplement de suivre et de participer autant que vous le pouvez. Viendra le temps où vous aurez le sentiment que cela vous appartient. Vous n'y aboutirez pas en une année, mais douze mois plus tard, vous aurez avancé et, à coup sûr, vous serez chaque année plus loin[1]. » Comparez ce conseil avec celui donné par Maïmonide à Ovadia, le prosélyte.

3. Les interprétations des bénédictions et des malédictions en relation avec le respect ou le non-respect des commandements sont diverses. Dans le monde d'aujourd'hui, pouvez-vous déceler des conséquences de l'application ou non des commandements éthiques de la Torah ?
4. Plusieurs commentateurs suggèrent que la satisfaction de nos espérances est la conséquence de notre attachement aux commandements et que la pratique d'un commandement entraîne celle d'un autre commandement. Ainsi, la joie et l'atmosphère d'amour que nous ressentons le shabbat peut nous amener à accomplir des actes de générosité et de justice ; le plaisir que nous avons de célébrer le *Seder* de Pessah peut nous mobiliser en faveur de la libération de peuples opprimés. Quelles sont d'autres conséquences positives (autre terme pour « bénédictions ») de l'application des *mitzvot* ? Quel impact peut avoir la pratique de commandements rituels sur l'observance de commandements éthiques ?

1. *Ibid.,* p.66.

Parashat Nitzavim-Vayélèkh

Deutéronome 29 : 9-31 : 30

Nitzavim-Vayélèkh *est l'une des sept sections de la Torah qui, selon les années et leur nombre de shabbatot, est soit lue pendant deux shabbatot, soit lue le même shabbat, ceci afin que l'intégralité de la Torah soit lue pendant l'année. Dans cet ouvrage, les deux sont présentées ensemble mais un sujet concernant chacune sera étudié.*

Dans la parashat Nitzavim, *le discours de Moïse aux Hébreux, avant leur entrée dans le pays d'Israël, se poursuit. Il leur rappelle que Dieu scelle une alliance avec eux et également avec les générations futures selon la promesse faite à Abraham, Isaac et Jacob. Cette alliance sera effective à la condition qu'ils ne se livrent pas à des cultes idolâtres. Mais s'ils oublient les commandements de la Torah, dévastations, fléaux et malédictions les affligeront. Néanmoins, Moïse les assure qu'ils ne seront pas entièrement rejetés. S'ils retournent vers l'Éternel et prennent au sérieux les bénédictions et les malédictions, Dieu leur pardonnera et les rétablira dans leur pays, leur accordant une autre occasion pour régir leur vie en accord avec la Torah. Dieu, dit Moïse, leur propose le choix entre la vie et la mort et il leur dit : « Choisissez la vie. »*

La parashat Vayélèkh *commence par l'annonce qu'à 120 ans, lui, Moïse, n'a plus la capacité de diriger le peuple. Il les rassure et leur affirme qu'ils pourront conquérir le pays d'Israël. Il nomme Josué pour lui succéder à la tête du peuple, promettant que « Dieu ne les abandonnera pas ni ne les oubliera ».*

Il transmet la Torah aux prêtres, demandant au peuple de se réunir tous les sept ans, lors de la fête de Souccot, *afin d'entendre la lecture intégrale de la Torah et de l'étudier. Cependant, prévoyant que le peuple abandonnera les lois de la Torah, Moïse compose un poème qui « les institue comme témoins » des enseignements de la Torah qu'ils ont reçus (Deutéronome 32 : 1-43). Moïse transmet la Torah aux Lévites, leur demandant de la placer dans l'Arche d'Alliance. Il convoque alors le peuple afin qu'il entende le poème.*

1. La *parashat Nitzavim* s'ouvre sur l'annonce de Moïse au peuple : « Vous vous tenez aujourd'hui, vous tous, devant l'Éternel votre Dieu… pour entrer dans l'alliance de l'Éternel votre Dieu… que Dieu avait promise à vos ancêtres, Abraham, Isaac et Jacob. Je scelle cette alliance, non seulement avec vous qui êtes ici en ce moment… mais également avec tous ceux qui ne sont pas avec vous en ce jour. »

Rappelant l'interdiction formelle de toutes les idolâtries des autres nations, Moïse met en garde les Hébreux qu'ils ne doivent pas se tourner vers les objets divinisés de bois et de pierre, d'argent et d'or. Ceux qui le feront seront punis, en particulier ceux qui diront : « Je serai sain et sauf, même si je me laisse guider par mon cœur et ses désirs. » Ceux qui serviront d'autres dieux, Dieu les punira et les frappera par des malheurs, des maladies, des fléaux, des catastrophes, comme celles qui s'abattirent sur Sodome et Gomorrhe. Moïse dit au peuple que, lorsque la dernière génération demandera : « Pourquoi ont-ils été punis d'une façon aussi terrible ? », il leur sera rappelé qu'Israël avait trahi l'alliance.

Prévoyant de tels événements, Moïse annonce que le peuple d'Israël sera exilé hors de sa terre mais promet que Dieu les y rétablira. Dieu ouvrira leur cœur aux commandements de la Torah et ils seront gratifiés d'une « abondante prospérité » dans toutes leurs actions.

2. « Ce commandement que je place aujourd'hui devant toi, déclare Moïse, n'est ni trop difficile pour toi, ni trop éloigné de toi. Il n'est ni dans les cieux pour que tu dises : "Qui parmi nous ira jusqu'au ciel et le prendra et nous l'enseignera afin que nous puissions l'observer ?" Il n'est pas non plus au-delà de l'océan pour que tu dises : "Qui parmi nous ira au-delà de l'océan, le prendra et nous le fera entendre afin que nous l'observions ?" Non, la Torah est très proche de toi, elle est dans ta bouche et dans ton cœur afin que tu l'observes. »

Élevant la voix, Moïse plaide devant le peuple en disant : « Vois, je place aujourd'hui devant toi la vie et la prospérité, la mort et l'adversité. Je t'ordonne aujourd'hui d'aimer l'Éternel ton Dieu, de marcher dans les voies de Dieu et de garder les commandements de Dieu... J'en atteste devant le ciel et la terre comme témoins contre vous aujourd'hui : J'ai placé devant toi la vie et la mort, la bénédiction et la malédiction. Tu choisiras la vie... en aimant l'Éternel ton Dieu et en observant les commandements de Dieu. »

3. À l'ouverture de la *parashat Vayélèkh*, Moïse rappelle aux Hébreux qu'il a 120 ans et qu'il n'est plus capable de les diriger. « Josué va assurer votre direction », leur dit-il, engageant le peuple à être fort et résolu face à ses ennemis lorsqu'ils conquerront leur pays.

Parlant à Josué devant les Hébreux, Moïse lui transmet publiquement son autorité et déclare : « Sois fort et courageux, car c'est toi qui entreras avec ce peuple dans le pays que l'Éternel a promis à leurs ancêtres de leur donner, et c'est toi qui le répartiras entre eux. Dieu marchera devant toi... Sois sans crainte. »

4. Moïse écrit la Torah et la transmet aux prêtres et aux anciens d'Israël. Il leur demande de la lire au peuple tous les sept ans à l'époque de Souccot, la fête des récoltes d'automne.

5. Dieu dit à Moïse qu'il va bientôt mourir et que lui et Josué doivent venir dans la Tente d'Assignation. Dieu leur dit que, après la mort de Moïse, le peuple oubliera la Torah et adorera de fausses divinités. Dieu abandonnera le peuple et le punira en envoyant des malheurs et des catastrophes. Éprouvé par ces malheurs, le peuple comprendra leur raison d'être. « C'est certainement, se diront-ils, parce que Dieu n'est plus au milieu de nous que ces malheurs nous assaillent. » Moïse leur dit qu'il leur donnera un poème qui devra être alors lu et étudié (Deutéronome 32 : 1-43, et *parashat Haazinou*).

Avant de mourir, Moïse transmet la Torah aux Lévites qui la placent dans l'Arche d'Alliance. Il parle alors au peuple et se plaint de son indocilité et il demande aux anciens de s'approcher afin qu'il puisse partager avec eux les termes du poème.

Nitzavim et *Vayélèkh* contiennent deux thèmes importants :
1. La notion de *Techouvah* ou repentir.
2. Transmettre le pouvoir d'une génération à la suivante.

1. CHERCHER ET RÉALISER LA *TECHOUVAH*, LE REPENTIR

Le ton de nos sections *Nitzavim* et *Vayélèkh* est bouleversant. Moïse, âgé et las, s'adresse pour la dernière fois au peuple qu'il a conduit pendant quarante années dans le désert. Ils sont à la croisée des chemins. Le peuple va entrer dans le pays d'Israël, conduit par Josué ; Moïse va mourir sur le mont Nebo. Que peut dire Moïse dans son dernier discours aux Hébreux ? Quel dernier message veut-il leur laisser ?

Il décide de les mettre au défi d'appliquer l'alliance contractée avec Dieu. Cette alliance, leur rappelle-t-il, n'est pas contractée avec eux uniquement mais avec les Juifs de toutes les générations et ceci à jamais. Ses conditions et ses commandements, leur assure-t-il, sont accessibles. Il n'est pas impossible de les mettre en application. Moïse les exhorte à être loyaux envers l'alliance, les mettant en garde s'ils la rejettent car ils seront alors frappés par de terribles épreuves et châtiments. « Vois, je place devant toi aujourd'hui la vie et la prospérité, la mort et l'adversité », dit-il au peuple, en l'abjurant, « Choisis la vie… en aimant l'Éternel ton Dieu. »

Au cœur de cet appel émouvant est exprimé un thème central de la tradition juive : la *techouvah* (« repentir »). Moïse encourage les Hébreux à mettre en application les commandements contenus dans l'alliance avec Dieu. Les mettant en garde et évoquant les graves conséquences suite au rejet des commandements, il laisse aussi la porte ouverte pour eux afin de corriger leurs erreurs et leurs décisions erronées. Si délibérément ils se complaisent dans des actes répréhensibles ou s'égarent accidentellement, Moïse les assure qu'ils pourront rechercher le pardon. Les erreurs humaines, les actes égoïstes et hasardeux, les comportements honteux, tous peuvent être rectifiés et pourront être pardonnés par Dieu.

Moïse explique que même l'arrogant qui est persuadé qu'il peut contrevenir en toute impunité à la loi parce qu'il croit que Dieu le protégera toujours, sera lui aussi puni, mais une nouvelle chance lui sera donnée car Dieu n'abandonne aucun être humain. Dieu désire qu'il rectifie sa conduite, ressente du regret s'il a heurté d'autres personnes, et améliore son comportement. Dieu, explique Moïse, désire que tous fassent *techouvah*, c'est-à-dire « se repentent », revenant à une existence pendant laquelle ils mettront en application les commandements tels que définis dans la Torah.

De nombreux commentateurs font remarquer que lorsqu'il s'adresse pour la dernière fois aux Hébreux, Moïse utilise sept fois le verbe *chouv* qui signifie « revenir » (Deutéronome 30). La répétition de ce verbe met en évidence le message de Moïse concernant la *techouvah* qu'il affirme être désirable et possible. Ne pas mettre en application les commandements contenus dans l'alliance peut entraîner la sanction mais non l'abandon par Dieu. Dieu ne se détourne pas de l'être humain ni n'abandonne celui qui a fauté. Au contraire, Dieu attend de lui qu'il se repente et revienne. À tout moment, on peut faire *techouvah*, à tout moment on peut revenir vers Dieu et analyser ses actes.

Les prophètes d'Israël énoncent également cette idée que toute personne qui rejette les commandements de Dieu peut, à tout moment, chercher son pardon à travers la *techouvah*. Isaïe, par exemple, déclare : « Que le pécheur abandonne ses voies mauvaises et… revienne vers Dieu. » Jérémie suggère que ceux qui s'éloignent des commandements de Dieu réaliseront leurs erreurs et chercheront à nouveau comment faire le bien. « Amendez vos voies et vos actes », enseigne-t-il au peuple. Ézéchiel évoque « un nouveau cœur et un nouvel esprit » pour accomplir la volonté de Dieu. Osée enseigne à sa génération : « Reviens, Israël, vers l'Éternel ton Dieu » (Isaïe 56 : 6, Jérémie 7 : 3, 26 : 13, Ézéchiel 18 : 21 et Osée 14 : 2).

Il n'est pas surprenant de penser le concept de la *techouvah* comme étant un thème central de la pensée et de la pratique juives. Aussi bien la Torah que les prophètes partagent la conviction que nos erreurs, et même nos fautes volontaires, peuvent être pardonnées grâce au repentir. La plupart des interprètes sont de cet avis. Rabbi Chemouel ben Naẖman, l'un des maîtres les plus renommés du IIIe siècle en Israël, parle au nom de nombreux collègues quand il observe que « les portes du repentir sont toujours ouvertes ». Un autre maître déclare : « De même qu'un vêtement taché peut redevenir blanc, ainsi le peuple d'Israël qui se repent retourne vers Dieu » (*Lamentations Rabbah* 3 : 44.9 ; *Exode Rabbah* 23 : 10).

Grande est la *techouvah*

Rabbi Hama ben Hanina a enseigné : « Grand est le repentir car il apporte la guérison au monde. »
Rabbi Yonatan ben Eléazar a enseigné : « Grand est le repentir car il allonge les jours de la vie. »

Le test de la *techouvah*

Rabbi Judah ben Ézéchiel a enseigné : « On sait qu'on est pardonné lorsque, se trouvant dans la situation dans laquelle on avait commis une erreur, on ne la commet pas à nouveau » (*Yoma* 86b).

Néanmoins, la tradition rabbinique ajoute une dimension supplémentaire dans le fait de corriger des erreurs à travers l'acte de repentir. Elle précise que « si nous penchons vers le regret au sujet des erreurs que nous avons commises, Dieu nous accompagne, nous amenant à admettre nos erreurs et à les corriger ». Un autre commentateur affirme que « Dieu s'approche avec compassion, clémence et amour de ceux qui tendent vers le repentir ». Rabbi Yassa est de cet avis et va plus loin en disant : « Dieu nous dit : "Ouvre un espace pour le repentir, même étroit comme le trou d'une aiguille et je le rendrai tellement large que même des chariots pourraient passer par là." » Ces rabbins estiment que Dieu n'est pas passif mais nous encourage à reconnaître nos transgressions et à corriger notre comportement. (*Midrash* sur Psaume 120 : 7, *Nombres Rabbah* 2 : 10, *Cantique Rabbah* 5 : 2).

L'insistance de Moïse, des prophètes et des commentateurs rabbiniques concernant la *techouvah*, ou repentir, soulève plusieurs importantes questions. L'existence de la *techouvah* signifie-t-elle qu'on peut heurter ou faire du mal à d'autres de façon délibérée, dire quelques prières et être pardonné ? Le retour vers Dieu est-il accompli en proclamant, le jour de Yom Kippour, « *Avinou Malkénou*, inscris-nous dans le livre du pardon », ou en confessant nos erreurs en récitant le *Al H̱èt* « pour la faute que nous avons commise envers Toi en… » ?

Joseph Albo, philosophe espagnol du XIVe siècle, étudie les questions concernant la *techouvah*, expliquant que l'amélioration de notre conduite grâce à la *techouvah* n'est ni automatique, ni aisée. Il propose de considérer avec sérieux ce processus qui peut s'avérer douloureux, celui de « corriger nos pensées, notre discours et notre comportement ». Par « corriger nos pensées », il entend qu'on « doit ressentir un regret pour les erreurs commises envers autrui ». Par « corriger notre discours », il veut dire qu'on doit énoncer « et confesser ses erreurs ». Par « corriger notre comportement », il considère qu'on doit s'engager à ne pas commettre les mêmes erreurs, à prendre toutes les mesures nécessaires pour rectifier ce qui peut l'être et assumer les dommages volontaires ou involontaires. Pour Albo, le repentir est plus que l'expression pieuse du regret. Il amène l'individu à modifier ses sentiments, ses pensées et son comportement (*Sefer haIkurim* 4 : 26).

Dans son exposé sur la *techouvah*, Moïse Maïmonide insiste sur la difficulté d'aboutir à un véritable changement de personnalité qui est le signe du « repentir authentique ». Il fait remarquer que vingt-quatre comportements au moins nous empêchent de considérer réellement nos erreurs. Il s'agit de ceux-ci : 1) égarer l'autre de façon délibérée, 2) inciter les autres à mal agir, 3) autoriser nos enfants à commettre des erreurs, 4) dire : « Je vais commettre une erreur puis je me repentirai », 5) s'éloigner de la communauté, 6) s'opposer à l'autorité des dirigeants communautaires, 7) faire des lois de la Torah un objet de moquerie, 8) insulter ses maîtres, 9) refuser d'écouter une critique, 10) maudire les autres, 11) se partager l'objet d'un vol, 12) ne pas rendre un objet perdu, 13) voler le pauvre, 14) accepter les pots-de-vin et modifier le cours de la justice, 15) prendre la nourriture de ceux qui sont dans le besoin, 16) tirer profit de ce qui appartient au pauvre, 17) regarder de façon concupiscente les personnes de sexe opposé, 18) s'élever aux dépens des autres, 19) condamner les autres sur des impressions et non sur des faits, 20) cancaner, 21) diffamer, 22) agir sous l'emprise de la colère, 23) entretenir les causes de l'erreur et 24) continuer à fréquenter ceux qui peuvent vous entraîner vers l'erreur.

Rambam (Maïmonide)

Ce qui est énoncé précédemment peut « prévenir » mais « n'évite pas » la nécessité de faire *techouvah*. Maïmonide fait remarquer que toute personne peut se repentir en « examinant ses mauvais penchants, en se confrontant à eux et en cherchant à s'en séparer ».

Il assure que personne n'est « totalement un juste ». Tous, nous fautons, nous commettons des erreurs et nous avons des torts. « Si une personne exprime un remords sincère et se repent, elle peut atteindre le pardon total. »

Néanmoins le pardon est chose importante, non seulement pour l'individu mais aussi pour la société. « Les êtres humains, dit Maïmonide, doivent se considérer et considérer le monde comme placés sur les plateaux d'une délicate balance, hésitant à pencher entre "à moitié innocents" et "à moitié coupables". » Si nous pensons toujours en ces termes et considérons chacune de nos actions en la pesant sur cette balance, alors chacune peut faire pencher la balance vers le bien ou vers le mal. Nos choix peuvent porter préjudice à la société comme améliorer le sort de tous. Citant les Proverbes (10 : 25), Maïmonide conclut en disant : « Une personne juste affermit le monde » (*Mishné Torah, Techouvah* dans *Le livre de la Connaissance*, PUF, Paris, 1961, p. 349-382)

H̲echbon néfèch

En discutant du mal causé par la faute et du pouvoir du repentir, le philosophe Israël Knox nous demande de considérer le concept rabbinique de *h̲echbon néfèch* (« le fait de procéder à l'inventaire moral, un catalogue personnel, un auto-jugement »). Il considère cela comme étant l'essence de la *techouvah*. Lorsque nous procédons à notre *h̲echbon néfèch*, nous confessons nos erreurs pour franchir l'espace qui sépare notre conscience et notre comportement d'une part, et les critères que nous proclamons et les actions que nous accomplissons d'autre part... L'écart entre déclaration et action peut être ou ne pas être surmontable, mais le refus d'essayer de le franchir est une faute et le désir de l'enjamber, ou au moins de le réduire, est en lui-même le repentir et le pardon (*The Jewsih Spectator*, vol. 27, n° 7, septembre 1963, p. 7-9).

Steinsaltz

Atteindre

Le repentir n'entraîne pas un sentiment de sérénité ou de plénitude mais stimule notre recherche pour un effort complémentaire. Les véritables pouvoirs et potentiels du repentir accroissent notre motivation et renforcent notre capacité à suivre ce chemin encore plus loin. La réponse est souvent uniquement l'assurance que chacun est capable de se repentir, et que son efficacité repose sur une plus grande conscience. Avec le temps, c'est progresser sur le bon chemin. De cette façon les conditions sont créées pour que le repentir ne soit plus un acte isolé mais devienne une attitude permanente, un constant processus d'aller plus loin. C'est une démarche qui est aussi bien le rejet de ce qui, un jour, fut considéré comme évident que l'acceptation de se donner de nouveaux objectifs (Adin Steinsaltz, *La rose aux treize pétales*, Albin Michel, Paris, 2002).

S'appuyant sur des remarques de Moïse Maïmonide, le rabbin Joseph B. Soloveitchik a développé un autre aspect de la *techouvah*. Selon lui, lutter contre nos faiblesses et nos erreurs et rechercher le pardon de nos fautes nous rapprochent de la *taharah* (« purification »). Reconnaissant nos fautes, demandant à Dieu et à ceux que nous avons blessés, de pardonner ces erreurs et les corrigeant, nous

« aspirons à les transformer en tremplins spirituels pour aboutir à plus d'inspiration et de jugement ».

Telle est, fait remarquer Soloveitchik, une autre conséquence positive de la *techouvah*. Elle nous permet de considérer nos fautes et notre comportement égoïste comme des marches permettant de nous élever et d'améliorer nos capacités humaines. Le souvenir de nos erreurs a le potentiel de nous transformer et de nous permettre d'exprimer plus de gentillesse, de douceur et d'amour envers nos prochains. Avec une grande profondeur psychologique, Soloveitchik observe que nos fautes « deviennent parties de notre ego... éveillant une force créatrice qui modèle une personnalité nouvelle et plus noble qu'elle ne l'était ». En d'autres termes, nous confronter à nos erreurs nous oblige à nous améliorer et le rappel de celles-ci nous aide à changer de comportement pour le bien.

« Quand une personne trébuche et tombe... elle ne doit pas désespérer... mais cultiver l'espoir... "gagnant" grâce à ces expériences de nouvelles visions et de nouvelles perspectives. Notre idéal, conclut Soloveitchik, n'est pas la répétition mais une re-création à un niveau plus haut. La *techouvah* induit espoir et purification. Elle nous motive afin de développer une personnalité plus mature et plus positive » (*Gesher*, vol. 3, 1er juin 1966, p. 5-29).

L'opinion de Soloveitchik est partagée par un autre rabbin, Mordecai M. Kaplan, qui assure que la *techouvah* « n'est rien de moins que la possibilité de remodeler la nature humaine de chacun ». C'est une forme d'« introspection », un moyen de « se réaliser progressivement ». Kaplan affirme que le repentir a le potentiel de réparer « trois types de manques ».

Le premier type est l'incapacité « d'harmoniser nos pulsions, nos habitudes, nos activités sociales et les institutions avec les idéaux éthiques qui rendent Dieu présent dans notre monde ». Nous pouvons par exemple être engagés en donnant à manger pour les étrangers tout en étant insensibles et blessants au sein de notre famille. À travers la *techouvah,* nous pouvons examiner avec honnêteté et critique ce que nous sommes en train de faire et combler le fossé entre nos « aspirations » et notre comportement.

Le deuxième type de manque est ce qu'il appelle la « fixation », c'est-à-dire l'incapacité de changement et d'amélioration chez l'être humain. Kaplan fait remarquer qu'à différentes étapes de nos vies, nous développons différentes réponses et habitudes. Elles peuvent être efficaces à l'âge de l'enfance mais inadéquates et même dangereuses à l'âge adulte. En tant qu'enfants, nous dépendons de nos parents, de nos enseignants et de ce que la société nous apporte. Lorsque nous gagnons en maturité, nous réalisons que nous ne pouvons plus « dépendre des autres ». Nous ne devons pas seulement prendre soin de nous mais aussi participer au bien-être de tous. Le repentir, affirme Kaplan, nous aide à « reconnaître » l'inadéquation de notre ancienne réponse devant une nouvelle situation. Elle stimule notre croissance sur le plan éthique.

Enfin, le repentir nous aide à affronter « l'incapacité de réaliser "totalement" l'intégralité de nos potentialités dans les situations nouvelles dans lesquelles nous nous trouvons ». Kaplan remarque que « nous possédons tous des dispositions pour réaliser ce qui est bien, des aptitudes que nous ne mettons pas souvent en valeur ». Il nous arrive par exemple d'argumenter de façon spécieuse et, par jalousie, de refuser de coopérer, plutôt que de construire une amitié et d'en partager les bénéfices qui sont la conséquence de la confiance et de l'aide mutuelle. À travers l'introspection de la *techouvah,* nous prenons conscience de ce que nous avons perdu de notre potentiel et découvrons comment nous aurions pu agir de façon créative et constructive. Et Kaplan de conclure que l'acte du repentir a comme conséquence de « reconstruire notre personnalité en harmonie avec les capacités éthiques humaines les plus hautes » (*The Meaning of God in Modern Jewish Religion,* Reconstructionist Press, New York, 1962, p. 178-187).

La tradition juive insiste sur l'importance de la *techouvah.* Alors que plusieurs interprètes proposent des points de vue différents sur sa signification, son développement et son potentiel, il ne fait aucun doute que son pouvoir transforme le comportement de l'individu. Rabbi Simon ben Lakich résume l'accord général de nos commentateurs : « Grand est le repentir, écrit-il, car il transforme une faute en incitation à faire ce qui est juste. » C'est par la *techouvah* que nous trouvons le pardon pour nos erreurs et faisons émerger la force pour réparer nos fautes et nos manquements. Le repentir mène au renouveau et à de nouvelles possibilités de croissance éthique personnelle.

2. MOÏSE TRANSMET LE COMMANDEMENT À JOSUÉ

En deux occasions la Torah parle de la retraite de Moïse et de sa responsabilité de transmettre la direction à la génération suivante. Dans la *parashat Pinhas,* Dieu dit à Moïse qu'il ne pourra pas entrer dans le pays d'Israël mais, comme Aaron, mourra dans le désert à cause de sa colère excessive lorsqu'il frappa le rocher à deux reprises et parce qu'il a maudit le peuple aux eaux de Meribah-Kadèch (Nombres 27 : 12-14).

Moïse répond en demandant à Dieu de « nommer celui qui sera chargé de diriger la communauté, qui marchera devant elle, la mènera et la fera entrer dans le pays, afin que la communauté de l'Éternel ne soit pas comme un troupeau sans berger ». Dieu répond à Moïse : « Choisis Josué fils de Noun, un homme inspiré, et place tes mains sur lui. » En présence des prêtres et de tout le peuple, Moïse confirme publiquement cette nomination (Nombres 27 : 15-19).

Dans la *parashat Vayélèkh,* Moïse a atteint l'âge de 120 ans et se prépare à mourir. Il convoque Josué et « à la vue de tout Israël », lui transmet la capacité du commandement. Moïse lui dit : « Sois fort et résolu, car c'est toi qui entreras avec le peuple dans le pays… et tu le répartiras entre eux… Ne crains rien et ne sois pas angoissé » (Deutéronome 31 : 1-8).

Au sujet de la description de cette transmission de pouvoir par Moïse à Josué, les commentateurs posent plusieurs questions : Pourquoi Moïse n'a-t-il pas choisi un de ses fils pour lui succéder ? Quels mérites Josué possède-t-il ? Pourquoi Moïse choisit-il de conférer *publiquement* la direction du peuple à Josué ?

Parmi les premiers commentateurs rabbiniques, certains cherchent à expliquer pourquoi les fils de Moïse, Gerchon et Eliezer, n'héritent pas du pouvoir de direction assumé par leur père. Puisque la Torah ne donne aucune explication à ce sujet, les commentateurs rabbiniques font usage de leur imagination. Ils décrivent Moïse comme un père soucieux des droits d'héritage de ses fils. Débattant avec Dieu, Moïse dit : « Celui qui garde le figuier mangera de ses fruits, permets donc qu'ils me succèdent. » Mais, selon les rabbins, Dieu dit à Moïse que Gerchon et Eliezer ne méritent pas de recevoir cet héritage. « Chaque jour, ils sont oisifs. Ils n'étudient pas la Torah ni ne la mettent en pratique, alors que Josué le fait. De plus, Josué a du respect pour toi. Il nettoie et prépare la salle où les étudiants se réunissent pour recevoir ton enseignement, et il t'a protégé de tout préjudice. Pour ces raisons il mérite plus que tes fils de te succéder » (*Nombres Rabba* 21 : 16).

Dans leur réécriture de la conversation entre Moïse et Dieu au sujet de la succession, les commentateurs rabbiniques mettent en avant les critères pour diriger le peuple d'Israël. Le hasard de la naissance, comme pour Guerson et Eliezer, ne suffit pas ; les traits de caractère sont plus importants. Les fils de Moïse ne sont pas dignes de lui succéder car ils gaspillent leur énergie et leur talent, n'attachent aucune importance à leur développement intellectuel et spirituel à travers l'étude et ne désirent pas mettre leurs connaissances au service de l'action.

Quant à Josué, il mérite d'hériter des compétences de commandement de Moïse. Les commentateurs rabbiniques mettent en évidence son intérêt pour l'étude et son engagement en faveur de la tâche qui l'attend, celle d'être le digne disciple de Moïse, de l'honorer et de le protéger. Josué est choisi parce qu'il a fait preuve d'engagement auprès de Moïse et de loyauté envers les Hébreux.

Rachi

En accord avec cette affirmation, Rachi ajoute une autre raison concernant le choix de Josué pour succéder à Moïse. Rachi fait remarquer que le concurrent le plus sérieux était Pinhas, fils d'Aaron, et non Guerson et Eliezer. Pinhas avait démontré sa loyauté envers Moïse et envers Dieu lorsqu'il s'empressa de tuer l'Hébreu qui, en violation avec les lois de la Torah, était entré dans sa tente avec une Midianite pour avoir une relation sexuelle avec elle.

Néanmoins, l'action de Pinhas révèle sa propension pour une action rapide, sans scrupules et violente. Pinhas prit sa décision lui-même, agissant dans l'emportement et s'auto-justifiant. Rachi conclut que le successeur de Moïse ne pouvait pas être une personne impulsive et agissant sous l'emprise de la colère. Les Hébreux avaient besoin d'une personne qui comprendrait leur diversité et ferait preuve de patience avec chacun. La direction du peuple exigeait tolérance et réflexion et circonspection dans le jugement.

Pinhas n'était pas une telle personne. Il agissait avant de se poser des questions. C'était un zélote résolu, c'est pourquoi il n'était pas digne de la charge de Moïse. Quant à Josué, il est considéré par Rachi comme une personne raisonnable, prudente, réservée dans l'action et sensible aux différences d'opinion. Quoique libre de son propre jugement, Josué écoutait les autres et apprenait d'eux. Rachi laisse entendre que seule une personne ayant ce caractère pouvait succéder à Moïse et conduire le peuple vers la Terre promise (*Commentaires sur Nombres* 27 : 16).

Juste et décidé

Comme futur dirigeant, Josué est décrit comme « un homme dans lequel l'esprit s'exprime ». Voici le commentaire de Rachi : « Un homme qui sait se dresser contre l'état d'esprit de certains » [et qui sait] montrer qu'être tolérant n'implique par forcément la passivité ou la mollesse. Un bon dirigeant doit savoir quels sont les principes sur lesquels il fonde son action, et défendre ses opinions ; et il doit également être capable de changer d'avis et de se libérer de toute idée préconçue. Il ne doit pas être celui qui déclare : « Ma décision est prise – ne m'importunez pas avec des faits » (Pinhas Peli, *Torah aujourd'hui*, p. 243).

Diriger

Les dirigeants qui savent conduire leur peuple l'élèveront à leur niveau. Ils ont l'opportunité de « le faire sortir » de la corruption et de le « faire entrer » dans la sainteté. Les dirigeants qui sont à la traîne de leur peuple finiront par être entraînés par lui vers le bas (*Avnei Ezel*, A.Z. Friedman, *Wellsprings of Torah*, p. 337).

Peli

Pinhas Peli met en évidence que Josué est choisi par Moïse pour sa bravoure et son courage. Dans sa prière en faveur de son successeur, Moïse demande à Dieu d'« appointer comme chef de la communauté une personne qui ira devant eux et les fera aller de l'avant et entrer (dans le pays d'Israël) ». Josué est choisi, dit Peli, parce qu'il « n'est pas comme les chefs des autres nations qui envoient leurs troupes guerroyer alors qu'ils se tiennent en arrière ». Au lieu de cela, il est celui qui « marche en tête de ses troupes ».

Moïse, explique Peli, est conscient du rôle important qui sera celui de son successeur, celui de diriger le peuple lors de multiples batailles qui seront engagées pour conquérir le pays. « Il savait très bien que c'est une chose que de mener un peuple à la guerre et une autre que de lui faire cesser le combat et que les guerriers rentrent chez eux. La deuxième tâche était beaucoup plus délicate. Un vrai chef doit être capable de diriger ses troupes dans ces deux situations. » Josué avait collaboré avec Moïse pendant de nombreuses années. Le vieux chef avait confiance en sa détermination et son courage. Josué était un homme qui « marcherait devant eux », en s'écriant : « Suivez-moi » (*Torah aujourd'hui*, p. 243).

Le philosophe et commentateur Martin Buber propose une autre approche. Il dit que Moïse a choisi Josué comme successeur pour sa loyauté envers lui et pour « son attention à tout ce qui touche au combat, tant sur le plan physique que sur le plan psychologique ». Buber spécule en fondant son appréciation sur les différents événements pendant lesquels, dès sa jeunesse, Josué a montré à Moïse ses capacités en l'aidant à mater les multiples rébellions des Hébreux contre lui. Il a imposé le silence à l'opposition contre Moïse et a pris le parti de Moïse contre ceux qui le critiquaient. Moïse a eu confiance en lui. Il lui a demandé de garder sa tente et de prendre sa défense contre ceux qui pourraient en vouloir à sa vie ; et Josué a fait preuve d'un engagement total. Lorsque les explorateurs sont revenus avec leur angoissant rapport, mettant en doute la capacité des Hébreux de conquérir le pays d'Israël, c'est Josué qui, avec force, a réfuté leurs arguments, disant au peuple : « Ne craignez rien… L'Éternel est avec nous. » Cette démonstration d'enthousiasme, de détermination, de courage et de confiance a amené *Moses* à le désigner comme son successeur (*Moses*, p. 197-198).

Aaron Wildavsky est de l'avis de Buber. Il fait remarquer que Moïse est un guide pour Josué qui a remarqué son enthousiasme et ses qualités de chef. Lorsque, par exemple, deux hommes : Eldad et Medad continuent de prophétiser à l'intérieur du camp, Josué en fait part immédiatement à Moïse. Pensant qu'ils représentent un dangereux défi face à l'autorité de Moïse, Josué pousse Moïse à leur ordonner de s'arrêter. Au lieu de se précipiter et de leur intimer cet ordre, Moïse calme les craintes de Josué, lui disant : « Ne te fais pas de souci pour moi. Puisse tout le peuple de Dieu devenir des prophètes » (Nombres 11 : 26-29).

La leçon de Moïse à Josué est double. Un chef ne doit pas prendre des décisions rapides. Prenant conseil des autres, un bon chef peut, au sein de la communauté, autoriser d'autres voix à s'exprimer, même si ces voix sont contradictoires. Diriger ne veut pas dire imposer le silence et rejeter les opinions différentes. C'est promouvoir un climat qui permette l'expression des différences et la prise de multiples décisions, tout en préservant l'unité de la communauté. Moïse, selon Wildavsky, cherche à communiquer une telle sagesse à Josué (*Moses as a Political Leader*, p. 143-144).

Ramban (Nahmanide)

Nahmanide semble être de cet avis lorsqu'il met en évidence le rôle pédagogique de Moïse dans la préparation de Josué à sa succession. Dans son commentaire, Nahmanide observe que Moïse ne le fait pas dans un cadre privé. Ce n'était pas un échange d'informations et de sages conseils entre un maître et son disciple dans un espace fermé. Au contraire, dit Nahmanide, comme la Torah le précise, c'était « aux yeux de la communauté ».

En d'autres termes, Nahmanide soutient que Moïse a prodigué son enseignement à Josué en présence de toute la communauté. Moïse « l'a instruit de ses devoirs comme chef et juge » *en public*. Moïse insiste auprès de Josué sur son rôle car il devra prendre la tête de ses troupes, s'occuper d'elles, être soucieux de rentrer du champ de bataille avec le moins de pertes possible et être pointilleux au sujet de toute question de justice. C'est publiquement que toutes les directives et toutes les explications que Moïse donne et discute avec Josué sont énoncées de telle sorte que tous puissent les entendre et en discuter.

La raison de cette façon de procéder, explique Nahmanide, est de permettre à tous de participer à ce processus de transmission du pouvoir, car cela concerne tout le peuple. Entendant les instructions de Moïse à Josué et constatant l'importance de ce qui lui est transmis, le peuple est amené à accorder sa confiance à Josué. Ils en concluent qu'il les traitera avec honnêteté et équité. La perspective du changement devient moins traumatisante. Moïse cherche à ce que cette transmission de pouvoir et d'autorité à Josué se produise en douceur. Construire une relation de confiance du peuple avec Josué est essentiel pour assurer cette passation de pouvoir dans la sérénité (*Commentaire sur Nombres* 27 : 19).

Bien que préparant Josué à lui succéder et l'aimant comme un disciple, Moïse a du mal à accepter la réalité de son retrait et de sa mort. Ayant dirigé le peuple pendant quarante années, prenant toutes les décisions, interprétant la loi et luttant contre ses détracteurs et contre les ennemis, Moïse s'est habitué à cette fonction et à sa responsabilité. Abandonner le pouvoir et de telles responsabilités lui cause une profonde tristesse personnelle.

Les rabbins ont saisi les pensées de Moïse dans ces moments de transition entre son retrait et sa mort. Ils insistent sur le « marché » que Moïse a essayé d'obtenir de Dieu. Ils imaginent Moïse disant à Dieu : « De grâce, laisse-moi vivre. Que Josué prenne ma place, mais autorise-moi à vivre à ses côtés. » Dieu répond favorablement à sa demande et, les jours suivants, Moïse accompagne Josué dans le sanctuaire. Lorsqu'ils entrent, une colonne de nuage les sépare. Lorsqu'elle disparaît, Moïse demande à Josué : « Que t'a dit Dieu ? » Josué, regardant le vieux chef, répond : « Lorsque Dieu t'a parlé, m'as-tu transmis ses paroles ? » Abasourdi, Moïse réalise que l'autorité a été transférée à Josué. La transition est totale et Moïse est profondément jaloux. « Mieux vaut mourir que de vivre de tels moments », murmure-t-il à Dieu. Moïse est maintenant prêt à mourir (*Deutéronome Rabba* 9 : 9).

Ce récit rabbinique concernant Moïse montre que le retrait n'est pas chose aisée. Abandonner l'autorité, le pouvoir, la position, le statut et sa tâche est difficile, même si on a transmis son savoir à son successeur. L'envie et la jalousie, la perplexité et le ressentiment sont des émotions normales lorsqu'on quitte une position de pouvoir. Il en va de même de la peur – peur devant un futur inconnu, devant la fin d'une carrière et une mort annoncée mais dont la date n'est pas connue. Vais-je être oublié ? Vais-je mourir dans la solitude ?

Alors qu'il se prépare à transmettre à Josué les rênes du pouvoir, ces appréhensions rendent ce moment douloureux. Moïse se tourne alors vers l'avenir de son peuple, s'élevant au-dessus de la jalousie et de l'anxiété, poussant Josué à aller de l'avant et à conquérir le pays d'Israël. Il encourage son successeur avec la promesse : « Dieu sera avec toi. Dieu ne manquera pas d'être à tes côtés ni ne t'abandonnera. » Moïse transforme son retrait et la mort qui l'attend en un héritage de confiance et d'amour.

Questions pour l'étude et la discussion

1. Comment la *techouvah* (« repentir ») est-elle un processus de guérison ? Peut-elle réparer totalement une relation humaine dégradée ? Peut-elle amener la paix sur terre ?

2. Y a-t-il des actes pour lesquels il n'existe pas de possible *techouvah* ? Qu'en est-il de l'abandon d'un ami dans le besoin ? Qu'en est-il du silence devant une injustice ?
3. Selon les commentateurs, quels sont les traits de caractère que Moïse a trouvés en Josué ? Ces qualités sont-elles importantes pour les personnes assumant le pouvoir aujourd'hui ? De quelles façons ?
4. Au moment de transmettre son autorité à Josué, Moïse rassemble le peuple et dit à Josué : « Sois fort et résolu, car c'est toi qui vas mener le peuple dans le pays que l'Éternel a promis à leurs ancêtres... et c'est toi qui le partageras entre eux. » Pourquoi Moïse choisit-il ces mots : « en présence de tout Israël » ? Pourquoi n'a-t-il pas choisi de le faire lors d'une cérémonie privée ?

Parashat Haazinou

Deutéronome 32 : 1-52

La parashat Haazinou *est un poème et une prière que Moïse adresse au peuple d'Israël avant de monter sur le mont Nebo, où il mourra. Moïse déclare que « les actes de Dieu sont parfaits... et justes », et que Dieu n'est jamais dans la fausseté mais toujours « vrai et droit ». Il met en garde ceux qui agissent avec malhonnêteté envers Dieu. Il dit aux Hébreux de se « rappeler » leur histoire et en particulier la relation qui les unit à Dieu qui a guidé leurs ancêtres et a pris soin d'eux en dépit des nombreux moments où ils se sont tournés vers l'idolâtrie. Moïse déclare que, de nombreuses fois, Dieu aurait pu les faire disparaître suite à leur déloyauté mais qu'il a décidé de ne pas le faire afin que leurs ennemis ne disent pas que leur disparition était de leur fait et non la punition de Dieu. C'est Dieu, ajoute Moïse, qui a toujours sauvé Israël de la destruction. C'est Dieu qui « donne la mort et accorde la vie ». Moïse conclut que Dieu se vengera des ennemis d'Israël. Il insiste pour que le peuple « prenne à cœur » toute la Torah et ses lois et les enseigne à ses enfants. « La Torah est votre vie, leur dit-il, et grâce à elle vous perdurerez... » Il est alors demandé à Moïse de monter sur le mont Nebo, de là il pourra contempler le pays d'Israël. Là il mourra, sans entrer dans le pays, en punition pour sa colère aux eaux de Meribah-Kadèch.*

NOTRE TARGOUM

1. Moïse espère que les paroles de sa poésie seront entendues par tous les Hébreux. La *parashat Haazinou* est un poème et une prière que Moïse adresse au peuple d'Israël. « Rendez hommage à notre Dieu, leur dit-il car son œuvre est parfaite… les voies de Dieu sont justes. Dieu est vérité, jamais inique, toujours équitable et droit… Dieu crée et maintient » tous les êtres humains et le peuple d'Israël.

2. Il les exhorte à « se rappeler leur histoire » et leur conseille de demander à leurs parents et à leurs anciens de les instruire au sujet de leur passé et de leurs relations en tant que nation avec les autres peuples. Il relate comment Dieu a trouvé les Hébreux au milieu d'une région déserte, « a veillé sur eux comme la pupille de ses yeux », et a pris soin d'eux « comme un aigle qui veille sur sa couvée ».

« Dieu, dit Moïse, les a fait monter victorieusement sur les hauteurs de la terre et jouir des produits des champs ; les a nourris avec le miel des rochers, avec l'huile de la roche pierreuse, avec la crème des vaches et le lait des brebis. » Le peuple « s'est engraissé » et a regimbé, et il s'est détourné de Dieu et a adoré les idoles.

Dieu les a menacés de les oublier, de les punir en envoyant des ennemis à leur rencontre. Mais Dieu, explique Moïse, n'a pas agi ainsi, sinon leurs ennemis en auraient conclu que « c'est leur propre force qui leur a permis de les vaincre, et que la défaite n'était pas la conséquence de l'action de Dieu ».

Moïse déclare que Dieu punira le peuple pour s'être éloigné de lui et lui pardonnera pour qu'il comprenne « qu'il n'y a pas de Dieu hors Moi. Je donne la mort et accorde la vie ; je meurtris et je guérirai ».

3. Après avoir récité le poème, Moïse déclare : « Prenez à cœur tout ce que j'ai dit aujourd'hui. Vous le recommanderez à vos enfants pour qu'ils observent avec soin toutes ces paroles de la Torah… car c'est votre existence même et c'est par ce moyen que vous obtiendrez de longs jours sur cette terre pour la possession de laquelle vous allez passer le Jourdain. »

Dieu dit alors à Moïse de monter sur le mont Nebo d'où il apercevra la terre d'Israël. Et là il mourra.

La *parashat Haazinou* contient deux thèmes importants :
1. Dieu et le mal.
2. L'importance de l'Histoire.

1. SI LES VOIES DE DIEU SONT JUSTES, QU'EN EST-IL DU MAL ?

Moïse se tient devant le peuple d'Israël comme un vieil homme. Il les a conduits pendant quarante années ; il a été leur libérateur et leur maître et, maintenant, il est proche de la mort. Le peuple sera conduit par Josué, son successeur, vers le pays d'Israël. On peut imaginer dans quel état d'esprit se trouve Moïse lorsqu'il se pose la question : Quel doit être mon dernier message à mon peuple ?

La Torah propose sa réponse dans cet extraordinaire poème. Il commence comme un plaidoyer pour que ses pensées soient entendues :

> Écoutez, cieux, je vais parler ;
> Et que la terre entende les paroles de ma bouche.
> Que mon enseignement s'épande comme la pluie,
> Que mon discours distille comme la rosée,
> Comme la bruyante ondée sur les plantes,
> Comme les gouttes pressées sur l'herbe !
> Car c'est le nom de l'Éternel que je proclame ;
> Rendez hommage à notre Dieu !

Deutéronome 32 : 1-3

Moïse poursuit, présentant sa conception de qui est Dieu. Ses mots sont choisis avec précision. Ils définissent un portrait de Dieu de multiples et très significatives façons. Il dit à son peuple :

> Lui, notre rocher, son œuvre est parfaite,
> Toutes ses voies sont la justice même ;
> Dieu loyal, jamais inique,
> Constamment équitable et droit.

Deutéronome 32 : 4

> N'est-il donc pas ton père, ton créateur ?
> N'est-ce pas lui qui t'a fait et qui t'a organisé ?

Deutéronome 32 : 6

> ... seul je (Dieu) fais mourir et vivre, je blesse et je guéris,
> On ne peut rien soustraire à ma puissance.

Deutéronome 32 : 39

> … je (Dieu) paierai de retour mes ennemis.
>
> Deutéronome 32 : 41

> … Dieu venge le sang de ses serviteurs ;
> Il exerce sa vindicte sur ses ennemis,
> Réhabilite et sa terre et son peuple !
>
> Deutéronome 32 : 43

Le portrait que Moïse dresse de Dieu est complexe et soulève un nombre important de questions. Quel est le sens que Moïse veut donner lorsqu'il qualifie Dieu de « parfait », « juste », « loyal », « vrai » et « équitable » ? Dieu peut-il être « loyal » et en même temps « guérir les plaies » ? Comment pouvons-nous comprendre la justice divine ?

Les commentateurs de la Torah se sont toujours confrontés à ces questions. Depuis les premiers temps jusqu'à nos jours, la question qui revient sous l'emprise de la souffrance est : « Où est Dieu ? Si Dieu est "parfait", pourquoi le monde qu'il a créé est-il si imparfait ? Pourquoi certains font-ils le mal ? Si Dieu est "juste", comment se fait-il qu'il permette la famine, la guerre et les maladies ? Pourquoi permet-il que des personnes justes et droites aient à affronter la maladie ou la cruauté ; que des enfants innocents soient abusés, affamés ou tués ? Pouvons-nous réellement dire que toutes ses voies sont justice… que Dieu est loyal et jamais inique, équitable et droit ? »

De nombreux Juifs, en dépit de l'angoisse qu'ils ont connue, s'accordent avec le prophète Isaïe pour partager la foi de Moïse et déclarer que l'Éternel est un Dieu de justice (Isaïe 5 : 6). À son époque, le Psalmiste partageait cette même résolution en disant : « Ta justice est comme les montagnes puissantes ; tes arrêts sont comme l'immense abîme... » (Psaume 36 : 7). Et pendant des siècles, même dans les temps les plus obscurs de la persécution, de nombreux Juifs ont déclaré leur confiance en la justice ultime de Dieu.

D'autres vont plus loin encore. Pour eux, la justice de Dieu est tempérée par la notion tout aussi puissante de la compassion et de l'amour divins. Ils fondent également leur opinion sur l'expérience et le témoignage de Moïse que l'on trouve dans la Torah. Après avoir reçu les Dix Commandements sur le mont Sinaï, Moïse définit Dieu comme « empli de compassion et de clémence, lent à la colère, riche en bonté et en fidélité, accordant sa faveur jusqu'à la millième génération, pardonnant l'iniquité, la transgression et la faute » (Exode 34 : 6-7). En accord avec cette approche de Dieu, le Psalmiste (Psaume 119 : 64) déclare que « la terre, Éternel, est pleine de ta grâce », affirmant ainsi sa conviction que Dieu peut juger le monde et les créatures qui l'habitent et même les punir pour leurs fautes, mais qu'en même temps, Dieu nous aime et est concerné par notre devenir.

Pour les commentateurs rabbiniques, le *midat haDin*, le « pouvoir de justice » de Dieu, comme son *midat haRaẖamim*, sa « capacité de clémence », sont toujours simultanément actives. Les rabbins affirment que, sans cette simultanéité, le monde ne pourrait pas subsister. La balance pencherait alors d'un côté uniquement et le monde serait détruit. Selon les rabbins, ce n'est qu'en exerçant simultanément la justice et la compassion que Dieu crée et maintient le monde en existence. « Clémence seule ou justice seule ne sont pas suffisantes ».

Zougot

L'idée que la justice et la clémence sont mêlées, est exprimée et développée par Hillel. Il affirme que lorsque Dieu juge l'humanité ou le monde, « il dispose d'une balance, sur l'un des plateaux les actes sont jugés selon la rigueur et sur l'autre selon la clémence ». Et Dieu a une préférence pour le « plateau de clémence » plutôt que pour « le plateau de rigueur ».

Rab, un maître postérieur à Hillel, fait le portrait de Dieu au moment du jugement. Dieu dit : « Que mon amour l'emporte sur ma colère. » Cette conception que l'amour de Dieu l'emporte sur la colère de Dieu et que ces deux aspects sont intimement liés, permet aux rabbins d'accepter l'affirmation de Moïse que « les actes de Dieu sont parfaits… que les voies de Dieu sont justes » (*Genèse Rabba* 12 : 15 ; *Tossefta, Sanhédrin* 13 : 3 et *Berakhot* 7a).

Comment alors comprendre la souffrance de l'innocent et des gens de bien ? Comment cette justice prenant en compte la rigueur et la clémence peut-elle s'appliquer à leurs situations ? Comment continuer à affirmer que « les voies de Dieu sont justes… » quand parfois elles apparaissent cruelles ?

Les premiers commentateurs rabbiniques répondaient à cette question en disant que si des personnes de bien souffrent en ce monde, elles seront récompensées par Dieu dans le *'Olam haba* (« le monde qui vient »). La douleur dans ce monde est temporaire et brève. Les justes peuvent souffrir de la conséquence des agissements de personnes cruelles, ou sous l'emprise de la maladie lorsqu'aucun moyen de guérison n'existe. De tels tourments sont qualifiés par les rabbins de *issourim chèl ahavah* (« souffrances d'amour »), et Dieu, le *Dayan haémèt* (« Juge de vérité »), récompense ceux qui endurent de tels maux par une clémence qui s'exprime dans le *'Olam haba* (*Taanit* 11a).

Le concept de Dieu comme *Dayan haémèt* qui tempère la rigueur par la clémence dans ce monde et dans le *'Olam haba*, devint la règle explicative pour comprendre le pourquoi des événements tragiques qui frappent les personnes de bien. Pour les commentateurs rabbiniques, cela justifie que Moïse proclame que « les actes de Dieu sont parfaits et que toutes les voies divines sont la justice même. Dieu est loyal et jamais inique, juste et droit ». Pour eux, la justice et la clémence de Dieu peuvent ne pas être réalisées dans la vie des victimes et dans le mal qui s'exprime au sein du monde, mais – dans le *'Olam haba* – la justice et la clémence divines prévaudront.

Forts de cette affirmation, les rabbins prescrivirent que, lors de la mort d'une personne aimée, on dise : « Béni sois-tu, Éternel notre Dieu, Maître du monde, *Dayan haémèt* », affirmant ainsi que Dieu, le « Juge de vérité », prendra en considération les actions de chacun et accordera une récompense appropriée dans le *'olam haba*.

Cette affirmation de la justice et de la clémence ultimes de Dieu a donné la force et la volonté aux Juifs à travers les siècles lorsqu'ils faisaient face à la persécution, à l'animosité et à la mort. Il est dit qu'après la révolte de Bar Ko<u>h</u>ba en 135 de notre ère, lorsque rabbi <u>H</u>anina ben Teradion, sa femme et sa fille furent pris et condamnés à mort par les Romains, il déclara publiquement que Dieu est juste en reprenant les paroles de Moïse. « Les voies de Dieu sont parfaites », dit-il devant ses tortionnaires, et elle dit : « Dieu est vérité et jamais inique ! » Leur croyance était que Dieu ne les avait pas oubliés, même lorsqu'ils subissaient la torture et étaient menés à la mort, et qu'ils recevraient leur récompense dans le *'olam haba*. Cette croyance leur donna le courage pour faire face à leurs ennemis avec force et superbe (*Avodah Zarah* 18a).

Il n'y a pas de bien sans mal

Le Koretzer Rebbe enseignait que nous ne pouvons pas avoir conscience du bien si nous n'avons pas conscience de l'existence du mal. Nul ne peut apprécier le plaisir s'il n'a pas goûté à l'amertume. Le bien est l'opposé du mal et le plaisir celui de l'anxiété. Sans l'existence de notre tendance vers le mal, nous ne pourrions pas faire du mal, mais nous ne pourrions pas plus faire du bien (Louis Newman, *The Hasidic Anthology : Tales and Teachings of the Hasidim*, Shocken Books, New York, 1963, p. 97).

Rambam (Maïmonide)

Dans son ouvrage, le *Guide des Égarés* (3 : 22-23), Moïse Maïmonide soulève de sérieuses objections concernant l'affirmation que nous faisons face à des maux et à des difficultés qui nous « donnent la possibilité de recevoir une rétribution importante » dans le *'Olam haba*. Il affirme que ce n'est pas ce que Moïse a voulu dire lorsqu'il a déclaré : « Les voies de Dieu sont justes... » Citant comme exemple Job, la perte de tous ses biens et la mort de ses fils,

Maïmonide affirme qu'il n'y a pas d'explication à la souffrance des personnes innocentes et que nous ne pouvons pas comprendre les voies mystérieuses et miraculeuses par lesquelles Dieu assure l'existence de l'univers. « Nous ne devons pas tomber dans l'erreur d'imaginer que la connaissance de Dieu est semblable à la nôtre ou que les intentions de Dieu, son pouvoir et sa gestion du monde sont comparables aux nôtres. »

Selon Maïmonide, si nous comprenons ce que Job a finalement fait et qui fut de constater que les voies de Dieu ne sont pas semblables aux nôtres, ni sa sagesse à notre connaissance, nous pourrons mieux faire face à ce qui nous semble lourd à porter. « Nous ne serons pas emplis de doutes au sujet de Dieu. Au lieu de cela, notre foi en Dieu renforcera notre amour pour lui. »

L'opinion de Maïmonide, que la justice et la clémence de Dieu sont au-delà de la compréhension humaine, n'est pas partagée par les mystiques juifs. Ils croient que le mal a pénétré le monde lors de la création. Rabbi Isaac Louria enseigne que Dieu a créé le monde lors d'un affrontement entre les forces de clémence et celles de justice. Lors de cette collision, des étincelles de lumière et d'amour se sont incrustées dans le sombre matériau de la substance dont le monde est constitué. Nous souffrons, dit Louria, car tant d'étincelles sont encore prisonnières de leur gangue. La responsabilité humaine est de libérer cette lumière et ce qui apporte le bien et guérit. Dieu désire la justice, la vérité et la clémence. Dieu dépend des êtres humains et attend que nous brisions l'obscure gangue et libérions la lumière qui exprimera la compassion et l'amour de Dieu.

Le philosophe Martin Buber élargit cette approche mystique concernant le mal. Il écrit : « Ce que nous appelons le "mal" n'est pas seulement constitutif de l'humain ; il l'est du monde… ; il s'agit de l'incomplétude de la création… Nous savons ce que le prophète dont nous ne connaissons pas l'identité, a proclamé dans le Second Isaïe : "Comme la lumière et l'obscurité, le bien et le mal ont été créés par Dieu… ainsi que l'abîme de l'absence de lumière et la lutte pour la lumière…" »

Pour Buber et pour les mystiques juifs, le mal est une réalité. Il est incrusté dans la « sombre gangue » qu'est la matière de l'univers. Comme Dieu ne pouvait pas créer le monde sans un tel « matériau » ou de tels « potentiels », les êtres humains, comme toutes les autres formes de vie, sont sujets au mal et à ses terribles conséquences. Néanmoins, Buber ajoute que nous avons la capacité de libérer le bien et de diminuer le mal. « Tout aspire à être élu et à être introduit dans l'univers du sacré… tout cherche à se rapprocher de Dieu à travers notre action… Dieu désire… que l'homme agisse pour compléter la création… Dieu attend ceci de nous. » Le rôle de l'humanité est de réduire le mal et la souffrance dans le monde. Dieu, dont les voies sont justes, vraies et expriment la clémence, dépend de nous pour que le bien s'exprime (Nahum N. Glatzer, *The Way of Response : Selection from His Writings*, Shocken Books, New York, 1961, p. 134, 148 et 151).

Contrôler le *yetzer hara*, « l'inclination au mal »

Les rabbins racontent l'histoire du peuple qui a capturé le *yetzer hara*, la source du mal. Ils s'apprêtent à le détruire lorsqu'ils sont mis en garde que, s'ils le font, ils détruiront également le monde. Ils l'emprisonnent donc. Trois jours plus tard, ils constatent que le monde suit une pente dangereuse. Aucun œuf n'éclôt dans le monde. De peur que ni le monde ni eux ne survivent, ils décident de libérer le *yetzer hara* et de chercher les moyens de le contrôler (*Yoma* 69b).

Le pouvoir de Dieu contre le mal

Je crois... que la seule réponse intellectuellement satisfaisante qui a été donnée au sujet de la Shoah est que Dieu l'a « autorisée » car Dieu n'a pas le pouvoir de stopper ce processus. Dieu n'était pas assez fort pour arrêter ce chaos et nous, nous n'avons pas utilisé notre capacité morale pour compenser cette faiblesse de Dieu. Il en va de même en ce qui concerne les maux auxquels nous avons à faire face. Dieu accomplit tout le bien qu'il sait produire. Concernant nos souffrances, nous ne pouvons pas blâmer Dieu qui, comme nous, ne possède pas tous les pouvoirs (Eugene B. Borowitz, *Liberal Judaism*, UAHC Press, New York, 1984, p. 203).

Le mal est un chaos

Le mal est un chaos qui n'a pas encore été imprégné par l'énergie créative ; c'est une potentialité qui n'a pas été instillée par la volonté et l'intelligence... Dans la mesure où les êtres humains apprennent à exprimer leurs potentialités pour le bien, ils transforment et transcendent le mal, et s'associent à l'énergie divine inhérente à l'univers... (Mordecai M. Kaplan, *The Meaning of God*, p. 72-79).

Le rabbin Robert Gordis rejette les vues des mystiques juifs comme celles de Martin Buber. « L'innocent qui souffre de douloureuses maladies, la mort d'un enfant, la disparition d'une personne géniale ou talentueuse avant d'avoir donné tout ce qu'elle aurait pu apporter au monde, ces catégories du mal sont trop terribles pour expliciter de telles situations. » Comme Maïmonide, Gordis avance qu'il faut reconnaître que certaines catégories de souffrances et du mal sont explicables, mais nombreuses sont celles qui sont « au-delà de la compréhension pour l'intellect humain ».

« L'univers est une œuvre d'art, dont la trame ne peut être distinguée comme lorsque nous nous trouvons trop près d'un tableau. Seule la personne qui se recule et s'éloigne, fait que les taches et les traits s'estompent et que l'œuvre du peintre apparaît dans son unité et sa totalité. Dans le monde qui est notre environnement, nous sommes trop imbriqués dans la trame de notre existence, trop impliqués dans son devenir, pour avoir la capacité de considérer la perspective divine qui ne peut être que sienne et non nôtre… Peut-être que le mot le plus vrai a été énoncé par un sage du IIIe siècle, rabbi Yannaï, qui disait : "Il n'est pas en notre pouvoir d'expliquer aussi bien le bonheur du méchant que de comprendre la souffrance du juste" » (*Faith for Moderns*, Bloch Publishing Co, New York, 1960, p. 187-188).

Il n'en est pas ainsi, réplique le rabbin Abraham J. Heschel. Ayant fui l'Europe avant la prise de pouvoir par les nazis, Heschel introduisait une distinction entre le mal conséquence des catastrophes naturelles ou des maladies et le mal perpétré par les êtres humains. Dieu, dit-il, nous a donné le commandement de faire régner la justice, la vérité, le bien et l'amour. Mais les êtres humains trahissent cet idéal comme ils trahissent Dieu. Ils font advenir le mal sur eux-mêmes, et alors se tournent avec amertume contre Dieu comme des enfants égoïstes qui cherchent quelqu'un à blâmer et crient : « Où es-tu ? »

Citant le maître hassidique, le Baal Chèm Tov, Heschel observe : « Si on considère le mal, on peut comprendre qu'il nous a été présenté afin que nous sachions qu'il existe et afin que nous prenions conscience de nos propres fautes et nous repentions ; car ce qui nous découvrons est ce que nous avons en nous. » Heschel déclare : « Nous avons profané le mot de Dieu et nous avons abandonné la richesse de notre monde, l'ingénuité de nos esprits et les vies chères de notre jeunesse, à la tragédie et à la perdition… Nous n'avons pas combattu pour le droit, la justice ou le bien ; et le résultat est que nous devons lutter contre l'absence de droit, contre l'injustice, contre le mal. Nous n'avons pas offert des sacrifices sur l'autel de la paix et nous devons maintenant offrir des sacrifices sur l'autel de la guerre. » Un tel mal est le résultat de ce que nous avons fait.

Heschel est du même avis que Moïse qui, dans sa déclaration de foi s'exclame : « Les actes de Dieu sont parfaits… toutes les voies de Dieu sont justes… Dieu est fidèle, vrai et droit. » Dieu, dit Heschel, abhorre le mal, c'est pourquoi il demande que nos actions soient *parfaites, justes, fidèles, vraies et honnêtes.* Dieu « n'a pas créé l'univers pour nous permettre de satisfaire notre cupidité, nos envies et nos ambitions. Nous n'avons pas survécu pour gaspiller notre vie à satisfaire de vulgaires futilités ». Notre but, conclut Heschel, est de mettre à profit nos énergies et nos qualités afin de bannir tout le mal du monde. « Dieu reviendra vers nous lorsque nous serons prêts à laisser Dieu s'approcher de nous... Dieu nous attend toujours et encore, pour accueillir avec empressement nos efforts et notre détermination » (*Man's Quest for God : Studies in Prayer and Symbolism*, Scribner, New York, 1954, p. 147-151).

Le rabbin Eugene Borowitz offre une compréhension philosophique de Dieu et du mal un peu différente de celle de Heschel. « Je crois... que la seule réponse satisfaisante sur le plan intellectuel qui a été donnée à la question posée par la Shoah est que Dieu a "permis" cela, car Dieu n'avait pas la capacité de l'arrêter. Dieu n'était pas assez fort pour éviter ce tourment, et nous n'avons pas utilisé nos capacités morales pour compenser la faiblesse de Dieu. »

Ici Borowitz se sépare de la théologie juive traditionnelle qui considère que le bien et le mal dérivent de Dieu. Pour lui, le mal émerge car Dieu a un pouvoir limité et ne peut pas tout faire pour gérer tout ce qui advient. La volonté de Dieu est en faveur du bien, de la compassion, de la justice et de la paix, mais Dieu a besoin de nous et, à certains moments, même avec notre apport, il peut ne pas l'emporter.

« Il en va de même, explique Borowitz, pour les autres malheurs dont nous sommes témoins. Dieu accomplit tout le bien que Dieu peut accomplir maintenant. Nous ne pouvons pas accuser Dieu à cause de nos souffrances car, comme nous, il n'a pas tous les pouvoirs. » Dieu peut désirer un monde sans injustice et sans terreur, mais comme pour l'être humain, la volonté de Dieu est limitée par les dures réalités des moyens disponibles, par l'inattendue furie des forces contraires et par les défaillances humaines qui refusent de coopérer. Le mal intervient car Dieu ne peut pas l'empêcher et non parce qu'il l'a planifié (*Liberal Judaism*, p. 203).

Pourquoi le mal existe-t-il dans ce monde créé par un Dieu de justice, de compassion et d'amour ? Pourquoi certaines personnes souffrent-elles alors que d'autres bénéficient d'une longue vie de joie et de paix ? Que voulait dire Moïse en proclamant que « les actes de Dieu sont parfaits… justes… vrais et droits » ?

Les commentateurs juifs offrent une variété de points de vue en réponse à ces délicates et difficiles questions. Ils nous invitent à formuler nos propres réponses et à faire qu'elles puissent nous servir afin de diriger notre vie. Peut-être que faire face à ce défi, c'est essayer de donner une réponse à l'existence du mal. Tel est précisément le moyen par lequel Dieu peut triompher du mal. Certains débats, disent les rabbins, sont vraiment en l'honneur de Dieu. Affronter la question du pouvoir du mal et des tentations qu'il exerce dans le monde de Dieu, est peut-être un des débats auxquels les rabbins font allusion.

2. « RAPPELLE-TOI LES JOURS ANCIENS » : L'IMPORTANCE DE L'HISTOIRE

Dans sa déclaration poétique au peuple d'Israël, Moïse leur dit : « *Zekhor yemot 'Olam* ("Rappelle-toi les jours anciens"), *binou chenot dor vador* ("Considère les générations passées")… » Ces paroles sont-elles celles d'un homme âgé qui a peur d'être oublié par son peuple ? Ou peut-être s'agit-il d'une déclaration qui permet de formuler une idée exprimant une importante sagesse.

L'historien du xxe siècle, Yosef H. Yerushalmi note que même si « la mémoire est toujours problématique, souvent trompeuse, parfois même traîtresse », la Torah n'a « aucune hésitation » à ordonner l'obligation de se souvenir. Il fait remarquer que, sous diverses formes, le verbe *zakhar* (« se souvenir ») apparaît cent soixante-neuf fois dans la Bible. Il est ordonné au peuple de se souvenir et il lui est demandé de ne pas oublier.

Yerushalmi explique que, dans la Torah, « se souvenir » est réalisé grâce à deux canaux : « le rituel et le récit ». Chaque fête célèbre un événement historique. Pessah̲ et Souccot rappellent l'histoire de la libération du peuple de l'Égypte et leurs pérégrinations dans le désert du Sinaï, Chavouot, la célébration du don de la Torah sur le mont Sinaï. Le récit de l'histoire, la rencontre avec la mémoire, prend une place importante dans tous les rituels. Chaque shabbat, le *Kiddouch* (« bénédiction avec le vin comme support ») inclut la phrase *zékhèr litzyat mitzrayim* (« en souvenir de la sortie d'Égypte »).

Considérant la création de l'histoire d'Israël comme « une étonnante réalisation », Yerushalmi conclut que, alors que « l'histoire biblique comporte dans son essence le récit des actes de Dieu, l'histoire telle qu'elle est transmise, est centrée sur les actes d'hommes et de femmes, sur les actions d'Israël et des nations… Le résultat est… une histoire d'une importance sans précédent » (*Zakhor, Jewish History and Jewish Memory*, University of Washington Press, Seattle, 1982, p. 1-26).

Pourquoi se rappeler et étudier le passé ? Pourquoi le mentionner lors des fêtes ?

Rachi

Rachi suggère que chacun doit « se rappeler » et « considérer » l'histoire afin d'être conscient de ce qui peut arriver dans l'avenir. Pour Rachi, comprendre que Dieu a créé les cieux et la terre, ainsi que l'humanité qu'il a dispersée sur terre, qu'il a scellé une alliance avec Abraham, divisé les peuples et les a répartis dans différents pays, et a donné la Torah et ses lois au peuple d'Israël, tout cela nous aide à comprendre le pouvoir de Dieu et la présence qu'il occupe dans le devenir humain. La connaissance de ce que Dieu a fait renforce la foi en ce que Dieu va continuer à faire. Connaître le passé, dit Rachi, promeut l'idée que « Dieu possède le pouvoir d'apporter le bien au sein de la vie humaine et, un jour, amènera le monde vers les temps messianiques, un temps de justice et de paix » (*Commentaire sur Deutéronome* 32 : 7).

Peli

Pinhas Peli, un commentateur contemporain, voit une autre dimension au fait de « se souvenir ». Il cite les paroles d'un grand maître du hassidisme, rabbi Nahman de Bratslav. Elles sont inscrites en imposantes lettres de pierre à l'entrée de Yad vaShem, le mémorial de la Shoah à Jérusalem : « Dans le souvenir réside le secret de la rédemption. » Peli poursuit en disant que « se rappeler le passé et le comprendre permet de mettre les événements en perspective ». Revenir sur le passé, dit-il, nous enrichit. « Même si nous pensons que nous sommes sages, compétents et passés maîtres dans les technologies actuelles, nous sommes amenés à réaliser qu'il y a encore tant à apprendre et à comprendre de nos parents et que nos grands-parents également ont beaucoup de choses à échanger avec nous. »

Peli pense également que connaître notre passé nous procure une source importante d'« amour-propre constructif ». Les Juifs insistent sur la fierté qui découle du fait de connaître ses racines. Cette fierté ne doit pas avoir comme conséquence de se targuer d'une importance que l'on n'a pas... Au contraire, elle devient une raison de nous imposer plus d'obligations et plus de limitations. Il y a une brève expression yiddich, pleine de bon sens, qui est prononcée en de tels moments : *s'pa'ast nicht,* qui signifie que cela ne convient pas à une personne d'une lignée si distinguée... « Être fier et apprendre à connaître les racines de sa culture n'est pas simplement un hobby ou un passe-temps, conclut Peli, mais un travail délicat et sophistiqué. » C'est le moyen grâce auquel nous acceptons et intégrons dans notre comportement des valeurs éthiques et des règles morales. Considérer et comprendre notre passé nous présente des modèles, des guides et nous propose des buts (*Torah Today*, p. 239-241).

Néanmoins, étudier et se souvenir de notre histoire peut parfois être traumatisant car les leçons sont souvent difficiles à accepter. Élie Wiesel, prix Nobel de littérature et survivant de la Shoah, fait remarquer que souvent les peuples résistent à prendre en compte les enseignements du passé. Après avoir, pendant des décennies, écrit sur la tentative nazie de détruire le peuple juif, Wiesel a exprimé « son découragement et sa honte ». « La société, a-t-il fait remarquer, a si peu bougé. »

La haine, le préjudice et l'antisémitisme existent toujours. « Il y a tellement de stratèges qui se préparent à l'explosion de la planète et tant de personnes qui ont déjà volontairement abdiqué… il y a tellement de personnes qui vivent sous l'oppression et autant qui vivent dans l'indifférence, que la seule conclusion qui s'impose est que l'échec pendant les années noires a engendré un nouvel échec. La leçon n'a pas été retenue. Auschwitz n'a pas servi d'alarme. Pour des informations plus détaillées, consultez votre journal quotidien. »

Pourquoi suivre le conseil de Moïse : « Souviens-toi des jours anciens, considère les années passées » ?

Wiesel affirme que nous devons étudier l'histoire car nous le devons envers ceux qui périrent et envers les nouvelles générations qui doivent savoir « d'où elles viennent et quel est leur héritage ». Se rappeler le passé est essentiel pour donner forme au futur. « Nous devons faire face aux morts, encore et encore, afin de les apaiser, et peut-être même pour rechercher parmi eux, au-delà de la contradiction et de l'absurdité, un symbole, un commencement de promesse. »

Pour démontrer l'importance de transmettre la mémoire du passé d'une génération à l'autre, Wiesel rappelle que le célèbre historien Simon Dubnow encourageait ceux qui marchaient avec lui vers une mort certaine et leur disait : « Ouvrez vos yeux et vos oreilles, rappelez-vous chaque détail, chaque nom, chaque image ! La couleur des nuages, le sifflement du vent dans les arbres, les gestes de vos bourreaux : celui qui survivra ne devra rien oublier ! »

C'est ainsi que des Juifs ont écrit des poèmes et des pièces décrivant leur agonie, les tortures qu'ils subirent et la déchéance de ceux qui périrent dans les camps de la mort. « Les Juifs, disait Wiesel, s'en sont allés sans sommeil, échangeant leur nourriture pour des crayons et du papier. Ils jouèrent avec leur destin. Ils risquaient leurs vies... Ils n'ont pas écrit pour moi, pour nous, mais pour les autres, pour ceux qui étaient à l'extérieur et pour ceux qui n'étaient pas encore nés. Il y avait un besoin, comme une passion brûlante, de témoigner pour le futur, contre la mort et l'oubli, une passion qui s'exprimait par tous les canaux possibles. »

Comme Wiesel le fait remarquer, ceux qui, dans de telles circonstances, écrivirent cette histoire le firent pour ceux qui allaient vivre plus tard. Ce fut leur dernier cadeau, un témoignage de fierté et de foi, de courage et de détermination. Ceux qui allaient mourir dans les chambres à gaz ou être abattus devant les charniers ou battus jusqu'à ce que mort s'ensuive, scellèrent leurs souvenirs dans des documents afin d'exister à travers eux et à travers ceux qui liraient ce qu'ils endurèrent. Cette « conscience historique », selon Wiesel, a donné aux Juifs une raison supplémentaire pour affirmer leur solidarité envers d'autres Juifs et envers « ceux d'entre nous qui survécurent ».

Ainsi, étudier l'histoire juive unit les Juifs à une « mémoire collective », un héritage qui remonte à Abraham et Sarah, Isaac et Rébecca, Jacob, Léa et

Rachel, à Moïse et à tous les prophètes, aux poètes, aux philosophes et aux commentateurs de la Torah. Cela signifie, conclut Wiesel, « faire le choix d'être un lien entre le passé et le futur, entre le remords et la consolation, entre le premier silence de la création et le silence qui s'est abattu sur Treblinka... Être juif aujourd'hui signifie porter le témoignage de ce qui est et de ce qui n'est plus » (*One Generation After*, p. 9-11, 38-39, 168-174).

Le philosophe Émil L. Fackenheim s'est également penché sur la question de l'importance de la mémoire et de l'histoire. Pour lui, le commandement énoncé par Moïse de « se souvenir... et de considérer les années passées » n'est pas une suggestion que les Hébreux peuvent accepter ou refuser. Fackenheim fait remarquer qu'avant la Shoah, les Juifs devaient appliquer les 613 commandements de la Torah. Suite à la Shoah, un nouveau commandement doit être ajouté et mis en pratique par tous les Juifs.

Les Juifs, selon Fackenheim, doivent « se rappeler » leur histoire. Ils doivent l'étudier avec soin, connaître tous ses détails, célébrer ses traditions, l'enseigner à leurs enfants et faire tout ce qui est possible pour assurer la renaissance et l'affermissement du peuple juif. Telle est la seule façon par laquelle ils triompheront d'Hitler dont la politique d'extermination avait pour but d'effacer toute existence et tout souvenir du peuple juif. « Il est interdit aujourd'hui au Juif authentique, explique Fackenheim, de donner une victoire posthume à Hitler » (*The Jewish Return into History : Reflections on the Age of Auschwitz and a New Jerusalem*, Shocken Books, New York, 1978, p. 19-24).

Buts de l'histoire juive

Un puissant sens d'identité n'a pas empêché ce peuple de faire rayonner son influence au loin, au large des océans de l'histoire universelle. C'est lorsque l'Israël historique est le plus attaché à son identité que sa vocation universelle est la plus vaste. La leçon de l'histoire est évidente. Il n'y a pas de salut ou de sens à l'existence pour le Juif sauf à s'élever en se tenant fermement arrimé à son propre cadre de références (Abba Eban, *My People*, Behrman House, Springfied (NJ), 1968, p. 522).

Créer l'histoire

Les humains créent leur propre histoire, mais ils ne la modèlent pas comme ils le voudraient ; ils ne le font pas dans un cadre qu'ils choisissent mais dans celui des circonstances qui sont les leurs et dans celles que le passé leur impose (Karl Marx).

Ignorer l'histoire

Ceux qui ignorent le passé sont condamnés à le répéter (George Santayana).

Le choix de confronter et d'intégrer l'histoire juive de façon personnelle ne veut pas seulement dire, selon Wiesel, être un « témoin » ou, selon Fackenheim, être un « instrument » pour empêcher le triomphe d'Hitler. Pour de nombreux Juifs, « se souvenir » et « considérer » l'héritage juif est un moyen de se réapproprier l'identité juive.

Paul Cowan, un auteur contemporain, a grandi sans recevoir d'éducation juive, sans assister aux célébrations juives traditionnelles, et presque sans aucune rencontre avec sa famille juive. Il se souvient d'avoir souffert de l'antisémitisme, lorsque, élève d'une école privée, il devait cacher son identité juive. « Je n'en ai jamais parlé à quiconque. J'en ai ressenti une profonde culpabilité, comme si j'étais responsable de ma propre détresse. »

Âgé d'une trentaine d'années, Cowan a commencé à écrire sur le socialisme juif tel qu'il a fleuri dans le Lower East Side à New York. Ce projet l'a amené à se poser des questions sur l'histoire de sa propre famille, d'où ses membres venaient, pourquoi certains portaient le nom de Cohen et les autres celui de Cowan. Il se trouva amené alors à se réapproprier son héritage juif. Expliquant ses motivations, Cowan écrit : « En ce qui me concerne, je réagis au déracinement que j'ai ressenti depuis mon enfance, au fait que, en dépit de toute la chaleur de la famille Cowan, de son dynamisme intellectuel, de la loyauté que chacun avait envers l'autre, nous avions été amputés de notre passé. Nous étions orphelins de l'histoire. »

Cowan explique lorsqu'il rencontra des Juifs dont le judaïsme le fascinait : « Je faisais face à un choix clair – un choix au regard de l'histoire, même si je n'avais jamais su comment l'exprimer jusqu'à ce que ma sœur Holly me fournisse les mots pour le faire. Devais-je explorer le judaïsme, le véritable, le lien vivant avec mes ancêtres et les six millions ? Ou devais-je le rejeter et être un autre participant à l'effacement de cinq mille ans d'histoire ? À l'évidence, présenté ainsi, le choix n'existait pas. » Pour Paul Cowan, obéir au commandement de Moïse de « se rappeler les jours anciens et de considérer les années passées » fut le moyen par lequel il s'est réapproprié son héritage en tant que Juif (*An Orphan in History : Retrieving a Jewish Legacy*, Doubleday, New York, 1983, p. 3-21).

Qu'en est-il pour une personne qui a choisi de devenir juive ? Le commandement de Moïse est-il applicable au « Juif par choix » ? Si quelqu'un n'est pas né juif et n'est donc pas par naissance relié aux générations juives anciennes, comment peut-il se sentir partie prenante de l'histoire juive ?

Lydia Kukoff, qui s'était convertie au judaïsme, propose quelques pistes intéressantes à ce sujet. Elle raconte : « Quand je devenue juive, mon mari et moi vivions loin de la famille juive. Heureusement j'ai trouvé des amis qui avaient de larges connaissances juives. Nous avons formé un groupe d'étude qui se réunissait régulièrement pour étudier, pour faire la cuisine en préparation des fêtes juives, ou juste pour être ensemble. Ces amis m'ont apporté un soutien essentiel. J'avais un environnement qui me portait, où je pouvais apprendre et poser des questions, et m'intégrer pas à pas à la communauté juive. Ainsi, par les actes et par l'étude, j'ai commencé à construire mon propre passé juif. »

Créer un « passé juif » prend du temps et de la discipline. Kukoff insiste sur l'importance du shabbat et de la célébration des fêtes, aussi bien au sein du foyer que dans la communauté, de l'étude continue, de la lecture de livres de recettes, de livres d'histoire, de littérature, de pensées juives, du fait de placer une *mezouzah* à la porte, de suivre l'évolution du calendrier juif, d'apprendre l'hébreu et d'acquérir la connaissance des faits et gestes en usage à la synagogue. Elle donne ce conseil : « Ne soyez pas impatients. Vous n'y arriverez pas instantanément. Personne ne le peut… Ce que vous apprenez et ce que vous faites pénétrera en vous lentement. Votre judaïsme sera le vôtre et vous aurez le sentiment d'être authentiquement juif/juive. » Étudier, accumuler des connaissances sur l'histoire juive, célébrer les traditions de la vie juive donnent à la personne convertie une mémoire juive. C'est ce processus qui lui permet d'intégrer cet héritage sacré dans son âme (*Choosing Judaism*, p. 23-29).

L'histoire juive génère une particularité que Moïse souligne en disant de « se rappeler le passé et de considérer les jours anciens ». Car ce grand leader ne s'arrête pas là. Il déclare également que « la part de Dieu est le peuple d'Israël ». Que signifie cette affirmation ? Comment peut-elle être comprise dans le cadre de l'histoire juive ?

Le rabbin Leo Baeck voit dans l'étude de l'histoire juive une extraordinaire explication de l'existence du peuple juif. « Selon une ancienne parole, écrit-il, Israël a été conçu pour servir la Torah ; mais la Torah ne peut exister qu'à travers son peuple… La raison d'être du peuple juif repose sur les Juifs qui assument cette particularité. Toute l'éducation servait ce but. Être différent était la loi de l'existence. Selon une interprétation ancienne, il était demandé aux Juifs : "Soyez différents, car l'Éternel votre Dieu est différent…" Le Juif était le non-conformiste par excellence, le grand contestataire de l'histoire. Telle était la raison d'être de l'existence juive. »

Baeck, pour fonder son opinion, fait remarquer que « souvent il semble que le rôle particulier du judaïsme soit d'exprimer l'idée d'une communauté se tenant seule et affirmant un principe éthique minoritaire ». Le judaïsme témoigne de la puissance des idées contre celle des nombres et des succès mondiaux ; il s'élève comme une protestation continue de ceux qui cherchent à être fidèles à leurs principes moraux, qui assument leur droit à être différents contre la vicieuse pression qui broie l'individu pour le normaliser... « Si le judaïsme n'existait pas, assure Leo Baeck, il aurait fallu l'inventer. Sans les minorités, l'histoire mondiale serait sans but. »

Pour le rabbin Baeck, Israël est la « portion de Dieu » car son seul rôle dans l'histoire est d'être la communauté qui « se tient seule », mettant en question le pouvoir de la majorité, représentant la sainteté de tout être humain en tant qu'enfant de Dieu, sachant et comprenant que l'histoire est déterminante pour tout Juif et pour le monde. « Aussi longtemps que le judaïsme existe, conclut Baeck, personne ne pourra dire que l'âme de l'humanité a capitulé » (*L'Essence du judaïsme*, PUF, Paris, 1993).

Est-ce cela que Moïse avait à l'esprit en disant : « Souviens-toi des jours anciens, considère les années passées » ? Il ne fait aucun doute que Moïse était préoccupé à plus d'un titre et les commentateurs ont exprimé cela à travers la signification qu'ils donnent à l'histoire. Il comprit l'importance de revoir l'histoire, réalisant qu'acquérir et se confronter à son passé est une source de fierté, permet d'exprimer son identité et de s'engager pour un futur qui assure la survivance du peuple. Le passé mène à aujourd'hui et construit demain.

Questions pour l'étude et la discussion

1. Lors de la mort d'une personne proche, un Juif dit une bénédiction : « Sois béni, *Adonay Dayan haémèt,* Éternel, Juge de la vérité. » Que dit cette bénédiction de Dieu et de la vie humaine ? Comment trouver le lien avec l'affirmation de Moïse que les « actes de Dieu sont parfaits… que Ses voies sont justes » ?
2. Certains commentateurs de la Torah affirment que le mal est une composante indispensable de l'existence humaine. Que signifie cet argument ? Comment le considérez-vous au regard des maux engendrés par la maladie, la malhonnêteté, le meurtre, l'abus sur des enfants, la guerre et/ou la famine ? Quelle explication fait le plus de sens pour vous de la relation entre le mal et Dieu telle que proposée par les interprètes de la Torah ? Pourquoi ?
3. Dans son livre *Generation without Memory*[1], Anne Roiphe cite un ami : « Nous, Juifs, nous sommes comme une famille ; à cause de notre unique et incroyable histoire, nous avons développé nos propres références intellectuels, logiques et humoristiques, références que nous partageons avec tous les Juifs. Nous sommes une famille unique qui remonte à une période d'avant le Déluge. Être juif est une composante essentielle de mon psychisme. Je ne pourrais pas vivre suspendu dans l'air. J'ai besoin de mes racines et de mon sentiment d'appartenance. » Comment l'étude de l'histoire juive peut-elle créer un sentiment d'appartenir à une « famille » ? Comment cette étude nous prémunit-elle de nous sentir « en suspension dans l'air » ?
4. Pour les Juifs, comme les interprètes de la Torah le remarquent, la mémoire du passé, le partage de l'histoire sont nécessaires pour construire une identité fière.

---

1. Anne Roiphe, *Generation without Memory*, Lincoln Press/Simon and Schuster, New York, 1981, p. 99-100.

Néanmoins, aujourd'hui, de nombreuses personnes se sont converties au judaïsme et de nombreux Juifs de naissance n'ont pas reçu cette « banque de données historiques » de l'expérience juive ou de la connaissance du judaïsme. Si vous étiez en charge de proposer un programme destiné à acquérir cette « banque de données », qu'incluriez-vous dans ce programme ?

Parashat Vezot HaBerakhah

Deutéronome 33 : 1-34 : 12

La parashat Vezot HaBerakhah *qui signifie « Et voici la bénédiction… » commence par la bénédiction et les adieux de Moïse au peuple d'Israël. Il bénit chacune des douze tribus, insistant sur le fait que la Torah est « l'héritage de la communauté de Jacob ». Il conclut en disant : « Heureux Israël ! Qui est comme toi/ Un peuple libéré par l'Éternel/ Ton bouclier protecteur, Ton épée triomphante ! » Alors, Moïse monte sur le mont Nebo, en pays de Moab, juste en face de Jéricho et de la mer Morte, et du sommet duquel il peut apercevoir le pays d'Israël. Il y meurt à l'âge de 120 ans et est enterré en Moab. Personne ne connaît le lieu de son ensevelissement. À la fin d'une période de trente jours de deuil, Josué prend la tête du peuple. « Jamais, déclare la Torah, il ne se leva en Israël un prophète comme Moïse à qui Dieu parla face à face… »*

1. Dans la dernière intervention au peuple d'Israël, Moïse énonce avec poésie des paroles de bénédiction. Il rappelle comment Dieu « s'est manifesté au

Sinaï... » au peuple d'Israël, « avec des tonnerres de lumière », et comment ils ont accepté la Torah en héritage.

2. Moïse bénit chacune des tribus. Il prie afin que « Ruben vive et ne meure pas » ; que Judah soit établi et secondé contre ses ennemis ; que toutes les actions de Lévi soient bénies ; que Benjamin soit toujours protégé ; que Joseph et ses fils, Éphraïm et Menassé, soient bénis par l'« abondance de la terre et sa profusion » ; que Zebulon et Issachar jouissent de l'abondance du sable et de la mer ; que Gad s'élargisse et soit récompensé pour son engagement et son courage dans le combat ; que « Dan bondisse » vers la victoire ; que Naftali soit « comblé de faveurs » ; que la tribu de Acher soit « aimée de ses frères », « immergeant ses pieds dans l'huile » et jouissant de la sécurité.

3. En conclusion de ses bénédictions, Moïse déclare : « Nul n'est comme Dieu/ Qui chevauche les cieux pour te venir en aide, /... Dieu est un refuge,/ Un appui.../ Heureux Israël ! Qui est comme toi,/ Un peuple libéré par l'Éternel,/ Ton bouclier protecteur, ton épée triomphante,/ Tes ennemis ramperont devant toi/ et toi tu fouleras leurs hauteurs. »

4. Moïse monte sur le sommet du mont Nebo, en Moab, juste en face de Jéricho près de la mer Morte. De là il peut voir le pays d'Israël que Dieu a promis au peuple. Moïse, à qui il est interdit d'entrer dans le pays, meurt en Moab à l'âge de 120 ans. Personne ne connaît le lieu de son ensevelissement.

Les Hébreux pleurent son décès pendant trente jours. À la fin de cette période de deuil, Josué fils de Noun lui succède à la tête des Hébreux.

La Torah se termine en insistant sur la particularité unique de Moïse. « Plus jamais ne se leva en Israël un prophète comme Moïse – que l'Éternel avait distingué, lui parlant face à face, à travers divers signes et prodiges que l'Éternel lui envoya exécuter en terre d'Égypte, contre Pharaon, ses courtisans et tout son pays, et pour l'impressionnant pouvoir dont fit preuve Moïse devant tout le peuple d'Israël. »

La *parashat Vezot HaBerakhah* contient deux thèmes importants :

1. La signification de la Torah pour le peuple d'Israël.
2. Le rôle de Moïse comme prophète et comme dirigeant.

1. LA TORAH : « L'HÉRITAGE DE TOUTE LA COMMUNAUTÉ DE JACOB »

Dans son message d'adieu aux Hébreux, Moïse déclame à nouveau un poème. Il rappelle l'expérience spirituelle que le peuple d'Israël a vécue au mont Sinaï, déclarant :

> L'Éternel est apparu du haut du Sinaï,
> A brillé sur le Séir, pour eux !
> S'est révélé sur le mont Pharan,
> A quitté les saintes myriades qui l'entourent,
> Dans sa droite une loi de feu, pour eux !

Il t'est cher, ce peuple ;
Tous leurs saints, ta main les protège :
Ils se sont couchés à tes pieds,
Ont recueilli ta propre parole.
C'est pour nous qu'il dicta une doctrine à Moïse ;
Elle restera l'héritage de la communauté de Jacob.

À l'approche de la mort, le vieux dirigeant insiste auprès de son peuple sur leur relation historique avec la Torah. Elle trouve son origine dans les « éclairs éblouissants » du mont Sinaï. Elle est la preuve de l'amour de Dieu pour le peuple d'Israël. C'est pourquoi mettre en pratique les commandements de la Torah sera la preuve de la loyauté du peuple envers Dieu. La Torah est l'unique « héritage de la communauté de Jacob », c'est-à-dire de tout le peuple d'Israël.

Rachi

En commentant le sens de la remarque de Moïse sur la relation entre le peuple juif et la Torah, Rachi écrit : « Nous avons acquis la Torah et nous ne l'abandonnerons pas. » Pour Rachi, le peuple a choisi d'accepter la Torah, et sa particularité est son attachement et sa dévotion envers elle. La Torah est le fondement de la tradition juive. Il ne peut pas y avoir de peuple juif sans elle. L'adhésion à sa sagesse, à son éthique et à ses rituels est essentielle pour la survie du peuple juif (*Commentaire sur Deutéronome* 33 : 4).

L'insistance de Rachi sur la définition du peuple juif qui se fonde sur sa relation avec la Torah, trouve son origine dans un commentaire de rabbi Eliezer. Ce dernier pose une question rhétorique : « Quelle était la bénédiction que Moïse prononçait avant la lecture de la Torah ? » Il répond à cette question en affirmant que Moïse disait : « Béni sois-Tu, Dieu, qui as choisi la Torah, l'as sanctifiée et te réjouis de ceux qui la mettent en pratique. »

« Moïse, insiste rabbi Eliezer, ne dit pas : "ceux qui l'étudient et méditent sur elle". Il affirme que Dieu se réjouit de "ceux qui la mettent en pratique", c'est-à-dire mette en application ses commandements. C'est la "pratique" de la Torah qui la fait devenir un "héritage pour la communauté de Jacob" » (*Deutéronome Rabba* 11 : 6).

Ramban (Nahmanide)

Nahmanide élargit les propos de rabbi Eliezer pour inclure ceux qui ne sont pas nés juifs et ceux qui se sont convertis au judaïsme. Il fait remarquer que Moïse ne dit pas que la Torah appartient à la « maison de Jacob » ou aux « descendants de Jacob », ce qui pourrait nous amener à la conclusion que la Torah est « l'héritage » uniquement de ceux qui sont nés de parents juifs. Au lieu de cela, il insiste en disant que la Torah est « l'héritage de *kehilat Yaakov* ("communauté de Jacob") ». La Torah n'est pas une possession qui est liée à la filiation mais un legs qui peut être reçu ou choisi par quiconque le désire (*Commentaire sur Deutéronome* 33 : 4).

Hertz

Sur le sens de la Torah

La Torah réelle n'est pas le texte écrit des Cinq Livres de Moïse ; la Torah réelle est le sens qui est enchâssé dans le texte, comme explicité... et développé... par les successions de générations de sages et de maîtres en Israël (rabbi Joseph H. Hertz, *Authorized Daily Prayer Book*, p. 35).
Le but de toute la Torah est de faire que chacun puisse devenir une Torah (Baal Chèm Tov).
Si ce n'était par la Torah, le peuple d'Israël ne différerait d'aucun autre peuple (*Sifré Deutéronome* 32 : 29).

Bénédiction avant l'étude de la Torah

Béni sois-Tu Éternel, notre Dieu Roi de l'univers, qui nous as sanctifiés par Tes commandements et nous as enjoint de nous consacrer à l'étude des paroles de la Torah. Veuille rendre douces, Éternel notre Dieu, les paroles de Ta Torah en notre bouche et en la bouche de Ton peuple, la maison d'Israël. Béni sois-Tu Éternel notre Dieu, qui enseignes la Torah à Ton peuple Israël (Livre de prières).
Quand deux personnes se rencontrent pour étudier la Torah, Dieu est présent à leur côté (Hanina ben Teradion, *Avot* 3 : 6).

Rambam (Maïmonide)

Maïmonide discourt également sur l'importance de la Torah pour le peuple juif et observe que les parents, dès que leurs enfants commencent à parler, doivent leur apprendre : « Moïse a placé devant nous la Torah comme héritage de la communauté de Jacob ainsi que "*Chema Israël,* Écoute Israël, l'Éternel notre Dieu, l'Éternel est Un". » Les enfants doivent apprendre l'importance et les leçons de la Torah dès qu'ils savent parler. On doit faire appel à des enseignants, dit Maïmonide, lorsque les parents ne peuvent pas transmettre cet enseignement. « Il est prescrit à chacun, pauvre ou riche, en pleine santé ou malade, jeune ou vieux... d'étudier la Torah jusqu'au jour de sa mort. »

Maïmonide suggère même comment se divise le temps de l'étude de la Torah. Un tiers pour la Torah, un tiers pour les commentaires et le Talmud et le dernier tiers pour « penser et méditer » sur les sujets qui ont été abordés. Un sujet doit être comparé à un autre sujet, on doit poser des questions, des règles éthiques doivent être déduites des normes découlant des textes de la Torah. De plus, on ne doit pas repousser l'étude de la Torah sous prétexte du manque de temps libre. « Si une telle pensée pénétrait ton esprit, ajoute Maïmonide, tu ne pourras pas recevoir la "couronne de la Torah". C'est pourquoi, conclut-il en citant *Avot* 1 : 5, fais de l'étude de la Torah une obligation fixe dans le temps. »

Pour Maïmonide, aucun commandement « n'est égal à l'étude de la Torah. Et il est vrai que l'étude de la Torah équivaut à tous les commandements parce qu'elle invite à la pratique des commandements ». Il termine en disant : « C'est pourquoi l'étude de la Torah prévaut sur la pratique. » Selon Maïmonide, la Torah constitue la « Vérité » de Dieu transmise au peuple d'Israël. Considérant ainsi la vérité qui sous-tend les commandements, cela invite non seulement à accomplir la volonté de Dieu pour l'établissement de la justice, la compassion et la paix, mais également à faire de telle sorte que la Torah devienne réellement « l'héritage de la communauté de Jacob » (*Mishné Torah, Sefer haMada* 1-5, PUF, Paris, 1985, p. 168-184).

Steinsaltz

Le rabbin Adin Steinsaltz, commentateur contemporain, s'appuie sur Maïmonide en soulignant que l'étude de la Torah est un moyen essentiel pour connaître ce que Dieu attend de nous. En définissant la Torah non seulement comme les Cinq Livres de Moïse mais comme incluant le Talmud et les commentateurs suivants, Steinsaltz affirme que « la Torah des Juifs est l'essence de la révélation divine ; elle est non seulement le fondement de la vie sociale, politique et religieuse, étant elle-même d'une valeur suprême… c'est la carte spirituelle de l'univers… car la Torah exprime la volonté et la sagesse divines… et l'étude intellectuelle de la Torah comme l'implication émotionnelle à partir de son contenu sont une forme d'identification avec la volonté divine, avec ce qui peut être qualifié de rêve de Dieu concernant l'existence du monde et l'existence de l'être humain ».

Connaître la Torah, pour Steinsaltz, va plus loin que comprendre ce que Dieu attend du monde et des humains. La Torah n'est pas uniquement un document « intellectuel » propre à l'étude. C'est aussi une « Loi ». La Torah nous oblige à nous « comporter d'une certaine façon ». C'est « un mode de vie qui nous indique comment nous comporter envers nous-mêmes et envers le monde extérieur, et ce, de façon pragmatique… La Torah apporte un sens à la vie et concerne tous ses aspects : la vie communautaire, le domaine du commerce, de l'agriculture et de l'industrie, l'expression de nos sentiments et de l'amour, la relation entre les sexes – les plus infimes détails de la vie courante tels que comment lacer ses chaussures ou comment se coucher… ». La conception de Steinsaltz considérant la Torah comme une « carte divine du monde » et comme la Loi de Dieu, qui « dirige notre conduite dans les affaires quotidiennes, depuis le lever jusqu'au coucher », est largement partagée au sein de la tradition juive (*La rose aux treize pétales*).

La Torah évolue

La Torah est l'aboutissement de la relation entre Dieu et le peuple juif. Les documents depuis les plus anciennes discussions au sujet de la Torah sont d'une extrême importance pour nous. Les législateurs, les prophètes, les historiens et les poètes nous ont transmis un héritage dont l'étude est un impératif religieux et la mise en application notre moyen premier pour approcher de la sainteté. Les rabbins et les maîtres, les philosophes et les mystiques, les Juifs emplis de qualités ont, à chaque génération, développé cette tradition de la Torah. Depuis des millénaires, cette création ne s'est jamais arrêtée, et la créativité juive de notre temps ajoute à cette chaîne ininterrompue de la tradition (*Reform Judaism : A Centenary Perspective*, CCAR, New York, 1976).

Divergeant de Steinsaltz et de tous ceux qui considèrent que la Torah est la conséquence d'une seule rencontre entre Dieu et Moïse sur le mont

Sinaï, le rabbin Mordecai M. Kaplan maintient que la Torah est un document sacré qui a évolué au cours des siècles. Il invoque le fait que « tous les éléments fondamentaux de la culture humaine » sont présents dans la Torah écrite et, plus tard, dans le Talmud. C'est pourquoi la Torah contient des textes concernant la culture populaire comme le développement d'une perspective générale ; elle esquisse une politique nationale ; elle prescrit un comportement éthique et religieux ; elle établit les fondements d'un système de jurisprudence... La Torah, surtout comme elle est interprétée en touchant tous les sujets de la vie, peut être par conséquent, considérée comme ce que nous estimons être une civilisation nationale.

Kaplan avec cette « civilisation nationale » qui évolue, considère la Torah comme « l'expression de la quête d'Israël, à travers les âges, afin de mieux saisir la loi morale qui exprime la volonté de Dieu ». C'est pourquoi la Torah « n'est pas infaillible ». Elle contient des erreurs et traite de sujets qui ne sont plus d'actualité, tels que les vêtements des prêtres ou les sacrifices sur les anciens autels. Aujourd'hui, elle présente des sujets tels que la punition capitale ou le traitement de la femme, qui peuvent être remis en question. Néanmoins, Kaplan maintient que, puisque le peuple juif cherche à déterminer ce qui est moralement juste, la Torah, même avec toutes ses erreurs, « lorsqu'elle est étudiée et analysée, peut apporter des propositions instructives et lumineuses. Nous, humains, discernons les lois morales comme nous découvrons les lois de la nature, c'est-à-dire par tâtonnements et erreurs ».

Kaplan ajoute un élément important à sa conception de la Torah comme un « état des lieux » imparfait et évolutif de la recherche du peuple juif pour ce qui est moralement juste. Il pense que, puisque Dieu n'a pas dévoilé toute la Torah à Moïse sur le mont Sinaï, Dieu est la force qui incite le peuple juif à poursuivre sa recherche éthique d'amour, de justice, de pureté et de paix. Pour lui, la Torah est ce qui résulte de l'influence continue de Dieu sur nous. « La Torah révèle l'influence essentielle de Dieu dans la vie de notre peuple, car elle exprime ses premiers efforts pour vivre à la hauteur des plus hauts potentiels de la nature humaine » (*The Meaning of God*, p. 311-318 ; et *Questions Jews Ask*, p. 167-168).

En tant qu'« héritage de la communauté de Jacob », la Torah est le secret de la survivance du peuple d'Israël. La vénération pour la Torah et son étude sont la garantie du futur du peuple juif. Cela n'a jamais été une « littérature » ou une « tradition » figées. Les commentateurs ont toujours mis en relation son éthique avec les réalités changeantes de leurs époques. Les mystiques et les philosophes ont exploré ses conceptions de Dieu, de l'histoire et de la nature humaine. Les rituels et les fêtes, tels que décrits dans ses chapitres, ont permis l'élaboration de célébrations juives pleines de sens. La Torah a évolué avec le peuple juif et est restée sa principale source d'identification historique et d'enseignements moraux. Les Juifs sont le peuple d'une Torah toujours en développement.

Le rabbin Leo Baeck a qualifié le sens et le défi posés par la Torah d'« héritage de la communauté de Jacob ». Il observe que « le judaïsme ne s'est pas figé de façon définitive selon le mode de pensée d'une certaine époque ; et il n'est jamais absolu. Le but demeure mais non sa solution définitive. L'ancienne révélation devient nouvelle car le judaïsme fait l'expérience de vivre une *renaissance continuelle* ». L'ancienne Torah de Moïse continue à être dévoilée aujourd'hui.

2. MOÏSE QUE « DIEU A DISTINGUÉ, FACE À FACE »

La *parashat Vezot HaBerakhah* qualifie Moïse de *ich haElohim* (« homme de Dieu ») (Deutéronome 33 : 1) et de *Evèd Adonay* (« serviteur de Dieu ») (Deutéronome 34 : 5). Il nous est dit aussi que, contrairement aux autres prophètes, Moïse a connu Dieu d'une façon beaucoup plus intime, décrite comme un « face-à-face ». Dans la tradition rabbinique, Moïse est appelé *Moshé Rabbénou,* ce qui signifie : « Moïse notre maître. » Ces descriptions et ces qualificatifs différents pour le leader dont la vie remplit les livres de l'Exode, du Lévitique, des Nombres et du Deutéronome et qui est connu dans la tradition juive comme celui qui a apporté la *Torat Moshé* (« Torah de Moïse »), tout ceci montre à l'évidence le rôle central qui est le sien dans l'histoire juive comme dans l'histoire humaine. Aujourd'hui ses enseignements religieux et l'image puissante du politicien qu'il a été, continuent d'influencer des millions de personnes. Mais ce grand homme puissant est mort dans la solitude sur le mont Nebo, hors de la Terre promise, le pays d'Israël, et son lieu d'ensevelissement « n'est connu de personne jusqu'à ce jour » et il demeure une énigme.

À travers les siècles, les commentateurs ont cherché à découvrir ses intentions, ses motivations, à dévoiler sa personnalité et à révéler les secrets de sa grandeur. Assemblant les différents fragments de sa vie tels qu'ils apparaissent dans la Torah, ou utilisant leur imagination, les commentateurs ont spéculé sur ses origines, ses liens familiaux, sa relation complexe avec le peuple d'Israël, son équilibre émotionnel, ses aptitudes innées pour la direction d'un groupe humain, ses sensibilités morales et son mystérieux rapport avec Dieu.

Chaque étincelle de la vie de cet « homme de Dieu » nous fait mieux comprendre ce que peut être une grande personnalité, un « serviteur de Dieu ». Mis bout à bout, ces différents éléments deviennent une remarquable source d'inspiration et dessinent un modèle qui peut nous servir d'exemple pour façonner notre caractère.

Qui donc, selon les commentateurs, est Moïse ? Quelles sont les caractéristiques qui lui confèrent de la grandeur ?

Analysant Moïse par rapport aux autres grands personnages bibliques, les premiers commentateurs rabbiniques ont estimé qu'il était plus grand qu'Adam, Noé, Abraham, comme Isaac et Jacob. Adam, disent-ils, a été créé à l'image de Dieu mais, incapable de suivre le commandement de Dieu, a été chassé du jardin d'Éden. Jamais la loyauté de Moïse envers Dieu n'a fait défaut. Noé s'est sauvé avec les siens alors que Moïse s'est sauvé et a sauvé toute sa génération avec lui. Abraham a offert l'hospitalité à des voyageurs de passage, tandis que Moïse a nourri tout le peuple d'Israël dans le désert. Isaac a entraperçu Dieu au moment où Abraham était sur le point de le sacrifier sur l'autel, Moïse a vu Dieu face à face, et son regard n'a jamais faibli. Jacob a lutté avec un ange sur terre, Moïse a surpassé tous les anges des cieux !

Néanmoins, la grandeur de Moïse ne découle pas seulement de la comparaison entre ses qualités propres et celles des autres. Il est également supérieur dans le domaine de l'action. Rabbi Isaac, au nom de nombreux commentateurs, insiste sur le fait que la Torah décrit Moïse comme honnête, animé par de pures motivations, scrupuleux à ne jamais prendre un avantage sur les autres ni à présenter ses propres demandes en premier, et à toujours agir avec justice, pour la défense du peuple d'Israël.

D'autres commentateurs rabbiniques font remarquer que Moïse cherche toujours à établir la paix entre le peuple d'Israël et Dieu. Quand le temps est venu pour Israël de recevoir la Torah, Moïse, de son plein gré, monte sur le mont Sinaï supportant pendant quarante jours et quarante nuits la faim, le froid, les tonnerres étourdissants et les éclairs. Plus tard, à chaque fois que Dieu décide d'anéantir le peuple à cause de ses plaintes et de ses infidélités, Moïse intervient pour le sauver. Quand il apprend que lui-même va mourir, il choisit immédiatement Josué pour lui succéder afin qu'il n'y ait pas de moment pendant lequel le peuple d'Israël serait sans dirigeant. Tel est le caractère que Rabbi Tanhouma dresse et « cela rend Moïse digne de transmettre ses bénédictions aux autres » (*Deutéronome Rabba* 11 : 2, 3 ; *Mekhilta, Bechalach* 6 ; *Sifré Deutéronome, Haazinou* 306 et *Nombres Rabbah, Pinhas* 138 ; *Tanchouma, Houkkat* 63b).

Cet ensemble présente un portrait idéal de Moïse. C'est un Moïse sans défauts, un héros plus que parfait. Les commentateurs rabbiniques néanmoins sont tout à fait conscients que Moïse a des failles. C'était un être humain, imparfait comme chacun.

Selon la Torah, il lui est interdit d'entrer dans le pays d'Israël à cause des fautes qu'il a commises aux eaux de Meribah-Kadèch, dans le désert de Tzin. Là, au lieu de parler au rocher et de faire jaillir l'eau comme Dieu le lui avait demandé, il se laisse emporter par son tempérament à cause des plaintes des Hébreux, il les agresse en les qualifiant de « rebelles » et frappe le rocher avec son bâton. Comme punition contre cet excès de colère et la démonstration publique de son manque de confiance en Dieu, il n'est pas autorisé à entrer dans la Terre promise (voir la discussion dans *La Torah commentée pour notre temps, Parashat Houkat*, p. 86-90).

Si Moïse est décrit par les commentateurs rabbiniques comme imparfait, il est aussi considéré comme un héros. Ainsi, Nahmanide assure que la véritable clef pour comprendre la place unique qu'il occupe dans l'histoire n'a rien à voir avec sa personnalité. Ce qui définit la singularité de Moïse, dit Nahmanide, est sa relation avec Dieu. Moïse comme les dernières lignes du Deutéronome en témoignent, « a été distingué par Dieu » qui l'a connu « face à face ».

Nahmanide explique que « quand deux personnes se considèrent face à face, elles se connaissent intimement à travers cette rencontre ». Tel n'était pas le genre de connaissance partagée par Moïse et Dieu. La Torah dit que « Dieu connut Moïse face à face » mais ne dit pas que « Moïse connut Dieu face à face ». En d'autres termes, continue Nahmanide, « Moïse connut Dieu aussi bien qu'il pouvait le connaître tel que son entendement le lui permettait ». Alors que les prophètes ou le peuple d'Israël connurent le pouvoir de Dieu, ressentirent la main de Dieu sur eux, perçurent au mont Sinaï la présence de Dieu au sein du feu et des tonnerres ou dans la nuée qui les guidait le jour et la nuit dans le désert, Moïse « a été distingué » et a eu des rencontres particulièrement intimes avec Dieu. Dans ces moments de partage, la Torah a été donnée au peuple d'Israël. Ceci constitue la grandeur de Moïse. « Plus jamais, conclut Nahmanide citant la Torah, il ne se leva en Israël un prophète comme Moïse » (*Commentaire sur Deutéronome* 34 : 10).

Hirsch

L'opinion de Nahmanide est répétée par de nombreux commentateurs et trouvent une formulation claire dans les écrits du rabbin Samson Raphaël Hirsch. « Moïse, explique Hirsch, est unique et le restera pour tous les temps. Le contact direct qui permet à la volonté de Dieu de se manifester à Moïse l'élève au-dessus de toute l'humanité afin de mener à bien la mission qui lui est impartie, ce qui ne fut le cas d'aucun autre prophète… Seul Moïse reçut chaque terme de sa mission dans un face-à-face avec Dieu. C'est pourquoi toute information qui n'est pas reçue de cette façon ne peut, de quelque manière que ce soit, affaiblir ce qui a été transmis directement à Moïse » (*Commentaire sur Deutéronome* 34 : 10-12).

L'argument de Hirsch a non seulement pour but de dessiner les extraordinaires qualités de Moïse mais aussi de « prouver » sa supériorité sur le plan de la prophétie par rapport à tous les autres prophètes et à toutes les autres traditions. De tels arguments et de telles prétentions sont habituels, mais également dangereuses car elles mènent souvent à exprimer des a priori invérifiables au sujet de qui possède la vérité authentique ou exprime le verbe divin. Au lieu d'accepter que Dieu a parlé à de nombreux prophètes et peuples, que tous les êtres humains et tous les peuples sont précieux pour Dieu et qu'il y a diverses façons, tout aussi sacrées et sages de respecter la volonté divine, nombreux sont ceux qui ont guerroyé pour assurer la prééminence de leur foi.

Dans sa plaidoirie sur l'exclusivité et la supériorité de la relation de Dieu avec Moïse, Hirsch oublie de mentionner un point essentiel du texte de la Torah. La Torah en effet ne dit pas : « Plus jamais il ne se leva de prophète comme Moïse », mais il est dit : « Plus jamais il ne se leva *en Israël* de prophète comme Moïse. » Avec cette précision, la Torah évite l'écueil de l'arrogance et reste ouverte à l'idée de la révélation de Dieu à d'autres prophètes et à d'autres peuples.

Le psychologue et interprète biblique Erich Fromm considère Moïse comme quelqu'un qui, « en dépit de ses extraordinaires talents et de son génie, est parfaitement conscient de son incapacité à réaliser tout ce qu'il est supposé accomplir ». Néanmoins, grâce à son expérience personnelle lorsqu'il se mêla à son peuple et connut ses souffrances, Moïse a acquis l'impulsion nécessaire vers « l'indispensable empressement en faveur de la libération ». En tant que premier des prophètes, écrit Fromm, Moïse remplit une quadruple fonction : 1) il annonce qu'il y a un Dieu et que notre but humain « est de devenir pleinement humain ; ce qui signifie devenir comme Dieu » ; 2) il démontre que les choix existent qui tous entraînent des conséquences ; 3) il exprime son désaccord et son opposition quand Israël choisit la mauvaise voie sans jamais abandonner son peuple ; 4) il « ne pense pas en termes de salut individuel mais est convaincu que le salut individuel est lié au salut collectif de toute la société ».

C'est ce rôle unique de premier prophète qui fait de Moïse une figure incontournable dans l'histoire et établit les critères pour les prophètes juifs à venir. C'est Moïse, insiste Fromm, qui exprime les thèmes communs de la tradition prophétique, en particulier « l'élaboration d'une société gouvernée par l'amour, la justice et la vérité » ; c'est Moïse qui insiste sur le fait que la « politique doit être jugée selon les critères moraux et que la fonction de la vie politique est de mettre en application ces valeurs » (*You Shall Be as Gods*, Holt, Rinehart and Winston, New York, 1966, p. 94-95, 117-118).

Sarna

Nahum M. Sarna distingue une autre dimension de la grandeur de Moïse. Remarquant que « l'émergence de Moïse marque une évolution radicale dans la religion d'Israël », Sarna souligne et définit ces innovations. Elles concernent « le concept d'une alliance nationale entre Dieu et un peuple entier, l'insistance sur le culte exclusif pour Dieu, l'interdiction absolue de toute représentation de Dieu sous quelque forme que ce soit et l'apparition, au niveau national, de l'existence du messager-prophète ». Réunies ensemble, dit Sarna, ces innovations constituent ni plus ni moins une « révolution du phénomène religieux, une soudaine et nouvelle émergence d'une nation monothéiste, ce qui n'avait jamais existé jusque-là... ».

Sarna soutient que cette révolution est le fruit du génie extraordinairement créatif de Moïse. Il est une personnalité d'une extrême capacité qui arrive à transformer son peuple. « Moïse doit être considéré comme la figure centrale qui est à l'origine... du développement religieux qui a été réalisé en Israël... son rôle est immense comme le premier et le plus grand des dirigeants en Israël, comme colosse spirituel, comme figure dominatrice qui, pour toujours, a marqué de son empreinte l'esprit et la conscience que ce peuple a de lui-même » (*Exploring Exodus : The Heritage of Biblical Israel*, Schocken Books, New York, 1986, p. 61-62, 148-157).

Loyauté envers Israël

Élie Wiesel met en évidence la loyauté de Moïse envers son peuple comme un signe distinctif de la grandeur de Moïse. Bien qu'occasionnellement Moïse se soit mis en colère contre les Hébreux, il les a toujours protégés. « Si d'autres médisaient d'Israël, il était le premier à prendre leur défense avec force et passion... Moïse les a défendus non seulement contre leurs ennemis mais, à certains moments, contre Dieu lui-même... En dépit de ses déceptions, en dépit des épreuves et du manque de gratitude auxquels il eut à faire face, Moïse n'a jamais perdu confiance en son peuple. D'une certaine façon, il trouva et la force et le courage pour rester du côté du peuple d'Israël et pour défendre son honneur et son droit à l'existence » (*Messengers of God, Biblical Portraits and Legends*, Summit Books, New York, 1976, p. 199-201).

Peli

Un *Mentsch*

Nombreux furent les épithètes et les titres qui furent attribués à Moïse durant sa longue carrière. Maintenant, proche de la mort, il est qualifié de *ich ha-Elohim*, d'« homme de Dieu ». J'ai la conviction qu'il fut appelé ainsi non pour souligner sa relation à Dieu mais plutôt parce que, même à cet instant, il restait un « homme ». Étant proche de Dieu comme jamais auparavant et s'apprêtant à quitter ce monde matériel pour embrasser l'éternité, Moïse n'était pas concerné uniquement par lui-même lorsqu'il réfléchissait sur son existence et se préparait à rencontrer son Auteur. Son souci était, même à ce moment, de bénir les enfants d'Israël. En dépit de sa piété, il reste jusqu'à son dernier souffle un homme parmi les humains, un être humain préservant cette précieuse qualité qui est exprimée par cet intraduisible terme yiddish : être un *mentsch* (Pinẖas Peli, *Torah Today*, p. 243). Un *mentsch* est celui qui se soucie des autres.

Souder les Hébreux entre eux

Je crois qu'il y eut un Moïse qui a joué un rôle central dans la vie des tribus qui s'échappèrent d'Égypte, et que son accomplissement le plus important ne fut pas de les faire sortir mais que son rôle encore plus ardu fut, au cours d'un long et pénible cheminement dans le désert, d'unifier un groupe de tribus disparates, une racaille hétéroclite selon les termes mêmes de la Torah, en une seule communauté... (rabbi Daniel Jeremy Silver, *Images of Moses*, Basic Books Inc, New York, 1982, p. 16).

Yeshayahou Leibowitz est du même avis que Sarna concernant l'appréciation de Moïse. Il poursuit en faisant néanmoins remarquer que « la plus grande action que Moïse a réalisée ne fut pas de délivrer le peuple du joug de l'Égypte, ni de transmettre la Torah mais de briser les Tables gravées par Dieu, lorsque le peuple se livrait à l'idolâtrie et que les mots sacrés figurant sur les Tables allaient être profanés ».

Leibowitz se réfère à ce moment où Moïse, sur le mont Sinaï, reçoit les Tables des Dix Commandements alors que le peuple, au pied du mont Sinaï, dirigé par son frère Aaron, construit et adore un veau d'or. Entendant leurs cris et constatant leur enthousiasme sauvage pour cette idole qu'ils ont modelée en or, Moïse jette les Tables. Il refuse de tolérer l'idolâtrie. Au cours de cette crise, ce geste qui témoigne de sa foi est, selon Leibowitz, la véritable marque de sa grandeur. Pour lui, même ces Tables, sur lesquelles Dieu a inscrit les Dix Commandements, ne sont pas sacrées. Elles doivent être brisées si les circonstances exigent un tel acte radical.

« Briser l'idolâtrie, ne pas sanctifier les valeurs qui découlent des désirs et des intérêts trop humains, telle est sa foi. Le point principal de la foi en Dieu est de ne pas adorer ce qui n'est pas divin, ni de sacraliser ce qui est du ressort des désirs et des intérêts, des aspirations et des idéaux humains même si, en termes humains, ils sont les plus élevés. » Moïse nous apprend que « lorsqu'on sacralise des objets, ils doivent être brisés ».

Appliquant cette leçon à ce qui se passe de nos jours, Leibowitz nous met en garde contre l'émergence de faux dieux tels que l'idéalisation de la nation, de la terre, des chefs et des cultes… L'idolâtrie, quel que soit son objet, est proscrite, y compris les pierres qui contiennent les paroles de Dieu ! « La sainteté de Dieu seule, est digne de foi. Si on lui ajoute la sacralisation de la nation ou de la terre, alors immédiatement et sans transition, cela devient antinomique à la sainteté. C'est cette grande idée qui a été démontrée par Moïse lorsqu'il brisa les Tables qui étaient devenues, en présence du veau d'or, porteuse d'une sainteté contrefaite et distordue » (*Weekly Parashat*, p. 206-208).

Le rabbin Abba Hillel Silver met également en évidence cette puissance et ce génie de Moïse. « Avec Moïse, dit-il, la religion entre dans un monde non imagé, dans le monde de la réflexion, de la volonté, de la quête et de l'action consciente. Ce fut l'un des changements radicaux dans l'histoire religieuse de l'humanité – un nouvel éclairage qui ouvrit vers de nouveaux horizons. La religion devient une dynamique illimitée, une révolution progressive dans la recherche humaine d'une relation sécurisante avec Dieu. Par son monothéisme radical et son opposition sans compromis à toute forme matérielle de l'idée de Dieu, Moïse non seulement spiritualise pour toujours l'idée du divin, mais désavoue toutes les formes de culte connues dans le monde païen de son époque. »

La contribution de Moïse va bien au-delà du geste lui-même, celui de briser les idoles de son temps et de donner naissance à une conception purement spirituelle de Dieu. Silver fait remarquer que c'est Moïse qui transforme les tribus d'Israël et les fait devenir le peuple d'Israël. Même s'il faudra encore des siècles pour qu'il devienne un *peuple* dans le vrai sens du terme… L'événement qu'est la libération et la fuite vers une nouvelle existence a transformé les tribus en une communauté qui partage les mêmes idéaux et poursuit le même but. Silver insiste sur le fait que « Moïse confère au peuple une âme ; il les lie ensemble ; leur fait acquérir un esprit, un rôle et un but pionniers. Sous son autorité, ils deviennent une « communauté globale unifiée par un idéal spirituel et éthique ».

Et c'est à cette « communauté globale » que Moïse consacre sa vie. Malgré les déceptions et les rébellions, Moïse n'abandonne jamais son peuple. Il se bat pour eux, défendant leur cause devant Dieu. Comme le fait remarquer Silver, il subit sans broncher… « ingratitude, rébellion, vilénie, joutes et rivalités… Il ressent les attaques et les morsures auxquelles tous les dirigeants sont, un jour ou l'autre, sujets… Mais sa confiance et sa compassion inébranlables et son esprit ont toujours été concernés par le bien-être de son peuple qui lui a pourtant été souvent infidèle. C'est le peuple qui a toujours été au cœur de ses préoccupations » (*Moses and the Original Torah*, Macmillan, New York, 1961, p. 16-38).

Aaron Wildavsky insiste sur la loyauté de Moïse envers son peuple, mais son approche est différente de celle du rabbin Abba Hillel Silver. Pour lui, la façon unique de Moise de diriger son peuple est le signe de sa grandeur. « Le génie de Moïse réside dans le fait de lier révolution et évolution. Il mène son peuple hors de l'Égypte, lui présente de nouvelles valeurs et de nouvelles références, crée de nouvelles institutions, et le fait avec une grande douceur et une infinie patience. Il les exhorte à accepter les commandements mais, lorsqu'ils faillissent ou se plaignent des conditions de vie dans le désert, il compatit avec eux et défend même leur cause lorsque Dieu a décidé leur anéantissement. »

Moïse, en tant que dirigeant, dit Wildavsky, comprend que les changements ont parfois du mal à s'inscrire au sein d'une société. Il faut de la patience et la volonté de proposer de nouvelles idées, au risque d'échouer. Il insiste sur le fait que le dirigeant « doit continuellement apprendre de ses erreurs » et doit avoir la sagesse de « découvrir de nouvelles convergences d'intérêt » qui permettent d'atteindre les objectifs désirés. En Moïse nous voyons un chef qui utilise la détermination lorsque le peuple mérite d'être jugé, la clémence lorsqu'il tombe dans le désespoir, et la colère lorsqu'il est nécessaire qu'il soit puni pour son égocentrisme et son manque de patience. Il démontre son aptitude à être à la fois critique et constructif, à élever le niveau de son peuple et à l'inspirer à travers les visions de la Terre promise qu'il partage avec lui, et même à accepter sa mort et la nécessité de transmettre le pouvoir à un autre. Moïse, conclut Wildavsky, « est "politiquement" créateur... ». Comme modèle de dirigeant, il occupe une place particulière dans l'histoire (*Moses as a Political Leader*, p. 211-212).

Le personnage de Moïse continue de fasciner ceux qui cherchent à définir les secrets de ce que pourrait être la grandeur humaine. Était-ce son humilité, sa compassion, sa sensibilité morale, la défense de son peuple, ses capacités d'organisateur, son aptitude à entendre la critique, son savoir-faire pour formuler des lois, sa présentation du monothéisme, sa pugnacité devant les attaques, son caractère combatif contre les ennemis, son sens politique, ou s'agit-il de la combinaison de tous ces traits de caractère ?

Aucune théorie ne peut être satisfaisante et fournir une réponse définitive. Peut-être est-ce en cela que réside sa grandeur. L'âme humaine est mystérieuse. Elle dépasse notre entendement. Nous arrivons difficilement à l'approcher et à saisir ses capacités. Nous sommes conscients de son existence et de son rôle dans la vie de chacun, en particulier de ceux qui, comme cela est dit de Moïse, ont connu Dieu « face à face ».

Questions pour l'étude et la discussion

1. Rabbi Méïr enseigne que chaque Juif devrait prendre de son temps de travail pour étudier la Torah. Moïse Maïmonide écrit que chaque Juif, pauvre ou riche, en bonne santé ou non, jeune ou vieux, a l'obligation d'étudier la Torah. Compte tenu des multiples explications des textes de la Torah qui se trouvent dans la tradition juive, pourquoi l'étude de la Torah est-elle considérée comme un élément essentiel à la survivance du peuple juif, ses traditions rituelles et son éthique ?
2. Quelle opinion concernant la grandeur de Moïse fait le plus de sens pour vous ? Pourquoi ?
3. Rabbi Nahman ben Jacob enseigne qu'un chef doit toujours montrer de la considération pour la communauté ». De quelles façons Moïse remplit-il cette condition ? Et de quelles façons ne la remplit-il pas ?
4. Pouvez-vous désigner quatre dirigeants d'État contemporains, deux dont les résultats vous inspirent du respect et deux qui ont particulièrement failli à leur tâche ? Quelles sont leurs forces et leurs faiblesses comparées à celles de Moïse ?

Index des commentaires et des commentateurs

Certaines entrées sont marquées d'un *. Dans ce cas, voir l'introduction de ce volume.

Abravanel, Don Isaac *

Adani, David Ben Amram (XIIIe siècle). Voir *Midrash Ha-Gadol*.

Akedat Itzhak, Un commentaire de la Torah. Voir Arama, Isaac ben Moïse.

Alshikh, Moïse ben Andrianopolis (1508-1600). Il vécut et enseigna à Safed, en Galilée. Son commentaire de la Torah contient ses sermons.

Arama, Isaac ben Moïse (1420-1494). Auteur du commentaire de la Torah *Akedat Itzhak*, rabbin espagnol. Il est connu pour ses sermons et ses interprétations allégoriques de la Torah. Il défendit l'honneur du judaïsme dans de nombreuses controverses publiques avec les chrétiens, et il s'installa en Italie après l'expulsion d'Espagne de 1492.

Ashkénazi, Eliézer ben Élie (1513-1586). Il vécut en Égypte, à Chypre, à Venise, à Prague et à Posen. Il mourut à Cracovie. Dans son commentaire *Ma'asseh ha-Shem* (voir plus bas), il met en avant l'importance de l'usage de la raison pour étudier la Torah. Il fut rabbin, commentateur de la Torah et médecin.

Ashkénazi, Shimon (XIIe siècle). Voir *Yalkout Shim'oni*.

Ashkénazi de Janow, Jacob ben Isaac (XIIIe siècle). Auteur de *Tse'enah Ou-Re'enah* (voir plus bas).

Astruc, Anselme Solomon. Voir *Midreshei Torah.*

Attar, Haïm ibn (1696 - 1743). Né au Maroc, il vécut à Jérusalem où il ouvrit une école. Son commentaire de la Torah, *Or ha-Haïm*, comprend des interprétations talmudiques et mystiques. Voir *Or ha-Haïm.*

Avot, ou *Pirké Avot*. Les Maximes des Pères. Un traité de la *Mishna* compilant des maximes sapientielles des sages.

Avot de-Rabbi Nathan. (IIe siècle). Compilé par Rabbi Nathan, parfois appelé le Babylonien, basé sur les *Pirké Avot*.

Ba'al Ha-Tourim, Yaakov (1275-1340). Né en Allemagne, il fuit les persécutions en 1303 et part s'installer en Espagne. Il est l'auteur d'une très importante compilation de lois, *Arba'ah Tourim*, les « quatre colonnes ». L'organisation des lois en quatre parties forme la base du futur *Shoulkhan Aroukh*, la « Table Dressée » rédigé par le rabbin Joseph Caro au XVIe siècle. Son commentaire de la Torah, *Ba'al Ha-Tourim*, présente des commentaires fondés sur la guématria, la valeur numérique des lettres hébraïques.

Bahya ben Asher (XIVe siècle). Il vécut à Saragosse et en Aragon, et il est connu pour son commentaire de la Torah.

Bahya ben Joseph ibn Pakouda (XIe siècle). A vécu en Espagne, poète et auteur du *Hovot Ha-Levavot*, « Devoirs des Cœurs », un ouvrage classique d'éthique.

Bamberger, Bernard J. *

Berlin, Naphtali Zvi Juda (1817-1893). Il a dirigé la célèbre Yeshiva de Volozhin. Il fut aussi un soutien ardent du projet sioniste. Son commentaire *Ha-Emek Davar* reprend ses exposés hebdomadaires sur la Torah.

Bin Gorion, Mikha Joseph (Berdyczewski) (1865-1921). Bien que citoyen russe, il passa la plus grande partie de sa vie en Allemagne. Il écrivit en hébreu. Cf. *Mimekor Israel* plus bas.

Biour *
Buber, Martin Mordecai (1876-1965). Né à Vienne, il est connu comme une des grandes figures philosophiques du XXe siècle. Avec Franz Rosenzweig, il a traduit la Bible en allemand.

Caspi, Joseph ben Abba Mari (1280-1340). Philosophe et commentateur français. Il cherche à concilier raison et foi.
Cassuto, Umberto. Historien italien et spécialiste de la Bible. Il s'est vu offrir une chaire d'études bibliques à l'Université Hébraïque de Jérusalem en 1939, lorsque les lois raciales italiennes lui interdirent de poursuivre ses recherches. Il est l'auteur des commentaires sur la Genèse et l'Exode.

Da'at Zekenim mi-Ba'alei ha-Tosafot. Une collection de commentaires de la Torah compilés au XIIIe siècle par des étudiants de Rashi ; son objectif est de chercher à résoudre les contradictions entre les différents rabbins.
de Léon, Moïse. Voir le *Zohar*.
Deutéronome Rabba. Une des plus anciennes collections de *midrashim* sur le Deutéronome.
Dubnov, Solomon. Voir *Biour*.

Ecclésiaste Rabbah. Une des plus anciennes collections de *midrashim* sur l'Ecclésiaste.
Edels, Shemouel Eliézer ben Yehuda Halevi (1555-1631). Grand commentateur du Talmud, aussi connu sous le nom de *Maharsha*. Il naquit à Cracovie.
Epstein, Baroukh (1860-1942). Voir *Torah Temimah*. Assassiné par les nazis dans le ghetto de Pinsk.
Exode Rabbah. Une des plus anciennes collections de *midrashim* sur l'Exode.

Genèse Rabba. Une des plus anciennes collections de *midrashim* sur la Genèse.
Gittin. Traité du Talmud traitant du *get*, divorce.

Le *Guide des égarés*. Une discussion philosophique sur le sens des croyances juives, écrit par Maïmonide.

Ha-Cohen, Meir Simha (1843-1926). Voir *Meshekh Hokhma*.

Ha-Emek Davar. Commentaire de la Torah écrit par Naphtali Zvi Juda Berlin (voir sous ce nom).

Ha-Ketav ve-ha-Kabbalah. Commentaire de la Torah écrit par Joseph Zvi Mecklenbourg (voir sous ce nom).

Halevi, Aaron (1230-1300). Né à Gérone en Espagne, il servit comme rabbin et juge à Barcelone, Saragosse et Tolède. Il enseigna à Montpellier, où il mourut. Certains pensent qu'il est l'auteur du *Sefer Ha-Hinoukh* (voir plus bas).

Halevi, Isaac ben Yehouda (XIIIe siècle). Voir *Paneah Raza*.

Halevi, Yehouda (1080-1142). Né en Espagne. Poète, philosophe et physicien. *Le Kuzari* contient sa philosophie du judaïsme. C'est un dialogue entre le roi des kazars et un rabbin qui convainc le roi de la supériorité du judaïsme.

Hallo, William W. *

Ha-Midrash ve-ha-Ma'asseh. Commentaire sur la Genèse et l'Exode rédigé par Yehezkel ben Hillel Aryeh Leib Lipschütz (voir plus bas).

Heinemann, Itzhak (1876-1957). Né en Allemagne, savant et philosophe israélien. Il a tenté d'expliquer le sens des commandements (*mitzwot*) dans son *Ta'amei Ha-Mitzwot*.

Hertz, Joseph Herman *

Hirsch, Samson Raphaël *

Hirschensohn, Haïm (1857-1935). Né à Safed, il vécut la plus grande partie de sa vie à Jérusalem. Il a ardemment soutenu le travail de renouveau de la langue hébraïque initié par Eliézer Ben Yehouda. Voir *Nimmoukei Rashi*.

Hizkouni. Commentaire de la Torah rédigé par Hizkiyahou ben Manoah qui vécut en France au XIIIe siècle.

Hoffman, David Zvi (1843-1921). Éminent rabbin allemand. Son commentaire du Lévitique et du Deutéronome est fondé sur des conférences données dans les années 1870. Il cherchait à réfuter les critiques biblistes qui affirmaient que le Nouveau Testament était supérieur à la Bible hébraïque.

Hovot Ha-Levavot, les devoirs des cœurs. Un texte classique de l'éthique juive écrit par Bahya ibn Pakouda. Soucieux de l'importance prise par les rituels auprès de ses contemporains, Bahya défend l'idée que la responsabilité la plus importante qui incombe aux Juifs est de suivre les commandements éthiques de la Torah.

Houllin. Un traité du Talmud qui discute les lois concernant l'abattage des animaux propres à la consommation.

Ibn Ezra, Abraham *

Jacob, Benno *

Kasher, Menahem. Voir *Torah Shelemah*

Kelei Yakar. Commentaire de la Torah écrit par Solomon Éphraïm ben Haïm Lunchitz (1550-1619), qui vécut à Lvov, en Pologne.

Kiddoushin. Traité du Talmud qui discute des lois du mariage.

Kimhi, David (RaDaK) *

Leibowitz, Nehama *

Lekah Tov. Collection de *midrashim* sur la Torah et les Cinq Rouleaux (Cantique des Cantiques, Ruth, Lamentations, Ecclésiaste et Esther), rédigé par Tobias ben Eliezer (XIe siècle).

Lipschütz, Yehezkel ben Hillel Aryeh Leib (1862-1932). Commentateur lithuanien de la Torah. Auteur de *Ha-Midrash ve-ha-Ma'asseh* (voir plus haut).

Luzzatto, Moshe Haïm (1707-1746). Connu sous l'acronyme de *Ramhal*. Auteur dramatique italien, mystique dont les commentaires sont populaires au sein du monde hassidique. Son ouvrage *Messilat Yesharim* explique comment devenir un juste.

Luzzatto, Samuel David *

Ma'asseh ha-Shem. Commentaire publié en 1583 par Ashkénazi (voir plus haut).

Maïmonide, Moïse ; Rabbi Moïse ben Maïmon (1135-1204), ou RaMBaM *. Né à Cordoue, médecin, philosophe. Il a rédigé le *Mishné Torah*, un code de loi juive, le *Guide des égarés*, une philosophie du judaïsme, le *Sefer Ha-Mitzwot*, un exposé des 613 commandements de la Torah, ainsi que de nombreux autres ouvrages. Il a aussi servi comme médecin en Égypte.

MaLBIM, Meir Lev ben Yehiel Michael *

Mehhilta *

Mecklenbourg, Joseph Zvi.

Megillah. Un traité du Talmud qui discute du livre d'Esther.

Mendelssohn, Moïse *

Messengers of God (« Messagers de Dieu »). Ouvrage d'Élie Wiesel dans lequel il évoque différents personnages bibliques.

Meshekh Hokhma. Commentaire de la Torah publié en 1927. Rédigé par Meir Simha Ha-Cohen, rabbin de Dvinsk.

Messilat Yesharim. Cf. Moïse Haïm Luzzatto.

Midrash Aggada. Collections de récits rabbiniques.

Midrash Ha-Gadol. Collection d'interprétations rabbiniques datant du Iᵉʳ et du IIᵉ siècle de notre ère, rassemblés par David ben Amram Adani, un savant juif du Yémen (voir plus haut).

Midrash Halakha. Commentaire légal.

Midrash Sekhel Tov. Compilé par Menahem ben Solomon en 1139. Il combine *halakha* et *aggada* sur les différentes sections de la Torah.

Midrash Tanhouma. Connu aussi sous le nom de *Midrash Tanhouma Yelamednou*. A semble-t-il été collecté par Rabbi Tanhouma (426-465). Beaucoup des *midrashim* commencent par la formule : *Yelamednou rabbenou*, « notre maître nous enseigne ».

Midreshei Torah Commentaire de la Torah par Anselme Solomon Astruc. Il fut assassiné lors d'une attaque contre la communauté juive de Barcelone en 1391.

Mimekor Israel. Une collection de récits populaires appartenant à la tradition juive, compilés par Micha Joseph Bin Gorion (voir plus haut).

Mishna *

Mizrachi, Eliyahou (1440-1525). Grand Rabbin de Turquie à l'époque de l'expulsion des Juifs d'Espagne. Il a beaucoup aidé les migrants. Il a aussi écrit un commentaire des interprétations de Rashi.

Morgenstern, Julian *

Nahmanide, ou RaMBaN *

Nedarim. Un traité du Talmud discutant des vœux ou des promesses.

Nimmoukei Rashi. Commentaire des interprétations de Rashi, rédigé par Haïm Hirschensohn (voir plus haut).

Nombres Rabba. Une des plus anciennes collections de *midrashim* sur les Nombres.

Or haHaïm Commentaire de la Torah rédigé par Haïm ibn Attar, qui combine observations talmudiques et interprétations mystiques.

Paneah Raza. Commentaire de la Torah écrit par Isaac ben Yehouda Ha-Levi de Sens.

Peli, Pinhas Hacohen (1930-1989). Poète et rabbin né à Jérusalem. Auteur d'une rubrique *Torah Today* dans le *Jerusalem Post.*

Pesikta de-Rav Kahana. Collection de *midrashim* ou sermons rabbiniques sur les *parashiot* ou les fêtes juives. *Pesikta Rabbati* est similaire en contenu et organisation.

Pirké de-Rabbi Eliezer. Une collection de *midrashim* attribuée à Rabbi Eliezer ben Hyrkanos. Il contient des interprétations mystiques de la création, des débuts de l'humanité, du don de la Torah sur le mont Sinaï, des commentaires sur le livre d'Esther ainsi que l'expérience des Israélites dans le désert.

Plaut, W. Gunther *

RaDaK *

RaMBaM *

RaMBaN *

RaSHBaM *
RaSHI
Reggio, Itzhak Shemouel (1784-1855). Connu aussi sous l'acronyme YaSHaR. Il vécut en Italie, et a traduit la Bible en italien. Auteur d'un commentaire en hébreu qui cherche à concilier science et religion.
Rosenzweig, Franz (1886-1929). Philosophe allemand. Il a contribué avec Martin Buber à une traduction de la Bible en allemand. Son ouvrage *L'Étoile de la rédemption* cherche à explorer le sens de la tradition juive.

Sa'adia ben Joseph Ha-Gaon *
Sanhedrin. Traité du Talmud qui discute les lois régissant les cours de justice.
Sarna, Nahoum H. *
Sefer Ha-Hinoukh. Il présente les 613 commandements de la Torah, dans l'ordre des sections hebdomadaires. Attribué à Aaron Halevi (voir plus haut).
Sforno, Ovadiah *
Shabbat. Traité du Talmud qui discute les lois du *shabbat*.
Sifra. *Midrash* sur le livre du Lévitique, probablement écrit au IVe siècle.
Sifre. *Midrash* sur Nombres et Deutéronome, probablement composé au Ve siècle.
Simeon (Shimon) bar Yohaï. Voir *Zohar* *
Solomon, Menahem ben (voir *Midrash Sekhel Tov*)
Sotah. Traité du Talmud qui discute des lois d'une femme suspectée d'adultère.
Speiser, Éphraïm Avigdor *
Steinsaltz, Adin. Rabbin et savant israélien né en 1937 à Jérusalem. Surtout connu pour son édition du Talmud, il a écrit un ouvrage appelé *Biblical Images* dans lequel il présente des personnages bibliques.

Ta'anit. Traité du Talmud qui s'occupe des règles de jeûne.
Talmud. Combine la *Mishna* et la *Guemara*. Il est paru sous deux versions : le Talmud de Jérusalem, et le Talmud de Babylone, le plus étendu. Les innombrables discussions

Table

LE LÉVITIQUE

LES NOMBRES

LE DEUTÉRONOME

CET OUVRAGE A ÉTÉ COMPOSÉ
EN PALATINO CORPS 11
PAR NORD COMPO
À VILLENEUVE-D'ASCQ.

ACHEVÉ D'IMPRIMER
PAR CPI BUSSIÈRE
À SAINT-AMAND-MONTROND, EN MAI 2022,
POUR LE COMPTE DU PASSEUR ÉDITEUR.

Dépôt légal : janvier 2020
N° d'imprimeur : 2065120
Imprimé en France.